Yvonne de Gaulle

Frédérique Neau-Dufour

Yvonne de Gaulle

Fayard

ISBN : 978-2-213-62750-2

« Le ciel m'a accordé la faculté de m'adapter
à tous les changements d'existence
(lesquels n'ont pas manqué pour moi !). »

Yvonne DE GAULLE,
lettre à la baronne Martine de Courcel,
23 janvier 1979.

Introduction

Dans les mémoires, Yvonne de Gaulle est demeurée un personnage falot. Certes, elle apparaît respectable et digne, mais sans rien de l'aura qui baigne le souvenir de son mari, rehaussé par les ans. Ce contraste détient bien sûr sa part de légitimité : le rôle du Général dans les destinées du pays lors de la guerre puis pour fonder la République dans laquelle nous vivons toujours est sans rapport avec l'action qu'a pu mener, dans tel ou tel domaine, Yvonne de Gaulle. La dimension historique du libérateur de la France écrase même les perspectives : en comparaison du grand homme, son épouse semble encore plus discrète, plus timorée, plus petite. Sans le vouloir, certains admirateurs du Général ont pu accentuer cette différence et, par facilité ou par une étrange jalousie, brocarder ce qu'ils percevaient comme l'étroitesse d'esprit de Mme de Gaulle.

Bref, Yvonne est parvenue jusqu'à nos jours dans son habit terne d'épouse docile et traditionnelle, humble assurément, mais plus versée dans l'art des confitures et du tricot que dans celui de la politique. Son catholicisme, fondement important de sa personnalité, sert souvent à résumer ce qu'elle fut, comme si une personne quelle qu'elle soit pouvait se réduire à une religion. Et comme Mme de Gaulle ne donna jamais prise aux journalistes ni aux historiens, s'acharnant plutôt à préserver sa pensée intime de tout regard extérieur, les choses en restèrent là. Qui, après tout, aurait protesté ? Son propre fils, dans ses passionnants livres d'entretiens qui ont apporté une abondante matière à cet ouvrage, reste ancré dans la représentation classique d'un Général héros et d'une mère plus banale. Ce portrait vaut-il parole d'Évangile ? Il faudrait pour cela que soient aplanis les différends qui, au cours d'une vie, peuvent exister entre une mère et son fils. Quant à la fille de Mme de Gaulle, Élisabeth, elle observe le même mutisme que sa mère. Aucune interview, aucune confidence, aucune chance, hélas ! d'obtenir de son côté le moindre éclairage.

Dans une lettre délicate, son mari le général de Boissieu en explique les raisons : « Parler ou écrire sur le général de Gaulle n'avait rien de comparable. Il était mon beau-père, mais aussi mon chef, donc j'avais d'autres raisons que des raisons familiales pour parler de ce personnage historique. Pour Mme de Gaulle, j'aurai les mêmes réactions que ma femme a actuellement, dans la discrétion que vous soulignez et à laquelle elle tient beaucoup. Nous sommes désolés de ne pouvoir vous aider [...], mais je me sens incapable de parler ou d'écrire sur ma belle-mère, même pour lever un coin de voile sur l'Histoire, et je sens bien que ma femme a fixé des limites qu'elle ne franchira pas[1]. »

Dans ces conditions, les historiens ont eu des difficultés à accomplir leur œuvre. Le manque apparent d'archives sur un sujet considéré de surcroît comme mineur n'a guère stimulé les productions. Certes, trois biographies d'Yvonne de Gaulle existent, de qualité variable. Elles sont, au mieux, des témoignages intéressants, au pire des successions d'anecdotes peu avérées et agencées selon une trame fantaisiste. La plus sérieuse d'entre elles, écrite par Marcel Jullian, qui côtoya les de Gaulle en 1970 quand il était chargé chez Plon des *Mémoires d'espoir*, a un immense mérite : elle esquisse le caractère entier de Mme de Gaulle et la symbiose qui l'unit au Général. Surtout, elle soulève la seule question qui vaille : quel intérêt réciproque le Général et sa femme trouvaient-ils l'un à l'autre ? Cette interrogation en sous-tend une autre, moins subsidiaire qu'il n'y paraît : pourquoi un personnage de la trempe de Charles de Gaulle aurait-il choisi d'épouser cette femme si finalement elle ne lui apportait rien ? Mieux connaître Yvonne a un intérêt annexe non négligeable, qui est de mieux connaître Charles.

Toutefois, le Général n'est pas le personnage principal de ce livre, même si la volonté de raconter son œuvre au travers de sa femme est une tentation constante : n'a-t-elle pas suivi pas à pas la carrière et le destin de son mari ? Il serait absurde d'extraire complètement Yvonne de la vie de Charles.

La tentative consiste plutôt à se placer constamment du point de vue d'Yvonne. Que fut pour elle la Seconde Guerre mondiale ? Qu'a-t-elle perçu de la Ve République et comment a-t-elle reçu les décisions du gouvernement ? Par ailleurs, il fallait également enquêter du côté des domaines privés d'Yvonne de Gaulle, car elle mena certains aspects de sa vie de manière relativement indépendante. Dès lors, cette biographie s'émancipe quelque peu de la vulgate et de la chronologie gaulliennes. Le 18 Juin en est par exemple absent, et l'œuvre importante accomplie par Yvonne de Gaulle au sein de sa fondation transcende les frontières entre IVe et Ve République ; elle se poursuit aussi après la mort de Charles de Gaulle.

S'engager dans l'écriture de la biographie d'Yvonne de Gaulle revient à partir vers une *terra incognita*. Peu de documents, aucune confidence connue de l'intéressée, pas d'archives, pas de correspondances... Ici ou là, dans les milliers de livres consacrés au Général, surgit un paragraphe sur son épouse, le plus souvent un témoignage à charge dont la véracité reste obscure.

L'objet de la recherche peut même, de prime abord, rebuter : quelle étrange idée de fouiller le passé d'une femme *a priori* peu sympathique, qui n'a joué aucun rôle dans l'histoire si ce n'est d'avoir été la femme du Général et qui aurait détesté que l'on s'intéresse spécialement à son cas ? La réaction des gens à l'annonce de ce sujet de recherche fut révélatrice. Elle n'a généralement pas été hostile, mais s'est conclue quasi systématiquement par un : « Ah ! Tante Yvonne ! Elle n'était pas très amusante, celle-là ! » Puis, inévitablement, venait la demande suivante, vibrante d'espoir : « A-t-elle eu des amants ? » La redondance de cette question peut surprendre mais finit, à la réflexion, par mettre en lumière un point : les Français, au fond d'eux-mêmes et quelle que soit leur représentation d'Yvonne, lui vouent une inconsciente affection. Ils lui souhaitent finalement d'avoir été heureuse et d'avoir connu une existence plus passionnée, plus joyeuse, plus délicieuse que celle qu'elle semble avoir eue.

Cette constatation n'a pas de valeur scientifique, bien entendu, mais elle permet de sentir qu'il flotte entre les Français et Yvonne de Gaulle comme un parfum d'amour déçu. Le « bon sens commun » – auquel Mme de Gaulle attachait une grande importance – ne se trompe sans doute pas. Il y a dans ce désir d'aimer Yvonne de Gaulle mais de n'y point parvenir le reflet symétrique de ce qui constitue au fond la psychologie de la première dame : Yvonne a passé sa vie à se protéger, à s'effacer, à dissimuler sous un dehors pas toujours chaleureux de belles qualités de cœur et d'âme. Peu de gens ont pu franchir cette muraille. Charles de Gaulle fut assurément le premier à savoir le faire. D'autres proches également, mais par respect ils ont longtemps gardé le même silence que Mme de Gaulle sur cette réalité.

La grande leçon de cette biographie consiste à gravir lentement cette muraille non pas pour porter sur Yvonne de Gaulle un regard voyeur, mais plutôt pour redonner d'elle une image plus juste. Disons-le d'emblée : il n'existe pas de stricte vérité sur un personnage – il n'en existe sur aucun d'entre nous. L'individu est le fruit d'un mélange d'influences et de tempéraments, il est porté par son passé, appelé à évoluer selon les événements. Sa réalité est une eau mouvante qui n'est jamais saisissable. La capacité de chacun à se construire une représentation de soi, à se mentir à soi-même, à offrir selon les interlocuteurs et selon les moments de sa vie des facettes différentes ne doit jamais être perdue de vue. Pas question, donc, de prétendre avoir dressé le vrai portrait de la vraie Yvonne. La seule vraie Yvonne fut celle qui vécut de 1900 à 1979.

L'entreprise biographique n'est pas pour autant désespérée. Elle consiste à s'approcher le plus près possible de la cible mais de façon stricte, c'est-à-dire en croisant entre eux des documents incontestables. Or, une fois passé la première frayeur due à l'absence d'archives, il apparaît qu'un grand nombre de documents sont restés inexploités. Parmi les sources inédites, les plus intéressantes pour notre propos furent assurément celles conservées à la Fondation Anne de Gaulle, qui contiennent plusieurs centaines de lettres d'Yvonne de Gaulle, ainsi que des papiers relatifs au fonctionnement de sa fondation pour les enfants trisomiques. Citons par ailleurs les nombreux cartons conservés à la Fondation Charles de Gaulle. Ils recèlent notamment les archives du protocole de l'Élysée, ainsi que des milliers de lettres d'hommage envoyées à Yvonne après la mort de son mari. Ces courriers, s'ils parlent avant tout du Général, offrent de précieux renseignements sur son épouse.

Grâce aux Vendroux, un manuscrit inédit du frère d'Yvonne, Jacques-Philippe, a pu être utilisé. Il décrit la généalogie de la famille depuis le XVIe siècle. Un autre document passionnant et totalement inconnu jusqu'à ce jour est le journal du curé qui fut en fonctions à Colombey-les-Deux-Églises de 1943 à 1970. Ce dernier y dépeint avec beaucoup de naturel la façon dont les de Gaulle vivaient dans la paroisse.

Plusieurs correspondances inédites ont également pu être accessibles, parmi lesquelles les lettres échangées par Yvonne avec son frère Jean Vendroux, avec ses collaboratrices à l'Élysée ou encore avec sa nièce Chantal Gutmann. Mme de Gaulle s'y dévoile sous un jour inattendu. Elle ne mâche pas ses mots sur l'actualité politique et sait se montrer tour à tour sentimentale et espiègle.

Beaucoup de grands témoins se sont déjà exprimés et ont livré sur Yvonne de Gaulle des éléments particulièrement riches – pensons à Claude Guy, Claude Mauriac, Pierre Lefranc, Jacques Foccart, Jacques-Philippe Vendroux, Alain de Boissieu, Jean d'Escrienne, François Flohic. Leurs écrits ou leurs propos constituent une base incontournable, même si leurs regards sur l'épouse du Général sont contrastés. Mais d'autres personnages que leur tempérament n'avait pas poussés à se mettre en avant conservent des souvenirs particulièrement précieux.

Il s'agit tout d'abord de femmes qui ont été très proches d'Yvonne de Gaulle et ont partagé de longs moments avec elle du temps de l'Élysée : Martine de Courcel, dont le mari fut entre autres secrétaire général de l'Élysée, et Solange Galichon, épouse du directeur de cabinet du président de la République, ont par exemple accompagné la première dame dans tous ses déplacements officiels et l'ont intimement connue. Éliane Dromer a souvent évoqué avec elle les questions sociales et hospitalières. Il est important d'avoir sur Mme de Gaulle ces regards féminins, plus équitables que ceux des hommes, car ces personnes comprennent mieux, pour l'avoir elles-mêmes occupée, quelle était la place d'une femme dans la société des années 1960.

La famille, ensuite, a apporté une large contribution. De la même façon que l'on ne peut se contenter de la parole des hommes pour décrire une femme, il serait dommage de ne recueillir que les souvenirs des de Gaulle pour évoquer un membre de la famille Vendroux. L'attachement d'Yvonne à ses parents et aux valeurs qu'ils lui ont inculquées, le fait qu'elle ait grandi dans le milieu très spécifique de la grande bourgeoisie calaisienne et qu'elle ait gardé toute sa vie des liens étroits avec lui rendent le témoignage des Vendroux particulièrement précieux. À cet égard, Étienne Vendroux, l'un des neveux d'Yvonne, et Claude Legrand, l'une de ses nièces, ont largement contribué à secouer le portrait trop figé de leur tante. Leur affection pour elle, leur gaieté aussi, suffisent à dire que la famille Vendroux n'avait rien d'austère ni de compassé.

Bref, c'est en déplaçant légèrement le point de vue que l'on arrive à approcher l'inapprochable Mme de Gaulle. Replacer dans leur contexte les témoignages des gaullistes historiques, accorder une nouvelle importance aux documents originaux, à la voix des femmes et à celle des Vendroux, donne son souffle à cette biographie. Il reste à espérer qu'au terme de sa lecture la personnalité d'Yvonne de Gaulle sera mieux décryptée. Parce qu'elle méritait bien cette justice.

PREMIÈRE PARTIE

1900-1920
La Belle Époque enfantine

Yvonne Vendroux naît juste avant le siècle, en 1900. Sa vie suit une chronologie qui lui est propre et qui ne se confond jamais complètement avec celle de ses parents ni, plus tard, de son mari. L'enfance d'Yvonne dure jusqu'en 1921 : à vingt et un ans, elle atteint l'âge légal de la majorité, mais surtout elle se marie. Et l'ancienne tradition du Code civil considère la femme comme mineure jusqu'à son mariage, après lequel elle est placée sous la responsabilité de son mari.

Cette longue enfance de vingt et une années coïncide avec un lieu, Calais, et un peu plus largement avec les régions situées de part et d'autre du pas de Calais, y compris en Angleterre. Dans ce monde septentrional industrieux et prospère, l'enfance de la petite fille correspond parfaitement à l'image surannée et nostalgique de la Belle Époque. Il faut souligner le caractère joyeux, intrépide, original de ces années placées sous le règne d'une mère à la fois avant-gardiste et traditionnelle, au sein d'une famille de la grande bourgeoisie assez en avance sur son temps pour ce qui concerne les pratiques culturelles. Et il est important d'insister sur l'ambiance sinon luxueuse, du moins très argentée, dans laquelle grandit Yvonne, car cet aspect est souvent méconnu.

En dépit de la Première Guerre mondiale, qui bouleverse durablement la vie à Calais, et malgré les souffrances que ce grand drame engendre, la Belle Époque enfantine d'Yvonne dure jusqu'en 1920 : les parents Vendroux font tout pour préserver leurs filles dans la guerre et dans l'exil. Par devoir, ils maintiennent autant que possible le train de vie, l'éducation, les rites familiaux. À tel point qu'en 1918 la jeune Yvonne se présente sous les traits d'une jolie jeune fille gaie et épanouie, encore emplie de l'illusion que la vie d'avant-guerre va retrouver ses droits.

Cette enfance qui se déroule dans l'opulence, le divertissement et la bonne humeur contraste avec la grande sobriété dans laquelle Yvonne de Gaulle vit par la suite. Le manque d'intérêt de l'adulte pour les choses matérielles, l'austérité qui caractérise son mode de vie contrastent avec la façon dont elle a été élevée. Il y a là un détachement qui touche certainement au plus profond de sa personnalité – une sorte de dépouillement, à rattacher peut-être à sa pratique de la foi.

Chapitre premier

Les ancêtres

Leur passé lointain constitue souvent pour les familles un enjeu crucial. Les Vendroux n'échappent pas à cette règle et entretiennent avec leurs ancêtres des rapports complexes. Sur ce chapitre pourtant bien éloigné du siècle d'Yvonne Vendroux, deux récits s'opposent. L'un relève de la tradition familiale, l'autre est le fruit de l'étude des archives. Il ne s'agit pas tant de prononcer le triomphe du second sur le premier que de comprendre pourquoi un aïeul Vendroux a éprouvé, au XIXe siècle, le besoin de s'inventer une généalogie. Son talent fut tel que ses descendants – dont Yvonne certainement – ont continué à adhérer à son schéma en toute bonne foi et à se considérer comme issus de talentueux commerçants néerlandais, les Van Droog.

Le récit familial

Laissons-nous porter par le récit familial… Natifs des Pays-Bas, les premiers ancêtres ont emporté avec eux leurs secrets. Ils ont à peine un nom. Que faisaient-ils de leur vie ? Furent-ils de prospères bourgeois d'Amsterdam, négociants ou banquiers ? Ont-ils travaillé dans les champs, fabriqué le beurre et le fromage ? Se sont-ils ensuite orientés vers la culture du lin, autrement plus rentable ? Peut-être… La mémoire familiale pose une borne chronologique au début de l'époque moderne. 1620 : les plus lointains ancêtres Vendroux sortent de l'ombre en la personne de Paulus-Albert Van Droog, né cette année-là à Delft. La ville, telle qu'elle apparaît dans les tableaux de Jan Vermeer, son illustre contemporain, originaire lui aussi de cette ville, étire sur les bords de la Schie son enceinte ocre et brun. Un soleil changeant éclaire çà et là les tuiles rouges des toits. La porte de Schiedam, masse sombre, obscurcit l'eau de son ombre tandis que, à l'arrière de la muraille, le haut clocher gothique de la Nieuwe Kerk attire sur lui la lumière du soir. Peut-être Paulus Albert habite-t-il au bord du canal l'une de ces hautes maisons de briques, à pignons échelonnés, dont la façade ne laisse rien transparaître de la vie intérieure. On l'imagine, à la fin d'une journée de labeur, richement vêtu, assis auprès de la cheminée à manteau de faïence, le regard tourné vers la fenêtre. Sur le sol, un carrelage blanc et noir, un ou deux tapis épais. Au mur, des peintures marines. Une porte, à demi masquée par un lourd rideau au motif floral, ouvre sur un corridor mal éclairé.

À l'âge de vingt-neuf ans, cet homme que l'on imagine robuste est planteur de tabac aux alentours de la ville. Tout porte à croire qu'il est catholique, si du moins on en veut pour preuve la religion de ses descendants, et si l'on admet que la foi puisse se transmettre en héritage. Grâce à un bon mariage – spécialité des hommes de la famille –, il reçoit par dot « les terres de Regusburgh, un verger à Benvelse et le polder de Schieven[1] ».

Ses affaires sont favorisées par le formidable essor économique que connaissent alors les Provinces-Unies : cet État, qui a obtenu en 1609, après de longues guerres, son autonomie de la couronne d'Espagne, regroupe sept provinces à majorité protestante. Par facilité, les Provinces-Unies sont souvent désignées sous le nom de leur région la plus riche, la Hollande. Ses habitants ont compensé des conditions naturelles assez défavorables par un travail acharné de conquête des terres, d'assèchement des mers intérieures, de canalisation, d'endiguement. La production de ce sol gagné sur l'eau fournit les bases d'une richesse impressionnante, dans un paysage coupé de landes, de lacs, et couvert de pâturages gras. La mer est elle aussi d'un apport substantiel, grâce à la pêche du hareng et surtout au grand commerce lointain dans lequel les Hollandais sont passés maîtres. L'activité industrielle se développe rapidement, autour du textile, du diamant, du tabac, des raffineries de sucre.

Le XVIIe siècle est un âge d'or pour les Pays-Bas. La prospérité économique et artistique, la découverte des Indes orientales font que ces provinces figurent parmi les plus riches d'Europe. Convoitises et querelles de succession s'en trouvent attisées et provoquent la reprise en 1621 de la guerre avec l'Espagne, à laquelle le traité de Münster met fin en 1648. Les divisions religieuses, quant à elles, déchirent le pays depuis un siècle. Une fois la paix revenue, les affaires reprennent. Fiers de leur liberté, doués pour la conquête maritime, armés d'une foi qui les pousse à entreprendre et à s'enrichir, les Hollandais font de leur pays un foyer culturel majeur au sein de l'Europe moderne.

À Delft, en février 1650, Paulus-Albert Van Droog devient le père d'un petit Michel. Un drame, hélas, survient alors : la jeune mère, Clara, meurt peu après son accouchement. La vie tient à peu de chose : que cette Clara du XVIIe siècle décédât en emportant avec elle l'enfant, ou que le petit Michel succombât à l'une de ces maladies qui faisaient gonfler les chiffres de la mortalité infantile, et c'en était fait de toute la lignée – notamment d'Yvonne. Marguerite Yourcenar, autre personnalité magnifique des Flandres, connut la même pensée rétrospective quand elle apprit que celui qui devait devenir son père, et qui s'appelait aussi Michel, avait de peu échappé à la mort : « Les fils de la toile d'araignée où nous sommes tous pris sont bien minces : ce dimanche de mai, Michel faillit perdre, ou se voir épargner, les quarante-quatre ans qui lui restaient à vivre. En même temps, ses trois enfants, et leurs descendants, dont je suis, coururent de fort près la chance qui consiste à ne pas être. » Chance ou malchance, qu'importe. Michel Van Droog survit, orphelin de mère.

Bien plus tard, dans les années 1950, Jacques Vendroux, le frère d'Yvonne, a choisi de consacrer de belles pages à ses ancêtres de Hollande. C'est lui qui écrit une histoire familiale transmise de génération en génération. Dans un style d'une délicatesse qui rappelle la grâce du siècle d'or, et avec la tendresse qu'aurait un fils pour l'ensemble de ses pères, il s'attache au destin de chacun. Le sort de Michel, si lointain dans le temps et si proche dans ce que purent être ses douleurs, le retient particulièrement : « Quelles furent son enfance, sans maman, puis son adolescence ? On imagine, dans ces champs de tabac coupés de *watergrass* uniformes, un grand garçon blond, aux yeux bleus et tristes, portant dans son âme le poids du malheur qui avait marqué sa naissance. Et comme une même destinée est souvent accablée de peines injustement accumulées, celle de Michel devait être encore une fois meurtrie au seuil de sa vie d'homme[2]. » Le malheur, cette fois, n'est pas familial, mais national. La grande histoire fait brutalement irruption dans la vie de la famille.

Il faut rappeler, en effet, que l'insolente réussite des Provinces-Unies ne va pas sans susciter les aigreurs, notamment du côté de la France. Comment un Roi-Soleil pourrait-il supporter la concurrence d'un astre voisin ? Tout, dans la Hollande, irrite Louis XIV : le succès de son commerce, le calvinisme qui est une hérésie, le régime républicain qui bafoue le principe de monarchie de droit divin, et même le ton insolent des gazettes d'Amsterdam à son égard. Encouragé par Colbert, qui trouve à se plaindre de la suprématie commerciale des Provinces-Unies, le roi décide de passer à l'attaque. Après s'être assuré du soutien des pays voisins, il franchit le Rhin le 12 juin 1672 et entre en Hollande. Turenne et Condé emmènent une armée de 120 000 hommes. Utrecht et Maastricht sont prises du fait de l'infériorité numérique des Hollandais et de leurs divisions intestines.

L'imposante armée française aurait facilement remporté la victoire si les Hollandais, dans un geste d'orgueil impressionnant, n'avaient fait le choix déchirant de saborder eux-mêmes leur pays afin de le garder. Cette politique de la terre brûlée est en réalité celle de la terre inondée, puisque les Hollandais décident de briser les digues de Muiden, qui protégeaient la Hollande des eaux du Zuidersee, et d'ouvrir grandes les écluses de tous leurs canaux. Située sous le niveau de la mer, la Hollande se retrouve presque entièrement couverte d'eau en huit jours. Le travail agricole de plusieurs générations est détruit, mais les Français doivent se replier et Amsterdam est sauvée.

La suite du conflit, qui dégénère en une guerre européenne sans merci, ne nous intéresse plus ici. C'est dans les champs immergés, dans les villes ravagées par l'eau, dans les caves des fabriques où pourrissent les denrées, que nous suivons Michel Van Droog – par une curieuse ironie du sort, son nom de famille signifie « sec » en néerlandais ! La destruction de ses champs de tabac l'amène, comme des milliers de ses compatriotes, à prendre le chemin de l'ailleurs. Tandis que 50 000 d'entre eux marchent vers le nord pour gagner Amsterdam, ou, pour les plus audacieux, les Indes orientales, Michel Van Droog part vers le sud. Il laisse derrière lui ses terres, son histoire, ses possessions, et inaugure l'ère des exils pour une famille qui, jusqu'en 1940, en connaîtra de fréquents. Il franchit les lignes françaises, les Flandres, et s'installe dans un village de Bourgogne, Ménetreuil, aujourd'hui situé en Saône-et-Loire.

Pourquoi précisément le royaume de Louis XIV, qui vient de ruiner sa vie ? Difficile à comprendre. Il est possible que s'y trouve une partie de la famille, à moins que le hasard ait ici sa part. Quoi qu'il en soit, Michel fait le pari de la France : il épouse une certaine Françoise Moninot, avec laquelle il a cinq enfants. Leurs actes de baptême respectifs portent pour la première fois une version française de leur nom de famille – Vandroux, qui donnera selon les branches Vandrout ou Vendroux. Cette francisation est assez habituelle chez les émigrés hollandais qui s'installent en France au XVIIe siècle, tant il est vrai que dans leur patrie d'origine « l'emploi du français, langue de culture et preuve d'une certain rang social, a précédé de loin la conquête par Louis XIV[3] ». Les enfants des riches familles des Pays-Bas apprennent le français et l'utilisent dans leur correspondance.

Cette ardeur à s'intégrer dans un nouveau pays serait, dans le cas de Michel, le reflet d'une grande capacité d'adaptation : en Bourgogne, il reprend ses activités de marchand et de négociant en tabac. Son seul fils, Claude, né en 1685 – l'année même où Louis XIV révoque l'édit de Nantes et met le protestantisme hors la loi –, développe les affaires familiales et innove avec la fabrication des cigares.

C'est ici qu'il faut un instant s'interrompre et s'interroger. L'histoire est belle de ces Hollandais immigrés à cause d'une guerre, qui s'adaptent immédiatement à la France et amènent avec eux un savoir-faire commercial et industriel qui leur permet de gravir très rapidement les échelons de la société : le fils de Claude, Jean-Baptiste, né à Ménetreuil en 1728, se retrouve ainsi en 1763 dans le Nord avec la fonction prestigieuse de « contrôleur des postes et député des officiers commensaux de la maison du roy et gens vivant noblement de la région de Dunkerque », état attesté par les documents officiels.

Il existe cependant un hiatus entre cette version officielle, défendue sans doute depuis très longtemps par la famille, et ce que rapportent les archives. Du côté hollandais, aucun document n'atteste la présence des Van Droog aux Pays-Bas au XVIe siècle ni au XVIIe. Pas trace de Paulus Albert ni de son fils Michel à Delft dans les registres de baptême... Cette absence est d'autant plus frappante qu'une autre généalogie légitimée par les archives se dessine du côté français. Les patients travaux de Sylvie Monin-Badey sur les origines de la famille Vendroux depuis le XVe siècle permettent aujourd'hui d'y voir plus clair[4].

Une famille française

Claude Vandroux est au cœur du débat, avec une certitude : pour l'histoire familiale comme pour l'état civil français, il est incontestablement l'aïeul d'Yvonne Vendroux. Nul doute possible sur ce point. En revanche, alors que les Vendroux présentent Claude comme le fils, né en 1685 à Ménetreuil, d'un Michel Vendroux récemment arrivé des Pays-Bas, les archives françaises sont d'un tout autre avis : Claude Vandroux est bien né à Ménetreuil, mais en 1702 et d'un père du nom de Pierre-Hugues Vandroux né lui aussi à Ménetreuil vers 1657 d'un Hugues Vandray-Vandroux né à Huilly vers 1639...

Il peut sembler fastidieux d'accorder tant d'importance à des ancêtres si lointains. N'est-ce pas une vaine querelle que de discuter sur leur lieu de naissance ? Eh bien non. L'intérêt de ces investigations est même double. D'une part, l'identité des individus est étroitement liée à leurs origines. Il n'est peut-être pas anodin, pour Yvonne Vendroux, de savoir que sa famille vient de Hollande ; l'esprit s'ouvre d'une façon différente quand on baigne dès l'enfance dans la conscience d'un ailleurs. D'autre part, la construction par la famille Vendroux, sans doute au début du XIXe siècle, d'une légende hollandaise est particulièrement révélatrice. Car la question est là : pourquoi Jean-Baptiste Vendroux ou son fils ont-ils eu besoin de s'inventer des origines qui n'étaient pas les leurs ? Après son fulgurant « décollage » social, Jean-Baptiste, descendant de petits paysans illettrés, a du mal à assumer publiquement son passé familial. À une époque où la lignée tient une place centrale pour expliquer le caractère et le destin des individus, il est important pour lui de se donner des ancêtres socialement incontestables. Le fait qu'il décide de couper les ponts avec la région de Ménetreuil rend plus facile l'appropriation d'un passé recomposé. Qui, à Dunkerque puis à Calais, pourrait contester la validité de son histoire hollandaise ?

La postérité a donc accrédité la version du XIXe siècle jusqu'à ce qu'une vérification dans les archives permette d'établir une réalité différente. Pierre-Hugues Vandroux est laboureur au hameau de la Perrière, à Ménetreuil, en ce début de XVIIIe siècle. Sa femme met au monde quatre enfants, dont Claude, qui devient fermier[5]. Ce dernier épouse une fille de marchand dont il a cinq enfants, parmi lesquels le fameux Jean-Baptiste, né vers 1726. En 1740, Jean-Baptiste est dit « laboureur à Ménetreuil » dans l'acte de baptême de sa cousine germaine Marie Vandroux, dont il est le parrain[6] (ce qualificatif de « laboureur », sous l'Ancien Régime, signifiant qu'il est plutôt aisé). Sa signature au bas de cet acte est orthographiée « Vendroux » et elle est dessinée d'une belle écriture. Ce détail en soi est frappant, puisque ses quatre frères et sœurs sont illettrés, comme l'attestent les actes d'état civil qu'ils ne savent pas signer.

Il est vraisemblable que Jean-Baptiste ait reçu une certaine instruction de la part des curés de son village, et surtout qu'il ait bénéficié de la protection des seigneurs locaux, les Fyot de La Marche. Jacques-Philippe Fyot de La Marche, conseiller-garde des Sceaux honoraire au parlement de Bourgogne, autrefois ministre plénipotentiaire du roi auprès de la République de Gênes, veillera sur Jean-Baptiste tout au long de son existence… Cette bienveillance soulève naturellement un certain nombre de questions : pourquoi une telle affection de la part du seigneur ? Est-elle motivée par les qualités exceptionnelles du jeune homme ? Est-elle le fruit d'un lien plus intime, par exemple d'une filiation naturelle ? Impossible de le dire.

En 1759, on retrouve Jean-Baptiste à Paris en tant que « receveur de la Loterie royale de France ». Il s'installe par la suite à Dunkerque, où il est « député des officiers commensaux de la Maison du roi », avant d'acheter un office auprès des postes de Dunkerque en 1779[7]. Il est contrôleur puis directeur de la poste aux lettres. Il épouse en 1763 une Dunkerquoise, Marie-Françoise Jossaer, qui appartient à la bonne bourgeoisie – « la noblichonnerie des Flandres », comme s'amuse à l'écrire Jacques Vendroux. Alors que les parents du marié sont décédés, c'est Jacques-Philippe Fyot de La Marche qui donne procuration pour ce mariage[8]. La dot et le niveau social de son épouse confortent Jean-Baptiste dans son statut de bourgeois établi.

Désormais, les personnages dont nous parlons ont un visage : une imposante peinture les représente en famille. On peut y voir Jean-Baptiste dans la force de l'âge, grand et fort, sûr de lui et souriant, son regard malicieux vaguement perdu vers quelque affaire à monter ou quelque souvenir de bon repas. Tout, dans sa tenue, impose le respect : sa perruque blanche, son jabot de dentelle, son gilet de brocart, sa veste sombre. Et pourtant, d'emblée, se dégage de sa personne une bonhomie généreuse. Peut-être vient-il de dire une phrase amusante, puisque les autres membres de sa famille semblent prêts à rire – Julie, la belle demoiselle au visage éclairé, Jacques-Philippe, le garçonnet aux yeux intelligents, et surtout Marie-Françoise, qui occupe la position centrale dans le tableau. Quelle distinction, quel maintien, chez cette femme ! Un port de tête magnifique, un visage aux traits fins, un sourire tout de bonté. Sans doute le peintre était-il payé pour donner une belle vision de ses modèles, mais la grâce qu'il prête à l'épouse semble trop complète pour n'être pas réelle.

Debout aux côtés de son père, l'adolescent fluet que l'on voit sourire sur le portrait de famille inaugure la longue lignée des « Jacques-Philippe[9] » qui se succéderont dans la famille Vendroux jusqu'au XXe siècle. Il est né en 1766. Son parrain fut messire Jacques-Philippe Fyot de La Marche, comte de Neuilly et de Dracy-le-Fort, et sa marraine est dame Marie-Magdelaine Judith Fyot de La Marche... Le fait que l'enfant porte le prénom de son parrain illustre sans doute une éternelle reconnaissance au soutien apporté par ce seigneur dans l'essor social de Jean-Baptiste.

Jacques-Philippe semble gracile. Ne nous y fions pas. En affaires, il se révèle muni d'une personnalité entière, et si l'on voulait croire aux lois de l'hérédité, on trouverait certainement un peu de l'entêtement d'Yvonne Vendroux chez cet aïeul au fort caractère. En 1785, il succède à son père à Dunkerque puis devient contrôleur des postes royales de Calais.

Comme toujours, affaires et amour ont partie liée, et le voici qui épouse la nièce de son directeur, Marie Leveux-Caffiéry. Dans les années qui suivent, elle met au monde trois filles, puis – heureusement pour la succession – deux garçons, Jacques-Charles et Charles-Julien. Hélas ! le sort s'en mêle et les deux petits meurent, l'un à l'âge de cinq ans, l'autre dans sa première année. Une autre fille vient au monde, qui décédera à dix-neuf ans. Enfin, en 1805, naît un fils baptisé Jacques-Philippe qui a sans doute été fort désiré.

Mais entre-temps la Révolution française est passée par là, et avec elle des décrets modifiant les fonctions de contrôleur des postes. Jacques-Philippe père, s'estimant lésé, se défait de sa charge. C'est son premier acte d'indépendance dans une vie qui en comptera beaucoup d'autres. Pour le moment, il se replie à Saint-Pierre-lès-Calais, et conforte son isolement par le choix d'une maison située au bord du canal et à laquelle il n'est possible d'accéder que par un bac. Sans doute de bonnes conditions financières lui permettent-elles de mener cette vie de rentier.

En 1808, toutefois, il sort de sa retraite pour devenir maire de la bourgade : « Cette petite commune n'était qu'une modeste localité dont rien ne laissait prévoir l'étonnante fortune. Les fonctions de maire y étaient néanmoins assez abondantes si l'on en juge par le *journalier* que Jacques-Philippe a laissé et où il indiquait les différentes affaires qu'il devait traiter. Le mémento témoigne du zèle et de l'ordre de son auteur ainsi que de la conscience qu'il apportait à l'exercice de ses fonctions : correspondance avec la préfecture, questions de recrutement, guerre avec l'Angleterre, vérification de l'état de santé des conscrits et mise en route de ceux-ci par les moyens les plus rapides... Il surveillait l'entretien des digues, les coupes d'herbe qui "doivent avoir lieu tous les ans à la Saint-Jean sur les bords de la rivière d'Abyme". Il fit construire le mur en gazonnement de l'ancien cimetière, réparer la tour de l'église[10]. »

Mais son tempérament intègre, pour ne pas dire son mauvais caractère, l'amène à démissionner de sa fonction de maire en 1810 à la suite de quelques maladresses commises par la préfecture. Il devient alors juge de paix du canton de Calais, et confirme sa notabilité : le 24 avril 1814, lorsque

Louis XVIII revient de son exil en Angleterre pour monter sur le trône, Jacques-Philippe fait partie de la délégation de trois membres qui le reçoit à son débarquement au port de Calais. Alors, rangé, Jacques-Philippe ? Pas le moins du monde. En 1816, outré par les « louches besognes policières » que lui demande d'accomplir l'administration de Louis XVIII, il envoie une « démission retentissante » et quitte Calais. Il s'installe à Lille, où il exerce la charge de commissaire-priseur. C'est là qu'il meurt, en 1826, au terme d'une carrière un brin chaotique, mais au cours de laquelle il sut faire preuve d'un sens de l'adaptation hors du commun. Sa veuve Marie revient alors vivre à Calais avec ses enfants dans la maison de son frère Jacques Leveux, qui est célibataire et sans descendance.

Le dernier fils de Marie, Jacques-Philippe deuxième du nom, est l'arrière-grand-père d'Yvonne. Elle en a souvent entendu parler par son père. Peut-être a-t-elle rêvé à ce que fut la vie de ce jeune homme, seul héritier mâle survivant de la famille Vendroux et de la famille Leveux, donc choyé, entouré de soins, aiguillé vers les meilleures institutions scolaires. Après des études à Calais et Saint-Omer, il est envoyé en Angleterre et en Allemagne pour parfaire sa connaissance des langues et nouer avec ces pays des liens qui seront utiles à ses affaires. Car cet héritier, comme ses ancêtres, a le sens de l'entreprise.

La constante présence à ses côtés de son oncle Jacques Leveux, véritable mentor, lui est une aide précieuse. Arrêtons-nous un instant sur ce personnage qui, selon l'historien de Calais Christian Borde, est à l'origine de la fortune des Vendroux. Leveux, comme son propre père avant lui, est l'un des plus importants commissionnaires de Calais. Il organise le négoce et le transport de marchandises pour de grandes familles, notamment les Rothschild. Il possède à cet effet un bateau, *La Dorade*, armé pour la ligne Le Havre-Sénégal, et il acquerra deux autres bâtiments en 1835. Le gros de la fortune Leveux se constitue précisément au début des années 1830 dans un contexte particulier. La loi d'avril 1816 a rétabli un protectionnisme absolu vis-à-vis de l'Angleterre : « Les tulles de coton, comme bien d'autres marchandises anglaises, sont prohibés en France comme au temps du blocus continental ; ils le resteront officiellement jusqu'en 1860[11]. » La seule solution pour les négociants anglais consiste donc à délocaliser leurs unités de production en France, notamment dans le Calaisis, ou bien à « passer par les réseaux des *smugglers* [contrebandiers] en assumant les risques de confiscation[12] ». Leveux entre dans ce second système et fait venir de Grande-Bretagne – illégalement, donc – des filets de dentelle en coton. Il importe également d'outre-Manche des métiers à tisser puis, à partir de 1850, de la dentelle à soie. Cette affaire assure sa prospérité – et celle de Jacques-Philippe – jusqu'au début du XXe siècle, puisque les Lyonnais, experts en soierie, viennent à Calais acheter leur dentelle.

En 1830, Leveux devient maire de Calais. L'homme est franc-maçon, et il est même le vénérable – c'est-à-dire le chef – de sa Loge, « Saint-Louis des amis réunis ». Nuance de taille : l'engagement dans la franc-maçonnerie n'est pas à l'époque synonyme d'anticléricalisme, et Jacques Leveux continue à se comporter en paroissien modèle. À la tête de la municipalité, il prend en 1832 un arrêté de santé publique important pour tenter d'endiguer l'épidémie de choléra qui sévit alors : il interdit de jeter les ordures dans la rue et suspend le travail de nuit.

Autant dire qu'avec un oncle de cette trempe, bien installé économiquement et politiquement à Calais, Jacques-Philippe dispose d'un atout remarquable. En 1831, il s'associe officiellement avec Leveux et fonde une des premières affaires de tulle de la ville. Peu à peu, il renforce sa position par des responsabilités variées : fondateur du Cercle littéraire de Calais, membre de la chambre de commerce, il devient le premier Vendroux à servir son pays par les armes. Il est en effet élu en 1831 à la Garde nationale, dont la monarchie de Juillet fait sa force essentielle de maintien de l'ordre entre 1830 et 1848. Recrutée parmi les bourgeois assez riches pour s'équiper à leurs frais, c'est-à-dire ceux qui paient une contribution foncière et sont fils d'un imposé, elle ne rencontre pas toujours l'adhésion des jeunes gens aisés : ceux-ci, qui échappent à l'obligation militaire en payant un remplaçant, n'apprécient guère de se retrouver embrigadés dans une structure qui leur impose des exercices militaires et les expose à risquer leur vie en cas de crise.

Le parcours parfait de Vendroux, bien différent à la vérité des revirements ayant marqué l'histoire de son père, trouve une forme d'accomplissement en 1837, lorsque Jacques-Philippe transforme l'affaire Leveux en société Leveux-Vendroux, et qu'il épouse une fort riche Calaisienne, Joséphine Gamblin. Celle-ci lui apporte en dot la magnifique propriété de Coulogne, près de Calais, et lui donne en 1840 un fils unique, baptisé sans surprise Jacques-Philippe. Depuis trois générations, le hasard qui a permis la succession d'héritiers mâles dépourvus de frère a beaucoup contribué à la préservation de la fortune des Vendroux. Le génie des affaires a fait le reste.

Comme l'explique Christian Borde, les Vendroux, contrairement à beaucoup d'autres entrepreneurs de l'époque tentés par les gains rapides et risqués, préfèrent gérer leur affaire de manière prudente et régulière, assez traditionnelle, en somme. Grâce au financement du Crédit du Nord, ils investissent dans le port de Calais et confortent leur spécialisation dans le tulle et la dentelle en maîtrisant toute la chaîne de production : approvisionnement en matière première, transport et transformation en produit fini.

Mais méfions-nous des parcours trop linéaires. Les Vendroux ne nous ont pas habitués à la monotonie, et ce jeune marié n'a pas plus que les autres l'intention d'être prévisible. À l'aube de ses quarante ans, il décide sans explication de délaisser les affaires pour devenir rentier. En 1845, un drame parachève sa rupture avec le monde : sa femme, Joséphine, meurt en mettant au monde un second enfant, lui-même mort-né. Le veuf, désespéré, abandonne ses dernières charges et part vivre dans le château de Coulogne avec ses deux sœurs célibataires, Suzette et Julie.

C'est un autre décès qui l'incite à revenir aux affaires : deux ans plus tard, le cher oncle Leveux s'éteint. Jacques-Philippe II devient par la force des choses l'unique propriétaire de la société Leveux-Vendroux. Il prend donc en main la direction de l'entreprise et récupère les charges consulaires qui appartenaient à son oncle. Désormais consul de Hollande, du Portugal, des États-Unis, du Danemark, d'Autriche, et bientôt d'Espagne et du Brésil, il hérite en outre de la colossale fortune Leveux, qui consiste en d'importantes possessions immobilières, mobilières et financières. Une petite idée peut être donnée de ce patrimoine : après le krach des banques en 1848, Jacques-Philippe connaît quelques – relatifs – ennuis financiers. Il se renfloue en vendant, « au poids, une partie de son argenterie, pour 50 000 francs ».

Ce grand bourgeois, respecté et puissant, obtient de nombreuses fonctions dans sa ville – membre de la commission de surveillance des canaux, juré – mais échoue aux élections municipales de 1860. Il faut dire que son appartenance à la franc-maçonnerie, héritée sans doute de la tradition Leveux, de même que son engagement en tête de la liste opposante au Second Empire, ne lui valent pas que des soutiens… Ces prises de position illustrent en revanche une indépendance d'esprit qui s'est déjà manifestée chez ses aïeux, et que l'avenir préservera chez ses descendants.

Sentant venir la vieillesse, Jacques-Philippe se retire progressivement des affaires au profit de son fils. Il vit suffisamment longtemps pour assister à l'avènement de la république qu'il avait appelée de ses vœux, et réussit à être élu au conseil municipal en 1877. En dépit de ses convictions politiques un peu voltairiennes, Jacques-Philippe restait profondément chrétien ; sa foi causa même sa mort. Il commit en effet « une grave imprudence en s'obstinant, malgré un rhume, à vouloir assister à la messe de minuit de Noël 1878, où il attrapa la congestion pulmonaire dont il mourut quelques mois plus tard », le 19 janvier 1879 pour être précis. Son acte de décès précise qu'il est alors « chevalier de l'ordre impérial de François-Joseph et de l'ordre royal du Lion néerlandais ». Ces décorations sont liées à ses activités de consul d'Autriche et des Pays-Bas à Calais. Rien, en revanche, n'indique qu'il soit titulaire de la Légion d'honneur[13], que son arrière-petit-fils lui attribue pour le rôle qu'il aurait joué dans la Garde nationale en 1848.

Son fils, le troisième Jacques-Philippe, né le 22 mai 1840, représente sans nul doute le modèle le plus accompli de l'homme d'affaires ambitieux, entreprenant et doué au sein d'une lignée qui en compta beaucoup : il est frappant de constater à quel point les fils Vendroux parviennent à maintenir et augmenter leur fortune au cours d'un XIXe siècle fait de ruptures politiques et de fortes crises économiques. Un savoir-faire ancien, allié à un instinct qui les porte vers les innovations les plus prometteuses, explique cette réussite assez exceptionnelle. Un certain parallélisme dans les destins individuels y est peut-être aussi pour quelque chose : fils uniques de leur génération, frappés jeunes par le deuil d'un de leurs parents, secondés par une famille extrêmement soudée qui met à leur disposition toutes les chances, héritiers précoces de l'affaire familiale, les Jacques-Philippe avancent sans hésiter dans l'existence, sûrs d'y trouver leur compte et impatients d'apporter leur pierre à l'édifice ancestral.

Jacques-Philippe III n'échappe pas à la règle : il perd sa mère à l'âge de sept ans et est élevé par ses deux tantes Suzette et Julie, âgées de cinquante-sept et cinquante-six ans, qui ont déjà pris soin autrefois de son père. Comme lui, il est envoyé à l'âge de dix-sept ans parfaire son allemand et apprendre l'art du commerce au Handels Institut d'Osnabrück. La répétition, génération après génération, du même schéma d'éducation garantit le maintien du succès familial et s'inscrit dans une tendance forte : au XIXe siècle, les médecins et les romanciers mettent en lumière la notion d'hérédité, en font presque une mythologie. Dans cette perspective, la famille devient plus que jamais « un nom, un sang, un patrimoine matériel et symbolique, hérité et transmis[14] ».

Pour le peu qu'on en sait, Jacques-Philippe est un jeune homme banal sur le plan physique : « 1,65 mètre, cheveux châtains, front haut, yeux gris, barbe naissante, visage ovale, le reste moyen ou ordinaire[15] ». Dans ses études, rien ne le distingue non plus particulièrement. Tout juste le futur grand-père d'Yvonne possède-t-il, comme sans doute beaucoup de ses camarades, un recueil de chansons un peu grivoises, recopiées en français et en allemand ! C'est une fois entré dans l'affaire familiale en 1860 que le jeune homme trouve sa voie et fait valoir, comme ses ancêtres, une personnalité hors du commun. Son mariage d'abord. Alors que le couple est habituellement constitué, dans les milieux bourgeois, selon des considérations où les avantages financiers et sociaux tiennent la plus grande part, les fils Vendroux privilégient semble-t-il l'union d'amour – sans refuser pour autant, car cela ne nuit pas, une personne de leur rang ! Comme son père et son grand-père, Jacques-Philippe se marie donc à une femme dont l'histoire familiale le dit follement amoureux. La scène se passe en 1866, lors d'une représentation d'opéra dans le théâtre de la maison familiale, rue Leveux à Calais : « Il remarque une ravissante jeune fille… Coup de foudre réciproque ; c'est Caroline Giovanelli, fille d'un inspecteur des douanes venu à Calais depuis peu. Ils se marient le 20 janvier 1867[16]. »

La grand-mère d'Yvonne est issue d'une famille qui peut revendiquer, comme celle des Vendroux, des origines lointaines, auxquelles s'ajoutent la magnificence et la légende d'un passé prestigieux parfumé d'Italie. Au début du XVIIe siècle, l'un des ancêtres de Caroline, le grand seigneur Juvénal Giovanelli, a pour oncle le patriarche de Venise, qui lui léguera un palais. À cette histoire qui porte à la rêverie s'ajoute une intrigue mystérieuse : le fils de

Juvénal, François, né en 1673, reste « l'énigme de la famille » : pour des raisons non encore élucidées, il quitte l'Italie à l'âge de neuf ans pour n'y plus jamais revenir… « Il fut reçu à la cour du prince Léopold, premier duc de Lorraine, à qui seul il confia le motif de sa fuite et l'origine de sa naissance. Ce duc voulut, lorsqu'il fut parvenu en âge, lui confier une charge importante, qu'il refusa constamment en suppliant de n'être nommé que "Francisco" et jamais du nom de "Giovanelli"[17]… » Sur cette affaire, toutes les hypothèses ont été émises, faisant tour à tour d'Yvonne la lointaine descendante d'un roi, d'un sultan et même d'un pape !

Après ces péripéties romanesques, les Giovanelli prospèrent dans le nord-est de la France et dans les Flandres, entre Lunéville et Bruxelles, à des postes d'ambassadeur ou d'inspecteur général des douanes. C'est à Charleville que le père installe sa famille au cours du Second Empire, après quelques ennuis de carrière dus à son opposition au régime de Napoléon III – autre point commun avec les Vendroux. Caroline naît dans cette ville en 1847.

À vingt ans, elle épouse le fils Vendroux, auquel son père laisse peu après la direction de son affaire. Retiré, il lui transmet également ses charges consulaires. Le couple aura trois enfants : le 21 janvier 1868, l'aîné est un fils, appelé sans surprise Jacques-Philippe, quatrième du nom. C'est le futur père d'Yvonne. Sa naissance cause une inimitié durable entre les Vendroux et deux autres familles de Calais, les Mullié et les Gayard, dont les femmes doivent mettre au monde leur enfant le même jour : la sage-femme, en effet, préfère s'occuper d'abord de l'accouchement de Caroline Vendroux, laissant les deux autres parturientes dans les douleurs de l'attente ! Jacques-Philippe aura un frère en 1869, Charles, et une sœur en 1875, Suzanne.

La famille, peinte vers 1870, n'a pas la gaieté de celle de l'ancêtre Jean-Baptiste, immortalisée cent ans plus tôt. La présence sur le tableau de Jacques-Philippe II, veuf depuis si longtemps, bourgeois à l'allure austère et aux longs favoris gris, explique peut-être le sérieux du jeune couple. Vêtue d'une robe très simple inspirée de la mode du Second Empire, la grand-mère d'Yvonne a l'air sage et doux. Son mari, l'œil perçant, respire l'intelligence et la fermeté. Sur ses genoux, le père d'Yvonne, encore enfant, potelé et innocent, incline sa tête de côté, patient.

Jacques-Philippe III, à partir d'un patrimoine fort solide, va construire un empire économique régional et acquérir une importante renommée locale. S'il siège au tribunal de commerce dès 1870, puis à la chambre de commerce et au conseil municipal, c'est à son action qu'il le doit, bien plus qu'à la perpétuation d'un privilège familial. L'homme est un novateur : en juin 1872, il fonde l'association Vendroux, Clément et Verlingue « pour l'exploitation d'une meunerie et la fabrication et la vente des biscuits de mer et autres ». C'est la naissance de la fameuse biscuiterie Vendroux, dont le pain de mer accompagna tant de marins lors de voyages au long cours. La légende veut que l'idée de créer l'usine lui soit venue sur le port, en voyant pourrir sur le quai un stock de biscuits anglais. Choqué par le monopole jusque-là exercé par les Britanniques dans ce type de production, il aurait décidé de créer une filière française.

Les historiens confirment la dimension politique de cette création : au cours de la guerre de 1870, l'approvisionnement en pain de guerre des soldats français s'était déroulé dans la plus grande incohérence. Il fallait revoir le processus de ravitaillement. Après le conflit, Vendroux saisit l'opportunité et passe un marché avec l'armée pour fournir les hommes en biscuits. Sur le plan technique, un autre facteur le pousse à se lancer dans cette nouvelle activité, à savoir la transition qui s'opère alors du bateau à voile vers le bateau à vapeur. Avec l'apparition des gros bateaux à vapeur le coût du fret s'effondre, et Vendroux peut commissionner des navires américains et anglais pour le fournir massivement en blé. Le port de Calais permet de réceptionner la marchandise[18]. L'affaire rapporte de généreux bénéfices, d'autant que Vendroux diversifie sa clientèle : il vend bientôt ses biscuits de mer aux pêcheurs de morue basés à Dunkerque. Il faut, en mer comme lors des longues campagnes militaires, un pain qui tienne longtemps. On le cuit donc deux fois, d'où son nom : bis-cuit.

Jacques-Philippe est l'actionnaire principal de la société puisqu'il apporte 100 000 des 300 000 francs qui constituent le capital[19], et qu'il est associé à Eugène Fournier, alors trésorier de la chambre de commerce, qui amène, lui, 75 000 francs. La direction de l'usine est confiée à Verlingue, qui habite sur place. « La biscuiterie s'installe sur un site industriel déjà ancien, proche du pont Saint-Pierre, qui constitue le centre de la localité de Saint-Pierre-lès-Calais, rappelle l'historien Christian Borde. Elle contribue à revitaliser le tissu économique du quartier[20]. »

De nombreuses publicités d'époque permettent de se représenter la physionomie des bâtiments : tout comme à Delft autrefois, un canal longe les établissements Vendroux. Il relie Calais à Saint-Omer. Lourdes péniches et bateaux à voilure y transportent matières premières et produits finis. La façade des usines, austère et haute, s'ouvre sur le quai, non loin d'un pont. Une grue de levage permet d'embarquer ou de débarquer directement les caisses arrivées par voie d'eau. Les établissements Vendroux sont enserrés dans un rectangle d'enceinte composé de longs bâtiments percés de fenêtres. Au centre de ce rectangle se dresse une aile imposante de quatre étages, sans doute un entrepôt de stockage, construit cependant avec une grâce architecturale qui dit bien le respect qu'inspire alors l'industrie. Entre l'enceinte et l'entrepôt, quatre bâtiments de fabrique, avec leurs toits typiques pentus et leurs hautes cheminées. En dehors de l'enceinte, on distingue la maison du directeur, élégante demeure de maître, bourgeoise comme il se doit, dressée au milieu d'un grand jardin. Plus loin encore, à l'horizon, d'autres usines, ainsi qu'une voie ferrée d'où s'élève le panache de vapeur d'une locomotive.

Selon le récit familial, Jacques-Philippe Vendroux aurait créé la biscuiterie pour lutter contre la concurrence internationale – notamment anglaise – et pour œuvrer en faveur de la défense nationale, avec la production de biscuits de mer. Ces motifs patriotiques ne doivent pas être minorés, mais ils sauraient occulter l'incontestable talent de Jacques-Philippe en affaires. Sa réussite économique est d'autant plus remarquable qu'elle s'inscrit dans un contexte général de récession occasionné par la concurrence des pays neufs, la chute démographique et le ralentissement des investissements : « La France subit, entre 1873 et 1896, une longue période de ralentissement de la croissance, de successions de crises, de chômage et de baisse des prix. » Mais Vendroux semble à l'abri de cette évolution, peut-être grâce à la vaste palette de ses activités. En effet, héritier de la maison de transport maritime Leveux, fondateur des usines alimentaires Vendroux, il diversifie considérablement les domaines d'investissement de la famille en mêlant adroitement les spécificités de deux branches. Une publicité de 1889 énumère longuement ses activités : « Consignation de navires et de marchandises, commission transit armement, transport à forfait pour tous pays, assurances maritimes et fluviales, outillage spécial pour débarquements rapides de navires de grains, engrais, etc. Vastes magasins pour traitement de grains et autres marchandises avariées. Service régulier de vapeurs entre Calais et Londres[21] ! » Mais ce n'est pas tout. Il crée également un négoce de charbon et surtout une agence d'importation de vins et liqueurs des Antilles, d'Afrique du Sud et de Méditerranée, qui garnit la cave familiale d'un extraordinaire trésor dont les générations suivantes goûteront encore les délices.

La richesse de ce Jacques-Philippe lui permet un mode de vie opulent. Héritier de la grande demeure calaisienne des Leveux, située à cheval sur les rues Leveux et de la Douane, il en modernise les espaces. L'hôtel particulier devient un lieu de réception prestigieux pour la haute société calaisienne. On imagine les femmes élégantes, vêtues de robes à cascades, coiffées de chapeaux à plumes, accompagnant leurs négociants de maris, sérieux et ventripotents, pour un dîner chez les Vendroux. Les mets, triés sur le volet, sont d'une finesse rare : saumon pêché dans le fleuve Tay en Écosse, jambon importé d'York. Après le repas, dans le fumoir, les discussions d'affaires vont bon train, tandis qu'au salon ces dames bavardent autour d'une orangeade. Par ailleurs, comme tout grand bourgeois qui se respecte, Jacques-Philippe n'oublie pas les devoirs que lui impose la charité. En 1870, par exemple, il offre aux blessés de la guerre deux lits et leur entretien.

Mais Vendroux n'est pas seulement ce que l'on peut appeler un grand bourgeois casanier. Déjà se décèlent chez lui des traits de caractère qui se retrouveront plus nettement affirmés chez son fils, le père d'Yvonne, notamment un goût prononcé pour l'innovation technique, les expériences et la modernité. Le XIXe siècle, ne l'oublions pas, est celui de la révolution industrielle, des nouvelles techniques agricoles, de l'électricité, bref d'un espoir communément partagé en les progrès de la science. Dans ce domaine, l'Angleterre victorienne apparaît à beaucoup comme un pôle de référence. Les Calaisiens, si mêlés aux destinées de l'île voisine, en savent quelque chose, et sont parmi les premiers informés des avancées accomplies outre-Manche. Jacques-Philippe, par exemple, ne manquerait pour rien au monde l'Exposition universelle qui s'ouvre à Londres le 1er mai 1871. Sous le nom officiel d'« Exposition des œuvres de l'industrie de toutes les nations », cette vaste manifestation présente au public, pendant trois ans, les dernières découvertes en matière artistique et technique. Vendroux, fasciné par les avancées de la science, décide de les mettre en application sans tarder : dans les allées de l'Exposition, il passe commande d'un chauffage central à eau chaude qui sera installé quelques mois plus tard dans sa maison de Calais. C'est, si l'on en croit son descendant, la première installation de ce type à fonctionner en France.

Sur un autre terrain, plus modeste, Jacques-Philippe III suit les progrès britanniques et expérimente dans une de ses fermes l'élevage de nouvelles races de poules et cochons anglais – « avec plus ou moins de succès », note son petit-fils... Surtout, il succombe à la mode toute récente des voyages touristiques, qui sont encore l'apanage des classes très aisées, capables de s'offrir un mois ou deux de dispendieuse oisiveté. Lors de ces migrations estivales où la maisonnée entière se déplace, y compris les nourrices et les domestiques, la garde-robe et le garde-manger, le père de famille développe chez ses enfants le goût des grands paysages : les Vendroux aiment les bords du Rhin, les Alpes suisses, le bon air de Vichy... L'aîné des enfants suit courageusement les expéditions en altitude et tente de surmonter la double gêne que lui occasionne la randonnée : il souffre en effet de vertige et d'éprouvantes migraines. Pour gravir les rochers de Naye, en Suisse, malgré son mal de tête, il grimpe sur un mulet, le crâne serré dans un bandeau que sa mère imbibe d'eau de Cologne tous les deux cents mètres. La beauté du spectacle l'emporte et, une fois adulte, Jacques-Philippe IV gardera la passion de la montagne.

L'endroit qu'affectionne le plus le père Vendroux est pourtant bien éloigné des versants alpins, et tout proche de Calais : c'est la propriété de Coulogne, qu'il a héritée de ses parents et où il passe de longues journées bucoliques. Les quelques photographies qui restent de cette époque dévoilent l'ampleur et la beauté du parc, ses recoins sauvages, l'eau omniprésente, les ruines romantiques d'un petit pont de bois, les iris du printemps et la gloriette à demi mangée par le lierre. La vaste superficie a été aménagée en espaces naturels différents, pour le plus grand plaisir des promeneurs : « Un jardin anglais, un jardin français, un autre grand jardin anglais avec étangs, cours d'eau, plus un verger en espaliers et un autre d'arbres de plein vent », se souvient le frère d'Yvonne, qui y passa, tout jeune, la moitié de son temps.

C'est au milieu de ce jardin enchanteur que Jacques-Philippe III meurt, à la fin de l'été 1894, d'une soudaine congestion cérébrale. Sa veuve, alors âgée de quarante-neuf ans, lui survivra jusqu'en 1911, entretenant à Coulogne le train de vie d'autrefois, festif et mondain. Cette femme qui avait été fort belle « recevait beaucoup, avec élégance et un certain faste. Elle était l'arbitre de la vieille société calaisienne », raconte son petit-fils. Elle n'aura pas, la bienheureuse, à connaître la Première Guerre mondiale et ses conséquences désastreuses, à savoir le ravage de la région et l'effritement de la fortune familiale.

Un père et une lignée

Quand son père meurt en 1894, Jacques-Philippe quatrième du nom est âgé de vingt-six ans. À part le fait qu'il n'a perdu ni son père ni sa mère dans ses jeunes années, rien ne distingue son parcours de celui de ses aïeux : scolarité dans l'institution calaisienne de M. Roche, où il obtient en 1875 le premier prix en lecture, en géographie, et le deuxième en orthographe ; études jusqu'au baccalauréat chez les dominicains à Arcueil, avec son frère cadet Charles et quelques cousins plus jeunes, puis séjour de deux années à Osnabrück, à l'âge de dix-sept ans, pour étudier la langue allemande et les secrets du négoce.

À son retour d'Allemagne, vers 1888, il a vingt ans. Il achève son initiation à la vie par deux étapes incontournables : le séjour en Angleterre puis le service militaire, qu'il effectue sur la base d'un engagement volontaire de un an. Cette formule est réservée aux jeunes gens qui peuvent s'équiper et s'entretenir à leurs propres frais : en échange, ils doivent un an à l'armée au lieu de cinq... Jacques-Philippe « est affecté, encore avec son frère Charles, au 127e d'infanterie à Valenciennes et termine caporal sa carrière militaire[22] ».

Le moment est alors venu d'entrer dans l'affaire familiale. En 1894, Jacques-Philippe est bien armé pour hériter entièrement des activités d'armateur, ainsi que de la présidence du conseil d'administration de la biscuiterie et des charges consulaires paternelles. Le voici, à peine âgé de trente ans, à la tête d'un petit empire économique et financier. À la fierté légitime de détenir là une responsabilité importante s'ajoute celle, plus profonde, de perpétuer une tradition familiale établie depuis quatre générations et portée par les aînés de père en fils. Que va faire le jeune Vendroux de cet héritage ? Comment compte-t-il s'y prendre pour ajouter une nouvelle pierre à un édifice déjà parfaitement cimenté par ses prédécesseurs ?

D'emblée, le personnage montre qu'il n'entend pas se contenter d'entretenir la fortune qui lui a été léguée. Non. Comme ses ancêtres, il a l'esprit d'entreprise et veut moderniser, améliorer, rentabiliser. Il transforme immédiatement la société Vendroux en société anonyme, ce qui lui permet de renouveler un cinquième du capital avec de l'argent frais. Ce capital, qui atteint 500 000 francs en 1894, est le signe d'une entreprise en parfaite santé.

Vendroux diversifie la production et se lance dans celle des pâtes. Le contexte géographique est favorable : la mer du Nord est alors la portion maritime où circule le plus gros tonnage de bateaux sur la planète. Située « au centre des régions du monde les plus peuplées, les plus actives, les plus riches en grandes villes et en ressources industrielles ou agricoles, [...] son étroitesse devient un facteur de développement[23] ». Dans les terres, la production de houille a engendré la constitution d'un important tissu industriel et a drainé d'autres industries de transformation – textile, sidérurgie, aciérie –, attirées par une main-d'œuvre nombreuse et formée depuis plusieurs générations aux travaux d'usine ou d'atelier. Surtout, « l'industrie alimentaire est très fortement représentée dans le Pas-de-Calais : féculeries, minoteries, brasseries, biscuiteries, chocolateries, conserveries, fabriques de pâtes alimentaires, fabriques de chicorée, production variée de fromages et une importante industrie de la betterave à sucre[24] ».

Dans ce domaine de l'alimentation, Jacques-Philippe excelle. Une de ses premières initiatives est d'agrandir l'usine Vendroux, qui devient dès lors un des premiers établissements de la ville : elle « emploie 203 salariés, soit 28,5 % des ouvriers employés dans l'industrie calaisienne[25] », ce qui fait de Jacques-Philippe l'un des plus importants patrons locaux. Comme son père, il ne redoute pas de sortir de son Pas-de-Calais natal : ses voyages touristiques de jeunesse, sa formation en Allemagne, ses séjours en Angleterre lui ont donné l'assurance nécessaire pour conquérir de nouveaux horizons. C'est ainsi que sa biscuiterie est l'une des rares industries alimentaires calaisiennes à travailler pour l'exportation.

Le second pôle majeur pour le jeune entrepreneur est le transport maritime. La situation de Calais, au bord d'une mer qui accueille alors les cinq plus grands ports du monde et où aboutissent les plus grandes lignes maritimes de tous les continents, est une aubaine qu'il entend bien exploiter. Pour cela, il poursuit la double activité mise en place par ses ancêtres : le transport de marchandises, qu'il assure en tant qu'armateur ou en tant que consignataire[26], et le trafic de passagers, qui peut compter sur plusieurs dizaines de milliers de voyageurs anglais par an, Calais étant à l'époque le principal port français pour le transit transmanche. Jacques-Philippe s'intéresse d'ailleurs à l'organisation du port, qui a un impact direct sur ses propres affaires. En tant que vice-président de la chambre de commerce et d'industrie de Calais, il suit par exemple de près le réaménagement portuaire qui s'achève en 1898, après vingt ans de travaux. En 1908, toujours soucieux de maintenir les infrastructures calaisiennes face à une concurrence très rude, notamment de la part de Dunkerque, qui a su se rénover avec la sidérurgie sur l'eau, il soutient un nouveau projet : « proposer aux sidérurgistes des avantages et un poste de déchargement aérien sur le quai est du bassin Carnot, qui apporterait au bas mot 1,5 million de tonneaux[27] ».

Fort de son dynamisme et de son implication dans la vie économique locale, Jacques-Philippe est élu conseiller municipal dès 1895 et reste vice-président de la chambre de commerce et d'industrie pendant trente ans. Cette double responsabilité l'amène à s'intéresser de très près aux dossiers économiques. C'est ainsi qu'il prend la tête de la campagne qui vise en 1897 à dissocier la ville de Calais de la commune de Saint-Pierre-lès-Calais. Les deux localités avaient été réunies par le préfet en 1885 afin de former un système unique de défense pour soutenir Dunkerque en cas de guerre. Mais les négociants de Calais estiment cette mesure néfaste aux intérêts du port. Ils se lancent dans une petite guerre de sécession locale qui, avec le recul, a tout d'une querelle de clochers bien française et une coloration sociale typique : à Calais la bourgeoise, catholique et plutôt antirépublicaine, s'oppose Saint-Pierre la sociale avec ses ouvriers. Seule la guerre de 1914-1918 permettra de refaire l'unité calaisienne…

Outre ses fonctions municipales, Jacques-Philippe est également juge au tribunal de commerce pendant une dizaine d'années et administrateur de la Banque de France à Calais. Pour en finir avec les honneurs et les charges de ce grand notable, rappelons qu'il reçoit un nombre imposant de décorations étrangères grâce à ses charges consulaires : chevalier de Danebrog (ordre royal honorifique danois) et du Lion néerlandais, décoré de diverses croix autrichiennes, il est fait chevalier du Christ du Portugal en 1900. Cette distinction donne lieu, bien plus tard, à une anecdote restée dans les annales : en 1925, lorsque Jacques-Philippe prend sa retraite, « le gouvernement portugais, oubliant cette nomination, lui décerne une seconde fois la même croix ! Comme il le faisait remarquer à l'ambassadeur, celui-ci lui répondit : "C'est un lapsus : lisez commandeur au lieu de chevalier !"[28] ».

Tel se présente donc, vers l'extrême fin du XIXe siècle, celui qui bientôt sera le père d'Yvonne. Un homme d'affaires qui a réussi, un notable respecté et connu dans Calais, un personnage bon et optimiste, symbolisant parfaitement une époque qualifiée de belle et où tous les espoirs sont permis. On est très loin du portrait que l'amiral de Gaulle dresse de lui : « Mon grand-père paternel était armateur de petits cargos charbonniers, petit industriel de la biscuiterie et de surcroît consul bénévole d'une demi-douzaine de pays maritimes[29]. » Cette description réductrice révèle surtout le déséquilibre des héritages dans une famille où le nom de De Gaulle a fini par l'emporter sur celui de Vendroux. Tandis que l'amiral consacre plus de trente pages de ses *Mémoires accessoires* à ses ancêtres de Gaulle, il n'en écrit que cinq sur ses aïeux Vendroux. Ce favoritisme, s'il peut se comprendre – après tout, Charles est le grand homme de la famille, bien plus qu'Yvonne ! –, laisse hélas dans la pénombre les qualités et l'originalité des parents d'Yvonne.

Il est d'autant plus intéressant de partir à leur rencontre. Bien sûr, retrouver la trace d'une âme à travers le temps est difficile. Les souvenirs ne sont plus, les lettres se sont perdues. Il faut néanmoins tenter de comprendre mieux. Il faut secouer les mémoires, s'emparer de chaque signe, remonter à la source, pour entrevoir ne serait-ce qu'un instant la tonalité des personnages et la manière dont ils ont pu façonner l'esprit de leurs enfants.

Chapitre II

Les parents

Les individus sont inégaux devant l'Histoire. Pour quelques personnages érigés en êtres d'exception et de ce fait largement étudiés, combien d'anonymes, d'inconnus, de petites gens passés à l'oubli et dont la postérité ne retiendra rien de personnel ? Entre les héros aux trajectoires rebattues par les historiens et la masse des obscurs, il existe une autre catégorie qui occupe une place particulière, entre anonymat et gloire : il s'agit des parents des héros, devenus importants *a posteriori*, quand l'œuvre accomplie par leur enfant rend indispensable de connaître mieux ceux qui l'ont mis au monde. Sans leur fils ou leur fille, ces gens-là seraient restés bien tranquillement à leur place, loin des livres d'histoire. Mais auréolés après coup, et souvent même après leur mort, par le destin de leur héritier, ils deviennent des parents mythologiques. On veut trouver dans leur tempérament ou dans leurs principes la clé permettant de comprendre les origines d'une vie restée fameuse.

Pourtant, tous les parents d'enfants célèbres ne sont pas traités avec le même soin. Leur sort dépend en réalité de la dimension historique attribuée à leur progéniture. Les parents de Charles de Gaulle, par exemple, ont fait l'objet de maintes études. Leur pensée, leurs lectures, leurs convictions politiques ont été habilement disséquées par les historiens, qui ont su y lire en partie la genèse du grand homme. Chez Yvonne de Gaulle, personnage considéré comme de second ordre dans la fresque gaullienne, les analyses n'ont jamais été aussi poussées. Les livres se sont surtout intéressés à son rôle d'épouse, à son influence sur le Général, beaucoup moins à ses origines et à son milieu. C'est là une petite désinvolture, à peine une négligence, mais qui mérite d'être réparée.

Péguy ne se trompait guère lorsqu'il écrivait que tout, chez l'être humain, se joue avant l'âge de sept ans. Tout, c'est-à-dire les valeurs, la vision du monde, les bases de la personnalité, autant de choses qui ne feront ensuite que gagner en épaisseur. Dans le monde du xixe siècle, où la famille constitue une unité morale de référence, le rôle des parents est fondamental. Ce sont eux – car leur règne est absolu – qui modèlent les esprits et forment les jeunes âmes. L'autorité incontestée du père de famille, l'omniprésence de la mère dans l'éducation, leur donnent une vraie prise sur le devenir des petits. Dans cette perspective, il est utile de s'attarder du côté des parents Vendroux, de les accompagner dans leur vie de tous les jours, de relire leurs livres de chevet, de partager leurs repas, de fouler le sol de leurs villégiatures et d'écouter leurs conversations. Il y a là beaucoup à apprendre sur une époque, sur un mode de vie, mais surtout sur la façon dont Yvonne sera invitée à voir le monde.

Un mariage d'amour

Nous avons laissé Jacques-Philippe IV à l'aube de ses trente ans. C'est un homme bien établi, à l'aise en société, et qui gère seul désormais la belle affaire familiale. Assez haut de taille, droit et fier d'allure, il porte la moustache brune si typique de la Belle Époque. Tout dans sa situation devrait le conduire facilement au mariage. Pourtant il attend, sans que l'on sache si c'est par désir d'épuiser les joies de la jeunesse ou parce que, tout simplement, il n'a pas trouvé l'élue.

Il doit se rendre régulièrement en Angleterre pour ses affaires. C'est là qu'il apprend à connaître celle qui deviendra sa femme. Une Anglaise ? Pas du tout. Une Française, Mlle Forest, et même très proche de la famille, puisqu'elle est liée à Jacques-Philippe par un cousinage remontant à la génération précédente[1]. Mais l'éloignement géographique est parfois utile pour renouer des liens familiaux distendus par les années. En terre étrangère, au sein d'une société où l'on est soi-même isolé, qu'il est bon de retrouver un visage connu !

En 1893, les deux sœurs Forest sont envoyées à Londres pour y parfaire leur connaissance de l'anglais. Marguerite et sa cadette Berthe, originaires de Charleville où leur père est notaire, sont âgées de dix-huit et seize ans. Elles font le voyage avec deux cousines dont l'une n'est autre que Suzanne, la sœur de Jacques-Philippe. Sur place, tout naturellement, les pimpantes jeunes filles passent un peu de temps avec le sérieux jeune homme qui se rend régulièrement dans la capitale britannique : les relations entre les cinq jeunes gens se renforcent. Ce petit monde se revoit par la suite à Calais, sans toutefois qu'aucun engagement se précise. Les mois passent. Sans doute certaines vieilles faiseuses de mariages chuchotent-elles que Vendroux attend que Berthe ait atteint un âge plus avancé.

Deux années s'écoulent. À l'été 1895, une grande fête est donnée à Charleville en l'honneur des dix-huit ans de Berthe et des vingt ans de sa sœur Marguerite. Jacques-Philippe est bien entendu invité, non sans intention cachée : selon Jacques-Philippe V, « les familles avaient une arrière-pensée à son sujet, en ce qui concernait tante Berthe[2] »... Dans une des vastes salles du château familial de Septfontaines, le jeune homme doit en effet ouvrir le bal au bras de la cadette, qui a désormais atteint un âge raisonnable pour se marier. La stratégie des deux familles apparaît clairement : privilégier une alliance sans risque tant sur le plan économique que sur le plan familial – bon sang ne saurait mentir. En même temps, il n'est pas question de présenter au fils une inconnue avec laquelle il pourrait ne pas s'entendre. En le poussant vers Berthe, tout le monde sait qu'il trouvera en elle une amie, puisque les deux se connaissent et s'apprécient depuis deux ans. Cette façon de respecter les sentiments de Jacques-Philippe, dans la limite des conditions requises par le statut social de la famille, s'inscrit dans un mouvement plus large : « Dans la seconde moitié du XIXe siècle, de plus en plus nombreux sont ceux qui souhaitent faire coïncider l'alliance et l'amour, le mariage et le bonheur[3]. »

Mais, en amour comme en affaires, les héritiers Vendroux ont des idées bien arrêtées. Et à l'image de ses ancêtres, qui ont conclu des mariages d'amour et d'affaires en même temps, notre Jacques-Philippe décide de suivre l'inclination de son cœur plutôt que la suggestion des deux familles. Ses sentiments le poussent vers la sœur aînée, Marguerite, qu'il épouse un an et quelques mois plus tard, le 29 octobre 1896. De Berthe, les récits familiaux ne disent plus rien : éprouvait-elle quelque affection cachée pour le beau Jacques-Philippe ? Conçut-elle du dépit, ou même du chagrin, de ne pas épouser celui à qui tous la destinaient ? Nul ne le dira désormais. Elle épousa plus tard un Paul Gailly dont elle eut quatre enfants, mais l'histoire intime s'est refermée sur ses tourments de jeune fille.

Marguerite Forest est la seule dont il reste quelques traces. Les photographies révèlent une très belle femme, altière et brune. Avec ses traits fins, ses pommettes saillantes, son port droit, elle dégage intelligence et vivacité. Lorsque l'on sonde son portrait avec gourmandise en espérant y trouver quelque information qui nous ferait mieux comprendre cette femme, on remarque immédiatement à quel point Yvonne de Gaulle lui ressemble dans sa jeunesse. Même visage de chat énigmatique, même sourire un peu désabusé, même regard profond. Cette Yvonne-là est peu connue : les clichés plus tardifs, notamment ceux de la période présidentielle, ont laissé d'elle une autre image, celle de la femme âgée, un peu épaissie, tassée, plus très à la mode dans ses costumes vieillots et sous ses inséparables chapeaux. C'est oublier qu'à vingt ans elle fut svelte et charmante, et que son petit nez légèrement retroussé dut séduire bon nombre de prétendants. À vingt ans, elle est le portrait de sa mère.

De la jeunesse de Marguerite n'affleurent que de minces renseignements. Son père, Charles, né en 1843, est notaire, comme ses ascendants depuis quatre générations : de la même façon que chez les Vendroux, l'étude s'est transmise de père en fils depuis 1784, ce qui traduit une belle continuité familiale et une profonde fidélité à la profession. Charles Forest épouse Anna

Corneau, dont la mère, Louise, était connue pour sa grande beauté. Le couple met au monde trois enfants : en plus de Marguerite et de Berthe naît un fils, Charles, qui restera célibataire toute sa vie.

À l'instar des fillettes de son milieu, Marguerite reçoit son instruction à l'école de filles de Charleville, enseignement complété par un précepteur. Son adolescence se perd dans l'ombre, et la jeune fille n'en resurgit qu'à l'occasion de ses dix-huit ans, lors du fameux voyage en Angleterre où ses pas vont croiser ceux de son lointain cousin Vendroux.

Le mariage des deux jeunes gens est célébré le 29 octobre 1896 à Charleville. Marguerite est alors âgée de vingt et un ans, ce qui correspond parfaitement à l'âge moyen auquel convolent les femmes de la bourgeoisie du nord de la France à cette époque. Son mari, pour s'être déclaré un peu tardivement, fait en revanche figure de « vieux » marié, avec ses vingt-neuf ans au lieu des vingt-six et demi de moyenne pour les hommes. Mais qu'importent ces chiffres ! Le mariage célébré cet automne-là est un mariage d'amour que les années n'abîmeront pas. Lorsqu'il se souvient de ses parents, longtemps après, Jacques-Philippe V écrit : « Ma mère adorait mon père, qui le lui rendait bien[4]. »

Cet amour est nourri par une vision similaire et enthousiaste de la vie : Jacques-Philippe et Marguerite sont issus de deux lignées heureuses, où le malheur n'a frappé que ponctuellement, sans entamer une profonde joie de vivre. Les deux époux en sont les héritiers. « Nos deux parents forment un ménage vraiment heureux, respectueux d'une saine morale et des bons principes », souligne leur fils Jacques-Philippe. Eux qui figurent parmi les grands notables de Calais peuvent afficher un bonheur de bon aloi, que la société est précisément en droit d'attendre d'eux : la bourgeoisie n'est-elle pas, pour les autres milieux, un exemple de vertu et d'harmonie ? Un modèle social où le beau et le bon sont intimement liés ? Et cependant, un je-ne-sais-quoi indique que la joie de Jacques et Marguerite n'a rien de contraint. Elle ne répond pas à une attente sociale mais se trouve profondément enracinée en eux. Ne craignons pas d'insister sur ce point : il est important de bien comprendre que la petite Yvonne grandit dans une famille unie et baignée de gaieté, et qu'elle-même gardera de cette enfance un tempérament teinté d'humour.

La grande bourgeoisie calaisienne

Le jeune couple s'installe dans la maison des Vendroux, rue de la Douane, à Calais. Là, parmi les vieux meubles et les souvenirs, Jacques-Philippe et Marguerite prennent le relais de leurs ancêtres, dans le plus pur respect de la tradition familiale. Le capital économique de Vendroux est alors à son apogée, étayé par plusieurs propriétés foncières de valeur respectable. Les Vendroux se rendent régulièrement au château de Coulogne, qui appartiendra à Jacques-Philippe après la mort de sa mère en 1911. Du vivant de la grand-mère Vendroux, « dame distinguée, douce, à la fois affable et autoritaire qui en imposait à tous[5] », le château reste un lieu d'ordre et de raffinement : chaque samedi, deux jardiniers consacrent la journée à parer les allées et à en ratisser le sable pour faire honneur aux invités du dimanche.

Du côté Forest, le château de Septfontaines est le lieu de vacances de la famille. Si Coulogne est un manoir merveilleusement aménagé, à l'ambiance luxueuse, le château de Septfontaines est plus impressionnant encore. Par son ancienneté, par ses dimensions et son histoire, il donne à lui seul un éclat particulier à la famille Forest. Ancienne abbaye de prémontrés reconstruite au XVIIe siècle et en partie détruite sous la Révolution, le château a été occupé et pillé en 1870. Situé à huit kilomètres de Mézières et à deux du village de Fagnon, le corps principal est une belle bâtisse « de style Louis XIII composée de deux étages et une rangée de fenêtres en chien assis dans la toiture d'ardoise. Le corps de bâtiment en brique et pierre fait plus de soixante mètres de long, il est flanqué de deux tours pointues, l'une hexagonale et l'autre circulaire. Le tout campé sur une vaste terrasse coupée de massifs assez rustiques et adossé du côté de la façade nord-ouest à la pente douce qui monte vers les sommets d'une ligne de collines coiffées de bois. [...] À l'arrivée du château, au sud-ouest, la terrasse s'interrompt pour descendre en prairies vers quatre petits étangs et des groupes d'arbres jusqu'à la vallée que traverse la route départementale de Fagnon à Mézières-Charleville. De cette route, une avenue, terminée par une grille et deux pavillons en pierre de taille, gagne le château en s'incurvant vers la partie ouest de la terrasse[6] ».

Le jeune marié, nous l'avons vu, occupe des fonctions importantes. Son cercle d'influence ne dépasse toutefois pas Calais et ses alentours. Si la production des usines est connue bien au-delà, le pouvoir de Jacques-Philippe n'a jamais visé Paris, ni même Lille. À l'instar de ses ancêtres, le jeune entrepreneur privilégie une très forte implantation locale, qui sert ses intérêts d'affaire et lui vaut un grand respect dans sa ville, mais il ne cherche pas à démultiplier son influence au-delà de cette limite. Plutôt qu'un manque d'ambition, il faut voir dans ce choix une certaine forme d'épicurisme : à quoi bon prendre des risques supplémentaires alors que l'on a déjà accès au bonheur ?

Fort conscients de leur appartenance sociale, les Vendroux cultivent le paraître avec un art consommé. L'extravagance ou l'étalage n'y ont pas leur place, tant ils contredisent le « charme discret de la bourgeoisie ». Tout se joue dans une simplicité fort étudiée qui met en valeur le luxe des produits utilisés. Marguerite est toujours « d'une élégance volontairement sobre : elle porte le plus souvent des costumes tailleur bleu marine, des chemisiers blancs, se poudre à peine et ne se parfume, très discrètement, qu'avec de la violette d'Houbigant[7] ». À la Belle Époque, le maquillage, les couleurs vives et plus que tout le parfum signalent en effet la femme de mauvaise vie, courtisane à la bouche rouge sortie d'un tableau de Toulouse-Lautrec. Il ne saurait être question, pour une femme respectable, de recourir à ces artifices.

Du côté de Jacques-Philippe, le soin apporté à l'habit est frappant. Si nous prenons le temps d'en faire l'énumération, c'est qu'il nous renseigne sur le temps et l'argent que le jeune homme consacre à son aspect extérieur, dans une société où l'apparence est un parfait indicateur du niveau social. Jacques-Philippe, comme nous allons le voir, s'approvisionne chez les meilleurs fournisseurs, auxquels il est extrêmement fidèle, et assujettit son habillement à un ensemble de règles immuables. Rien n'est laissé au hasard : « Mon père s'habille depuis toujours chez le même tailleur parisien, qui passe deux fois par an chez ses clients de province. Il transporte dans une grande valise les "toiles" personnelles sur lesquelles seront méticuleusement montés les costumes, toujours noirs, de cheviotte épaisse l'hiver, de serge légère l'été, que porte exclusivement mon père, sur une chemise blanche à haut faux col empesé et cravate de satin noir. Il arbore à la campagne et à la montagne une tenue de cheval en tweed écossais gris d'Old England et des molletières[8]. »

Pour sortir, le maître de maison coiffe bien évidemment un couvre-chef, chapeau melon pour les occupations courantes, haut-de-forme en cas de cérémonie, et simple chapeau en feutre si le vent souffle.

Un même goût du rituel s'applique à la toilette quotidienne. Chaque matin, à huit heures, le patron coiffeur de la rue Royale entre chez les Vendroux, comme dans une pièce de théâtre. « Il vient à domicile raser mon père, avec l'un des sept rasoirs de Sheffield à manche d'ivoire rangés dans un écrin-semainier de maroquin vert frappé d'initiales dorées : mon père n'emploie que le savon de Thridace, l'eau de Lubin, un peu de cosmétique à la violette de Lenthéric[9]. »

Ainsi apprêtés, les Vendroux peuvent sortir dans le monde ou recevoir à leur domicile. La maison est propice aux mondanités. « Pour fleurir, la culture bourgeoise a besoin d'espace », c'est-à-dire d'un ou plusieurs salons, d'un boudoir, d'un fumoir, bref de lieux dédiés aux réceptions. La demeure de la famille dispose de généreux volumes, et notamment d'un vaste salon, d'une grande salle à manger, d'un petit théâtre et d'une véranda où poussent des plantes vertes et un grand palmier.

Madame accueille pour le thé, au jour fixé, ses amies triées sur le volet. Plusieurs fois par mois est également organisé un grand dîner, auquel les enfants ne sont pas admis avant l'âge de dix-sept ans. De la même façon que pour l'habillement, les Vendroux sont très sourcilleux sur les mets qui sont servis : « Ils tiennent à la qualité de la table, mais pas à son luxe[10] » – nuance subtile, mais révélatrice d'un certain milieu. Les produits doivent venir de chez certains fournisseurs très précis, identifiés pour leur sérieux : l'huile d'olive est acheminée de chez Alzéari à Nice ; les volailles arrivent de chez Piètrement, aux halles de Paris ; le saumon n'est accepté que s'il est pêché dans le fleuve écossais Tay ; le café doit provenir d'Haïti ou du Costa-Rica, en grains verts, pour être brûlé et moulu à domicile ; les bonbons viennent de chez Boissier, le chocolat en plaque de la Compagnie coloniale… C'est en réalité le monde entier qui se retrouve sur la table des Vendroux, avec le meilleur des spécialités locales, signe d'une grande culture gastronomique et de moyens financiers considérables.

Sur la table de tous les jours, la cruche contient de la bière – nord de la France oblige ! – et au dessert est servi un verre de saint-christoly. La cave, pourtant, recèle près de quatre mille bouteilles, dont quelques mouton-rothschild, mais le vin n'est servi que lors des dîners, et il faut attendre une « grande occasion », comme un mariage ou une naissance, pour que soit sablé le champagne.

Autour des maîtres de maison, un petit groupe de domestiques s'affaire. Leur présence, et plus encore leur nombre, sont révélateurs du niveau de vie des Vendroux : on dénombre ainsi pour la seule maison de Calais une cuisinière, une bonne à tout faire et une femme de chambre, sans compter le chauffeur, les nourrices, les préceptrices et tous ceux qui, tel le barbier, rendent ponctuellement service à la famille… Comme le veut une certaine tradition bourgeoise, toujours prompte à regretter les domestiques du temps passé et à se plaindre de la médiocrité de leurs contemporains, Marguerite semble éprouver les pires difficultés avec son personnel : « Elle change souvent de domestiques, qu'elle fait venir d'Alsace ou de Bretagne, souvent par paires, mère et fille, sœurs, cousines pour qu'elles n'aient pas, quand elles sont seules, le mal du pays. » Il faut, en effet, savoir garder les bons éléments… « Il se trouve, hélas, que l'une d'elles est toujours "beaucoup moins bien que l'autre", ce qui provoque de fréquents remplacements[11]. »

Les gens de maison partagent la vie de leurs maîtres, les accompagnent en vacances, frôlent ce que leur vie a de plus intime, et en même temps sont maintenus à leur stricte place, celle de serviteurs. Leur existence ne doit en rien se mêler à celle de leurs maîtres, à tel point qu'en 1907 se pose un délicat problème : Marguerite vient d'embaucher deux sœurs bretonnes, dont l'une s'appelle Yvonne. « Avec beaucoup de gentillesse et de patience, ma mère lui explique qu'il y a déjà une Yvonne dans la maison et qu'il va falloir l'appeler autrement. » La domestique sera donc baptisée Marie : « Pendant quelque temps, elle ne se rappelle plus, quand on l'appelle, que c'est à elle qu'on s'adresse[12]. »

L'aisance financière des Vendroux les conduit à se comporter avec altruisme. La mère de famille est toujours prête à « se dévouer avec une douceur et une finesse extrêmes chaque fois que l'occasion lui est donnée de venir en aide à ceux qui souffrent physiquement ou moralement[13] ». Application à la lettre de la charité chrétienne inculquée aux jeunes filles de bonne famille ? Dans une certaine mesure… Mais il semble que Marguerite ne soit pas bigote : contrairement à la mère de Charles de Gaulle, elle ne se rend pas à la messe tous les matins à sept heures et ne lit pas que des ouvrages pieux. Cette très légère nuance suggère que son action charitable est un peu plus que la simple application d'un devoir chrétien. Selon son fils, Marguerite n'apprécie guère les « œuvres » : par indépendance d'esprit, elle préfère se livrer à une charité personnelle, plus discrète. Elle appartient pourtant à l'une des œuvres les plus connues qui soient, la Croix-Rouge.

Cet élément, ainsi que d'autres détails, ici et là, l'ont laissé pressentir : il serait un peu court de réduire la famille Vendroux à une caricature de notabilité provinciale figée dans ses conventions. D'autres aspects viennent en effet enrichir avantageusement le portrait du jeune couple. Jaques-Philippe a hérité de ses ancêtres une liberté d'esprit peu commune – « très indépendant et peu soucieux de conformisme auprès des pouvoirs publics, il est très féru de la vieille notoriété familiale[14] », rappelle son fils.

Pour le peu que l'on en sait, il semble que le couple ne soit pas, à proprement parler, versé dans les passions intellectuelles. Ni l'un ni l'autre, par exemple, n'écrivent de livres ou d'articles. Le mari n'appartient à aucun groupe de réflexion et ne se revendique d'aucune famille de pensée. Cela n'empêche pas les Vendroux de s'intéresser, par éducation et curiosité, à la littérature et à l'actualité. Il faut, dans les conversations mondaines, avoir de la repartie et un minimum de connaissances. Marguerite, du reste, passe pour une interlocutrice pleine de vivacité : « intelligente, elle se rend difficilement aux arguments qu'on lui oppose[15] ». Elle se présente elle-même « non pas têtue comme les Bretons, mais tenace comme les Ardennais[16] » – trait de caractère qui se retrouvera, aucunement atténué, chez sa fille Yvonne. Celle-ci, en 1950, étendra un peu la géographie maternelle pour expliquer son entêtement : « Je ne suis pas picarde pour rien[17] ! »

Marguerite, par ailleurs, aime s'adonner à la lecture quand ses nombreuses occupations lui en laissent le temps. Ses auteurs favoris sont le poète bucolique André Theuriet, dont les poésies n'ont rien qui puissent choquer la morale, mais aussi Marcelle Tynaire – ce qui doit retenir l'attention. Née à Tulle en 1870, cette femme romancière dépeint une société quelque peu en décalage avec celle de son temps. Pour ses héroïnes passionnées, l'amour doit l'emporter sur les préjugés sociaux. Émancipées de la domination de leur mari, cultivées et souvent munies d'un emploi, elles campent la figure de la femme moderne sur un mode non pas révolutionnaire mais modéré : la femme a tout simplement le droit, à l'instar de l'homme, de participer à la vie sociale, économique ou culturelle. La lecture de Tynaire montre bien que Marguerite dispose d'une grande faculté de jugement et de recul. Le conformisme auquel elle se soumet en apparence la laisse, en réalité, dubitative : elle n'hésite pas à lire des romans qualifiés par les milieux conservateurs de pernicieux et impies, alors qu'ils sont salués par les poètes maudits. Ainsi, *La Maison du péché* (1902) est applaudie par James Joyce, qui apprécie la finesse de l'intrigue et la sobriété de la narration. Dans un article de presse, il estime que « l'histoire est traitée avec une telle maîtrise et une telle originalité qu'elle se classe bien au-dessus des romans de Paul Bourget ».

CURIOSITÉ ET AVANT-GARDISME

Ainsi donc, nos deux grands bourgeois de Calais présentent un profil moins « conforme » qu'on ne s'y attendrait. Chacun d'eux développe une personnalité pleine de créativité. Jacques-Philippe s'adonne volontiers au dessin ou à la peinture à l'huile, et joue fort bien du piano. Il apprécie la musique et achète les derniers Gramophone. Le soir, lumières éteintes, il écoute avec Marguerite des morceaux de Schubert ou de Brahms. Sa femme, comme il se doit alors, « est un peu artiste, dans la nuance sentimentale : fleurs, couchers de soleil, montagnes, cloches à vaches, vieux bois sculptés[18] » l'émeuvent tour à tour. Elle est également pianiste, joue Mendelssohn et Grieg. Rien là de bien exceptionnel. Plus inédit est le caractère avant-gardiste de cette jeune mère de famille, friande de modernité. À la fin du XIXe siècle, elle est la quatrième femme, en France, à obtenir le permis de conduire ! Les joies de l'automobile lui valent quelques frayeurs : en 1899, elle conduit la 4 HP De Dion-Bouton sur la route qui relie Arras à Cambrai. Le petit Jacques-Philippe est sur les genoux de son père, assis à la place du passager. Un mauvais accotement fait verser le véhicule dans un champ de blé. Les trois passagers, heureusement, s'en sortent indemnes… Cela n'arrête pas Marguerite, dont on comprend qu'elle possède un tempérament assez déterminé, mais aussi une nette liberté vis-à-vis du qu'en-dira-t-on. Il faut ajouter que sa sœur Berthe est plus terrible encore : grande voyageuse, elle accompagne son mari dans une expédition au Maroc puis en Afrique du Nord – chose encore rare à la fin du XIXe siècle. Elle se déguise même en homme pour visiter le harem du bey de Tunis !

En dehors de cet atavisme familial, l'attirance de Marguerite pour les nouvelles techniques lui vient à n'en pas douter de son mari. Jacques-Philippe, comme ses ancêtres qui ont constamment modernisé leur entreprise et investi dans les technologies les plus récentes, se montre passionné de nouveauté. Il est vrai que « les notables sont toujours les premiers à bénéficier des progrès matériels[19] », qu'ils concernent les transports, le téléphone, la bicyclette ou le chauffage : leurs moyens financiers, leur savoir, leur temps libre aussi en font de véritables promoteurs de la modernité. Les codes qu'ils mettent en place se diffusent ensuite dans le reste de la société et le luxe que représentait initialement une automobile finit par n'être plus qu'une habitude commune, obligeant les détenteurs de capital à investir dans d'autres inventions moins démocratiques.

Au début du siècle, le champ d'investigation des Bouvard et Pécuchet de tout poil est immense. Jacques-Philippe, dès sa jeunesse, a développé une grande curiosité pour le monde qui l'entourait, et qu'il essayait d'ordonner au fil de nombreuses collections : timbres, vieux papiers, livres, papillons, coléoptères, bagues de cigares, marques postales, tout y passe. Très rapidement, son goût de la connaissance le pousse vers les dernières techniques, notamment dans le domaine de l'image. Lui qui aime peindre s'intéresse de près aux débuts de la photographie. Dans sa maison de Calais, il installe un petit atelier de développement. Selon son fils, « il expérimente les clichés en couleurs sur plaques de verre à la fécule de pomme de terre[20] », et cela dès 1905. Si l'information est exacte, elle prouve la grande réactivité de Vendroux puisque c'est seulement en 1903 que les frères Lumière inventent l'autochrome, premier procédé véritablement pratique de photographie en couleurs utilisant une plaque de verre.

En même temps qu'il nourrit cette passion photographique, Jacques-Philippe est attiré par une autre folie, celle des moyens de transport. Faut-il voir un lien entre ces deux engouements ? Certainement. C'est toute une vision du monde qui est révolutionnée par l'art photographique, et, plus encore, par l'automobile. La vitesse condense les distances et fusionne les paysages, même dans les premiers balbutiements de la mécanique. Le jeune père de famille s'intéresse d'abord à la bicyclette, qui, rappelons-le, en est alors à ses débuts. Après quelques essais marginaux dans les années 1840, c'est la création en 1861 par les frères Michaux du système de pédalage rotatif qui a lancé le succès commercial du « vélocipède ». Deux véhicules de ce type ont été fabriqués en 1861, 142 en 1862, et 400 en 1865. C'est dire le caractère encore très élitiste de ce moyen de locomotion, réservé à quelques originaux ou aventuriers. Nul ne peut dire si Jacques-Philippe s'est rendu au premier Salon du cycle, qui s'est tenu à Paris en 1869. Il s'est en revanche lancé dans l'acquisition d'un « grand bi », version améliorée du vélocipède mise au point par un Anglais dans les années 1870 : le « grand bi » est muni d'une très grande roue à l'avant, ce qui lui permet d'atteindre de plus grandes vitesses. L'expérience est peu concluante : « Le long de la haie de Coulogne, mon père essaye un des premiers bicycles dits "grands Bi"... et se retrouve dans le fossé[21]. »

Nullement découragé par les âpretés que lui réserve son avant-gardisme, Jacques-Philippe investit ensuite dans l'automobile. L'invention en est récente, chaque modèle relève encore un peu du prototype, et il ne faut redouter ni le bruit, ni les pannes, ni les pétarades. Sa 4 HP De Dion-Bouton, avec « son vis-à-vis jaune, son levier horizontal de direction, sa capote en cuir noir qu'on peut relever au-dessus des deux sièges arrière[22] », est l'image même de la voiture moderne : fabriquée en 1900, elle impressionne les spécialistes avec son châssis en tubes d'acier, sa transmission par cardans, son changement de vitesses et ses embrayages monoblocs, ses suspensions par ressorts semi-elliptiques, son moteur monocylindrique transversal de 400 centimètres cubes... Ce véhicule, baptisé « vis-à-vis » parce que les quatre passagers se font face, connaît un réel succès : 2 970 exemplaires en sont vendus en deux ans. Les Vendroux figurent parmi cette frange privilégiée d'acheteurs.

L'accès aux loisirs n'est pas simplement une question de richesse. Il relève aussi d'une pratique culturelle qui distingue les élites des autres classes. Cette dimension, difficile à soupeser, est un savant tissage de modes, de codes plus ou moins sous-jacents, de signes extérieurs, de manières de parler, bref, de toutes ces choses immatérielles qui suffisent pourtant à distinguer un individu... Dans ce subtil équilibre, les influences étrangères jouent un rôle important, d'autant qu'elles ne sont accessibles qu'à ceux qui ont le loisir de voyager. Il en va ainsi, depuis la fin du règne de Louis XIV, de l'anglomanie. Les élites françaises, en dépit des guerres et des défaites infligées par le voisin anglais, continuent de trouver dans les modes d'outre-Manche une forme subtile de distinction. La gloire de l'ère victorienne, à la fin du XIXe siècle, renforce encore ce penchant.

Chez les Vendroux, enracinés sur la côte du Nord depuis des générations, l'influence britannique est comme une seconde nature. Il est vrai que la proximité géographique entre la Grande-Bretagne et le Calaisis a nourri depuis très longtemps des liens historiques. Les échanges commerciaux et industriels puis, au fil du temps, les mariages, les cousinages, ont entraîné la diffusion des pratiques culturelles de part et d'autre de la Manche. Lente imprégnation, teintée d'un brin de snobisme, mais qui favorise une vraie connaissance de la culture d'en face. Pour Yvonne Vendroux, la Grande-Bretagne est très tôt un pays connu, dont elle maîtrise la culture avant d'en parler la langue. Cette précision a son intérêt quand on sait que la jeune femme, en 1914 déjà, puis en 1940, trouvera asile en Grande-Bretagne.

L'influence anglaise s'observe dans les moindres détails, et d'abord les plus superficiels. À table, lors des grandes occasions, les plats ont des saveurs britanniques. De ses séjours d'étudiant à Londres, Jacques-Philippe a en effet gardé une certaine nostalgie gastronomique. Si son fils ne garde en mémoire que « de rares concessions à la cuisine anglaise », la liste des recettes qu'il énumère montre que le recours aux préparations anglaises est assez fréquent : les Vendroux servent régulièrement des huîtres de Burnham, du *steak and kidney pudding*, du gigot bouilli, de la soupe à la tortue, du haddock à la raie noire, du vrai jambon d'York, du fromage de Stilton, de la *mint jelly*, autant de plats exotiques devenus peu à peu des classiques familiaux. À Noël, aussi loin que remontent les souvenirs du frère d'Yvonne, le dessert est un plum-pudding du meilleur effet, très à la mode alors sur les tables riches. « Il ne peut être bon que s'il est préparé par ma mère elle-même au moins quatre mois à l'avance, selon la recette prétendue secrète de la reine Victoria[23]. » Pour le quotidien, Marguerite s'approvisionne chez Simpson, à Londres.

Le modèle anglais, toutefois, ne se limite pas à des emprunts culinaires. Il imprègne de façon beaucoup plus profonde le mode de vie des Vendroux, qui suivent en cela une grande partie de l'aristocratie française. Bouleversée par la

Révolution, violemment malmenée dans les valeurs qui fondaient son pouvoir, la noblesse de France puise dans la rigidité victorienne un équilibre rassurant[24]. La grandeur de la monarchie britannique et l'exigence morale remise en vigueur par la reine Victoria inspirent l'aristocratie puis, par extension, la grande bourgeoisie. Dans les faits, se met en place un formalisme social très fort, mélange de respect des convenances et de pruderie. Chez les Vendroux, où ni la raideur ni une pudeur excessive ne sont de mise, c'est la formalité qui l'emporte. À table, par exemple, les convives utilisent des couverts à poisson, encore très peu diffusés en France. Dans un autre domaine, lorsqu'ils rencontrent une personne de leur connaissance, les Vendroux adoptent la manière anglaise qui consiste à retirer son gant pour serrer la main – sauf si la personne elle-même méconnaît cet usage. En dehors de ces deux anecdotes, c'est l'ensemble du savoir-vivre inculqué aux enfants qui est inspiré de la tradition britannique, mélange de dressage et de *self-control*, le tout mâtiné d'un *never complain* (ne jamais se plaindre) dont Yvonne ne se départira jamais. Laissons son frère énumérer les règles familiales, qui semblent tout droit tirées d'un manuel de convenances mais que les jeunes gens finissent par appliquer de façon naturelle : « Se lever de sa chaise quand une personne à qui l'on doit le respect entre dans la pièce, ne pas s'affaler dans un fauteuil, poser les mains sur la table, ne pas mettre son couvert en croix, prendre l'air intéressé quand un invité parle, ne pas se détourner pour se moucher, mais le faire discrètement de face si on ne peut vraiment pas l'éviter, se montrer empressé pour rendre service, ne pas faire "l'intéressant", ne pas ergoter à tout propos, ne pas avoir l'air de s'ennuyer, [...] ne pas dire à tout propos "moi, je...". »

L'aristocratie anglaise a imposé depuis longtemps ce style où l'individu gomme les excès de sa personnalité pour mieux se fondre dans un milieu policé. Parallèlement, elle accorde une attention grandissante aux soins corporels et vante les vertus de l'hygiène préventive. Les Vendroux, sur ce point aussi, se comportent en précurseurs, et la petite Yvonne sera élevée dans un souci de propreté assez nouveau pour l'époque. La pratique du sport relève de cette volonté hygiéniste, et apporte de surcroît des bienfaits aussi importants que l'esprit d'équipe ou le fair-play. Les élites anglaises se retrouvent pour de longues chevauchées de chasse à courre, pour des courses de chevaux, pour d'interminables parties de croquet. Cette tradition de plein air, la famille Vendroux la fait sienne : des promenades sont organisées dans le parc de Coulogne, tandis que le domaine de Septfontaines offre un terrain propice à la pratique de la chasse ou de l'équitation. À partir de 1908, enfin, la découverte de l'univers encore très élitiste de la montagne ouvre un nouvel horizon aux Vendroux. Yvonne, sur les pas de sa mère, devient une randonneuse chevronnée.

Finalement, en dépit du caractère novateur de leurs activités, Marguerite et Jacques-Philippe perpétuent l'existence qui est depuis des décennies celle de la grande bourgeoisie. Autorisée par un patrimoine solide, entretenue par un labeur indéniable, cette vie où les loisirs occupent une grande place n'a plus beaucoup d'années devant elle. La Grande Guerre, par son action de rabotage des fortunes, s'apprête à y mettre un terme brutal. Mais, en ces années 1900, une certaine insouciance est encore de mise.

Par contraste, et pour mieux évaluer le niveau de vie des Vendroux, il faut se représenter l'existence des parents de Charles de Gaulle à la même époque. Le couple, qui a cinq enfants, vit de façon beaucoup plus modeste sur le salaire mensuel du père, professeur au collège Stanislas. Cette vérité confirme le renversement intervenu au cours du XIXe siècle : les membres de l'aristocratie traditionnelle ont désormais des carrières moins rémunératrices que ceux de la grande bourgeoisie d'affaires. Sans être dans le besoin, les de Gaulle mènent une existence réglée, sans inconfort mais sans extravagances. Tout juste possède-t-on pour les grandes vacances une maison de campagne en Dordogne, la Ligerie, dont la modestie n'a rien à voir avec l'opulence de la propriété de Coulogne, ni avec la splendeur du château de Septfontaines. Certes, la famille a plus d'aisance financière que bien d'autres ménages français : elle peut offrir à ses fils des études en Belgique lorsqu'il s'agit de leur procurer un enseignement religieux interdit sur le territoire par la loi de 1905. Mais enfin, dans l'appartement parisien, on ne mange pas de saumon d'Écosse ni de mets d'exception. Les vêtements sont de bonne facture, mais sans recherche particulière d'élégance. Quant au vélo, à l'automobile, à la photographie, ils relèvent d'un univers étranger à cette famille aux mœurs classiques, plus versée dans les livres d'histoire que dans la découverte des nouvelles techniques.

Yvonne naît donc dans une famille privilégiée et, pour ce que l'on en sait, heureuse. De ses parents se dégage une gaieté malicieuse, repérable dans les souvenirs et sur les photographies. À Calais, le couple mène grand train, tout en se livrant à d'importantes activités économiques et sociales. Mais tout cela ne suffit pas à percer le mystère des destinées. On peut toujours décrire le plus précisément possible une famille, un milieu, une fortune. On bute toujours, faute d'éléments, sur le pourquoi de la personnalité.

Yvonne aurait pu, à vingt ans, être une parfaite élégante, une mondaine sportive, extravagante à la mode britannique. Sa beauté et sa fortune l'y prédisposaient. Elle aurait pu avoir le goût des voyages ou de l'engagement, comme sa mère. Elle aurait pu, dans la lignée de Marguerite, devenir la première femme aviatrice ou épouser un Américain. Il n'en fut rien. Elle a gardé de son éducation les principes moraux, assurément, mais ni le mode de vie, ni ce goût pour les choses rares, ni cette attirance pour la modernité. Cet hiatus est au cœur de sa biographie, comme une question insoluble.

CHAPITRE III

Une enfance à Calais

Le premier enfant de Jacques-Philippe et de Marguerite naît en 1897. Il s'agit d'un fils, prénommé Jacques-Philippe en vertu de la tradition familiale. Entre le mariage des parents et la naissance de ce premier héritier, il s'est écoulé tout juste neuf mois, chiffre arithmétiquement parfait, comme peuvent le constater les vieilles femmes de la lignée habituées à ce genre de calcul. Il n'y a rien à redire. Alors que l'intervalle moyen entre les noces et la première naissance est à l'époque de onze mois dans les familles de la bourgeoisie du Nord, les Vendroux, aidés par le Ciel ou par un amour plus ardent, sont récompensés plus tôt.

« Récompensés », parce que l'enfantement et la constitution d'une famille représentent alors l'idéal social : « La famille est une fin en soi, une communauté réunie par des liens affectifs et des loyautés fondamentales[1]. » Elle est le lieu de tous les investissements, de tous les espoirs, de toutes les solidarités. Elle constitue le faire-valoir grâce auquel les parents peuvent afficher leur réussite, perpétuer une tradition et une mémoire. Et puis, en ce début de siècle, la famille devient un espace où une certaine affection peut s'exprimer – phénomène suffisamment nouveau pour être souligné. Les Vendroux, à cet égard, se présentent comme une famille typique et même modèle. Bien que les sources directes – correspondances, journaux intimes – fassent cruellement défaut, les différents témoignages concordent pour dresser le portrait d'une famille unie, heureuse, espiègle parfois, où chaque enfant a sa place. L'amour, c'est sûr, baigne la vie des Vendroux, comme le confirme une confidence du frère d'Yvonne : « On aime peut-être plus sa mère que son père. Mais on l'aime autrement. Entre lui et moi, malgré la déférence que je lui portais, il y avait une sorte de connivence, oserais-je dire. Je ne me rappelle pas qu'il m'ait fait injustement de la peine. Je ne crois pas lui en avoir fait non plus. »

La naissance d'Yvonne

La naissance d'Yvonne se déroule trois ans plus tard au domicile de ses parents, comme il est de coutume en ce temps-là. La scène, bien sûr, est rigoureusement privée, et il n'est possible de s'en faire une idée que par analogie ou par imagination. La chambre est le lieu central de l'événement, et elle n'ouvre ses portes qu'aux femmes. La parturiente est allongée sur le lit couvert d'épaisses serviettes. Les piles de draps et la bassine d'eau chaude complètent le décor de ce sommaire hôpital improvisé. Un détail, toutefois, détonne : pour aider Marguerite à mettre au monde son enfant, ce n'est pas une sage-femme qui officie, mais un jeune médecin, le docteur Crèvecœur. Le fait est original à une époque où la médecine a tout juste commencé à intervenir dans le domaine de l'obstétrique. Il confirme le niveau financier et culturel des Vendroux : Marguerite est infirmière bénévole, et elle connaît les compétences des spécialistes. Pour se garantir les meilleures conditions d'hygiène et de sécurité, elle préfère recourir au savoir-faire d'un médecin, fût-il un homme. Mais la jeune mère n'est pas aussi révolutionnaire qu'il y paraît : en même temps que Crèvecœur, elle a également convié sœur Delphine, une religieuse en cornette qui était déjà venue l'assister pour la naissance de Jacques-Philippe. Sous la double protection d'Hippocrate et de Dieu le Père, elle met au monde, le 22 mai 1900, une petite fille. L'acte de naissance, doté du numéro 750 à la mairie de Calais, précise qu'elle est née « à une heure du soir[2] ».

L'enfant reçoit le prénom d'Yvonne, assez répandu alors – la même année, plus de 5 000 petites filles en sont pourvues. Ses autres prénoms sont Charlotte, Anne, Marie. Elle est baptisée sans tarder, comme le veut la tradition chrétienne, soucieuse de placer sous la protection divine les nouveau-nés par essence fragiles et vulnérables, dont la mort est encore une cruelle probabilité. Si la naissance est un acte féminin, le baptême est quant à lui le moment des hommes. L'entrée officielle de l'enfant dans la communauté chrétienne marque l'intronisation du père dans son rôle. Ainsi, tandis que Marguerite reste alitée pour se remettre de ses couches, c'est Jacques-Philippe qui porte sa fille sur les fonts baptismaux. La cérémonie se déroule dans l'église Notre-Dame de Calais, celle-là même qui accueillera Yvonne et Charles de Gaulle pour leur mariage, vingt et un ans plus tard. Mgr de Lenquesaing mène l'office. Pour baptiser la descendante d'une illustre et fortunée famille calaisienne, cet archiprêtre est parfaitement dans son rôle. Décrit comme « aristocrate, mondain et cultivé[3] », il conduit la célébration avec une sévère dignité. Devant lui, recueillis, se tiennent les deux Jacques-Philippe, père et fils, la nourrice qui porte la petite Yvonne, le parrain et la marraine de celle-ci. Le père de famille est en redingote, coiffé d'un chapeau haut de forme. La nourrice, en dépit de sa condition modeste, a revêtu un habit endimanché et porte un bonnet rond « où pendent par-derrière deux longs et larges rubans de satin bleu ciel » – les couleurs de la Vierge Marie. Yvonne, bien entendu, est parée de la longue robe de dentelle blanche que portent l'un après l'autre tous les enfants de sa famille pour leur baptême. Un détail attire l'attention : le nourrisson est enveloppé d'un grand voile en point d'Angleterre qui représente un symbole très important pour la famille.

Ce voile avait été offert au début de l'année 1689 par la reine Marie d'Angleterre à un ancêtre de la famille Vendroux, le sieur de Hautefeuille, qui était alors l'un des seize maires de Calais. Aux yeux des descendants, il n'existe pas de meilleur titre de noblesse : Marie était en effet la femme du roi Jacques II d'Angleterre, connu pour sa politique procatholique et profrançaise. Mal accepté par la population anglaise, il fut chassé du pouvoir par le protestant Guillaume d'Orange, qui débarqua en Angleterre en novembre 1688. Tandis que Guillaume d'Orange recevait la couronne du royaume et remettait l'Écosse au pas, Jacques II et son épouse Marie de Modène devaient fuir l'Angleterre en décembre. La « glorieuse révolution » s'était déroulée sans faire couler le sang des monarques. Louis XIV offrit l'asile au couple royal déchu, ainsi qu'à son fils et à ses partisans, surnommés les « jacobites ». Avant de gagner le château de Saint-Germain-en-Laye, les exilés firent escale à Calais, et c'est en la demeure de Hautefeuille qu'ils furent hébergés. En gage de reconnaissance, Marie fit présent à la famille du fameux voile en dentelle.

Dans l'église de Calais, Jacques-Philippe porte à présent sa fille jusqu'à l'autel de la chapelle de la Vierge. À la demande de ses parents, l'enfant est consacrée dès ses premiers jours à Marie. Sa venue au monde en plein mois de mai, devenu au XIXe siècle le mois de Marie, explique-t-elle cette volonté ? Peut-être. Reste surtout la probabilité que les Vendroux aient cédé à la vogue grandissante du culte de Marie. « Le XIXe siècle français est un grand siècle marial après le temps d'arrêt qu'a constitué le XVIIIe siècle[4] » : la dévotion populaire à Marie sert de terreau au renouveau de son culte officiel. L'Église fait renaître les sanctuaires mariaux, tandis que la littérature consacrée à la Vierge connaît un bel essor. L'Annonciation, la Visitation, l'Assomption, la Nativité, le Rosaire, la Présentation deviennent des fêtes incontournables dans le calendrier liturgique. Quand Pauline Jaricot crée en 1826 la pratique du Rosaire vivant, son initiative rencontre un succès fulgurant. Ce courant est renforcé en France par une série d'apparitions miraculeuses qui, en pleine révolution industrielle, suscitent un profond engouement : voici la Vierge qui apparaît en 1830 à Catherine Labouré, rue du Bac à Paris ; puis en 1846 à deux bergers de La Salette ; et en 1858 à Bernadette Soubirous à Lourdes. Si l'Église ne parvient pas toujours à canaliser la ferveur de ses fidèles pour Marie, elle œuvre à mieux définir le rôle de la Vierge. En 1854, le pape Pie IX proclame par exemple le dogme de l'Immaculée Conception, qui établit que Marie a été elle-même conçue en dehors de tout péché originel. Bref, dans le cœur des masses populaires comme dans les couloirs du Vatican, chez les pauvres comme chez les puissants, la mère de Jésus devient l'objet d'un culte sans précédent. Des générations de petites filles, comme Yvonne, lui sont vouées, ce qui engage les parents à des prières spécifiques et se traduit concrètement par des détails extérieurs : les enfants doivent être vêtus de blanc et de bleu ciel – le blanc représente la pureté de la Vierge, étrangère à tout mal, et le bleu céleste, depuis le XIIe siècle, est associé à sa robe. La petite Yvonne, pendant les premières années de sa vie, ne portera pas d'autres couleurs.

Chez les Vendroux comme chez les autres ménages aisés, un personnel spécifique a la charge de nourrir, de surveiller et d'instruire les petits. Aux parents revient la transmission des valeurs morales et familiales. Yvonne, dès sa naissance, est confiée à une nourrice dont la tâche correspond au sens étymologique de son appellation : donner à manger à l'enfant. « Une nourrice a eu la bonne idée d'avoir un fils quinze jours avant l'arrivée de ma sœur », rappelle Jacques-Philippe : cette femme allaite donc, en plus de son fils, la petite Yvonne qui devient sa sœur de lait. Le recours à la nourrice « nourricière », pourtant, est en perte de vitesse au début du XXe siècle, notamment depuis la diffusion du biberon stérile de Pasteur. Peut-être faut-il penser qu'en province l'ancien usage perdure un peu plus longtemps que dans la capitale...

Si Marguerite ne fait pas usage de son lait maternel, ce n'est pas que la tâche soit inconvenante. Non, elle est juste encombrante dans l'emploi du temps d'une bourgeoise appelée à de nombreux devoirs mondains et sociaux. Autant recourir aux services d'une autre femme, si possible en bonne santé. Bien souvent, en France, la nourrice est choisie au sein de la population bretonne, réputée gaillarde et vigoureuse. Chez les Vendroux, on préfère le recrutement local. La description que fait Jacques Vendroux de la nourrice de sa sœur en dit long sur les exigences de l'employeur. La pauvre femme, sans méchanceté aucune de la part de l'auteur, est présentée sous les traits d'une bonne laitière, au sang vif et au physique adapté, dont on pourrait tout aussi bien croire qu'il s'agit d'une vache : « C'est une bonne, belle et forte fille du Courgain maritime, très saine, très brave, au sein généreux, qui allaite les deux enfants en même temps avant de sevrer son propre fils[5]. » Les Vendroux veillent à ce qu'elle reçoive une alimentation adéquate et l'abreuvent d'une « bière plate d'un petit brasseur de campagne », ce breuvage étant connu pour favoriser et enrichir la lactation.

Une fois sevrée, vers l'âge de un an, Yvonne est retirée à sa nourrice et confiée aux soins d'une bonne d'enfants. Les liens des Vendroux avec l'Angleterre auraient pu entraîner le choix d'une nurse britannique, mais Marguerite préfère les Alsaciennes. Celle qui s'occupe d'Yvonne est chargée de la nourrir, de la langer et de la promener. Ne croyons pas cependant que Marguerite se désintéresse de son nourrisson. Au contraire, elle semble relativement proche de sa fille. Particulièrement au fait des règles d'hygiène, et sans doute informée des découvertes pasteuriennes, c'est elle qui procède notamment à la toilette d'Yvonne. La présence permanente des domestiques lui garantit simplement une grande liberté d'organisation. N'oublions pas que Marguerite, déjà mère d'un fils aîné et de la petite Yvonne, est rapidement de nouveau enceinte : Jean naît en 1902, alors que sa sœur a deux ans. Un dernier enfant, Suzanne, verra le jour en 1905.

La vie des bébés Vendroux se déroule avec la régularité d'un métronome. Les jours se suivent et se ressemblent, découpés en activités précises et en obligations répétées. Après la toilette du matin et le déjeuner, les enfants sortent chaque jour en promenade à 14 heures pour une durée de quarante-cinq minutes. Ce rituel répond à un souci d'hygiène en même temps qu'à une exigence sociale : la famille s'exhibe et rencontre ses semblables. Marguerite, quand elle le peut, accompagne la petite expédition autour du jardin Richelieu : « La bonne pousse l'élégante charrette d'osier à deux roues toute ripolinée de blanc. Ma mère tient de la main gauche, par-derrière, sa jupe légèrement relevée de côté, me donnant la main droite[6]. »

UNE ÉDUCATION OUVERTE

Au fur et à mesure que l'enfant grandit, elle est intégrée dans la vie de la famille par de petits événements qui font figure de rites. Il en est ainsi le jour où Yvonne goûte pour la première fois de la viande, à l'âge de un an. Plus de lait ni de bouillie molle, non, de la viande ! La scène se déroule devant toute la famille, et si Jacques, le frère témoin, s'en souvient avec autant de précision, c'est que le moment est d'importance : « Mon père est rentré plus tôt de son bureau pour assister à l'événement », et c'est lui qui « a surveillé avec amour » la cuisson de la côte d'agneau. La table est dressée dans la chambre de l'enfant, mais avec l'apparat habituel : « un napperon brodé, un couvert d'enfant et une assiette d'argent au rebord perlé qu'on a chauffée à l'eau bouillante sont disposés soigneusement ». L'initiation gastronomique, hélas, tourne court : Yvonne refuse de goûter à la viande, malgré les efforts de tous !

Les Vendroux portent à leur progéniture une attention soutenue, conformément à une récente évolution de la société française. Depuis la fin du XVIIIe siècle, l'enfant est peu à peu devenu une personne à part entière, digne de soins spécifiques. Une littérature enfantine a vu le jour, en même temps que les premiers ouvrages d'éducation. Marguerite est dans cette perspective une mère moderne. Quand, en 1906, Yvonne contracte la varicelle, sa mère est catastrophée par le bouton qui perce sur son front : « Il ne faut absolument pas qu'elle se le gratte… Pour une jeune fille une cicatrice serait plus tard une catastrophe ! » – comment la marier si elle a le visage abîmé ? Le docteur Crèvecœur suggère de recourir à la bonne vieille méthode, qui consiste à attacher les mains de l'enfant. Pour les Vendroux, une telle solution n'est pas envisageable. Marguerite préfère surveiller la petite fille toute la journée, en se relayant avec les bonnes. Pour la nuit, elle fait venir spécialement une religieuse, chargée de veiller sur le visage d'Yvonne. Cet épisode dit à lui seul l'enjeu que représentent leurs enfants pour les Vendroux.

En dehors des périodes scolaires, la famille s'éloigne volontiers de Calais. Les demeures des grands-parents maternels et paternels offrent un asile recherché. Les dimanches ou les jours de fête, on se rend dans la propriété de la grand-mère Vendroux, à Coulogne, non loin de la ville. Là, dans la vaste demeure meublée avec un goût exquis, les enfants redécouvrent l'atmosphère feutrée du XIXe siècle. La grand-mère Vendroux, veuve depuis 1894, y préserve un mode de vie tout aristocratique. Dans le salon où elle reçoit encore fréquemment le Tout-Calais, les domestiques œuvrent en gants blancs. La vieille dame est dotée d'un fort tempérament et assume « avec autorité ses responsabilités de douairière », mais ses petits-enfants l'adorent. Jacques-Philippe, qui dit passer chez elle la moitié de son temps, a pour elle de l'admiration : « Elle avait été exceptionnellement jolie. Quand je l'ai connue, c'était évidemment une dame d'âge mûr, mais une grande dame[7]. » Yvonne, dans le jardin potager qui jouxte le parc, se livre à ses premières expériences de jardinage.

Il semble cependant que la propriété de Septfontaines, demeure ardennaise des grands-parents maternels, occupe une place plus importante dans l'enfance d'Yvonne. Tout d'abord, les séjours y durent plus longtemps que ceux de Coulogne. Généralement, les Vendroux y passent les vacances de Pâques et une grande partie des vacances d'été, qui courent alors du 1er août au 1er octobre. L'éloignement du château par rapport à Calais explique en partie ce rythme.

Il est exclu de faire la route en voiture : la pauvre De Dion-Bouton ne pourrait transporter six personnes, une domestique et les nombreux bagages ! Il faut donc emprunter le chemin de fer, ce qui transforme le déplacement jusqu'au château en véritable expédition. Munis de deux grandes malles, de cartons à chapeaux, de valises en cuir, notamment celle de la gouvernante allemande (la *Fräulein*) où est inscrite la mention *Gute Reise*, la famille prend d'abord le train de Calais à Hazebrouck. Après une heure et demie de trajet, tous dînent au buffet de la gare pour attendre le train de Lille qui passe à 20 heures. L'arrivée à Charleville a lieu à minuit. Là, le cocher de Septfontaines attend les voyageurs et les conduit en omnibus jusqu'au château, près du village de Fagnon. La demi-heure de trajet paraît bien longue aux enfants exténués.

Septfontaines, pour Yvonne et ses frères et sœur, représente un formidable espace de liberté qui ne se limite pas au château et à son jardin, mais couvre des centaines d'hectares de cultures et de bois entrecoupés d'étangs et de rivières. Le domaine abrite plusieurs fermes dont les habitants travaillent à l'entretien. Pour gérer une telle exploitation, Charles Forest, le grand-père d'Yvonne, a abandonné en 1900 son étude de notaire. Il se consacre entièrement à sa propriété. Les enfants, loin de tout souci, vivent mille aventures. La chasse aux papillons, l'odeur des sapins, les promenades en barque sur l'étang, le délicieux miel récolté par l'abbé de Fagnon, tout prend dans cet endroit merveilleux une coloration différente. Les retrouvailles avec les cousins Jeanne et Raymond Gailly donnent lieu à d'interminables parties de jeux. Sur l'allée de un kilomètre qui relie le château à la grille du parc, les quatre aînés s'amusent à dévaler les pentes en voiture à roulettes. Les raidillons trop forts les entraînent dans d'impressionnantes chutes, et leur valent de belles gronderies. Bref, c'est là un temps insouciant qui s'écoule et qui reste gravé dans les mémoires d'Yvonne et de ses frères et sœur : « Je perçois encore l'odeur du feu de bois pendant les soirées des vacances pascales, note Jacques-Philippe, le parfum sucré des boules de primevères chauffées par le soleil et cueillies dans le grand pré, celui plus musqué des phlox de la terrasse en été, les relents d'encaustique de la galerie du premier étage, où l'on n'avait pas la permission de jouer et sur laquelle s'ouvraient nos immenses chambres, et ceux mélangés de cire, de melon et de frontignan de la grande salle à manger, l'odeur d'eau et de feuilles de saule des étangs où je prenais des carpes aussi grosses que moi[8]. »

Quelques contraintes sociales rappellent de temps à autre les jeunes gens à leurs obligations mondaines. Les grands-parents Forest, en effet, invitent régulièrement leurs amis et relations à goûter. M. Joucka-Pelou, préfet des Ardennes de 1902 à 1908, est souvent de la partie, accompagné de son épouse et de sa fille Jeanne. Malgré le cadre champêtre, la tenue de ville est de rigueur : les femmes en robes à froufrous, coiffées d'extraordinaires chapeaux peuplés d'oiseaux et de fleurs, protégées par de délicates ombrelles, croisent les messieurs en costumes à col rigide, étouffant sous leur canotier. Les enfants, eux, doivent laisser leur tenue de jeu pour revêtir « des costumes marins blancs et des robes de mousseline blanche ceinturées de satin bleu ciel, des grands chapeaux de paille et des souliers vernis[9] ». Puis, sur la grande pelouse qui s'étend au pied de la terrasse, il leur faut se livrer de plus ou moins bonne grâce aux civilités. Yvonne, bien élevée, se prête au jeu, mais son frère qui la connaît bien devine ce qu'elle en pense : « Elle ne sourit que lorsque les gens lui plaisent. Dans le cas contraire, elle dit poliment : "Bonjour, ma tante." Mais on sent que c'est parce qu'elle ne peut pas faire autrement. » La notation, pour qui connaît Yvonne adulte, sonne parfaitement juste : jamais impolie, toujours fidèle à ses obligations, Mme de Gaulle saura montrer juste ce qu'il faut de froideur aux gens qu'elle n'apprécie pas.

Il existe certaines différences entre l'éducation des filles et celle des garçons. Jacques-Philippe – souvent appelé Jacques tout court – est l'héritier mâle de la famille. Il reçoit donc une instruction complète et poussée. Son père l'encourage à pratiquer le sport et, un peu plus tard, le pousse à prendre ses responsabilités. C'est ainsi qu'à l'âge de onze ans il est envoyé seul à la montagne et, l'année suivante, expédié en voyage de formation en Allemagne.

Par contraste, l'enfance d'Yvonne est plus contrainte. Les personnes du sexe féminin sont considérées comme des êtres fragiles qu'il convient de protéger des agressions extérieures. Pas question de laisser une jeune fille sortir seule dans la rue et encore moins partir au loin sans accompagnement. De toute façon, la femme étant destinée à un avenir conjugal et domestique, il ne sert à rien de l'initier aux émotions des voyages, de l'aventure, de la liberté. L'ouverture sur le monde, le frémissement de l'inconnu, le courage de sortir de son quant-à-soi, tout cela relève de l'éducation masculine et d'elle seule.

Yvonne reste donc dans le giron familial, et plus particulièrement maternel. Cela ne signifie pas qu'elle soit laissée sans instruction. Pareille négligence serait contraire à la mission réservée à une future épouse : « Être l'ange du foyer, l'être doux, patient, dévoué au bien de tous les membres de la famille. » Le *Bulletin de la Société générale d'éducation et d'enseignement* précise que, « pour remplir ce rôle plein d'abnégation, il faut plus de piété et de vertu que de science[10] ». Toutefois, une future épouse doit savoir lire et compter, et bénéficier d'une culture minimale. Jusqu'à sept ans, l'apprentissage se fait à domicile. C'est une vieille institutrice, Mlle Delannoy, qui est chargée d'apprendre à la petite fille les bases de la lecture, de l'écriture et des mathématiques. La présence d'une « demoiselle » est caractéristique de la bourgeoisie aisée. Dans les milieux les plus riches, elle est placée pour plusieurs années à domicile, vit avec la famille et se consacre entièrement aux enfants de la maison. Chez les bourgeois moins fortunés, elle est payée au cachet et se partage entre plusieurs familles. Chez les Vendroux, le cas de figure est intermédiaire : Mlle Delannoy ne vit pas sous le toit de la famille mais vient chaque jour, deux heures le matin, deux heures l'après-midi, ce qui laisse supposer qu'Yvonne puis sa sœur Suzanne sont ses seules élèves. Traditionnellement, la demoiselle prend son repas du midi à la « grande table » quand les enfants y sont admis – généralement vers l'âge de sept ans[11]. Ce détail nous éclaire sur son statut : elle n'est pas une domestique comme les autres, mais une personne certes peu fortunée mais instruite. Sa respectabilité lui assure une place à part dans la famille. Les bonnes, du reste, la servent à table, tandis que les enfants la nomment « Mademoiselle », et non pas par son prénom, comme le reste du personnel.

Plus tard, notamment au cours de la Première Guerre mondiale, les petites Vendroux cesseront de recevoir les cours à leur domicile. Elles se rendent alors chez l'institutrice. Sur le chemin, elles sont systématiquement accompagnées. Ces sorties sont l'occasion de connaître la ville et d'observer la vie quotidienne du quartier, ses travailleurs, ses voisins, ses rumeurs. C'est une liberté délicieuse volée à un emploi du temps qui ne laisse rien au hasard. Ces petites échappées sont si importantes pour les petites filles qu'Yvonne, à l'extrême fin de sa vie, se souvient encore de ces promenades calaisiennes avec une précision extraordinaire :

> Rue de la Harpe, Marie Legros possédait dans la cage d'escalier une collection de Delft peut-être unique, représentant des sujets mythologiques.
>
> L'institutrice nous faisait faire un détour pour ne pas passer par une certaine rue. Nous avons découvert que c'était une maison très spéciale.
>
> Rue de la Douane, juste avant la guerre, habitaient le docteur et Mme Yardin. Je crois que leur mur était mitoyen avec le mur de la cour de grand-mère.
>
> Les Dussaussoy (on les disait d'origine juive) habitaient plus loin. Et aussi Mrs Hogben [...].
>
> Le 1er janvier, les gamins du quartier sonnaient pour offrir leurs vœux. On leur donnait cinq sous (de quoi acheter des genres de berlingots au coin de la rue). Mais il y avait beaucoup de resquilleurs...
>
> Place d'Armes, sous le beffroi, siégeait Zélie, coiffée d'une fontange blanche. Papa lui achetait des noix (immangeables !).
>
> Sur la place d'Armes, côté gare du tram, il y avait un magasin de tissus qui me paraissait d'une splendeur chatoyante. Rue des Boucheries, Drinegbier, un Anglais infirme, qui avait sur son étalage les plus beaux turbots que j'aie jamais vus... et des craquelots[12] !

Auprès de ses institutrices – Mlle Delannoy, puis une certaine Fräulein Franciska Tondorf, de Cologne, qu'Yvonne qualifie de « très gentille » – la petite élève se révèle sage et appliquée. Chaque samedi, elle reçoit comme à l'école son carnet de notes, qu'elle fait signer à ses parents. Elle apprend bien, excelle en français, en instruction religieuse, un peu moins en calcul. Elle ne fait pas d'éclat, du moins qui soit parvenu à la postérité. Sa petite sœur Suzanne, pourtant élevée de la même façon, semble plus remuante. Philippe de Gaulle la décrit comme étant « d'une intelligence vive et d'un caractère affirmé, cachant une grande sensibilité sous des propos volontiers moqueurs et un comportement souvent à contre-pied qui [...] ont souvent dérouté dans son enfance ses parents et ses éducatrices[13] ». Les deux filles grandissent dans le cocon familial, et ne devinent l'existence d'un monde extérieur et étranger qu'au travers de leurs promenades dans la ville ou au contact des domestiques et des fermiers de Septfontaines, seuls personnages exotiques de leur jeunesse. « Pour ces enfants dont l'horizon social reste limité, les domestiques sont, avec les paysans employés sur la propriété, les seuls représentants du peuple qu'ils peuvent côtoyer[14]. »

Il faut bien, pourtant, qu'Yvonne élargisse l'horizon de ses connaissances. Ses parents, bien qu'ils ne souhaitent pas faire d'elle une intellectuelle, sont conscients de la nécessité de lui faire fréquenter un établissement scolaire. Ils suivent en cela une tendance apparue à la fin du XIXe siècle. Mais les voici bien embarrassés : comme de nombreuses familles catholiques attachées à l'enseignement religieux, ils sont désemparés par les conséquences de la loi de séparation des Églises et de l'État de 1905. Les congrégations enseignantes ont été contraintes de quitter le territoire. L'école de la Sainte-Union à Calais, où ils avaient prévu d'envoyer Yvonne, a déménagé en Angleterre, à Kearsney dans le Kent. Certes, la famille a des attaches culturelles très fortes avec la grande île, et les jeunes Vendroux du temps passé avaient pour habitude d'y faire leurs études. Mais Yvonne est une fille, et l'éventualité de l'envoyer si loin n'est même pas évoquée. Reste donc le choix fort mince entre les deux établissements restés sur place, le pensionnat Notre-Dame, « dont la qualité de l'instruction et le recrutement sont parfois taxés de médiocrité », et le pensionnat Jeanne-d'Arc, qui ne pèche pas par son niveau mais par sa localisation. Il faut se souvenir, en effet, qu'un conflit oppose depuis les années 1850 la ville de Calais à sa nouvelle banlieue, Saint-Pierre, où est situé l'établissement : cet emplacement, souligne Jacques Vendroux, « pose à mes parents un [...] problème psychologique du fait de l'incompréhension, je dirais presque de l'animosité, de la vieille cité historique à l'encontre de la nouvelle ville de génération récente[15] ».

La famille Vendroux, rappelons-le, a été particulièrement impliquée dans la querelle entre les deux communes. Bien que ses usines soient situées sur le territoire de Saint-Pierre, elle a toujours préféré à cette jeune municipalité l'ancien Calais historique, siège de son pouvoir depuis tant de générations. Dans ce contexte, envoyer Yvonne suivre sa scolarité à Jeanne-d'Arc aurait pour les Vendroux un parfum de reniement. Ses parents préfèrent donc l'inscrire à Notre-Dame, quitte à ce que l'enseignement reçu soit de moindre qualité. Qu'importe, puisqu'ils peuvent pallier les insuffisances de l'institution scolaire : Mlle Delannoy poursuit ses cours quotidiens à domicile, même après l'entrée d'Yvonne à Notre-Dame à la rentrée 1907.

L'enjeu, de toute façon, n'est pas l'acquisition de connaissances, mais la perpétuation d'une certaine norme sociale. Autour de l'enfant tout est organisé « pour éviter la déviance, la sortie hors du cadre domestique ». Les parents, les nourrices, les préceptrices, les bonnes tissent autour de chaque petit un maillage aussi serré que les langes du nourrisson.

À lui seul, l'emploi du temps de la jeune Yvonne illustre la façon dont la vie des enfants est planifiée, et qui reflète une peur viscérale de la vacuité, du hasard, de l'ennui. Cette habitude qui consiste à être toujours occupée, Yvonne la conservera toute sa vie – ses journées d'adulte commenceront tôt et seront remplies d'une quantité de tâches domestiques, épistolaires et sociales qui lui laisseront chaque soir le sentiment du devoir accompli. Une telle efficacité organisationnelle est-elle liée à son tempérament ? Est-elle le fruit d'une éducation soucieuse de cadrer les actes et les pensées ? Il est impossible de le déterminer.

Depuis l'âge de six ans, Yvonne se lève à 7 h 30 le matin. Après un petit déjeuner servi dans sa chambre par la bonne, elle reçoit les cours de Mlle Delannoy, toujours dans sa chambre, de 9 heures à 11 heures. Suzanne, sa petite sœur, y assiste dès qu'elle en a l'âge. S'ensuit une brève récréation dans le jardin ou dans la cour. Le repas de midi se prend en famille, avec une ponctualité britannique : à 12 h 15, dès que le père revient de son travail, les enfants s'attablent avec leurs parents.

Une même rigueur s'observe dans le contenu de l'enseignement. Les petites filles sont initiées très tôt aux matières qui paraissent indispensables à leur futur statut d'épouse et de mère. Le français et le calcul en forment l'essentiel, mais pas le latin ni le grec, réservés aux garçons. À ce propos, les pédagogues de la Belle Époque sont formels : « Ô femmes, demeurez femmes : ce n'est pas pour votre latin et votre grec que nous vous aimons[16]. » Les enfants du sexe féminin profitent avant tout des enseignements qui participent à la bonne tenue : les leçons d'écriture, proches de l'apprentissage calligraphique, encouragent la patience et l'application. La belle écriture d'Yvonne, déliée, ronde dans les boucles, ferme sur la ligne, élégante et si féminine, a été nourrie par de longues heures de tracé. Dans le même esprit, le dessin est une activité très prisée. Ne développe-t-il pas « la patience, la minutie, le sens de l'harmonie[17] », qualités volontiers abandonnées aux femmes ? Yvonne s'initie donc à l'aquarelle avec un professeur de dessin du collège, peintre à ses heures, M. Guilmet. Si elle ne présente aucun génie particulier en la matière, elle garde toutefois à l'âge adulte une certaine habileté à croquer en quelques traits de crayon les scènes cocasses de la vie, dans un esprit proche de la caricature. Plus attendus, les travaux d'aiguille sont le grand classique des apprentissages féminins. C'est ainsi qu'au cours de son enfance calaisienne Yvonne découvre les joies subtiles de la broderie, de la dentelle, de la tapisserie et du crochet, auxquels elle restera fidèle par la suite, même si le tricot l'emporte plus tard.

La petite fille étant considérée comme un être infiniment vulnérable, on l'éloigne des événements qui pourraient l'émouvoir à l'excès. Le contact avec la mort, par exemple, ne doit en aucun cas venir troubler sa calme innocence. Aussi l'enfant est-elle tenue à l'écart du deuil, dont elle ne perçoit que la tristesse, dans un lointain écho. Au cours de l'été 1906, alors qu'elle passe ses grandes vacances dans la vaste propriété de ses grands-parents à Septfontaines, un tragique accident coûte la vie à un jeune valet de ferme. Abel, c'est son nom, est pour les petits Vendroux un peu plus qu'un domestique. Les enfants en ont fait leur ami, et réclament qu'il les accompagne à la pêche dans les étangs. Un soir de moisson, Abel tombe d'une charrette et meurt. La douleur des Vendroux, décrite par Jacques-Philippe, montre bien leur attachement au jeune homme : « Tout le monde pleure. Pendant plusieurs jours, on parle bas. Personne n'ose rire. J'accompagne mes parents à l'enterrement. La petite église de Fagnon [...] est noire de monde. » En revanche, « Yvonne est encore trop jeune pour assister aux obsèques[18] ».

La même attitude s'observe lors d'un autre drame, pourtant moins lié à la famille. Le 26 mai 1910, le sous-marin *Pluviôse*, immergé non loin de la plage de Calais, est heurté par un paquebot. Il coule aussitôt, et, malgré la faible profondeur, son renflouage prend plus de deux semaines. L'équipage est mort depuis longtemps. Le bâtiment est ramené à terre, son kiosque est ouvert et les corps sont retrouvés. Les « horribles détails » de la macabre découverte sont logiquement cachés à Yvonne Vendroux, qui reçoit toutefois l'autorisation d'assister aux obsèques nationales des marins. Elle a, il est vrai, bientôt dix ans. Sans doute l'extraordinaire écho suscité à Calais par cet accident explique-t-il qu'Yvonne puisse y participer. C'est en effet toute une ville, tout un peuple, même, qui prend part au deuil des vingt-sept sous-mariniers. Le drame revêt une dimension nationale – c'est un fleuron de la marine qui est perdu – et trouve localement un retentissement particulier : les tentatives de sauvetage du sous-marin par des scaphandriers, tout près de la plage, ont tenu la population en haleine. La modernité du sous-marin et la technicité des tentatives de renflouage, mêlées à la menace implacable pesant sur la vie de l'équipage, ont passionné les Calaisiens. Le jour des obsèques, Yvonne et son frère sont à la fenêtre de l'appartement de Mlle Delannoy, qui donne sur la rue Royale. Sous leurs yeux passe le cortège de couronnes et de cercueils. Les familles endeuillées suivent les veuves voilées de noir, et enfin vient le cortège officiel, avec en tête le président de la République Armand Fallières.

Un dernier rendez-vous avec la mort permet d'évaluer la façon dont Yvonne grandit, et surtout la manière extrêmement délicate dont ses parents lui font traverser les moments difficiles de la vie. Au début de l'année 1911, une brutale pneumonie emporte la grand-mère Vendroux. Le jeune Jacques salue « bien entendu » une dernière fois la défunte sur son lit de mort. « Bien entendu », souligne-t-il, afin de montrer combien la chose est moins évidente lorsqu'il s'agit de sa sœur : « La question se pose pour Yvonne, dont mes parents se demandent si elle n'est pas encore trop jeune pour supporter ce premier choc d'un tête-à-tête avec la mort. » Perplexes face à la situation, les parents n'imposent aucune réponse sur mesure, et choisissent finalement de s'en remettre à Yvonne elle-même. Cette réaction est à vrai dire assez moderne pour l'époque. Elle montre que les Vendroux sont capables de souplesse face aux situations inédites. Et Yvonne, dans cette perspective, est bien leur fille : pas de mièvrerie dans sa réponse, pas de pleurnicherie d'enfant habituée à obéir. « Sans hésitation, elle demande à ma mère de la conduire auprès de ma grand-mère et d'y rester le temps d'une prière. Très calme, mais très pâle, elle sort, silencieuse, de la chambre aux rideaux fermés[19]. »

Une jeunesse épanouie

Protégée au sein du nid parental, abritée des rudesses du monde, la jeune adolescente grandit en beauté, avec « un nez fin, une bouche menue, le front légèrement bombé, signe de sa ténacité, une longue chevelure châtaine naturellement ondulée, et, surtout, de très beaux yeux gris dont, selon les circonstances, elle sait foncer ou adoucir le regard[20] ». En réalité, seule la Première Guerre mondiale la contraindra à rompre provisoirement avec son milieu et la projettera dans les tourments contemporains. Auparavant, quelques drames avant-coureurs viennent obscurcir sa vie radieuse. Autour de l'année 1907, une série noire frappe la famille Vendroux. La première catastrophe touche Septfontaines au printemps : le château est partiellement détruit par un incendie. Le grand-père Forest, déjà malade, supporte mal ce coup dur. Son état s'aggrave et il meurt au mois d'octobre. Six mois plus tard, en avril 1908, un autre incendie éclate. Il détruit la biscuiterie industrielle des Vendroux.

Ces drames affectent la famille, même si pour certains ils n'ont pas seulement des aspects négatifs. L'incendie de l'usine, par exemple, amène à entreposer dans la cour de la maison calaisienne les boîtes en fer qui ont échappé au sinistre et qui sont remplies de friandises. Jacques-Philippe et Yvonne s'y approvisionnent en secret… Quant à la destruction de Septfontaines, elle marque plus profondément la vie des Vendroux, puisqu'elle les oblige à chercher une autre villégiature estivale. La maison de Coulogne pourrait offrir un cadre idéal, mais elle ne convient pas : pour Marguerite et son mari, férus d'hygiène, le changement d'air n'y est pas suffisant. Ils préfèrent opter pour une destination plus lointaine, les Alpes. Ce faisant, la famille opère une véritable rupture : habituée aux vacances entres cousins dans la maison des Ardennes, elle s'ouvre désormais à un univers nouveau et encore mal connu. La montagne, certes, a été mise à la mode par la littérature romantique. Peu à peu, elle a attiré une avant-garde aisée et sportive ; elle s'est désenclavée grâce à l'avancée du chemin de fer. Mais elle reste au début du XXe siècle réservée à une rare élite, tant le déplacement en train est onéreux.

Une fois encore, les Vendroux s'inscrivent donc dans cette frange de la population soucieuse d'exercice physique, de pratiques nouvelles, et aidée dans sa démarche par un pouvoir d'achat élevé. Au-delà du simple aspect financier, il existe aussi un lien philosophique étroit entre la montagne et la grande bourgeoisie, notamment protestante. L'image puritaine de la montagne, l'effort qu'elle exige avant de se laisser conquérir, toutes ces vertus correspondent à une certaine morale luthérienne. Les Vendroux, quoique bons catholiques, partagent en grande partie cet état d'esprit : il faut s'élever dans la société grâce au travail et à l'effort constants. Ajoutons que l'influence britannique, une fois encore, a pu jouer : ce sont bien les Anglais qui, au XIXe siècle, ont lancé la mode du tourisme alpin, tout à fait conforme à leur recherche d'hygiène, de grand air et de pratique sportive.

Dès l'été 1908, la famille Vendroux se met donc en route vers Samoëns. La destination est choisie de concert avec les cousins Gailly, privés eux aussi de Septfontaines et enthousiastes à l'idée de faire l'expérience de l'altitude. Les deux familles retrouvent également sur place des amis, les Thibon, dont le père est commandant. C'est peut-être là la première rencontre d'Yvonne avec un officier… Quant à la grand-mère Forest, qui a perdu en un an son château puis son mari, elle a été invitée à se joindre à la petite troupe. Les trois familles louent chacune un appartement, dans lequel il leur est loisible de réorganiser la vie quotidienne comme à Calais.

Ce premier séjour laisse un souvenir mitigé à Jacques-Philippe, qui déplore l'abondance de moustiques, le manque de neige sur les sommets, l'inconfort du logement et le temps maussade. Malgré cela, le groupe d'amis retourne dans les Alpes l'été suivant, mais cette fois Samoëns est délaissé au profit de Lanslebourg, auquel les Vendroux resteront fidèles pendant plusieurs saisons.

Si le voyage en train vers Charleville relevait déjà de l'expédition, que dire du déplacement jusque dans les Alpes ? Il s'agit d'une véritable épreuve. Jacques-Philippe résume la situation : « La gare maritime de Calais est mobilisée pour l'événement[21]. » À eux seuls, les Vendroux emplissent deux compartiments de train ! Parents, enfants, gouvernante, institutrice, cuisinière et femme de chambre sont de la partie. En plus des bagages habituels, il faut emporter un volumineux matériel relatif à la vie quotidienne. Même à la montagne, les vêtements doivent être impeccables : la bonne se charge de plusieurs fers à repasser. La cuisinière, elle, transporte de la Flandre à la Maurienne une grande bassine en cuivre destinée à confectionner des confitures ! Détails épiques, témoins d'une époque révolue où les vacances ne signifiaient nullement l'abandon de soi, le relâchement ou la détente.

Les deux premiers étés d'Yvonne dans les Alpes ne lui laissent guère d'images marquantes. Âgée la première année de huit ans, elle est jugée trop jeune pour participer aux randonnées des adultes. Elle reste donc à la station, sous la surveillance d'une Fräulein. La différence de traitement avec son frère est saisissante : « Sous prétexte qu'il faut apprendre à un garçon de onze ans à "se débrouiller", note Jacques-Philippe, mon père m'envoie seul à Chamonix pour traverser la mer de Glace et le Mauvais Pas. Il me faut changer deux fois de train, engager moi-même un guide, déjeuner au Montenvers, faire l'ascension[22]. » Yvonne, au même âge, est tout juste autorisée à accompagner les grands dans les promenades les plus faciles. Elle doit toutefois se soumettre à un certain nombre de contraintes pratiques qui brident sans doute sa jeune liberté : pour se protéger du soleil, il lui faut se coiffer d'un grand béret alpin sur lequel est tendue une mousseline blanche. Pour éviter les piqûres de vipère, elle doit cacher ses mollets dans des bandes molletières, avec pour étouffante conséquence une sensation de chaleur de plus en plus forte.

Mais qu'importe ! Yvonne, si l'on en croit son frère, aime la montagne, grimpe sans se plaindre, passe de la randonnée à l'excursion, de l'excursion à l'ascension. Sur les pentes, elle découvre l'une des grandes passions de sa vie : les fleurs. C'est là, au bord des alpages, juste avant que commencent les sombres forêts de mélèzes et d'épicéas, que la fillette réalise ses premiers herbiers : digitales, rhododendrons, lys, renoncules et œillets deviennent pour elle des noms familiers. Est-il une activité qui corresponde mieux à ce que des parents attendent d'une petite fille modèle ?

Petite fille, Yvonne ne l'est déjà plus tant que cela. À onze ans, elle entre dans la période intermédiaire qui relie l'enfance à l'âge adulte. L'adolescence est une notion inconnue de la Belle Époque, et plus encore pour les jeunes filles, considérées comme des mineures toute leur vie. Malgré tout, quelque chose se passe. Quelque chose de silencieux, de minuscule, mais de notoire. Les modifications physiques sont la manifestation la plus visible de ce profond changement. Loin de le renier, la société bourgeoise l'accompagne. Prévoyante en tout, elle aide ses enfants à entrer pas à pas dans le monde des grands, grâce à toute une série d'étapes ritualisées. Le repas en constitue l'un des enjeux. On se souvient que toute la famille Vendroux avait assisté, en 1901, à la première dégustation de viande d'Yvonne. Plus tard, la participation de la fillette aux repas des adultes est une affaire tout aussi sérieuse : ce n'est qu'à partir de dix-sept ans qu'elle sera admise, au même âge que ses frères et sa sœur, à participer aux grands dîners mondains. La fête de Noël vaut toutefois exception : dès l'âge de huit ans, les petits Vendroux sont autorisés à prendre part au grand dîner du 24 décembre que donne leur grand-mère dans le manoir de Coulogne. Il est vrai que ce somptueux repas se déroule seulement en présence de la famille proche. En 1908, Yvonne rejoint donc autour de l'impressionnante table son frère Jacques-Philippe, ses parents, son oncle et sa tante Jacques Vendroux, l'oncle Richard et la tante Suzanne. La grand-mère Vendroux a supervisé l'organisation du repas comme si elle recevait d'éminentes personnalités : l'habituelle salle à manger a été délaissée au profit de la pièce d'apparat décorée de boiseries de poirier et tendue de drap rouge, tandis que les convives ont revêtu leurs plus beaux atours. Chaque année, les mêmes plats se succèdent : une grosse oie farcie aux marrons, du foie, et le fameux plum-pudding flambé par le père de famille lui-même.

Les cadeaux ont été donnés bien avant, à la Saint-Nicolas, comme le veut la tradition dans le nord de la France. Le 5 décembre, veille du grand jour, les enfants déposent carottes et bol d'eau devant la cheminée pour l'âne de saint Nicolas. Au matin, ils découvrent les présents, souvenir inoubliable pour Yvonne : « Jacques, une mandoline. Moi, une poupée japonaise (elle existait encore à la guerre à Colombey). Jean, une épicerie bien garnie. Suzanne, un grand cheval de bataille en carton, gris pommelé, et pour chacun un petit cochon en pain d'épice portant notre nom en sucre. Nous ne recevions qu'un jouet dans l'année, mais assez beau[23]. »

Si la participation aux repas est une façon d'intégrer les enfants au monde des adultes, cela vaut plus encore pour la participation au repas eucharistique, moment majeur de la célébration catholique. Dès sa naissance, le bébé a été accueilli dans la communauté chrétienne par l'acte du baptême. Durant son enfance, les leçons de catéchisme le font s'inscrire en conscience dans cette communauté. La première communion est l'aboutissement de cette éducation. Elle marque l'entrée dans la grande famille des chrétiens, et établit un lien intime entre le croyant et Dieu. C'est une étape extrêmement solennelle, dont l'importance a encore été renforcée par Pie X (1903-1914) : soucieux d'encourager la fréquente communion, le pape autorise en 1910 les jeunes enfants à communier à partir du moment où ils sont aptes à distinguer le pain eucharistique du pain ordinaire[24].

La première communion symbolise aussi la sortie de l'enfance. Elle se prépare de longue date, se déroule selon une tradition immuable et rassemble toute la famille. C'est le 20 mai 1911 qu'a lieu celle d'Yvonne, après un mois d'avril douloureux : la grand-mère Vendroux de Coulogne, née Caroline Giovanelli, est décédée un mois et demi plus tôt, précédant de quelques semaines dans la mort sa propre mère, l'arrière-grand-mère d'Yvonne, âgée de quatre-vingt-cinq ans. Malgré ce double deuil, qui doit durer un an, les Vendroux maintiennent la cérémonie. Yvonne appartient en effet à tout un groupe de précommuniantes avec lesquelles elle s'est préparée. Elle y fait figure de personnalité éminente en raison du rang de sa famille. Quelques semaines avant l'événement, c'est elle qui est désignée pour aller quêter dans les riches maisons de Calais. Plusieurs de ses camarades n'ont en effet pas les moyens de pourvoir aux frais de la communion, qui consistent essentiellement en l'achat du cierge et de l'aube. De même, le grand jour venu, c'est Yvonne qui marche en tête du cortège de communiantes. Dans la robe blanche qui a remplacé momentanément ses habits de deuil, elle avance au milieu de l'église. Que ressent-elle alors ? Il est tout juste possible de dire que, sa vie durant, Yvonne conservera une piété vibrante, nourrie sans aucun doute par la pratique chrétienne de ses jeunes années.

Après la cérémonie à l'église, les mondanités reprennent vite leurs droits : c'est chez les Vendroux que l'archiprêtre, Mgr Debout, choisit en effet de venir dîner. Les parents d'Yvonne soignent cet hôte de marque. Jacques-Philippe a eu la judicieuse idée de conserver le menu gravé pour l'occasion. Les très chic réminiscences anglaises s'y mêlent au savoir-faire français, et même à quelques curiosités inspirées de la mode russe d'alors : « Clear Oxtail, Turbot sauce crevettes, Canetons aux petits pois, Selle de renne sauce moscovite, Asperges en sauce normande, Poulets de grain à la broche, Salade de laitue, Langoustes en belle vue, Parfait au café, Desserts. » Cette énumération appelle celle des breuvages qui l'accompagnent : « Marsala royal 1884, Château Yquem 1904, Château Palmer 1891, Romanée Conti 1893, Moët et Chandon, Ténériffe. »

Après sa communion, Yvonne est sans doute un peu moins considérée comme une enfant. Est-ce pour cette raison qu'elle ne retourne pas suivre les cours du pensionnat en octobre 1911 ? Ou cette décision relève-t-elle de considérations différentes, liées au niveau insuffisant proposé par les sœurs ? Qui sait ? Le fait est que l'expérience scolaire de la jeune fille s'arrête là, à l'âge de onze ans. Yvonne a passé en tout et pour tout quatre années sur les bancs de l'école. Cela, du reste, ne veut pas dire grand-chose, puisqu'elle poursuit son éducation à domicile avec Mlle Delannoy. Plusieurs enseignements viennent même s'ajouter à ceux qu'elle reçoit depuis longtemps. Elle n'échappe pas au piano, instrument bourgeois par excellence. Assise bien droite, elle apprend à jouer avec effort auprès de Mlle Donajowska, professeur réputée de Calais. Son frère Jean est familier du clavier depuis déjà longtemps, et la petite Suzanne a commencé à apprendre elle aussi. Lors de l'audition des élèves, à Noël, les familles de la bonne société se retrouvent. En 1913, Yvonne exécute proprement la *Valse interrompue* de Wachs devant un public acquis. Pourtant, sur le thème de la musique, les témoignages sont pour une fois unanimes : le talent d'Yvonne n'est pas éclatant. Selon son frère, « elle s'appliquera à cette étude comme elle s'applique à tout ce qu'elle fait, bien que, contrairement aux autres membres de la famille, elle ne soit pas très sensible à la musique[25] ».Philippe de Gaulle a rarement entendu sa mère au clavier. Mais il confirme : « Ma mère jouait d'une façon mécanique et avait abandonné le clavier dès son mariage. À la Boisserie, il n'y a avait pas de piano[26]. »

L'important, il est vrai, n'est pas tant de développer la capacité artistique de l'enfant que de la canaliser : dans une société où le paraître est fondamental, on doit avant tout apprendre à se maîtriser, à se tenir, à contrôler ses impulsions et ses émotions. Là où l'artiste laisse parler son génie, son instinct, sa sensualité, la petite fille modèle doit dominer l'envolée des sentiments favorisée par la musique. Une trop grande émotivité n'est que facteur de trouble personnel et social. La jeune Yvonne, à force de s'appliquer à contenir ses émotions, fait de ce réflexe l'une des bases intangibles de sa personnalité. Certains témoins, plus tard, n'y verront que de la froideur. En réalité, la sensibilité d'Yvonne est présente – maints détails l'attestent –, mais son expression est étouffée jusqu'à en être muette.

Aux joies de la musique s'ajoutent celles des langues étrangères. Très tôt, Yvonne a commencé à apprendre l'allemand auprès de ses gouvernantes alsaciennes. Détail intéressant : Marguerite Vendroux engage de préférence des Alsaciennes issues de familles non germanisées, mais capables de s'exprimer plusieurs heures par jour en allemand. L'Alsace, rappelons-le, est l'une des deux provinces arrachées à la France à l'issue de la guerre de 1870. En tout cas, la mère d'Yvonne souhaite avoir à son service des personnes françaises de cœur. C'est le cas de Mlle Baër, originaire de Colmar, présente au sein de la famille de 1903 à 1905. Mais c'est une Allemande originaire de la Prusse polonaise, Mlle Krapnovoloka, qui la remplace. En cette période de forte tension internationale, qui voit les relations entre l'Allemagne et la France se dégrader sérieusement, sa présence devient bientôt lourde à supporter. Marguerite Vendroux, à l'instar de la mère de Charles de Gaulle, est animée de forts sentiments patriotiques. Ayant constaté que cette demoiselle Krapnovoloka se promène trop souvent du côté des bastions de la côte, elle la soupçonne d'être une espionne et la renvoie sans tarder. Les relations avec la professeur d'anglais sont plus paisibles, Entente cordiale oblige. Yvonne se rend plusieurs fois par semaine chez Mrs Hogben, « vieille veuve britannique habitant à quelques pas de la maison », pour acquérir des connaissances en anglais. Visiblement, elle conservera jusqu'à la fin de sa vie un souvenir épouvantable de cette dame : « Mrs Hogben vivait de la vente de chocolats Suchard (que nous ne mangions jamais et qui allaient à l'hospice). Elle avait plusieurs chats. L'odeur était pénible. Elle m'a donné quelques leçons de traduction avec le livre *Les Quatre Filles du docteur Marsch*[27] ! »

Mais qu'importe. La maîtrise d'une autre langue n'a pas de fin utilitaire pour une jeune fille. Il s'agit plutôt d'un art d'agrément destiné à éveiller l'intelligence de personnes qui, de toute façon, ne sont pas destinées à être confrontées avec l'étranger. Personne, dans les années 1910, ne peut se douter qu'Yvonne sera entraînée en Grande-Bretagne par la Première Guerre mondiale, puis aux quatre coins du monde par un mari globe-trotter.

Pour le moment, l'horizon d'Yvonne se cantonne aux paysages du Nord. L'été, sur les grandes plages blanches qui sentent bon le large, elle consent à se tremper les jambes dans l'eau. Le soleil peut frapper fort. Hommes et femmes en chapeau viennent flâner sur le sable. Au loin, le casino de Calais dresse sa silhouette élégante et claire. De gentils petits ânes emmènent les enfants au bord du rivage. Yvonne et son frère se dirigent vers une cabine roulante. Chacun dans un compartiment, ils se changent à leur aise, tandis qu'un cheval blanc les tire jusqu'à la mer. M. Vendroux père souhaite initier ses enfants, filles comprises, à la natation. Rien de très étonnant pour cet homme féru des nouveaux sports. Sa position, néanmoins, est assez originale à une époque où apprendre à nager est encore marginal. Certes, les Jeux olympiques de 1896 ont pour la première fois intronisé la natation en discipline officielle, mais seulement pour les hommes, faute de candidates sans doute. Et les clubs d'amateurs, même s'ils naissent en Angleterre à la fin du XIXe siècle, ne se développent véritablement que dans les années 1920. Quoi qu'il en soit, les jeunes Vendroux doivent apprendre la brasse. Bien entendu, il n'existe ni école ni professeur. C'est donc à un vieux marin, surnommé Nénesse, que Jacques Vendroux père demande d'enseigner les mouvements à ses enfants, contre cinq sous le quart d'heure. Dans l'eau jusqu'aux cuisses, le bonhomme soutient Yvonne sous le ventre, sans obtenir semble-t-il de résultats probants…

Fort heureusement pour Yvonne, ses parents font à l'été 1912 un choix important : ils décident de reprendre à leur compte le château de Septfontaines. La grand-mère Forest, veuve et âgée alors d'une soixantaine d'années, n'a plus guère le cœur à gérer seule le grand domaine, reconstruit en partie seulement après l'incendie de 1907. Marguerite et Jacques se proposent donc de faire revivre la propriété. Si l'on en croit le témoignage de Jacques-Philippe, c'est Marguerite qui est à l'origine de cette décision : « Maman est ravie... elle va revivre une partie de sa jeunesse en ce lieu qu'elle aime par-dessus tout. [...] Quant à Papa, son plus grand bonheur est de faire plaisir à sa femme[28]. »

Ni le frère de Marguerite, Charles Forest, célibataire, ni sa sœur Berthe, épouse Gailly, n'ont la possibilité matérielle de s'atteler à une telle tâche. Les Vendroux, au contraire, ont d'importantes ressources financières et appliquent à Septfontaines leurs méthodes de chefs d'entreprise. Le château, qui était jusque-là pour eux une résidence de plaisance, où le temps s'écoulait dans la plus grande insouciance, change de statut : il devient un bien foncier dont il faut contrôler l'économie et tirer bénéfice. Sans doute avant la Première Guerre mondiale l'exploitation agricole de Septfontaines subvient-elle en partie aux frais d'entretien. Mais là n'est pas l'essentiel pour les Vendroux. Non, ce qui les séduit, c'est le mode de vie nouveau qui s'offre à eux. Influencés encore une fois par le modèle anglais d'aristocratie terrienne, ils deviennent à leur façon de véritables gentlemen-farmers. Leur vie en ville s'entrecoupe de fréquents séjours à la campagne. Mus par leur curiosité, ils s'adonnent à diverses réalisations campagnardes : dans le potager de trois hectares et dans le verger de quatre hectares, ils replantent de jeunes cerisiers, mirabelliers, quetschiers et noisetiers. Sur le mur de un kilomètre de long qui ceint une partie de la propriété, ils installent de célèbres variétés de fruitiers sur des espaliers – poires williams et doyennés du Comice, pêches tétons de Vénus.

Comme au temps des grands-parents, Septfontaines redevient un lieu de réception exquis, où amis et famille aiment à venir séjourner. Quand il fait beau, de longues expéditions permettent de visiter les alentours. Munis de copieux paniers à pique-nique, les invités sont emmenés en break vers les ruines du château de Montcornet, érigé au XIIe siècle – et à proximité duquel Charles de Gaulle se battra en 1940 à la tête de ses chars –, ou encore aux Hauts-Buttés, sanctuaire de saint Antoine de Padoue. Parfois, on prend à Mézières un petit bateau à vapeur qui remonte la Meuse jusqu'à Laifour. Là, sur le fleuve encaissé, les enfants écoutent la terrible légende des lieux : en l'an 1080, les trois fils du seigneur de Hierges épousèrent les trois filles du seigneur de Rethel, Hodierne, Berthe et Ige. Or, une fois leurs maris partis en croisade avec Godefroy de Bouillon, les trois sœurs trahirent le sacrement et accueillirent chacune un amant. Dieu les punit pour l'éternité : le 15 juillet 1099, jour où Jérusalem fut prise par les croisés, il changea les infidèles en trois rochers énormes, baptisés depuis lors les Dames de la Meuse. Les petits Vendroux regardent les trois masses obscures, serrées l'une contre l'autre, qui forment la rive. La légende un peu effrayante conforte la morale qui leur est inculquée.

De retour au château, Yvonne, âgée de douze ans, seconde sa mère dans l'organisation de la maisonnée. Elle est notamment chargée de veiller à la fraîcheur des bouquets qui ornent les pièces de réception et les chambres.

Cette habitude, tôt acquise, devient l'une de ses occupations favorites : une fois mariée, elle passera de longues heures, à la Boisserie, à veiller sur son jardin et à cueillir les fleurs. Une autre distraction s'offre à elle depuis le printemps de 1913. Ses parents ont acheté par l'intermédiaire de Charles Forest, spécialiste des races équines, deux chevaux de selle. Yvonne apprend à monter sur le plus paisible des deux animaux, Lehar II. À cause de sa petite taille, elle ne peut pas encore s'asseoir en amazone, comme le veut alors la tradition pour les femmes. Elle s'installe à califourchon sur le dos du cheval. Si la nage la laisse indifférente, elle montre du goût pour l'équitation : « Elle m'avoue que c'est le seul sport qui lui plaise », souligne Jacques-Philippe qui l'accompagne à travers le domaine de Septfontaines.

Enfance heureuse, sans heurt, baignée par le regard lumineux d'une mère ouverte à toutes les imaginations, par la tendresse d'un père intelligent et attentionné. Avec le recul, combien cette époque apparaît en suspens, menacée dans ses fondements ! Le château, les promenades, les goûters en costume, le jet d'eau dans le bassin et les poires sur l'espalier... La guerre balaiera en quelques années tout un monde de paternalisme industriel et de douce oisiveté.

Au début de cet été 1914, le ciel est bleu. Il fait une chaleur accablante. Calais est le lieu d'un petit événement international : le roi et la reine du Danemark, invités officiellement par le président de la République, débarquent à Calais avant de gagner Paris. Jacques-Philippe père, qui a conservé les charges consulaires de ses ancêtres, est entre autres consul du Danemark pour sa ville. Il est donc convié avec son fils au lunch donné par le roi. La reine, de son côté, reçoit à un thé les dames importantes de la ville. Marguerite Vendroux est naturellement invitée, accompagnée d'Yvonne. C'est la première invitation de la jeune fille dans le monde des puissants. En toute hâte, on lui a fait confectionner sa première robe à mi-mollet. La voici vêtue en demoiselle. Ses habits de fillette, la jupe plissée et la blouse marine, sont désormais rangés dans une malle.

La guerre, qui éclatera quelques semaines plus tard, mettra un point final à la tranquillité de cette enfance.

Chapitre IV

1914-1918
Une guerre faite d'exils

Dans la vie de n'importe quel Français, la Première Guerre mondiale constitue une rupture, un point de référence qui ne s'oublie plus et qui sépare l'avant de l'après. La remarque vaut plus encore dans le cas d'Yvonne, qui, à Calais, est aux premières loges. La proximité du front, l'intensité des bombardements sur la ville, l'occupation d'une partie du Pas-de-Calais pendant plusieurs années plongent la jeune fille dans la réalité du conflit.

Toutefois, le malheur ne frappe pas directement la famille, et la guerre est même émancipatrice pour les jeunes filles Vendroux. Elle enseigne à Yvonne et Suzanne, momentanément éloignées de leurs parents, une certaine indépendance. Elle leur fait rencontrer des gens nouveaux et voir du pays. Mais jamais elle ne disloquera une famille unie envers et contre tout.

La déclaration de guerre

Comme chaque année, les Vendroux se sont installés en juillet 1914 au château de Septfontaines pour y passer l'été. Ils ont appris dans les journaux, avant de partir, l'assassinat de l'archiduc François-Ferdinand à Sarajevo, le 28 juin, sans en mesurer encore les conséquences dramatiques. L'enchaînement des événements, jusqu'à la déclaration de guerre de l'Autriche-Hongrie à la Serbie le 28 juillet, n'a rien de rassurant. Avant même que la France prenne officiellement position en faveur de ses alliés, les Vendroux sont mis au courant de l'imminence de la guerre : le 29 juillet, le frère de Marguerite, Charles Forest, fait le trajet de Charleville à Septfontaines en taxi pour les en avertir. Sur son conseil, ils regagnent en hâte Calais, de crainte d'être ensuite bloqués par les réquisitions militaires de trains. Le 30 juillet, jour où la Russie mobilise, ils sont de retour dans leur ville. Mieux vaut être chez soi pour faire face aux événements, protéger ses biens, et le cas échéant servir son pays. Ils s'empressent de renvoyer chez elle, par le dernier train qui part vers le Luxembourg, leur institutrice allemande, Franciska Tondorf.

Le 2 août, l'avis de mobilisation générale est affiché sur les murs de la ville. Les Vendroux ne sont pas directement concernés, puisque Jacques-Philippe, né en 1897, n'est pas encore mobilisable – il le serait, au pire, en 1916, et tous sont convaincus que la guerre sera finie d'ici là. Mais les familles amies voient leurs fils partir. Cela engendre-t-il l'inquiétude de la population ? Peut-être, mais elle se cache encore sous des dehors enthousiastes ou curieux. Quant aux civils du Nord et du Pas-de-Calais, ils ne se sentent pas visés, l'offensive essentielle étant prévue en Lorraine. C'est pourquoi le nord de la France n'est guère défendu… Seuls les trois grands ports, Calais, Boulogne et Dunkerque, ont été constitués en camps retranchés, protégés par mer et par terre.

Dès le début, les Vendroux s'impliquent personnellement dans l'effort de guerre. Le conflit n'a pas commencé mais ils cherchent à se rendre utiles. Leur motivation est patriotique, bien sûr, mais elle découle aussi de leur engagement traditionnel dans la municipalité. C'est à ce niveau-là en effet qu'ils interviennent. Il faut se souvenir que Jacques-Philippe père est consul d'Autriche-Hongrie, pays allié de l'Allemagne. Dès que la guerre est déclarée, il doit confier toutes les archives de sa chancellerie au consul des États-Unis – puissance encore neutre.

Marguerite Vendroux, de son côté, rejoint la Croix-Rouge et décide de se mettre à la disposition de l'hôpital militaire de Calais. Cet engagement n'est pas un phénomène exceptionnel puisqu'on évalue à quelque 500 000 « le nombre des femmes qui s'enrôlèrent dans cette armée bienfaisante, encadrée par environ 6 000 professionnelles[1] ». Ce mouvement massif s'explique à la fois par la pénurie d'infirmières militaires (il n'y en a que 96 pour toute la France en 1914 !) et le nombre rapidement insuffisant d'infirmières de l'Assistance publique. Il découle également de la volonté de milliers de femmes d'agir sur le terrain par solidarité avec ceux qui se battent.

Un autre argument intervient. Depuis sa création, la Croix-Rouge incarne une forme de charité très prisée dans les milieux les plus aisés de la société. Il est vrai que la cotisation initiale est de 600 francs, plus 30 francs par an[2]. Y appartenir relève de la dernière mondanité. « L'opinion commune veut que les dames de la Croix-Rouge appartiennent aux classes élevées de la société française : aristocratie de naissance ou de fortune, bourgeoisie aisée, haut commerce. Il n'est que de voir la liste des membres des comités publiée en 1914 : ce ne sont que grands noms, titres, médecins généraux. Et leurs épouses constituent le comité central des dames[3]. » La princesse Murat, la princesse Poniatowski, la baronne de Rothschild, la duchesse d'Uzès, Mme d'Haussonville offrent autant de modèles à suivre pour les femmes de la grande bourgeoisie. Marguerite Vendroux trouve certainement dans son adhésion à cette organisation une façon de tenir son rang.

La Croix-Rouge est alors divisée en trois branches rivales : elle représente un enjeu social et politique qui attise les concurrences. La première branche, créée en 1866 par le duc de Fezensac, est la Société de secours aux blessés militaires (SSBM). Elle recrute dans l'aristocratie nobiliaire ou d'argent, elle garde l'effectif le plus nombreux et l'activité la plus développée. C'est dans cette section – présidée à Calais par une certaine Mme Foissey – que Marguerite Vendroux est inscrite[4]. Une dissidence s'est formée par le passé et a donné naissance en 1879 à l'Association des dames de France (ADF), qui s'est elle-même scindée en 1881 pour former l'Union des femmes de France (UFF).

À Calais, en ce début de guerre, Mme Vendroux est désignée infirmière-major. Elle est donc inscrite en tête de la liste des dix-neuf « dames » (ainsi appelées pour les distinguer des infirmières) qui œuvrent à l'hôpital militaire. Parmi elles figure également Mme Legrand, amie de la famille Vendroux. Infirmière-major correspond à un poste très précis : « Les dames de la Croix-Rouge sont regroupées en équipes de quatre ou cinq sous la direction d'une infirmière-major qui contribue à souder ces unités[5]. » Bref, il s'agit d'une fonction de responsabilité que Marguerite obtient sans doute grâce à ses relations calaisiennes. Mais au regard du dévouement total dont elle fera preuve au cours des quatre années de guerre, sa désignation est incontestablement justifiée.

L'hôpital militaire permanent de Calais comprend deux parties : l'hôpital lui-même, installé dans un ancien couvent de minimes, 22 *bis* rue Leveux, et une annexe située dans l'hôtel de Sury, mis à disposition par son propriétaire dès la mobilisation. La rue de la Douane, où habitent les Vendroux, est parallèle à la rue Leveux et se trouve donc à deux cents mètres de l'hôpital. Dans son enceinte, Marguerite se familiarise rapidement avec les lieux. Le bâtiment qui abrite les malades comporte des pièces de quatre à huit lits et des salles-dortoirs comprenant jusqu'à trente lits, ce qui représente au total deux cents places environ. Au fond de la cour, une autre maison abrite les appartements particuliers de l'officier d'administration, les bureaux et le service médical. Une lingerie, une buanderie, une pharmacie, mais aussi un réfectoire, un vestiaire et une salle de bains complètent le dispositif. Dans une autre cour, « se trouvent la morgue servant de salle d'autopsie et un atelier à étuve fixe à désinfection[6] ».

Comme les autres bénévoles, Marguerite reçoit une formation de base pour apprendre à « donner les soins prescrits par le médecin, préparer et entretenir le matériel d'opération et de pansement, surveiller spécialement les cas qu'on lui a désignés comme graves et participer à la distribution des médicaments et des aliments, à l'entretien de la propreté corporelle des hospitalisés[7] ». Les urgences de la guerre se chargeront de compléter très rapidement ses connaissances essentielles et lui feront comprendre que le travail de l'infirmière ne consiste pas seulement à accomplir des gestes techniques. Il faut certes effectuer les soins thérapeutiques ou domestiques, mais surtout écouter et réconforter les blessés. Et puis, en tant qu'infirmière-major, il revient à Marguerite Vendroux la tâche particulièrement douloureuse de décider de la fin de l'hospitalisation des patients, ce qui signifie le plus souvent leur renvoi vers le front...

Elle est visiblement passionnée par son nouveau métier. Contrairement aux bénévoles mondaines qui, trop choquées par la vue des blessures, renoncent à leurs fonctions dès l'arrivée des premiers cas graves, Marguerite tient bon pendant les quatre années du conflit. Il faut du courage et de la patience pour supporter l'horreur des corps mutilés. De l'ouverture d'esprit, aussi, tant ce métier constitue « une initiation rapide aux choses de la vie, contraire au rigide code d'éducation [des femmes de la bourgeoisie]. [...] Elles découvrent le sexe masculin, la chair, les classes populaires et même les peuples de couleur[8] ».

En ce mois d'août 1914, contrairement aux prévisions, les Allemands s'apprêtent à passer au nord de la Sambre, ce qui place le Nord et le Pas-de-Calais en première ligne. La Belgique est envahie, Anvers, Bruxelles et Charleroi tombent. Joffre doit improviser la défense du bassin minier. L'avancée allemande, perceptible au flux des réfugiés belges, sème un vent de panique au sein de la population calaisienne.

Partir vers l'Angleterre

C'est dans ce contexte confus que les Vendroux décident de mettre leurs enfants à l'abri : le danger est trop grand. Yvonne elle-même se souviendra longtemps après d'un zeppelin qui survola Calais et des premières bombes. De toute façon, les établissements scolaires de la ville sont réquisitionnés par l'armée... Le 15 août, Jacques-Philippe, Yvonne, Suzanne et Jean, placés sous la responsabilité de la grand-mère Forest, s'embarquent à bord du *Pas-de-Calais* pour gagner Folkestone, en Grande-Bretagne. Ils sont accompagnés de tante Berthe ainsi que de leur institutrice, Mme Hamerel. D'autres grandes familles calaisiennes ont eu la même idée, puisque les enfants retrouvent les filles Legrand sur le bateau. Les parents, eux, restent sur place, ce qui témoigne de leur désir de faire face courageusement.

L'éloignement des enfants confirme la proximité historique qui existe entre Calais et l'Angleterre. Faire la traversée est une chose commune, et la famille n'hésite pas à passer de l'autre côté de la Manche en cas de coup dur. Cela explique en très grande partie pourquoi Yvonne de Gaulle, en juin 1940, gagnera la Grande-Bretagne de son propre chef, alors même qu'elle ignore que son mari s'y trouve aussi.

En août1914, les parents Vendroux peuvent se féliciter de leur initiative. La progression allemande surprend en effet par sa rapidité. Le 23 août, après plusieurs jours de combat, il est clair que la France a perdu la défense de ses frontières. En conséquence, le gouvernement donne le lendemain l'ordre d'évacuation à tous les services administratifs et aux populations situées dans les villes menacées. Le 25 août, von Bülow est devant Maubeuge, le lendemain Cambrai tombe. L'étau se resserre autour de Calais…

La bataille de la Marne offre un court répit aux populations du Nord, mais les combats reprennent bientôt avec, le 25 septembre, le début de la lutte pour Arras. Après dix jours de bombardements incessants, la préfecture du Pas-de-Calais tombe. La course à la mer entre les deux armées ennemies fait de Lille un enjeu majeur. La ville est prise le 12. Entre le Lys et l'Yser, la bataille des Flandres fait rage. À Calais, les blessés commencent à affluer. Or le règlement militaire relatif aux places fortes impose d'évacuer la plupart des blessés et de ne garder dans la ville que ceux qui ne peuvent continuer le chemin. Les Français doivent normalement être emmenés en bateau vers Cherbourg et les Britanniques vers le Royaume-Uni.

Mais l'offensive de l'Yser bouleverse cette belle organisation. Dès le 9 octobre, un officier anglais informe le maire de Calais qu'il est chargé par son gouvernement d'installer dans la ville un centre d'évacuation de blessés anglais. Côté français, « le 13 octobre, un télégramme chiffré donne l'ordre à l'état-major de la place de préparer sans délai l'hospitalisation de 4 000 blessés, soldats belges et fusiliers marins[9] ». Ils sont en réalité 10 000, dont une majorité de soldats belges que la Croix-Rouge de leur pays essaie de prendre en charge avec l'aide de la ville. Il faudra attendre 1916 pour qu'un hôpital militaire belge de mille lits, installé le long du fossé extérieur des fortifications, commence à fonctionner.

Alors que l'hôpital militaire de Calais travaillait jusque-là à un rythme calme, il est submergé, à compter du 6 octobre, « par l'arrivée de blessés nombreux et graves, non seulement français et belges, mais aussi allemands, prisonniers de guerre[10] ». L'établissement, transformé en centre chirurgical, a ouvert le 4 octobre une annexe dans le collège municipal de garçons[11] situé au 13 de la rue Leveux, face à l'hôpital. Au lieu des 200 lits initiaux, l'hôpital peut désormais en offrir le double. Le mois d'octobre 1914 représente le record de l'établissement en termes d'entrées, avec 427 arrivées. Même en avril et juin 1915 la situation ne sera pas aussi dramatique, avec respectivement 385 et 322 entrées.

Du reste, « la ville n'est plus qu'un immense hôpital[12] ». Les deux comités de la Croix-Rouge représentés à Calais organisent une souscription publique et recueillent en quelques jours 74 000 francs. Ils installent des bataillons médicaux dans des collèges ou des pensionnats. La plupart des usines et des écoles de Calais se transforment en hôpitaux provisoires où les malheureux sont allongés sur de la paille. À la gare centrale est aménagée une ambulance chargée de prodiguer des soins immédiats aux occupants des trains sanitaires. Du 18 au 22 octobre, l'arrivée de blessés ne cesse plus et provoque de terribles scènes : « Faute de personnel suffisant, les blessés restaient sans secours ni surveillance pendant les quatorze heures que durait le trajet de l'Yser à Calais. [...] Horrifié, le personnel de la Croix-Rouge essayait, en gare, d'identifier les morts à l'aide des moindres indices, mais devait fréquemment y renoncer[13]. »

La concentration de blessés et de malades entraîne fatalement le développement de maladies contagieuses, notamment la typhoïde. Fin novembre, le gouverneur militaire de la place forte calaisienne, le général Ditte, consacre un bateau-hôpital de mille lits à l'accueil des soldats contagieux.

Pendant ce temps, les enfants Vendroux commencent une autre existence. La Grande-Bretagne est entrée en guerre le 4 août aux côtés de la France, mais la vie de tous les jours s'y poursuit de manière relativement paisible. Grâce au récit de Jacques-Philippe, désigné chef de l'expédition en ses qualités de fils aîné, on sait que la famille s'installe dans la ville de Canterbury. Le grand frère d'Yvonne déniche une villa à louer et signe un bail renouvelable de mois en mois – car on espère encore que le conflit sera court... Guerre ou pas guerre, il n'est pas question pour les Vendroux de se résoudre à la médiocrité ni de renoncer au confort. Ainsi donc, la maison est « confortable, au milieu d'un jardin très fleuri[14] », et les parents envoient le 4 septembre de Calais une bonne, Jeanne, qui servira à leurs enfants de femme de chambre. Pour le reste, chacun met la main à la pâte et apprend à aider. Yvonne est responsable de la cuisine.

Après le retour en France de Mme Hamerel, le 8 septembre, la marge d'indépendance des enfants se trouve encore accrue. Toutefois, étant bien élevés et respectueux de l'ordre, ils en font un usage très modéré. Tout au plus Jacques-Philippe accompagne-t-il sa sœur Yvonne chaque après-midi en promenade... Il faut dire que les parents veillent. En l'absence de téléphone, on s'écrit souvent d'un côté de la Manche à l'autre. Jacques-Philippe prend le train deux fois par semaine pour aller chercher le courrier directement au port de Folkestone. Puis, au milieu du mois de septembre, Marguerite rend visite à ses enfants. Son cœur de mère a sans doute souffert de leur absence depuis un mois, mais son voyage a aussi des raisons plus prosaïques. Il faut donner de l'argent à Jacques-Philippe et organiser la rentrée des classes.

Il est décidé que l'aîné reviendra à Calais pour y étudier, tandis que ses sœurs resteront en Angleterre. Elles font leur rentrée le 28 septembre au pensionnat de la Sainte-Union installé dans la ville de Kearsney. Cet établissement n'est évidemment pas choisi au hasard. Mme Vendroux a pris ses informations : il était auparavant installé à Calais, d'où il avait dû s'exiler en raison de la loi interdisant les congrégations. L'enseignement y est dispensé en français et en anglais. De plus, le collège est situé à proximité d'un couvent d'augustines où sont installées les demoiselles Legrand... Se retrouver entre vieilles connaissances est toujours un gage de sérénité quand la famille est loin. Enfin, le pensionnat de la Sainte-Union accepte exceptionnellement d'accueillir un garçon en la personne de Jean, le petit frère d'Yvonne. Son jeune âge plaide en sa faveur. « Une seule condition : il y fera chambre à part[15] ! » s'amuse Jacques-Philippe.

Une telle organisation n'est pas anodine dans la vie d'Yvonne : la voici pour la première fois seule responsable d'elle-même mais aussi de ses deux jeunes frère et sœur. Sans mère, sans père ni gouvernante, elle se trouve promue « au rôle de chef de cette partie de la famille[16] ». Ce n'est pas rien, alors, pour une jeune fille de quatorze ans.

Les rebondissements de la guerre font que cette montée en grade ne dure guère : sous le coup de la bataille de l'Yser, les parents Vendroux préfèrent renvoyer Jacques-Philippe outre-Manche à la mi-octobre. Puis, comme partout ailleurs en France, le front se stabilise. Il se fixe sur une ligne de tranchées qui va de Noyon à Lille en passant par Bapaume, l'est d'Arras et les collines d'Artois, jusqu'en Belgique. « Demeurent sous administration française la Flandre et le Pas-de-Calais, à l'exception [...] d'une large partie du bassin minier et la région arrageoise. Les services préfectoraux ont quitté Arras pour Boulogne-sur-Mer [...]. Le préfet du Nord reste prisonnier à Lille[17]. » Calais et les autres grands ports restent non occupés, mais subissent des bombardements réguliers.

Les Vendroux considèrent que le plus gros de l'alerte est passé et font donc revenir tous leurs enfants en France à la veille de Noël 1914. Yvonne découvre Calais profondément changée. Comme l'explique Yves-Marie Hilaire, les armées alliées y ont installé leurs retranchements : « Tranchées, barbelés entourent la ville et les quartiers militaires, tandis que les casernes, les écoles, sont remplies de soldats et que la campagne voit s'édifier hangars de casernement, centres de repos, hôpitaux militaires et cantines. Pendant toute la guerre, la population vit donc avec les contraintes de l'état de siège[18]. » Les réquisitions de logement, de nourriture ou de chevaux deviennent une constante, de même que les problèmes de circulation. Il faut dire que le port de Calais, largement utilisé par l'intendance britannique, concentre un nombre de militaires impressionnant : de 1914 à 1918, 100 000 hommes s'installent en ville, auxquels s'ajoutent les réfugiés venus de l'Est, dénués de tout. C'est pourquoi les Vendroux s'installent en avril 1915 et pour les mois chauds dans le manoir de Coulogne. Le jardin offre en outre des facilités d'approvisionnement.

Des femmes dans la guerre

À part cela, et de manière étonnante, leur vie reprend presque comme avant. Yvonne recommence son instruction avec Mlle Delannoy, ses cours de piano avec Mlle Donajowska et ses leçons de dessin avec M. Guilmet. Les parents sont plus mondains que jamais – Jacques-Philippe évoque leurs « réceptions bihebdomadaires », le mercredi et le dimanche. Ce détail en dit long sur le dynamisme de Mme Vendroux, qui passe par ailleurs des journées fatigantes à soigner les blessés dont le nombre ne diminue plus. Son activisme relationnel est d'autant plus admirable que la ville est confrontée à de gros problèmes de ravitaillement qui entraînent des restrictions et donc un important marché noir. Entre 1914 et 1918, le prix du beurre triple à Calais, tandis que celui du sucre quintuple et celui du poulet sextuple. Le phénomène s'accentue à partir de l'hiver 1916 et une importante pénurie de farine est à déplorer en 1917[19].

Dans ce contexte difficile, les Vendroux soutiennent la municipalité sans perdre de vue leurs intérêts. En 1917, un arrêté militaire fixe le prix des œufs à 5,85 francs le quarteron. Bilan : « les œufs ont disparu, comme par enchantement, du marché de Calais[20] », car les fermiers préfèrent les vendre directement à un prix beaucoup plus élevé. Les usines Vendroux, soit qu'elles voient leur production stagner, soit qu'elles bénéficient de conditions d'achat favorables, proposent alors à la mairie de lui vendre leur stock d'œufs à 6 francs le quarteron. « L'offre est acceptée et, immédiatement, la vente des œufs est organisée au prix coûtant[21]. »

En dépit de ces difficultés, Marguerite ne cesse jamais de recevoir. Les dîners qu'elle organise mettent à l'honneur les personnes que la guerre a amenées à Calais, et en premier lieu celles qui travaillent avec elle dans le milieu hospitalier militaire. Les docteurs Dujarric de La Rivière et Lévy-Solal, qui seront après la guerre de brillants professeurs, font partie de ses invités réguliers. Edmond Lévy-Solal restera même un ami très proche des Vendroux jusqu'à sa mort en 1971. Né en Algérie en 1882, il a fait son internat à Paris, où il est devenu chef de clinique. Après avoir soutenu sa thèse, il a été nommé en 1914 accoucheur des hôpitaux[22]. Avec la délaration de guerre, nommé médecin-major de deuxième classe, il est désigné pour l'hôpital de Calais. C'est là qu'il rencontre Mlle de Servigny, qui deviendra sa femme. Nous aurons l'occasion de croiser souvent ce couple dans la vie d'Yvonne. Les autres convives énumérés par Jacques-Philippe sont tous impliqués dans la guerre : « Esseulés de la marine, de la direction des chemins de fer, de l'antenne hospitalière belge présidée par la duchesse de Vendôme, conductrices du dépôt automobile britannique qu'on appelle les Fannies[23]... »

La forte présence des femmes mérite d'être soulignée. Le départ des hommes au front amène celles-ci à jouer un rôle plus important dans des métiers qui ne leur étaient jusque-là pas réservés. Les Fannies, par exemple, sont des femmes enrôlées volontairement dans la First Aid Nursing Yeomanry (FANY). Elles sont arrivées à Calais dès octobre 1914. Sous la direction de Mrs Grace Mc Dougall, elles installent une ambulance dans une école et soignent les blessés. Elles disposent également de deux sections d'autos ambulances de quarante voitures chacune. Leur popularité est grande au sein de la population civile et auprès des soldats. La jeune Yvonne rencontre ces héroïnes à Coulogne, entend parler de leur action, bref, se trouve confrontée à un modèle de féminité très différent du sien. Cette expérience ne doit pas être négligée. L'attitude des femmes pendant la guerre, et de sa mère en premier lieu, est formatrice pour la jeune fille. Plus tard, elle s'impliquera elle aussi dans des actions de solidarité et accordera une confiance absolue aux femmes pour soigner les malheureux.

Les réceptions de Coulogne relèvent finalement autant du devoir que de la mondanité. Remonter le moral de ceux qui usent leurs forces à sauver les vies et à transporter hommes et munitions fait aussi partie de l'effort de guerre.

Yvonne n'est pas en reste. Tandis que chaque matin sa mère gagne l'hôpital vêtue de « la blouse blanche avec insigne, le tablier en pointe boutonné sur la blouse et le voile blanc[24] » qui distinguent les infirmières, elle participe à sa façon. Dans un petit atelier installé par sa mère, elle s'emploie avec quelques amies à « découper des vieux draps de fil en bandes larges de huit centimètres[25] », puis à les stériliser, à les rouler et à les ranger dans des boîtes en fer-blanc. Ces bandages sont ensuite livrés à l'hôpital militaire.

L'activité d'Yvonne, pour méritoire qu'elle soit, n'a rien d'exceptionnel : dans tout le pays les œuvres de charité se multiplient. Il faut tricoter et coudre pour les soldats du front – à tel point que « le prix de la laine double en quelques mois[26] ». Il devient du dernier chic de remplacer les séances de « thé-tango » par des parties de « thé-tricot ». Partout, de petites mains confectionnent qui le Paquet du soldat, qui la Chemise du combattant. « Toutes les classes d'âge participent à cet élan charitable. Fillettes du primaire, jeunes filles des lycées et des grandes écoles se rendent utiles et partagent leur temps entre l'étude et le devoir de solidarité sociale. [...] Même les petites de maternelle font de la charpie pour les coussins des trains sanitaires[27]... »

La municipalité de Calais met en place un comité, « l'œuvre des vêtements chauds », chargé de regrouper les dons des habitants. En trois mois, au début de la guerre, et selon une comptabilité précise, il récolte « 617 gilets de laine, 165 couvertures, 2 216 paires de chaussettes, 616 caleçons, 284 flanelles, etc.[28] ». Peut-être Yvonne apporte-t-elle à la mairie, où se trouve le siège de cette œuvre, les vêtements qu'elle a confectionnés.

Son été se passe à Coulogne sous un ciel changeant. Elle aide à la préparation des réceptions et continue de fabriquer des colis pour les soldats. On essaie d'oublier les drames humains et la mort. Le Gramophone joue les derniers airs à la mode, les invités pêchent dans les étangs. Les parties de ping-pong et de badminton sont acharnées – Yvonne excelle à ce sport, selon son frère. Mais chacun sait que la guerre n'est pas loin.

Elle se rappelle au bon souvenir de Marguerite Vendroux, brutalement frappée d'une diphtérie attrapée au contact des malades. La voici isolée pour trois semaines sous la surveillance du docteur Dujarric, tandis que la famille entière est traitée. Finalement, elle surmontera cette maladie qui tue à l'époque environ la moitié des sujets atteints. Au chapitre des maladies graves, les femmes de la famille paient un lourd tribut – il est vrai que les restrictions de charbon obligent à vivre dans des maisons peu chauffées : Suzanne sera frappée en 1916 de fièvre typhoïde, tandis qu'Yvonne, juste après le conflit, sera victime de l'épidémie de grippe espagnole. Il n'est pas exagéré de dire que toutes trois sont des miraculées, notamment Yvonne. Le virus qui la touche et qui décimera le Pas-de-Calais à compter de l'été 1918 est d'une effroyable agressivité : « Les victimes meurent en vingt-quatre heures, fébriles et asphyxiées. Aucun traitement n'arrête ni même ne ralentit cette foudroyante évolution[29]. »

Peut-être parce qu'elle est consciente d'avoir échappé de peu à la mort, peut-être parce qu'elle redoute le proche départ de son fils aîné au front, Marguerite Vendroux décide avec son mari d'offrir aux enfants un moment de répit dans cette guerre terrible. En septembre 1915, tous les six partent vers la Bretagne pour un voyage d'un mois qui les conduit jusqu'à Brest. La famille, plus menacée que jamais par les événements, est une entité qu'il faut soigner avec amour. Aussi les Vendroux se reposent-ils et soufflent-ils un peu, profitant d'être ensemble, goûtant la joie inédite de découvrir en famille une nouvelle région.

Le retour à Calais n'en est que plus difficile, car les bombardements se sont intensifiés. Pour la première fois de sa vie, Yvonne connaît l'angoisse des explosions nocturnes, le cri strident des alertes, la course jusqu'à la cave aménagée en abri. Fort heureusement, toujours égaux à eux-mêmes, les Vendroux ne manquent jamais une occasion de rire dans ces situations dramatiques : une nuit, « la tante Rosalie s'encombre d'un édredon et reste coincée dans le petit escalier du sous-sol[30] », s'amuse encore Jacques-Philippe des décennies après…

Au lendemain du nouvel an 1916, changement d'ambiance. Dans l'obscurité du petit matin, Jacques-Philippe quitte le domicile de la rue de la Douane pour partir à la guerre. C'est pour Yvonne, particulièrement proche de son frère aîné, un moment douloureux, mais ce déchirement redouble leur amour fraternel. « À dater de ce jour, note Jacques-Philippe, elle m'écrira régulièrement, sans y manquer une seule fois, trois longues lettres par semaine[31]. » Mention doublement intéressante. D'une part, elle éclaire sur la proximité entre le frère et la sœur. Leur intimité, portée par les confidences échangées dans les lettres, continuera à l'âge adulte et mêlera pour toujours leurs deux destins. D'autre part, les nombreux témoignages que Jacques-Philippe a laissés sur sa sœur puisent dans cette correspondance une vraie légitimité.

Pendant un an, l'aspirant Vendroux effectue des stages et apprend à l'arrière son métier de militaire. Au 73e régiment d'infanterie, replié à Périgueux, puis à Saint-Maixent et enfin à Toulouse, il se perfectionne dans sa formation d'officier mitrailleur. Loin du front et des menaces directes du feu, il lit sous la plume de sa sœur que la situation se dégrade à Calais. Les bombardements par avion et par zeppelin y rendent la vie de plus en plus dangereuse. Les enfants Vendroux sont témoins d'une scène terrible que rapporte Yvonne : « Je me souviens des appels de dix-sept voisins réfugiés dans la cave voisine. Ils avaient reçu une bombe qui les y bloquait. On n'a rien pu faire. Suite à quoi Papa et Maman nous ont envoyés en pension[32]... »

Exodes de guerre

En octobre 1916, les parents Vendroux choisissent en effet d'éloigner leurs enfants de la zone menacée. Cette fois, les filles sont mises dans un pensionnat de dominicaines à Asnières et Jean dans un collège privé des Yvelines. Pour pouvoir leur rendre visite et également pour préserver certaines pièces de leur mobilier, les Vendroux louent un appartement boulevard Victor à Paris : « Cet appartement dans un quartier peu élégant présente en contrepartie l'avantage d'être moderne, aéré, facilement chauffable et jouissant d'une vue étendue sur la région d'Issy-les-Moulineaux et de Meudon[33]. »

En l'absence de Jacques-Philippe, la vie familiale se poursuit dans le respect des habitudes d'autrefois. Une telle constance en pleine guerre peut étonner. Visiblement, les revenus et le mode de vie ne sont guère affectés par les combats, pas plus que le moral ou la joie de vivre. Le commerce du biscuit de guerre, vendu aux armées par contrat, permet d'assurer les finances et fait la célébrité du produit : tous les soldats y goûtent un jour ou l'autre. Ainsi, dans ses Mémoires de captivité en Allemagne, l'écrivain Jean Dumoulin rapporte : « Un *Feldwebel* d'administration l'accompagnait. Il compta six biscuits de guerre, marque Vendroux, et me demanda d'émarger sur un cahier. La *Schwester* m'expliqua que ce *Liebesgabe* (don d'amour) était offert aux prisonniers par la Croix-Rouge française[34]. »

Pour les mois de juillet et d'août, les Vendroux louent deux villas à Wissant, « Neptune » et « Amphitrite ». Qui pourrait croire, à la lecture de cette lettre de Marguerite, que des soldats sont en train de mourir sur le front, que des mutineries soulèvent certaines unités, qu'au fond d'une forteresse allemande où il est prisonnier un certain capitaine de Gaulle ronge son frein et prépare une nouvelle évasion... « Il fait très beau ces jours-ci. Hier nous avons été au cap Gris-Nez avec les Courtaigne. L'ingénieur ramassait des algues rares. Nous sommes allés en deux charrettes locales par la route fort jolie et sommes revenus par le parcours très doux de la plage, sur le sable mouillé[35]. »

Cependant, il serait injustifié de condamner cette femme pour oisiveté. N'oublions pas que c'est une mère qui écrit à son fils au front, qui veut donc lui donner une vision positive et enchanteresse de l'existence afin de l'encourager à tenir bon. N'oublions pas non plus que sous ses apparences bucoliques et mondaines Marguerite Vendroux œuvre à l'effort de guerre de façon entière : chaque matin, elle quitte à 6 heures la maison de Wissant avec son mari pour gagner Calais, où tous deux travaillent de 8 heures du matin jusqu'au soir, elle à l'hôpital, lui à son bureau. Connue grâce au témoignage de son fils aîné, l'attitude de Marguerite Vendroux force l'admiration. Avec son visage noble et doux, sa personnalité bouillonnante, cette femme en pleine force de l'âge se confond avec l'image de l'infirmière véhiculée par les journaux : « dame blanche », « anges blancs », « anges gardiens de nos blessés », « religieuses de la patrie »[36], tels sont les qualificatifs donnés à ces femmes sur lesquelles repose l'espoir des trois millions de blessés que fait cette guerre totale…

En l'absence de sa mère, c'est à Yvonne qu'il revient de s'occuper seule du fonctionnement des maisons de vacances : « c'est elle qui dirige le ménage, ma foi fort bien, explique sa mère. Elle fait les courses pour compléter ce que nous rapportons de la ville, et tandis que Mlle Dubron surveille la jeunesse, elle dirige, avec Romaine la cuisinière et la nouvelle femme de chambre, l'entretien des deux villas. La tante Drappier est là pour tout le mois et il faut aussi s'occuper d'elle. La préparation des repas l'amuse. Elle connaît les pêcheurs de la côte et leur achète souvent du poisson quand ils remontent à marée basse vers la digue[37]. » De toute évidence, la jeune fille apprend son métier de future épouse, au grand contentement de ses parents. La situation exceptionnelle lui permet d'acquérir une marge de manœuvre peu commune à dix-sept ans puisqu'elle gère le budget, les repas, et donne les ordres aux domestiques.

Quand elle évoque longtemps après cette parenthèse de Wissant au milieu de la guerre, Yvonne exprime un fort sentiment de liberté : « Quant au travail de classe, il ne s'est trouvé pour le diriger qu'une *institutrice* – en réalité bonne d'enfants bien inoffensive [...]. Nous la traînions à toute allure, à pied, un peu avant la basse marée, jusqu'au Gris-Nez, pour récolter des moules et revenir dare-dare, et la cuisinière les faisait cuire illico (jusqu'au jour où Maman s'est aperçue que la consommation de rôti de bœuf ou autre avait singulièrement baissé). Sans compter qu'on leur avait signalé que nous dépassions les limites permises dans les rochers du cap et que nous avions failli être tournés par la marée montante. Un matin, brouillard épais, deux petites explosions… C'était un sous-marin allemand qui venait de s'échouer. Le plus drôle a été que l'équipage a été fait prisonnier par des gendarmes belges à cheval[38]. »

Au cours du mois d'août, elle a la joie de revoir son frère, qui profite d'une permission de dix jours pour se rendre à Wissant. Ils ne se reverront plus avant cinq mois… De toute façon, les vacances se terminent et il est temps pour Yvonne de reprendre le chemin de Paris. La voici qui entre en classe de première au collège des dominicaines d'Asnières, avec pour objectif la première partie du baccalauréat. Du moins selon son frère, dont le témoignage est ici sujet à caution : le baccalauréat féminin ne sera en effet instauré qu'en 1919, à une époque où Yvonne aura terminé ses études…

Cela n'ôte rien à sa persévérance, quand on songe que sa scolarité a été largement malmenée par la guerre : elle qui a essentiellement reçu des leçons à domicile en temps de paix a brutalement connu l'expérience de la scolarisation en Grande-Bretagne, mais seulement pour trois mois. Et voici qu'elle se retrouve dans un nouvel établissement en région parisienne. Nouvelles enseignantes, nouvelles méthodes, nouvelles exigences.

En janvier 1918, une bonne surprise l'attend au pensionnat : son frère, dont le régiment est au repos à Meaux, vient lui rendre visite. La directrice les laisse seuls tous les deux dans le salon qui tient lieu de parloir. Leur bonheur est proportionnel à la longueur et à l'angoisse de leur séparation. Ce qu'en confie Jacques-Philippe est particulièrement révélateur de leur amour fraternel et de leur retenue habituelle : « Nous pouvons enfin nous embrasser, fait exceptionnel, car nous ne sommes guère embrasseurs dans la famille[39]. » Mais à la guerre comme à la guerre. L'incertitude des lendemains rend urgente l'expression des sentiments.

C'est de nouveau la séparation. Jacques-Philippe repart à la tête de sa section vers le chemin des Dames. Yvonne, Suzanne et Jean se préparent une fois encore à déménager : Paris est pris sous les bombardements allemands, plus menaçants que jamais en raison des tirs de la Grosse Bertha. Les pensionnaires se dispersent au gré des points de chute trouvés par leurs parents. Les filles Vendroux finissent par arriver à Mortagne-au-Perche à la fin de mars 1918. Tandis que ses sœurs entrent au pensionnat, Jean loge en ville avec la tante Rosalie. Dans une lettre du 2 avril à son fils aîné, Marguerite décrit ainsi leurs nouvelles conditions de vie : « Yvonne paraît plus satisfaite que je ne l'aurais cru, surtout après ses dernières lettres dans lesquelles elle s'inquiétait de ce nouvel et plus lointain exil. Elles ont pour elles deux une immense chambre à quatre fenêtres avec vue magnifique sur la campagne, des lits très doux. Le pays est joli, la directrice très gentille. La ville, perchée sur une colline, est pittoresque[40]. » Suzanne, moins disciplinée que sa sœur, plus rebelle en quelque sorte, se fait à l'internat. Mais Yvonne, contre toute attente, a plus de difficultés. Dans une lettre sibylline, elle explique à son frère : « Nous avons repris notre vie monotone. Suzanne retourne en classe. Jean arrange sa maison. Je vais chez lui presque toute la journée, tante Rosalie vient nous voir une ou deux heures en fin d'après-midi[41]. »

Tandis que Suzanne assiste aux cours, Yvonne n'est plus soumise à cette discipline et reste chez son frère. Apparemment, l'arrivée massive d'une population exilée par la guerre a débordé le pensionnat de Mortagne, qui manque de place pour accueillir toutes les élèves. L'épisode mortagnais n'est donc pour les Vendroux qu'un passage. Il représente un pis-aller en attendant que les dominicaines d'Asnières aient réorganisé en zone abritée leur école de filles. Yvonne, elle, voit son parcours scolaire se morceler encore une fois.

En revanche, elle profite de son nouvel environnement. La découverte d'une petite ville provinciale campagnarde assez différente de l'industrielle Calais est pour elle et sa sœur un amusement qui compense les désagréments de l'exil. C'est avec beaucoup de curiosité et même un brin de moquerie qu'elles observent les mœurs locales. Libres de leurs mouvements, elles vont et viennent, et décident un beau jour d'assister à une messe de mariage « pour voir comment cela se passe à Mortagne » : « Nous arrivons à l'église en même temps qu'une espèce de diligence contenant les mariés, le reste de la noce suivant dans un char à bancs comme ceux de Lanslebourg mais beaucoup plus grand. Tant et si bien que nous avons été prises d'un fou rire que le défilé en cortège n'a fait qu'augmenter, au point que nous avons trouvé plus convenable de sortir de l'église. Finalement nous n'avons rien vu du mariage[42]. » Un comble pour celle qui, plus tard, sera souvent présentée comme confite en dévotion !

Grâce au réseau de relations tissées par leurs parents, grâce également à leur éducation, les jeunes filles se font rapidement des relations à Mortagne. On peut même dire que la sociabilité inhérente au mode de vie bourgeois est chez elles un réflexe. Où qu'elles soient, quelles que soient les circonstances, elles recherchent des gens de leur milieu pour s'en rapprocher. À peine un mois après son arrivée à Mortagne, Yvonne peut ainsi expliquer à son frère : « J'ai été à une réunion noëliste d'où les demoiselles Lechartier, filles d'un avoué, nous ont emmenées prendre le thé chez leurs parents. Elles ont trois sœurs, fort gentilles. Je connais aussi trois autres sœurs, les demoiselles Boël, famille amie des Courtaigne, qui nous font également sortir[43]. » Elle noue une si bonne amitié avec elles qu'elle regrette beaucoup leur départ en vacances : « Les autres familles sont agréables aussi, mais je m'entendais bien avec les premières[44]. » Elle trouve heureusement toujours des amis pour l'inviter à visiter les environs : « Cet après-midi, c'est avec les Roux que nous allons faire une excursion à pied », note-t-elle peu après. Elle tombe en admiration devant la forêt de Bellême, « une des plus belles forêts de chênes de France[45] ».

À part les relations sociales, l'autre valeur fondamentale reste la famille. Les Vendroux veillent à ce que la fratrie reste unie. Jean suit ses sœurs d'exil en exil. Une tante est toujours présente pour s'occuper de lui et, le jeudi ou le dimanche, le petit noyau familial se reforme. Et puis, en dépit de l'éloignement, Marguerite, décidément douée d'ubiquité, entoure ses enfants. Début mai, elle rend visite avec son mari aux jeunes exilés de Normandie. Le 19 mai, elle tente d'aller voir Jacques-Philippe, qui est en repos près de Gisors : « Je vais essayer d'avoir un laissez-passer de la Croix-Rouge pour faire un saut jusque-là, de Paris[46]. » Cette mère affectueuse et énergique veille aux conditions de vie de ses chers petits. La dispersion familiale ne doit pas entraîner de relâchement. Ainsi, Mme Vendroux reste très vigilante sur la propreté. Après avoir visité la maison où réside Jean à Mortagne, elle se met immédiatement en quête d'un autre logis : « Au point de vue hygiène, le logement actuel laisse beaucoup à désirer[47]. »

La vigilance sanitaire dont fait preuve Marguerite a porté ses fruits chez Yvonne. Une histoire moins anecdotique qu'il n'y paraît l'illustre. L'un des pensionnats dans lesquels elle vit au cours de la guerre est dépourvu de salle de bains. Les jeunes filles sont donc conduites une fois par semaine aux bains municipaux, qui disposent de cabines individuelles. Mais « les religieuses, par excès de pudeur, exigeaient que, même sans témoin, les jeunes filles mettent une chemise de nuit pour se baigner[48] », rapporte Jeanine Segard, l'une des anciennes camarades d'Yvonne à Périgueux, que Jacques-Philippe a rencontrée.

Cette forme très catholique de méfiance envers le corps et ses débordements fait que la plupart des pensionnaires se contentent de tremper leur chemise de nuit dans l'eau pour faire croire qu'elles se sont lavées. Or Yvonne est interpellée à la sortie du bain car sa chemise de nuit est complètement sèche. Ne se serait-elle donc pas lavée ? Devant toute la classe, sans se démonter, Mlle Vendroux répond avec honnêteté : « J'ai pris mon bain, mais sans chemise de nuit[49]. » Non seulement Yvonne est très en avance sur ses congénères en matière de propreté, mais elle semble également ne pas concevoir de gêne particulière vis-à-vis de son propre corps. Grâce aux bains de mer, à la randonnée en montagne et au travail de sa mère à l'hôpital, elle est à l'aise avec ce qui est alors l'objet d'un mépris considérable : la chair.

À Mortagne, ce 6 juin, a lieu sous la supervision d'Yvonne le déménagement de Jean Vendroux dans une maison plus convenable. Les parents ont fait apporter des meubles. Alors que ses frère et sœurs s'installent plus confortablement, Jacques-Philippe connaît des heures difficiles. Le 1er juin 1918, dans le secteur du chemin des Dames qui vient d'être perdu par les Anglais, il est pris sous le feu d'un terrible bombardement : « Sept hommes de ma section sont morts, une dizaine d'autres blessés. Un ordre de retraite me parvient. Il me faut quelques minutes pour organiser le repli. [...] Je gravis le talus pour m'assurer que tous mes hommes ont décroché. Une gerbe de sifflements m'enveloppe. Au même moment, je me sens projeté par une explosion brutale[50]. » Il tombe entre les lignes, blessé d'une balle dans le pied gauche et d'une autre dans la cuisse. Son ordonnance, un homme originaire de Bretagne du nom de Corentin, vient jusqu'à lui sous les tirs ennemis pour le ramener dans la tranchée. Il se fait tuer sous les yeux de l'aspirant. Évacué dans l'ambulance de campagne, Jacques-Philippe n'a pas le temps de pleurer sur ce sacrifice, puisqu'il est fait prisonnier avec toute l'équipe de santé et conduit dans un dispensaire en Allemagne.

Pendant deux mois, sa famille est sans nouvelles de lui. Il est facile d'imaginer l'angoisse de sa mère, elle-même confrontée chaque jour à la mort et à des dizaines de corps meurtris, défigurés, amputés. Yvonne est tout aussi inquiète, si l'on en croit l'explosion de soulagement qui l'envahit quand les lettres de Jacques-Philippe arrivent enfin : « Quelle joie de savoir – enfin ! – que tu es bien portant, que ta blessure n'est pas grave ! Nous étions si contents tous les trois, ainsi que ma tante Rosalie, que nous ne savions plus ce que nous disions ! [...] Nous ne faisions plus de promenades depuis un mois environ. Nous attendions trop impatiemment de tes nouvelles[51]. »

Les retrouvailles, pour autant, risquent de n'être pas immédiates, puisque le jeune homme est retenu à l'hôpital de Zweibrücken avant d'être transféré dans le camp de prisonniers de Darmstadt. Il s'en évade avec deux camarades en octobre – ce qui constitue un point commun important avec Charles de Gaulle, échappé à cinq reprises –, mais est repris à Francfort et jeté en prison.

La vie de sa famille continue, pendant ce temps, sur un mode où la tradition le dispute aux désordres occasionnés par la guerre. À la mi-août, Marguerite et Jacques-Philippe père viennent chercher les habitants de Mortagne pour un voyage d'un mois en Bretagne. Familiers de la destination, les Vendroux sacrifient là à une mode typique de leur classe sociale. Grâce aux chemins de fer, la Bretagne est devenue depuis la Belle Époque un lieu de villégiature recherché par la grande bourgeoisie. Les Vendroux ont également plaisir à s'éloigner du front et de ses rumeurs. Même Wissant ne peut plus leur apporter le repos attendu, tant Calais et son hôpital sont proches. « C'est à Quimper que nous allons d'abord. [...] Vers le 28, nous serons à Préfailles où se trouvent la grand-mère Forest et la tante Berthe, puis, entre le 10 et le 15 septembre, à Périgueux où les dominicaines s'installent jusqu'à la fin de la guerre[52]. » Le pensionnat d'Asnières où les deux sœurs sont inscrites a en effet trouvé refuge dans la capitale du Périgord. Les parents accompagneront donc les enfants sur place afin de superviser leur installation et de trouver un établissement pour Jean. Mais la confiance semble revenue : « Nous espérons bien n'y rester qu'un trimestre au plus et pouvoir revenir à Calais à Noël ou même avant[53]. »

Les lettres de Bretagne confirment que l'aisance des Vendroux est entièrement préservée, voire accrue. La famille voyage, dort à l'hôtel, multiplie les expéditions. Les vacances sont animées, si l'on en croit Yvonne :

> Port-Manech, 20 août 1918. [...]
>
> L'hôtel est perché sur une falaise de rochers, avec une plage un peu plus bas ; de nos fenêtres, nous voyons l'île de Groix, les embouchures du Belon et de l'Aven, rivières d'eau salée. Avant-hier, nous sommes remontés jusqu'à Pont-Aven en barque de pêche, par la rivière. Il y a une heure et demie de trajet, autant pour le retour. Nous avons déjeuné là-bas et nous nous sommes fait photographier en costumes bretons, loués pour la circonstance. [...] Grand-mère est arrivée lundi. Elle partira avec nous pour Saint-Brévin, où se trouve la tante Berthe. [...]
>
> Le soir, nous restons sur la terrasse jusqu'à ce que la nuit soit complète. Mais, le matin, nous ne sortons de nos chambres qu'à neuf heures passées. Maman et Jean prennent des bains. Maman est enragée pour cela. Quant à moi, j'ai essayé, mais j'aime mieux patauger[54]...

La famille arrive fin septembre 1918 à Périgueux, après une journée passée à Bordeaux. La rentrée des classes aura lieu le 1er octobre. Au pensionnat, les deux sœurs prennent leurs marques. « Chaque jour nous voit en promenade de 3 heures à 5 heures. Après la rentrée, elle ne durera plus qu'une heure après le déjeuner. » Yvonne se désole un peu de ce que sa famille, bientôt, sera loin : « L'éloignement fera que nous n'aurons pas de visites, sauf dans des cas exceptionnels sur lesquels on ne peut pas compter. » Son caractère positif prend cependant le dessus : « Mais après tout, malgré la distance, je crois que nous préférons Périgueux à Asnières[55]. » Elle développe en ces circonstances particulières une force de tempérament qui ne la quittera plus par la suite.

Du reste, à dix-huit ans, elle n'est plus une petite fille. Sa propre mère livre d'elle une description qui pourrait paraître flatteuse si les photographies ne venaient la conforter : « Nous avons trouvé Yvonne grandie. Elle est devenue une fort jolie jeune fille. Je me demande si elle s'en rend compte. Ce qui nous frappe surtout, c'est qu'elle a pris de l'assurance, sait ce qu'elle veut et est difficile à convaincre du contraire de ce qu'elle pense[56]. » Ses compagnes de pensionnat confirment ce jugement. Jeanine Segard se rappelle aussi qu'Yvonne était considérée comme « très douce, très gentille, et de plus très droite et très franche[57] ».

La guerre présente au moins un intérêt pour l'historien : elle disperse les familles et, à une époque dépourvue de modes de communication rapides ou instantanés, elle engendre une correspondance abondante entre les parents et les enfants, les frères et les sœurs. Jacques-Philippe, prisonnier en Allemagne, reçoit de sa mère de nombreuses lettres qui sont autant de sources sur celle qui nous intéresse. Sans cela, il serait difficile de comprendre comment Yvonne vit ces années d'exil et passe du statut d'enfant à celui d'épouse potentielle.

Alors qu'elle est entrée au pensionnat des dominicaines à Périgueux à la fin de septembre 1918, Yvonne demande très rapidement à en partir. Une lettre de Marguerite à son fils en date du 19 octobre l'indique clairement : « Ta sœur Yvonne [...] s'est replongée dans ses cours, mais est impatiente de nous revenir. Cela va poser un problème, car Suzanne ne sera pas enchantée de rester seule en pension. » La raison invoquée par Marguerite ne semble pas souffrir de discussion : « Il n'est plus question de maintenir Yvonne [au pensionnat] à dix-huit ans passés[58]. »

En conséquence, et parce que la fin de la guerre paraît désormais imminente avec le recul des Allemands depuis l'été, Jacques-Philippe père vient rechercher ses trois enfants à Périgueux dès le 23 octobre. Ils n'y ont passé en tout et pour tout qu'un mois, ce qui représente beaucoup de remue-ménage pour peu de temps. Cependant, comment ne pas comprendre qu'après plusieurs années de séparation la famille n'ait qu'une hâte, se réunir ? En comparaison, le suivi scolaire est un enjeu secondaire. Bien sûr, Suzanne et Jean devront reprendre le chemin de l'école une fois revenus à Calais, mais leur sœur, trop âgée désormais, en a fini avec l'enseignement. Sa mère s'en inquiète un peu : « Je me demande à quoi Yvonne va s'employer toute la journée. » La réponse sous-entendue est de lui trouver rapidement un mari convenable. C'est sans doute dans cette perspective que Marguerite s'organise : « Je renoue pour elle des relations que la guerre a distendues. » Admirable Marguerite, présente sur tous les fronts : elle travaille d'arrache-pied le jour à l'hôpital et se transforme le soir en une hôtesse accomplie, tout en ne perdant pas de vue le mariage de sa fille.

Au moment où Yvonne accède au statut de parti à marier, la guerre prend fin. Le 11 novembre met un terme à un conflit unique par son terrible bilan. Calais est dans état pitoyable. D'importantes destructions ont défiguré la ville dans la dernière année. La population du Pas-de-Calais a diminué de moitié et la situation économique est précaire : les prix sont cinq fois plus élevés qu'en Bretagne, par exemple[59]...

REVIVRE À CALAIS

C'est dans une ville méconnaissable que Jacques-Philippe, promu sous-lieutenant pendant sa captivité, revient dans la seconde moitié de novembre. Il a été libéré de sa prison de Francfort par le conseil ouvrier de la ville, dans la foulée du soulèvement socialiste-révolutionnaire qui s'empare de plusieurs grandes villes allemandes. Reconduit à Strasbourg, encore sous occupation, il fuit à pied jusqu'en France, à soixante kilomètres de là. Au matin du 12 novembre, il arrive à Paris caché dans un wagon de marchandises, puis gagne Calais.

Son arrivée soudaine suscite, on l'imagine, la joie de tous et notamment d'Yvonne. Au regard du nombre de morts et de blessés, tous sont bien conscients de la chance qu'ils ont de le revoir sain et sauf. Pour la première fois depuis des années, la famille se retrouve au grand complet.

Mais il reste des souffrances à venir. Des souffrances plus bénignes, bien sûr, que ne le serait la perte d'un enfant, mais bouleversantes malgré tout. Elles ont pour nom Septfontaines, patrimoine de la famille depuis tant de générations. Marguerite n'a qu'une hâte : constater dans quel état se trouve le lieu de son enfance. Le réseau ferré étant encore réservé aux militaires, elle enfile sa tenue d'infirmière et se fait accompagner par son fils, officier. Le voyage dure trente-six heures, dans des conditions qui n'ont plus rien à voir avec celles, luxueuses, de l'avant-guerre, et aboutit à une lugubre découverte : le parc n'est plus que l'ombre de lui-même. « La digue de l'étang a été dynamitée, sans doute dans le but de ramasser facilement des tonnes de poisson. L'étang n'est plus qu'un marécage où poussent quelques roseaux. Toute l'installation de couches et de serres, sous l'espalier du mur des grands tilleuls, est anéantie[60]. » Le bâtiment n'est pas en meilleur état : « Le château est terriblement sinistré. Pour se chauffer, des soldats, hélas français, qui y cantonnaient, ont brûlé portes et fenêtres, et même une partie des boiseries. [...] Il ne reste aucun meuble[61]. »

Au cours du mois de décembre, à la faveur du rétablissement du trafic ferroviaire pour les civils, Yvonne se rend à son tour dans les Ardennes en compagnie de son père et de son frère. Tous les trois logent à Charleville, chez l'oncle et la tante Gailly. De là, ils prennent chaque matin un taxi jusqu'à Septfontaines. Le délabrement des lieux les impressionne, mais moins peut-être que leurs visites aux habitants des alentours. Chez ces voisins qu'ils connaissent depuis tant d'années, Yvonne aperçoit en effet quantité de meubles en provenance de son château. Par correction et par bonté, « elle n'ose pas montrer qu'elle découvre ces transferts illégitimes. [...] Aucune pièce de mobilier ne donnera lieu à une restitution spontanée. Et mon père, trop bon, ne veut rien réclamer[62] ».

De toute façon, que faire, que dire ? La guerre est passée par là, a laminé des millions de vies, a retourné le sol, bouleversé les sociétés. Une certaine fatalité impose de se soumettre aux faits et de reprendre patiemment son ouvrage.

En janvier 1919, Jacques-Philippe rejoint son régiment à Limoges après deux mois de permission ; il ne sera démobilisé qu'en septembre. Suzanne repart à Asnières chez les dominicaines et Jean entre au collège de Calais. Marguerite reste très occupée par l'hôpital et soigne les blessés des dernières offensives libératrices. Seule Yvonne reste inemployée, mais pas inactive, puisqu'elle supplée sa mère dans ses tâches de maîtresse de maison.

En ce début d'année, la page de la guerre se tourne. Le 2 mars 1919, le 8e régiment d'infanterie revient après cinq années d'absence à Calais, sa ville de garnison. Une imposante prise d'armes est organisée à cette occasion, à laquelle les habitants assistent en masse. *Le Phare de Calais* relate l'événement dans un article intitulé « Le salut au glorieux 8e d'infanterie ». Le moment intéresse Yvonne au premier chef. En effet, c'est ce jour-là que le général Ditte, gouverneur de Calais, cite à l'ordre du jour deux infirmières de l'équipe chirurgicale A 615 pour leur dévouement tout au long de la guerre. La première est Mme Debray, membre d'une famille de dentelliers qui possède une grande usine au centre de Saint-Pierre. La seconde est Marguerite Vendroux : « A été présente à l'hôpital militaire de Calais pendant la plupart des bombardements. S'est chaque fois occupée de faire descendre dans l'abri de la cave de grands blessés d'un transport difficile et a également collaboré au travail de la salle d'opérations dans des circonstances dangereuses, notamment le 27 septembre 1917 et le 31 juillet 1918. Déjà titulaire de la médaille des épidémies[63]. » La voici désormais titulaire de la croix de guerre.

Fait original, son propre fils Jacques-Philippe est à ses côtés pour recevoir une nouvelle étoile sur sa propre croix de guerre. Une autre coïncidence est liée à cet événement, même si les protagonistes ne la découvriront que plus tard. Le fils du général Ditte, prénommé Gustave, est entré à Saint-Cyr en 1909 dans la promotion Fès. Un de ses camarades de promotion n'est autre que Charles de Gaulle. Les deux hommes resteront liés toute leur vie.

Rue de la Douane, le statut de la famille n'a guère été altéré par la guerre. Jacques Vendroux père est élu en décembre 1919 au conseil municipal d'une cité qu'il faut rebâtir. La richesse des Vendroux est insolente en ces temps de reconstruction : la restauration du château nécessite un investissement considérable. Le temps que les travaux soient accomplis, il est impossible de passer l'été à Septfontaines ; aussi renoue-t-on en 1919 avec les vacances montagnardes à Lanslebourg. Au coût du voyage et de la location s'ajoutent les indispensables achats d'équipement. Marguerite dévalise les Galeries

Lafayette : bottes de montagne, chaussettes de laine, cannes et piolets (« les alpenstocks d'avant-guerre sont démodés[64] », nous apprend Jacques-Philippe), chapeaux et voiles de mousseline, lunettes noires pour marcher sur la neige, rien n'est négligé.

Ces acquisitions, il est vrai, ne sont pas exagérées quand on prend conscience de la technicité des ascensions réalisées par la famille. La montagne n'est pas un vain prétexte à batifolage sur des sentiers tout tracés à la recherche de jolies fleurs, mais plutôt le terrain infini d'un sport qui exige une excellente condition physique. Yvonne est loin d'être une jeune fille prudente et tout juste bonne à échanger quelques volants de badmington sur un gazon impeccable : à la montagne, elle affirme une volonté et un engagement corporel étonnants. Elle se plaît, explique son frère, entre 2 500 et 3 000 mètres d'altitude. Et si elle se passionne pour la flore alpine, elle est prête, pour trouver des saxifrages, à « remonter avec [son frère] les torrents abrupts, souvent par une difficile gymnastique ».

À l'âge de dix-neuf ans, elle atteint son premier sommet de 3 000 mètres à la pointe des Arses. Tandis que son père, Suzanne et Jean renoncent à poursuivre sur l'arête rocheuse, Marguerite, Yvonne et Jacques-Philippe, encordés à deux guides, poursuivent à travers deux couloirs de neige jusqu'à 3 189 mètres. « Elle aime l'alpinisme et ne demande qu'à recommencer », commente son frère. Elle enchaîne donc les ascensions glaciaires. La pointe Francezette (3 441 mètres) est atteinte après un départ à quatre heures du matin et le franchissement de quelques crevasses. Une autre fois, seule avec son frère, Yvonne monte la Levanna par sa face occidentale : « L'ascension est un peu moins facile que la précédente et exige quelques tailles de marches et plusieurs passages de rochers verglacés[65]. » C'est le maximum qu'elle puisse risquer. Quand il est question de gravir avec Jacques-Philippe le Grand Roc noir, ses parents lui opposent un refus catégorique en raison de la paroi finale, haute de 200 mètres, « qu'il faut escalader par une faille verticale[66] ». Son frère s'y rend donc seul avec le guide.

Malgré tout, quel bonheur de surplomber les plaines et de sentir l'air piquant des sommets ! Combien de jeunes Françaises ont, en ces années 1920, parcouru comme Yvonne la crête des montagnes et connu l'effort physique imposé par le dénivelé et l'altitude ? Très peu sans doute, et cela lui confère une ouverture d'esprit et un allant que les activités féminines traditionnelles ne stimulent pas toujours.

Une fois de retour à Calais, elle retrouve pourtant un quotidien qui ressemble à celui des autres personnes de sa génération et de son milieu. Tandis que Suzanne poursuit ses études à Asnières et que Jean est entré à l'institut agricole de Beauvais, Yvonne reste à la maison, où elle utilise son temps à des travaux d'intérieur et à la lecture. Les romans auxquels elle a droit sont naturellement sélectionnés par son père – ou encore par son frère, plus tolérant. La culture des fleurs la passionne. Autre occupation très valorisée, la charité. C'est avec sa mère, désormais libérée de ses soins aux blessés, qu'Yvonne rend visite aux familles nécessiteuses, notamment aux veuves de guerre mères de jeunes enfants. Ce fait, sans être surprenant, est néanmoins intéressant puisqu'Yvonne continuera toute sa vie à aider les gens dans le besoin. Devenue première dame, elle sera parfaitement sensibilisée aux questions de la misère sociale. Il est à noter que, pour prodiguer son aide aux démunis, la jeune fille reçoit de son père une somme mensuelle qu'elle peut distribuer comme bon lui semble. À en croire Jacques-Philippe, toujours aussi positif quand il s'agit de sa sœur, « elle est très aimée des familles qu'elle visite, autant qu'on puisse le savoir, car elle déteste qu'on lui parle de ce domaine réservé, craignant de pouvoir paraître en faire étalage[67] ».

En dehors de ces activités dignes d'une jeune fille de bonne famille, Yvonne commence aussi à s'émanciper – toujours dans la limite du raisonnable. L'année de ses vingt ans, elle effectue pour la première fois de sa vie un voyage en train, seule, jusqu'à Nice où vit désormais sa grand-mère Forest. Souvenons-nous que son frère aîné avait fait cette expérience à l'âge de onze ans... Mais Yvonne est du sexe dit faible, et l'expédition lui vaut une multitude de recommandations. « Elle n'a adressé la parole à personne. Rien de grave ne lui est arrivé[68] », conclut son frère de façon révélatrice...

À Calais, elle a désormais le droit de sortir. Elle a l'âge de s'amuser, et accessoirement de trouver un mari. Là encore, rien n'est laissé au hasard. La société bourgeoise pourvoit jusqu'aux besoins de divertissement et de rencontres de sa jeunesse. Les soirées organisées chez les uns ou les autres offrent la garantie de rester en bonne compagnie. À la mi-carême 1920, d'ailleurs, un événement a lieu rue de la Douane : un bal est donné en l'honneur de l'entrée dans le monde d'Yvonne Vendroux. La galerie, le grand et le petit salon, la salle à manger ont été transformés en piste de danse. Partout se dressent de délicieux buffets. Tout est parfaitement prévu : chaque cavalière dispose d'un carnet de bal où chaque cavalier peut s'inscrire s'il le souhaite et réserver telle ou telle danse. De l'avis de Jacques-Philippe, une file de jeunes gens se forme devant le carnet de Mlle Vendroux, qui est, il est vrai, l'héroïne de la soirée. Mais c'est avec son frère chéri qu'elle ouvre la danse.

En dehors de ces fêtes particulières, quelques lieux de réjouissance extérieurs sont également accessibles aux demoiselles bien nées. Il en va ainsi du Gymkhana Club, tenu par une certaine Mrs Bailey. Le cercle accueille les officiers britanniques encore en stationnement dans le nord de la France. « L'ambiance y est suffisamment collet monté pour qu'aucune équivoque ne puisse empêcher ma sœur et ses amies de s'y rendre[69] », précise Jacques, qui chaperonne Yvonne dans chacune de ses sorties.

Mais aucun fiancé potentiel ne semble se distinguer. Manque de candidats ? La guerre a certes fait des ravages au sein de la jeune population masculine, mais enfin Yvonne Vendroux, en plus d'être ravissante et énergique, est un beau parti. Peut-être est-elle également exigeante. Elle est du genre à refuser les avances des prétendants qui lui paraissent idiots ou hautains. Les vacances de Pâques l'éloignent de toute façon des fêtes calaisiennes car toute la famille se retrouve enfin au château de Septfontaines, dont l'aile occidentale est à peu près habitable.

Elle y passe également tout l'été, comme autrefois. Sur les deux courts de tennis remis en état, les jeunes gens échangent des balles. Yvonne prend part aux matchs puis, à 5 heures, sert le thé dans le chalet blanc et orange récemment construit. Son frère est parti seul à la montagne grâce « au substantiel crédit de vacances » que ses parents lui ont donné « pour [le] dédommager d'avoir perdu [ses] jeunes années à la guerre[70] ». La bienveillance et la générosité des Vendroux ne se démentent pas.

Lorsque les feuilles commencent à jaunir, Septfontaines accueille les premières battues. Mais le gibier, décimé pendant la guerre, est encore peu abondant.

Enfin il faut regagner Paris. Yvonne y part avec ses parents. Son existence semble tourner en rond entre les divertissements convenables et les travaux domestiques. La priorité est désormais de lui trouver un époux, un homme droit et de bonne famille, afin qu'elle entre dans sa vie de femme.

DEUXIÈME PARTIE

1921-1946
Le bonheur à l'épreuve

Le mariage d'Yvonne Vendroux constitue une rupture à plus d'un titre : désignée maîtresse de maison, bientôt mère, la jeune femme quitte un univers serein, fixé à Calais, dans la même demeure depuis des générations, pour une vie de nomade, celle des familles de militaires. Son confort devient plus relatif et son aisance moindre.

Les années 1921-1939, qui la voient déménager plus de dix fois et s'installer dans des endroits parfois hostiles, la préparent au grand chaos des années de la Seconde Guerre mondiale : de 1940 à 1944, son exil se fait plus radical et sa famille est mise en danger. L'avenir, qui était jusque-là pour elle d'une lisibilité parfaite, est désormais plongé dans une incertitude totale.

En réalité, pour peu qu'on y prenne garde, cette ère vacillante commence pour Yvonne dès 1928, avec la naissance de son troisième enfant. Prénommée Anne, elle se révèle rapidement gravement handicapée. Dans la vie d'Yvonne, la rupture est nette. À partir de ce moment-là, jamais plus elle ne sera comme avant. Meurtrie sans aucun doute, et contrainte de modifier radicalement le mode de vie familial pour répondre aux besoins de cette enfant pas comme les autres, elle montre alors de vraies capacités d'adaptation. Surmonter les problèmes sans se plaindre devient sa règle de vie pour les décennies à venir.

L'Yvonne de Gaulle qui est restée dans les mémoires populaires est empreinte d'une gravité profonde, parfois interrompue par un petit rire ou une phrase mordante. Elle n'a plus grand-chose à voir avec la jeune fille gaie des années 1910. Cette Yvonne adulte est née sans aucun doute au cours de ces années mouvantes : on ne ressort pas indemne de l'expérience du handicap, puis de l'exil et de l'Histoire.

CHAPITRE V

La panoplie du bonheur

LE MARIAGE

L'histoire du mariage d'Yvonne Vendroux et de Charles de Gaulle est relativement bien connue grâce au compte rendu détaillé qu'en a fait le frère de la mariée, Jacques-Philippe Vendroux[1]. Cette source est d'autant plus fiable que Jacques-Philippe a joué un rôle important lors des premières rencontres entre les deux futurs fiancés et qu'il s'est consacré ensuite avec eux à l'organisation des noces. Il est également, depuis toujours, le confident de sa sœur, comme le souligne Claude Legrand, sa fille : « Jacques-Philippe, mon père, était très lié avec sa sœur. Les enfants étaient quatre, ils s'entendaient très bien entre eux, mais avec une entente plus étroite pour Jacques-Philippe et Yvonne d'un côté, Jean et Suzanne de l'autre. Pourquoi étaient-ils si liés ? Je n'en sais rien[2]. » Après le mariage d'Yvonne, Jacques-Philippe devient tout naturellement très proche de Charles de Gaulle : les deux hommes sont chacun à leur façon attachés à la jeune femme. Ils partagent surtout une expérience similaire de la Première Guerre mondiale : tous deux ont été blessés et emprisonnés. Ils se sont évadés avant d'être repris. Ils conçoivent la vie selon le même point de vue et resteront étroitement liés tout au long de leur existence.

Du récit du mariage, il ressort que l'alliance entre les deux familles correspond dans ses moindres détails aux coutumes en vigueur. Mais, encore une fois, tout se fait avec la délicatesse coutumière aux parents Vendroux, soucieux avant tout du bonheur de leur fille.

Jacques-Philippe Vendroux ne fait aucun mystère du caractère arrangé du mariage : « Ma sœur, avec mes parents, a rencontré chez des amis communs, les Ferrand, "tout à fait par hasard" croit Yvonne [...], un jeune officier du nom de De Gaulle revenu en permission de Pologne où il est en mission[3]. » L'entremetteuse est une certaine Mme Denquin-Ferrand, très liée depuis son enfance aux de Gaulle. Son mari, Paul Denquin, est proche quant à lui des

Vendroux. Le témoignage ultérieur de Mme Denquin-Ferrand permet de comprendre comment s'opère le rapprochement des deux familles :

> Mon père, Me Ferrand, avocat à Paris, et le père de Charles de Gaulle, élevés ensemble chez les jésuites de la rue de Vaugirard, avaient suivi les mêmes cours, sur les mêmes bancs. Une vieille amitié les unissait.
>
> Mon père était le parrain de Jacques de Gaulle, le frère de Charles, et moi, la filleule du père de l'actuel président de la République.
>
> Nos deux familles, très unies, se rencontraient souvent. Charles avait onze ans, j'en avais dix-sept. Je taquinais parfois ce gamin qui jouait à la guerre et rêvait déjà d'une brillante carrière militaire. Mariée, je vins habiter Calais en 1912. Mon mari connaissait fort bien les Vendroux et je fus adoptée, moi aussi, par toute la famille. Je passais de longues heures à bavarder avec Mme Vendroux et avec sa fille Yvonne, une douce créature au visage de poupée mais au caractère bien affirmé. Yvonne me disait souvent : « Je n'épouserai jamais un militaire. Aller de ville en ville, de garnison en garnison, ne me tente absolument pas. Je rêve d'une vie tranquille. »
>
> Et Mme Vendroux ajoutait : « Peu importe. Mon gendre devra être quelqu'un ou sinon... »
>
> Un jour de 1920, me trouvant à Paris, j'eus le plaisir de revoir le « petit de Gaulle », Charles. Il déjeunait chez mes parents. J'avais quitté un gamin, je retrouvais un jeune et bel officier qui en imposait. Une curieuse pensée, provoquée par je ne sais trop quoi, me traversa l'esprit : Yvonne Vendroux ne veut pas épouser un militaire, mais je suis sûre qu'elle changerait d'avis si elle rencontrait Charles de Gaulle[4].

Mme Denquin-Ferrand arrive à point nommé. Du côté d'Yvonne, le mariage est dorénavant attendu. Avec la guerre, la jeune fille a renoncé à d'hypothétiques études et se trouve prête à fonder un ménage. Du côté de Gaulle, une même volonté est à l'œuvre. Tandis que son frère aîné Xavier s'apprête à se marier en septembre 1919, Charles, en mission en Pologne, confie à sa mère : « C'est avec une très grande joie que j'ai lu ce que vous m'écriviez des fiançailles de notre cher Xavier. Ce mariage, j'en ai la prescience, sera le bonheur pour lui, et beaucoup de satisfaction pour nous tous, en particulier pour vous-même et pour Papa. Vous m'invitez à suivre la même voie. Vous savez, ma bien chère Maman, que j'y suis tout décidé. Mais pour le moment, je ne suis qu'un exilé. Lorsque j'aurai terminé l'année de séjour en Pologne [...], alors je ne chercherai rien de mieux[5]. »

Quelques mois plus tard, il réitère ses vœux d'union : « Vous savez ce que je souhaite que cette année m'apporte à moi-même : une famille et, dans la tranquillité d'un amour profond et sanctifié, le pouvoir de donner à quelque autre tout le bonheur qu'un homme peut donner[6]. »

Il semble que plusieurs candidates aient été approchées par les de Gaulle. Dans une lettre à son fils, Jeanne de Gaulle suggère le nom de sa cousine Kolb. La réponse de Charles est positive, mais sans ouvrir de perspective : « Naguère elle m'avait produit une vive impression. Mais il y a des années que je ne l'ai vue, et je ne puis croire qu'elle se souvienne de ma modeste personne autrement que de la façon la plus imprécise. Pour moi j'ai gardé d'elle un souvenir très particulier, celui d'une jeune fille en effet charmante, comme vous le dites, et dont l'intelligence réservée et la délicate finesse m'avaient très sérieusement frappé. Les circonstances ne m'ont pas permis de la revoir, ni d'ailleurs ma tante Adèle Kolb [...]. Voilà très exactement, ma bien chère Maman, ce que je pense de Thérèse Kolb. Je ne me permettrai pas de vous demander de n'en parler à âme qui vive[7] ! »

Henri de Gaulle, lui aussi, aurait tenté sa chance et présenté à Charles une jeune fille issue d'une famille fortunée. Ils se seraient rencontrés dans son château : « La jeune fille était assez jolie, bien que boitant. Il hésita, par pitié, mais jugea cet attendrissement insuffisant pour faire route ensemble le reste de sa vie[8] », rapporte Philippe de Gaulle.

Troisième ombre féminine dans la période qui précède le mariage de Charles, une certaine jeune Lilloise... De Gaulle l'évoque dans une lettre de 1942, alors que des bombardements britanniques viennent de frapper les usines Renault en France et que Pagès, restaurateur à Londres pour les Français libres, lui demande de protester officiellement. De Gaulle lui répond alors que les bombardements sont hélas le seul moyen de chasser l'ennemi des villes et que les Français, du reste, tirèrent durant la Première Guerre mondiale sur leurs propres villes quand les Allemands les occupaient. Il ajoute cette mention qui nous intéresse ici particulièrement : « Je puis même vous dire, en confidence, que cela a été cause d'un des plus grands chagrins personnels de ma vie, car une jeune fille, qui était alors presque ma fiancée, fut tuée à Lille de cette façon par un obus anglais en 1917[9]. » Charles de Gaulle pleurant en 1917 une quasi-fiancée ? L'histoire ne nous en dit pas plus.

Sûrement mise au fait par Mme de Gaulle du désir qu'a Charles de trouver une épouse et informée de son arrivée de Pologne pour quelques semaines de permission, Mme Denquin-Ferrand agit vite. Elle organise chez elle la première rencontre entre les deux jeunes gens, en présence des parents Vendroux. L'affaire est menée de main de maître : « La conversation s'étant à un certain moment engagée sur le succès de *La Dame en bleu* de Van Dongen au Salon d'automne, Mme Denquin-Ferrand a fait une habile suggestion : "Allons donc la voir ensemble jeudi prochain... Nous pourrions nous retrouver à 3 heures au Grand Palais... Il y a sur place un buffet où nous prendrons ensuite le thé." Ainsi fut fait. »

Le fait que la rencontre soit dûment organisée est relativement classique dans les couches élevées de la société des années 1920. Les grandes familles, comme celle des Vendroux, soucieuses de pérenniser leur renom et de garantir le maintien de leur héritage, considèrent le mariage comme une manœuvre stratégique : les origines sociales et le niveau de vie de la famille sont un critère déterminant pour conclure une alliance, bien plus que le seul sentiment amoureux, qui ne peut guère prétendre à la durabilité.

Du côté de Charles de Gaulle, les contraintes sont également importantes : en tant qu'officier, il doit choisir une épouse qui réponde à un certain nombre de critères objectifs, ce qui réduit la possibilité d'un mariage résultant de la simple inclination réciproque. Le droit de regard de l'armée dans le choix de l'épouse n'est en effet pas un vain mot. Selon une disposition datant de 1685 et confirmée par le décret impérial du 16 juin 1808, tous les militaires français sont légalement privés du droit de contracter librement mariage. Il leur faut, pour convoler en justes noces, l'autorisation de leur supérieur hiérarchique. Ils resteront soumis à ce droit matrimonial jusqu'en... 1975 ! L'autorisation respose sur deux critères : la dot apportée par l'épouse – mais l'obligation d'un apport dotal minimal est supprimé en 1900 – et la bonne moralité de celle-ci. Pour vérifier ce dernier aspect, une enquête de gendarmerie est diligentée et un dossier constitué. Cette immixtion de l'armée dans le mariage encourage naturellement la pratique du mariage arrangé, qui permet de trouver l'épouse correspondant aux exigences financières et morales posées. En ce qui concerne Yvonne Vendroux, le document de la gendarmerie n'a pu être retrouvé, mais il y a fort à parier que l'enquête fut vite conclue et qu'elle ne comportait aucun élément invalidant !

Au lendemain de la Première Guerre mondiale, « la norme sociale ne fait donc pas de l'amour une condition du mariage ni un critère de son succès[10] », rappellent les historiens, qui nous invitent donc à ne pas juger de façon anachronique une pratique qui, de nos jours, semblerait choquante. Cette vision pragmatique du mariage a pourtant, rappelons-le, de très vieilles racines dans la civilisation occidentale : dans son analyse de *Tristan et Yseult*, Denis de Rougemont a montré que la passion amoureuse et le mariage appartenaient à deux univers différents et incompatibles. À ses yeux, ce fut même « une gageure de fonder le mariage précisément sur les valeurs élaborées par une éthique de la passion[11] ».

La rencontre entre Charles et Yvonne est arrangée, c'est un fait. Pourtant, une certaine gêne se lit chez les parents Vendroux. Tous deux sont ouverts d'esprit et progressistes en bien des points ; ils ressentent les limites de l'arrangement. Surtout, bons connaisseurs du caractère d'Yvonne, ils redoutent sa réaction si jamais elle apprenait la manigance. Jacques-Philippe souligne combien « ils craignent toujours qu'elle se croie poussée contre son gré dans les bras d'un prétendant ». Il note leurs recommandations : « Il ne faut surtout pas révéler à Yvonne quelque préméditation que ce soit pour ne pas lui donner l'impression qu'on veut l'influencer. » Ce souci de discrétion illustre une forme de transition dans la conception du mariage : certes, on prémédite le coup, mais on veut que la jeune fille ait l'illusion du hasard. Bref, sur la base d'un arrangement fondé sur des critères précis on ménage la possibilité de voir émerger le sentiment amoureux.

En ce mois d'octobre 1920, devant *La Dame en bleu* de Van Dongen, puis autour d'un thé pris au buffet du Grand Palais, les deux jeunes gens font connaissance, en présence bien sûr des parents d'Yvonne et de l'inévitable Mme Denquin-Ferrand. C'est là que s'enracinent les premiers éléments mythiques de l'histoire du couple, amplement grossis par la suite – il en va ainsi de la petite cuiller que le capitaine Charles de Gaulle laisse tomber de sa soucoupe, et qui devient, chez les biographes successifs, une tasse de thé renversée sur la robe d'Yvonne. Qu'importe. L'essentiel est que Charles de Gaulle envoie quelques jours plus tard une invitation à Yvonne et à son frère pour le bal de Saint-Cyr qui sera donné le dimanche suivant à l'hôtel des Réservoirs, à Versailles.

Les choses se précisent, et les parents Vendroux s'agitent : « Il faut répondre d'urgence, et, afin de ne pas s'engager à la légère, essayer de savoir quel est l'état d'esprit d'Yvonne, restée fort secrète jusqu'à présent... » Le silence de la jeune fille, qui correspond à son tempérament discret, devient gênant dans la mesure où l'autre partie semble s'engager : « La famille amie semble avoir le désir de pousser plus loin les conversations... » Pour sonder Yvonne, les Vendroux font donc appel à son frère, qui revient d'urgence de Calais et montre à cette occasion combien il bénéficie de la confiance de sa sœur : « C'est moi qui suis rappelé à Paris dans le but de profiter de la plus grande liberté d'expression existant entre elle et moi, qui nous entendons bien, pour essayer de connaître le fond de sa pensée. »

Très rapidement, Jacques-Philippe constate l'intérêt que porte Yvonne au jeune officier : « Elle est très sensible à l'allure et à la distinction du capitaine. [...] Elle me pose des questions sur la carrière passée et l'avenir probable de cet officier. [...] Curieusement, elle met au premier plan de son hésitation la différence de taille : "Il a près de quarante centimètres de plus que moi !" » Elle conclut l'entretien par les mots suivants : « C'est à lui de se manifester, pas à moi. »

L'invitation au bal est donc acceptée, et provoque un nouveau branle-bas, cette fois pour le choix d'une tenue et d'une coiffure qui correspondent au rang de la jeune fille : élégance dans la sobriété, aucun bijou, aucun parfum – « car une jeune fille ne doit pas en porter ». Le jour dit, accompagnée de son frère autoproclamé chaperon, Yvonne entre dans le grand hôtel des Réservoirs, ancien hôtel versaillais de la marquise de Pompadour devenu à la fin du XIXe siècle un établissement luxueux très connu. Le grand Charles de Gaulle les attend. Yvonne lui présente son frère et une brève conversation s'engage. Du récit de Jacques-Philippe se dégage une impression immédiate de franchise entre les trois jeunes gens : « L'entretien de dix minutes est soustrait aux habituels échanges de banalités. Tous les trois nous savons très bien pourquoi nous sommes ici. Il sortira des deux heures qui suivent la vie entière d'un couple ou rien du tout[12]. » Bientôt, Vendroux choisit de se tenir à l'écart : « Je n'ai plus rien à voir en ce qui les concerne, et n'ai besoin d'aucun prétexte mondain pour les laisser seuls à la porte de leur destin. » Yvonne, dans sa robe de crêpe de Chine pervenche, passe la soirée à s'entretenir avec Charles, au son de l'orchestre. La conversation porte, pour ce que l'on en sait, sur leurs goûts respectifs et leurs souvenirs d'enfance.

Que savent exactement les Vendroux de Charles de Gaulle en 1920 ? Mme Denquin-Ferrand les a sans doute renseignés sur la famille, qui est des plus respectables. Implantés historiquement en Bourgogne, en Champagne, puis à Paris, les de Gaulle appartiennent à la petite noblesse de robe. Comme le rappelle Jean Lacouture, « c'étaient depuis un siècle des gens de plume, des clercs, commis de l'État et érudits, écrivains de province et secrétaires de cours. Des intellectuels impécunieux et prudes [...], des gens qui savaient la grammaire, le latin et le grec, beaucoup d'histoire et un peu de géographie, qui allaient à la messe et servaient l'État sans trop demander en retour, en regrettant dignement de mettre leur talent et leur vertu au service de la République plutôt qu'à la disposition d'un successeur des quarante rois qui, en mille ans, firent la France[13] ».

Le père de Charles, Henri de Gaulle, enseigne l'histoire au collège jésuite de l'Immaculée-Conception, rue de Vaugirard à Paris. Il a épousé en 1866 Jeanne Maillot, une femme au visage sévère et au caractère intransigeant. Charles, leur troisième enfant et deuxième fils, est né à Lille. Deux frères naissent encore après lui. Brillant élève, Charles a été reçu au concours d'entrée de l'École spéciale militaire (ESM) de Saint-Cyr en 1909. Il en est ressorti en 1912 avec le grade de sous-lieutenant. Il a alors choisi de faire carrière dans l'infanterie et est entré au 33e régiment d'infanterie, que commandait à Arras le colonel Philippe Pétain, futur héros de Verdun. De la Première Guerre mondiale Charles de Gaulle est revenu avec trois blessures, la croix de guerre et la Légion d'honneur, dont il est décoré depuis la fin d'août 1919. Mais aussi avec le souvenir douloureux de presque trois ans d'emprisonnement en Allemagne, que cinq évasions n'ont pas réussi à interrompre durablement.

Piqué par ce souvenir et désireux de se battre encore, il est parti en 1920 en mission en Pologne, où il a été chargé de cours à Rambertow. Pendant l'été, il a assisté aux combats menés contre l'Armée rouge sur la Vistule. Bref, quand il rencontre les Vendroux en octobre de la même année, il porte en lui la rumeur des événements qui grondent en Europe. Sans doute les Vendroux savent-ils également que de Gaulle, à son retour de Pologne, sera nommé professeur d'histoire à l'ESM. De toute évidence, le jeune officier est promis à une belle carrière.

Il est vraisemblable qu'ils n'en savent guère plus alors. Mais cela suffit à leur faire sentir l'intérêt d'une union avec les de Gaulle. Pour la première fois, leur famille va se trouver liée avec une lignée de la noblesse française – même petite –, et qui plus est avec une famille enracinée dans le monde intellectuel. Surtout, ce mariage est pour les Vendroux la première alliance avec un militaire. Dans la généalogie familiale on trouve des avocats, des notaires, des filles de notables, mais d'officier point. Cette originalité mérite une brève explication. Au début du siècle, il est de tradition dans la société civile française de considérer avec réticence le mariage avec un officier : les bourgeois bien établis redoutent que la modestie de la solde ne puisse garantir un niveau de vie décent à leur fille. Si les Vendroux acceptent sans hésiter de confier Yvonne à un capitaine, c'est que leur propre aisance financière prémunit leur fille contre ce risque. Mais c'est surtout que les temps ont changé. La Première Guerre mondiale a considérablement revalorisé le métier militaire, non pas financièrement, mais symboliquement. L'officier de métier est celui qui s'est sacrifié pour sauver la patrie en danger, qui a risqué sa vie. Marguerite Vendroux, à l'hôpital de Calais, a soigné bon nombre de ces héros anonymes. Son propre fils a connu l'horreur des tranchées et la solidarité humaine qui s'y noue, la blessure, l'emprisonnement. Elle sait le courage et la vertu de ces combattants. Charles de Gaulle réunit donc, aux yeux des parents Vendroux, un nombre satisfaisant de qualités pour devenir un bon mari. Ajoutons qu'après l'hémorragie démographique de 1914-1918 les hommes se font rares. Un si bon parti ne se refuse pas.

Dans *La Châtelaine du Liban*, un roman écrit à cette époque par Pierre Benoit, l'héroïne explique de manière très claire ce qui l'attire chez son fiancé, un officier de la coloniale. Ses mots pourraient être ceux d'Yvonne : « Vous pourriez n'avoir pas de fortune. Il n'en reste pas moins que vous n'avez pas trente ans, que vous êtes capitaine depuis trois ans, chevalier de la Légion d'honneur depuis cinq ans, avec une croix de guerre [...]. Tout le monde m'a dit et redit que vous aviez la plus belle carrière, le plus bel avenir[14]. »

Du côté de Gaulle, l'intérêt du mariage est plus prosaïque : Jeanne et Henri ont l'assurance de voir leur fils allié à un parti économiquement très solide. Charles de Gaulle lui-même aurait écrit à l'un de ses amis : « J'épouse les biscuits Vendroux ! » Toutefois, au-delà de ce bon mot, on peut penser que Charles de Gaulle voue un grand respect à ses futurs beaux-parents, et même une vraie admiration à sa future belle-mère. Sans doute s'est-il renseigné lui aussi sur sa belle-famille, et ce qu'il découvre de Marguerite Vendroux ne peut que le conforter dans le jugement qu'il porte sur sa fille : voilà une femme qui sait se tenir, que le travail ne rebute pas, qui a su montrer son patriotisme et qui se révèle une maîtresse de maison hors pair. Bref, une femme d'élite.

Enfin, même si les Vendroux vivent de façon plus opulente et plus confortable que les de Gaulle, et si leur goût du modernisme est plus affirmé, il faut souligner combien sont proches les valeurs qui animent les deux familles : goût du travail, respect de l'autorité et de la compétence, foi catholique ne sont pas de minces points communs... Jacques-Philippe se souvient à ce propos de l'entente parfaite qui unit les parents de Gaulle et Vendroux lors de la préparation du mariage, entente qu'il attribue au fait que « les mêmes principes [réglaient] la vie et le comportement des deux foyers[15] ». Le fait est d'autant plus frappant que les deux couples appartiennent à des générations différentes : Henri de Gaulle est né en 1848, tandis que le père d'Yvonne, né en 1868, est de vingt ans son cadet ! Quant à Jeanne de Gaulle et Marguerite Vendroux, elles ont quinze ans d'écart.

Signe de la proximité sociale des deux familles, Charles de Gaulle et Yvonne Vendroux découvrent dès leur première conversation qu'ils ont nombre d'amis communs : « Figure-toi, confie ensuite Yvonne à son frère, que le commandant* a passé plusieurs fois ses vacances à Wimereux, où ses parents avaient loué une villa sur la colline qui domine la mer. Et, coïncidence curieuse – le monde est vraiment petit –, il allait souvent jouer au château de Fouquetone où il rencontrait nos amis intimes de la famille Legrand ! Encore adolescent, il y jouait aux charades avec la future comtesse d'Arfeuil[16] ! »

Ces relations communes, qu'Yvonne attribue avec une gentillesse tout amoureuse au hasard, s'expliquent plus rationnellement par la proximité des origines des futurs époux : né à Lille où s'enracine sa famille maternelle, Charles de Gaulle fréquente avec ses parents les mêmes cercles que les Vendroux dans le Nord et le Pas-de-Calais. Voilà qui renforce un peu plus les chances d'un mariage réussi !

De tout cela, il ressort que le mariage entre Charles et Yvonne entre parfaitement dans les schémas statistiques de l'époque. Il fournit un cas typique de l'endogamie qui est alors le modèle dominant : « La majorité des femmes d'officiers proviennent des classes moyennes et supérieures. Les officiers ont tendance à se marier dans la même classe que leurs parents[17]. » Plus précisément, Charles de Gaulle se range parmi les 60 % d'officiers qui épousent des roturières dont les parents affichent quelque aisance ou des prétentions nobiliaires[18].

Ce mariage ne sort pas non plus de la règle en ce qui concerne l'âge des époux. Lorsqu'il se marie avec Yvonne, Charles de Gaulle a trente et un ans. Or, dans plus de la moitié des cas, un officier se marie entre trente et quarante ans – tandis que l'âge moyen au mariage de la population masculine française en 1923 est de vingt-sept ans et cinq mois. Yvonne, de dix ans sa cadette, a vingt et un ans en 1921. Elle répond donc à la règle qui veut que « les épouses d'officiers soient sensiblement plus jeunes que leurs maris », même si elles se situent encore bien en dessous de l'âge moyen des Françaises au mariage en 1923, à savoir vingt-trois ans et onze mois.

Dans la salle de bal du grand hôtel des Réservoirs, où ils n'ont pas dansé un instant, Charles et Yvonne sont loin de ces considérations statistiques. Endogamie ou pas, arrangement ou pas, il semble bien que quelque chose se passe entre eux. Quelque chose qui ressemble à s'y méprendre à de l'amour, même s'il est impossible à l'historien, près d'un siècle plus tard, de se prononcer sur la chose. Car enfin, qui ne connaît le caractère de Charles de Gaulle ? Comment

---

* De Gaulle a reçu provisoirement un grade supplémentaire pour sa mission en Pologne.

penser qu'un homme de cette trempe, déjà si sûr de lui et de son destin, se serait lié à une femme pour laquelle il n'aurait pas eu au moins une profonde admiration ?

En 1920, Charles de Gaulle n'est pas tombé de la dernière pluie. Pour parler crûment, il a déjà connu l'amour et les femmes, plusieurs, même. Lieutenant, à sa sortie de Saint-Cyr, il sert au 33e régiment d'infanterie, commandé à Arras par le colonel Pétain. C'est la première rencontre entre deux hommes que le destin se chargera ensuite de lier puis d'opposer l'un à l'autre. À l'un de ses plus brillants biographes, Paul-Marie de La Gorce, qui lui parlait de l'inévitable distance existant entre un colonel et un lieutenant, Charles de Gaulle avait lancé, mot pour mot : « Ne croyez pas cela ! À cette époque, j'étais très sur les femmes, Pétain aussi, ça nous rapprochait[19]... » On prête également au jeune officier des aventures en Pologne, où son uniforme français et sa présence dans l'armée de Pilsudski, victorieux des Russes en août 1920, lui ont attiré les faveurs des beautés locales. À Varsovie, on l'a croisé, dit-on, en compagnie de la comtesse Czetwertinska.

Il peut donc regarder Yvonne avec l'expérience du vieux soldat et trouver en elle un charme que les photographies ne démentent pas.

Quant à Yvonne, au regard des précautions que prennent ses parents pour ne pas lui laisser voir qu'ils ont arrangé la rencontre, on devine aisément la fierté de son tempérament. Elle est en position de choisir son futur mari. Si elle retient Charles, c'est parce qu'elle le veut. Au retour du bal, son frère l'interroge discrètement :

« "Et alors ?

« – Je ne me suis pas du tout ennuyée ! "

« Je sens qu'elle voudrait m'en dire plus, mais que son complexe de réserve quant à la réciprocité d'une inclination trop vite avouée l'empêche de livrer complètement sa pensée. Il ne faut pas être très perspicace pour comprendre qu'Yvonne est définitivement séduite par l'intelligence, la prestance et la parfaite éducation de Charles de Gaulle[20]. »

Après le bal, le rythme s'accélère. Le temps presse, en effet, puisque Charles de Gaulle doit repartir le 20 novembre en Pologne au terme de sa permission. Il faudrait que, d'ici là, des éléments tangibles soient engrangés. L'entremetteuse se met donc sur le pied de guerre : « Le téléphone Ferrand ne chôme guère. L'autre côté a fait connaître un sentiment favorable[21]. » Dès lors, Yvonne peut sans crainte se prononcer. Elle le fait d'une phrase lapidaire : « Ce sera lui ou personne[22]. » Existe-t-il plus claire déclaration d'amour ?

Les deux familles décident d'organiser les fiançailles avant le départ du capitaine. Pour cela, une première rencontre est organisée chez les Ferrand entre les parents de Gaulle et les parents Vendroux. Puis le reste de la famille est associé, au cours de deux réunions d'après-midi et de deux dîners, l'un chez les de Gaulle, place Saint-François-Xavier, et l'autre chez les Vendroux, boulevard Victor. C'est là, sans doute, que se fiancent Charles et Yvonne, un jeudi. La cérémonie a lieu d'ordinaire un dimanche, mais ce jeudi-là est exceptionnel, puisqu'il s'agit du 11 novembre 1920. Date hautement symbolique pour sceller une union que celle de l'anniversaire de l'armistice ! Dans les années 1920, elle est encore associée à un profond sentiment de soulagement et, pour les familles de Gaulle et Vendroux, à la libération de leurs deux prisonniers. Autour d'une coupe de champagne, Charles de Gaulle, désormais fiancé, offre à Yvonne un diamant monté sur une bague, ce qui est moins fréquent à l'époque qu'une perle ou une pierre de couleur.

Le départ de Charles vers la Pologne, une semaine plus tard et pour deux longs mois, l'empêche de venir faire sa cour quotidienne à sa fiancée, comme le voudrait l'usage. Pour la même raison, le mariage ne peut avoir lieu rapidement, c'est-à-dire entre trois semaines et un mois après les fiançailles. En compagnie de sa famille à Paris, Yvonne attend le retour de son fiancé. Elle guette le courrier de Pologne. Les lettres que de Gaulle lui écrit alors ne sont pas connues. Celles qu'il envoie à ses futurs beaux-parents ont en revanche été publiées. Elles montrent, indirectement, l'amour qu'éprouve Charles pour sa fiancée : « J'aurai passé bien tristement les deux derniers mois de 1920. Jamais l'exil ne m'a paru plus mélancolique et pour de plus chères raisons[23]. » S'y lit également la profonde affection qu'il voue aux Vendroux, et sa volonté de former avec eux une vraie famille. À l'approche de Noël, il leur écrit de Varsovie : « J'ose espérer que vous penserez [...] que l'un des vôtres vous manque, mais que, si loin qu'il soit, son affection nouvelle et profonde va vers ceux qui seront bientôt "les siens"[24]. » Dans une lettre rédigée peu après, il appelle les Vendroux « mes chers parents » en ajoutant : « Permettez-moi de vous donner ce nom[25]. »

De son côté, Yvonne montre un profond respect pour ses beaux-parents, deux personnalités très différentes pourtant. Un seul témoignage d'elle à ce propos est disponible. Elle le livre en 1946, c'est-à-dire bien après la mort de Jeanne et Henri de Gaulle : « Ma belle-mère était, sans aucun doute, ce qu'on appelle une "maîtresse femme". C'est d'elle que le Général tient le plus. Elle s'intéressait aux problèmes politiques et formulait des jugements bien à elle, des jugements dont le moins qu'on puisse dire est qu'ils étaient catégoriques et passionnés. [...] Mon beau-père était un homme détaché et d'une grande érudition. Il préférait la méditation et les livres à toute autre chose. De la politique il avait horreur[26]. »

Après les fêtes du nouvel an, les Vendroux regagnent Calais, où il s'agit de préparer le mariage. Yvonne passe le plus clair de son temps à réaliser son trousseau. Comme le veulent les convenances, le mari n'apporte dans le ménage que son linge personnel, et il revient à la jeune femme de confectionner le linge de maison et son linge à elle, le tout devant représenter 5 % de la dot. Habile à la couture, Yvonne travaille sous le regard de Marguerite Vendroux, extrêmement rigoureuse sur ce chapitre : « Ma mère, explique Jacques-Philippe, par disposition d'esprit et coutume familiale, attache un intérêt considérable [au trousseau] : moins de vingt-quatre paires de draps et le reste à l'avenant serait une véritable déchéance[27] ! »

Le 1er février 1921, Charles est enfin de retour en France. Il se rend rapidement près de sa fiancée, retournée dans sa ville natale. Le 6 février, le voici qui descend du train à Calais pour trois jours. Jacques-Philippe l'attend et le conduit au Grand Hôtel, où il résidera – il serait inconvenant qu'il dorme sous le même toit que sa fiancée. Les deux hommes se rendent ensuite à pied chez les Vendroux : « À peine ma clé a-t-elle tourné dans la serrure de notre porte de la rue de la Douane, transformée depuis peu en rue de la Victoire, qu'apparaît Yvonne qui, sans aucun doute, guettait depuis de longues minutes le bruit de nos pas sur les vieux pavés[28]. » Les fiancés peuvent, avant le dîner, se retrouver en tête à tête dans le salon. Les jours qui suivent sont occupés à présenter le fiancé aux amis et à la famille. La date du mariage est fixée au 6 avril à la mairie, au lendemain à l'église. Une lettre inédite de l'archiprêtre de Notre-Dame de Calais au père de la fiancée, datée du 3 février 1921, confirme cette déposition : « Je me suis empressée d'inscrire pour le jeudi 7 avril à 11 heures la cérémonie de mariage de Mademoiselle Vendroux. Cette date nous convient à merveille et vous pouvez avoir l'assurance que nous donnerons à cette cérémonie qui vous touche de si près l'éclat désirable[29]. »

Par ailleurs, la nomination de Charles de Gaulle au poste de professeur d'histoire à Saint-Cyr a été confirmée. Le jeune ménage devra donc trouver un logement à Paris. Là encore, des relations communes permettent de trouver une solution : Gustave Ditte – fils du général gouverneur de Calais qui a décoré Marguerite Vendroux de la croix de guerre, mais également camarade de promotion de Charles de Gaulle à Saint-Cyr et témoin à son mariage – loue un appartement square Desaix, dans le 15e arrondissement. Il s'avère que son épouse, Christiane, est une amie d'enfance d'Yvonne. Les Ditte font savoir aux fiancés qu'un appartement voisin du leur sera libéré au début de l'année 1922 dans le même immeuble. Charles et Yvonne retiennent la proposition, mais doivent trouver un lieu où habiter entre avril 1921 et janvier 1922…

Vers la mi-février, Yvonne se rend à Paris. Avec Charles, elle trouve un appartement provisoire situé au 99 du boulevard de Grenelle, au premier étage d'un pavillon isolé. Les fiancés le louent pour un an. Charles, occupé par ses fonctions et par la préparation du concours de l'École de guerre, laisse à sa fiancée le soin d'aménager le trois pièces. À Calais, pendant ce temps, Jacques-Philippe, désigné maître de cérémonie et garçon d'honneur, prépare d'arrache-pied le mariage de sa sœur : à lui l'envoi des faire-part, la gestion des réponses, l'organisation de la cérémonie à la mairie et de la messe, la réservation des voitures, le choix de la musique et du repas, le voyage des jeunes mariés…

Le 6 avril n'est pas vraiment le jour J pour Charles et Yvonne. Le passage devant le maire, en effet, est obligatoire mais certainement pas fondamental à leurs yeux. « Le mariage religieux du lendemain [est] considéré comme le seul valable », souligne Jacques-Philippe. Sur ce point, le jeune couple correspond parfaitement aux recommandations des manuels religieux de l'entre-deux-guerres : « Le mariage est un sacrement, c'est-à-dire que ce n'est pas un simple contrat comme ceux qui sont régis par les lois humaines et qui n'établissent entre les hommes aucun lien religieux[30]. »

Seule la famille proche est conviée à la mairie : parents, frères et sœurs des mariés, la grand-mère Forest, l'oncle et la tante Richard. Après un déjeuner pris chez les Vendroux, la douzaine d'invités se rend pour 17 h 30 à l'hôtel de ville de Calais. Le bâtiment de briques rouges, magnifique et imposant, a été construit en 1885 par Louis Debrouwer dans un style qui mêle les références néoflamandes et Renaissance. Le beffroi, haut de soixante-quinze mètres, domine toute la ville. Dans la grande salle parée d'une fresque allégorique qui représente le « Printemps, jeunesse de l'année, jeunesse, printemps de la vie », le maire Duquenoy-Martel tente de donner un peu de pompe à la cérémonie. Dans un long discours emphatique, ce notable de l'industrie dentellière met à l'honneur Yvonne Vendroux et surtout son père – qui a accepté, il est vrai, d'être son conseiller municipal « pour faire obstacle aux socialistes ». Le maire dresse ensuite de Charles de Gaulle un portrait flatteur. Les termes qu'il utilise sonnent avec un étrange éclat pour qui connaît la suite du parcours du jeune marié : « Vous avez repris le flambeau précieux que tout nous persuade que vous tiendrez jusqu'au bout, vigoureusement et sans faiblir. » Sur d'autres points, le maire paraît beaucoup moins visionnaire, notamment quand il vante aux jeunes époux « la belle route plane qu'une existence prodigue [leur] a généreusement tracée » !

Les époux signent ensuite le registre, ainsi que leurs parents et leurs deux témoins. Il s'agit de Jules Richard, capitaine de vaisseau, officier de la Légion d'honneur décoré de la croix de guerre, l'oncle de la mariée et de Jules de Gaulle, l'oncle du marié[31].

Le lendemain, les esprits sont plus sérieux. Signe que le vrai mariage est bien ce jour, la mariée a revêtu une robe à traîne de satin blanc. Une couronne de fleurs d'oranger ceint sa tête couverte d'un voile léger. Un long cortège de voitures automobiles et de landaus tirés par des chevaux quitte la maison familiale. Dans la dernière voiture, une limousine hippomobile, Yvonne est assise à côté de son père. Les habitants de Calais sont dans les rues pour assister au défilé : « En province, les mariages conservent une certaine solennité qui attire, par souci de courtoisie ou par simple curiosité, d'innombrables personnes[32] », surtout quand l'une des plus importantes familles de la ville est concernée.

Beaucoup plus tard, certains assistants, stimulés par la notoriété d'Yvonne de Gaulle, prendront certaines libertés dans le récit de leurs souvenirs. Il en va ainsi du témoignage d'un certain Henri Brangers, cocher de son état : « En avril 1921, j'étais cocher de fiacre pour le compte de mon père. Le 6 de ce mois, la famille Vendroux nous loua, tous les deux, pour 25 francs, moyennant quoi nos chevaux, nos voitures et nous-mêmes étions à la disposition des mariés du jour. Les futurs prirent place dans notre plus beau coupé, noir et grenat, acheté deux ans auparavant à un vieux colonel anglais ruiné. Le coupé était tiré par deux chevaux, Bijou et Fanny. Fanny était aveugle. Mon père et moi arborions le haut-de-forme à cocarde. Avec gants blancs et ruban tricolore au fouet. À bord de notre landau, il y avait deux autres personnes[33]. » Si le récit est crédible dans son ensemble, il pèche pour deux raisons : il est contraire à toute vraisemblance que les futurs mariés aient pu s'asseoir dans la même voiture pour aller à l'église. Par ailleurs, Jacques-Philippe précise bien qu'Yvonne et son père prennent place dans la limousine familiale, et non pas dans un fiacre de louage...

Quand Yvonne pénètre dans l'église Notre-Dame au bras de son père, Charles, dans une redingote d'uniforme bleu horizon, l'attend au pied de l'autel. La messe, célébrée par l'abbé Baheux, que connaît bien la famille Vendroux, est une messe dite « à trois chevaux », c'est-à-dire à trois officiants – une messe solennelle. Le prêtre, sous la présidence de l'archiprêtre, est assisté à l'autel d'un diacre et d'un sous-diacre. Les grandes orgues accompagnent les chants. Après l'office, les jeunes mariés reçoivent dans la sacristie les félicitations des invités et des habitants de la ville. Mari et femme ressortent ensuite de l'église la bague au doigt, ce qui est une habitude chrétienne alors récente : certains ouvrages de la fin des années 1910 déconseillent le port de l'anneau par l'homme, au prétexte que ce serait une mode venue de l'étranger[34]. Charles de Gaulle, en raison de sa blessure de guerre à la main gauche, porte son alliance à la main droite.

La suite de la journée se déroule de la façon la plus classique qui soit. Le repas, préparé par le traiteur Torchy et fils, donne à voir par ses proportions pantagruéliques l'aisance de la famille Vendroux : hors-d'œuvre à la parisienne, saumon de la Loire sauce vénitienne, croustades de ris de veau Toulouse, tournedos Renaissance, baron d'agneau à la broche, cœur de laitue, asperges d'Argenteuil sauce mousseline, poularde à la Neva, corbeille andalouse, fruits, desserts, le tout accompagné de barsac, de haut-pomerol, de pommard, de White Star et de brut impérial... En fin d'après-midi, le bal est ouvert par « un semblant de valse des jeunes mariés », seul moment de danse connu dans la vie de Charles de Gaulle. Très vite, le couple disparaît, laissant les invités s'amuser. Charles et Yvonne gagnent la gare pour prendre le train vers Paris. La nuit de noces se déroule à l'hôtel Lutetia, avant le départ pour une lune de miel italienne. Le principe du voyage de noces n'est pourtant pas encore acquis en ce début des années 1920 : certains médecins critiquent la fatigue excessive qu'il engendre. Elle peut être préjudiciable à une grossesse sereine – ce qui est finalement le but ultime de la manœuvre.

De leur rencontre à leur mariage, Yvonne et Charles ont suivi un parcours conventionnel, quoique bouleversé dans son rythme par les contraintes militaires du capitaine-commandant. La religion, le patrimoine, les qualités morales des deux jeunes gens ont été déterminants dans le choix qu'ils ont fait l'un de l'autre. Le rôle des sentiments est naturellement plus délicat à évaluer, mais il faut se garder de toute déduction hâtive : un mariage, pour arrangé qu'il soit, peut aussi être un mariage d'amour, de même qu'un mariage d'amour peut ne pas être exempt de considérations matérielles.

Les lettres écrites par Charles de Gaulle – celles d'Yvonne ne sont, hélas ! pas disponibles – fournissent un matériau précieux pour évaluer les sentiments qu'il voue à sa femme. Au-delà des exigences littéraires qui habitent cet homme si pointilleux sur son style, perce un amour très pur. Jeune fiancé, il n'a pas de mots assez forts pour assurer sa future belle-mère des sentiments profonds qu'il nourrit pour sa fille : « [Votre lettre] m'a montré [...] quel lourd sacrifice ce sera pour vous et pour son Papa de vous séparer d'elle. Et si je n'avais pas déjà toutes les meilleures raisons du monde de l'aimer de tout mon cœur, ce serait fait, dans l'espoir de la consoler autant que possible de la cruelle séparation[35]. » De Gaulle, ce connétable si intransigeant par ailleurs, ne répugne donc pas à parler d'amour, comme le confirme cette lettre de 1929 à Yvonne : « Je t'aime de tout mon cœur[36]. »

LA VIE COMMUNE

À la fin du mois d'avril 1921, les de Gaulle reviennent de leur voyage de noces et s'installent à Paris, rue de Grenelle. Un nouveau rythme de vie s'instaure, déterminé par les horaires de travail de Charles de Gaulle, professeur à l'ESM de Saint-Cyr, située à Saint-Cyr-l'École au sud-ouest de Paris. Parti tôt le matin, Charles revient en fin d'après-midi à la maison, où il travaille tard le soir à préparer ses cours ou à corriger ses copies. Le dimanche, les jeunes époux dînent dans le pied-à-terre parisien des Vendroux, boulevard Victor, du moins quand ceux-ci ne sont pas au château de Septfontaines pour l'été, c'est-à-dire de juin à novembre.

De jour en jour, Yvonne s'habitue à son nouveau statut tel qu'il est décrit dans les manuels de l'époque : « La maîtresse de maison dirige la maison. Pour diriger, il faut prévoir, c'est-à-dire voir d'avance, pour tout, et toujours[37]. » Dans la conduite de la vie domestique qui est leur lot, il est d'ailleurs recommandé aux femmes de trouver du plaisir : « Jeunes filles, qui serez bientôt des femmes, prenez conscience de la beauté de votre tâche, tâche de choix où l'esprit et le goût peuvent s'employer d'une façon continue, où le cœur s'élargit, où la vie est multipliée. [...] Ne méprisez aucun des travaux domestiques : c'est par leur moyen que vous donnerez aux vôtres et à vous-mêmes la santé, le bien-être, le bonheur[38]... »

L'éducation d'Yvonne l'a parfaitement préparée à cette vie d'où le hasard et l'aventure sont bannis. Il est probable qu'elle éprouve une certaine joie à tenir la maison, à faire les comptes et à payer les factures, à diriger les domestiques.

Une bonne trouvée par Marguerite Vendroux se charge des menus travaux de ménage, mais son manque de talent culinaire conduit Yvonne à faire elle-même la cuisine. Charles de Gaulle, en tant qu'officier, bénéficie également pour son service personnel d'une ordonnance qui vient plusieurs heures chaque matin de la caserne Dupleix pour accomplir les gros travaux, comme le nettoyage des parquets ou des vitres.

Dans son trois pièces, Yvonne reproduit le mode de vie qu'elle a toujours connu dans sa grande maison de Calais. Sa mère lui a transmis son savoir-faire organisationnel, comme le remarque Jacques-Philippe, invité à déjeuner chez sa sœur peu après le mariage : « Elle a conservé les habitudes acquises de ma mère : la table est toujours mise avec soin. C'est l'occasion de sortir les cadeaux de mariage : le ramasse-miettes en argent [...] de la tante de Corbie, la cafetière de tante Suzanne. [...] On a des idées très arrêtées sur les denrées qu'on ne peut pas acheter et les fournisseurs qu'il faut éviter[39]. »

Avec les années, Yvonne confirme son statut de reine de la maisonnée, où sa souveraineté est d'autant plus forte que son mari est souvent absent. Son travail le retient la plupart du temps à l'extérieur du foyer. Et quand bien même il est à la maison, les affaires domestiques semblent l'ennuyer prodigieusement : « Mon père, souligne Philippe de Gaulle, se refuse absolument à toucher le moindre outil. Il n'hésite pas à travailler intellectuellement toute la nuit, mais remplacer un simple fusible le met en colère. » La suite est tout aussi révélatrice : « Ma mère, qui a la charge de la maison, et qui ne supporterait d'ailleurs pas que quelqu'un d'autre s'en mêle, n'a pas été formée au bricolage. Je l'ai parfois vue planter maladroitement un clou[40]. » Désintérêt de l'époux pour les corvées ménagères, règne jaloux de la femme sur le foyer, même dans un domaine comme le bricolage, qui est aujourd'hui encore un apanage masculin...

Ce petit détour par les travaux domestiques n'est pas anecdotique. Il illustre parfaitement une certaine conception de la vie qui peut sans dédain être qualifiée de bourgeoise et qui réunit Charles et Yvonne. Philippe de Gaulle note : « Par éducation et par réflexe, [Yvonne] partage les mêmes convictions et les mêmes façons de vivre que son mari[41]. » Il évoque au sujet de ses parents « les coutumes de leur milieu ». Selon ces coutumes, la famille est l'unité sociale de référence. C'est un espace codifié où il revient à l'homme de s'occuper des relations avec l'extérieur, par le biais de son métier ou de ses amis, tandis que la femme est cantonnée à l'univers intérieur où elle règne sans conteste.

Cette vision bipolaire du couple a de très anciennes racines, notamment dans le christianisme depuis saint Paul. Pris au hasard, ce texte de recommandations aux jeunes époux, daté de 1936, le confirme : « Le mari est le chef de la femme, comme Jésus-Christ est le chef de l'Église. De même donc que l'Église est parfaitement soumise à Jésus-Christ, ainsi les femmes doivent être soumises en tout à leur mari[42]. »

Cette hiérarchisation du couple fait l'affaire des régimes politiques successifs, dirigés par des hommes. Sous la Restauration, il semble clair que « chaque groupe social est conçu comme une sorte de monarchie, aux limites plus ou moins étendues, où l'absolutisme du souverain n'est tempéré que par la bienveillance du père[43]. » Mais la IIIe République, instaurée à partir de 1875, n'est pas en reste. Dans le droit fil du Code Napoléon, les ouvrages normatifs n'envisagent pas d'autre perspective que la subordination de l'épouse à son mari. À tel point que Jacques croit observer chez sa sœur un changement progressif : « Elle range désormais sa propre individualité à l'arrière-plan et se montre non seulement sentimentalement, ce qui est bien naturel, mais aussi intellectuellement, entièrement acquise à son époux[44]. »

Ce dévouement à l'être cher est la qualité première exigée de la femme. À elle d'organiser la vie de tous les jours pour épargner à son mari, préoccupé de choses autrement plus importantes, les tracasseries quotidiennes : « Elle s'efforcera de ne pas troubler par ses plaintes domestiques le repos dont il a besoin[45] », recommandent les manuels. Mieux encore, « pour la femme sensible et noblement intellectuelle, l'amour [...] c'est s'immoler à toutes les heures du jour pour ceux qu'elle aime : frères, parents, époux, fils. Je ne veux pas parler de ces sacrifices éclatants, héroïques, qui ont rendu des femmes vraiment célèbres, j'entends aussi tous les petits sacrifices ignorés dont se compose la vie d'une femme aimante : sacrifice de son temps, de ses goûts, de sa personne ; tout ce qui s'accomplit dans le silence du foyer, des écoles, des hospices où la femme, mère, éducatrice, sœur de charité, se consacre au bien-être des autres[46] ».

Nous sommes boulevard de Grenelle à la fin du printemps 1921. En ce 23 mai, Charles part pour Grenoble assister au mariage de son frère Jacques avec Jeanne Michoud. Yvonne, une fois n'est pas coutume, ne l'accompagne pas. Elle est « un peu fatiguée », dit-on prudemment. Sans que personne l'affirme officiellement, tout le monde a deviné qu'elle est enceinte. Son premier enfant, Philippe, naîtra le 28 décembre. Un bref calcul permet de déduire que la grossesse a commencé au cours de la nuit de noces du 7 avril ou très peu de temps après. Mais on n'en saura pas plus. Les historiens ont depuis des années fait de la sexualité un objet d'études comme les autres, particulièrement révélateur des évolutions sociales. Mais dans les années 1920 la société n'en est pas à ce genre d'introspection, et Yvonne moins que quiconque. Les manuels d'éducation des femmes offrent des conseils détaillés et des explications sur des domaines aussi variés que l'hygiène, l'alimentation, la cuisine, les premiers secours, la puériculture, le jardinage, la politesse, l'éducation... mais laissent entièrement de côté les relations sexuelles.

Élevés selon les principes du début du siècle qui exigent la soumission de la femme, et dans une morale catholique qui recommande d'enfanter en nombre et dans la douleur, Charles et Yvonne ne dérogent pas à la règle du tabou sexuel. Rien ne sera donc dévoilé de ce qui se passe dans leur chambre, et finalement ce secret est une belle chose.

Toutefois, quelques éléments permettent de penser que les de Gaulle vivent leur relation dans une bonne harmonie, grâce notamment à la délicatesse de Charles. Au moment où son propre fils s'apprête à se marier, en 1947, le Général lui fait en effet des confidences intéressantes sur la façon de se comporter avec son épouse. On peut supposer qu'elles sont le fruit de son expérience : « La jeune fille, c'est comme un papillon... Au départ, ses couleurs ne rayonnent pas beaucoup, c'est d'ailleurs tant mieux. Et puis, une fois qu'elle est mariée, elle devient une femme et à ce moment-là, elle s'épanouit et s'embellit[47]. » Certes, on peut toujours considérer comme machiste cette interprétation qui fait de l'homme la cause de l'épanouissement féminin, mais les propos du Général illustrent surtout sa sensibilité et montre que, pour lui, la profonde altérité qui existe entre l'homme et la femme exige des attentions particulières : « Il faut être bon avec une jeune femme parce que la transformation de la fiancée en épouse, en maîtresse de maison et en mère de famille se fait en peu de temps et n'est pas facile. Tu dois donc être indulgent[48]. »

Puisque Yvonne doit se reposer, il est convenu qu'elle aille rejoindre ses parents dans les Ardennes. Elle reprend ainsi la tradition familiale de migration estivale. Après la revue du 14 juillet 1921, Charles l'accompagne à Septfontaines, où elle demeure jusqu'en septembre. Il la rejoint pour plusieurs séjours quand l'école de Saint-Cyr se trouve à son tour en vacances. « Je me souviens d'y avoir séjourné quelques jours avec eux à la fin de l'été 1921 », se rappelle le frère d'Yvonne.

Couvée par sa mère, Yvonne enceinte replonge dans l'ambiance de sa jeunesse. Comme si la guerre n'avait jamais eu lieu, elle renoue avec les promenades matinales dans les sous-bois, la cueillette des pois de senteur, les goûters mondains. Charles, quand il vient au château, chevauche la monture que lui a prêtée le colonel commandant la place de Mézières. En septembre, il est temps de regagner Paris.

Jusqu'en décembre, Yvonne achève de préparer la layette et le berceau de son enfant. Le 28 décembre, dans l'appartement du boulevard de Grenelle, elle met au monde un fils, Philippe. Le médecin Edmond Lévy-Solal, proche ami de ses parents depuis la guerre, l'assiste dans son accouchement. Charles, deux jours après la naissance, écrit au frère d'Yvonne. La lettre mérite d'être citée pour deux raisons. La première est l'ouverture d'esprit dont fait preuve le mari au moment de l'accouchement. De cet événement très intime et entièrement nouveau pour lui, Charles ose parler et écrire. Il laisse s'exprimer une compassion touchante : « Notre chère petite Yvonne va très bien et commence à pouvoir remuer dans son lit. C'est une bien dure épreuve, et il faut y avoir assisté pour s'en rendre compte... C'est, voyez-vous, un ordre de réflexions qu'on ne fait habituellement pas avant l'expérience. » La seconde raison est plus anecdotique. Elle illustre le pouvoir de Marguerite Vendroux (« mère » pour Charles de Gaulle) sur les choses de la vie, notamment celles qui concernent la mise au monde. Le docteur Lévy-Solal, pourtant obstétricien confirmé – il est depuis l'année précédente professeur agrégé – et grand ami de Marguerite, en prend pour son grade. Il n'a pas su prédire au jour près la date de l'accouchement… « Le docteur a été à la hauteur de sa réputation, d'une adresse et d'un calme extrêmes. Il était dans ses petits souliers quand je lui ai téléphoné de venir, à la seule idée de ce qu'allait lui dire mère, pour n'avoir pas exactement prévu…[49] »

Le baptême de Philippe a lieu peu après. L'Église préconise de baptiser les enfants sans retard, c'est-à-dire entre trois et dix jours après la naissance. Au-delà, les parents s'exposent à une faute grave… Or Charles et Yvonne attendent onze jours avant que leur fils reçoive son premier sacrement. Venu au monde le 28 décembre, Philippe est en effet baptisé le 8 janvier 1922, « dès qu'Yvonne peut reprendre sa vie normale[50] ». La raison invoquée par Jacques-Philippe est intéressante : à l'instar de sa mère, Yvonne fait passer la santé avant tout le reste, et notamment avant l'urgence imposée par les recommandations officielles. Sans doute la jeune maman a-t-elle également envie d'assister au baptême de son fils, contrairement à la tradition ancienne qui voulait que le père emmenât seul le bébé de quelques jours sur les fonts baptismaux, la mère étant encore alitée. Après la cérémonie, Yvonne organise une petite réception pour la famille.

Dès qu'elle est remise sur pied, elle prépare le déménagement vers le square Desaix. C'est la première d'une interminable série de migrations : faire et défaire les cartons sera l'une des occupations régulières d'Yvonne de Gaulle durant les vingt-cinq années à venir. Ce nomadisme invétéré est l'une des conséquences les plus visibles de la profession exercée par son mari. La grandeur et la servitude militaires commandent la vie des officiers. De Gaulle, dans un texte de 1930, décrit cette soumission complète à l'armée qui fait la beauté de l'engagement du soldat, mais qui exige en retour de sa famille un certain esprit de sacrifice : « Des hommes ont adopté la loi de perpétuelle contrainte. Les droits de vivre où il leur convient, de dire ce qu'ils pensent, de se vêtir à leur guise, ils les ont bénévolement perdus. Un ordre suffit, désormais, pour les fixer ici, les porter là-bas, les séparer de leur famille, les soustraire à leurs intérêts. Un ordre d'un chef les fait se lever, marcher, courir, les jette aux intempéries, les prive de sommeil ou de nourriture, les enferme dans un poste ou force leur fatigue. Ces hommes ne disposent pas de leur vie[51]. »

Cette « loi de perpétuelle contrainte », comme l'appelle si élégamment Charles de Gaulle, a des implications directes sur la vie privée du militaire et des siens. Le déroulement de la carrière exige de passer par des postes de responsabilité successifs, de régiment en état-major et en école, ce qui entraîne des mutations tous les deux ans environ. La multiplication des détachements sur tout le territoire national n'arrange rien. Quand il est de bonne humeur, Charles prend avec philosophie l'instabilité géographique à laquelle sont contraints les militaires : « C'est au fond une destinée mélancolique que celle du soldat, toujours errant. Mais il faut accepter sa destinée. C'est le plus bel effort à faire sur soi-même[52]. » Mais parfois son jugement est moins accommodant : « On n'est stable nulle part, se plaint auprès de sa mère le capitaine de Gaulle en 1920. On valse de garnison en garnison[53]. » Le fait est : en avril 1922, avec leur fils âgé de quatre mois, les de Gaulle s'installent au 14, square Desaix. Ils y restent cinq ans, presque un record, le temps que Charles suive les cours de l'École de guerre puis serve à l'état-major du maréchal Pétain. Sept autres déménagements suivront jusqu'en 1940.

Soumis à ce rythme implacable, petits et grands acquièrent un sens de l'organisation et de l'adaptation particulièrement développé, qui sera fort utile au cours des épreuves à venir. Sur un autre plan, l'ascension sociale des de Gaulle peut se lire à la lumière de leurs déménagements : partie d'un petit appartement relativement vétuste avec vue sur le métro aérien, la famille agrandit son espace de déménagement en déménagement, avant de devenir propriétaire d'une résidence secondaire et, parallèlement, de louer près de Metz une maison digne d'un chef de corps.

La « loi de perpétuelle contrainte » ne s'applique pas qu'au logement. Elle a d'autres effets importants sur la vie quotidienne des familles. La spécificité de l'engagement militaire, et notamment le fait que les soldats n'aient pas les mêmes droits civiques que leurs concitoyens, a tendance à créer une distance entre la nation et son armée : « Faut-il rappeler la condition civique de l'officier – et de tout soldat – à la veille de la Seconde Guerre mondiale ? C'est un exclu de la vie politique : ni électeur ni éligible tant qu'il est en activité. Il ne peut adhérer ni à un parti politique ni à un syndicat. C'est un citoyen de seconde zone, qui doit obéissance pleine et entière à ses chefs, sans hésitation ni murmure. Ainsi réduit au silence, l'officier n'en est pas moins un homme qui pense, réagit, s'émeut, s'indigne quand la patrie subit de graves convulsions[54]. » Ce contexte particulier explique en grande partie que le corps des officiers d'active se marginalise de la société civile[55]. En dépit des rivalités personnelles, une forte solidarité se développe depuis les écoles de formation jusque dans les grades élevés de la carrière. Les officiers habitent dans les mêmes quartiers, voire dans les mêmes immeubles, fréquentent les mêmes cercles, se marient avec des filles d'officier, se retrouvent lors des cérémonies militaires…

Pour se distinguer des civils, mais aussi par souci de leur rang, ils adoptent une certaine allure même en dehors de l'enceinte militaire. L'enquête préalable de gendarmerie sur la femme que souhaite épouser un officier en dit long sur les exigences de l'institution : il serait inconvenant qu'un gradé épouse une femme sans fortune, une femme qui travaille – c'est encore un postulat virulent dans les années 1920 – ou pis encore une femme réputée de mauvaise vie. D'autres détails montrent le désir personnel des officiers de donner d'eux-mêmes une image irréprochable. Une anecdote est, à cet égard, particulièrement frappante : quand Charles de Gaulle prend le métro, il voyage en seconde classe s'il est en civil, par souci d'économie, mais en première classe s'il est en uniforme, par respect pour son rang de militaire. L'épouse a le même devoir de réputation. Ainsi, il ne viendrait pas à l'esprit d'Yvonne de sortir sans chapeau : « Quand une femme est en cheveux, c'est qu'elle est chez elle, dans l'intimité[56] », explique-t-elle devant son fils.

Être officier implique également un certain standing. La vie ne saurait par exemple se concevoir sans le recours à la domesticité. Beaucoup de familles habituées à être servies avant 1914 doivent pourtant renoncer à cette aide par la suite, « parce que les salaires des domestiques avaient augmenté[57] ». Toutefois, comme le suggère le titre d'un livre qui rencontra un certain succès en 1925 – *Madame et sa bonne* –, les bourgeois moyens s'arrangent pour garder malgré tout une bonne à tout faire. C'est le cas des de Gaulle qui, on l'a vu, sont aidés dès le début de leur vie commune par une jeune bonne. Mais, après le déménagement square Desaix, un tel luxe devient impossible : l'appartement, trop petit et dépourvu de chambre de service, ne peut héberger la jeune fille. Yvonne se résout donc à se séparer d'elle. Seule l'ordonnance, un appelé qui n'habite pas sur place et qui remplit sa mission en volontaire, donc gratuitement, continue de venir donner un coup de main. Plus tard, à Trèves, Yvonne emploiera du personnel local avec lequel elle parlera allemand. À la Boisserie, elle disposera quelques heures par jour d'une domestique – en réalité, selon Philippe de Gaulle, il s'agit d'une « robuste femme » mariée à « un bûcheron interdit de séjour en Belgique ». Il faut ajouter à ces domestiques les gouvernantes auxquelles recourra épisodiquement la famille pour les deux aînés et qui sont un privilège de famille aisée.

Maintenir son rang coûte cher. L'habit, les cartes de visite, les dîners, les domestiques, tout cela exige des dépenses. Là réside l'équation insoluble de la plupart des ménages d'officiers : comment assurer le prestige dû au métier des armes avec les moyens modestes accordés par l'armée ? À l'évidence, la chose est difficile : « Beaucoup d'officiers éprouvent des difficultés financières[58] », soulignent les analystes. Philippe de Gaulle parle de « soldes misérables » et se souvient même d'un camarade de son père qui, dans les années 1930, allait « en cachette laver les voitures la nuit dans un garage proche pour boucler les fins de mois[59] ». Heureusement pour lui, Charles de Gaulle n'en sera jamais réduit à cette extrémité. Il n'empêche… Plusieurs indices laissent à penser que son porte-monnaie est souvent peu rempli. Alors qu'il était encore célibataire, en juin 1920, et donc sans charge de famille, il a dû demander à sa mère de lui avancer de l'argent pour payer son voyage en Pologne : « Je vous enverrai lundi les 500 francs du voyage, ma bien chère maman. Ils m'ont été fort utiles, car ce voyage m'a coûté exactement 1 400 francs (wagon-restaurant compris)[60]. » Une fois marié, et plus encore quand les enfants naissent, il lui faut surveiller ses dépenses. La tâche ardue qui consiste à gérer le budget est désormais du ressort d'Yvonne, même si Charles dispose, dans un tiroir, de son propre argent.

La modestie des moyens observée chez les de Gaulle s'inscrit dans un contexte général : la perte de patrimoine engendrée par la Première Guerre mondiale puis la crise économique de 1929 ont frappé la population dans son ensemble. Le corps militaire est plus particulièrement touché. Dans l'entre-deux-guerres, les soldes sont relativement moins élevées qu'avant 1914, notamment après la crise budgétaire de 1934. « Il faut attendre les mesures de 1938 et surtout celle du décret de janvier 1939 pour qu'elles augmentent de 10 %[61]. »

Dans les années 1930, au grade de lieutenant-colonel, Charles de Gaulle touche 4 300 francs par mois, soit à peu près l'équivalent de ce que gagne un maître des requêtes au Conseil d'État, ou un juge au tribunal de la Seine. L'historien Raoul Girardet, qui a mené une enquête minutieuse sur l'évolution du traitement brut annuel des fonctionnaires de 1890 à 1960, conclut même que « l'entre-deux-guerres permet une certaine amélioration du traitement du lieutenant-colonel[62] ». Il précise également que les militaires reçoivent des indemnités considérables qui peuvent, dans certains cas, doubler la solde de base. Les missions à l'étranger, par exemple, améliorent sensiblement l'ordinaire. Le capitaine de Gaulle s'en fait l'écho lors de son séjour en Pologne : « Un nouveau contrat vient d'être signé avec la Pologne, qui va porter ma solde à 2 800 francs par mois. En France j'en aurais 825[63] ! » Avec trois séjours successifs hors des frontières, l'un en Pologne (1919-1921), le deuxième à Trèves (1927-1929) et le troisième à Beyrouth (1929-1931), Charles de Gaulle touche un revenu substantiel . L'état de difficulté financière de la famille doit donc être nuancé. L'achat de la Boisserie en 1934, même à un faible coût, montre bien qu'une certaine aisance prévaut.

Square Desaix, en ce début de 1922, les de Gaulle entament une nouvelle phase de leur vie. Les voici dans un logement un peu plus spacieux – quoique sans chambre de bonne – situé dans un immeuble bourgeois. Les appartements sont tous occupés par des officiers de l'École de guerre : la propriétaire, une demoiselle Deutsch de La Meurthe, ne loue en effet qu'à ces derniers. Les de Gaulle retrouvent là leurs amis Gustave et Christiane Ditte, avec lesquels ils entretiennent une amitié qui durera jusqu'à la fin de leur vie. Pour preuve, quarante-trois ans plus tard, le 20 octobre 1965 exactement, ils recevront les Ditte pour un déjeuner intime à l'Élysée… Parvenu au grade de colonel, Gustave Ditte habite encore, alors, square Desaix. La relation des deux ménages dans la jeunesse des années 1920 est teintée de bonne humeur. Ils se reçoivent, s'amusent, se font des niches. Ainsi les de Gaulle arrivent-ils sans prévenir à six heures du matin chez leurs voisins du dessous, à la suite d'un pari… C'est le temps des expériences nouvelles. Philippe de Gaulle rapporte par exemple que ses parents seraient allés une fois, au début de leur mariage, dans une boîte de nuit. Les de Gaulle s'encanaillant à Pigalle – car c'était là le lieu du crime –, quand on l'imagine, la scène paraît pour le moins insolite ! « Ils avaient décidé de ne jamais plus recommencer l'expérience, car ils s'étaient vraiment ennuyés[64]. »

Christiane et Yvonne semblent s'entendre à merveille, notamment quand il s'agit de rabrouer leurs maris. Mme Ditte en sourit encore à la fin de sa vie : « Nous étions leurs cadettes de dix ans et la Grande Guerre les avait vieillis. Ils nous voyaient un peu comme des mineures, nous nous considérions un peu comme leurs infirmières[65]. » Cette bonne entente entre épouses permet de s'entraider en cas de coup dur et constitue un vrai soutien pendant les absences, nombreuses, des maris officiers.

En ce milieu des années 1920, il est probable qu'Yvonne se tient parfaitement informée du travail de son mari. Elle s'intéresse par nature et par devoir à ce qu'il fait. Le 2 mai 1923, quand il apprend son admission à l'École supérieure de guerre, sans doute partage-t-elle sa joie. À la maison, Charles de Gaulle passe du temps à écrire. Des articles pour la *Revue militaire générale* et un livre. Yvonne à coup sûr n'est pas une intellectuelle. Bien éduquée, capable de tenir une conversation de bon niveau et d'entretenir une correspondance irréprochable, elle n'est versée ni en littérature ni en science politique, et encore moins en science militaire. Charles parle-t-il avec elle des idées qui germent en son esprit ? Lui demande-t-il de relire les épreuves de son ouvrage ? L'entretient-il de l'évolution de son manuscrit ? Nul ne peut le dire. Tout au plus peut-on supposer qu'en bonne épouse Yvonne s'arrange pour lui procurer le calme et la sérénité nécessaires à l'entreprise.

Aux côtés de ce mari qui affirme au fil des ans son goût pour l'écriture, même si ses livres ne connaissent alors qu'un succès d'estime, Yvonne découvre progressivement l'originalité de son compagnon. Elle avait épousé, sans vraiment le connaître, un officier bien mis, de bonne famille, sûr de lui et de son destin. Elle constate qu'il nourrit de surcroît une pensée profonde et réfléchit à une œuvre. Il a sur l'histoire et sur l'institution militaire des idées neuves qu'il défend de façon enflammée. En comparaison des autres officiers qu'elle est amenée à rencontrer, Yvonne se rend bien compte qu'il est hors du commun : « Elle a une admiration sans borne pour son mari, souligne son frère. Elle nous avoue qu'elle le considère comme un homme exceptionnel. » Marcel Jullian, qui côtoie les de Gaulle à la fin de leur vie, confirme : cette femme issue de la bonne bourgeoisie « épouse un homme qui est dans le tracé de l'épure naturelle, mais elle voit tout de suite sa singularité. De Gaulle est un chef avant d'exister. Sa réalité de chef de guerre ou de chef d'État existe au moment du mariage, c'est certain. Comme dit Philippe de Gaulle : "Dès quatorze ans, j'ai su que j'avais un monument historique à la maison."[66] ».

Même en faisant la part de ce qui peut relever là d'une reconstruction, il est indéniable que de Gaulle fait déjà figure, dans les années 1920, d'anticonformiste. Un officier intellectuel ! Cela suppose une ouverture sur le monde à laquelle la société militaire est alors peu habituée. De Gaulle, par exemple, s'abonne au journal *Le Temps*, ce qui le distingue de ses camarades de l'armée : « Peu d'officiers s'abonnent à un journal, encore moins à une revue, car c'est relativement cher et le titre choisi pourrait être compromettant[67]. » *Le Temps,* réputé pour son engagement républicain modéré, montre l'originalité du commandant, à une époque où la monarchie compte encore de nombreux adeptes parmi les officiers...

Chaque dimanche soir, les de Gaulle ne dérogent pas au rituel du dîner chez les parents Vendroux, boulevard Victor. C'est là qu'ils apprennent le prochain mariage de Jacques-Philippe avec Marie-Élisabeth Bellaigue, fille du critique musical Camille Bellaigue et d'une femme réputée pour sa beauté, Gabrielle Hoskier. Le mariage est prévu pour le 19 avril 1922 à Notre-Dame de Passy. Laissons Claude Vendroux-Legrand nous décrire la personnalité de sa mère : « Son père était camérier du pape et ami intime de Pie X. Maman a fait sa première communion des mains de Pie X, qui avait instauré cette cérémonie. C'était une femme toute simple, toute gentille, qui adorait ses enfants, toute soumise, qui mettait son mari sous une auréole [...]. Elle avait été surnommée Cada par ses parents car quand elle était petite elle disait toujours "cada cada cada"[68]. » Au travers de cette présentation, il est facile de deviner que Cada et Yvonne ont de nombreux points communs. De fait, elles deviennent vite amies intimes : « Maman s'entendait très bien avec tante Yvonne. Entre elles, elles parlaient "fouffes" [chiffons] : toutes les deux tricotaient beaucoup, faisaient de la tapisserie[69]. » Il est important de préciser, pour la suite, que Marie-Élisabeth s'entend également très bien avec Charles. Dès lors, le trio formé par Jacques-Philippe, Yvonne et Charles devient un quatuor qui ne se séparera plus jusqu'à la mort.

L'existence trouve son rythme. Les époux de Gaulle apprennent à se connaître et adoptent leurs premières habitudes. Yvonne ne s'étonne déjà plus du caractère vif de son mari. Elle suppose qu'il le tient de sa mère, Jeanne Maillot, dont la photographie laisse deviner la vigoureuse personnalité. Les frères de son mari n'ont pas un tempérament aussi fougueux. Yvonne s'en amuse : « Entre eux et Charles, estim[e]-t-elle avec son rire discret, c'est le jour et la nuit. À côté de lui, ils n'ont pas de caractère du tout[70] ! » Charles de Gaulle, lui, semble apprécier l'efficacité d'Yvonne dans la gestion de la maison. Leur seul désaccord porte sur le remplacement des domestiques, trop fréquent aux yeux de Charles : « Ma femme est toujours en train de changer de personnel ! » Ce leitmotiv paternel rapporté par Philippe est encore valable en 1946, comme le rapporte l'aide de camp du Général : celui-ci « se plaint que Mme de Gaulle, comme sa belle-mère, passe son temps à embaucher ou à débaucher de la domesticité[71] ».

Ce témoignage est confirmé par une lettre qu'Yvonne envoie à son frère le 30 avril 1922, juste après le mariage de ce dernier : « Je suis dans les embarras domestiques les plus critiques (puissiez-vous ne jamais en dire autant !) et ne t'écris que quelques lignes. [...] Nous comptons sur vous à déjeuner quand vous passerez à Paris. J'aurai certainement une bonne d'ici là[72]. » Ce souci de trouver une bonne parfaite est partagé par toutes les femmes de la bonne bourgeoisie. Ainsi, quand elle habite à Metz en 1937, Yvonne signale à son frère, Jean, qu'on y trouve pléthore de perles rares : « Je signale à Madeleine qu'il ne manque pas ici de jeunesses à placer à des prix raisonnables : 200 à 275[73]. »

Loin de ces embarras domestiques, il semble qu'un amour serein baigne le jeune ménage. Leur éducation, bien sûr, interdit aux de Gaulle d'exprimer directement leurs sentiments, et plus encore de les extérioriser par des gestes. À cet égard, le témoignage de Philippe de Gaulle est parlant : « Quand il la retrouvait le soir, il l'embrassait sur le front ou sur la joue, ou parfois sur les deux joues. Pour nous, leur intimité s'arrêtait là. » Il faut chercher ailleurs les signes d'amour, par exemple dans le rare tutoiement qu'utilise Charles vis-à-vis de sa femme : « Le "tu" était vraiment le seul signe d'intimité percevable[74]. »

L'été 1922 se déroule comme les autres étés. Tandis que Charles effectue des stages à Satory (chars), au Bourget (aviation militaire) et à Trèves (artillerie), sa femme et son fils passent l'été à Septfontaines... avec la nouvelle bonne. La femme de Jacques-Philippe, enceinte, s'y trouve aussi. Charles les rejoint pour quelques séjours. Il s'y découvre tel qu'on le connaît peu, en joueur de croquet ou de badminton, en train de cueillir des poires ou des champignons. À l'automne, il revêt sa tenue de chasse et accompagne les battues.

Au début de novembre 1923, une fois quittés l'atmosphère brumeuse des forêts ardennaises, les feux de cheminée et la tenue de chasse, Charles de Gaulle entre à l'École de guerre. Yvonne retrouve ses obligations et veille sur les premiers pas du petit Philippe. Elle attend bientôt un deuxième enfant. Du côté des parents Vendroux, c'est l'heure de la retraite. Le père d'Yvonne, âgé de cinquante-cinq ans, a décidé de se retirer de ses activités commerciales, industrielles et politiques. Il garde bien sûr sa maison de Calais, où loge son fils, mais demeure la plupart du temps avec Marguerite à Septfontaines. En réalité, il s'agit d'une migration générale des Vendroux vers les terres maternelles : Jean, le plus jeune frère d'Yvonne, qui a suivi les cours de l'institut agricole de Beauvais, se charge d'exploiter le domaine – ce qui tempère les propos de Philippe de Gaulle affirmant que « l'agriculture n'est pas dans les goûts[75] » de Jean. Suzanne, la petite sœur de dix-huit ans, vit également au château en attendant de trouver un mari. Elle aide à la logistique nécessaire à l'entretien des vingt personnes qui vivent ou travaillent sur le domaine – domestiques, gouvernantes, jardinier, fermiers, garde-chasse...

Septfontaines n'est pas seulement le lieu d'agrément où s'ébattent les enfants. C'est aussi une propriété agricole avec ses fermiers, ses vergers, ses champs. Le colza, les pommes de terre, le fourrage, les fruits et le beurre en constituent les principaux produits. L'implication des Vendroux dans son exploitation est rapidement suivie d'effets. « Par cette capacité propre à la véritable bourgeoisie à se reconvertir dans des activités auxquelles rien ne les avait pourtant préparés[76] », les héritiers des entreprenants Vendroux du XIXe siècle consacrent toute leur intelligence et tous leurs moyens à améliorer la production de Septfontaines. Selon Philippe de Gaulle, l'exploitation se modernise et « devient ainsi exemplaire pour la région », puisque le rendement est multiplié par trois grâce à l'utilisation d'engrais chimiques et d'une nouvelle technique de labours. Ainsi Septfontaines, domaine luxueux au début du XIXe siècle, est devenu avec le temps « une résidence de qualité, pour devenir enfin, compte tenu des ravages des guerres et de l'évolution des conditions de vie, une belle propriété, mi-rapport, mi-agrément, sans luxe inutile et sans autre prétention que celle de constituer le cadre de la fin de la vie de nos parents qui aimaient à y réunir autour d'eux leurs enfants et petits-enfants[77] ».

L'année 1924 sourit aux de Gaulle. Le 15 mai, Yvonne met au monde son deuxième enfant. C'est une petite fille, qui est baptisée Élisabeth. Fin octobre, Charles sort de l'École supérieure de guerre avec la mention « bien ». Son diplôme confirme que l'officier se situe parmi l'élite. Pourtant, il se distingue par ses prises de position contre la doctrine communément enseignée. Il est peu à peu reconnu comme écrivain avec la publication de *La Discorde chez l'ennemi*, un ouvrage qu'il mûrissait depuis sa captivité en Allemagne. Il y explique la défaite allemande de 1918 par les divisions internes du Reich et montre que le dogmatisme ne sert à rien : « À la guerre, il n'y a pas de système universel, mais seulement des circonstances et des exécutants. » L'ouvrage ne connaît pas un grand succès, mais un certain nombre d'exemplaires sont achetés par l'ambassade d'Allemagne !

À propos d'Allemagne, c'est vers elle que se dirigent à présent les de Gaulle. Voici en effet le capitaine nommé en novembre 1924 stagiaire à l'état-major de l'armée du Rhin, localisé à Mayence, au cœur de la Rhénanie. Il s'agit véritablement d'une plongée dans le chaudron où se ressassent les rancunes passées et où mijotent les haines à venir. Le traité de Versailles – ce *Diktat*, pour les Allemands – a décidé l'occupation française de la Rhénanie, désormais placée sous l'autorité d'un gouvernement civil siégeant à Coblence en tant que haute autorité interalliée de Rhénanie. L'armée allemande, limitée à 100 000 hommes, a l'obligation de démilitariser la rive gauche du Rhin et de respecter une zone neutre en rive droite d'une largeur de dix kilomètres, tout cela pour garantir la sécurité de la France. Dès le 8 décembre 1918, le dernier soldat allemand a évacué Mayence. Le même jour à midi, l'armée française a investi la ville. En tout, ce sont 12 000 Français qui stationnent dans la ville même et dans les casernes limitrophes. En pleine période de pénurie, cette présence accentue les problèmes d'approvisionnement et provoque une crise du logement. Même si les Français lancent quelques initiatives pour favoriser les relations avec la population locale, organisant notamment des cours de français, il va de soi que l'occupation est mal ressentie. Il est loin le temps où Mayence, inspirée par les idées de la Révolution française, proclamait en 1793 la république et obtenait son annexion à la France ! En 1923, l'occupation de la Ruhr par l'armée française, au titre du versement des réparations dues par l'Allemagne, achève d'exacerber les tensions. Avant même d'arriver à Mayence, Charles de Gaulle est parfaitement informé de cette réalité par son frère aîné Xavier, ingénieur : celui-ci se trouve depuis 1923 en Sarre allemande[78] pour diriger les mines de Landsweiler. Or il ne descend plus dans les mines sans être armé d'un revolver, tant sont fortes les tensions avec le personnel allemand.

Fait peu ou pas connu jusqu'alors – en tout cas il n'est mentionné par aucun des deux mémorialistes que sont Jacques-Philippe Vendroux et Philippe de Gaulle –, Yvonne accompagne son mari à Mayence, vraisemblablement pour toute la durée du séjour. La seule source disponible est une lettre écrite par Charles en mars 1925, depuis Mayence, à son beau-père : « Nous allons bien, ici, tous les quatre. Yvonne ne se déplaît pas. Philippe remue et bavarde toute la journée. Élisabeth pousse en toutes dimensions et manifeste un heureux caractère qu'elle ne tient évidemment pas de son papa. Nous ne serons pourtant pas fâchés de rentrer à Paris, ce qui doit avoir lieu – toujours en juin[79]. » Sur ce premier contact d'Yvonne avec l'Allemagne, avant le séjour à Trèves, nous n'en savons guère plus. C'est à cette époque, en revanche, qu'elle apprend une triste nouvelle : la demeure de ses parents à Calais, située rue de la Douane, où elle a passé son enfance, a été détruite par un incendie. Le terrain est vendu à un certain Louis Dubreucq. Jacques-Philippe et Cada, qui vivaient là avec leur premier enfant, s'installent près des usines Vendroux, dans la maison du directeur dont le parc jouxte les ateliers.

Après le passage outre-Rhin, la famille de Gaulle revient vers la capitale française au gré de la carrière de Charles, tout juste affecté au cabinet du maréchal Pétain, héros de la guerre, personnalité en vue, vice-président du Conseil supérieur de la guerre. Cette nomination, ne nous y trompons pas, est bien le signe que Charles de Gaulle correspond « à la fraction la plus brillante et la plus prometteuse des officiers supérieurs de l'entre-deux-guerres[80] ». De 1925 à 1927, il écrit plus que jamais. Il devient même la plume de Pétain et commence à rédiger pour lui un ouvrage important sur la France et son armée. Surtout, de Gaulle développe l'un de ses talents favoris, celui d'orateur. Lors de trois conférences prononcées à l'École de guerre en mars 1927, il suscite l'événement. Son ton affirmé et ses idées décapantes ne laissent personne indifférent et augmentent d'autant le nombre de ses alliés et celui de ses ennemis. Très conscient de son succès, Charles s'en amuse auprès de son père : « La première [conférence], que présidait le Maréchal, a fait une très grosse impression. Les partisans jubilent, les neutres font des sourires et les requins qui nagent autour du navire en attendant que je tombe à l'eau pour me dévorer se sont écartés à bonne distance[81]. »

Yvonne, qui a pressenti assez tôt le caractère peu commun de son mari, voit son intuition renforcée. Non, vraiment, Charles ne ressemble guère aux officiers qu'elle croise square Desaix ou lors des cérémonies obligées. Son tempérament ombrageux et exigeant, sa soif de savoir et de réfléchir, tout le destine au sommet. « C'est un cas à part parmi les jeunes prétoriens de l'armée française durant l'entre-deux-guerres. Ses véritables différences se situent dans la capacité à prendre la parole, à écrire, à oser, par ambition sans doute, mais surtout par certitude d'avoir raison[82]. » Ce que les historiens observent si longtemps après, il est impossible qu'une épouse ne le ressente pas au moment même, surtout quand cette aspiration à gagner les esprits fait l'objet d'une quête aussi systématique de la part de son mari.

Le quotidien du couple, de surcroît, commence à s'en trouver modifié. Les mondanités deviennent plus nombreuses, tant il est bon pour certains officiers de nouer des relations avec le « poulain » du maréchal. Le couple de Gaulle est invité de temps en temps par Pétain, notamment à dîner au Grand Café, place de l'Opéra. La compagne de Pétain, Eugénie de Herrains, divorcée d'un premier mariage, est là. Philippe de Gaulle parle d'une « ambiance des plus froides[83] ». Opinion confirmée par la concubine de Pétain qui, mi-doucereuse mi-perfide, ajoute à propos d'Yvonne : « Cela l'embêtait de venir autant que moi de la recevoir. Nous n'avions rien à nous dire. La conversation traînait, traînait. C'est une excellente femme, effacée, discrète. Elle aime s'occuper des confitures[84]. » Visiblement, un fossé les sépare. Peut-être faut-il voir là un signe de la réprobation d'Yvonne envers les couples illégitimes ou même simplement divorcés. Peut-être, tout bonnement, les deux tempéraments ne s'accordent-ils pas.

En dehors des relations militaires, la quête d'audience et de connaissances de De Gaulle le conduit à fréquenter d'autres réseaux, notamment de penseurs et de journalistes. À partir de 1925, il entretient une correspondance nourrie avec Lucien Nachin, ancien officier qui dirige chez l'éditeur Berger-Levrault la collection intitulée « Les classiques de l'art militaire ». Il se lie également avec le colonel Émile Mayer, proche du précédent, dont les idées le séduisent. Mayer veut convaincre l'état-major français de développer le rôle de l'aviation dans la défense nationale. Il préconise également de « licencier l'armée de terre en temps de paix » – ce qui constitue peut-être le départ de la réflexion de Charles de Gaulle sur la nécessité d'une armée de métier, moins nombreuse, plus technicienne et plus opérationnelle. Le capitaine, en tout cas, est avide d'apprendre : « Je serai le 3 mars à votre cours [...] prêt à piller les grains que vous allez jeter[85]. » Une amitié solide se noue, qui débouche sur la naissance d'un nouveau réseau de relations.

Pour les de Gaulle, l'univers assez exclusif des militaires cesse d'être le seul horizon. Désormais, et pour très longtemps, ils fréquentent des écrivains, des hommes de lettres, des personnages influents. La maison d'Yvonne devient non pas un salon littéraire mais, malgré tout, un lieu où se rencontrent penseurs et écrivains : « Elle reçoit de temps en temps, fort agréablement, cette petite équipe de ceux que l'on pourrait appeler déjà des disciples de De Gaulle, où figurent des militaires et des intellectuels de sa génération que séduisent les idées nouvelles qu'il défend[86]. »

En dépit de son emploi du temps très chargé, Charles de Gaulle reste attentif à la vie de sa famille. Philippe, son fils, n'y va pas par quatre chemins : « Bien qu'intervenant peu dans la vie quotidienne, [mon père] y est toujours présent et de façon un peu pesante pour son entourage, quoique souvent de manière involontaire[87]. » Autant dire qu'aux côtés de sa femme, Charles de Gaulle veille particulièrement à l'éducation de ses enfants, sujet crucial que l'Église considère comme « la grande œuvre » des parents et que les de Gaulle abordent avec une grande attention. Peut-être ont-ils lu les conseils des manuels religieux : « Les parents doivent apporter [...] à l'éducation de leurs enfants autant de fermeté que de douceur. » Il est précisé que la fermeté doit faire sentir aux enfants « le joug du devoir » mais sans jamais « dégénérer en irritation ou en violence[88] ». Sage recommandation ! La façon dont sont élevés Philippe et Élisabeth s'appuie visiblement sur ces principes qui, au demeurant, restent largement en vigueur jusque dans les années 1950. Comme le rappelle Michelle Perrot, spécialiste de l'histoire de la vie privée, dans les années 1920 « on se garde de gâter les enfants. Le jouet était rare et offert à des dates fixes. La discipline était stricte. Interdiction de se plaindre. Proscription du gémissement[89] ».

Les termes que Philippe de Gaulle applique à sa propre enfance ressemblent de manière frappante à ceux de l'historienne : « Nous, les enfants, selon l'éducation de l'époque, ne devons rien demander, ne parler que si nous sommes interrogés, et encore en se pliant aux principes suivants : répondre en peu de mots, ne pas insister, ne pas se plaindre, ne pas se répandre en détails ou explications[90]. » Les repas, loin d'être des moments de convivialité, se déroulent dans une atmosphère pleine de raideur : « Les repas ne sont ni agréables ni détendus pour ma sœur Élisabeth et moi. [...] Le moindre propos nous vaut cette objurgation : "Bon, c'est entendu ! Tais-toi et mange[91] !" » Il faut toutefois noter que certains témoignages contredisent celui-ci. En août 1939, une jeune institutrice viendra passer un mois à la Boisserie pour veiller sur Anne. Elle partagera l'intimité de la famille, mangera à table avec les de Gaulle et se souviendra d'une atmosphère très conviviale : « Les repas étaient très gais, et chacun parlait librement[92]. »

Mais Philippe de Gaulle voit les choses autrement. À la fin de sa vie, il garde encore en mémoire quelques instants cuisants de cette exigeante éducation : « Un jour, j'ai reçu une baffe parce que j'avais appelé mon père par son prénom. Je devais avoir quatre ans[93]. » Bien entendu, avoir de Gaulle pour père n'est sans doute pas toujours facile. Philippe le dit très clairement : « Mon père, dont je me suis très tôt rendu compte qu'il était hors du commun dans le monde des adultes, et celui des pères en particulier, est un personnage naturellement impressionnant, [...] et à plus forte raison pour un jeune enfant[94]. »

Yvonne, loin de se dresser en mère consolatrice face à la sévérité paternelle, ne fait que confirmer systématiquement ses décisions : « Jamais elle ne prenait notre parti contre lui. Pour elle, il avait toujours raison[95]. » Pis encore, elle redoublerait plutôt la rigueur de Charles : « Quelquefois on recevait des baffes et ma mère ajoutait les siennes. Elle avait la main plus lourde que lui. Elle la tenait, pensait-elle, d'une Alsacienne qui, dans sa propre enfance, la rudoyait par principe[96]. » Ce dernier point laisse dubitatif quand on connaît les méthodes éducatives relativement modernes des Vendroux : Marguerite eût-elle toléré sous son toit, elle si prompte à renvoyer les domestiques, une gouvernante qui aurait fait preuve de rudesse avec ses filles ?

D'une manière plus générale, la nature assez négative du témoignage de l'amiral de Gaulle sur sa mère appelle quelques remarques. Que ce soit dans ses *Mémoires accessoires*, parus à partir de 1997, ou dans son livre d'entretiens avec Michel Tauriac, *De Gaulle, mon père*, sorti en 2003, l'amiral peint de façon assez sombre le portrait de sa mère. Le champ sémantique ne laisse aucun doute : « jamais gaie », « couleurs grises ou sombres », « gifle », « ne cajole guère », « pudeur »... Au contraire, les critiques contre le père sont absentes.

Il ne s'agit nullement de remettre en cause la véracité de ces souvenirs – Philippe de Gaulle est le témoin le plus intime du couple, aux périodes les plus anciennes. Mais malgré tout, comment se construit la mémoire d'un fils ? Ne peut-elle, avec le temps, se focaliser sur les événements douloureux, parfois plus marquants que le simple bonheur ? Et n'est-elle pas brouillée par d'autres dimensions ? La relation mère-fils est réputée pour son imbrication et pour la durée de ses effets. Qui nous dit que le jeune Philippe, trop attaché à sa mère, ne l'a pas considérée comme lointaine tout simplement parce que son amour n'aurait jamais été suffisant pour combler son attente ? Ou au contraire qu'il a souhaité se détacher tardivement et radicalement, par ses écrits, d'une relation qui l'a trop envahi par le passé ? Lui-même pressent les enjeux de cette relation : « Ma mère se montrait souvent impatiente avec moi, comme si elle craignait de me voir contester son rôle. [...] Elle avait davantage besoin de manifester son autorité, d'autant qu'elle sentait qu'en grandissant nous nous éloignions d'elle physiquement et psychologiquement[97]. »

Bref, sans que rien de définitif puisse être affirmé, tant est impénétrable le secret de chacun, il faut prendre avec prudence le témoignage d'un fils sur sa mère, d'autant qu'il n'est ni corroboré ni infirmé par celui de sa sœur Élisabeth, muette sur toute son histoire. Notons simplement qu'une pression plus forte est exercée par les parents sur le fils aîné : c'est sur Philippe que repose l'espoir du nom. C'est lui, le garçon, qui assume une certaine responsabilité familiale en cas d'absence du père. On attend donc de lui la réussite scolaire, l'excellence intellectuelle, l'ambition, autant d'exigences qui le placent directement sous l'autorité de son père. Et quand celui-ci est Charles de Gaulle, il va de soi que la barre est placée haut. À l'égard de la fille, les attentes sont moins pressantes. Sous la direction de sa mère, elle doit certes mener à bien ses études, mais surtout apprendre le dévouement et le métier de femme. Pour Philippe, la différence de traitement est explicite : « Plus tard, [ma mère] s'occupera davantage de ma sœur Élisabeth. Peut-être a-t-elle gardé cette préférence toute la vie durant[98]. » Cette réalité explique sans doute en partie la sévérité du regard de Philippe sur sa mère.

D'autres membres de la famille, qui certes ne sont pas de sa progéniture, insistent volontiers sur la tendresse d'Yvonne avec les enfants. C'est le cas, notamment, d'Étienne Vendroux, son neveu. Il est vrai que celui-ci est né une génération après Philippe de Gaulle, ce qui inscrit son témoignage dans une temporalité différente. Mais Claude Vendroux-Legrand, qui a vu le jour en 1923, c'est-à-dire juste entre Philippe et Élisabeth, insiste beaucoup pour que soit rétablie ce qu'elle considère comme la vérité : « Yvonne était une maman adorable. Je ne comprends pas que Philippe de Gaulle dise le contraire dans ses livres. » Et elle ajoute, confiante en la mission de justicier de l'historien : « Je voudrais que vous remettiez Yvonne de Gaulle sur un piédestal, justement à cause de ce que lui, Philippe, en dit[99]. » Toutes les familles sont traversées de lignes de partage.

Mais à propos de la tendresse – ou non – d'Yvonne, la chronologie est sans doute fondamentale : Philippe est né en 1921. Gageons que ses premiers souvenirs fixés, précis, datent de ses sept ans environ. Sept ans ? Cela nous conduit vers 1928, l'année précisément où se noue le drame d'Yvonne avec la naissance d'Anne, trisomique. Cette concomitance explique sans doute beaucoup de choses. Nous verrons un peu plus loin que la naissance d'Anne a modifié en profondeur le caractère d'Yvonne et altéré sa gaieté naturelle. Une mère peut-elle, à une époque où rien n'explique encore la trisomie (le mot n'existe d'ailleurs pas encore), conserver sa gaieté, se montrer enjouée et disponible envers ses autres enfants ? Philippe, l'aîné, est aux premières loges pour assister au choc brutal qui secoue ses parents. Lui-même en éprouve certainement les retombées. Il y a fort à parier que ses souvenirs d'alors, et en particulier de sa mère, en sont directement affectés.

Cela étant posé, rien n'interdit de penser qu'Yvonne se comporte avec une relative froideur avant même la naissance d'Anne. La description suivante faite par Philippe, et surtout l'explication qui l'accompagne, paraissent toucher juste : « Ma mère, bien que fondamentalement toute dévouée à ses enfants et constamment soucieuse de leur bien-être, n'était pas vraiment maternelle. Enfants, elle ne nous embrassait guère et ne nous câlinait pas. Certes, mon père se complaisait peu dans la tendresse, mais il nous marquait souvent plus d'attention. [...] Elle nous aimait, bien sûr, mais n'osait pas nous l'avouer. Ce n'était pas dans les habitudes des femmes du Nord et de son milieu[100]. » Là réside une clé : l'amour maternel d'Yvonne, indéniable, n'ose pas se manifester en raison d'une pudeur maladive.

Pourtant, de nombreux indices montrent qu'Yvonne porte une attention de chaque instant à ses enfants, et notamment à leur santé. Durant l'été 1929, alors que les de Gaulle doivent bientôt s'embarquer vers le Liban, ils louent une villa au bord de la Manche afin que les enfants, fouettés par l'air vivifiant, « soient tout à fait en forme pour mieux supporter le climat de la Méditerranée orientale[101] ». De semblables préoccupations feront qu'ils choisiront, une fois à Beyrouth, d'abréger le séjour des enfants sur place.

Le même soin est consacré à la scolarité des aînés. Le choix de l'établissement est certes guidé par le lieu de résidence, mais les de Gaulle veillent à envoyer leurs enfants dans les meilleures écoles dès leur plus jeune âge. Tout petit, Philippe se rend au jardin d'enfants du cours des demoiselles Gernez, près du Champ-de-Mars. Parmi soixante autres gamins, il apprend à se tenir assis sans broncher, à lire, puis à écrire. À dix ans, il fréquente le collège Stanislas, l'un des plus grands de Paris, celui-là même où son père a fait son année de préparation à Saint-Cyr. Le processus de reproduction sociale est donc très net. C'est du reste Charles qui suit la scolarité de Philippe. « Je ne me souviens pas avoir vu ma mère m'accompagner une seule fois [à l'école] », affirme celui-ci. Le soir, c'est Charles qui lui fait réciter ses leçons, et les séances de travail sont quelquefois houleuses. Pendant les vacances, il fait exécuter chaque matin à son fils deux heures de devoirs.

Toutefois, fait intéressant, les de Gaulle ne négligent en aucun cas les études de leur fille. Le fait qu'elle se révèle une élève brillante explique peut-être ce choix. À Paris, elle fréquente l'école des religieuses de Notre-Dame-de-Sion. La présence de gouvernantes rémunérées par la famille est un autre signe de l'investissement des parents en matière éducative.

La préférence pour les établissements religieux rappelle la fidélité de la famille à la foi catholique. Il faut toutefois préciser que la tolérance est le maître mot dans ce domaine. Les écoles retenues par les de Gaulle ne se caractérisent pas par leur intransigeance religieuse. Le collège Stanislas, dirigé par des prêtres, possède par exemple un corps professoral laïque, ce qui préserve une liberté de ton appréciée en son temps par Philippe de Gaulle : « L'esprit et l'ambiance du collège sont catholiques, mais personne ne subit la moindre pression pour entrer ou rester à la chapelle[102]. »

L'enfance de Philippe et d'Élisabeth, dans ses grands traits, ressemble finalement à celle de beaucoup d'autres enfants d'officiers : bonnes manières et retenue, établissements scolaires réputés, éducation religieuse. La culture littéraire, comme c'est encore le cas depuis la fin du XIXe siècle, est particulièrement valorisée. Charles de Gaulle, en outre, attache le prix que l'on sait aux livres. C'est lui qui indique à son fils les ouvrages à lire. Yvonne ajoute de temps en temps ses propres recommandations, qui vont plutôt vers la comtesse de Ségur ou les livres illustrés par Benjamin Rabier. Bien sûr, les démonstrations affectives n'ont rien à voir avec celle déployées aujourd'hui entre parents et enfants. Mais il serait grotesque d'interpréter cette relative froideur comme un manque d'amour : dans les années 1930, la tendresse est un comportement relativement récent au sein de la famille. Donner libre cours à son affection ne viendrait pas à l'esprit de parents eux-mêmes élevés « à la dure » – même si Yvonne, elle, semble avoir reçu la tendresse de sa mère... Une tradition tenace impose à chacun, petits et grands, la retenue dans l'expression des sentiments. Les de Gaulle appartiennent sans nul doute à cette catégorie de personnes soucieuses d'éviter le moindre étalage de leurs impressions. Cela ne signifie nullement que celles-ci soient inexistantes.

La vie des de Gaulle en 1927 prend de nouveau une coloration germanique. Le chef de bataillon de Gaulle doit effectuer son temps de commandement. C'est une étape incontournable et importante dans la carrière de tout officier diplômé de l'École supérieure de guerre. Et pour de Gaulle, écrivain et conférencier lié à Pétain, c'est l'occasion d'appliquer sur le terrain les théories qu'il défend. Ses supérieurs lui confient le commandement d'une unité de l'armée du Rhin, le 19e bataillon de chasseurs à pied (BCP). Cette formation glorieuse, qui a acquis ses lettres de noblesse au cours de la Première Guerre mondiale, est désormais stationnée à Trèves, en Allemagne. Les de Gaulle partent donc s'installer pour deux ans en Rhénanie.

Trèves ressemble de loin à une ville de carte postale, nimbée qu'elle est de sa gloire millénaire. La Moselle coule sous les arcades du pont romain le plus vieux d'Allemagne. Au milieu de l'enceinte de la ville se dresse encore, impérieuse, la Porta nigra, entrée antique de la cité. Lieu d'histoire, Trèves le reste plus que jamais. Quel meilleur poste d'observation pour ausculter l'Allemagne en son cœur ? Depuis le début des années 1920, le 19e BCP a déjà été engagé dans des expéditions punitives dans la Ruhr, en Haute-Silésie, et pour rétablir le fonctionnement du réseau ferré lors des grèves très dures de la Reichsbahn[103]. Plus largement, les Français stationnés à Trèves sont aux premières loges pour assister à l'évolution politique de l'Allemagne et notamment à la montée du nazisme.

Étant donné l'hostilité qui continue de régner dans le pays à l'égard des Français, les de Gaulle vivent essentiellement en autarcie au sein de la société militaire française. Le statut d'expatrié suffit souvent à faire se regrouper les ressortissants d'une même nationalité ; les relations tendues avec les autochtones accentuent encore ce travers. À Trèves, confie Yvonne à son frère, « les officiers n'ont aucun contact avec les Allemands, ce qui n'est d'ailleurs pas pour [me] déplaire. Il s'y est formé un petit cercle de relations entre les ménages français[104] ».

La maison que les de Gaulle trouvent pour se loger se situe dans le voisinage d'autres résidences d'officiers français : chaque matin, le commandant se rend au régiment en compagnie d'un officier qui habite la maison d'à côté. À part cela, les renseignements sur la vie privée des de Gaulle à Trèves sont rares. Il faut supposer qu'Yvonne installe comme elle peut son nouveau logis, situé Martinstrasse, aux premier et deuxième étages d'une petite villa à

« l'aspect net et très coquet[105] ». Malgré le nombre de Français installés dans cette ville depuis 1918, les de Gaulle ne semblent pas trouver d'établissement scolaire à leur convenance. Philippe, qui a sept ans, suit donc avec quelques autres enfants d'officiers les cours de français donnés chez le colonel de Féligonde par une Française mariée à un Allemand. Une gouvernante autrichienne prénommée Antonia s'occupe de lui et d'Élisabeth le reste du temps.

La vie est régie par les contraintes du moment. Comme l'Allemagne est confrontée à une importante pénurie, il est demandé aux familles de militaires français de ne pas l'aggraver et de faire leurs courses dans les coopératives françaises prévues à cet effet. Le train de vie des de Gaulle s'améliore un peu grâce à la prime liée au séjour à l'étranger. C'est du reste à Trèves que la famille fait l'acquisition de sa première voiture, une Citroën B14. Mais il faut nuancer cette soudaine aisance : le véhicule est acquis grâce à un emprunt familial et sera revendu dès le retour en France, deux ans après. La voiture « pesait trop lourd dans son budget[106] », souligne Philippe.

Un autre témoignage inattendu atteste l'opulence très relative des de Gaulle. Le frère de Charles, Xavier, vit dans la Sarre voisine. En 1925 sa femme est morte en couches, et il surmonte avec peine sa douleur. Quand Charles et sa famille s'installent à Trèves, ils ne sont qu'à soixante-quinze kilomètres de chez lui, et leurs familles vont se rencontrer souvent. Les deux frères s'entendent bien, Xavier ayant « pour son frère cadet énormément de respect et d'affection[107] ». Quant aux enfants, ils ont des âges voisins : Philippe a un an de moins que Geneviève, la fille aînée de Xavier. Il a le même âge que Jacqueline. Le petit Roger, benjamin des enfants de Xavier, a à peu près le même âge qu'Élisabeth. Xavier, qui a des revenus plus importants que son frère, emmène les enfants en promenade dans sa fameuse voiture décapotable. À l'occasion des vacances de Noël 1927, il envoie ses deux filles en vacances à Trèves. Dans la famille de son oncle et de sa tante, Geneviève de Gaulle découvre un autre mode de vie, fait de modestie, voire de rigueur : la solde d'un commandant n'est guère consistante quand il s'agit de faire vivre quatre personnes et surtout de préserver le standing attendu d'un officier. C'est ainsi que Geneviève assiste, étonnée, à la préparation de l'arbre de Noël du régiment, qui mobilise les ressources des de Gaulle au détriment de la famille elle-même : « Tante Yvonne se donne beaucoup de mal. [...] Cette année-là, je ne crois pas que mes cousins aient reçu des cadeaux... » Le seul fait que Geneviève fasse allusion à ce détail montre qu'elle est elle-même peu accoutumée à cette modestie des Noëls d'enfants d'officier.

L'impression qu'Yvonne garde de Trèves ne nous est parvenue qu'au travers du témoignage de son frère : « Elle nous dit que la vie de garnison dans cette jolie ville est agréable. » C'est mince. D'autres bribes, heureusement, se dévoilent du côté de Charles. Celui-ci continue, depuis l'Allemagne, à rédiger ses articles et à entretenir des relations avec Mayer. Cette position particulière lui procure un rang bien spécifique parmi les Français en exil. Son épouse, du coup, est mise au premier plan : « Sa situation d'épouse de chef de corps et la notoriété de celui qui vient de passer plusieurs années dans les hautes sphères militaires attirent chez elle, au cours des réunions qui s'échangent tout au long du séjour, une véritable cour[108]. » Une cour qui possède ses détracteurs, toutefois. Car l'intransigeance du chef de bataillon en hérisse plus d'un. Quand il décide de sanctionner les soldats du 19e BCP qui demanderont une mutation en France – « toute demande de ce genre sera punie de prison » –, de Gaulle s'attire par exemple l'inimitié d'un certain nombre d'hommes. Sa raideur, son allure impeccable, ses gants blancs et sa haute taille lui valent du reste rapidement le surnom à demi amical de *Mariensäule*, par référence à la haute colonne surmontée d'une Vierge qui se dresse sur la colline de Trèves. Dans ce milieu confiné du bataillon, Yvonne ressent probablement les froideurs que suscite son mari.

Ses pensées, cependant, sont bien éloignées des ragots qu'elle déteste. En cette fin d'été 1927, la voici enceinte pour la troisième fois. C'est la raison pour laquelle elle ne peut accompagner son mari et ses enfants à Lourdes. Ce voyage revêt une importance particulière pour la famille de Gaulle. La mère de Charles, au cours de la Première Guerre mondiale, avait promis à la Vierge d'accomplir ce pèlerinage si jamais ses quatre fils ressortaient indemnes du conflit. Ce miracle statistique a eu lieu. Tous quatre décorés de la croix de guerre pour leur action, blessés pour deux d'entre eux (Xavier et Charles), les frères se rendent avec leur mère à la sainte grotte. L'absence d'Yvonne est-elle un sinistre présage ? Il est facile de le dire *a posteriori*. Mais comment ne pas penser que, pour de vrais croyants, l'accomplissement d'un pèlerinage a un sens profond, et qu'en être privé peut avoir de lourdes conséquences ?

La grossesse se déroule bien. L'enfant qui naît à la maternité de l'hôpital militaire de Trèves le 1er janvier 1928 est une petite fille, Anne. « Le prénom, explique Yvonne, était porté par ma grand-mère, ma fille et moi-même dans mes prénoms[109]. »

Charles, dans une très belle lettre à un de ses correspondants, imagine ce que pourra être l'avenir de cette enfant tout juste née. La relativité du temps humain imprègne sa vision : « Je vous annonce, mon colonel, la naissance de mon troisième enfant et de ma deuxième fille, survenue le 1er janvier. Nous l'appelons Anne. Elle verra peut-être l'an 2000 et la grande peur qui se déchaînera sans doute sur le monde à ce moment-là. Elle verra les nouveaux riches devenir pauvres et les anciens riches recouvrer leur fortune à la faveur des bouleversements. Elle verra les socialistes passer doucement à l'état de réactionnaires. Elle verra la France victorieuse une fois de plus manquer la rive gauche du Rhin et, peut-être, son petit-fils tiendra-t-il garnison dans Trèves. »

Anne, on le sait, ne verra rien de tout cela. L'avenir que son père lui prête se réduira à deux décennies. Sa naissance en 1928 est une date que l'histoire gaullienne n'a pas retenue. Pourtant elle constitue le moment où la vie de Charles de Gaulle, et plus encore de sa femme, bascule.

Chapitre VI

Le temps des épreuves

Le choc d'Anne

Arrêtons-nous un instant. L'année 1928 commence, Yvonne vient d'accoucher de son troisième enfant. Jusqu'ici, en dépit des déménagements et du caractère exceptionnel de son mari, elle a mené une vie normale et convenue. Sans doute éprouve-t-elle le sentiment d'être comblée et en remercie-t-elle Dieu. Son mariage, ses enfants, son mode d'existence la rapprochent de beaucoup d'autres Françaises de sa génération et de son milieu social, sans qu'elle cherche à se distinguer du lot.

Dans ce paysage tranquille et un peu banal, la naissance d'Anne provoque une onde de choc d'autant plus violente qu'elle est souterraine. Le séisme ne sort pas de la famille, et même pas du couple. Il fait partie de ces drames cachés dont on s'évertue à réduire les signes extérieurs. Le seul, le plus visible, sera finalement Anne elle-même, dont le visage marqué traduira mieux que des mots l'épreuve de la famille.

Le choc secoue la mère plus encore que le père. Tout en elle est remis en cause – la capacité à enfanter un être normal, la maternité, la foi. L'ambivalence dans laquelle sont plongés ses sentiments la ravage : elle refuse la réalité, pleure, et en même temps chérit cette enfant plus que tout au monde. Elle s'inquiète de ce que deviendra le bébé, ne sait quel sera son avenir, et simultanément elle désire le protéger pour toujours.

Il y a dans la vie d'Yvonne, comme sur une ligne brisée, un avant et un après Anne. L'avant, c'est cette femme plutôt gaie, cette parfaite épouse qui invite les amis et soigne son intérieur, heureuse de son existence simple et sans histoire. L'après, c'est une femme soucieuse, vieillie d'un coup, qui apprend l'âpreté et le malheur. Mais qui, de ce fait, découvre beaucoup plus : le handicap d'Anne développe son amour et son sens du défi. Au nom de son enfant, elle refuse le conformisme ambiant et décide d'élever sa fille coûte que coûte. De ce combat, elle fait le combat de toute une vie, même après la mort d'Anne et jusqu'à sa propre mort. Une grande partie de l'existence d'Yvonne de Gaulle commence donc ici, en 1928.

Enfin, face à l'adversité, elle trouve en son mari un allié de poids. Avec une humanité remarquable, Charles de Gaulle est l'homme de la situation. Sa sollicitude pour Yvonne, son refus de la tenir responsable de quoi que ce soit, et la façon dont il aime immédiatement sa petite Anne, sont pour son épouse un baume qui n'a pas de prix.

Dans les faits, le basculement intervient progressivement. La chronologie est ici intéressante. Les parents et les proches ne décèlent pas immédiatement le problème d'Anne. Un nourrisson n'a-t-il pas souvent une drôle d'allure ? Il ne sait pas tenir sa tête ni regarder, il dort beaucoup. Les parents, éperdus d'amour pour lui, ne sont pas à même de constater une éventuelle anomalie : « Tant qu'un enfant est au biberon, on ne voit pas ces choses-là, explique Philippe. Certes, elle avait des réflexes plus lents que la normale, mais physiquement rien, au départ, ne semblait vraiment différent. Et les médecins français et allemands ne pouvaient rien nous dire de valable[1]. » Jacques Vendroux est d'un avis un peu différent. Selon lui, les de Gaulle auraient été avertis très tôt : « Dès sa naissance, le corps médical avait [...] fait comprendre à ses parents qu'Anne leur donnerait de graves soucis. » Quand bien même : en l'absence de données médicales précises, comment empêcher les parents de nourrir l'espoir d'une amélioration ?

Il faut attendre de longs mois – six, selon Philippe – pour que le handicap d'Anne devienne un fait inéluctable et reconnu par les de Gaulle. Dans une lettre datée de janvier 1929, Charles évoque le traitement aux rayons ultraviolets que doit subir Anne. C'est donc qu'à cette date sa maladie est admise par ses parents. Un autre document le confirme. Il s'agit d'une magnifique lettre qu'Yvonne écrit pour la nouvelle année à l'une de ses amies – Jean Lacouture, seul à citer cette archive, ne donne pas plus de précisions. Mais le texte de la lettre en dit long sur la souffrance qui s'est emparée d'Yvonne au moment où la maladie de sa fille devient indéniable : « Bonne santé à tous. C'est la principale des choses à souhaiter : pour nous, nous abandonnerions tout ce qui est ambition, fortune, etc., si cela pouvait améliorer la santé de notre petite Anne[2]. » L'injustice subie par l'enfant est l'injustice de toutes les maladies incurables, décuplée par le fait qu'elle frappe un bébé innocent. Il est intéressant de souligner que les de Gaulle ont déjà l'expérience de ce genre de malheur : Jacques, le frère cadet de Charles, a contracté en 1926 une encéphalite léthargique. Depuis lors, sa paralysie ne cesse de progresser et contraint bientôt cet ingénieur civil des Mines, père de trois enfants, à abandonner son travail. À trente-trois ans, Jacques a l'allure d'un vieillard. Ses parents, ses frères et sœurs – notamment Charles – sont profondément affectés par ce drame. Deux années après, la naissance d'Anne constitue un nouveau choc, sans doute plus douloureux encore.

Il faut du temps aux parents pour admettre le handicap de leur fille. Il en faut un peu plus pour communiquer la nouvelle à leurs proches. Jacques Vendroux explique opportunément que les premières lettres d'Yvonne et Charles confirmant les craintes des médecins datent de Beyrouth, c'est-à-dire de 1930. Et c'est en 1931 que « le handicap de cette dernière devient apparent aux yeux des moins avertis[3] », parce qu'à trois ans son retard est fort perceptible : « Elle ne marchait pas, ne mangeait pas toute seule. [...] Et puis elle était devenue très nerveuse. Il fallait lui donner des calmants[4]. »

Le syndrome est connu des médecins depuis 1846, date à laquelle Seguin en a donné la première description. Vingt ans plus tard, un certain Langdon Down attribue à la maladie le nom de *mongolisme,* « entité clinique universellement acceptée par la suite. Le choix du terme a été inspiré par l'aspect *asiatique* du faciès de ces sujets ; mais il était lié dans son esprit à une théorie de la dégénérescence raciale[5] ». À une époque où la supériorité de la race blanche a valeur de dogme, Down écrit : « Un mongolien est un individu qui, par accident, régresse aux caractéristiques morphologiques d'une race plus primitive. » Sa théorie rencontre peu d'écho, du moins jusqu'en 1924. Un livre intitulé *Les Mongols parmi nous* vulgarise alors ses idées.

En 1930, la science n'a guère dépassé ces élucubrations... Il n'est que de lire le dictionnaire de *Pratique médico-chirugicale* de 1931 pour en avoir un aperçu. À l'article « Mongolisme » est évoquée « l'association de l'idiotie congénitale et d'un faciès mongolien ». Rien de très flatteur, donc, d'autant que le croquis à l'appui révèle un visage effrayant. La description des symptômes est très claire : « Chez de tels sujets on observe des malformations multiples : une tête ronde, brachycéphale, un crâne petit, sans saillie occipitale. Les fentes palpébrales [les paupières] sont étroites et obliques en haut et en dehors ; l'angle interne est bridé par un pli cutané. Un front bas, des pommettes saillantes, des oreilles divergentes, décollées, souvent désourlées, complètent cet aspect bien spécial. Ces sujets ont souvent le type adénoïdien ; la bouche entrouverte laisse écouler la salive, la langue est scrotale, les dents, d'apparition tardive, sont irrégulières et cariées. Le faciès est inexpressif. La taille est minime, les membres petits, les mains larges et courtes ; les fontanelles ne se referment qu'après trois ans. La marche est tardive, la frilosité habituelle. D'autres malformations telles que [...] bec-de-lièvre, hernie ombilicale, déformation thoracique, affections congénitales du cœur peuvent coexister avec le mongolisme[6]. » Avec autant de symptômes identifiables, il est permis de penser que les médecins décèlent le handicap d'Anne assez rapidement. Le manuel intitulé *Pratique médico-chirurgicale* est du reste sans appel : « Le diagnostic est en général évident[7]. »

La douleur des parents est renforcée par l'ignorance complète des causes de la maladie. Aucun cas précédent, ni chez les Vendroux ni chez les de Gaulle, ne peut les aider à comprendre ou à mieux supporter leur infortune. Il faut en effet attendre le milieu des années 1930 pour que certains chercheurs émettent l'hypothèse d'une aberration chromosomique. Et c'est seulement en 1959 que les médecins français Raymond Turpin, Jérôme Lejeune et Marthe Gautier découvriront que la présence d'un troisième chromosome sur la vingt et unième paire chromosomique est à l'origine de ce qui s'appellera désormais la trisomie. Mais, en 1928, comment expliquer ? Le questionnement taraude Charles et Yvonne, comme s'en souvient Philippe : « On ne savait rien de la trisomie à l'époque, et ils se demandaient quelle pouvait bien être son origine[8]. »

À défaut d'explication scientifique, ils ne peuvent être qu'effrayés par les conclusions des spécialistes de la folie qui, depuis le début du XIXe siècle, se préoccupent de comprendre l'aliénation. Le précurseur en ce domaine fut le médecin-chef de la Salpêtrière Philippe Pinel, qui décida en 1795 de retirer leurs chaînes aux fous, jusque-là traités comme des criminels. Par ce geste spectaculaire, il appelait la société à considérer différemment les demeurés et ouvrait la porte à l'étude clinique de la folie. L'un de ses successeurs, Guillaume Ferrus (1784-1861), réformateur de Bicêtre nommé en 1835 inspecteur général des asiles d'aliénés, opéra un classement parmi les causes d'aliénation. Par ordre décroissant d'importance, il cite : « Hérédité, chagrins domestiques, abus de boissons alcooliques, libertinage, onanisme, amour contrarié, revers de fortune, dévotion exaltée, usage du mercure, évacuations habituelles supprimées, jalousie, suites de couches, excès d'études et de veilles, frayeurs, lectures de romans, etc.[9] » Le constat est simple : la notion de faute et de punition est au cœur de l'explication de la folie, conçue « comme une sorte de délinquance de la raison[10] ». En ce qui concerne le mongolisme, la logique est similaire : il serait le fruit de la tuberculose, de la syphilis, de traumatismes obstétricaux. Notons que deux explications sur trois mettent directement en cause la mère, par le biais d'arguments où la sexualité est largement impliquée. La syphilis est la maladie honteuse et sexuellement transmissible des gens de mauvaise vie. Les problèmes obstétricaux sont par définition le fait des femmes. Autant dire qu'en cas de descendance trisomique la culpabilité des mères est fortement engagée. Notre manuel de 1931, même s'il écarte ces hypothèses douteuses (« la tuberculose, la syphilis, les traumatismes obstétricaux ne semblent jouer aucun rôle dans son apparition »), n'en considère pas moins que la responsabilité de la mère est prépondérante : « On a remarqué que le mongolisme se développait chez les enfants dont la mère était très jeune ou au contraire très âgée[11]. »

Bref, quelle que soit l'exactitude de cette dernière information, l'essentiel est de comprendre quel fardeau pèse en 1930 sur les épaules d'une maman de mongolien. Les fantasmes pseudo-médicaux hérités du passé, l'ombre de la syphilis, la monstruosité de l'enfant, le regard des autres, tout la conduit à s'accabler elle-même. Marguerite Vendroux rapporte une histoire intéressante sur la façon dont Yvonne explique l'anormalité d'Anne. À Trèves, alors qu'elle était enceinte, elle a assisté à une bagarre entre une patrouille du bataillon de son mari et d'anciens combattants allemands. C'est à ce violent spectacle qu'elle attribue la responsabilité du handicap d'Anne[12]. Sur le plan psychologique, cela signifie qu'elle choisit de supporter à elle seule le poids du drame. Une nuance doit cependant être apportée à cette explication : elle n'est nullement confirmée par Philippe de Gaulle, qui déclare n'en avoir jamais entendu parler.

Tout ce dont on peut être sûr, c'est qu'en ce début de XXe siècle une atmosphère sulfureuse entoure le personnage de l'aliéné. Il existe une vraie peur que la déficience vienne saper les bases de la société. Un fort courant eugéniste se fait sentir qui, sous prétexte de protéger les gens du fou, appelle à la ségrégation et à la stérilisation. Dans ce contexte, être la mère d'un enfant mongolien est lourd à porter. Et se sentir responsable de son infirmité encore davantage.

Comment, autrement, comprendre le contraste entre l'Yvonne d'avant et l'Yvonne d'après ? Qui, en regardant les photos de la jeune femme d'avant 1928, délicieuse, ravissante, tout sourires, puis les photographies d'après, ne reste pas perplexe ? Cette femme n'est plus la même : à vingt-huit ans, elle a vieilli d'un coup. Les affres de son drame personnel ont terni son visage, la légèreté de son port de tête n'est plus, une pesanteur imperceptible s'est installée dans ses traits. Ces détails extérieurs n'auraient guère d'importance s'ils n'étaient le reflet d'un profond bouleversement intérieur. La désillusion a balayé l'optimisme naturel d'Yvonne. Elle à qui l'existence souriait, qui avait épousé un homme de grande qualité et mis au monde deux beaux enfants, qui vivait sans souci du lendemain, voici qu'elle se trouve frappée par un drame dont elle ignore les raisons et qui remet en cause sa vie. Ce qu'il y a chez Yvonne de gris, de replié, de sec trouve assurément son origine dans le choc du mongolisme. Les descriptions sévères de Philippe sur l'absence de tendresse de sa mère sont certainement à mettre en relation avec cet épisode. Accaparée par son angoisse et par les soins constants qu'elle doit prodiguer à Anne, il est probable qu'Yvonne a eu la tentation de se replier sur elle.

Pourtant, impossible de s'en tenir à ce triste constat. Cela reviendrait à travestir la réalité et à négliger sa force de caractère. Cela reviendrait également à ignorer le rôle capital de Charles. Car Yvonne n'est pas seule. Son mari participe de façon fondamentale au dépassement du drame et à sa gestion. La chose est importante et doit être soulignée : jamais le couple de Gaulle ne connaît de dissension à cause d'Anne, et cela en dépit de la culpabilité qui assaille Yvonne.

Au contraire, dès le départ et jusqu'à la mort d'Anne, Charles de Gaulle s'engage pour elle. Loin de la renier et de l'écarter, loin d'avoir honte d'elle, il déploie à son endroit des trésors d'amour. Pour Yvonne, prisonnière de son tourment maternel et chargée au quotidien de s'occuper de cette enfant difficile, le comportement de son mari est déterminant. Il lui indique la voie. Il lui montre, au-delà des soucis et de l'accablement causés par Anne, au-delà des contingences, qu'une autre vision des choses est possible. À Yvonne tentée par le renoncement, il transmet sa foi en l'impossible. Il y a déjà un peu du 18 juin 1940 dans ce défi lancé contre l'évidence. Oui, cette enfant est digne d'amour. Et, plus encore, elle est un signe du Ciel. Aux yeux de ce grand croyant, elle relève de l'épreuve divine. Dépourvue de raison, privée d'intelligence, elle figure l'être humain dans toute sa faiblesse et s'inscrit dans la lignée évangélique : « Heureux les simples d'esprit, le royaume des Cieux leur appartient. » Par sa présence muette, elle vient rappeler qu'aucune vie n'est vécue en vain. « Anne sera de ces enfants sans lesquels il y aurait sans doute moins d'amour sur terre[13] », écrit avec justesse André Frossard[14]. Charles de Gaulle ne dit pas autre chose lorsqu'il confie en 1940 au père Lenoir, aumônier militaire : « Pour un père, croyez-moi, monsieur l'aumônier, c'est une bien grande épreuve. Mais pour moi cette enfant est aussi une grâce, elle est ma joie, elle m'aide à dépasser tous les échecs et tous les honneurs, et à voir toujours plus haut[15]. »

Ainsi, comme le rappellent Philippe de Gaulle et de nombreux témoins, Anne reçoit de son père de touchantes marques d'affection. Lui si pudique et si retenu, il n'hésite pas à l'embrasser et à la prendre dans ses bras : « Il la cajolait, lui racontait des histoires, essayait de lui mettre des choses entre les doigts, des objets, des mouchoirs, de lui faire battre les mains, de lui chanter des comptines malgré sa voix peu assurée[16]. » La complémentarité entre la mère assommée par le choc, épuisée par les exigences liées à la petite infirme, et le père plus en retrait du fait de ses fonctions professionnelles, et de ce fait capable de distanciation, est salvatrice. Elle permet à Yvonne de surmonter l'épreuve, accrochée à la foi de son époux.

La manière dont les de Gaulle élèvent leur dernière fille se caractérise par une humanité profonde. Certes, depuis la seconde moitié du XIXe siècle s'est développé en Europe un mouvement en faveur de l'enfance et notamment, à partir de 1890, en faveur de l'enfance anormale. Un devoir d'assistance et de défense est prôné envers elle[17].

Mais dans les faits les enfants anormaux sont encore le plus souvent enfermés dans des asiles, surtout quand leur handicap est considéré comme irréversible. Comme le rappelle Erwan Quezede dans sa thèse de médecine consacrée à la protection des incapables majeurs, c'est la loi du 30 juin 1838 sur les aliénés qui régit l'hospitalisation des malades mentaux et leur statut juridique. « "L'aliénation mentale" est caractérisée par la perte de raison, le caractère asocial voire dangereux du malade, son refus de reconnaître sa maladie et, en conséquence, à se soumettre à un traitement. [...] La thérapeutique essentielle consistait en l'isolement [...]. Il devait avant tout être retiré du milieu social où il vivait. Esquirol écrivait par exemple : "Il s'agit de soustraire l'aliéné à toutes ses habitudes en l'éloignant des lieux qu'il habite, le séparant de sa famille, de ses amis, de ses serviteurs, l'entourant d'étrangers, changeant toute sa manière de vivre."[18] » La permanence de cette philosophie est illustrée par le projet de loi rédigé en 1930 par Henri Queuille, ministre de la Santé et membre du Comité national pour l'éducation et l'assistance des enfants anormaux : il propose, dans son article premier, de « placer les enfants incurables dans des établissements spécifiques ou des sections des établissements hospitaliers[19] ».

Dans cette perspective, l'attitude des de Gaulle revêt une grande originalité. Ils choisissent de garder Anne à la maison, en famille. Là, quel que soit le contexte, ils lui prodiguent tous les soins médicaux et affectifs possibles. Yvonne lui consacre des heures et l'argent du ménage. Les traitements aux ultraviolets, l'achat de médicaments, l'embauche à plein temps d'une personne chargée de veiller sur Anne grèveront le budget de la famille. Qu'importe. Au fil des années, avec constance, les de Gaulle assument leur choix avant-gardiste. Anne vit avec eux.

Pour l'observateur peu attentif, l'existence du couple ne subit aucun changement apparent. Du côté paternel, le ton reste inchangé. À Trèves, le commandant continue de mener son unité avec la même énergie et la même raideur qu'auparavant. À la fin de l'année 1928, il impose à sa troupe une marche de cinquante kilomètres en un jour. Le médecin-chef et les capitaines qui s'élèvent contre cette décision reçoivent une réponse tranchée : « Je prends mes responsabilités. Je vous donne l'ordre écrit. Double étape[20]. » Bien sûr, durant les premiers mois d'Anne, cette constance de comportement peut être attribuée au fait que le handicap du bébé n'est pas encore certain. Mais peut-être, une fois avéré le mongolisme de sa fille, le commandant met-il de l'eau dans son vin, se montre-t-il moins intransigeant ? Pas du tout. Les témoignages attestent, par centaines, que de Gaulle restera toute sa vie un chef exigeant et difficile à attendrir.

Cela ne signifie pas que la découverte de la maladie d'Anne ne bouleverse pas cet homme finalement très sensible. Mais il faut chercher ailleurs que dans l'univers professionnel les traces de cette influence. De Gaulle, en effet, met un point d'honneur à bien séparer la sphère privée et la sphère publique. Les deux n'interfèrent que très rarement. Pas question, donc, de faire devant ses hommes l'étalage de sa douleur, au contraire. On pourrait même penser que le mongolisme d'Anne a suscité par compensation ou par fierté une dureté plus grande dans son commandement.

Cependant, de façon beaucoup plus sourde, la présence de cette petite fille pas comme les autres pétrit l'âme de Charles de Gaulle. Elle éveille en lui une tendresse hors du commun où se mêlent le sentiment paternel et le sentiment catholique, le souci de protection et un réflexe de défi. Comment le dire ? Anne provoque chez lui une forme anticipée et encore embryonnaire de résistance. Oui, il aimera cette enfant inaccessible et que d'autres parents auraient rejetée. Il trouvera chez cette simplette des trésors d'humanité brute.

L'humilité et la fierté qu'il ressent simultanément lorsqu'il est avec elle font cohabiter en lui deux entités inséparables : la grandeur et le renoncement. Son œuvre politique s'en trouvera marquée de façon indélébile. « Le détachement qui apparaissait souvent chez cet homme d'action, la distance qu'il prenait vis-à-vis des événements sur lesquels pourtant il pesait, la façon qu'il avait parfois de donner à entendre que son action n'avait pas, au bout du compte, tellement d'importance s'expliquaient peut-être par l'échec des tentatives faites par une des plus belles intelligences de son siècle pour communiquer avec un enfant attardé[21]. »

Il n'existe aucun témoignage ni aucune archive relative aux premières années d'Anne. Nul ne sait quel comportement adopte alors son père, sauf à extrapoler la tendresse quotidienne qu'il lui montre plus tard. Seul un épisode apparemment anodin dévoile l'humanité dont fait preuve le commandant quelques mois après la naissance de sa benjamine. C'est l'hiver 1928-1929. La population rhénane subit une épidémie de grippe d'une violence rare. L'armée du Rhin déplore à elle seule 143 décès, dont 30 pour la seule garnison de Trèves. Le 19ᵉ BCP enterre 7 morts parmi lesquels le chasseur Gouraud, enfant de l'Assistance publique, mort sans famille. Alors que rien ne l'y oblige, sinon une soif chrétienne de ne pas laisser seul dans la mort un être délaissé par la vie, le commandant de Gaulle décide de porter le deuil de son soldat. Rien ne dit qu'il existe un lien entre cette décision originale et la présence d'Anne. Mais rien n'interdit d'en voir un.

Reste un dernier point, malaisé à évoquer. Quand elle accouche de sa dernière fille, Yvonne n'est âgée que de vingt-huit ans. Il lui reste de nombreuses années de procréation que son éducation catholique l'engagerait normalement à mettre à profit. Pourtant, Anne restera la dernière enfant du couple… Philippe de Gaulle, qui n'a jamais abordé ce thème très privé avec ses parents, pense néanmoins « qu'ils ont décidé de s'arrêter là parce que la pauvre petite Anne était née infirme. […] En tout cas, trois enfants, pour eux, c'était un minimum. Mon père répétait : “Le couple doit avoir de quoi être remplacé, avec un troisième en complément.”[22] » Les frères et sœurs de Gaulle illustrent cette doctrine : Xavier de Gaulle a cinq enfants, Marie-Agnès sept, Jacques quatre, Pierre cinq. Du côté des frères et sœur d'Yvonne, les chiffres sont tout aussi éloquents : si Jacques-Philippe et Cada n'ont « que » trois enfants et Suzanne seulement deux, Jean, lui, en a sept…

Le contexte social et politique, par ailleurs, encourage vivement la natalité. Dès le lendemain de la Première Guerre mondiale, Georges Clemenceau a fait des naissances nombreuses l'arme du redressement de la France : « Le traité de Versailles ne porte pas que la France s'engage à avoir beaucoup d'enfants, mais c'est la première chose qu'il aurait fallu inscrire dans le traité, car si la France renonce aux familles nombreuses, vous aurez beau prendre tous les canons à l'Allemagne, la France sera perdue parce qu'il n'y aura plus de Français[23]. » En conséquence, la loi du 31 juillet 1920, dans son article L 648, punit de prison les gens qui incitent ou donnent des informations sur la contraception[24].

Mais les de Gaulle, en dépit du patriotisme qu'on leur connaît, semblent restreindre leur désir d'enfantement. Ils le font très certainement par peur de renouveler l'expérience douloureuse et inexpliquée d'un enfant handicapé. S'en tiennent-ils à une abstinence complète, la seule solution approuvée par l'Église en matière de limitation de la natalité ? Osent-ils contrevenir aux lois et à la morale chrétienne en recourant à la contraception par le biais de la méthode Ogino ou de celle des températures, déjà connues à l'époque ? Impossible à dire, même si ce choix peut avoir des conséquences sur l'entente du couple et sur l'histoire : le fait que la loi autorisant la pilule contraceptive soit, bien plus tard, votée sous la présidence de Charles de Gaulle avec l'approbation de son épouse n'est pas un hasard.

Quoi qu'il en soit, après le choc provoqué par la découverte du handicap, les de Gaulle font preuve d'une force de caractère impressionnante. Leur but, désormais, sera de tout mettre en œuvre pour que l'enfant vive normalement au sein de la famille. Cet engagement très original pour l'époque, ils le respecteront quelles que soient les circonstances, tant qu'Anne vivra.

Pourtant, derrière l'apparente stabilité de la famille, des changements sont en cours. Ainsi, les traditionnelles grandes vacances, qui courent du 15 juillet au 1er octobre, ne se déroulent plus tout à fait comme avant. Autrefois, elles regroupaient tous les Vendroux à Wissant en juillet puis à Septfontaines en août. Chaque famille louait une villa sur la plage et l'on passait beaucoup de temps ensemble. Mais, à l'été 1928 et 1929 – du moins selon Philippe de Gaulle[25] –, Charles et Yvonne préfèrent éviter le Calaisis. Ils louent pour un mois une villa à Bénodet, dans le Sud-Finistère. L'explication invoquée par Philippe est intéressante : ses parents auraient voulu « reconquérir un peu d'autonomie familiale[26] ». Cela revient à dire qu'ils souhaitent se retrouver entre eux et éviter la promiscuité d'Anne avec le reste de la famille. Toutefois, à partir de la mi-août, Yvonne gagne Septfontaines avec ses enfants.

L'ambiance y est des plus gaies grâce à la ribambelle d'enfants qui cohabitent au château. Frères, sœurs, cousins, amis – dont Jérôme Lévy-Solal, le fils du célèbre médecin familial – vivent là en liberté, si l'on en croit les souvenirs de Claude Legrand, toujours prompte à secouer les vieux mythes : « On se retrouvait tous les ans, pendant deux ou trois mois, avec les petits de Gaulle à Septfontaines. J'adorais Septfontaines, et j'avais une passion pour mon oncle Jean. Il m'appelait "ma Claudette", et comme il s'est marié très tard, il me disait : "On va se marier, ma Claudette." Parmi les cousins, il y avait deux clans : Philippe et moi, Élisabeth et Jackie, mon frère. On faisait des cabanes dans les bois. Et mille bêtises, surtout avec Philippe : un jour, Philippe avait été chercher de l'alcool, ou du cidre, je ne sais où, et on avait saoulé les poules de grand-mère ! Elles tournaient sur elles-mêmes… Souvent, quand grand-mère nous préparait des tartines à la confiture – il y avait à l'étage une armoire pleine de confitures –, nous les jetions car nous les trouvions trop sucrées. Nous filions à la ferme, tenue par des Polonais, et ils nous préparaient des tartines à la moutarde avec des cornichons. On trouvait ça bien meilleur. Évidemment, la grand-mère n'en a jamais rien su[27]. »

Philippe de Gaulle a une vision un peu différente de ces journées estivales et insiste surtout sur le caractère très surveillé de la liberté octroyée aux enfants : « Autorisés seulement à nous lever vers huit heures, nous descendons dans la salle à manger, notre toilette faite, pour prendre notre petit déjeuner. » Même ponctualité pour le repas du midi : « Un quart d'heure avant le déjeuner, la cloche du château sonne pour que nous allions nous donner un coup de peigne et nous laver les mains. Avec cinq minutes d'avance, nous devons être tous présents à notre table, distincte de celle des adultes[28]. »

Dans cet emploi du temps parfaitement réglé prend place la corvée quotidienne « des devoirs de vacances exécrés » – selon l'expression de Philippe. Claude Vendroux-Legrand, elle, en rit encore : « L'épisode quotidien des devoirs de vacances de Philippe ! Seul lui en faisait, et le Général [qui n'était alors tout au plus que commandant] criait[29] ! » Cette version apocalyptique est un peu nuancée par le père de Claude, qui se rappelle, lui, que « les devoirs de vacances s'imposèrent peu à peu [à tous les enfants] à mesure qu'ils prenaient de l'âge ». Mais Charles semble se distinguer par son exigence envers son fils : « Charles, dans sa grande chambre au bout de la galerie, contrôlait avec une conscience et une patience exemplaires, mais non sans une certaine sévérité, ceux de son fils, tout en se livrant à ses propres travaux[30]. »

Quand il quitte Trèves, en octobre 1929, Charles de Gaulle est amer : son 19e BCP, son beau 19e, ce « corps magnifique et capable de toutes les tâches[31] », doit être dissous le 10 novembre suivant. Cette déception professionnelle se mêle à la tristesse que lui inspire le sort de sa dernière fille. C'est dans ce contexte particulier qu'intervient sa mutation au Liban à la fin d'octobre 1929. Aux yeux de nombreux historiens, ce choix de poste ne cadre pas avec le parcours professionnel de Charles : « Dans la carrière d'officier de Charles de Gaulle, les deux années passées à Beyrouth apparaissent comme un énigmatique intermède. Il faut quelque imagination pour y déceler des éléments de cohérence avec ce qu'il a connu auparavant et, surtout, ce qu'il fera ensuite[32] », note par exemple un des spécialistes de la question, Pierre Fournié. Depuis ses débuts, Charles semble en effet n'avoir qu'un souci pour ce qui concerne sa carrière : être parmi les premiers et se rapprocher des cercles de décision. Son détachement auprès de Pétain au Conseil supérieur de la guerre en 1925, puis son poste d'instructeur à l'École supérieure de guerre en 1927 ont fait de lui un officier hors pair, amplement envié, lancé sur une trajectoire nettement ascendante. Le départ vers le Proche-Orient semble contredire cette ambition. Bien sûr, le séjour aux colonies est indispensable pour un officier digne de ce nom et de Gaulle en est le premier conscient : « C'est un effort qu'il fallait faire une fois et faire tout de suite ou jamais[33]. » Mais le Maroc ou l'Algérie offrent des postes plus prestigieux et des possibilités d'action bien supérieures à celles qui existent au Liban ou en Syrie. Là, les chances de briller militairement sont minces : les États du Levant sont en paix depuis la fin des années 1920.

Il n'en a pas toujours été ainsi : le mandat français sur la Syrie et le Liban, dont le principe et le tracé ont été signés secrètement par les Anglais et les Français en 1916, est entré en application en 1918. L'arrivée des militaires français a suscité la révolte des nationalistes syriens. Le général Gouraud, chargé de réprimer le soulèvement, a écrasé les nationalistes en juillet 1920 à Khan Mayssaloum, dans l'Anti-Liban. La paix semble assurée quand éclate une redoutable insurrection. Le 21 juillet, à Kafer, la colonne du capitaine Normand est massacrée par les rebelles druzes, qui s'emparent de la citadelle de Soueïda. Le général Sarrail, commandant en chef de l'armée du Levant, forme une nouvelle colonne pour arrêter le soulèvement. Prise dans un guet-apens, elle est à son tour décapitée. C'est finalement le général Gamelin, à la tête d'une troisième colonne, qui dégage Soueïda le 24 septembre 1925, mais la Syrie entière est embrasée. Damas n'échappe pas à l'insurrection et des bandes druzes sont repérées dans le Hauran, le Hermon et l'Anti-Liban. Il faudra attendre la fin de l'année 1926 pour que l'ordre soit pleinement rétabli dans toutes les régions.

En 1929, quand de Gaulle débarque à Beyrouth, ces glorieuses et douloureuses pages de l'histoire coloniale appartiennent au passé. La pacification est achevée. « L'armée du Levant compte alors 28 000 hommes et se voit cantonnée à des opérations contre le brigandage résiduel [...] et à des tournées dans les zones frontalières. [...] Les cadres se sentent souvent désœuvrés[34]. » Peu d'espoir, donc, de se distinguer par un fait d'armes. Ajoutons que le poste attribué au chef de bataillon de Gaulle n'est pas de nature à le placer sous le feu des projecteurs, ni au cœur des débats politico-stratégiques de son temps. Le voici chargé du renseignement à l'état-major du commandement supérieur des troupes du Levant, au fond d'un obscur bureau. Dans son roman de 1924 intitulé *La Châtelaine du Liban*, l'écrivain Pierre Benoit décrit en des termes peu équivoques la tâche de son héros, nommé justement au 2e bureau du Levant. Le colonel qui lui présente son nouveau poste le taquine : « Les *renseignements*, parfaitement. Cela vous chiffonne un peu, n'est-ce pas ? Vous vous voyez déjà, vous, le chevalier de l'espace libre, agenouillé devant une corbeille à papiers, puis recollant les morceaux de la lettre que vous en aurez exhumée. Ne vous montez pas la tête. La réalité est à la fois plus compliquée et plus simple. Et puis, il n'y avait à Beyrouth qu'un poste disponible qui correspondît à votre grade[35]. » Même si le héros finit par trouver passionnant et utile son travail, ce poste n'est pas *a priori* ressenti comme prestigieux.

Alors, pourquoi le Levant ? Les historiens attribuent la responsabilité de cette destination à Pétain, qui commence à prendre ses distances avec un officier qui fait beaucoup parler de lui. Le maréchal conseille à son bouillant subordonné d'aller servir en Syrie. Pierre Fournié suggère que de Gaulle subit là une mutation qu'il n'a pas demandée. Il est tout aussi possible de croire le contraire, et quelques indices incitent même à penser que l'officier a voulu son départ vers le Liban : tout d'abord, le « de Gaulle subissant » est une espèce non répertoriée, surtout à une époque où il dispose au sommet de la hiérarchie militaire d'appuis importants. Ce soldat ombrageux se serait vigoureusement battu contre une mutation qui ne lui aurait pas convenu. Ensuite, le départ vers l'Orient résulte du volontariat, et la liste d'attente est très longue : quel vice aurait poussé la direction du personnel militaire à remplacer un volontaire par un réticent désigné d'office ? Car, dernier indice, la décision de mutation de Charles de Gaulle intervient dans des délais records : alors qu'un volontaire ordinaire doit attendre deux ou trois ans pour obtenir son départ, c'est en quelques mois qu'est organisée l'affectation de De Gaulle. Lui-même, dans une lettre à son ami Émile Mayer, note : « [J'ai] littéralement bondi de Trèves à Beyrouth[36]. » Il est difficile d'imaginer qu'il ait pu y avoir de longues discussions autour d'un projet si rondement mené…

Partant du postulat que Charles de Gaulle a rapidement accepté la mutation levantine, la question demeure presque entière. Pourquoi cette destination ? Le hasard n'a guère de place dans cette vie cohérente. Et si la carrière militaire n'est pas au cœur de ce départ, gageons que la vie privée y est pour quelque chose. Pour cet homme à la sensibilité extrême, traversé depuis son adolescence par des rêves d'écrivain et des tentations de poète, pour ce mari soucieux du bonheur de sa femme, et surtout pour ce père bouleversé par la présence d'Anne, partir vers le Levant pourrait correspondre à cette « fuite en Orient » qui a taraudé tant de peintres, de poètes, d'artistes européens. Mettre le Liban en rapport direct avec la naissance d'Anne éclaire ce séjour d'une lumière neuve : il y a là un désir de ressourcement. La famille doit se retrouver en son petit noyau et reconstruire son équilibre. En optant pour un travail bureaucratique et non au sein d'une unité combattante, Charles de Gaulle sait qu'il peut partir accompagné des siens. C'est sans doute alors son souhait le plus cher.

Si le Levant recèle comme l'Afrique des trésors d'exotisme et de dépaysement, il est, de plus, la terre des origines chrétiennes. C'est aussi un aspect fondamental pour Charles de Gaulle selon le général Catroux, qui fut son camarade de captivité en Allemagne pendant la Première Guerre mondiale et qui a été nommé en poste au Levant en 1926 : de Gaulle est un chrétien fervent, et « quoi de plus passionnant, pour un croyant, que cette terre où sont nées les grandes religions monothéistes et où elles s'affrontent encore dans toute leur intensité spirituelle[37] ? », confie-t-il en 1965. Bref, pour Charles, mais tout aussi bien pour Yvonne, le Levant est avant tout la Terre sainte, un lieu où la foi peut retrouver son expression des origines. C'est donc peut-être pour un pèlerinage de deux ans et demi que partent les de Gaulle, certainement meurtris dans leur foi par la maladie de leur fille, et assoiffés de réponses divines. C'est un pèlerinage vers l'apaisement intérieur, au milieu de paysages bibliques qui n'ont pas changé depuis les temps hébraïques. Du reste, la seule expédition que feront Charles et Yvonne en couple, lors de ce séjour, sera pour la Terre sainte et Jérusalem. Selon toutes les apparences, à la rupture qu'a été pour lui la naissance d'Anne, Charles répond par cette autre rupture : pour la première fois de son existence, et peut-être la seule, « le privé l'emporte sur le reste, [...] le père et le chrétien ont pris l'avantage sur le soldat[38] ».

Dans un livre qu'il consacre à Charles de Gaulle, Georges Suffert parle du Liban comme de « sa période grise[39] » : peu ou pas d'archives, quelques rares lettres, aucun témoignage... Que dire alors d'Yvonne ? Faut-il parler d'époque fantomatique ? Bien peu de renseignements tangibles permettent de se la figurer au Levant. Elle « écrit facilement et longuement[40] » à son frère, mais ces lettres sont inaccessibles. Force est de procéder par analogie ou de presser jusqu'à la dernière goutte les rares documents disponibles.

Cette femme chahutée par la maladie d'Anne, certainement fatiguée physiquement, part vraisemblablement dans le même état d'esprit que son mari. Elle espère trouver au Liban un « ailleurs » qui l'aide à se changer les idées. Pareil voyage, au début des années 1930, relève encore de l'extraordinaire. Peu de Français sont familiarisés avec l'étranger, et les portes de l'Orient restent encore nimbées de mystère. Pour les familles de militaires, le séjour au Levant est réputé sans risque, et même plutôt agréable. Beyrouth offre toutes les commodités et des distractions nombreuses, comme en témoigne le romancier Pierre Benoit en 1924 : « Le matin, une heure de bureau, pour la forme ; l'après-midi, citronnade et tennis avec les petites jeunes filles aigres ; à sept heures, cocktail avec les femmes mariées plus ou moins jeunes ; la nuit, whisky, et les filles du music-hall à qui tu iras demander la dispersion du vague à l'âme que t'auront laissé tes flirts du jour, voilà[41]. » Il est improbable que ce genre d'activités attire de Gaulle. En revanche, la solde, qui est de 60 % plus élevée que celle perçue en métropole, a de quoi adoucir l'exil.

Cependant, le voyage et l'installation ne vont pas sans difficultés. La vie avec de jeunes enfants dans un pays lointain préoccupe Yvonne, comme toutes les mères. Et si Anne a constitué une motivation pour partir vers Beyrouth, les difficultés concrètes liées à sa maladie auraient aussi bien pu représenter un obstacle insurmontable pour certains parents. Mais pas pour les de Gaulle : Yvonne refuse d'emblée de rester en France avec sa petite fille pendant les deux ans et demi du séjour de Charles au Liban. Et quant à la laisser à des parents ou pire encore à un hôpital, la question ne se pose même pas. Anne reste avec les siens, un point c'est tout. Cela nécessite une organisation rigoureuse, dont Jacques Vendroux se fait l'écho : « Après avoir reçu du professeur Lévy-Solal beaucoup de conseils sur les mesures à prendre pour que des enfants supportent aussi bien que possible le changement de climat et de régime alimentaire, Yvonne a fait préparer une mallette de médicaments préventifs ou curatifs et des sérums recommandés par lui ; elle a fait envoyer aussi d'avance une caisse de certaines denrées qu'elle puisse utiliser dès l'arrivée de la famille en attendant d'avoir pu se rendre compte des possibilités locales[42]. »

Le départ approche. Il a lieu sur le quai de la gare de Lyon. La présence de toute la famille pour les adieux – Jacques et Cada arrivés spécialement de Calais, les parents Vendroux, les parents de Gaulle – montre à quel point le voyage est exceptionnel. Après un repas au buffet de la gare, Charles et Yvonne montent avec leurs enfants dans le train qui les conduit à Marseille. Là, le 30 octobre, ils embarquent à bord du paquebot *Lamartine*. Le choix de ce bateau est révélateur du niveau de revenu des de Gaulle : une solde de chef de bataillon métropolitain est juste suffisante pour faire vivre une famille de cinq membres. Quand s'y ajoutent, selon les mots de Philippe de Gaulle, « les lourdes servitudes des soins prodigués à [sa] sœur infirme », notamment le salaire de sa gouvernante et les fréquentes visites que le médecin doit faire à cette enfant sujette aux complications infectieuses, il ne reste plus grand-chose – faut-il rappeler que la Sécurité sociale n'existe pas encore pour prendre en charge une partie des frais médicaux ? Contrairement à ce que certains biographes laissent entendre, il est à souligner que la gouvernante accompagne Anne depuis la France[43]. Pour de Gaulle, c'est une condition *sine qua non* pour aller au Liban, pays dépourvu de système de santé performant. « Avec beaucoup de difficulté, il a trouvé une gouvernante qui était disposée à quitter la France. Elle était également infirmière, ce qui était providentiel dans le cas où il aurait fallu faire des piqûres[44]. » Sa place sur le bateau représente une dépense supplémentaire, car l'armée ne rembourse que les frais de la famille. Le voyage se déroule à bord d'un paquebot assez modeste, lancé en 1914. L'intérieur est relativement spartiate. Les cabines de première classe sont juste confortables, celles de seconde très simples et petites.

Les de Gaulle mettent à profit la longue croisière méditerranéenne pour visiter les sites antiques : « Nous longeons toute la côte méridionale du Péloponnèse [...]. Nous avons avant-hier fait à Naples une escale d'une journée. Nous avons, le matin, Yvonne, moi-même, Philippe et Élisabeth, visité Pompéi qui nous a fort impressionnés. L'après-midi, musée des Antiques et ascension au Pausilippe[45]. » La famille se rend également au Parthénon. Puis, après une semaine de voyage, c'est l'arrivée à destination. La côte libanaise se dessine au loin. Au-delà de ces paysages mythiques, le Beyrouth que découvrent les de Gaulle est bruyant et trépidant. Depuis la Première Guerre mondiale, de nombreux chantiers ont modifié la physionomie de la ville. Travaux et extensions se font dans une certaine anarchie, tandis que les bidonvilles croissent en périphérie ; les crises régionales ont poussé vers Beyrouth des dizaines de milliers d'Arméniens, de Kurdes, de maronites. Charles de Gaulle n'est pas tendre dans ses premières descriptions de la ville, et semble pour le moins pétri de préjugés à l'égard des populations d'Orient : « En arrivant ici, la première impression est la surprise et aussi le dépaysement pour des gens qui, comme nous, ont toujours vécu dans les pays d'ordre et de propreté. La rue, les maisons, les boutiques offrent l'aspect d'un grouillement incroyable. Une plèbe innombrable et calamiteuse remplit tout et court de tous côtés. La préoccupation de tout le monde est de gagner au plus tôt et par n'importe quel moyen les quelques sous nécessaires et suffisants pour acheter une galette, des olives et une tasse de café. Après quoi, il n'y a plus qu'à flâner jusqu'au lendemain[46]. »

Pendant quelques jours, l'installation est assez précaire : dans l'attente de leurs meubles, les de Gaulle logent à l'hôtel Métropole. Cette arrivée un peu chaotique est, pour ceux qui connaissent la suite, une sorte de répétition générale du débarquement d'Yvonne et de ses enfants à Londres en 1940 : même absence de domicile, même difficulté à vivre à l'hôtel avec la petite Anne qui indispose les autres clients. La question du logement est cependant vite réglée. Dès le 21 novembre, quinze jours à peine après l'arrivée au Liban, Charles peut écrire à son père : « Notre installation matérielle est, comme vous le savez, en très bonne voie. Maison spacieuse, neuve, et bien située. Mobilier naturellement des plus sommaires, mais qui ira se perfectionnant[47]. » Une fois encore, les réseaux militaires ont fait leur œuvre : c'est au premier étage d'une villa appartenant à un Libanais, Camille Wehbé, que les de Gaulle trouvent à se loger. Le rez-de-chaussée est déjà loué à un officier français, le commandant Yvon, avec lequel s'instaurent d'excellentes relations. Élisabeth et Philippe s'amusent avec ses enfants, Alain et Bernard. Yvonne, quant à elle, se lie d'amitié avec Mme Yvon.

Le bâtiment récent, plutôt élégant, est construit en béton selon une architecture aux traits orientaux – fenêtres en arcades, hauts plafonds laissant circuler l'air. Il se trouve dans la rue Tadmor, devenue par la suite rue du Chouf, dans le quartier dit « Caracol druze ». Ce choix n'est pas anodin : situé sur une hauteur, c'est le lieu de résidence préféré des Libanais aisés et des Européens. L'air y est plus respirable, des jardins espacent les maisons, et les principaux lieux de travail sont proches. Le Caracol druze est en effet à égale distance de la résidence des Pins, où se situent les bureaux du haut-commissaire de France au Liban, du Grand Sérail, qui accueille l'état-major des troupes du Levant, et de l'université Saint-Joseph.

Tous les midis et tous les soirs, on se retrouve au complet pour le repas, fait sans doute exceptionnel dans la carrière de Charles. Quant aux enfants, ils s'adaptent à leur nouvelle vie. « Philippe est entré en huitième chez les pères jésuites (dernière classe faite par les sœurs dans le collège. La septième est faite par un père). Élisabeth commence à lire dans le très beau et très ancien couvent des Dames de Nazareth. La petite Anne se porte bien et fait quelques progrès. Yvonne est pleine de courage et contente de l'ensemble[48] », écrit Charles à son père. Quelle bienveillance et quel amour dans ces « quelques progrès » relevés par de Gaulle ! Quelle sensibilité paternelle faut-il pour remarquer un mieux fugace chez une enfant qui ne marche toujours pas (même à quatre pattes) à trois ans, qui ne dit pas un mot, qui ne répond pas aux sollicitations extérieures ! Il y a là une façon remarquable de donner un avenir au bébé : si l'enfant progresse, n'est-ce pas que l'espoir est permis ?

Chez tous les enfants atteints, la trisomie se caractérise par une hypotonie musculaire générale, c'est-à-dire un manque de réactivité des muscles. Cette mollesse est redoublée par la grande lenteur de transmission entre le cerveau et le corps. Mais chaque enfant est atteint différemment. Certains petits malades peuvent parler, d'autres pas. Certains peuvent accomplir quelques tâches simples, comme dessiner ou ranger. Certains encore parviennent, adultes, à une quasi-autonomie pour les gestes courants de la vie. Anne de Gaulle, pour le peu qu'on en sait, présente un handicap assez marqué. À Beyrouth, alors qu'elle est encore un bébé, chaque geste banal devient d'une rare complexité. La nourrir ? Un bébé trisomique tète mal, en raison de l'hypotonie de la langue, des lèvres, de la bouche. La succion à elle seule est problématique, et les six repas quotidiens du nourrisson exigent de la mère une patience extraordinaire. Il lui faut à chaque instant veiller à ce que le bébé ne déglutisse pas de travers, en raison d'une luette souvent mal fermée. Le passage à la cuiller et aux aliments solides, qui a sans doute lieu lors du séjour à Beyrouth, est tout aussi délicat. Avec maladresse, l'enfant tend à écraser les aliments contre son palais et à les repousser vers l'avant. Boire ? « Il interpose sa langue entre ses lèvres et le bord du verre comme font les petits chats lorsqu'ils tètent, ce qui le fait baver[49]. » La laver ? La peau de ce genre d'enfant exige un traitement très particulier tant elle est « sèche, fine, fragile et très irritée[50] ». Le soleil d'Orient et la transpiration due à la chaleur n'arrangent certainement rien... L'acquisition de la propreté ? Jamais les de Gaulle n'en parlent, mais les pédiatres nous ont appris depuis longtemps que l'apprentissage de la propreté ne vient qu'avec celui de la marche. Or Anne ne marche qu'à dix ans, et encore, difficilement. Jusqu'à cet âge, et en dépit de la difficulté de soulever et de manipuler un enfant de ce poids, il faut lui mettre des langes et des protections, puis laver le tout plusieurs fois par jour – la couche jetable n'existant pas. De surcroît, tous ces soins fatigants sont donnés sans l'espoir d'une récompense immédiate – un sourire, un regard. La petite trisomique ne développe que lentement ses capacités sensorielles et relationnelles. Elle ne montre guère de joie dans les échanges, suit difficilement les choses du regard, dort beaucoup.

Une seule évocation d'Anne nous est parvenue de l'époque beyrouthine : dans une rue, la gouvernante pousse un landau où l'enfant n'est pas visible. De chaque côté de la voiture, Élisabeth et Philippe contemplent l'objectif. Anne est là, au centre, mais son frère et sa sœur occupent l'espace, protecteurs. Leur rôle n'est pas mince auprès d'Anne. Ils veillent sur elle et l'aident, suppléent leur mère le cas échéant. De leurs éventuels questionnements nous ne saurons jamais rien. Se sont-ils sentis oubliés au profit d'Anne ? Ont-ils eu honte parfois de devoir promener cette enfant différente ? Ont-ils ri de ses difficultés ? Ont-ils au contraire conçu une forme de responsabilité fraternelle ? On penche pour cette dernière hypothèse, sur la foi de quelques photographies – notamment celle, extraordinaire, où tous deux tiennent un bâton à l'horizontale auquel Anne s'agrippe pour marcher.

Dans le microcosme des expatriés militaires français, les obligations mondaines sont nombreuses. Les visites aux uns et aux autres, les soirées, les bals, sont monnaie courante. Il semble pourtant que les de Gaulle se tiennent un peu à l'écart de cette vie joyeuse. Philippe de Gaulle assure que ses parents ont les mondanités en horreur : « Ils n'ont ni le goût ni les moyens de faire partie de ce qu'ils appellent les "dîneurs en ville" et ne prisent guère les réceptions[51]. » Lorsqu'on se souvient de la jeunesse d'Yvonne, animée de dîners magnifiques à Calais, de rencontres avec les cousins ou avec les notables locaux à Septfontaines, quand on se rappelle la part que la jeune fille prenait alors à l'organisation de ces mondanités puis le plaisir qu'elle avait au début de son mariage à accueillir des invités, on ne peut manquer d'être étonné. Quelle est cette soudaine tentation de repli ? Le manque d'argent n'est pas un argument recevable. Les officiers les plus impécunieux se font un point d'honneur d'entretenir leurs relations. Et la solde perçue au Levant permet des largesses impossibles en métropole. La société française de Beyrouth ne conviendrait-elle pas aux de Gaulle ? On ne voit guère pourquoi. Charles de Gaulle a de très bons rapports avec son chef, Bigault du Grandrut, commandant supérieur des troupes françaises du Levant, de même qu'avec le lieutenant-colonel Blin, chef d'état-major, ou avec le commandant Yvon, qu'il reverra ensuite volontiers à Paris. Comme dans n'importe quelle garnison, les gens se reçoivent mutuellement. Finalement, la seule explication valable pourrait bien être, là encore, Anne. L'enfant n'a qu'un an et demi, deux ans. Sans doute exige-t-elle la présence de sa mère. Et depuis que celle-ci a courageusement décidé de garder auprès d'elle sa fille handicapée, elle assume jour après jour cette responsabilité. Les mondanités deviennent une préoccupation de second plan, loin derrière sa petite fille.

Ce repli sur soi est confirmé par un très rare témoignage, sans doute le seul sur cette époque, qui nous provient de la belle-fille du propriétaire de l'immeuble des de Gaulle à Beyrouth, Hélène Wehbé : « Le commandant et son épouse sortaient très peu, recevaient rarement. Mme de Gaulle s'occupait sans cesse de sa fille Anne. On ne la voyait que le dimanche, à la messe de onze heures, lorsqu'elle se rendait avec son époux à l'église Saint-Louis-des-Capucins[52]...» L'église constituerait donc la seule sortie des de Gaulle. Philippe se souvient d'avoir participé aux grand-messes de Pâques ou de Noël données à la cathédrale Saint-Michel de Beyrouth en présence du général Bigault du Grandrut. Ce dernier arrivait « en grande tenue [...] accompagné d'un peloton à cheval, de spahis sabre au clair ou de Tcherkesses druzes, mousqueton au poing et cartouches en baudriers croisés[53] ». Un jeune garçon n'oublie pas ce genre de spectacle !

Comme à Paris ou à Trêves, Yvonne gère le quotidien, fait ses courses à la coopérative de l'armée, donne ses instructions à l'ordonnance qui est un tirailleur sénégalais « arborant une chéchia rouge au-dessus d'un uniforme kaki réséda, avec une large ceinture écarlate sous un ceinturon de cuir, souvent un sabre-baïonnette au côté[54] ». Le contexte sanitaire impose quelques contraintes que Jacques Vendroux énumère, sans aucun doute parce qu'il les a lues sous la plume de sa sœur, adepte des précisions pratiques : « Il faut laver les légumes et les fruits à l'eau bouillie, se priver des crudités qu'on ne peut éplucher[55]. » Yvonne est également liée, sans surprise, aux milieux catholiques de Beyrouth. C'est par ce biais que lui arrive une histoire qu'il est impossible de ne pas raconter. Jacques Vendroux la rapporte ; il la tient sans nul doute de sa sœur, qui montre en l'occurrence qu'elle sait rire de sujets légers : « Un groupe arrive de Paris pour visiter les Lieux saints. [...] Un jeune abbé fort dynamique, par correspondance, a organisé pour la première nuit le coucher de ses pèlerins à Beyrouth. Ma sœur, qui est sollicitée de rendre je ne sais quel service à ce jeune abbé, en parle à son mari et l'informe du lieu de ce premier hébergement. Charles éclate de rire... et déclare : "Mais ils ont choisi un drôle de couvent !" Il s'agit en effet d'un établissement fort connu pour les soirées fort animées qui s'y déroulent pour distraire certains hommes esseulés ! Il faut, au dernier moment, changer les dispositions prises pour la nuit du pèlerinage[56]. » L'histoire ne dit pas comment Charles de Gaulle connaissait cette adresse sulfureuse !

Si Yvonne rapporte l'anecdote, c'est qu'elle n'est pas dénuée d'un certain humour, peut-être hérité de son père : Jacques-Philippe Vendroux IV « s'exprime volontiers par boutades ou plaisanteries toujours de bon goût[57] ». À son instar, Yvonne aime rire. « Il ne faut pas croire qu'elle ne supportait pas les plaisanteries [un peu lestes][58] », assène même son fils. Claude Vendroux-Legrand est là pour en témoigner : « Ma grand-mère Marguerite Vendroux avait une forte personnalité. Yvonne de Gaulle aimait à raconter cette petite histoire que sa mère lui racontait : un jour, alors qu'elle était infirmière en chef à l'hôpital de Calais, rue Leveux, un blessé arrive. Elle lui demande son nom. Il répond "Lecoq". Pour écrire correctement ce nom, elle épelle tout haut : "C-O-Q ? " Il répond : "Non, madame, c'est à la jambe ! " Yvonne adorait raconter cette histoire qui la faisait beaucoup rire. Quand elle riait, elle frottait l'une contre l'autre ses deux paumes... Plus tard, en 1940, à Carantec, la propriétaire de la villa « Ker Aven » où logeait Yvonne de Gaulle s'appelait Mme Montcut. Cela aussi fit beaucoup rire ma tante[59] ! »

L'humour, notons-le, fait bien partie des qualités requises chez une femme d'officier, qui ne doit pas nécessairement rougir des immanquables blagues de corps de garde que les officiers ne peuvent s'empêcher de lancer ! Il serait donc parfaitement ridicule de croire Yvonne pète-sec ou rabat-joie. Au contraire, ce séjour au Levant, par le contact qu'il provoque avec d'autres cultures, dévoile en elle une certaine ouverture d'esprit. Cette femme qui a si souvent été décrite comme une grenouille de bénitier, intransigeante quant à l'orthodoxie catholique, est parfois amenée au Liban à assister à des messes maronites : dans le rite araméen, la messe et les prières sont dites en arabe, et l'extériorisation de la foi est beaucoup plus marquée que dans le rite catholique. Le prêtre est marié et a parfois des enfants. Réaction d'Yvonne ? « Tout cela ne nous dérange nullement[60] », commente Philippe au nom des siens. De même, s'il rappelle que ses parents « apprécient d'autant plus les offices religieux, suivis avec attention, piété et sans ostentation aucune, que ceux-ci se déroulent strictement selon le droit canon », il précise : « Toutefois, mes parents [...] admettent avec patience et déférence les cérémonies villageoises où chacun participe de son mieux dans un ordre approximatif et où se mêlent enfants de chœur, cantiques primaires, distribution de pain bénit, processions à quelque saint patron et commentaires locaux en guise de sermon[61]. »

Charles se rend au bureau et consacre toujours son temps libre à écrire des articles. Il n'oublie pas ses réseaux de soutien métropolitains, ni son avenir : « Je vous enverrai prochainement, mon colonel, une étude sur le "Caractère" que la *Revue militaire* va publier sous ma signature. J'en ai entrepris une autre sur le "Prestige". Il faut faire son sillon[62] », écrit-il depuis Beyrouth à son ami Mayer. À Beyrouth même, dans le cadre de l'université Saint-Joseph, il donne en juillet 1930 une conférence qui ne passe pas inaperçue : « Ce militaire s'exprimait comme un prophète et un sage mûri par les ans, mais avec l'accent et le mordant d'un entraîneur qui serait tout juste notre aîné... Lorsqu'il s'arrêta de parler au bout de dix minutes à peine, nous étions soulevés d'enthousiasme[63] », se souvient un étudiant. Un autre témoin, André Berlon, camarade de promotion de De Gaulle à Saint-Cyr et chef d'état-major à Lattaquié, confirme. Il ajoute même un détail des plus intéressants sur le rôle d'Yvonne, moins cantonnée que l'on ne pourrait le croire à son rôle de femme d'intérieur. Berlon félicite de Gaulle pour sa conférence, puis : « Comment fais-tu, lui disais-je, pour parler ainsi sans une note, avec cette clarté, cette autorité ? – C'est très simple, me disait-il : j'apprends par cœur, puis je récite à ma femme. Quand elle a compris, j'estime que c'est au point. » D'aucuns pourraient considérer ce commentaire comme désobligeant. Quoi ? Yvonne incarne un degré d'intelligence tellement rudimentaire que de Gaulle se sert d'elle pour être sûr que n'importe quel imbécile galonné comprendra son discours ? En réalité, connaissant l'importance que revêt pour de Gaulle la tenue de ses conférences, c'est plutôt une vraie confiance qu'il accorde à sa femme, puisqu'il accepte de modifier son texte si celle-ci le juge obscur. C'est là une autre facette de la relation entre les deux époux.

En bref, les de Gaulle forment au Liban une famille sans histoire, sur laquelle il y aurait finalement peu à dire si elle n'avait par la suite été mêlée de près au destin national. Hélène Wehbé ne peut donc que confirmer des choses attendues : « Le couple était charmant et très uni. Aucun éclat de voix ne s'est jamais fait entendre dans leur demeure. Le commandant était aimable et plein de largesses. Il lisait beaucoup, écrivait beaucoup, surtout après dîner. Sa chambre restait éclairée jusqu'à une heure tardive de la nuit. Il était très matinal et se rendait à pied, à 7 h 30, au Grand Sérail[64]. »

À la fin du mois de novembre 1929, très peu de temps, donc, après son arrivée au Liban, Charles est pourtant amené à voyager. Il doit effectuer une grande tournée d'inspection afin de se familiariser avec le territoire, ses enjeux et ses populations si diverses : « Je pars pour Alep d'où j'irai sur l'Euphrate et au-delà visiter nos postes à la frontière turque. Ensuite j'irai à Damas puis dans le djebel druze. Une troisième randonnée me mènera à Palmyre par Baalbek[65]. » Yvonne reste donc seule durant plusieurs semaines, confrontée à un environnement radicalement nouveau, isolée de ses parents, sans relations encore. Charles lui écrit depuis la Syrie des lettres emplies d'une profonde gratitude, dans un style simple et direct. Sa fine connaissance d'Yvonne et tout l'amour qu'il lui porte y transparaissent avec éclat : « Je t'aime de tout mon cœur. Tout le monde ici me demande : "Et Mme de Gaulle n'a pas été trop impressionnée par cette entrée en campagne ?" Je réponds la vérité, c'est-à-dire non, et je pense à part moi qu'elle l'a peut-être été mais qu'elle est si brave et si courageuse qu'elle a fait semblant d'être contente... Jamais je n'oublierai combien tu m'as soutenu et dans un moment en somme difficile[66]. »

En dehors de ces périodes régulières de séparation – de Gaulle participe aux grandes manœuvres dans le Golan, puis effectue une mission délicate dans la Bekaa –, le Liban offre au couple de Gaulle des moments heureux. L'été, la famille quitte la touffeur de Beyrouth pour gagner les hauteurs. À bord d'une Ford de location, on part s'installer dans la bourgade d'Aley. C'est là le réflexe naturel d'une grande majorité de la population européenne, ainsi que le rapporte Pierre Benoit : « Aley, c'était le lieu d'estivage du Beyrouth administratif et mondain. Une famille un peu aisée se croirait déshonorée de passer l'été au ras des flots. À partir du 15 juin, c'est donc, sur la route de la montage, un cortège ininterrompu de camions qui déménagent la moitié d'une cité et l'emportent là-haut, à huit cents mètres, au niveau des nuages, sur un balcon rocheux d'où la ville apparaît, fiévreuse et lasse, dans son bain de vapeurs stagnantes. Là, l'air, dépouillé des miasmes, souffle, plus frais et pur. On se sent revivre. Les nuits sont presque froides. [...] Travail réduit, sieste, tennis, visites de voisinage... Et le soir, au son d'un jazz-band qu'alimentent les pitoyables rescapés russes, les molles jeunes femmes d'Asie, dans leurs linons de la rue de la Paix, sur les terrasses des hôtels illuminés, dansent avec les officiers et les marins[67]. »

Les de Gaulle, encore une fois, ne se mêlent guère aux fêtes cosmopolites de cette capitale estivale. Leur maison, telle que la décrit Philippe, se situe à l'écart et se caractérise par sa rusticité – une Boisserie levantine : c'est « une maison blanchie à la chaux, construite au plus simple dans un champ aride où croissent quelques mûriers étiques. On s'éclaire au pétrole ou à l'acétylène. Le mobilier est réduit au minimum. La buanderie comprend une pomme de douche froide dont l'écoulement s'effectue par un trou carré au ras du sol, par où se glissent parfois quelques animaux indésirables[68]. » Yvonne s'adapte et doit apprendre à assurer seule la vie de la famille lors des fréquentes absences de Charles. Là-haut, dans la montagne, la sécurité est moindre qu'à Beyrouth. Quelques pierres lancées contre la maison, quelques bagarres dans le voisinage incitent à la prudence. L'ordonnance reste en permanence à la maison, armé d'un fusil.

Un des autres moments forts du séjour est le voyage qu'Yvonne accomplit avec Charles jusqu'à la mer Morte en passant par Jérusalem. L'expédition n'a rien de romantique : les de Gaulle voyagent dans une « caravane d'autos militaires », en compagnie d'un autre couple. Mais pour eux cette visite en Terre sainte revêt une dimension particulière. Anne, restée à Beyrouth, est sans doute présente dans chacune de leurs pensées. Le pèlerinage manqué d'Yvonne à Lourdes, pendant sa grossesse, est ici dépassé. Le Saint-Sépulcre et les autres Lieux saints, Bethléem, Nazareth, bref toute la Palestine du temps de Jésus, s'offre à ce couple mûri par l'épreuve. Mieux que quiconque, ils doivent ressentir l'immense spiritualité qui émane des Lieux saints.

Il serait tentant de se persuader que le séjour libanais a constitué un moment merveilleux dans la vie d'Yvonne. En réalité, certains problèmes tracassent les de Gaulle, notamment en ce qui concerne les enfants. Le premier souci touche à l'éducation de Philippe. Si les sœurs du collège des Minimes offrent un très bon enseignement en histoire, géographie, français et histoire sainte, le niveau d'arithmétique semble faible – « lacune que je devrai rattraper non sans mal à mon retour en France[69] », note l'intéressé. Du côté d'Anne, le climat accablant est parfois problématique. Les parents décident donc, relativement tôt, d'anticiper le retour des enfants vers la métropole. Le 7 juillet 1930, Charles annonce ainsi à son père : « L'été prochain, Yvonne et les enfants seront rentrés en France et je les rejoindrai en novembre[70]. » La grave maladie qui frappe Philippe début 1931 ne fait que confirmer cette hâte. Âgé maintenant de dix ans, il est victime d'une rougeole qui se complique d'une double congestion pulmonaire. À cette époque, de telles pathologies n'ont rien d'anodin : elles prélèvent encore un lourd tribut parmi les populations enfantines. En l'absence de thérapeutique adaptée, et notamment d'antibiotiques, c'est de justesse que le garçon survit.

À l'été 1931, Yvonne et les petits regagnent donc seuls la France. C'est un fait qu'il faut souligner tant il illustre la capacité d'autonomie d'Yvonne. Faire un voyage d'une semaine à travers la Méditerranée dans les années 1930, avec sa progéniture dont une enfant handicapée qui ne sait ni marcher ni parler, n'est pas chose si courante alors pour une femme. Yvonne confirme là sa débrouillardise et son calme dans l'épreuve. À peine arrivée en France, elle renoue avec les rites du passé : vacances à Wissant, puis à Septfontaines, entrecoupées d'une visite aux parents de Gaulle, qui se sont installés entretemps à Sainte-Adresse, près du Havre, chez leur fille Marie-Agnès. Il y a tant et tant de choses à raconter !

À la fin du mois de septembre, l'heure est venue de retrouver Paris. Yvonne se réinstalle, toujours sans son mari, dans l'appartement du square Desaix. Philippe entre au collège Stanislas, rue Notre-Dame-des-Champs, et Élisabeth à l'école des religieuses de Notre-Dame-de-Sion. Charles les rejoint en novembre. Quelles effusions pour les retrouvailles ? Quels éclats de rire, quelles larmes ? Aucune trace dans les archives. En revanche, il reste un autre document : Charles revient du Liban auréolé de la notation qu'a signée pour lui le général de Bigault du Grandrut. Impossible qu'il ne rapporte pas à son épouse le contenu de ce texte extraordinaire où se confirme sa personnalité hors du commun :

> Depuis deux ans que je peux l'apprécier dans les fonctions de chef du 3e bureau de mon état-major, je n'ai cessé d'éprouver, pour l'ensemble des qualités intellectuelles et morales qu'il possède, une estime mêlée d'admiration.
>
> J'insiste sur les mérites hors de pair de ce soldat doublé d'un penseur, qui n'ignore pas ce qu'il vaut et développe par un travail constant les qualités qu'il a conscience de posséder. [...]
>
> Beau soldat, ce sera un beau chef, qu'il y a intérêt pour le bien de son arme et de toute l'armée à pousser rapidement aux hautes situations où il donnera sa pleine mesure et ne décevra pas[71].

Que ressent Yvonne devant cette réussite que ne ternissent pas d'autres critiques acerbes ? Il faut croire qu'elle en est fière, mais non pas surprise, elle qui depuis le début voue à la destinée de Charles une confiance sereine. En ce début de novembre 1931, son mari lui apprend qu'il est nommé au secrétariat général du CSDN, le Conseil supérieur de la défense nationale. Ce n'est pas exactement le poste qu'il aurait souhaité. Son cœur l'inclinait plutôt à opter pour une chaire d'enseignement où il aurait pu continuer à développer ses théories. Mais il fait contre mauvaise fortune bon cœur. Le CSDN est un organisme récent, créé après la Première Guerre mondiale afin de préparer le passage du pays à l'état de guerre si besoin est. Les militaires qui siègent à ce conseil ont pour mission de faire des propositions en ce qui concerne la mobilisation des hommes, des moyens économiques, des armements... Ils peuvent donc espérer avoir sur le destin du pays une forte influence. Nommé officier rédacteur, le chef de bataillon de Gaulle pourra se servir de son poste comme d'un levier pour faire accepter ses idées.

Après les aises qu'ils ont connues au Liban, les de Gaulle trouvent l'appartement du square Desaix bien étriqué. Anne, âgée de quatre ans, a dorénavant besoin d'une chambre particulière, d'autant que sa gouvernante dort auprès d'elle. C'est en effet à cette époque qu'Yvonne embauche Marguerite Potel pour la petite infirme[72]. Cette femme dont on sait peu de chose accompagnera Anne dans tous ses périples jusqu'en 1947, date à laquelle elle prendra sa retraite. Vingt-quatre heures sur vingt-quatre, elle vit à ses côtés, et devient un membre à part entière de la famille.

Pour ces raisons, il faut songer à un déménagement. La crise économique qui sévit depuis plusieurs mois a libéré bon nombre de logements dans le centre de Paris, et c'est relativement facilement que le couple trouve ce qu'il cherche : un appartement au deuxième étage d'un immeuble des années 1880 situé au 110, boulevard Raspail. Il possède un ascenseur, ce qui est particulièrement pratique quand il s'agit de faire monter à Anne, toujours impotente, les deux étages. Philippe apprécie aussi la nouvelle habitation puisqu'elle se trouve exactement en face du collège Stanislas. L'appartement, en revanche, ne dispose pas de chauffage central. Les de Gaulle en font donc installer un à leurs frais, ce qui, ajouté au coût du déménagement, montre que leur situation financière s'est un peu améliorée grâce au séjour levantin.

La scolarité des enfants, elle, a davantage à pâtir des déménagements successifs. Une mention dans une lettre de Charles, en janvier 1932, laisse entrevoir un certain scepticisme à cet égard : « Les enfants vont cahin-caha et suivent, pour les deux aînés, leur destin d'écoliers[73]. » Il s'avère que Philippe a pris du retard au Liban. Le niveau élevé de la scolarité à Stanislas lui donne du fil à retordre et il doit finalement redoubler son année. Il se rattrape vite par la suite, puisque il est « premier en histoire et géographie[74] » en 1936. C'est bien Anne qui reste le souci le plus grave des de Gaulle. Comme elle ne marche toujours pas à cinq ans, une petite voiture spéciale est confectionnée pour elle. C'est avec ce char étrange que la gouvernante et les enfants se rendent au jardin du Luxembourg le jeudi.

L'année 1932 représente un moment charnière dans l'histoire des familles de Gaulle et Vendroux. Par une funeste concomitance, les deux grands-pères meurent cette année-là, Henri de Gaulle le 3 mai et Jacques-Philippe Vendroux le 19 juillet. Depuis longtemps diabétique, ce dernier décède à l'hôpital de Charleville deux jours après une opération consécutive à une occlusion intestinale.

Pour Charles, si attaché et si redevable à son père, le choc est rude, même si les signes avant-coureurs n'avaient pas manqué. À l'occasion de ce décès, c'est lui qui gère l'envoi des faire-part au nom de sa famille paternelle. Dans ce rôle habituellement dévolu à Yvonne, il se découvre en comptable pointilleux et soucieux du prix des choses. Il confie à demi-mot à son beau-frère Cailliau ce que son épouse constate chaque jour, à savoir que les moyens financiers du couple sont réduits : « Je ne sais encore au juste si le nombre total [de faire-part] qu'il a fallu commander pour nous tous (820) suffira. En tout cas il y en aura au moins pour 700 francs que je vais régler. D'autre part les annonces dans les journaux de Paris (*Figaro, Écho de Paris*) ont coûté 950 francs (!) que j'ai payés et dont je t'envoie reçu. Comme tu as bien voulu accepter de centraliser ces tristes dépenses et que je me trouve personnellement un peu bousculé par pas mal de frais de toutes sortes, je me permets de te donner ces chiffres dès à présent et très simplement[75]. »

Comme pour compléter la série des décès, la mère d'Yvonne meurt l'année suivante, le 31 août 1933. Atteinte d'un cancer de la langue et de la gorge, elle a lutté de longs mois contre sa maladie, mais en vain. Bien plus tard, en 1947, de Gaulle, qui redoute alors lui-même d'être atteint d'un cancer de la gorge, se souvient de la mort de sa belle-mère : « C'était une femme de caractère et de courage, d'un caractère qui fit mon admiration. Eh bien, elle se confia aux mains des docteurs... Elle est morte au bout d'un an et demi dans d'atroces souffrances, malgré leurs interventions. Rien n'y fit[76]. »

Toute une période se termine, celle des grandes vacances en famille à Septfontaines autour des grands-parents Vendroux. Yvonne, sans parents à trente-trois ans, doit apprendre à surmonter sa tristesse et à vivre sans le soutien ni les conseils de sa chère maman.

Durant ces mois un peu tristes, l'ombre d'une nostalgie plane parfois sur la famille. Quand la grisaille tombe sur Paris, les soirs d'hiver, la lumière libanaise devient source de regret : « Quoique précipité dans un milieu bien différent quant à la composition et à l'atmosphère – ou peut-être à cause de cela –, il m'arrive très souvent de reporter ma pensée sur le Levant et les camarades que j'y ai laissés[77] », confie Charles au commandant Yvon. Il songe un moment à redemander un poste au Liban : « J'avais eu en effet, au début du printemps, comme une velléité de retourner à Beyrouth. Mais le général m'a fait dire que ce ne pourrait être qu'à l'automne[78]. » Il renonce donc à son projet, armé de cet argument suprême : « J'ai poussé maintenant dans mon service et à Paris quelques racines déjà profondes que je ne compte plus arracher. »

Les racines, ce sont les réseaux et les sphères d'influence indispensables à l'irrésistible ascension du chef de bataillon, passé au grade de lieutenant-colonel en décembre 1932. Charles se met à fréquenter régulièrement Nachin et Mayer, lequel, depuis la mort de sa femme, réside chez sa fille, grande amie de Léon Blum. Là, de Gaulle se lie avec un autre personnage, Jean Auburtin, qui donne du salon Mayer une description vivante : « Ce n'était ni un cercle politique ni un cénacle littéraire, cet appartement du boulevard Beauséjour où résidait [...] le colonel Émile Mayer. Chez son gendre, [...] il réunissait tous les dimanches matin, dans un salon ovale qu'embuait la fumée des cigarettes, un groupe de fidèles où se coudoyaient, avec la plus fraternelle animation, étudiants en mal de répétitions, personnalités françaises et étrangères, ministres en exercice et obscurs anonymes[79]. » Charles de Gaulle se classe à coup sûr parmi les plus brillants de cette noble assemblée. Il fréquente aussi les « lundis » de l'historien et essayiste Daniel Halévy, où il rencontre notamment Robert de Traz, écrivain suisse qui lui consacre ensuite un article. Les deux hommes échangent une correspondance régulière. De temps en temps, Yvonne est invitée avec son mari à dîner chez l'une de ces personnalités – ainsi, en décembre 1934, chez M. Auburtin et sa mère.

Charles se lie également avec André Pironneau, journaliste spécialiste des questions militaires à *L'Écho de Paris* et secrétaire parlementaire du général de Castelnau. Ardent défenseur des théories de De Gaulle, dont il se fait l'écho dans ses articles, Pironneau développe avec lui une relation d'amitié. Les épouses des deux hommes s'entendent également très bien : « Il est même arrivé que les Pironneau amènent le dimanche chez les de Gaulle deux de leurs neveux, qui avaient été à Sarrebruck en même temps que le fils de Xavier de Gaulle, ce qui donne une idée de l'ambiance familiale de ces réunions[80]. »

Le soir, à la maison, Charles travaille d'arrache-pied. Il multiplie les publications d'articles (onze au total entre 1932 et 1936) et édite même en 1932, dans un recueil intitulé *Le Fil de l'épée,* les conférences qu'il a prononcées en 1927 à l'École supérieure de guerre. Des critiques élogieuses fleurissent dans plusieurs revues spécialisées, mais les ventes ne dépassent pas les 700 exemplaires. Il en faudrait plus pour décourager ce penseur inlassable. En 1933, il confie à Yvonne qu'il met la dernière main à un nouvel ouvrage. Auprès de Lucien Nachin, il évoque un article qu'il a publié et qui n'est que « l'avant-garde du bouquin qui sortira l'hiver prochain[81] ». Ce livre, qui va le propulser auprès du pouvoir et faire d'Yvonne l'épouse d'un homme en vue, exposé aux applaudissements et aux critiques les plus rudes, paraît finalement en 1934. Son titre vaut programme : *Vers l'armée de métier*. De Gaulle part d'un constat simple : l'Allemagne d'Hitler se réarme, la paix de l'Europe est en danger. Or la France, directement menacée sur sa frontière nord-est, a conservé des doctrines militaires obsolètes. Farouchement opposé à la politique défensive symbolisée par la ligne Maginot, de Gaulle réclame la formation d'un corps de blindés qui serait utilisé de façon autonome et offensive. Le degré de technicité des engins motorisés exige qu'ils soient servis par des soldats professionnels et toujours disponibles – d'où la nécessité de former une armée de métier. La France doit pouvoir agir et non pas subir la loi de l'adversaire, tonne-t-il.

Ces prises de position lui valent d'être condamné par la majorité de la hiérarchie militaire, mais il obtient des commentaires élogieux, par exemple dans la *Revue des sciences politiques* et dans la *Revue hebdomadaire* où écrit son ami Auburtin. Il retient bientôt l'attention de certains hommes influents, et notamment de Paul Reynaud, député de Paris et plusieurs fois ministre. Le 5 décembre 1934, toujours grâce à Auburtin, de Gaulle a un premier entretien avec Reynaud. Une vraie relation naît, alimentée par des rencontres et une abondante correspondance – entre 1934 et 1939, les deux hommes n'échangent pas moins de soixante-deux lettres relatives à leur croisade commune en faveur des chars. En mars 1935, devant la Chambre des députés, Reynaud défend le projet d'armée mécanique développé par de Gaulle. En vain.

Aux côtés de ce militaire écrivain et politique, Yvonne joue un rôle discret mais important : elle est la première lectrice des œuvres de son mari. Elle intervient également, de façon plus inattendue, en tant que… passeur clandestin. Charles de Gaulle, surveillé par sa hiérarchie, doit prendre des précautions et limiter ses contacts directs avec les journalistes. Il charge donc sa femme de jouer les intermédiaires. Selon la nièce d'André Pironneau, c'est Yvonne « qui porte à Thérèse Pironneau les notes destinées au journaliste[82] » ! De manière plus classique, Yvonne organise aussi les dîners à la maison. Philippe affirme que ses parents n'en donnent que deux par an. Son estimation semble surprenante, d'autant qu'il ajoute peu après : « Ils préfèrent l'un et l'autre rencontrer leurs amis et relations en nombre assez restreint pour les voir vraiment et leur parler autrement qu'à travers des mondanités artificielles[83]. » La nuance est de taille : les de Gaulle reçoivent, mais de façon intime – comme ils le feront très souvent par la suite à l'Élysée. C'est donc plutôt une fois par mois que le couple reçoit des invités, en y mettant quelquefois les formes : « Vous nous feriez le plus grand plaisir à ma femme et à moi-même en acceptant de venir dîner samedi prochain à 8 heures (smoking)[84] », écrit par exemple Charles à Auburtin. Les autres invités réguliers sont les Ditte, Nachin, Georges-Picot, Pironneau…

On ne peut malgré tout s'empêcher d'être frappé par le contraste entre le niveau intellectuel du lieutenant-colonel, qui se place sur le même plan que Paul Reynaud et interpelle l'état-major ou le gouvernement, et la sempiternelle modestie de son train de vie ! Cet homme qui se fait fort d'influer sur les destinées de la France ne peut s'offrir un nouveau costume que tous les deux ans. Sa femme court les soldes au Bon Marché, enseigne à laquelle elle vouera une fidélité constante sa vie durant. En raison des frais médicaux d'Anne et du salaire de sa gouvernante, Yvonne finit par renoncer à prendre une autre domestique. Sans indemnité de fonction, puisqu'il est en poste à Paris, le lieutenant-colonel de Gaulle ne peut offrir plus d'aisance aux siens.

Et alors ? Quelle plus belle preuve de la primauté accordée aux idées, aux amis, à la famille, que ce dédain obligé pour les choses matérielles ?

Finalement, le mode de vie des de Gaulle se retrouve assez bien dans une description que donne Georges Loustaunau-Lacau des familles d'officiers dans les années 1930. L'auteur, lui-même saint-cyrien, a côtoyé de Gaulle à l'École supérieure de guerre avant de lui succéder comme officier rédacteur auprès du maréchal Pétain – et de suivre par la suite une carrière politique controversée entre extrême droite et résistance. Que nous dit ce témoin privilégié des milieux militaires de l'entre-deux-guerres ? « La vertu règne comme elle n'a jamais régné. On devrait donner le prix Monthyon à l'armée française. Les femmes de colonel y tiennent la main. [...] Ces ménages exemplaires, ces célibataires sérieux qui se marient au sortir de l'école, offrent à tous les fonctionnaires le modèle de la vie bourgeoise. Et l'on dit au-dehors que la France est un pays dépravé[85] ! » Yvonne de Gaulle ferait en effet une parfaite lauréate du prix Monthyon, qui est attribué à des personnes, souvent peu connues, dont la vie offre un modèle de dévouement, de philanthropie et de désintéressement...

Parfaite femme d'intérieur, d'accord. Mais qu'en est-il au juste de sa conscience du monde extérieur ? Les années 1930 voient se multiplier les tensions internationales dans une Europe mal remise de la Première Guerre mondiale. L'arrivée au pouvoir des fascistes en Italie, des nazis en Allemagne, la banalisation des discours vindicatifs et racistes, la montée des exigences nationalistes, tout cela n'augure rien de bon. Yvonne est mariée à un homme parfaitement conscient de ce qui est en train d'arriver. On pourrait même dire qu'il est l'un des seuls, dans cette France qui fait volontiers l'autruche, à être aussi clairvoyant.

Aucune archive ne permet de déterminer avec exactitude la position d'Yvonne vis-à-vis des crises qui se nouent alors. Tout au plus peut-on estimer qu'elle en entend parler au cours des dîners qui rassemblent Charles et ses compagnons. Pironneau est par exemple un farouche opposant au nazisme : « Hitler et ses maîtres d'école préparent l'Allemagne à être un fauve ; le fanatisme pacifique de nos pédagogues et l'inconscience de nos gouvernements préparent la France à être une proie[86] », note-t-il très lucidement dès 1933. Ces thèmes développés par les amis, Yvonne doit également les aborder avec son mari, tant celui-ci leur accorde d'importance. Plusieurs documents montrent en effet que Charles n'hésite pas partager avec ses proches ses analyses stratégiques. Dans une lettre écrite à la fin de 1936, année marquée par l'invasion de la Rhénanie par Hitler et par le début de la guerre d'Espagne, il confie à sa mère son souci de l'avenir : « Voici venir Noël, que nous passerons, quant à nous, de la façon la plus simple. Nous irons à la messe de minuit à Sion et nous réveillonnerons à la maison avec Suzanne et Jean Rérolle [sœur et beau-frère d'Yvonne], car les Pierre [de Gaulle], de leur côté, ont invité quelques amis et ne pourront se joindre à nous. Il faut tâcher de s'abstenir ces jours-ci de toutes les préoccupations et de tous les soucis qui nous assaillent en cette dure époque[87]. » Il est donc sûr qu'Yvonne, qui côtoie suffisamment son mari pour suivre l'évolution de sa pensée, connaît son opinion sur le contexte européen et les menaces qui pèsent sur l'avenir. Par nature et par éducation, elle s'en remet le plus souvent à son avis d'expert. Mais elle a sûrement son opinion propre : ses lettres de femme mûre, dans les années 1960, montrent qu'elle ne se désintéresse nullement des événements mondiaux.

Le refuge de Colombey

À partir de 1933, l'époque des vacances à Septfontaines est révolue. Même si Jean Vendroux, le plus jeune frère d'Yvonne, qui a repris le domaine à la mort de ses parents, est prêt à accueillir la famille pour l'été, le cœur n'y est plus. Sans Marguerite et Jacques-Philippe père, l'ambiance n'est plus qu'un pâle succédané de ce qu'elle était aux jours heureux. Cette réalité conduit les de Gaulle à réfléchir à une autre organisation pour occuper le temps des grandes vacances. Leurs contraintes budgétaires rendent trop onéreuse la location d'une villa pour presque trois mois. Et la présence d'Anne complique encore les choses : la location doit présenter des conditions de sécurité et de discrétion draconiennes… Pour toutes ces raisons, alliées à la lassitude de n'avoir pas de maison à soi dans cette vie militaire faite de déménagements, ils songent à acheter leur propre demeure. Ajoutons que la mort des deux parents d'Yvonne induit le versement d'un héritage qui, nous le verrons, sera déterminant.

D'emblée, les de Gaulle cherchent une résidence à la campagne – et non pas à la mer ou dans une autre ville. Selon leur nièce Geneviève, leurs premières recherches les mènent du côté du Perche, ce qui nous renseigne sur leurs goûts : vastes paysages vallonnés, grands horizons, profondes forêts, petits villages immuables. Mais ils ne trouvent pas satisfaction dans cette région. Peut-être les prix sont-ils trop élevés, la Normandie étant alors, avec la Bretagne, l'un des lieux de villégiature estivale les plus prisés. Il faut donc trouver autre chose ailleurs. La recherche prend deux ans environ : « Ils ont visité quantité d'autres propriétés[88] », et le choix de la Haute-Marne sera donc un choix par défaut plutôt que le fruit d'une volonté exclusive.

Le hasard a sa part dans la décision : c'est paraît-il dans une petite annonce du journal *L'Écho de Paris*[89] que Charles de Gaulle découvre la mise en vente d'une maison appelée la Boisserie, dans un village au nom frappant de Colombey-les-Deux-Églises. L'offre est alléchante, ne serait-ce que sur le plan financier : la maison vaut 45 000 francs, ce qui équivaut à peu près à la solde annuelle d'un lieutenant-colonel en 1934 (51 510 francs[90]), mais le paiement se fait selon le système du viager. Sont versés « 17 000 francs à la signature de l'acte de vente. Le reste en viager, soit 6 000 francs par an[91] ». Ce procédé permet à la propriétaire, une veuve de soixante-sept ans, Alice Bombal, de trouver enfin acquéreur. Cela faisait plusieurs années que cette Parisienne essayait de vendre sa propriété. En 1927, un couple franco-américain, les Jolas, l'avait louée pour 4 000 francs par an et en avait fait un centre littéraire et poétique, lieu d'édition d'une revue d'avant-garde baptisée *Transition*. Mais après leur départ la maison était restée inhabitée.

Il est vrai que ce coin de campagne perdu entre Troyes à l'ouest et Dijon au sud n'attire guère les foules. Il n'y a à proximité ni distraction ni grande ville. Les moyens de transport sont peu commodes. Le train s'arrête à douze kilomètres du village, après plusieurs heures de voyage depuis Paris. Il n'y a rien à venir chercher là, si ce n'est la solitude, le règne de la nature et la rudesse d'une vie qui n'a rien de moderne. C'est précisément ce que veut de Gaulle. Lui, si friand de salons littéraires, si bien introduit dans les cercles influents, voici qu'il choisit un ermitage à l'écart des grandes routes, avec pour seul vis-à-vis la splendide vallée de l'Aube qui, telle une mer végétale, va mourir à l'ouest sur les contreforts de la Côte des Bars. Le lieutenant-colonel devine qu'il trouvera dans ce lieu l'isolement propice à la création et à la réflexion. Yvonne, elle, espère offrir à ses enfants et plus particulièrement à Anne un terrain de jeux magnifique et sans danger. La maison, située au cœur de deux hectares et demi de terrain, eux-mêmes entourés de bois et de prés, garantit une discrétion complète à la petite infirme. Dernier argument, et non des moindres, Colombey se trouve à peu près à mi-chemin entre Paris et les garnisons militaires situées dans l'est de la France. C'est pour Charles, amené par sa carrière à naviguer constamment entre ces deux pôles, un avantage certain.

Venus sur place se rendre compte de la disposition des lieux, Charles et Yvonne de Gaulle se laissent prendre par la magie de l'endroit. Au bout d'une longue allée descendante, encadrée de buis, se dresse la maison bâtie en forme de L. De l'extérieur, elle a le charme bucolique de la Belle Époque : une pelouse ovale occupe la cour de devant, plantée de quelques arbustes. Une ou deux statues blanches de femmes décorent l'ensemble. Sur le mur, près de la porte d'entrée, un croisillon de bois où s'élancent des rosiers. Sur la façade ouest, une pergola de bois occupe les deux étages. De l'autre côté, à l'arrière de la maison, la vaste prairie du jardin se fond dans la grandeur des paysages lointains. L'absence de prétention de la maison correspond au caractère des de Gaulle. « Absence de prétention » est du reste un euphémisme : en 1934, la Boisserie se présente plutôt comme une bâtisse assez modeste. Elle n'est pas aussi grande qu'aujourd'hui. Au rez-de-chaussée, de part et d'autre du vestibule d'entrée, se trouvent seulement une petite cuisine, une salle à manger avec sa grande cheminée en carreaux de Delft et un salon. À l'étage, un couloir étroit dessert quelques chambes de petite taille. La bibliothèque, le bureau d'angle et les pièces qui les surplombent à l'étage ne seront ajoutés qu'après la Seconde Guerre mondiale. Le confort est réduit à sa plus simple expression : pas d'eau courante, pas de chauffage central, bien sûr, et l'électricité dans quelques pièces seulement. Pendant plusieurs années, elle ne sera donc guère habitable l'hiver.

Dès le 1er mai 1934, les de Gaulle font à Mme Bombal un premier versement de 5 000 francs constaté par Me Mouton, notaire à Chaumont. Dès cette date, ils peuvent donc prendre possession des lieux. L'acte de vente qui les fait officiellement propriétaires est signé, lui, le 11 juin 1934 chez M. Poulnot, leur voisin de Colombey. Il porte la signature d'« A. Bombal, née Descartes, Y. Vendroux, Ch. De Gaulle », ainsi que celle du notaire. Le document précise que la rente viagère annuelle est de 6 000 francs. La Boisserie y est ainsi décrite : « une maison d'habitation élevée sur terre-plein d'un rez-de-chaussée et d'un premier étage avec grenier sous combles ; pavillon adjacent élevé sur cave d'un rez-de-chaussée et d'un premier étage avec grenier dessus, le tout constituant une demeure de quatorze pièces ; jardin d'agrément, boqueteaux, verger, potager et prairies, l'ensemble d'une surface de 2 hectares, 41 ares, 45 centiares ».

La somme totale à verser pour 1934 (5 000 puis 6 000 francs) est sans doute réunie grâce aux héritages consécutifs à la mort de Henri de Gaulle et des parents Vendroux. Le transfert financier entraîne un échange de courrier avec le beau-frère de Charles, Alfred Cailliau : « J'ai bien reçu le chèque de 17 000 francs du Crédit du Nord que je te remercie de m'avoir fait envoyer[92]. » La mort, décidément, frappe à propos. Elle permet d'apporter la mise initiale, puis elle vient écourter le viager : la veuve Bombal décède en effet au bout de trois ans, noyée, dit-on, dans sa baignoire.

L'installation de la famille dans sa nouvelle demeure a lieu – cela ne s'invente pas – le 14 juillet 1934. Les de Gaulle ont le sens des dates – leurs fiançailles, rappelons-le, avaient eu lieu un 11 novembre… Qui peut s'imaginer aujourd'hui cette arrivée ? Qui oserait se représenter les de Gaulle en famille Fenouillard débarquant avec ses valises à la campagne ? Il y a pourtant un peu de cela. Comme ils n'ont pas de voiture, ils prennent le train. Le voyage par chemin de fer de Paris à Bar-sur-Aube dure alors de cinq à six heures ! Ménagère consciencieuse, Yvonne emporte certainement quantité d'ustensiles et de matériels divers – casseroles et torchons, cartons à chapeaux et draps, valises d'habits et caisses de médicaments pour Anne, nécessaire à couture et tissu pour les rideaux, lampes à pétrole et réserves alimentaires de base. Philippe, encore mal remis d'une appendicite avec péritonite qui a coûté à ses parents les frais d'une opération à la clinique de la Croix-Rouge, ne peut guère porter de valises. Charles, Yvonne, Élisabeth et Mlle Potel s'en chargent. À Bar-sur-Aube, gare la plus proche de Colombey-les-Deux-Églises, une voiture les attend. C'est Gabriel Gadot, le garagiste du village, seul propriétaire d'une automobile – une B 14 – et donc taxi à ses heures, qui prend en charge la famille et son paquetage.

Les enfants découvrent bientôt le lieu qui sera désormais celui de leurs vacances. Tandis que l'automobile traverse le bourg, ils cherchent peut-être des yeux la deuxième église annoncée dans le nom du village. En vain ! Le sanctuaire paroissial, élégante bâtisse romane, est bien là, bordé de son archaïque petit cimetière blotti derrière un muret. Mais de seconde église, point. Il y en avait une pourtant, la chapelle d'un prieuré de l'ordre de Cluny, érigée au XIIe siècle. Mais les vicissitudes de l'histoire entraînèrent la vente du prieuré comme bien national lors de la Révolution, et la chapelle disparut. Grand connaisseur de l'histoire militaire, Charles de Gaulle sait que Colombey fut à de nombreuses reprises sur le chemin des envahisseurs depuis la guerre de Cent Ans. Les Cosaques en 1814 et les Prussiens en 1870 ont laissé de pénibles souvenirs aux habitants ou à leurs grands-parents. Ce terroir si proche des marches de l'est de la France, si imprégné encore de mémoire guerrière, ne peut que séduire le lieutenant-colonel historien.

En ce milieu des années 1930, toutefois, la paix est revenue. La vie est rythmée par le passage des saisons et le travail dans les champs. Les trois cent vingt-sept habitants du village sont dans leur quasi-totalité de petits paysans, frappés déjà par l'exode rural – en 1861, on comptait huit cent vingt et un habitants, et cinq cents en 1911. La guerre de 1914-1918 n'a fait qu'amplifier le phénomène. Fermes et granges s'alignent le long des deux principales routes en terre battue. Les poules picorent le long des caniveaux naturels. Au loin, les moutons parsèment les prairies de taches blanches. Ils seront peu à peu remplacés par des troupeaux de vaches, grâce au développement de la fromagerie Roethlisberger installée à l'entrée du village.

Le curé et l'instituteur sont les deux plus hautes notabilités locales. Le premier règne sur l'église et le presbytère, fait répéter la chorale du village et organise chaque année la Fête-Dieu, prétexte à de grandes réjouissances. Le second s'occupe d'une unique classe, hébergée à la mairie, où se regroupent les enfants de tous les âges. Les naissances, les mariages et les enterrements constituent les principaux événements dans cette existence où la collectivité tient une grande place : il faut s'entraider lors des coups durs, se prêter main-forte pour scier du bois en hiver ou pour sortir de l'ornière une charrette versée. Les célébrations religieuses ou païennes sont l'occasion de resserrer les liens : lors du carnaval, un charivari de jeunes gens provoque l'indignation des plus âgés, qui ont oublié leurs bêtises au même âge. À Pâques, les enfants vont chercher les roulées dans les jardins du voisinage et gagnent quelques sous. Le 14 juillet, une petite fête foraine s'installe sur la place du village, prélude festif au bal musette qui, le soir, fait valser les couples et naître les idylles.

L'arrivée d'un lieutenant-colonel de l'armée française dans ce petit village où tout le monde se connaît ne doit pas passer inaperçue. Par son statut social – rappelons le prestige que revêt alors le métier des armes –, de Gaulle impressionne certainement les habitants. Le fait qu'il vive le reste de l'année à Paris le distingue également des villageois, dont peu sans doute ont déjà fait le voyage à la capitale. L'allure altière du personnage, enfin, ajoute à son mystère. Pourtant, les gens de Colombey se comportent dès le départ avec un naturel et une discrétion remarquables, dont ils ne se départiront jamais. Leur accueil simple et sans manières, leur respect sans fioritures sont immédiatement appréciés de Charles et d'Yvonne, notamment en raison d'Anne. Du reste, les villageois n'aperçoivent guère les de Gaulle qu'à l'été, à Pâques et à Noël de 1934 à 1939. Cela laisse bien peu de temps pour lier connaissance. Fait notable, Charles de Gaulle, à peine arrivé dans sa nouvelle commune, s'inscrit à l'association des anciens combattants.

La sociabilité militaire joue aussi d'une autre façon : à Bar-sur-Aube réside le général Tassin, qui commandait en 1914 la 9e brigade d'infanterie. Apprenant l'arrivée de De Gaulle dans une région où la densité d'officiers est plutôt faible, il invite le couple à lui rendre visite. Il réside dans le château des Varennes, qu'a construit en 1905 son père Charles Tassin, préfet de l'Aube. Les deux familles resteront en relation jusqu'à la mort du général Tassin en 1967 – « j'avais pour le général Tassin, en raison de sa grande valeur militaire et de ses magnifiques services, une très haute estime, écrit de Gaulle à cette occasion. En outre il était et reste lié dans mon esprit à des souvenirs personnels que je n'ai certes pas oubliés[93] ». C'est une allusion à l'accueil que lui avait réservé son supérieur en 1934.

De son côté, par ses fonctions de maîtresse de maison, Yvonne se rapproche des artisans, trouve un jardinier, une aide à tout faire mariée à un bûcheron belge. Elle apprend par les voisins où acheter le lait frais et les œufs. Philippe de Gaulle résume bien la situation : « Parisiens petit à petit acceptés par nos voisins, nos relations se limitent aux gens qui invitent parfois mon père à chasser le gros gibier, exercice auquel il participe plus par raison sociale que par goût personnel[94]. » La messe, enfin, réunit chaque dimanche les de Gaulle et les autres habitants. En même temps que la Boisserie, les de Gaulle ont obtenu une place fixe à l'église, celle qu'occupait feu Mme Bombal. Il s'agit du dixième banc à gauche. Signe prémonitoire ? Ce banc est entouré de deux vitraux. L'un représente Saint Louis, l'autre Jeanne d'Arc !

Yvonne, sur les très rares photographies[95] d'elle prises à la Boisserie dans les années 1930 et jusqu'ici inédites, semble radieuse. Dans le parc, vêtue d'une robe d'été qui découvre ses fines chevilles, elle sourit. À son bras, son grand garçon Philippe. Sur un autre cliché, elle se tient assise, genoux contre la poitrine, devant la grande cheminée de la salle à manger. C'est la seule photographie où l'on peut apercevoir le sol d'origine de la maison, un beau parquet sombre. Brûlé pendant la Seconde Guerre mondiale, il sera remplacé en 1946 par un carrelage et la pièce perdra alors un peu de son authenticité. Oui, Yvonne est rayonnante. Cette demeure, nul doute qu'elle l'a voulue autant que son mari, en souvenir de tous ses jeunes étés passés dans la nature ardennaise. Elle s'y sent chez elle plus que nulle part ailleurs, parce qu'elle l'a choisie, au contraire de tous les appartements successifs où elle a vécu avec son mari et qui lui étaient plus ou moins imposés par la contrainte militaire. « C'est ma demeure », a écrit le général de Gaulle en 1946 pour parler de la Boisserie. « C'est ma demeure », aurait tout aussi bien pu écrire Yvonne dès 1934. C'est sa demeure de femme d'intérieur, le seul endroit au monde où elle puisse envisager des travaux à long terme, une existence sur plusieurs décennies, l'accueil de générations successives…

Pourtant, l'aménagement intérieur est alors rustique. Marie-Thérèse Tardif, fille de Marie-Agnès Cailliau-de Gaulle et nièce de Charles, se souvient de ses séjours à cette époque. Elle est alors mère d'un nourrisson. Lorsqu'elle demande à sa tante Yvonne où elle peut laver les couches, elle s'entend répondre : « C'est très simple. Tu vas dans le jardin, près du poulailler, tu vas trouver le puits. Là, il y a une bassine, tu la remplis en actionnant le bras. Tu laves comme ça. » L'eau est froide, comme il se doit. « Tu as l'étendage à côté et tu étends jusqu'au lendemain, ce sera sec[96]. » En 1936, dans une lettre à Mayer, qui s'apprête à partir en congé à Hossegor, Charles de Gaulle ironise même sur l'inconfort de son gîte : « Je souhaite que vous trouviez là-bas un temps plus favorable que celui que nous avons et qui me bloque pour le moment dans ma bicoque de Haute-Marne, tête à tête avec le dernier (et le plus difficile) chapitre de mon prochain bouquin sur *La France et son armée* (douze siècles en trois cents pages !)[97]. »

Peu à peu, le confort s'améliore : en 1937, profitant sans doute de ce que le versement du loyer annuel vient de s'interrompre avec la mort d'Alice Bombal, les de Gaulle consacrent leurs économies à faire installer l'eau courante dans la maison. Le jeune Philippe se réjouit de n'être plus de corvée à la citerne ! Tant mieux, car la mutation de Charles de Gaulle à Metz, en 1937, rend le séjour à Colombey plus commode et plus fréquent. Mais Yvonne n'a pas attendu l'eau courante pour inviter ses proches. Dès les premiers étés, frères, sœur et cousins de Gaulle ou Vendroux viennent séjourner à la Boisserie. Tante Richard, la sœur du père d'Yvonne, y accompagne Jacques-Philippe et Cada en 1937. Elle a alors soixante-deux ans. L'année suivante, Claude Vendroux-Legrand y passe une quinzaine de jours en septembre. Elle est alors âgée de quinze ans, et garde de ces vacances un souvenir iconoclaste : « Ma cousine Élisabeth et moi jouions à faire brûler des feuilles de noyer pour faire semblant de fumer, tout cela en cachette… Il paraît que c'est très toxique. À l'époque, il n'y avait pas encore le chauffage, mais il y avait l'électricité. […] Je n'étais pas du tout impressionnée par mon oncle, que j'aimais beaucoup. Il me tutoyait, contrairement à ce que soutient Philippe de Gaulle, qui dit qu'il ne tutoyait personne[98]. »

Le témoignage de Claude sur sa cousine est confirmé par une jeune demoiselle qui vient passer le mois d'août 1939 à la Boisserie pour garder Anne. Elle confirme le caractère enjoué, voire facétieux, d'Élisabeth de Gaulle : « De temps à autre, après le dîner, j'allais me promener dans la campagne avec Élisabeth qui était très agréable, insouciante, un peu primesautière : de grands éclats de rire fusaient à chaque instant. Je me vois encore avec elle, rampant sous les barbelés dans les prés de Colombey[99]. »

Par contraste, son frère apparaît bien plus discipliné et sérieux : « Philippe était très déférent envers ses parents. Il était distingué et prévenant. Il était pieux. Un matin, comme je me rendais à la messe de bonne heure et qu'il pleuvait, il me rattrapa sur le trajet, étant à bicyclette. Il descendit de sa monture pour faire la route avec moi sous la pluie, malgré mes protestations[100]. »

En juin 1937, de Gaulle apprend qu'il recevra le commandement du 507ᵉ régiment de chars de combat (RCC), situé à Metz. Il prend ses fonctions en septembre et se trouve promu colonel quelques mois plus tard. Quoi qu'en dise Philippe de Gaulle – « le commandement du régiment de chars que mon père vient de prendre n'est pas de ceux que se disputent les officiers supérieurs brevetés d'état-major[101] », le 507ᵉ RCC constitue une belle unité, amplement convoitée. Que l'encombrant de Gaulle, avec ses théories peu orthodoxes, ait obtenu ce commandement s'explique par plusieurs raisons. Parmi elles, le fait que certains de ses adversaires aient voulu le mettre au pied du mur pour le voir échouer n'est pas à exclure : « Il a suffisamment parlé du char-papier ; il est temps qu'il connaisse le char-métal », commente ainsi un général qui n'apprécie guère le turbulent de Gaulle.

L'épisode messin, en comparaison avec la période grise libanaise, se présente sous une lumière réconfortante. Les sources se font tout à coup plus bavardes, les témoignages abondent, des détails insoupçonnés sortent de l'ombre. Pourquoi cette clarté soudaine ? Parce que le poste qu'occupe Charles de Gaulle a un statut particulier dans la carrière d'un militaire : commander un régiment est, entre toutes, l'étape capitale, celle où les supérieurs vous jugent sur vos qualités opérationnelles et où vos subordonnés vous jaugent. En deux années, il faut imprimer sa marque au régiment, le transmettre à son successeur en bon et si possible meilleur état, laisser son nom dans le sillage de celui des grands chefs. « Ah oui, souvenez-vous, le colonel de Gaulle… » Pour les neuf cents hommes qui composent le régiment, le chef de corps est le centre de tous les regards, de toutes les attentions. Son attitude est scrutée, ses ordres craints, son caractère décortiqué. Dès lors, son action est commentée, les gens se souviennent et le matériau historique prend forme.

Ce qui est vrai pour le colonel l'est également, une fois n'est pas coutume, pour son épouse. En effet, dans l'entreprise périlleuse qui consiste à commander un régiment, l'épouse du chef de corps joue un rôle de premier ordre. Elle est aux femmes d'officiers ce que son mari est aux hommes du régiment : la référence. Bien qu'elle ne dispose pour cela d'aucun statut officiel, il lui revient traditionnellement d'organiser la vie sociale du régiment. Chaque officier, ainsi, est reçu à dîner avec sa femme chez le colonel ; chaque événement familial est fêté. Yvonne de Gaulle est tenue d'avoir un « jour », c'est-à-dire un après-midi hebdomadaire fixe où elle reçoit ses visiteuses, selon une ancienne mode de moins en moins suivie après 1914. On imagine aisément que les épouses lui adressent des requêtes en faveur de leur mari et qu'Yvonne déploie des trésors de diplomatie pour ne pas les décevoir, sans interférer pour autant avec les décisions du colonel de Gaulle… L'épouse du colonel doit mettre de l'huile dans les rouages sans se mêler de ce qui ne la regarde pas, apparaître souriante lors des festivités militaires, se renseigner sur les nuits du petit dernier… À peu de chose près, Yvonne apprend à Metz le B.A.-BA de son futur métier de première dame. Il n'est donc pas étonnant qu'elle soit elle aussi l'objet de commentaires de la part des gens qu'elle côtoie à cette époque.

Le 5 septembre, de Gaulle prend le commandement de son unité. Yvonne le rejoint un mois plus tard, début octobre. Le couple a résilié sa location à Paris car il serait onéreux et inutile de disposer simultanément de deux logements. Le mobilier parisien est pour une grande partie placé en garde-meuble, chez Bedel et Cie. Il y restera, guerre oblige, jusqu'en 1945…

Les de Gaulle s'installent à Montigny-lès-Metz, banlieue où se trouve le quartier Lizé, base du 507e RCC. Dans la petite ville, une fois de plus, on se retrouve entre militaires : « Le dimanche, on croise plus d'uniformes que de civils[102]… » Charles et Yvonne logent dans une maison située au 1, rue de la Vacquinière, sans doute déjà repérée par Charles lors de la reconnaissance qu'il a effectuée à Metz en juin. C'est « une grande maison en pierres de taille entourée d'un jardin, dont les de Gaulle occupent le rez-de-chaussée[103] ». Le 14 octobre 1937, Yvonne en dit quelques mots à son frère : « Je suis ici depuis huit jours, l'installation s'achève et ce ne sera pas mal[104]. » Un de leurs proches voisins est Félix Peupion, le maire de Montigny, avec qui de Gaulle se lie rapidement. Les deux hommes partent parfois ensemble le matin, à pied, l'un vers son régiment, l'autre vers sa mairie.

Très vite, le nouveau colonel met son régiment aux ordres. Il adopte comme devise « Toujours le plus ! » et se montre intraitable sur la ponctualité et la tenue. Il veut que les chars soient parfaitement entretenus et les hommes entraînés : « Certains officiers et sous-officiers trouvaient un énorme changement dans les exercices de cadres et dans le temps de présence obligatoire au quartier et sur le terrain de manœuvre[105] », se souvient un adjudant. « Le colonel sait ce qu'il veut et l'impose jusqu'au bout[106] », dit un sergent. Il lui arrive même d'être implacable avec les incompétents : « Si vous ne savez pas commander, rendez vos galons », lance un jour de Gaulle, excédé, à l'un de ses officiers. En retour, le chef de corps se rend sur le terrain pour encourager ses hommes, ne dédaigne pas de les féliciter le cas échéant, et insiste particulièrement sur leur formation intellectuelle. Finalement accepté et même admiré par ses subordonnés, de Gaulle, comme d'habitude, rencontre plus de difficultés avec ses supérieurs. S'il est soutenu par le général Delestraint, qui commande la 3e brigade de chars dont dépend le 507e, il s'oppose d'emblée au général Henri Giraud, qui commande la région militaire de Metz.

Irréconciliables sur la doctrine d'emploi des chars, les deux hommes se détestent cordialement. Ce n'est que le début d'une longue inimitié.

Ces éléments peuvent sembler bien loin des préoccupations d'Yvonne. Mais, en tant qu'épouse du chef de corps, elle est au premier rang des critiques ou des félicitations qui pleuvent sur son mari. Les épouses d'officiers qu'elle côtoie font remonter vers elle les impressions ressenties par leur mari. Du reste, dès son arrivée à Metz, la femme du colonel est frappée par le rythme de travail que son mari impose à ses hommes – et à lui-même. À son frère Jean, qui les invite à la traditionnelle battue d'automne à Septfontaines, elle répond par exemple par ces mots extraordinaires et inédits :

> Mon cher Jean,
>
> Charles est tellement occupé qu'il me charge de répondre à votre bonne et amusante invitation à tous deux pour la battue. Il défile le 11 novembre mais espère bien pouvoir se rendre libre le 12-13-14. Pourvu qu'il n'y ait pas de manœuvres intempestives ! Ici, ça barde, je te prie de le croire ; ils sont tout le temps en route.
>
> Pour moi, je ne demande pas mieux que de venir aussi, si Anne se comporte bien d'ici là. Je désire vivement faire la connaissance de mon filleul[107] et aussi vous décider à venir faire celle de Metz. [...]
>
> Je vous dis bonsoir à tous deux, Charles dort debout, il rentre de manœuvre et repart à 4 h 30 demain matin du côté de Longuyon[108].

Les de Gaulle reprennent à Montigny leurs habitudes de toujours : vie familiale simple, discrétion constante, catholicisme fervent, le tout un peu perturbé par les astreintes mondaines. Quelques domestiques et une ordonnance, du nom de Lazillière, s'occupent de l'intendance. « Les de Gaulle vivaient simplement, note une femme qui les a alors fréquentés. Ils se consacraient beaucoup à leurs enfants et surtout à la petite Anne et recevaient peu[109]. » Une modification notable s'est cependant produite : Philippe, âgé maintenant de seize ans, et Élisabeth, âgée de treize ans, ne vivent plus sous le toit de leurs parents mais sont pensionnaires à Paris. Les bonnes écoles ne manquent pourtant pas à Metz – le collège jésuite de Saint-Clément par exemple –, mais elles n'accueillent pas les filles. Or il s'avère qu'Élisabeth est une brillante élève. Ses parents jugent donc préférable, même si cela est coûteux, de la placer en internat dans son ancien établissement parisien afin de lui garantir un excellent niveau scolaire. Ce genre de décision se prend inévitablement à deux. De la part de Charles, si profondément attaché au monde de la pensée et du savoir, cela n'étonne guère. De la part d'Yvonne, qui n'a pas suivi d'études, le fait de se séparer de sa fille pour lui permettre de bénéficier du meilleur enseignement illustre une fois encore une vraie ouverture d'esprit. Afin qu'Élisabeth se sente moins seule à Paris (« pour qu'elle ne se sente pas brimée[110] », écrit l'amiral de Gaulle), les de Gaulle décident d'y laisser également Philippe en internat – ils se féliciteront, lors du déclenchement des combats en mai 1940, que frère et sœur soient réunis. Élisabeth et Philippe apprennent à vivre loin de leurs parents. Pour leurs menus besoins, ils reçoivent exceptionnellement un peu d'argent de poche : 50 francs par mois chacun, envoyés par Yvonne, pour payer les tickets de métro, les timbres, les crayons et une place de cinéma à 2,50 francs deux fois par mois. Chaque fin de semaine, les deux pensionnaires sortent de l'internat et se retrouvent à Paris chez des proches. Pour les vacances de Noël et de Pâques, ils effectuent ensemble le voyage en train jusqu'à Metz. Les longs congés d'été se déroulent en 1938 et 1939 à la Boisserie, où les deux aînés rejoignent Yvonne, Anne et Mlle Potel de juillet à octobre.

L'éloignement de ses enfants est difficile à vivre pour Yvonne : « La maison nous paraît vide sans Philippe et Élisabeth, écrit-elle à son frère Jean. Mais vraiment, pour leurs études, il n'y avait rien ici. Ils viendront à la Toussaint[111]. » Elle doit certainement leur écrire souvent. Nulle trace, hélas ! de la correspondance. Seules quelques lettres de Charles sont connues. Chef de corps, il n'oublie jamais ses devoirs de père, et c'est à se demander comment il trouve le temps de veiller à tout. Ce colonel actif, qui pressent l'arrivée de la guerre, qui met la dernière main à un nouveau livre, se préoccupe aussi de la santé et des progrès scolaires de ses enfants. Il est vrai que Philippe doit passer en juin 1938 la première partie de son baccalauréat, celle baptisée « humanités », qui consiste essentiellement en des épreuves de français, de latin et de grec. Son père tâche de le motiver à distance : « Ton dernier "galop" avant la course est donc entamé. Concentre-toi. Va au fond des choses, qu'il s'agisse du français, du grec ou des mathématiques[112]. » Philippe est reçu en juillet 1938, avec la mention « passable ». L'année suivante, à l'été 1939, il échoue à la seconde partie de l'épreuve (mathématiques, philosophie, histoire-géographie, sciences naturelles, anglais) et devra donc passer l'examen de rattrapage en octobre.

Les questions scolaires ne sont cependant pas les seules qui comptent. L'éloignement des deux aînés renforce paradoxalement l'attachement entre les membres de la famille. Au travers des lettres se dit une affection qui, sans cela, resterait pudiquement tue. Elle s'exprime tout particulièrement à l'occasion des fêtes familiales. Chez les de Gaulle comme chez les Vendroux, l'anniversaire n'est jamais célébré, sauf pour les enfants avant dix ans, selon une tradition immuable qui a peut-être à voir avec l'humilité : quelle immodestie que de se fêter soi-même ! Quel événement exceptionnel est donc notre propre naissance pour que nous en fassions une commémoration annuelle ? La fête, en revanche, est celle du saint qui nous a donné son nom. Elle relie chacun à un long passé chrétien et à un monde spirituel. Chaque année, donc, Charles est fêté le 4 novembre, Yvonne le 19 mai, Philippe le 3 mai, Élisabeth le 17 novembre et Anne le 26 février. Habituellement, la famille se regroupe et offre un petit rien – une fleur, un livre – à celui qui est célébré. En 1938, malheureusement, les uns sont éloignés des autres, et c'est par une lettre touchante que Charles fête la Saint-Philippe : « Je te souhaite, de tout cœur, une bonne fête. Je crois bien que c'est la première fois qu'il m'arrive de te la souhaiter de loin. Ainsi va notre vie[113]. »

Anne, quant à elle, demeure bien entendu auprès de ses parents à Metz. C'est là qu'elle effectue, à dix ans, ses premiers pas maladroits, accrochée à la main d'un adulte. Constamment entourée de sa gouvernante et de sa mère, elle reste l'objet de toutes les attentions de son père. Malgré son travail, Charles tâche de passer chaque jour un peu de temps avec elle. Le directeur du jardin botanique de Metz, M. Navel, les accueille régulièrement : « Tous les soirs quand le temps s'y prêtait, il ouvrait les grilles du jardin fermé abandonné par les promeneurs. Là, le père et sa fille parcourent main dans la main les allées désertes, loin du regard des autres, et poursuivent jour après jour leur dialogue impossible[114]. »

Lorsque sa fille doit être opérée d'un ongle incarné au pied, en 1938, Charles est aux abois. Anne ne peut être endormie car l'anesthésie générale est trop risquée. Ses hurlements déchirent le cœur des parents. « À la moindre alerte, mon père accourait auprès d'elle [...] ou il s'enquérait de son état au téléphone. Les questions s'enchaînaient : "Va-t-elle mieux ? Le médecin est-il arrivé ? A-t-elle fini par s'endormir ?"[115] »

Le caractère exceptionnel de la relation entre Charles et Anne est confirmé par un témoignage inédit, celui de la personne qui vient remplacer Mlle Potel en août 1939 à la Boisserie : « Anne avait un amour fou pour son père. Lorsque celui-ci mettait son habit militaire, elle pressentait son départ et manifestait sa contrariété et sa tristesse. Le colonel se souciait beaucoup d'Anne, il était plein d'attention pour elle. Je le revois encore près de son lit lui faisant dire ses prières du soir. L'enfant répétait mot à mot après son père. Celui-ci était ravi de voir sa fille aussi appliquée : "Vous voyez, elle connaît ses prières", disait-il[116]. » Les souvenirs embellissent la réalité, puisque l'on sait qu'Anne ne sut jamais parler.

Au printemps 1938, d'importants problèmes de santé secouent la famille, à tel point que Charles s'en ouvre au fidèle Auburtin : « Je suis bien en retard pour vous remercier de votre témoignage de sympathie lors de la maladie de mon fils. Celui-ci est, maintenant, rétabli, et je pense qu'il ne restera rien de cette affaire, sauf certaines lacunes dans son bagage de candidat au bachot[117]. » Opinion confirmée par Yvonne dans une lettre à son frère Jean Vendroux du 5 mai 1938, où elle juge qu'il sera difficile à Philippe de rattraper le temps perdu lors de sa maladie...

Si de Gaulle prend la peine d'évoquer la santé de son fils auprès d'une personne extérieure à la famille, c'est que Philippe a causé beaucoup de peur à ses parents : il a en effet été atteint de la fièvre typhoïde, maladie extrêmement contagieuse provoquée par des bacilles contenus dans des aliments infectés par la salmonelle. Terrassé par de violents maux de tête, puis par de lancinantes nausées, il a peu à peu perdu appétit et force. Il faut être conscient que cette maladie était encore très dangereuse dans les années 1930, puisqu'en l'absence de traitement antibiotique – mis au point seulement après la Seconde Guerre mondiale – elle tuait 10 % des personnes atteintes. Dans ses *Mémoires accessoires*, l'amiral de Gaulle précise du reste que quatre de ses camarades de Stanislas ont développé la maladie en même temps que lui. L'un d'eux en est mort. Étrangement, il omet de mentionner une victime beaucoup plus proche de lui, dont la mort a peiné la famille de Gaulle et Vendroux tout entière : le 11 octobre 1938, sa cousine germaine Jacqueline de Gaulle, âgée de dix-sept ans, est décédée des suites de la terrible fièvre. Philippe et ses parents la connaissaient bien pour l'avoir accueillie plusieurs fois à Montigny-lès-Metz avec sa sœur Geneviève : leur père, veuf puis remarié, avait quitté la Sarre pour l'ouest de la France. Les deux sœurs inséparables étaient devenues pensionnaires dans un couvent en Lorraine, puis en Alsace, à Kintzheim. Les de Gaulle les invitaient régulièrement.

La question se pose de savoir si Yvonne de Gaulle est frappée elle aussi par le bacille. Une lettre de Charles à son fils, écrite au moment même où celui-ci sort de sa typhoïde, le laisse supposer : « Maman se remet progressivement. Anne va bien. Mais tous ici voudraient voir le printemps se décider[118]. » Quand on connaît le caractère contagieux de la typhoïde, on peut aisément envisager qu'Yvonne ait été contaminée. Il est à peu près certain que, devant la gravité de l'état de leur fils, les de Gaulle l'ont rapatrié chez eux pour le soigner. À cette occasion, la mère, en première ligne pour administrer les soins, a pu être atteinte à son tour. Cela signifierait pour elle des mois de fatigue intense et angoissée, redoublée par la crainte de transmettre la maladie à Anne, extrêmement vulnérable sur le plan immunitaire.

Dans l'existence fatigante et toujours exposée du chef de corps et de sa femme, la foi reste un point de repère immuable et intime. Le flot d'obligations et de réceptions ne conduit jamais les de Gaulle à manquer une seule messe : « Chaque dimanche, se souvient l'épouse d'un commandant du 507e, on pouvait voir le colonel de Gaulle et sa femme se rendre à la messe à huit heures, à la chapelle Sainte-Thérèse [...]. Ils avaient une place favorite, au fond de la chapelle à gauche, près d'un confessionnal[119]. » À cette époque, ils apprécient aussi de faire retraite dans le monastère alsacien de Sainte-Odile, au-dessus de la vallée du Rhin. Derrière la motivation religieuse, Charles de Gaulle ne cache pas son besoin de ressourcement, y compris dans sa relation avec Yvonne : « Il fallait se retirer du monde pour réfléchir, vérifier son parcours, se reconsidérer soi-même dans sa vie de couple et dans sa vie personnelle[120] », confie-t-il à son fils. De façon un peu plus surprenante, il semble que le colonel de Gaulle ait essayé d'encourager la pratique religieuse parmi les hommes de son régiment : il incite les militaires du 507e à aller le dimanche à l'office en leur offrant pour l'occasion le bel uniforme blanc envié de tous. Cette démarche étonne de la part d'un personnage qui, par la suite, séparera toujours distinctement la foi – privée – de la vie publique.

Vie privée, vie publique : pour les de Gaulle à Metz, la frontière est floue. Le colonel et sa femme exercent tous deux une fonction de représentation qui ne cesse qu'une fois refermée sur eux la porte de leur maison après le départ des derniers invités. Les journées de Charles commencent bien avant l'aube : quand il est de garde à l'entrée du quartier Lizé, le chef de poste Poirson a souvent la surprise de voir arriver son colonel à 4 heures, voire à 3 heures du matin ! C'est le seul moyen pour de Gaulle de trouver le temps d'écrire ses livres et ses articles. Déjà auteur de trois ouvrages, il travaille en effet à un nouveau livre, *La France et son armée*, qu'il a en réalité commencé à écrire en tant que « nègre » pour le maréchal Pétain en 1925. Décidé à publier pour son propre compte un ouvrage qui lui doit tout, il se remet avec ardeur à la tâche et utilise les talents du soldat Ferbus, jeune appelé qui est champion d'Île-de-France de frappe à la machine à écrire ! Chargé de taper le manuscrit de son colonel, Ferbus est rétribué par lui personnellement. Pétain, quand il apprend que de Gaulle a l'intention de publier le livre sous son propre nom, lui fait immédiatement connaître son courroux : « Je considère que ce travail m'appartient personnellement et exclusivement. Je me réserve de m'opposer à sa publication dans le présent et dans l'avenir[121]. » Il en faut plus pour décourager de Gaulle. Le 23 août 1938, il écrit à son ami Mayer : « Mon livre est à l'impression. Je vous suis très reconnaissant, mon colonel, de consentir à en examiner les épreuves[122]. »

Yvonne, de son côté, n'est pas moins occupée : levée tôt elle aussi, elle veille comme d'habitude au quotidien de la maison, donne les ordres, dresse les menus, veille sur Anne. Puis elle met à jour sa correspondance. Le reste de sa journée est consacré à la vie régimentaire. Elle reçoit les femmes d'officiers ou se rend chez elles pour prendre le thé. Elle rend visite aux jeunes mamans, comme s'en souvient l'adjudant Grossmann, dont l'épouse met au monde une petite fille le 27 février 1939 : Yvonne de Gaulle se rend à son domicile quinze jours après pour offrir au bébé « une belle robe rose tricotée à la main[123] ». Mme Roser se rappelle également la visite d'Yvonne de Gaulle : « À la naissance de mon deuxième garçon, mon mari m'a avertie de la venue prochaine de la femme du chef de corps. Elle est arrivée et a déclaré : "Je viens voir votre bébé." Je lui ai offert une chaise, mais elle voulait aller dans la chambre voir l'enfant. Elle s'est même assise sur le lit, très simplement. J'étais gênée. Elle m'a dit : "Vous savez, je fais comme chez moi, pas d'histoires." Elle m'a offert une petite barboteuse rose avec des petits rubans[124]. »

Les familles nécessiteuses du régiment ont droit à toute l'attention d'Yvonne de Gaulle. Là se dévoile même l'une des facettes importantes de sa personnalité : à l'instar de sa mère, et avec une semblable discrétion, elle consacre une partie de son temps et de son argent à aider les démunis. « Ma mère, se souvient l'amiral de Gaulle, détestait la charité ostentatoire[125]. » Elle se rend donc chez les gens le plus secrètement possible, par exemple à Colombey, où elle aide une vieille postière. Au sein du régiment de son mari, sa générosité est bien connue. Fernand Bertrand, officier au 507e de 1937 à 1939, souligne la générosité de la femme du colonel : « Mme de Gaulle était très gentille, elle aidait beaucoup les jeunes appelés en difficulté[126]. »

Cette attitude est entièrement partagée par son époux. De nombreux témoignages attestent les dons faits par le colonel de Gaulle à des soldats du 507e, soit à l'occasion d'un événement particulier, soit simplement pour leur venir en aide. L'adjudant Grossmann, après la naissance de son bébé, est appelé dans le bureau du chef de corps le lendemain : « Il m'a présenté ses félicitations, a soulevé le couvercle du pupitre et m'a remis un gros billet en disant : "Cela reste entre nous deux, ce don est pris sur mes deniers personnels."[127] » Un autre homme se souvient encore avec émotion de la délicatesse du colonel. La scène est un peu postérieure à l'époque du 507e puisqu'elle se déroule à la fin de 1939 au PC de la 4e armée à Wangenbourg. L'intéressé, un certain Marius Rèbre, héberge sous son toit le colonel de Gaulle en ce début de drôle de guerre. Il se trouve qu'il est également le père d'un enfant infirme. Pour Noël, Charles de Gaulle offre un livre au petit enfant. À la mort du Général, trente et un ans plus tard, Marius Rèbre écrit à Mme de Gaulle et rapporte l'épisode. Dans la marge de cette lettre, Yvonne en personne note alors : « Je me souviens d'avoir choisi ce livre[128]. »

Le dévouement aux pauvres, véritable devoir chrétien, représente une part importante du budget des familles bourgeoises dans les années 1930 – de 3 % à 7 % des dépenses[129]. Mais de la part des de Gaulle, toujours au plus juste avec leur budget, cette générosité prend une valeur particulière que Philippe ne manque pas de souligner. Se souvenant de la contribution « substantielle » apportée par son père à un jeune militaire en situation financière difficile, l'amiral remarque que « celle du donateur est pourtant très tendue pour de multiples raisons, en particulier ses frais non compensés de colonel commandant un régiment[130] ». Les de Gaulle auraient à ce point manqué d'argent à Metz que, toujours selon Philippe, ils n'auraient pu régler sa dernière année de pension à Stanislas avant la guerre[131]... Une telle négligence ne leur ressemble guère, pourtant, et est contredite par une lettre de Charles de Gaulle à sa femme en mai 1940 : « J'ai envoyé 2 000 francs aux Dames de Sion. J'enverrai la même somme à Stan dans quelques jours et je te ferai parvenir les talons des mandats[132]. » Si le collège ne reçoit pas l'argent, il faut peut-être le mettre sur le compte des problèmes de transfert bancaires en mai et juin 1940.

À l'opposé de ses occupations charitables, Yvonne sacrifie aux réceptions, dîners et autres cocktails qui ponctuent le quotidien messin. Citons quelques exemples afin de donner la mesure de ces devoirs mondains. Chaque dimanche, apprend-on dans une lettre à son frère Jean, Yvonne organise chez elle un thé-bridge avec les autres épouses[133]. Les 24 et 25 décembre 1937, elle supervise l'organisation et le bon déroulement de l'arbre de Noël du régiment. *Le Républicain lorrain* relate fidèlement cette journée pas comme les autres : « Les fêtes de Noël ont revêtu cette année un éclat tout particulier. Les 24 et 25 décembre ont eu lieu tout d'abord, au mess des sous-officiers du régiment, la visite rendue par le Père Noël aux enfants des sous-officiers gradés et chasseurs. M. le général Touchon, commandant de la 42ᵉ DI, et madame, le général Delestraint, commandant de la 3ᵉ brigade de chars, et madame, avaient tenu à assister à la joyeuse et abondante distribution de jouets et de friandises. Le colonel de Gaulle, commandant le régiment, et madame, le lieutenant-colonel et Mᵐᵉ Simonin, le commandant et Mᵐᵉ Calliès entouraient les hôtes d'honneur. Petits et grands s'amusèrent beaucoup à la séance dramatique, comique et musicale. » Le 28 décembre, c'est au tour de tous les appelés du régiment de se réunir en présence du colonel et des officiers pour recevoir chacun un cadeau. Comme le souligne l'historien Joël Cambre, un tel arbre de Noël « représente un effort financier considérable [...] et démontre le souci que porte le colonel de Gaulle au côté social de son rôle[134] ». Cela vaut également pour sa femme, qui, sa vie durant, recevra des témoignages d'affection innombrables de la part des humbles, des gens simples, des petites gens, autant d'anonymes qui se reconnaissent en elle. Tout comme son époux, « rebelle envers les puissants, [...] compatissant – sans démagogie – à l'égard des petits[135] », Yvonne ne court pas après les faveurs.

Au début de janvier 1938, elle accompagne son mari pour présenter très officiellement ses vœux au général Giraud et à sa femme. Philippe, encore présent à Metz avec sa sœur pour les congés de Noël, assiste à la scène. Tous les officiers et leurs épouses sont conviés au palais du gouverneur militaire, « imposante bâtisse héritée de l'occupation prussienne, au style faux Moyen Âge ». La suite est impressionnante : « Trônant, l'un à côté de l'autre, dans deux fauteuils au fond d'une grande salle sans mobilier ou presque, sinon deux rangées de chaises de part et d'autre le long des murs, le général et Mᵐᵉ Henri Giraud s'entretenaient une minute, chacun de son côté, lui avec les hommes, elle avec les femmes venant les saluer. Chaque fois que l'un des invités se levait pour partir, tout le monde se serrait d'une place vers le centre[136]. »

En comparaison, la cérémonie organisée par de Gaulle pour le nouvel an a des proportions plus humaines. Elle se déroule en toute simplicité au domicile du colonel. Les officiers du 507ᵉ RCC, accompagnés de leurs femmes, viennent présenter leurs vœux à de Gaulle en uniforme et gants blancs. Les jeunes officiers célibataires, « briefés » auparavant par le commandant en second pour ne pas se jeter sur le buffet, se tiennent à carreau ! Yvonne de Gaulle, « discrète mais veillant sur tous les détails, attentive à l'égard de chacun, joue parfaitement son rôle de maîtresse de maison[137] », se souviennent certains des participants. De Gaulle ne se montre pas toujours aussi bienveillant, si l'on en croit le témoignage du capitaine Gastaud, son officier adjoint. Celui-ci, issu du rang et peu familier des mondanités, est régulièrement reçu à dîner chez les de Gaulle. « Le lendemain, le brave capitaine de raconter à l'adjudant Chrétien, qui travaille avec lui au PC, le déroulement de la soirée : "Je l'avais bien dit ! Comme d'habitude, au moment du café, les remarques ont commencé – Gastaud, quand on prend la tasse, on lève le petit doigt, etc."[138] »

Il est difficile de prendre conscience de la densité de la vie régimentaire dans les années 1930. Au-delà des activités militaires proprement dites, portées par de Gaulle à un degré d'intensité inconnu jusque-là au 507e, le régiment pourvoit au divertissement et à l'occupation des familles par une quantité considérable d'activités. Le 507e, certains dimanches, ressemble presque plus à un centre de loisirs qu'à une unité chargée de se préparer au combat !

Toutes ces activités visent à renforcer la cohésion du régiment, à laquelle de Gaulle tient par-dessus tout. Elles servent aussi à resserrer les liens entre l'armée et la nation, entre les militaires et les civils à un moment où la France prend conscience de l'imminence de la guerre. Yvonne est présente d'office à tous les événements publics organisés par le 507e. À peine arrivé à la tête de son unité, de Gaulle organise le 11 novembre 1937 la participation de soixante-trois chars du 507e à la prise d'armes qui a lieu place de la République à Metz. Sa femme assiste à l'événement, de même qu'à la revue militaire nocturne qui a lieu quelques jours plus tard devant le ministre de la Défense Édouard Daladier, le général Gamelin et le général Giraud. Pour l'occasion, les de Gaulle ont invité Jean Auburtin.

Chaque mois de juin a lieu la fête du régiment, événement préparé de longs mois à l'avance et qui fournit l'occasion de multiples amusements. Yvonne accueille les gens avec son mari. Le 25 juin 1938, le colonel de Gaulle profite de cette grande fête régimentaire pour faire baptiser les quatre-vingt-dix chars du régiment – le sien, baptisé par Mme Giraud, s'appelle en toute simplicité *Austerlitz* ! Le journal local s'étend longuement sur le faste de la manifestation : « Les attractions, très originales, connurent un grand succès. Notons un carrousel de chars, très bien réglé et fort applaudi. De nombreuses baraques foraines avaient été ingénieusement montées. [...] Plusieurs tirs, dont un à l'arc. Des phénomènes tels que l'homme indécapitable et un cirque-cinéma offrant un spectacle de choix. [...] Les organisateurs avaient prévu des voyages en char. Ce fut une des attractions les plus appréciées du public[139]. » Le soir, un grand bal est donné dans le parc du quartier Lizé. Il est de coutume que le colonel et son épouse ouvrent la danse, mais aucun témoin n'a laissé de commentaire à ce propos.

Quand arrivent les vacances d'été 1938, Yvonne éprouve le soulagement de pouvoir se retirer à la Boisserie. Dans toutes les lettres écrites par Charles à cette époque, la maison haut-marnaise apparaît comme un havre, un ermitage éloigné de tout : « du fond de la campagne où je tâche de me reposer[140] », « je suis incontinent venu m'isoler ici pour le mois d'août[141] »... Yvonne éprouve vraisemblablement la même impression. Dans sa maison, elle peut enfin vivre comme bon lui semble, recevoir les siens, gérer ses affaires domestiques. Le jardin lui offre amplement de quoi s'occuper. Elle parvient à y passer un peu de temps à la fin de l'été 1938.

Son seul regret est sans doute que son mari, retenu par son commandement, ne puisse l'y rejoindre plus souvent. À plusieurs reprises, Charles s'en désole lui aussi. Les siens lui manquent : « Je ferai l'impossible pour passer à la Boisserie avant la fin du mois, écrit-il à Yvonne en septembre 1938. Si je ne le puis, tu pourras peut-être repasser à Metz avec les Babies avant que Philippe et Élisabeth ne rentrent à Paris ? » Les Babies, rappelons-le, ont respectivement dix-sept, quatorze et dix ans... Le 1er octobre 1938, de Gaulle regrette de n'avoir pu venir : « Je pense trouver moyen, au cours de la semaine prochaine, de passer quelques heures à Colombey. [...] Il commence à ne plus faire très chaud et je suppose qu'à la Boisserie tu dois allumer du feu, au moins le soir. Vraiment je n'aurai guère paru là-bas cette année comme je l'aurais voulu[142]. » Quelques jours plus tard, il écrit encore une fois : « J'espère toujours pouvoir arriver samedi pour quelques heures. [...] Si je ne pouvais venir samedi, je le pourrais presque certainement deux ou trois jours plus tard. Je crois qu'alors il vaudrait mieux qu'Anne attende à la Boisserie avec Mademoiselle que je vienne les chercher [pour les ramener à Metz][143]. » Yvonne, elle, doit regagner Montigny-lès-Metz un peu avant : « Tout est prêt pour te recevoir, lui dit Charles. Le calorifère est allumé depuis tout à l'heure. » Et il conclut sa lettre par l'expression de son amour : « Je t'embrasse de tout mon cœur. J'ai hâte que se termine notre séparation, qui aura été inutile comme beaucoup d'autres sacrifices[144]. »

Quel calme dans ces lettres, quelle attention portée aux petites choses de la vie ! Il faut croire que de Gaulle trouve en écrivant à sa femme un apaisement bienfaisant. Car le contraste est grand entre la sérénité de ses propos et le contexte politique. Depuis longtemps déjà, Charles de Gaulle est très inquiet pour l'avenir international. Septembre s'est conclu par les désastreux accords de Munich. Hitler revendiquant avec obstination l'annexion des Sudètes, province de Tchécoslovaquie où vivent 3,2 millions d'Allemands, et menaçant d'envahir le pays, la France accepte finalement de signer, le 30 septembre 1938, avec la Grande-Bretagne et l'Allemagne, ces accords qui préservent lâchement la paix et croient protéger le reste de la Tchécoslovaquie en abandonnant les Sudètes à Hitler. Charles de Gaulle n'est pas avare de critiques devant une attitude aussi légère.

Dans deux lettres à Yvonne, les mêmes que celles où il lui parle d'amour, il commente amèrement l'actualité. Il montre ainsi à quel point il lui importe de se confier à elle à propos des événements. C'est même dans les lettres à sa femme que de Gaulle expose le plus précisément possible ses prises de position, comme s'il consignait auprès d'elle, discrète récipiendaire, le journal de sa vie. Le début de la première des deux lettres antimunichoises sonne, de surcroît, comme un prélude au thème principal de l'appel du 18 juin – quelle indécence que de capituler sans combattre !

> Ma chère petite femme chérie,
>
> [...] Comme d'habitude, nous capitulons sans combat devant les insolentes exigences des Allemands et nous livrons à l'ennemi commun nos alliés tchèques. [...] La série des humiliations se poursuit. Elle continuera par l'abandon des colonies, puis par celle de l'Alsace, etc., à moins qu'un sursaut d'honneur réveille la nation et mette les traîtres à la caponnière. À la faveur de la capitulation d'aujourd'hui, nous connaîtrons un court répit, comme Mme du Barry, vieillie, qui suppliait sur l'échafaud révolutionnaire : « Encore un petit moment, monsieur le bourreau[145] ! »

Le 1er octobre, Charles de Gaulle prend de nouveau la plume pour dire à Yvonne ce que lui inspire l'attitude des gens après les accords de Munich :

> Ma chère petite femme chérie,
>
> [...] Voici donc la détente. Les Français, comme des étourneaux, poussent des cris de joie, cependant que les troupes allemandes entrent triomphalement sur le territoire d'un État que nous avons construit nous-mêmes, dont nous garantissions les frontières et qui était notre allié. Peu à peu nous prenons l'habitude du recul et de l'humiliation, à ce point qu'ils nous deviennent une seconde nature. Nous boirons le calice jusqu'à la lie[146].

La nièce des de Gaulle, Claude Vendroux, alors âgée de quinze ans, se trouve justement en séjour à la Boisserie à ce moment-là. Elle se souvient d'avoir parlé avec Charles de l'affaire de Munich : « C'est mon oncle qui m'a ramenée à la gare de Bar-sur-Aube, juste après Munich. On ne savait pas trop ce qui allait se passer... »

Sur un plan plus personnel, le calme n'est pas davantage de mise pour le chef de corps du 507e. Exactement au moment où sont signés les accords de Munich, *La France et son armée* sort en librairie. À compter de ce jour, la rupture est définitivement consommée entre Pétain et de Gaulle. Elle se concrétise rapidement : le 30 octobre 1938 est célébré à la cathédrale de Metz le mariage de Jeanne Giraud, fille du général. Le témoin n'est autre que le maréchal Pétain. Yvonne et son mari font partie des invités obligatoires, à défaut d'être désirés. Quand de Gaulle croise fortuitement son ancien mentor sur le parvis, les deux hommes se serrent la main le plus froidement du monde.

La fin de l'année 1938 est amplement remplie pour de Gaulle, qui se partage entre les manœuvres de la fin de novembre au camp de Mailly et la promotion de son livre. Les deux époux se croisent de temps en temps, avant de se retrouver pour les fêtes, marquées par le traditionnel arbre de Noël du régiment dans la salle des fêtes du cercle-mess. En 1939, les activités reprennent à un rythme soutenu. Le 7 mars, Yvonne est présente à la prise d'armes qu'organise de Gaulle sur la place d'armes du quartier en hommage au général Delestraint. Celui-ci quitte Metz pour entrer dans le cadre de réserve. Une vraie amitié le lie à de Gaulle, et c'est sans doute avec regret que le chef du 507ᵉ voit l'un de ses rares alliés parmi ses supérieurs quitter ses fonctions. Sans doute est-il moins chagrin quand Giraud est muté à Paris, en avril ! Le 11 mars, suite des mondanités avec la grande soirée dansante organisée par les sous-officiers du 507ᵉ dans la salle des fêtes de l'hôtel des Mines à Metz. Le colonel de Gaulle et madame sont présents ; ils montrent l'exemple, car le souhait du chef de corps est de voir tous les officiers et les sous-officiers assister à ce genre de manifestations.

Les militaires qui dansent au son de l'orchestre, les robes longues, la galanterie... La réalité met un terme brusque à ces joies surannées. Le 15 mars 1939, quatre jours après ce grand bal, Hitler envahit la Bohème et la Moravie, ce qui constitue une violation caractérisée des accords de Munich. Le Conseil des ministres français décide de renforcer les moyens d'action de l'armée. Une partie des réservistes est rappelée. Les différentes cérémonies militaires qui ont lieu à Metz durant les mois suivants prennent une nouvelle tonalité. Les flonflons de la fête laissent place à l'inquiétude et au resserrement de la population autour de son armée. Lors de la cérémonie au monument au morts de la Grande Guerre, le 1ᵉʳ juillet 1939, de Gaulle est clair : le 507ᵉ réagirait « si les puissances totalitaires, dans leur folie, mettaient la France dans l'obligation de leur faire sentir le poids de son épée[147] ».

Yvonne, elle, s'est retirée à la Boisserie pour l'été. Sur ces dernières vacances d'avant-guerre, nous possédons un témoignage largement méconnu et exceptionnel par sa qualité. Il émane d'une institutrice alors âgée de vingt-trois ans, venue remplacer Mˡˡᵉ Potel pendant son congé du mois d'août. La jeune femme, qui travaille au pensionnat Notre-Dame à Saint-Dizier, a été contactée par l'intermédiaire d'une de ses collègues. Au départ, elle hésite à accepter le poste : « Je n'étais guère enchantée, car j'allais perdre un mois de vacances, mais je fus l'objet de tellement d'insistance et de pressions que je finis par accepter[148]. » Cette précision en dit long sur la difficulté d'Yvonne à trouver une employée valable pour un travail peu gratifiant – s'occuper durant un mois, vingt-quatre heures sur vingt-quatre, d'une petite handicapée mentale. Par ailleurs, on peut imaginer que Mᵐᵉ de Gaulle s'est bien renseignée sur la jeune femme – le fait qu'elle soit institutrice dans une école privée garantit à ses yeux un excellent niveau intellectuel et une moralité irréprochable.

D'emblée, Yvonne se montre chaleureuse avec celle qui la dépanne et dont elle espère beaucoup pour Anne :

Chère Mademoiselle,

Je pense que nous nous entendrons très bien. Pouvez-vous arriver ici le lundi 31 juillet par l'autobus qui part de la gare de Chaumont à 15 h 30 ? Cela permettrait à Mlle Potel de vous mettre au courant et de s'en aller en congé le mercredi matin.

Recevez, Mademoiselle, l'expression de mes meilleurs sentiments.

Yvonne de Gaulle[149].

La jeune institutrice se souvient de son arrivée à la Boisserie, et surtout donne des informations précieuses sur Anne : « Mlle Potel, la gouvernante d'Anne de Gaulle, m'attendait. [...] En entrant dans la maison, on m'introduisit dans la salle à manger où Mme de Gaulle m'accueillit, la petite Anne, âgée de douze ans, à ses côtés. L'enfant, qui n'aimait pas faire de nouvelles rencontres, manifesta son mécontentement à mon égard. Elle avait des possibilités d'expression réduites, mais n'était pas une très grande handicapée moteur. On me fit accéder à la chambre d'amis, où je m'installai en attendant de prendre la place de la gouvernante qui couchait dans la même chambre que l'enfant. »

Le travail, on le devine, n'est guère aisé. Anne ne peut dire que « maman » et « papa », ne sait pas lire, bien sûr, ni jouer à aucun jeu : « Elle ne savait que ranger des étoffes ou des mouchoirs dans des boîtes[150] », se souvient Philippe. À table, il faut la faire manger à la cuiller, et quand elle gémit il faut être capable d'identifier son besoin ou sa souffrance. Beaucoup de gens seraient effrayés face à un pareil enfant. L'abbé Drouot, qui deviendra le curé de Colombey en 1943 et le restera jusqu'en 1970, donne de sa première rencontre avec Anne une description apocalyptique. Pour lui, comme pour beaucoup de gens, au premier abord le handicap a tout de la monstruosité : « La première fois que j'entendis cette malade, qui pouvait avoir alors dix-sept ou dix-huit ans, je me trouvais dans une maison voisine, la maison Consigny. Il me sembla qu'un troupeau de bêtes passait dans la propriété : des hurlements inhumains, et des traînements de pieds. M. Consigny, qui était habitué à ce bruit, me dit simplement : "C'est Mlle de Gaulle qu'on promène."[151] »

La jeune institutrice, qui prend son service deux jours après son arrivée à Colombey, est au bord de tout abandonner :

« Je fus réveillée de bonne heure par les cris incohérents d'Anne qui gesticulait. Je me rendis auprès de la gouvernante pour lui annoncer que je ne pouvais rester plus longtemps, jugeant la tâche qui m'était confiée beaucoup trop difficile et au-dessus de mes possibilités. La gouvernante me dit : "Ne vous inquiétez pas, chantez une chanson ! " J'étais interloquée. " Quelle chanson ? répondis-je. – N'importe, ce que vous voulez." J'entonnai une chansonnette d'enfant. Alors, changement d'attitude totale, Anne se tut et me prit par le cou, ce fut le début d'une grande confiance et d'une grande tendresse envers moi, qui devait durer durant tout mon séjour. »

La gentillesse de l'ensemble de la famille de Gaulle à son égard encourage certainement la jeune femme à rester à la Boisserie. L'atmosphère qu'elle décrit est empreinte de sympathie et de petites attentions qui rendent la vie agréable : « La famille de Gaulle était une famille heureuse, d'une grande éducation, et aussi d'une grande simplicité qui forçait le respect. » Cette simplicité se constate à un ensemble de petits détails quotidiens : « [Mme de Gaulle] était une maîtresse de maison accomplie, elle veillait à tout, effectuant elle-même certains travaux, notamment la lessive. La femme de ménage absente, elle préparait le repas. Le repas était simple, pas de gaspillage. Seul le colonel buvait du vin. [...] Par économie, Mme de Gaulle était la plupart du temps habillée en noir parce que "le noir ne se démode pas". » En dépit de cette couleur sombre, Yvonne semble sereine. Elle apprécie la présence de l'institutrice, avec laquelle elle passe volontiers du temps – « Mme de Gaulle communiquait beaucoup avec moi. »

Charles de Gaulle, quant à lui, apparaît comme un personnage prévenant et attentionné. Selon la demoiselle, il revient à peu près chaque fin de semaine chez lui, dans une voiture conduite par son ordonnance. « Au premier contact je fus frappée par la très grande bonté qui se dégageait de l'expression de son visage. » Tout au long de son séjour, la jeune femme a plusieurs fois l'occasion de parler avec lui. Il fait preuve d'un grand respect envers elle et la traite comme son égale : « Il était peu expansif, mais très bon avec tout son entourage, plein de considération pour moi. Le service était fait à table par une femme de ménage qui présentait d'abord les plats à Mme de Gaulle, puis à Élisabeth. Lorsqu'elle s'approchait du colonel, il disait : "Faites servir Mademoiselle", en se tournant vers moi. » Un jour, alors que la demoiselle cherche son tricot, elle entre par inadvertance dans le salon où Charles et Yvonne sont en train de parler en buvant de la Chartreuse. « C'était un dimanche et les enfants n'étaient pas là. Le colonel me dit : "Vous aimez la Chartreuse ?" Timidement je répondis oui. Il me fit asseoir auprès d'eux. » Une autre fois, il envoie Philippe chercher les photos de la grande fête régimentaire de juillet pour les montrer une à une à l'institutrice. Il faut dire que le thème choisi est impressionnant : inspirés sans doute par *La France et son armée*, qui retrace l'histoire de l'armée française depuis ses origines, les militaires du 507e ont créé un spectacle vivant qui présente le char à travers les âges. Un grand cheval de Troie a même été construit, tiré par des soldats déguisés en Grecs de l'Antiquité !

Derrière l'apparente insouciance du témoignage de Mademoiselle, une certaine gravité est cependant perceptible : à table, « le sujet de conversation était la guerre menaçante, comme dans beaucoup de foyers à l'époque ». En cet été précédant le conflit, l'angoisse et l'amusement se mêlent, de même que la peur du délitement et la confiance dérisoire en nos armes. Le 14 juillet de cet été-là, jamais autant de civils n'auront assisté au défilé militaire à Metz : près de 50 000 personnes se pressent sur le polygone de Chambrières pour regarder passer les chars ! Il y a là comme un désir silencieux de compter ses forces.

Un mois plus tard, le 507e n'existe plus.

La guerre s'est en effet brutalement rapprochée avec la signature du pacte germano-soviétique en août 1939. « Mes enfants, maintenant nous sommes sûrs d'avoir la guerre[152] », confie alors Charles de Gaulle aux siens. L'armée française prépare la mobilisation et, dans ce dessein, réorganise ses unités. Le 507e RCC est divisé en deux groupes répartis entre la 4e et la 5e armée.

Le 22 août 1939, le colonel de Gaulle voit défiler devant lui, pour la dernière fois, les chars qu'il a tant défendus et fait travailler.

Il rejoint ensuite Yvonne et ses enfants à la Boisserie. C'est là qu'il apprend qu'il est nommé commandant des chars de la 5e armée.

Le 1er septembre, l'Allemagne envahit la Pologne.

Le 2 septembre, de Gaulle quitte Colombey et prend le train près de Chaumont pour rejoindre le quartier général de la 5e armée à Wangenbourg, dans les Vosges.

Le lendemain, à 17 heures, la France déclare la guerre à l'Allemagne nazie.

Drôle de guerre à la Boisserie

À la déclaration de guerre succède une longue période d'incertitude où les conjectures les plus noires le disputent en France à un optimisme indéracinable. Pendant des mois et des mois, apparemment il ne se passe rien. Le pays continue de vivre sans que le canon allemand gronde ni que l'invasion se déclenche. Malgré tout, l'ambiance est tendue, et dans les milieux informés, ou tout du moins parmi les personnes qui choisissent d'être lucides, le début des combats est considéré comme une affaire de semaines. Cette période de huit mois et demi durant laquelle la France, officiellement en guerre, ne rencontre sur son sol aucun soldat ennemi a été baptisée la « drôle de guerre ».

Drôle de guerre pour Yvonne, repliée pendant tout ce temps à la Boisserie, dans un semi-exil qui précède et prépare celui, plus radical, qui la conduira à Londres. Depuis qu'ils ont quitté Metz en août 1939, les de Gaulle n'ont plus d'autre résidence que la Boisserie. Les meubles de la rue de la Vacquinière ont rejoint le garde-meuble parisien, comme le rappelle Yvonne à sa compagnie d'assurances en février 1940. Exaspérée par le manque de réactivité de l'assureur et redoutant de n'être pas en règle, elle utilise un ton guerrier pour obtenir ce qu'elle demande :

> Je vous ai averti, en septembre dernier [1939], du transfert de mon mobilier de Metz au garde-meuble Bedel à Paris, en vous priant de faire toucher la prime

d'assurance incendie à Colombey-les-Deux-Églises. Vous m'aviez répondu que vous preniez bonne note de tout cela.

La traite pour la prime devait être touchée le 5 décembre. Ne voyant rien venir, je vous ai de nouveau écrit il y a trois semaines. Vous m'avez de nouveau répondu que vous preniez bonne note de ma lettre... mais on ne m'a toujours pas présenté la traite pour la prime. Veuillez donc la faire toucher d'urgence ou me dire que vous préférez que je m'adresse ailleurs.

Recevez, Monsieur, l'expression de mes sentiments distingués.

Yvonne de Gaulle[153].

La maison de Colombey-les-Deux-Églises devient donc la résidence principale des de Gaulle. Ce simple détail en dit long sur la certitude qu'a le colonel de l'imminence de la bataille. Alors qu'il est devenu le commandant des chars de la 5e armée, il ne songe pas un instant à faire venir vivre Yvonne et Anne auprès de lui – en aurait-il l'autorisation, de toute façon ? Son poste de commandement, situé initialement en Alsace dans le maginifique village de Wangenbourg, a déjà été replié au col du Dabo afin d'être mieux protégé d'une éventuelle invasion. Ce n'est pas là la place d'une famille.

Mais les de Gaulle décident de ne pas louer non plus d'appartement à Paris, comme ils auraient pu le faire puisque le colonel est appelé à se rendre fréquemment dans la capitale. Non, Charles est tellement convaincu que les combats vont éclater prochainement, une fois que le IIIe Reich aura fini de fourbir ses armes, qu'il juge illusoire de déménager. Lui, Cassandre qui tente depuis des mois d'avertir le pouvoir de la nécessité de se préparer militairement, sait en outre que l'issue de la bataille risque d'être désastreuse pour la France si rien n'est fait rapidement pour réorganiser le mode d'utilisation des chars. Et le temps qui passe joue contre lui. À quoi bon, dans cette perspective, s'engager financièrement dans une location qui a toutes les chances de devoir être abandonnée en catastrophe ? N'oublions pas que Charles et Yvonne, comme tous les Français de leur génération, ont l'expérience de la guerre, des désordres matériels qu'elle occasionne, des exodes qu'elle engendre. La proximité de la déflagration entre l'Allemagne et la France leur interdit donc de se projeter dans l'avenir, ne serait-ce qu'en louant un appartement.

Ainsi se met en place chez les de Gaulle, dès 1939, un mode de fonctionnement qui va perdurer pendant toutes les années de la guerre : tandis que Charles, appelé par le devoir national, se déplace sans cesse, rencontre les détenteurs du pouvoir, tâche de convaincre, Yvonne reste en retrait à l'attendre. Tandis qu'il s'accommode de lits de camp ou de chambres d'hôtel, elle incarne le socle familial, le point fixe, le foyer où se regroupent de temps à autre les membres de la famille dispersée.

Paradoxalement, c'est peut-être à la Boisserie au cours de la drôle de guerre que son isolement est le plus sensible. À quelle vision de l'avenir se rallier ? Sur quelle certitude se fonder pour envisager l'existence ? Faut-il renvoyer les deux aînés à Paris en octobre ? Que faire si les Allemands arrivent ? Colombey est sur la route des invasions... Loin de tout, dépourvue de la radio, plongée dans la solitude de la campagne où les échos du dehors, souvent déformés, sont lents à parvenir, elle vit au jour le jour. De rares indices montrent qu'elle éprouve alors une angoisse profonde, à tel point que son mari demande l'aide du reste de la famille, notamment de sa sœur Marie-Agnès : « Écrivez souvent à Yvonne pour la distraire et l'encourager. Elle est bien seule et bien soucieuse, d'autant plus que, comme vous savez, elle ne s'extériorise pas[154]. »

Dans la tension silencieuse qui règne à la Boisserie, on imagine que les lettres, notamment celles de Charles de Gaulle, prennent un relief tout particulier. Elles représentent pour Yvonne le seul moyen d'accéder à la connaissance des événements qui nouent le destin de la France. Malheureusement, les courriers échangés entre le mari et la femme, dans cette période cruciale qui court de septembre 1939 à mai 1940, ne sont pas publiés. Pourtant, les lettres existent sûrement, et en nombre. Charles a l'habitude d'écrire souvent à Yvonne, comme nous le verrons pendant la période pourtant très agitée de mai 1940. Et le fait qu'il recommande à ses proches de le faire signifie qu'il s'applique à lui-même la consigne. La non-publication de la correspondance 1939-1940 tient-elle à son caractère trop intime, insuffisamment « historique » aux yeux de son détenteur, l'amiral de Gaulle ? Peut-être, puisque les lettres postérieures de Charles à Yvonne (quatre par exemple en mai 1940) sont toutes publiées, tant elles sont liées aux événements qui ravagent alors la France.

Quoi qu'il en soit, on sait que Charles passe quelquefois voir Yvonne en Haute-Marne. Fin septembre, il s'arrête vingt-quatre heures à la Boisserie. C'est l'occasion de la première – et dernière ? – dispute entre le père et son fils. Les deux hommes sont en profond désaccord sur l'orientation que doit choisir Philippe : alors que Charles, au motif qu'il ne faut pas trop de militaires dans la famille, a inscrit son fils en droit et à Sciences-Po sans rien lui demander, Philippe s'insurge. Depuis toujours, il rêve de faire Navale et de devenir officier dans la marine ! Après une discussion houleuse avec son père, il obtient gain de cause.

Mais avant d'arpenter le pont des navires de guerre, il lui faut passer l'épreuve de rattrapage de la seconde partie du baccalauréat. Or, en cet automne 1939, la déclaration de guerre a passablement désorganisé le système éducatif. Bon nombre d'établissements parisiens se sont déjà repliés en province et certaines épreuves de rattrapage se déroulent en dehors de Paris. Pour Philippe de Gaulle, c'est à Dijon le 13 octobre qu'est fixé le rendez-vous devant le jury. Tout se passe bien, et l'aîné des de Gaulle est reçu au baccalauréat. Toutefois, l'épreuve n'est pas terminée, car rentrer de Dijon à Colombey en début de soirée demande de l'audace. Philippe trouve bien un train pour l'emmener péniblement jusqu'à Chaumont, où il arrive un peu avant l'aube. Mais il n'existe plus aucun moyen de rallier la Boisserie, sinon à pied. Après avoir laissé son bagage à la consigne, le jeune homme marche donc pendant vingt-trois kilomètres pour arriver chez lui… d'où il repart immédiatement à vélo pour récupérer sa valise à la gare. L'anecdote vaut pour son côté amusant, mais elle permet surtout de comprendre combien Colombey-les-Deux-Églises est alors isolé, surtout quand on ne possède pas d'automobile comme c'est le cas d'Yvonne de Gaulle. Que ce soit pour faire les courses, pour trouver un médecin en cas d'urgence ou pour fuir en cas de guerre, les choses sont lentes et compliquées.

Peut-être Charles évoque-t-il directement ce problème avec sa femme lors de son séjour de Noël 1939 à la Boisserie et lui donne-t-il déjà des conseils en cas d'invasion. Ce Noël, il est vrai, n'a rien de réjouissant. Yvonne vient de passer le début de l'hiver seule dans la maison, avec Anne et Mlle Potel, ce qui n'a guère dû atténuer son angoisse. Charles, lui, est absorbé par les problèmes de la défense nationale et espère encore pouvoir convaincre le gouvernement de changer radicalement sa stratégie militaire, notamment par le recours aux chars de façon groupée et massive en prélude à l'avancée de l'infanterie. Il met la dernière main à un mémorandum intitulé *L'Avènement de la force mécanique*, qui reprend ses thèses à la lumière de la guerre qui a commencé en Europe : « Ne nous y trompons pas ! Le conflit qui est commencé pourrait bien être le plus étendu, le plus complexe, le plus violent de tous ceux qui ravagèrent la Terre. La crise politique, économique, sociale, morale dont il est issu revêt une telle profondeur et présente un tel caractère d'ubiquité qu'elle aboutira fatalement à un bouleversement complet de la situation des peuples et de la structure des États. Or l'obscure harmonie des choses procure à cette révolution un instrument militaire – l'armée des machines – exactement proportionné à ses colossales dimensions. Il est grand temps que la France en tire la conclusion. » Ce texte, qu'il évoque certainement avec Yvonne, de Gaulle le distribue en janvier à quatre-vingts personnalités politiques et militaires, comme Daladier, Blum, le général Gamelin, le général Weygand… Ainsi que le souligne Paul-Marie de La Gorce, il y a déjà de l'homme du 18 juin chez ce militaire anticonformiste : « Hors de tout règlement et de toute hiérarchie, il s'adresse aux dirigeants de la nation, sans considération des usages, des traditions et de l'ordinaire discipline[155]. » C'est que l'heure est grave. Et Yvonne, qui a écouté son mari lui exposer ses arguments pendant son séjour de Noël, doit aborder l'année 1940 avec une inquiétude redoublée.

En ces temps troublés, les familles se dispersent, certains amis choisissent de quitter Paris. Charles prend des nouvelles des uns et des autres, ainsi de Lucien Nachin le 25 janvier 1940 : « Que deviennent les vôtres ? Sont-ils toujours à Paris ? Ma femme est dans la Haute-Marne avec notre pauvre petite, mon fils à Paris fait son droit et ses sciences-po, ma fille est dans son couvent transféré en Seine-et-Oise[156]. » Philippe, en réalité, prépare le concours d'entrée à Navale au collège Stanislas, tout en suivant en auditeur libre les cours de droit et de Sciences-Po. Chaque samedi, comme tous les jeunes Français âgés de plus de dix-huit ans, il participe à la préparation militaire supérieure, obligatoire. Élisabeth poursuit ses études à Bondoufle. Yvonne et Anne, sous la neige de Colombey, calfeutrées dans la Boisserie que les cheminées peinent à chauffer, attendent. Charles de Gaulle vient quelques jours à Pâques. Il n'existe pas davantage de précision sur cette période de latence. Une ou deux lettres émergent – Charles écrit à Yvonne : « J'espérais un peu avoir une lettre de toi aujourd'hui. En tout cas, je pense que tu as dû recevoir les miennes[157] », mais elles ne sont systématiquement publiées qu'à compter du 8 mai 1940.

Ce jour-là, Charles de Gaulle écrit à sa femme, dans le calme qui baigne rétrospectivement les veillées d'armes :

> Ma petite femme chérie, [...]
>
> Toujours rien de neuf par ici. J'y passe des jours qui seront, je pense, les derniers à mon poste actuel. J'aurai à me retrouver à [Paris] vers la fin de ce mois (entre le 20 et le 30 probablement). Mais d'ici là, j'aurai à faire une tournée à travers la France pour aller voir où en sont les éléments en formation. Je compte donc passer à Colombey le 13.

La suite de ce courrier illustre la façon dont Charles de Gaulle parle d'égal à égal avec son épouse. Il n'hésite pas à lui transmettre sa vision des choses, comme il le ferait avec un Nachin ou un Auburtin, confiant en son intelligence. Sans aucun doute l'a-t-il déjà tenue informée, le 21 mars 1940, de l'arrivée de Paul Reynaud à la tête du gouvernement. Un de ses défenseurs tient désormais les destinées de la France entre ses mains ! De Gaulle, plus que jamais, peut compter avoir de l'influence sur la guerre. Du reste, il est nommé, le 26 avril, commandant par intérim de la 4e division cuirassée de réserve (DCR).

Charles a certainement donné aussi à Yvonne des détails sur les événements de Norvège. En avril 1940, les Alliés sont intervenus militairement dans ce pays contre les troupes allemandes qui l'ont envahi, afin notamment de défendre le flux de minerai de fer suédois vers l'Europe occidentale. Un mois après, l'issue de cette bataille ne fait plus de doute. Les Alliés, pour avoir trop tergiversé, sont défaits par les Allemands. En Grande-Bretagne, les conséquences ne se font pas attendre : début mai, la Chambre des communes désavoue le gouvernement et contraint le Premier ministre Chamberlain à la démission. Winston Churchill, le Premier lord de l'amirauté (c'est-à-dire le ministre de la Marine de guerre), qui préconisait depuis longtemps une attaque précoce et rapide en Norvège, sort renforcé de la crise. Il devient Premier ministre le 10 mai.

« L'issue de l'affaire de Norvège va créer, sans doute, des difficultés à Paul Reynaud, bien qu'il n'y soit pour rien, explique Charles à Yvonne. On avait compté sur la flotte anglaise qui, au total, n'a pas fait grand-chose parce que les vieux messieurs de Londres (tels Chamberlain) ont empêché Churchill de risquer. Je crois cependant que P.R. [Paul Reynaud] s'en tirera[158]. »

L'histoire s'accélère et rattrape les de Gaulle. Le 10 mai 1940, Hilter lance son armée contre la Belgique, qui résiste tant qu'elle peut. Les Pays-Bas sont envahis. Il va de soi que la France figure sur la liste des prochaines victimes de cette *Blitzkrieg* sans précédent. Charles, du moins, ne s'y trompe pas, qui écrit à sa femme le jour même :

> Ma petite femme chérie,
>
> Voici donc la guerre, la véritable guerre, commencée. Je serais, cependant, assez surpris si les opérations actuelles de Hollande et de Belgique devaient constituer vraiment la grande bataille franco-allemande. Cela viendra, à mon avis, un peu plus tard. Je voudrais bien, en tout cas, que la 4e division cuirassée soit prête le plus tôt possible.

Au-delà de la dimension stratégique des combats, au-delà de la « grande histoire », Charles de Gaulle n'oublie jamais les détails pratiques de la vie ni les aléas de la « petite » histoire. À partir du 10 mai, dans ses lettres, le commandant de la 4e DCR s'exprime aussi en père de famille vertueux, soucieux avant toute chose de la sécurité des siens. Éloigné d'eux, happé par la guerre, il ne cesse de leur délivrer conseils et recommandations, jusqu'à ce que la guerre empêche le courrier d'arriver à bon port. Toutes ses lettres d'avant l'exil sont donc bâties sur le même modèle binaire : de Gaulle fait d'abord un bilan des combats et des événements, puis il en vient à sa famille et aux problèmes de la vie quotidienne. Dans le courrier du 10 mai, après avoir parlé de la Norvège, il conseille par exemple à Yvonne plusieurs mesures de protection, tout en utilisant des termes destinés à ne pas affoler inutilement son épouse : « Il faut s'attendre à une activité croissante des aviations et, par conséquent, prendre ses précautions. Pour toi, pour le tout petit [Anne], pour Mademoiselle, Colombey serait un bon gîte s'il n'était pas sur la grande route de Strasbourg à Paris. Fais donc bien attention, de jour, à rentrer et à faire rentrer s'il y a alerte, et le soir à bien éteindre les lumières. Gadot doit être assez sûr. Pour Philippe, à Paris, il faut qu'il ne fasse pas trop inutilement le malin si l'on tire. [...] Mézières et Septfontaines vont, sans doute, être évacués. J'ai reçu hier ta lettre du 7. »

Charles de Gaulle voit juste. Alors que les troupes allemandes n'ont pas encore pénétré sur le territoire français, il devine, en bon stratège, qu'elles le feront par les Ardennes. L'essentiel des troupes françaises est en effet engagé dans les Flandres, tandis que la frontière des Ardennes, vallonnée et réputée infranchissable, est défendue par des troupes peu aguerries. La ligne Maginot en est même absente, car les forêts ardennaises ont été jugées un obstacle suffisant ! Dès lors, aux yeux de De Gaulle, la région de Charleville et, partant, le château de Septfontaines sont directement menacés.

À partir du moment où le territoire national est envahi, Charles écrit chaque jour ou presque à sa femme, et parfois deux fois par jour. La plupart de ces lettres sont publiées. Celles d'Yvonne sont, comme d'habitude, absentes, ce qui ne signifie pas qu'elles n'existent pas. À plusieurs reprises, Charles en fait au contraire mention : « Je n'ai de lettres de personne, sauf de toi, quoique avec grand retard[159]. » Heureusement, il est parfois possible de deviner au travers des réponses du mari quelles sont les préoccupations de sa femme.

Alors que la 4e DCR est sur les routes et subit le feu de l'ennemi, alors que l'armée française effectue globalement reculade sur reculade, l'extrême régularité et le nombre des lettres de Charles en disent long sur les liens qui l'unissent à son épouse. En ces semaines dantesques, il semble même que son besoin d'elle grandit. La proximité de la mort et l'incertitude dans laquelle est plongée sa famille le conduisent à se montrer aussi présent que possible aux côtés d'Yvonne. Pour ce faire, il ne dispose que de mots.

Dans ses lettres, quels trésors d'habileté il déploie pour dire la vérité à sa femme sans l'affoler pour autant ! Au lieu de parler de « guerre », il parle parfois de « crise », au lieu de « combats », de « bagarres ». Pour faire passer les informations les plus pessimistes, il entoure ses phrases de précautions : « J'ai confiance que nous parviendrons à... », « j'ai aujourd'hui une impression un tantinet meilleure ». Mais peu à peu, au fur et à mesure que s'égrènent les jours de mai, ces coquetteries disparaissent. Dans la lettre du 2 juin, il ne reste que l'essentiel, dans toute sa brutalité : « Rien ne compte plus que ceci : il faut sauver la France. » Cette phrase incroyable, qui annonce l'homme du 18 juin chargé du fardeau de la France défaite, c'est à Yvonne que Charles la destine tout d'abord. C'est à elle que revient la primeur de son engagement historique. Relisons avec elle ces lettres exceptionnelles qui ponctuent les semaines tragiques de la défaite.

Après l'invasion éclair de la Belgique, des Pays-Bas et du Luxembourg, les troupes allemandes poussent rapidement leur avantage vers la frontière française. Le 12 mai, les premières avant-gardes de la Wehrmacht atteignent la Meuse. C'est à Sedan, à quelque trente kilomètres seulement de Septfontaines, que les *Panzerdivisionen* du général von Kleist percent le front français. Pour les Vendroux, l'heure de l'exode a sonné. Jean, le frère d'Yvonne, maire du petit village de Fagnon, entraîne ses administrés vers le sud. Le 14 mai, les premières *Panzerdivisionen* franchissent la Meuse, considérée comme la dernière ligne défensive sérieuse avant Paris. Le 15 mai, Paul Reynaud téléphone à Churchill : « La contre-attaque menée contre les Allemands à Sedan a échoué. La route de Paris est ouverte. La bataille est perdue[160]. » Il n'a pas tort. Le même jour, Charles écrit à Yvonne :

> Ma chère petite femme chérie,
>
> Me voici en pleine bagarre. Appelé hier d'extrême urgence pour constituer une division. À ce point de vue, tout va bien. On m'a donné tout ce qu'on pouvait me donner. Nous verrons bientôt la suite.
>
> Les événements sont *très* sérieux. J'ai confiance que nous parviendrons à les dominer. Cependant il faut s'attendre à tout. Rien de bien urgent, d'ailleurs, pour toi quoi qu'il arrivera. Mais il faut te tenir au courant, si possible par le général Bret, afin de n'être pas surprise, si jamais… Dans ce cas de si jamais, le mieux serait d'abord d'aller retrouver Suzanne. Assure-toi *très discrètement* d'un moyen de transport éventuel. Je te dis, d'ailleurs, *en conscience*, que je ne crois pas que les choses en viennent là.
>
> Hier soir j'ai vu Philippe dix minutes. Il va bien.

Visiblement, de Gaulle est partagé entre la volonté de dire la vérité et celle de rassurer sa femme. Au plus près des combats, il sait que les « événements sont *très* sérieux », mais nuance aussitôt : « rien de bien urgent ». Il conseille malgré tout à Yvonne de songer à partir de Colombey, pour minorer aussitôt : « si jamais… », « je ne crois pas que les choses en viennent là. » Yvonne, fine mouche, sait à quoi s'en tenir. Elle étudie la possibilité de se replier chez sa sœur Suzanne, qui habite dans le Loiret, mais répugne sans doute à quitter la Boisserie, où elle reste encore une semaine environ. Que sait-elle alors des combats ? A-t-elle les moyens de connaître la progression fulgurante des Allemands de Sedan à la mer, dans tout le nord de la France ? Les informations sont censurées en temps de guerre, mais Yvonne bénéficie de celles que lui donnent son mari et également son frère Jacques, officier adjoint du commandant de la place de Calais. Toutefois, les nouvelles qu'elle reçoit sont tardives tant la guerre avance vite. Si elle ne bouge pas de la Boisserie dans un premier temps, c'est pour toutes ces raisons, mais aussi parce que « l'attaque de mai ne provoqua pas tout de suite l'affolement, d'autant que l'évacuation des zones situées à proximité directe des combats se fit sans heurt[161] ».

Le 21 mai 1940, Charles lui écrit de nouveau :

> Ma chère petite femme chérie,
>
> Je t'écris au soir d'une longue et dure bagarre qui s'est, d'ailleurs, très bien déroulée pour moi. Ma division se forme en combattant et l'on ne me refuse pas les moyens, car si l'atmosphère générale est mauvaise, elle est excellente pour ton mari.

Pour des raisons de sécurité militaire, il ne donne aucun nom de lieu ni de personne, mais il est vrai que, sous ses ordres, la 4e division cuirassée s'est illustrée au cours d'actions sur Montcornet (le 17 mai), Crécy-sur-Serre (le 19) et au nord de Laon (les 19 et 20 mai). Si de Gaulle est fier de son action, c'est que son unité est la seule qui ait véritablement arrêté les Allemands sur leur flanc pendant leur progression. De plus, de Gaulle a prouvé la validité sur le terrain de ses théories d'utilisation des blindés. Mais son succès doit être ramené à de justes proportions : la 4e DC réussit à retenir les Allemands quelques jours tout au plus, au prix de morts nombreux. Surtout, en dépit d'une résistance héroïque, le reste de l'armée française ne suit pas, faute de soutien logistique et de renforts. Il faut se rendre à l'évidence : l'état-major est désemparé par la rapidité allemande, les forces françaises sont dépassées et les actes de bravoure individuels ne compensent pas l'absence de plan d'ensemble. La suite de la lettre ne laisse guère planer d'illusion :

> Je ne sais où vont les événements. Cependant j'ai aujourd'hui une impression un tantinet meilleure que notre commandement commence à se ressaisir. Cependant sois prête à te replier si cela devenait nécessaire. Je n'ai aucune lettre, cela ne te surprendra pas.
>
> C.
>
> Le jour de ta fête, j'étais en plein combat et ce combat – chose rare depuis le début de cette guerre – fut un combat heureux. Dans la pensée je t'ai envoyé mes vœux les plus tendres, Yvonne.

Yvonne a-t-elle pu lire ce vibrant post-scriptum avant de quitter Colombey ? C'est peu probable. Philippe lui-même dit ignorer « la date exacte à laquelle [elle] quitte la Boisserie[162] » et il reste difficile de reconstituer les faits. Toutefois, il est vraisemblable qu'Yvonne partit de sa maison entre le 15 et le 20 mai 1940 – Charles lui écrit le 24 chez sa sœur, ce qui signifie qu'elle l'a prévenu par une lettre qui a dû partir plusieurs jours auparavant.

Un événement particulier a-t-il poussé Yvonne à laisser sa maison ? Pas l'occupation de Troyes ou de Chaumont par les Allemands, en tout cas, qui interviendra seulement en juin, mais peut-être le spectacle des cohortes de réfugiés qui commencent à affluer de l'Est et du Nord. Metz, où les de Gaulle vivaient un an plus tôt, subit des bombardements dès le 10 mai. Les Mosellans fuient. Certains d'entre eux, de passage en Haute-Marne, rapportent la violence des combats. Yvonne a-t-elle peur pour sa sécurité ? Est-elle sous l'emprise de la crainte généralisée du « Boche », réminiscence de la Première Guerre mondiale ? Ou suit-elle simplement et sans tarder le conseil de son mari lui préconisant dès le 15 mai de fuir sa maison ? Mystère. Quoi qu'il en soit, elle quitte la Boisserie avec Anne et la gouvernante. Le moyen de transport qu'elles utilisent est inconnu lui aussi. Aux alentours du 20 mai, les trois femmes se retrouvent chez la sœur d'Yvonne à Rebréchien, dans le Loiret, c'est-à-dire deux cent soixante-dix kilomètres à l'ouest de Colombey. C'est la première étape d'un long exode vers l'ouest qui durera presque cinq ans.

Désormais, c'est à l'adresse provisoire du Loiret que de Gaulle écrit à son épouse : « J'espère que tu te plais chez Suzanne et qu'Anne s'habitue un peu. » Sa lettre du 24 mai comporte deux informations intéressantes. La première est relative à de Gaulle lui-même : « Je suis général depuis hier. Je l'ai appris par une lettre que Paul Reynaud, ministre de la Guerre, m'a fait porter en ligne. » C'est avec le grade de général de brigade à titre temporaire qu'il entre dans l'histoire. La seconde mention se rapporte, elle, à Yvonne : « Je t'ai fait envoyer ce matin des liasses de lettres et papiers que j'avais gardés et que je te demande de ne pas perdre. Il y en a d'importants[163]. » Charles, implicitement, donne à son épouse les fonctions de gardienne sinon du temple – pas encore – du moins de ses archives, de sa mémoire, de ses actes. Pendant la guerre, ce rôle ne sera pas démenti et montre la confiance absolue qui existe au sein du couple. Pour Charles, qui agit en historien et qui se pense peut-être déjà en mémorialiste de sa propre histoire, les documents assemblés sont aussi précieux que les faits accomplis.

Le 24 mai, nouveau courrier, vraisemblablement un télégramme, vu sa brièveté :

> Rien de neuf, mais cela barde...
> Mille tendresses à ma petite femme chérie.

Le général de Gaulle n'a d'autre motif que de dire son affection à Yvonne. Visiblement, son moral est éprouvé par la situation de plus en plus catastrophique de la France. Il a besoin de sa famille. Dans sa lettre suivante, le 27 mai, il réitère ses sentiments de manque :

> Ma chère petite femme chérie,
> Nous nous trouvons [la division] pour l'instant dans un répit relatif.
> Je pense beaucoup à toi et à nos enfants. Philippe et Élisabeth devraient bien m'écrire un petit mot.

Dans ses courriers, il n'y a plus trace de quelconques formules positives. La bataille de France est en train d'être perdue. Charles recommande donc à Yvonne de ne pas retourner à la Boisserie comme elle semble vouloir le faire à plusieurs reprises :

> Pour le moment, je crois qu'il vaut mieux que tu ne restes pas à la Boisserie. Mais tu devrais tâcher d'y faire prendre ton argenterie, car les maisons non habitées risquent – je le vois – le pillage non pas tant des troupes que des réfugiés. Philippe pourrait faire cela avec la voiture de Jean Rérolle.

Le 2 juin, en dépit de la résistance désespérée des unités françaises dans la bataille d'Amiens – et notamment de celle du général de Gaulle près d'Abbeville –, Charles ne peut rien préconiser d'autre à son épouse que de fuir plus loin encore vers l'ouest.

> Ma chère petite femme chérie,
> La 2e grande bagarre que j'ai menée avec ma division s'est terminée par un grand succès vers Abbeville. Tu as dû voir l'écho au communiqué (400 prisonniers, beaucoup de matériel pris). Je viens d'être cité à l'ordre de l'armée pour cette affaire. Actuellement, repos et reconstitution dont nous avions un extrême besoin.

Je crois qu'il vaudrait mieux que tu te trouves quelque chose de meublé pour attendre la fin de la crise. Ce serait, de préférence, soit Charente, Dordogne, Haute-Vienne, soit Bretagne (vers Brest) où se trouve déjà Cada. Je t'enverrai 1 500 francs par mois à partir du 30 juin.

Je suis passé hier à Paris et ai vu Philippe cinq minutes. Il est bien. Très compréhensif, très tendu.

Écris-moi bien. Même si je te réponds irrégulièrement. Depuis le 15 mai, je n'ai pas dormi trois nuits.

Je t'embrasse de tout mon cœur qui t'aime, ma chère petite femme. Rien ne compte plus que ceci : il faut sauver la France.

PS : J'ai de très graves inquiétudes au sujet de Charles Cailliau, grièvement blessé (?) en Belgique le 14 mai. Mais attends un peu pour en parler.

Les destinations d'exode préconisées par le Général à sa femme sont révélatrices du désastre à venir. Même la Bretagne n'est pas sûre, sauf à rejoindre Brest... Yvonne est réticente à partir. Elle demande encore à son mari s'il ne serait pas meilleur pour elle et Anne de retourner à Colombey. Charles de Gaulle, bien au fait des événements militaires, l'en dissuade.

Du reste, le malheur qui frappe alors sa famille convainc peut-être Yvonne de rejoindre l'exode : son frère adoré, Jacques, nommé adjoint du commandant de la place de Calais, est fait prisonnier, le 24 mai, par les Allemands qui sont entrés dans la ville. Il est emmené par la suite dans un oflag de Silésie où les conditions de captivité sont particulièrement dures.

Le 5 juin, jour où Charles écrit à Yvonne la dernière des lettres publiées avant l'exil à Londres, l'offensive allemande reprend vers le sud de la France. La Wehrmacht atteint bientôt le Cher :

Ma chère petite femme chérie,

Je profite du répit actuel où se trouve ma division, durement mais victorieusement éprouvée, et qui se reconstitue, pour t'écrire sans trop de hâte.

À mon avis, le nouvel effort ennemi est imminent. Bien que j'aie l'espoir qu'il sera, pour nous, moins malheureux que le premier, il faut bien prévoir que cela tournera mal encore une fois. Aussi ne dois-tu pas retourner à Colombey pour le moment. Il te faut trouver pour l'été une villégiature, par exemple en Bretagne, du côté de la tante Richard ou du côté de Paimpont où se trouvent les Xavier qui pourraient te rendre service. Je t'ai envoyé hier 1 500 francs et tu peux compter que j'en ferai autant et même 2 000 ou 2 500 de ce mois à la fin de chaque mois.

J'ai maintenant la quasi-certitude que le pauvres Charles Cailliau a été bravement tué près de Charleroi (où il était né). Cela me fait beaucoup de peine. J'ai écrit à Marie-Agnès et à Alfred pour les préparer à cette immense douleur.

Il faut s'attendre à ce que les Allemands bombardent peu à peu toutes les grandes villes. Ce ne sera pas très meurtrier si l'on prend bien les précautions exigées (descendre dans les abris), car les victimes sont presque toujours des badauds qui regardent en l'air.

C.

PS : J'ai reçu la lettre d'Élisabeth et lui écrirai incessamment.

Charles Cailliau, le neveu de Charles et Yvonne de Gaulle, a bien été tué au combat. C'est le seul membre de la famille qui, tout au long de la guerre, connaîtra ce sort tragique – alors même que les de Gaulle et les Vendroux combattent puis résistent. La mort du jeune homme vient rappeler que la campagne de France a donné lieu à de très violents affrontements. Près de 92 000 Français laissent leur vie dans les combats de mai et juin 1940...

Dans le flot d'événements qui submerge la France, Yvonne est bloquée à Rebréchien. Comment en partir, avec Anne et Mlle Potel, alors que Suzanne a une seule voiture et deux enfants ? Par défaut, tout le monde reste sur place. On guette l'information. Si les journaux parviennent jusqu'à elle, sans doute Yvonne y découvre-t-elle la nomination de son mari au poste de sous-secrétaire d'État au ministère de la Défense nationale et de la Guerre le 6 juin. Plusieurs quotidiens en font mention, comme *Le Figaro* du 7 juin.

La pensée d'Élisabeth et de Philippe qui sont encore à Paris torture Yvonne. Pourquoi donc fuir plus loin, sans eux ? Le 8 juin, de passage dans la capitale, de Gaulle fait appeler son fils à l'hôtel Lutetia où il campe entre ses missions et lui délivre un seul mot d'ordre : les deux aînés doivent rejoindre au plus vite Yvonne et Anne dans le Loiret. Le lendemain, Philippe se rend à la gare d'Austerlitz, en vain : « La foule y est déjà si dense qu'on ne peut même plus approcher les entrées[164]. » Depuis le bombardement des usines Citroën qui causa 254 morts à Paris le 3 juin, les Parisiens cherchent à fuir en masse. Un véritable raz de marée humain quitte la région parisienne. La SNCF, malgré des efforts considérables – mise en place de deux cents trains et de plus de cent convois spéciaux entre le 8 et le 13 juin au départ de Paris[165] –, ne peut satisfaire la demande.

Charles, qui se déplace alors constamment entre Paris, Londres, la Gironde et la Bretagne, trouve le temps de faire envoyer une voiture à son fils au matin du 10 juin. Ce jour-là est lourd de symbole pour le pays : le gouvernement quitte la capitale devant l'approche des Allemands. Malgré sa discrétion, ce départ est vite connu et accélère le mouvement de panique de la population. Élisabeth et Philippe, conduits par un chauffeur réquisitionné, laissent Paris derrière eux. Le soir, à Rebréchien, ils retrouvent leur mère et la famille Rérolle.

Dès le lendemain, ils s'entassent avec Yvonne, Anne et Mlle Potel dans la voiture toujours menée par le chauffeur. Yvonne, seule à choisir finalement le lieu d'exil, opte pour l'extrémité ouest de la Bretagne, où se trouve déjà une partie des Vendroux : Cada, pressentant que le Pas-de-Calais serait vite menacé, a loué pour l'été une maison à Carantec. La tante Richard, qui réside à Brest, l'y a rejointe. Yvonne préfère cette villégiature Vendroux à celle qu'auraient pu lui offrir les Xavier de Gaulle à Paimpont. Dans toute cette période trouble, la famille, sa famille à elle, devient un recours.

Sur les routes du Centre, les de Gaulle viennent grossir le flot des millions de Français qui ont abandonné leur domicile devant l'arrivée de l'ennemi. Il est impossible de s'imaginer les difficultés de déplacement dans cette France sens dessus dessous, où existent peu de pompes à essence et peu de grands axes. Comme le rappelle l'historien Jean-Pierre Azéma, « toute circulation devint très rapidement impossible dans le triangle délimité par Melun, Sens et Pithiviers entre le 11 et le 14 juin ». C'est à peu près le secteur d'où Yvonne et les siens essaient de s'échapper. Philippe, pour laisser un peu plus de place aux femmes, prend le train à Orléans : « Long et lent voyage de près de trente-six heures par Le Mans, où je manque d'être bloqué, Laval, Rennes, Saint-Brieuc, Morlaix et enfin Carantec par autobus[166]. » Pendant ce temps, Yvonne et les dames roulent. Toujours attachée à sa famille, Yvonne profite du passage près de Durtal (Maine-et-Loire) pour faire arrêter le véhicule et embrasser son frère Jean : il est provisoirement installé dans la région avec les habitants de Fagnon[167]. Après ces retrouvailles brèves et insolites, le véhicule se remet en route vers Carantec. Le 12, Yvonne y retrouve tante Richard. Philippe les rejoint le 13.

Sans le déferlement allemand sur la France, la présence des Vendroux dans le petit port breton rappellerait le bon vieux temps des vacances à la mer. Les deux étages d'une maison, la villa Arvor, ont été loués à Yvonne. La tante Suzanne Richard loge dans une autre villa avec Cada Vendroux et ses trois enfants – Claude, Jacques-Philippe et Martine. Le 15, à l'étonnement de tous, Suzanne Rérolle, qui n'a pas le permis de conduire, arrive de Rebréchien au volant de sa voiture avec ses deux enfants, Jacques-Henry et Marguerite-Marie. Les femmes Vendroux sont désormais réunies. Mais la liesse n'est pas de mise. Les Allemands viennent d'entrer dans Paris et les trois épouses s'inquiètent pour leurs maris : Charles est quelque part entre Tours, Bordeaux et Londres pour essayer de sauver ce qui peut l'être et de créer une union entre la France et la Grande-Bretagne. Jean Rérolle est mobilisé. La probabilité est forte qu'il ait été tué ou fait prisonnier. Jacques-Philippe Vendroux, emprisonné dans un oflag de Silésie, ne reviendra en France qu'en août 1941 à la faveur d'une mesure de libération des anciens combattants de 1914-1918. Les autres branches de la famille ne sont pas épargnées : Charles Cailliau a été tué. Son frère aîné Michel est fait prisonnier à Domrémy, en Lorraine. Leur mère, Marie-Agnès Cailliau-de Gaulle, se sent de moins en moins en sécurité dans son village de Sainte-Adresse, près du Havre, bombardé chaque soir par l'aviation allemande. Pour protéger son plus jeune fils, Denys, elle part se réfugier chez sa fille Marie-Thérèse près de Saint-Étienne. Jeanne de Gaulle, la mère du Général, vient se réfugier chez Xavier à Paimpont.

Après l'arrivée inattendue de Suzanne le 15 juin, une autre surprise se produit le même jour. Le général de Gaulle, en route pour Brest, s'arrête une demi-heure à Carantec pour revoir sa famille, dont il est séparé depuis de nombreuses semaines. Il doit, le soir, partir pour Londres depuis Brest en contre-torpilleur et en revenir le 16. Ses propos sont rapportés par Philippe : « Il nous incite à ne pas rester en Bretagne, futur champ de bataille probable, mais à chercher une région plus au sud[168]. » Cette mention est intéressante à deux égards : d'une part, elle montre que Charles est très pessimiste quant aux chances d'un éventuel « réduit breton ». Il pense déjà que la bataille doit continuer ailleurs, depuis l'Empire par exemple.

D'autre part, elle prouve que Charles ne suggère jamais à Yvonne de se rendre en Angleterre, contrairement à ce que croit Geoffroy de Courcel : « On peut sans peine imaginer qu'il va prévenir Mme de Gaulle qu'en cas d'armistice il quittera la France et lui recommande de prendre un bateau avant l'arrivée des Allemands[169]. » En réalité, de Gaulle, qui ne sait pas lui-même où il sera, lui enjoint simplement d'aller plus au sud. C'est donc elle seule qui décidera de passer outre-Manche. Elle ne sait pas que son mari, revenu en France le 16, y a appris la démission du gouvernement auquel il appartenait et qu'il est reparti vers Londres en avion le 17.

Pourquoi, puisque ce n'est pas pour rejoindre son mari, Yvonne fait-elle ce choix de la Grande-Bretagne ? Sans doute lui reviennent en mémoire, au moment crucial où elle doit décider, les souvenirs de la Première Guerre mondiale et du refuge qu'elle avait alors trouvé dans le Kent. Et puis l'Angleterre lui est plus familière que la Provence ou le Pays basque. Elle n'a dans ces régions de France aucune attache, alors qu'elle a noué depuis son enfance de nombreux liens culturels avec le monde anglais. Ainsi donc, le sort en est jeté. Philippe de Gaulle écrit : « Ma mère se dit qu'après tout nous pourrions aussi bien nous rendre en Angleterre, au moins provisoirement, en attendant de voir venir. »

Le 17 juin, Suzanne doit conduire la tante Richard chez elle à Brest afin qu'elle y récupère argent et affaires. Yvonne et Philippe profitent de la voiture et tentent de prendre le pouls de la situation en ville. Il faut alors quatre heures aller, quatre heures retour pour effectuer les soixante-dix kilomètres qui séparent Carantec de Brest... Là, on apprend que les Allemands sont déjà à Rennes. La nasse bretonne se referme, il ne faut plus traîner.

Le lendemain, 18 juin, Yvonne convainc sa sœur Suzanne de la conduire de nouveau à Brest, cette fois avec ses trois enfants et Mlle Potel. Réticente à l'idée de laisser ses deux bébés loin d'elle dans cette situation délétère, Suzanne accepte finalement de jouer les chauffeurs. La solidarité familiale n'est pas un vain mot. La tante Richard, elle, donne de l'argent à Yvonne.

Le soir, dans la rade déserte, Yvonne et ses enfants s'embarquent un peu au hasard sur un bateau qui ressemble à un transmanche et dont ils ignorent jusqu'au nom. Sans billet ni visa, clandestins parmi les clandestins, anonymes parmi les anonymes, ils s'entassent à cinq dans une cabine, « tête-bêche, ma mère et ma sœur Élisabeth sur une couchette, ma sœur Anne et sa gouvernante sur l'autre, et moi assis sur un petit coffre dans le renfoncement du hublot[170] ». Tandis que les siens quittent la côte, incertains et tourmentés, le général de Gaulle lance sur les ondes son célèbre appel. Personne, sur le bateau, ne peut l'entendre. « Chaque fois que me revient le souvenir de ces multiples péripéties, note Philippe, je revois ma pauvre mère dans cette ambiance de panique avec ses trois enfants sur le dos, dont une infirme, et dans l'ignorance du sort de son mari. Quel cran et quel calme à côté de tous ces gens s'inquiétant à droite et à gauche sans savoir que faire ! [...] Il fallait la voir faire face. Elle avait toute l'admiration du jeune homme de dix-huit ans que j'étais. J'ai toujours conservé en mémoire le visage qu'elle offrait alors : déterminé et impassible. Mon père aurait été très fier d'elle[171]. »

Comment traduire ce qu'a de radical un tel départ ? Philippe de Gaulle le dit de façon pudique : « Nous laissons tout derrière nous. Nous n'emportons que les vêtements que nous portons et un sac contenant quelques papiers, quelques bijoux transmis de génération en génération, et des médicaments de secours pour ma sœur infirme. » Derrière, restent les frères et la sœur d'Yvonne, une maison en Haute-Marne, un château dans les Ardennes et une époque déjà révolue.

La Seconde Guerre mondiale

Les années de guerre sont pour Charles de Gaulle celles d'une lutte constante pour faire reconnaître la légitimité de sa cause. À partir de rien ou presque, ce général quasi inconnu bâtit une France libre et voit grandir avec elle sa propre notoriété. En août 1944, auréolé par la libération de Paris, il acquiert la stature d'un mythe. Qu'il soit aimé ou non, son nom est désormais célèbre dans le moindre village de France.

De façon étonnante, Yvonne de Gaulle parviendra à préserver jalousement son incognito. Parfaite inconnue du grand public en 1940, elle réussira l'exploit de le rester en 1944. Un pareil succès dans l'anonymat, alors même qu'elle est l'épouse du « plus illustre des Français », exige beaucoup de constance.

Rien, dans cette guerre, n'est fait pour Yvonne. Ni les combats, ni les drames, ni les responsabilités croissantes de son mari. Dès le départ, cette femme qui n'aime pas se faire remarquer s'inscrit en léger décalage par rapport à lui : arrivée un jour après Charles en Grande-Bretagne, elle vit géographiquement à l'écart de Londres et donc symboliquement à l'écart des événements. Elle donne au style passe-partout ses lettres de noblesse, tandis que le Général s'affirme d'autant plus que ses adversaires cherchent à lui dénier sa place.

Jamais la voix d'Yvonne ne passe sur les ondes, jamais sa silhouette ne se profile dans une cérémonie officielle. Un seul reportage photographique, arraché au couple de Gaulle par Churchill, montre la pauvre femme, gênée, empruntée, vêtue d'une méchante petite robe à pois, en train de mimer des scènes d'intérieur avec son grand dadais de mari.

Le laissant à ses enjeux politiques, elle ne regagnera la France libérée que bien après lui, sans assister au moment le plus gaullien de tous, peut-être, la descente des Champs-Élysées le 26 août 1944. Ce n'est pas désintérêt de sa part, mais plutôt une grande lassitude, déjà. La fatigue de l'exil, les difficultés d'Anne à s'adapter, les problèmes de ravitaillement auront usé peu à peu l'optimisme d'Yvonne de Gaulle. À quarante-quatre ans, elle sortira vieillie de la guerre, alors que Charles, à cinquante-quatre ans, commencera une nouvelle vie.

Dans cette période incroyable, peu d'indices parlent directement d'Yvonne de Gaulle. Bien sûr, son mari et elle échangent pendant la guerre de nombreuses lettres, d'autant qu'ils sont souvent séparés et en proie à une inquiétude réciproque pour le sort de l'autre. Mais de cette masse de courrier il reste peu de chose. Après la mort de Charles, Yvonne a en effet effectué un grand tri, ainsi que le rappelle Philippe de Gaulle : « Ma mère n'a consenti à me remettre, avant son départ définitif de la Boisserie, que les quelques lettres qu'elle avait sélectionnées avec beaucoup de minutie. L'une d'elles, la plus précieuse à ses yeux, se trouvait dans un coffre de banque. Elle en a brûlé des quantités d'autres, parce qu'elle considérait qu'elles étaient trop intimes. Celles que j'ai pu récupérer et que j'ai publiées sont souvent expurgées de leurs formules finales d'affection. La raison en est qu'elle les a soigneusement découpées aux ciseaux. Elle a ainsi tronqué non seulement leur terminaison mais aussi des phrases entières dans le corps du texte. J'ai moi-même procédé pour le même motif, et en souvenir de sa préoccupation, à de rares coupures de passages trop personnels qui avaient échappé à son contrôle[172]. »

Contentons-nous de ces écrits rescapés. L'absence de tous les autres est aussi une manière de mieux connaître Yvonne, cette femme qui, jusque dans sa postérité, refuse de se livrer. Son perpétuel souci de tenir les rênes de la mémoire et de s'effacer par avance du récit historique, en conservant elle-même les archives ou en détruisant des lettres, fait contraste avec la volonté constante de son mari d'écrire l'histoire et de se placer en son cœur. En somme, les deux époux se complètent.

Avant d'entrer dans les remous des années de guerre, attardons-nous sur un dernier point. Les de Gaulle ne se séparent jamais de leur fille Anne au cours de cette période compliquée. Elle reste à leurs côtés en dépit de toutes les difficultés que cela impose.

Or, dans le même temps, le régime nazi se consacre à l'élimination systématique des handicapés mentaux. Dès juillet 1939, le programme Aktion T4[173] planifie l'exécution des malades héréditaires, des fous, des handicapés et des personnes socialement ou racialement non souhaitées – bref, des vies que le nazisme considère comme « sans valeur ». Les mongoliens font partie du premier groupe visé, qui comporte entre autres les malades souffrant de schizophrénie, d'épilepsie, de troubles mentaux, de syphilis... Sélectionnés sur la foi de leur seul dossier médical, les patients sont envoyés dans des centres de traitement qui sont en réalité de véritables usines de mort. Les SS prennent leur transport en charge. Les victimes sont gazées au monoxyde de carbone ou tuées par injection mortelle de morphine, de luminal, de scopolamine ou de phénol directement dans le muscle cardiaque, puis leurs corps sont brûlés.

Que peut savoir Charles de Gaulle de cette politique ? En 1939-1940, sans doute pas grand-chose. Le programme Aktion T4 est mené dans le plus grand secret et mis en œuvre avec dissimulation. Les lieux d'exécution fonctionnent sous couvert d'activités médicales et ce sont des médecins qui procèdent aux éliminations. À partir de 1941, toutefois, des voix s'élèvent en Allemagne contre cette extermination. Elles émanent d'officiers, comme l'as de la Luftwaffe Werner Mölders, et de l'Église. Le 3 août 1941, depuis Münster, le cardinal Clemens von Galen qualifie notamment le programme T4 de « meurtre ». Pour calmer les esprits, le Reichkanzler Adolf Hitler ordonne officiellement son démantèlement. Mais l'extermination continue, encouragée en sous-main. Le bilan est très lourd : de décembre 1939 à 1942, quelque 250 000 patients dont environ 5 000 enfants sont assassinés. Avec le prétendu arrêt officiel de T4, il devient presque impossible d'évaluer le nombre des victimes jusqu'en 1945. La seule chose certaine, c'est qu'Aktion T4 relève de cette même logique de mort qui débouchera directement sur la solution finale à la question juive.

Dans ce contexte, il n'est pas anodin que le chef de la France libre soit lui-même le père d'une enfant handicapée mentale qu'il chérit. Rien ne permet de savoir s'il a vent ou non d'Aktion T4 au cours du conflit. Ses *Mémoires de guerre* n'en font pas mention, ni aucune de ses lettres connues. Mais là n'est pas l'essentiel. Qu'il soit au courant ou non, de Gaulle est avant tout un homme de foi, un profond catholique pour qui chaque vie a une valeur non négociable. Celle d'une innocente n'en a pas moins qu'une autre. Il connaît le nazisme au moins par *Mein Kampf*, qui préconise clairement une hiérarchie des races. Une telle logique est fondamentalement contraire aux valeurs de Charles de Gaulle.

Le Général lance son appel du 18 juin contre la défaite et contre une Allemagne ennemie qu'il faut chasser du sol national. Mais, au fond de lui, silencieuse et déterminante, il y a la petite Anne, cette enfant qui est la négation même du nazisme. Comment ne pas penser que cette innocente, dont les semblables sont exterminées par les hommes d'Hitler, ne renforce pas alors son père dans sa détermination ? Si l'étendard officiel de la France libre est la croix de Lorraine, son étendard secret a sans doute le visage de la petite Anne. Celui de l'humanité contre la barbarie.

Yvonne arrive en Grande-Bretagne parmi des flots de réfugiés. Son mari, membre du précédent gouvernement français, lui a certes fait envoyer *in extremis* des passeports diplomatiques par Roland de Margerie. Mais, ne sachant rien de la présence ni de l'action du Général en Grande-Bretagne, sa femme arrive comme des milliers d'autres Français.

Le bateau accoste à Falmouth, à l'ouest de la Cornouailles. Là, Yvonne et les enfants sont traités comme tous les autres passagers français, avec méfiance, voire suspicion. Autorisés à prendre pied sur le sol britannique, ils entrent dans le premier hôtel venu, le Landsdown Hotel, où leurs habits froissés, leur absence de bagages et l'état de la petite Anne n'inspirent guère confiance. De toute façon, Yvonne ne compte pas s'attarder ici : arrivée un peu par hasard en Angleterre, elle songe déjà à repartir vers d'autres cieux et à prendre, selon son fils Philippe, « un bateau pour Marseille ou pour l'Afrique du Nord[174] ». Encore une fois, elle ignore tout de la présence de son mari à Londres et ne se souvient que de ses recommandations : « Aller vers le sud. »

C'est finalement Philippe qui retrouve sans le vouloir la trace de son père : soucieux d'avoir des nouvelles de la guerre, il achète le *Daily Mirror*. Là, en cinquième page, il découvre éberlué que le général de Gaulle a lancé, la veille, un appel sur les ondes de la BBC pour appeler à la poursuite des combats ! Laissons-le raconter la suite de l'histoire : « Je me précipite au commissariat de police le plus proche et explique notre situation dans un anglais très approximatif, très scolaire. Comme mon mauvais accent m'empêche d'être compris, je recommence mon explication par écrit sur un bout de papier. Je dis que je suis le fils de ce général et je demande comment le rejoindre. On accueille mes déclarations avec flegme et scepticisme, comme si j'étais un peu original. Je lis dans les yeux des policiers : "Qu'est-ce que nous raconte donc ce mangeur de grenouilles ?"[175] »

Les policiers britanniques vérifient les dires du jeune homme. Ils confirment alors l'exactitude de l'information à Yvonne et lui indiquent quel train prendre le lendemain matin pour Londres. Un émissaire sera présent à la gare Victoria. Le 20 juin, Yvonne, ses enfants et Mlle Potel arrivent enfin dans la capitale anglaise. Pour la première fois, un semblant d'accueil officiel les attend à la gare : l'envoyé du gouvernement britannique les traite avec égard et les installe en voiture en direction de l'hôtel Rubens. L'établissement, situé non loin de Buckingham, est cossu et confortable. C'est dans une suite du premier étage qu'ont lieu les retrouvailles avec Charles.

Après les affres de mai 1940, après l'exode vers le Loiret, la Bretagne puis la Grande-Bretagne, après l'angoisse de la séparation et les dangers courus, on pourrait penser que les uns et les autres ne peuvent contenir leur émotion de se retrouver. Eh bien, pas du tout. Comme à leur habitude, les de Gaulle font preuve d'une grande réserve. Les époux ne se jettent pas dans les bras l'un de l'autre, les enfants ne pleurent pas. Philippe de Gaulle précise au contraire que Charles, arrivant dans la suite, « nous a dit bonjour comme si nous l'avions quitté la veille. Notre présence lui semblait tout à fait naturelle. Puis il nous a embrassés et a ajouté : "Je suis bien content de vous voir parce que je me demandais ce qui avait bien pu se passer." De son côté, ma mère a eu ces mots : "Nous aussi, on est contents de vous revoir. Nous ignorions ce que vous étiez devenu et ce que nous allions devenir nous-mêmes." Et puis ils ont parlé d'autre chose[176]. » Le témoin de la scène précise néanmoins que c'est l'une des rares fois de leur vie où Charles et Yvonne se sont embrassés devant des tiers... Il faut accepter de voir là un sommet d'effusion réservé à un moment rare. Le bonheur d'Yvonne est immense, puisqu'elle voit sa famille enfin réunie et qu'elle peut rétrospectivement se féliciter d'avoir fait tous les bons choix lors de l'exode. « La plus heureuse était encore ma mère, note Philippe. Elle n'avait jamais été démonstrative mais elle ne pouvait cacher sa joie[177]. »

Le bonheur, pourtant, est de courte durée. Objectivement, la situation de la famille n'est pas rose : Charles de Gaulle, par son appel du 18 juin, s'est résolument placé en situation de désobéissance vis-à-vis de ses supérieurs et du gouvernement français. Il n'incarne, pour le moment, rien d'autre que lui-même et sa volonté propre d'être la France. Les réactions ne tardent pas : le 18 et le 19 juin, à deux reprises, le gouvernement de Pétain lui donne l'ordre de regagner la France. Le 22 juin, le ministre de la Guerre annule sa promotion au grade de général à titre temporaire. Le 23, un décret le met à la retraite d'office « par mesure de discipline ». Ces décisions, que de Gaulle dédaigne, ont des conséquences pratiques. Sur le plan financier, le Général se retrouve privé de sa solde. Il ne bénéficie que d'une modeste allocation, prélevée sur les fonds secrets que Paul Reynaud lui a confiés au départ de Bordeaux – 100 000 francs, autant dire pas grand-chose. Ajoutons que le gouvernement britannique ne soutient de Gaulle que du bout des lèvres, même si Churchill apprécie sa bravoure. Dans ces conditions, comment organiser une vie de famille ?

En ce mois de juin 1940, de Gaulle ne sait même pas s'il pourra rester en Grande-Bretagne ou s'il lui faudra gagner les colonies françaises. Tout dépendra de la réaction de l'allié anglais et des réponses que suscitera son appel...

Difficile de connaître, faute de témoignage direct, les sentiments d'Yvonne à propos de l'appel du 18 juin. Considère-t-elle que son mari s'est lancé dans un pari fou ? Pense-t-elle qu'il a raison ? A-t-elle conscience de vivre un moment historique ? Peut-être éprouve-t-elle toutes ces impressions à la fois, mais quelques éléments permettent de croire qu'elle approuve du fond du cœur l'initiative de Charles. Tout d'abord, par éducation et par amour, elle est quoi qu'il arrive du côté de son mari, ce que son fils résume de la sorte : « Elle faisait comme si rien de ce qui se passait n'était inattendu. Un jour, je l'ai entendue répondre à quelqu'un : "Il arrive ce que Dieu veut. De toute façon, je suis solidaire de mon mari."[178] »

Ensuite, elle est habitée depuis longtemps par la conviction d'avoir à ses côtés un homme hors du commun – « hors de toutes les séries », serait-on tenté de dire comme de Gaulle lui-même. Elle a assisté, au cours des années 1920 et 1930, à la vérification de toutes les hypothèses avancées par Charles : l'invasion de la Rhénanie, des Sudètes, de l'Alsace, et la démission des démocraties face à la violence d'Hitler a eu lieu comme il l'avait prédit. De la même façon, l'engagement de De Gaulle en faveur de l'utilisation des blindés a été validé, tragiquement, par les événements de mai 1940.

Enfin, et surtout, un certain nombre de témoignages postérieurs à la guerre soulignent l'attachement d'Yvonne de Gaulle à la figure de son mari en tant que chef des Français libres, comme si c'était là, pour elle, le « vrai » de Gaulle, la référence absolue de son personnage. Cette vision, à laquelle elle restera attachée toute sa vie, s'installe chez Yvonne sans doute après le 18 Juin, et même peut-être après la guerre. On en trouve l'expression concrète en 1946, quand de Gaulle crée le RPF : Yvonne voit dans la fondation de ce mouvement politique une sorte de dévoiement du gaullisme originel. S'il se livre au jeu politicien, son mari risque de perdre sa grandeur historique, confie-t-elle en substance : « Qu'il descende dans cette boue, pour former ce rassemblement, moi, voyez-vous, ça me dégoûte, car de cette boue, il sera inévitablement éclaboussé[179]. » Cette volonté de préserver la « pureté » de son époux prouve à quel point Yvonne a saisi sa dimension légendaire. Son attitude, qui a été souvent interprétée comme une étroitesse d'esprit (« elle refuse le RPF car elle veut garder son mari à la maison ») est en réalité un acte de dévouement au gaullisme du 18 Juin, le seul, le vrai. Avec le temps, cet attachement ne fait que croître. C'est ainsi qu'au moment où Charles de Gaulle prendra ses fonctions de président de la République, en janvier 1959, Yvonne écrira à l'une de ses cousines cette phrase formidable : « La situation actuelle n'est qu'un moyen. Rien n'égalera jamais les gloires de 1940-1945[180] ! »

Yvonne, première gaulliste de juin 1940 ? L'une des premières, en tout cas. Sa fierté et son entêtement lui font comprendre l'engagement de son mari, son amour fait le reste. Elle est vouée corps et âme à la cause. Le 20 juin 1940, selon Philippe de Gaulle, c'est d'ailleurs à elle que Charles aurait confié le texte original de l'appel du 18 juin : « Conservez précieusement ces manuscrits. Si je réussis, ils feront partie du patrimoine de nos enfants[181]. » De retour en France, elle le déposera dans un coffre de la Banque de France à Chaumont avant de le remettre à son fils quand, devenue une vieille dame, elle quittera définitivement la Boisserie en septembre 1978.

Un témoignage d'après-guerre confirme cette fidélité. L'aide de camp du Général à cette époque, Claude Guy, note en janvier 1948 que Mme de Gaulle « a toujours prétendu conserver un contrôle jaloux sur l'ensemble des archives de la France libre » et sur celles qui ont précédé la période. Elle décide même de rencontrer un avocat « pour étudier avec lui le moyen de mettre à l'abri les manuscrits du Général ». Claude Guy, qui n'est guère tendre avec elle, ajoute : « Sur le ton dont on pourfend un ennemi invisible, elle me dit : "Le Général est beaucoup trop bon. Si je le laissais faire, il distribuerait peu à peu, aux uns et aux autres, des manuscrits qui doivent demeurer demain la propriété de ses enfants. Pour le protéger contre lui-même, j'ai pris dans son bureau les manuscrits auxquels nous tenons le plus. Il ne s'en est pas aperçu. Ils sont maintenant en lieu sûr, et j'ai pris mes dispositions pour qu'ils ne réapparaissent que dans cinquante ans. Bien malin, celui qui les découvrirait là où ils sont."[182] »

Philippe, quant à lui, est également prompt à soutenir la France libre : dès le 20 juin, il signe son engagement au sein des Forces navales françaises libres, qui ne sont encore qu'un embryon de marine.

Bien évidemment, en juin 1940, nul ne peut se douter de l'ampleur que va prendre le mouvement de résistance lancé par de Gaulle. Son épouse pas plus que les autres. Le 20 juin, elle vit dans l'expectative et s'installe provisoirement avec les siens à l'hôtel Rubens. Cette solution, trop coûteuse, ne peut être que provisoire. Du reste, vivre avec une enfant handicapée à l'hôtel n'est pas satisfaisant. Yvonne n'aime pas exposer Anne aux regards des gens. Dès lors, la petite fille « vivait [...] confinée dans sa chambre », bien souvent avec sa mère et sa sœur : « Ma mère dînait souvent dans sa chambre avec ma sœur Élisabeth à cause d'Anne qui, autrement, aurait dérangé les convives[183]. »

Bien sûr, quand il faut sortir faire quelques courses, Londres offre un réel répit aux exilés français. La capitale anglaise, malgré les sacs de sable qui entourent les monuments et les bâtiments publics, garde son calme et sa beauté. « Les rues et les parcs remplis de promeneurs paisibles, les longues files à l'entrée des cinémas, les autos nombreuses, les dignes portiers au seuil des clubs et des hôtels appartenaient à un autre monde que celui qui était en guerre[184] », se souvient Charles de Gaulle en 1946.

La capitale anglaise compte alors une importante communauté française qui peut se diviser en trois groupes. Le premier est constitué par les quelque 10 000 Français installés de longue date à Londres – correspondants de presse, hommes d'affaires, cuisiniers... Le deuxième rassemble les personnes qui se trouvent à Londres dans l'attente d'un transit vers une autre destination, comme les soldats français évacués de Norvège ou de Dunkerque, et les personnes que la guerre a coincées là, tels les membres des missions officielles françaises dirigées par Jean Monnet (comité de coordination franco-anglais) ou Paul Morand (mission française économique en Angleterre). Enfin, le troisième groupe est celui des Français qui ont délibérément quitté la France pour l'Angleterre soit pour fuir l'invasion allemande, comme Yvonne, soit pour venir résister auprès de De Gaulle. Ce dernier groupe est appelé à grossir.

Il est désormais établi que la communauté française de Grande-Bretagne n'a pas été unanime à soutenir de Gaulle. Lévi-Tilley, qui fut gaulliste, se souvient du manque d'enthousiasme de ses compatriotes : « Tout ce qu'a su faire la colonie française a été de créer une association des Amis des volontaires français. Pour les tièdes, c'était une façon de ne pas se mouiller. Tout le monde n'y a même pas adhéré. Pour en grossir les rangs, on a fini par l'ouvrir aux sujets britanniques[185]. » Yvonne ressent très certainement l'indifférence sinon l'hostilité que suscite son mari. Quand quelqu'un lui demande son nom et qu'elle le prononce, la réaction de ses interlocuteurs français est généralement visible, qu'elle soit d'enthousiasme ou de retenue. Considérée avant tout comme l'épouse du Général, Yvonne est mise dans le même sac que lui et traitée de manière indifférenciée.

Parmi tous les Français de Grande-Bretagne, certains, comme Léon Bardot ou Alfred Boucher, appuient immédiatement l'initiative du Général et lui apportent leur aide. Dans le même élan, ils soutiennent bien souvent Yvonne. L'exemple le plus connu est celui du couple Bellanger, dont le mari est responsable de la maison Cartier pour la Grande-Bretagne. Dès le 19 juin, Alfred-Étienne Bellanger propose à de Gaulle de mettre sa Bentley à sa disposition. C'est même lui en personne qui conduit le Général à travers Londres ! Mme Bellanger se lie avec Yvonne de Gaulle et la guide dans ses démarches ou ses emplettes londoniennes. Elle la reçoit fréquemment dans sa villa de Putney Hill durant les premières semaines, et lui présente « des membres de la gentry[186] ». Les deux familles deviennent assez proches, au point que, selon la journaliste Susan Raven, « les Bellanger comptèrent parmi les rares intimes[187] » des de Gaulle à Londres.

Philippe de Gaulle, souvent reçu chez eux à l'occasion de ses permissions, se souvient de leur sens de l'accueil : « Leur vaste maison avec jardin [est] très hospitalière pour les Français libres. Nos hôtes nous servent des denrées non contingentées. [...] On rencontre chez eux nombre de gens intéressants, journalistes de la BBC, de la presse de langue française, membres des services scientifiques ou industriels, militaires de passage[188]. » Un soir, un certain lieutenant de Boissieu fera partie des invités. Il se souvient : « C'est dans cette maison amie de Putney Hill que je fis la connaissance de l'aspirant Philippe de Gaulle[189]. » Et peut-être de sa sœur ? Le bel officier deviendra en effet son mari juste après la guerre... Ce n'est pas n'importe qui. Entré à Saint-Cyr en 1936, Boissieu a été fait prisonnier lors des combats de juin 1940. Captif en Poméranie, il s'évadera en mars 1941 et gagnera l'URSS, où il sera interné cinq mois avant de rejoindre les FFL en Angleterre. Brillant, extrêmement aimable, il est alors repéré par le Général, qui le prend à son état-major particulier.

Malgré cette bonne introduction dans la société londonienne, Yvonne reste à l'écart des réseaux mondains, qu'ils soient français ou anglais. Sans doute croise-t-elle les épouses de René Cassin ou de Georges Gombault, qui ont suivi leur mari dans l'exil, mais son intérêt ne la porte pas vers ce genre de relations. Et le Général, qui sépare toujours strictement vie privée et vie publique, ne fait aucun effort pour mettre son épouse en avant, au moins dans un premier temps. Tant de Français libres sont alors séparés de leurs parents, de leur épouse ou de leurs enfants qu'une trop grande exposition de sa propre famille serait de mauvais goût.

Le 22 juin, un événement important se produit, qui influe directement sur le choix de vie des de Gaulle : Churchill, à titre personnel, reconnaît de Gaulle comme chef des Français libres. Cet appui décisif fait que la Grande-Bretagne devient un peu plus officiellement la terre d'asile de la France libre et, partant, de son chef. Dès lors, les de Gaulle se mettent en quête d'un logement. À la fin de juin 1940, par un agent immobilier, ils trouvent une maison à Pettswood, au sud-est de Londres, dans le Kent. Le général signe le bail le 25 juin avec le propriétaire, Mr Leonard Pummel. La location présente le double avantage d'être située dans une zone tranquille et de n'être guère onéreuse (70 livres par mois selon Philippe de Gaulle, 14 livres selon Susan Raven, qui a rencontré le propriétaire). C'est aussi la région où Yvonne s'était déjà exilée pendant la Première Guerre mondiale. La maison, de style Tudor, a des allures un peu extravagantes avec sa façade couverte de colombages. À l'intérieur, le meublé de cinq pièces est arrangé de façon modeste. Le mauvais goût le dispute à l'éclectique : « La salle à manger contient des meubles de chêne imités de Jacob, trente-deux plats, bassines et objets en cuivre, ainsi que des tableaux représentant des vues d'Écosse et du pays de Galles, œuvres du père de Mr Pummell. Le salon est de style oriental avec une cheminée en forme de pagode et des sièges laqués noir. [...] Le vestiaire, installé sous un solide escalier, constituait le seul abri possible contre les bombardements[190]. » Un poste de radio fait aussi partie de la location, ce qui permet de se tenir au courant des événements.

Yvonne prend peu à peu ses marques. Pettswood est un peu excentré par rapport à Londres ; aussi s'y trouve-t-elle souvent seule avec Mlle Potel. Charles, malgré tout, peut rentrer presque tous les soirs vers 20 heures de Victoria, soit par le métro, soit dans la voiture que Bellanger a mise à sa disposition. Un chauffeur, Jean Brany, est désormais au service du Général ; un autre le secondera, du nom de Jean Laurent[191]. Et, signe parmi d'autres que la France est de retour, la Bentley (selon Philippe de Gaulle), la Buick (selon André Gillois) est remplacée par une Renault ! Philippe, avant de commencer ses stages dans les Forces navales françaises libres, accompagne souvent son père à Pettswood. Il doit dormir sur le canapé du salon. Alentour, l'attitude des voisins est révélatrice : une fois qu'ils connaissent l'identité du prestigieux locataire, ils se cotisent pour offrir aux de Gaulle un panier de fruits et de fleurs[192]...

L'été se passe donc dans la petite maison du Kent, dans une ambiance sans doute peu détendue. Il faut dire que l'aventure de la France libre s'engage mal : le 3 juillet, la flotte anglaise détruit les bateaux français au mouillage à Mers el-Kébir, en Algérie, afin qu'ils ne passent pas aux Allemands. Quel coup ! De Gaulle comprend que la Grande-Bretagne doit protéger sa suprématie sur mer, mais que dire aux familles des Français morts sous le bombardement anglais ? Comme une mauvaise nouvelle n'arrive jamais seule, le Général apprend le lendemain qu'un tribunal militaire français l'a condamné à quatre ans de prison et 100 francs d'amende pour désobéissance… Ce même mois de juillet, décidément lugubre, est marqué par la mort à Paimpont de Jeanne de Gaulle, sa mère. Cette femme d'un autre siècle, seule survivante des parents de Gaulle et Vendroux, quitte ce bas monde avec la joie de savoir son fils Charles résolument engagé contre la défaite. De Gaulle, de son côté, se sent soutenu par la pensée de cette femme au patriotisme indéfectible : « Ce qui m'a souvent réconforté, c'est la conviction que maman aurait toujours été avec moi », confiera-t-il plus tard à sa sœur.

Les premières heures de la France libre voient alterner, sans cesse, les causes de tristesse et les motifs de réjouissance. Le 3 août, un tribunal militaire du régime de Vichy condamne par contumace le colonel de Gaulle à la peine de mort, à la dégradation militaire et à la confiscation de ses biens. Le lendemain, le gouvernement britannique reconnaît la France libre et signe avec elle ses premiers accords. Dans les semaines qui suivent, les colonies d'Afrique-Équatoriale française se rallient à la France libre.

Tandis que Charles se débat avec les difficultés et se réjouit des premiers ralliements, Yvonne pourvoit aux besoins de la famille de la manière la moins dépensière possible – « nous marchions à l'économie[193] », répète Philippe de Gaulle. Elle sait qu'aucun retour en arrière vers la France n'est désormais possible et songe donc à l'avenir de ses enfants. Elle se préoccupe de la poursuite des études d'Élisabeth, qui a obtenu la première partie de son baccalauréat avec une année d'avance en 1940. Grâce à Madeleine Bellanger, qui l'emmène visiter quelques établissements, elle trouve ce qu'elle cherche : sa fille terminera ses études secondaires au collège du couvent des Dames de Sion situé à Acton Burnell, près de Shrewsbury, entre Birmingham et Liverpool, à sept cents kilomètres de la capitale anglaise. À la rentrée, c'est Mme Bellanger qui conduira Élisabeth dans son nouvel établissement.

Philippe, lui, rallie le 23 septembre 1940 le cuirassé *Courbet* en rade de Portsmouth pour apprendre son métier militaire, avant de rejoindre bientôt son bâtiment-école, le *Président-Théodore-Tissier*. La façon dont sa mère lui dit au revoir, au moment où il part pour sa base, en dit long sur son tempérament. Philippe de Gaulle rapporte la scène : « J'avais mon vieux costume bleu marine et, à la main, une valise en carton. Je m'apprêtais à partir. Alors, sur le seuil, elle m'a remis une montre automatique en acier que j'ai conservée et elle m'a dit : "Tiens, prends cette bonne montre. J'espère que tu dureras plus longtemps qu'elle." » Encore et toujours cette émotion qui se contient et cet amour qui affleure, mais qui cherchent à se cacher derrière une dérision un peu triste.

La vie aurait pu continuer ainsi, entre Londres et le Kent. Mais, à compter du mois d'août, la vie d'Yvonne et de millions de Britanniques bascule. Hitler, en effet, rêve de débarquer au Royaume-Uni. Pour cela, il sait qu'il doit préalablement anéantir la Royal Air Force, ses bases aériennes et ses usines aéronautiques. Après quelques attaques en juillet, la bataille d'Angleterre débute vraiment en août : le 12, la Luftwaffe bombarde plusieurs usines, notamment dans le Kent. Le 13, baptisé « jour de l'Aigle » par le Führer, a lieu la plus grosse attaque de toute la guerre sur l'île : le Kent fait de nouveau partie des cibles visées, et le demeure dans les jours qui suivent. À la fin du mois d'août, Göring décide de mettre l'accent sur la destruction des aérodromes du sud-est de l'Angleterre. L'aérodrome militaire de Biggin Hill, situé à quelques centaines de mètres de Pettswood, devient l'objet de bombardements intensifs, notamment le 30 août. Plus de cent bombardiers allemands en détruisent ce jour-là les infrastructures.

Pour Yvonne, le cauchemar est complet. Le bruit des moteurs d'avions, les aboiements des batteries antiaériennes, la répétition des alertes pendant lesquelles on se cache sous l'escalier faute de cave entretiennent une peur constante. « Une bombe soufflera une villa au bout de Birchwood Road, notre rue. Chaque explosion secoue la maison mais nos nerfs tiennent bon[194] », souligne Philippe… Mais Anne cède à des crises de panique terribles. Et, dans la grande désorganisation qui suit les attaques, Charles ne peut plus guère rentrer le soir auprès des siens.

La RAF, malgré tout, sort victorieuse de ce grand affrontement. Hitler doit abandonner son plan d'invasion et décide alors de lancer la Luftwaffe dans une autre stratégie, celle de l'usure des civils. C'est le Blitz : chaque nuit, les bombardiers allemands écrasent les villes anglaises sous des tapis de bombes. Pour Londres, « c'est dans l'après-midi du 7 septembre 1940 que commence la grande épreuve […] sous la forme d'un violent bombardement de l'East End qui prend les autorités britanniques complètement par surprise. En l'espace de douze heures, 625 bombardiers, accompagnés d'un nombre égal de chasseurs, se succèdent sur la capitale, tuant 430 personnes et allumant plus de mille incendies dont les lueurs rougeâtres illuminent la ville durant toute la nuit[195] ». Cette bataille dure jusqu'au printemps de 1941… Les civils se comportent de manière générale avec un calme impressionnant – d'aucuns diraient tout britannique – et les journaux ne se privent pas de mettre en avant les actes de solidarité ou d'héroïsme. Même l'humour ne perd pas ses droits : une boutique éventrée par un raid affiche ainsi une pancarte : « Plus ouverte que jamais » ! Bien sûr, comme le souligne l'historien François Bédarida, les archives laisseront apparaître « une réalité heurtée et contrastée, où la lâcheté et la peur côtoient le courage et où les divisions viennent altérer la belle unité de façade[196] ». Mais l'essentiel, sur le moment, est que les civils tiennent bon. Yvonne en conçoit pour le civisme des Anglais une profonde admiration. « Je n'ai jamais vu un peuple si solidaire devant les dangers et la pénurie. Tous les voisins que nous avons connus autour de nous, à Londres ou en province, avaient cette mentalité[197] », répète-t-elle alors à son fils Philippe.

Hélas ! avec une petite infirme, il est difficile de rester aussi impassible que les Britanniques. Pettswood devient un enfer invivable. La vie d'Yvonne s'obscurcit. De surcroît, son mari quitte le Royaume-Uni à la fin du mois d'août pour une importante expédition en Afrique. Elle se retrouve seule dans l'adversité, sous les bombardements incessants. De son propre chef, avec un aplomb et un sens de l'organisation remarquables, elle décide alors de déménager dans une région plus calme. Elle redoute en effet que les attaques se prolongent encore des mois, malgré les affirmations rassurantes de son mari qui, dès septembre, lui écrivait : « Je considère que la bataille d'Angleterre est maintenant gagnée. » Certes, de Gaulle a raison : la RAF a fait la preuve dès cette date de sa supériorité dans la guerre aérienne. Mais les Allemands persistent jusqu'en mai 1941, quoique moins intensément, à bombarder les villes britanniques.

Logiquement, Yvonne cherche à partir le plus loin possible des zones visées par la Luftwaffe. Elle s'en explique très simplement auprès de l'amiral Muselier, commandant des forces navales et aériennes de la France libre et proche collaborateur de son mari. Cette lettre montre au passage qu'Yvonne s'est débrouillée de façon indépendante pour déménager, sans recourir à l'aide des services gaullistes : « Comme rien de particulier ne me retenait dans la région de Londres depuis le départ [de mon mari] et l'engagement de mon fils, j'ai jugé raisonnable d'emmener mes filles en pleine campagne[198]. »

Jean Lacouture affirme que c'est en août qu'elle informe la propriétaire de la maison de Pettswood, Mrs Pummel, qu'elle doit quitter les lieux[199]. Elle ne déménage pourtant que début octobre, et non pas en décembre comme le suggère l'amiral de Gaulle. Il n'est pas si facile de trouver une maison, écrit Yvonne à Muselier : « J'ai trouvé, non sans peine, une maison un peu antique comme confort et assez isolée mais le pays est d'un calme parfait. » Cette lettre n'est pas datée, contrairement à celle qu'elle envoie à l'une de ses amies le 12 octobre 1940 : « Ta lettre m'est parvenue après avoir été réexpédiée à plusieurs adresses… J'ai en effet circulé à la recherche d'une maison à la campagne à l'abri des bombes… et cela a été difficile à trouver, tout le monde en faisant autant[200]. » À cette date, Yvonne a donc emménagé au fin fond du pays de Galles, dans le Shropshire. Le hameau se nomme Ellesmere, mais la maison louée par Yvonne se trouve à cinq cents mètres du bourg… Pourquoi ce lieu, précisément, alors que tant d'autres auraient pu convenir ? Parce qu'il se trouve à vingt kilomètres environ du couvent d'Élisabeth. Les femmes de la famille, au moins, sont rassemblées.

Le logis, si l'on en croit Philippe, manque de charme : « On imaginerait facilement qu'il ait pu être construit par un petit fonctionnaire londonien retraité recherchant le grand air et la solitude[201]. » La bâtisse est composée de trois pavillons accolés, construits en brique. Un jardin l'entoure, orné d'une petite pièce d'eau où Yvonne et Mlle Potel redoutent de voir Anne tomber un jour ou l'autre. À l'intérieur, aucun confort : pas de tout-à-l'égout ni d'électricité ni de chauffage central. Comme à la Boisserie dans les premières années, il faut s'éclairer à la bougie ou à la lampe à pétrole, se réchauffer au coin de la cuisinière à bois ou près des cheminées. La description que fait Susan Raven de la demeure fait froid dans le dos : « Il fallait suspendre une couverture au pied de l'escalier du deuxième étage pour éviter les courants d'air. Le lit de la chambre principale était trop court. Quand le Général couchait là, il fallait mettre une chaise longue au bout[202] ! »

Yvonne, qui aimait tant la solitude de la Boisserie, supporte moins bien celle, glaciale, d'Ellesmere. Elle s'y retrouve coupée de tout. Il n'y a pas de radio ni de phonographe. Yvonne ne dispose pas de voiture. Londres est très éloigné et les seules personnes avec qui elle peut converser dans sa langue sont les femmes qui l'aident à la maison. Marguerite Potel est désormais secondée par une excellente cuisinière originaire de Provence, Augustine Bastide : employée à Londres, la jeune femme a été recueillie par les de Gaulle après le départ de ses patrons. En dépit de ces deux compagnes, l'hiver est dur pour Yvonne, isolée au fin fond de la campagne anglaise, inquiète pour son mari dont l'entreprise paraît à plusieurs reprises en péril. Ses seules sources d'information sont la lecture des journaux anglais et l'écoute de la BBC. Elle mène une vie de recluse, à la dure. L'Angleterre souffre de pénurie, notamment en matière de vêtements. Seuls les chapeaux et les bretelles restent en vente libre ! Aussi Yvonne se met-elle à la machine à coudre pour confectionner ses habits et ceux des enfants. Afin de subvenir aux besoins alimentaires, elle installe un poulailler dans le jardin, une habitude qu'elle entretiendra par la suite à Alger et à la Boisserie. Pour le reste, elle se débrouille avec les commerçants locaux, grâce à sa bonne maîtrise de la langue anglaise et malgré « la timidité de son accent français[203] ». Elle profite de ce que les Britanniques dédaignent « les abats, le foie, etc. » pour en nourrir ses enfants[204]. Les quelques contacts qu'elle a avec les Britanniques achèvent de la convaincre de la qualité de ce peuple. « Elle nous rappelait, longtemps après, par exemple, qu'il n'y avait jamais eu de marché noir en Grande-Bretagne pendant toute la guerre et que la mobilisation exceptionnelle avait concerné jusqu'à la quasi-totalité des femmes[205]. »

Mais quel contraste entre l'existence cloîtrée d'Yvonne et celle que mènent, à Londres, d'autres Français ! Il faut bien insister sur le fait que la guerre n'entraîne pas chez tout le monde la même humilité ni le même repli. Au contraire, le danger et la proximité de la mort galvanisent chez certains le sens de l'humour, le goût de vivre, la recherche des plaisirs. Sur ce thème, c'est connu, les témoignages abondent. André Gillois en offre un bon échantillon dans son livre sur les Français à Londres de 1940 à 1944. « Dans Londres en guerre, où sous les pires bombardements on ne cessa jamais de danser, d'aller au théâtre, au cinéma ou dans les music-halls, personne n'aurait songé à s'en scandaliser. [...] Le sujet n'était pas tabou. [...] Le whisky ne coulait pas à gogo, ni même la bière, les heures d'ouverture des pubs étant strictement limitées. Mais pour les autres plaisirs, il n'y avait pas de restriction[206]. » L'austérité dans laquelle se replie Yvonne de Gaulle relève donc d'un choix personnel, encouragé certes par la présence d'Anne, mais lié aussi à un besoin profond. Celui de s'écarter, de disparaître, de s'effacer d'une époque trop cruelle, où ses points de repère notamment familiaux se désagrègent.

Pour Charles de Gaulle, les choses ne vont pas très bien. Il parvient le 23 septembre devant le port de Dakar à bord du navire britannique *Westernland.* Fort des ralliements volontaires de l'AEF à la France libre, il espère que l'AOF, devant le déploiement des navires franco-britanniques qui l'accompagnent, fera de même. Les forces vichystes de Dakar ne l'entendent pas ainsi, et leur réplique militaire contraint de Gaulle à abandonner son projet. Quelques jours après cet échec cuisant, il écrit à Yvonne. Cette lettre est particulièrement instructive. Comme au cours de la drôle de guerre, la première partie en est consacrée à une présentation factuelle et sans ambages de ce qui s'est passé à Dakar, dans des termes extrêmement similaires à ceux que de Gaulle utilise le même jour dans un télégramme au général de Larminat – preuve qu'il met Yvonne sur le même plan que l'un de ses meilleurs généraux. Par ailleurs, il ne cherche nullement à embellir la réalité ni à se donner le beau rôle :

> Ma petite femme chérie,
>
> Comme tu l'as vu, l'affaire de Dakar n'a pas été un succès. Vichy, qui s'y attendait, avait pris des mesures extraordinaires de défense, envoyé une escadre sûre, des renforts, et bouclé d'avance mes partisans. Comme je ne voulais pas de bataille rangée entre Français j'ai retiré mes forces à temps pour l'éviter. Les Anglais ont alors donné. Pour le moment, tous les plâtras me tombent sur la tête. Mais mes fidèles me restent fidèles et je garde bon espoir pour la suite.

La lettre continue de façon plus personnelle. Charles indique vaguement à Yvonne qu'il « ne compte pas revenir à Londres avant quelque temps ». (Il est plus précis dans un autre télégramme, du même jour, à Miles Lampson : « Après événement Dakar suis décidé à demeurer en Afrique-Équatoriale française, base pour envoyer renforts en Égypte ou reprendre élargissement en Afrique-Occidentale. ») Il donne ensuite à sa femme plusieurs recommandations en cas de problème et lui indique notamment les personnes de confiance auxquelles elle peut s'adresser au besoin : « Serreulles a dû partir avec le général Catroux, pour l'Égypte. Mais le lt. Paris, de mon cabinet, reste à Carlton Gardens ainsi que le Cdt. Passy, chef d'E.M. Tu peux t'adresser à eux dans tous les cas. [...] Donne tes lettres pour moi au commandant Passy. Il fera suivre. »

Charles de Gaulle, de toute évidence, ressent le besoin en cette période particulièrement dure d'avoir des nouvelles de ceux qu'il aime. Il sait à quel point le danger est grand dans le ciel anglais : « Combien j'ai pensé et pense toujours à toi et aux Babies dans tous ces bombardements ! [...] Que fait Philippe ? Cette fille Élisabeth a-t-elle gagné le Sacré-Cœur ? Et ce tout petit ? » Loin des siens, accablé par sa défaite à Dakar, il éprouve une solitude sans fond, comme le rapporte un de ses compagnons présents sur le *Westernland*, le capitaine de frégate Georges Thierry d'Argenlieu : « Il souffrait à l'intime et durement de l'échec aujourd'hui consommé : le marquant à peine, il se taisait. Je réagis autant que faire se pouvait. Silence. Alors de ma couchette, à travers les cent rumeurs de notre navire en marche, je perçus telle une plainte : "Si vous saviez, commandant, comme je me sens seul."[207] »

Ce qu'il confie du bout des lèvres à l'un de ses hommes, cette solitude qui l'empoigne face au destin, Charles peut s'en libérer entièrement auprès de sa chère femme : « C'est le plus grand drame de l'Histoire et ton pauvre mari y est jeté au premier plan avec toutes les férocités inévitables contre ceux qui tiennent la scène. Tenons bon ! Aucune tempête ne dure indéfiniment[208]. »

Comme il l'a annoncé à Yvonne, de Gaulle séjourne longuement en Afrique-Équatoriale française après son échec de Dakar. Le 22 octobre, il lui envoie une lettre depuis Douala, ville côtière du Cameroun où, fin août, un jeune officier du nom de Leclerc a débarqué en pirogue pour rallier le pays à la cause gaulliste – avec succès :

> Ma chère petite femme chérie,
>
> Je t'écris d'ici, après un grand tour en avion dans tous les points importants du Cameroun et du Tchad. L'esprit est excellent. Demain j'irai à Bangui et, de là, à Brazzaville où je resterai quelque temps.

Yvonne suit-elle ses déplacements sur une carte, comme l'épouse de James Cook au XVIIIe siècle, contrainte d'imaginer depuis les brumes londoniennes les fabuleux pays découverts par son mari navigateur ? Peut-être. Au moins, la poste est un peu plus rapide qu'à cette lointaine époque où les missives mettaient parfois deux ans à rallier l'Angleterre depuis le Pacifique... Charles, pourtant, se plaint de la lenteur des acheminements – mais sa femme sait-elle au juste où lui adresser son courrier ? « Je n'ai pas encore reçu de toi un seul mot depuis mon départ et cela m'est très pénible. Je voudrais tout savoir de toi et des Babies ! [...] Écris-moi à Brazzaville. Il y a, maintenant, des courriers par avion réguliers. »

Au-delà des aspects pratiques qu'il y aborde, les lettres de Charles à sa femme sont comme toujours le lieu où il se confie, plus qu'auprès de quiconque. Visiblement, un mois après Dakar, il a retrouvé un moral d'acier : « Tout va bien. Mais la tâche est lourde matériellement et moralement. Il faut accepter – et je les accepte – toutes les conséquences de ce drame dont les événements ont fait de moi l'un des principaux auteurs. Celui qui saura vouloir le plus fermement l'emportera en définitive, non seulement en fait mais encore dans l'esprit des foules moutonnières[209]. »

Yvonne, on le devine, est heureuse de voir son mari reprendre le dessus. Elle le reconnaît bien là, sûr de son fait, persuadé que le destin le pousse de l'avant – on appréciera la belle expression « les événements ont fait de moi »... En revanche, elle apprend que la séparation risque de durer encore un peu, puisque Charles n'envisage pas de revenir à Londres avant la fin de novembre, et seulement « pour quelques semaines ».

C'est une cruelle attente pour Yvonne, loin de son sol natal et de sa chère famille. Enfin, à la mi-novembre, Charles revient de son équipée africaine. Les retrouvailles ont lieu à Ellesmere le 22 novembre, dans la petite maison où Yvonne a réussi à réunir les enfants, Élisabeth sortie du couvent et Philippe en permission. Ce jour-là, en effet, c'est l'anniversaire de De Gaulle. « Ma mère et Augustine ont tenu à fêter dignement mais discrètement – car on ne souhaite pas les anniversaires dans la famille – les cinquante ans de mon père[210]. » Charles passe trois jours parmi les siens.

Par la suite, il n'a guère la possibilité de venir à Ellesmere, situé à huit heures de train de la capitale. S'y rendre tous les soirs est inenvisageable, et s'y installer chaque week-end également impossible. Le Général fait donc le voyage une fois par mois environ. Les époux se téléphonent seulement en cas de nécessité, ainsi que le rapporte Nancy Biais, la téléphoniste de Carlton Gardens : « Mme de Gaulle appelait très rarement, et toujours en s'excusant de déranger[211]. » Il ne reste que l'écriture pour communiquer, même si ses activités laissent peu de temps à de Gaulle pour la correspondance : « Je suis honteux de ne t'avoir pas encore écrit, plaide-t-il auprès d'Yvonne le 8 décembre. Ma semaine a été une terrible bousculade. Aujourd'hui, me voici un peu tranquille. » Il en profite pour lui donner des nouvelles de Philippe, qu'il a retrouvé lors d'une inspection des FFL à Portsmouth : « Il était très bien. On l'avait mis comme l'homme de droite (le plus grand) de la garde d'honneur qui me présentait les armes sur le *Théodore-Tissier*. J'ai pu lui parler ensuite quelques minutes. L'École m'a fait bon effet. Le milieu est bon et je vois que Philippe y réussit[212]. »

De Gaulle parvient à rendre visite à sa femme le dimanche 15 décembre. Est-ce ce jour-là qu'il assiste à un concert de musique donné à Ellesmere ? Peut-être. Par une lettre à Philippe, on apprend qu'il projette de retourner voir sa femme le 1er janvier. Y parvient-il ? Ce n'est pas sûr, puisque Yvonne lui écrit le 3 janvier et lui propose de venir, elle, à Londres. Charles en est heureux : « Viens à la fin de la semaine et téléphone-moi le jour et l'heure[213]. » Le reste du temps, il est contraint de vivre en célibataire géographique. Installé à l'hôtel Connaught, dans le quartier de Mayfair à Londres, il se déplace beaucoup en Angleterre et dans l'Empire. Selon son biographe Jean Lacouture, la séparation avec sa famille « lui coûte beaucoup ». Yvonne représente pour lui un appui fondamental. Sa solidité dans l'adversité est à coup sûr un motif de fierté pour de Gaulle et une référence quand son moral à lui pourrait vaciller. Leur fils Philippe, plutôt avare d'éloges à l'égard de sa mère, n'en disconvient pas : « Elle l'a beaucoup aidé moralement, parce que, malgré ses petits mouvements d'impatience, elle était d'une stabilité émotionnelle parfaite. Jamais il n'avait de sujet d'inquiétude vis-à-vis d'elle. Il était tranquille de ce côté-là. Il n'aurait pas supporté d'avoir épousé une personne remuante qui se serait agitée dans la société britannique ou française, qui aurait glissé des petites phrases aux journaux, qui lui aurait compliqué la vie. Il savait que la maison était bien gardée, que la mère de famille était à sa place et tenait solidement le foyer en s'occupant de son enfant infirme [...]. En un mot, il pouvait compter sur elle[214]. »

Pourtant, il semble qu'Yvonne traverse alors des mois difficiles sur le plan psychologique. Pour la première fois de façon aussi radicale, elle se trouve séparée de son mari non seulement dans l'espace et dans le temps, mais également par leur implication très inégale dans la marche du monde. Leur seul lien reste le courrier, qui, en raison de la guerre, arrive souvent avec retard[215]. Yvonne de Gaulle, si pudique, s'ouvre auprès de l'amiral Muselier de la souffrance que provoque en elle l'absence de nouvelles de son mari. Mais dans la même phrase elle avoue aimer que son mari soit plongé dans l'action. La confidence tient en une phrase, mais elle en dit long sur le soutien qu'Yvonne apporte à Charles : « Cette absence de lettres est pénible, et cependant je n'aimerais pas que mon mari fût inactif[216]. »

Elle est minée. Depuis son enfance, elle est habituée à vivre en rapport étroit avec sa famille, et voici qu'elle se trouve privée de nouvelles. Son frère Jacques est toujours dans son oflag. Les autres, que deviennent-ils ? Yvonne sait-elle que Cada et Madeleine de Gaulle – la femme de Pierre – ont organisé une filière d'évasion vers Londres *via* l'Espagne ? Jacques, qui les rejoindra après sa libération en août 1941, décrit leurs activités : « Pendant trois ans, nous mènerons tour à tour à Calais, à Saint-Omer, et dans la capitale, une existence incertaine. Nous nous devons de ne pas cacher nos convictions, en dépit de la surveillance très étroite dont nous sommes l'objet de la part de la Gestapo comme des autorités de Vichy. Mais d'autre part les contacts que je prends avec la Résistance sont très difficiles : je sens les réseaux à la fois désireux de m'approcher et à juste titre prudents, car je suis fort compromettant[217]. »

En réalité, la famille tout entière s'est engagée dans la lutte contre l'occupant, comme le rappelle Geneviève de Gaulle, la nièce téméraire : « Tous ceux qui avaient l'âge de se battre ou de porter des armes se sont engagés dans les Forces françaises libres ou ont été des résistants[218]. » Elle-même rejoint le mouvement « Défense de la France », écrit dans les journaux clandestins, entre dans la clandestinité. Son frère Roger, arrêté peu après son passage en Espagne, a été libéré et a rejoint la Grande-Bretagne où il est élève officier à l'École des cadets de la France libre. Les quatre fils de Jacques de Gaulle, frère du Général, résistent aussi ; les deux plus jeunes, Jean, dix-sept ans, et Pierre, seize ans, menacés par la Gestapo, doivent se réfugier en Suisse. Les fils de

Marie-Agnès et Alfred Cailliau, vibrant du souvenir de leur frère Charles tué au front, ne sont pas en reste. Michel Cailliau s'évade de son stalag ; il fonde le réseau « Charrette » ainsi que le mouvement de résistance des prisonniers de guerre et déportés. Henri, parachutiste dans les FFL, termine officier de liaison auprès des Américains lors de la bataille de France et de la bataille d'Allemagne.

Tandis que les de Gaulle et les Vendroux honorent leur nom en s'engageant, Yvonne de Gaulle, la plus proche du Général, vit retirée au pays de Galles, dans la triste maison d'Ellesmere. Son inaction contraste avec le dynamisme de tous les autres, son isolement avec leur implication dans les réseaux ou les armées. Son rôle dans la guerre semble parfois se résumer à l'appui logistique de son mari. En mars 1941, le Général s'apprête à s'envoler pour l'Afrique. Il informe donc Yvonne qu'il a rendu sa chambre d'hôtel et mis ses affaires dans des malles qui seront déposées à Carlton Gardens. Le reste de la lettre est une énumération de recommandations, de celles que l'on prodigue à la veille d'un lointain voyage dont on ne sait pas très bien si l'on reviendra :

> N'hésite pas à téléphoner au général Petit ou à Serreulles ou à l'Amiral quand tu voudras avoir des nouvelles.
>
> Que Philippe travaille avant de retourner à l'École navale. Tout le monde me dit qu'il fera un bon officier de marine.

Pour terminer, il adresse à Yvonne un de ses plus beaux mots d'amour :

> Je t'embrasse de tout mon cœur... ma chère petite femme chérie, et aussi mon amie, ma compagne si brave et bonne, à travers une vie qui est une tourmente[219].

Pendant les cinq mois et demi que va durer son absence, la relation entre de Gaulle et sa femme reprend sur le mode épistolaire, de l'Afrique à l'Europe, avec ses aléas. En mai, à Brazzaville, Charles se plaint de l'absence de courrier : « Je n'ai aucune nouvelle depuis mon départ et cela m'est cruel[220]. » Depuis l'Égypte, il s'inquiète en juillet de ses trois enfants et déplore, une fois de plus, les problèmes de correspondance : « J'espère que ce mot te parviendra sans trop de délai. [...] J'ai reçu tes lettres du 26 mars, du 7 avril (!), du 2 mai et du 19 mai. Elles m'ont fait beaucoup de plaisir. Quant à moi, j'ai honte de t'avoir si peu écrit depuis mon départ. Mais on est assez découragé de le faire en pensant à l'incertitude et à la lenteur des courriers[221]. »

Il recommande à Yvonne de demander des informations plus détaillées à ses collaborateurs : « Le colonel Antoine te portera cette lettre. Vois-le. Il te donnera des nouvelles plus explicites[222]. » Il fait également part à sa femme de son point de vue sur les événements en cours, notamment au Levant. Les troupes françaises libres s'apprêtent en effet à pénétrer en Syrie, territoire tenu par les autorités vichystes, mais stratégiquement essentiel pour les Alliés.

De Gaulle pense qu'il faut absolument s'en emparer. Des Français risquent donc de se battre contre d'autres Français... « Je t'envoie ce mot au milieu de l'épreuve décisive. Si pénible qu'elle soit, elle était nécessaire et je crois que, maintenant, la fin est en vue. Mais quel drame ! [...] Il faut en fait une âme de fer, tant les événements sont cruels et les responsabilités lourdes. [...] Rien n'est étonnant et réconfortant comme l'esprit, l'ardeur, le courage de tous nos gens ici, militaires et civils. Les religieuses sont les plus "gaullistes"[223] ! », ajoute-t-il à l'attention de sa femme.

Le 1er septembre 1941, de Gaulle est de retour à Londres. Le mois suivant, Yvonne effectue un nouveau déménagement. Puisque le Blitz est définitivement terminé, il n'y a plus aucune raison de vivre si loin de Londres, d'autant qu'Élisabeth a réussi la deuxième partie de son baccalauréat chez les sœurs et qu'elle s'apprête à faire son entrée au collège de Margaret Hall à Oxford pour y effectuer un *Master of Art* (ce qui équivaut à trois ans d'études en lettres). Il serait stupide que sa mère continue de résider près de son ancienne école... L'objectif d'Yvonne est donc de se rapprocher à la fois de son mari à Londres et de sa fille à Oxford. Elle trouve un logement situé presque exactement entre ces deux points d'attache, à Berkhamsted, au nord-ouest de Londres, à cinquante-huit kilomètres de sa fille et à quarante-huit de son mari. Il faut croire que cela l'arrange de ne pas s'installer dans la capitale même, conformément à son profond désir de ne pas se mêler à la vie politique ni à l'entourage de son mari, ce qui restera l'une des constantes de son comportement.

De toute évidence, les temps ont changé depuis les premiers jours de 1940 : Charles de Gaulle acquiert de plus en plus nettement la stature d'un homme d'État. Parallèlement, sa résidence gagne en prestige. Oubliés, l'isolement d'Ellesmere, le chauffage au bois, le poulailler et les brumes campagnardes. La nouvelle maison des de Gaulle, située non loin de l'hôpital militaire français d'Ashridge Park, se présente sous l'aspect d'une confortable gentilhommière à un étage de style Tudor. Baptisée Rodinghead, elle « avait une allure de manoir seigneurial. Un vieux lord des Indes aurait pu l'avoir habitée. Un local garni de fusils de chasse donnait sur le vestibule[224]. » La hauteur des pièces, les fenêtres cintrées, la terrasse et ses statues, le jardin, enfin, vaste et bien soigné, indiquent à quel point les de Gaulle ont gagné en confort.

Les lieux, au demeurant, sont assez bien connus grâce à un incroyable reportage photographique réalisé au début de 1942. Qui n'a pas vu ces photographies ne pourrait croire à leur existence. Il faut chercher leur origine du côté du gouvernement britannique, pour lequel la légitimité croissante du gaullisme de guerre rend nécessaire de faire mieux connaître son chef, de Gaulle. Churchill, qui a misé sur le Général, souhaite que ce dernier soit mieux identifié par l'opinion britannique et française. En 1940 et durant plusieurs années, seule la voix du Général est connue du grand public, grâce à ses interventions radiophoniques. Mais certains auditeurs persistent à croire que ce de Gaulle au nom trop prédestiné est une pure invention de la propagande britannique, et qu'il n'existe pas en réalité. Pour mettre fin à ces rumeurs et donner corps à de Gaulle, quoi de mieux qu'un reportage photographique ? pense Churchill. Pour faire parler du Général « de façon scientifique, naturelle et discrète », selon les étranges termes invoqués par le gouvernement, une somme de 1 000 livres est déboursée, en partie pour payer l'agent de publicité Richard Temple qui réalisera les prises de vue. L'idée, on s'en doute, déplaît fondamentalement au Général, rétif à prendre la pose. « Churchill veut me lancer comme une savonnette », aurait-il du reste maugréé.

L'intéressant, dans cette étrange campagne publicitaire, est la place qu'y tient Yvonne. Alors que de Gaulle, dès le 18 juin, s'est volontairement mis en avant au nom de la France, alors qu'il a multiplié les discours, les visites dans les colonies, les inspections des Forces françaises libres, et qu'il a fait tour à tour l'objet de commentaires plus ou moins flatteurs dans la presse britannique, les journaux résistants ou les organes vichystes, sa femme s'est toujours maintenue en retrait, pour ne pas dire dans l'ombre. La France libre, c'est de Gaulle, pas elle. Elle ne prétend y jouer aucun rôle, n'y avoir aucune part, si ce n'est celle de soutenir son mari. Pas question pour elle de se présenter en première dame, de s'imposer dans les dîners officiels, de réclamer l'attention des médias. Yvonne de Gaulle interprète ses fonctions *stricto sensu* : elle les cantonne au domaine strictement privé.

Si l'on y réfléchit un peu, cette position est assez étonnante. Qui se souvient de l'attitude de Marguerite Vendroux pendant la Première Guerre mondiale ne peut qu'être surpris par l'attentisme de sa fille durant la Seconde : Marguerite, en son temps, avait prouvé qu'elle était une maîtresse femme. Elle s'était engagée dans l'hôpital militaire en tant qu'infirmière, n'avait jamais cessé de recevoir chez elle les personnalités que la guerre avait amenées à Calais, et s'était montrée une mère exceptionnelle. Soucieuse du bien-être de ses enfants, elle les avait éloignés de la zone des combats mais s'était toujours arrangée pour leur rendre visite et pour organiser avec eux des voyages réconfortants.

Or, durant les premières années de la France libre en Grande-Bretagne, Yvonne se comporte de manière diamétralement opposée. Elle ne s'engage nullement aux côtés des infirmières françaises qui s'organisent à Londres, ne rend pas visite aux blessés français, ne fait pas de déplacement connu sur l'une des dizaines de bases que comptent les Forces françaises libres sur le sol anglais, même lorsqu'elle habite près de celle de Bigghin Hill, d'où s'envolent quelques pilotes français… Elle qui a vu sa propre mère, en 1914-1918, se dépenser corps et âme en faveur des blessés dans des conditions extrêmement difficiles, choisit littéralement de se retirer du conflit. Les résidences qu'elle choisit sont toutes éloignées de Londres, et ses seules préoccupations sont pour le petit noyau familial qui gravite autour d'elle – son mari et ses enfants.

Une telle rétractation n'est pas anodine. Elle ne résulte pas de l'éducation qu'a reçue Yvonne et apparaît comme l'expression de quelque chose de nouveau. Mais quoi ? Un certain nombre de témoins évoquent pudiquement la déprime qui envahit alors Mme de Gaulle. André Gillois affirme, certes, qu'elle « fut très heureuse dans sa retraite » à Ellesmere. Mais il ajoute qu'elle « était devenue très nerveuse, au point de croire qu'on avait mis un pistolet sur sa table exprès pour l'effrayer[225] ». Marcel Jullian évoque même le pire : « Dans les premiers mois de la France libre, elle a eu l'idée du suicide et y résista parce qu'elle était trop chrétienne pour ça[226]. » Le sentiment d'être inutile dans le grand combat qui se joue alors n'est pas étranger à la tristesse qui s'empare alors de Mme de Gaulle.

Charles de Gaulle est-il mis au courant du moral défaillant de sa femme ? On constate que, dans ses lettres de cette période, il lui exprime à plusieurs reprises une profonde reconnaissance. Alors qu'il s'apprête à gagner l'AEF, ses pensées sont pour elle :

> Ma chère petite femme chérie,
>
> Avant de partir (dans une heure), je t'envoie toutes mes profondes tendresses.
>
> Je pense que quand je reviendrai, il y aura eu beaucoup de nouveau. En tout cas, il fera beau autour de ta maison.

L'hypothèse d'une profonde déprime doit être prise au sérieux ; un certain nombre d'éléments l'étayent. L'éloignement et le déménagement d'Yvonne toujours plus loin de Londres, le mode de vie austère pour ne pas dire lugubre dans lequel elle se complaît, son refus maladif de s'impliquer dans quoi que ce soit d'officiel sont des signes qui ne trompent pas.

Cette crise pourrait avoir commencé aux alentours de l'automne 1940, avec le Blitz qui déclenche sans doute chez elle une prise de conscience brutale de l'incertitude de l'avenir. Anne, effrayée par les bombardements, accentue certainement le mal-être d'Yvonne. Pour cette femme qui a grandi dans un univers protégé, avec des parents solides et protecteurs, à une époque où la grandeur de la France ne faisait aucun doute pour personne, la rupture est brutale : il n'y a plus de France, sinon celle encore si fragile qu'essaie de sauver son mari. Il n'y a plus de famille, puisque tous sont dispersés et menacés. Il n'y a plus rien de sûr, plus rien qui tienne.

Même sa relation avec son mari semble malmenée, si l'on en croit le témoignage postérieur de Claude Guy, à qui le Général en aurait fait la confidence. La scène se passe le 7 février 1948, quelques heures après la mort d'Anne de Gaulle. Dans la maison aux volets clos, perdue dans le silence, Charles de Gaulle revient sur la courte vie de sa petite fille et commente : « Elle aura été utile [...]. Elle aura servi de lien entre sa mère et moi, elle aura permis que nous demeurions ensemble à un moment où il était essentiel que

Mme de Gaulle et moi demeurions ensemble, j'entends... aux yeux du pays[227]. » C'est la seule et unique fois où ce personnage pudique se livre à une confidence aussi extraordinaire. La vraisemblance du propos – même si Claude Guy ne porte pas Yvonne dans son cœur – inscrit la discorde conjugale dans les années de guerre. Dans son récit, en effet, Charles de Gaulle la situe avant la création de la Fondation Anne de Gaulle en 1946. Et à quel autre moment que pendant la guerre aurait-il eu besoin de présenter un couple uni aux Français ?

Bien qu'il soit difficile d'être précis dans la datation, cette longue phase semble perdurer jusque vers le début de 1943. À partir de là, en effet, Mme de Gaulle revient vers Londres et commence à participer à quelques dîners. À Alger, par la suite, elle se comporte plus nettement en première dame. Un autre élément va dans le sens de cette chronologie : les photographies montrent en 1942 une Yvonne dont la maigreur et la tristesse sont frappantes. Ses yeux trop grands et las, ses lèvres minces qui essaient vainement de sourire, ses joues creuses et ses épaules voûtées indiquent qu'elle est sous le coup d'une intense déprime. Au contraire, sur les clichés qui seront pris à Alger en 1943, elle est ragaillardie et souriante. Son regard a recouvré sa vivacité d'avant-guerre. Son corps a repris les formes qu'il avait perdues. Il se dégage d'elle une belle énergie.

En raison de cette probable dépression, il fut sans doute très difficile de la convaincre de participer à une campagne photographique où elle jugeait sa place entièrement illégitime. Aucun témoignage n'existe sur sa réaction, mais celle de son mari en dit déjà long : « Quand mon père apprend que l'agent de publicité Richard Temple s'apprête à le photographier en famille, il s'oppose d'abord à sa venue[228]. » « Mon père pensait qu'il n'était pas convenable de faire parler de sa famille, surtout au moment où tant de Français étaient séparés de la leur. C'était le domaine secret qui ne regardait pas autrui, et en plus il était indécent de se produire[229]. » L'état d'Yvonne explique aussi cette réticence.

Finalement, il doit céder sous la pression de Churchill, qui, selon Philippe de Gaulle, invoque les arguments suivants : « Pour votre standing en Angleterre et pour votre image dans le monde, il est important que vous soyez photographié comme l'est la société britannique et comme on le fait des lords ou de la famille royale[230]. » L'essentiel est dit : de Gaulle, chef de la France en exil, doit adosser sa légitimité à l'image de l'homme de pouvoir tel qu'il est représenté en Grande-Bretagne. Un lord ou un membre de la famille royale se caractérise avant tout par son nom, par sa famille et par son terroir. Il est donc d'usage de le peindre ou de le photographier dans son château ou dans son domaine, en présence de son épouse, de ses enfants, parfois même de ses animaux domestiques. Churchill applique la recette à de Gaulle : il sera photographié, qu'il le veuille ou non, dans sa maison de Rodinghead en compagnie de sa femme, dans des scènes dont le naturel est tellement travaillé qu'il en devient complètement artificiel. Les de Gaulle réussissent toutefois à éviter à leurs enfants de figurer à leurs côtés.

Dans la vie d'Yvonne, la publication de ces photographies revêt une importance particulière : pour la première fois, elle apparaît publiquement aux côtés de son mari en tant que première dame, ou du moins en tant qu'esquisse de première dame. Elle se trouve du même coup propulsée au rang ingrat de « femme de », seul motif qui lui impose de sortir de l'anonymat qu'elle chérit. Pour autant, lorsqu'on regarde ces clichés, on est loin de l'image d'une reine ou d'une femme de lord !

Alors qu'elle aurait pu recourir facilement aux services d'un coiffeur, d'un maquilleur et d'un modiste, elle choisit de se présenter à l'objectif telle qu'elle est habituellement, au naturel. Sur ses cheveux modestement tirés en un simple chignon, on aperçoit de grosses pinces pas très jolies. Son visage, parfois photographié en gros plan, ne révèle pas une trace de maquillage. Il en ressort sévère. Sa simple petite robe noire à pois blancs, à peine cintrée, fait presque pitié. Le seul bijou qu'elle porte est sa bague de fiançailles, qui recouvre son alliance. Là n'est sans doute pas le plus frappant. Une femme de l'aristocratie se fait habituellement photographier près de son mari, assise sur un canapé ou devant un parterre de fleurs, face à l'objectif. Yvonne, au contraire, refuse la comédie. Puisqu'on veut la photographier, que cela soit à la façon de tous les jours, dans ses activités quotidiennes. Sur la série de dix clichés réalisés ce jour-là, sept la montrent dans des attitudes typiquement féminines pour l'époque : Yvonne écoutant son mari lui lire le passage d'un livre, Yvonne essuyant la vaisselle près de l'évier, Yvonne jouant du piano pour son mari légèrement appuyé sur le demi-queue (scène qu'elle a particulièrement détestée), Yvonne époussetant les assiettes du vaisselier, Yvonne faisant respirer à son mari le parfum d'une fleur et, comble du comble, Yvonne allumant la cigarette de son mari, dans la pose d'une actrice de cinéma, le glamour en moins. La mise en scène est étudiée dans les moindres détails : ainsi, sur certaines photographies d'Yvonne pianiste, un portrait encadré du général de Gaulle apparaît sur le piano. Sur certains clichés, son visage est marqué par une profonde tristesse, fruit des années de guerre.

Le Général déteste cette série de clichés : « Plus tard, s'il y avait bien une chose qu'il ne voulait pas revoir de sa vie en exil, c'était bien ce reportage au cours duquel il avait dû se plier aux volontés du photographe[231] », souligne son fils. Yvonne a sans doute la même réaction. Mais, qu'elle le veuille ou non, elle devra désormais faire avec : ces images l'ancrent pour longtemps – pour toujours – dans son image de femme au foyer. Dès le départ et sans ambiguïté possible, les lecteurs retiennent de Mme de Gaulle son allure austère, son goût pour les choses simples, sa modestie qui l'amène, elle, la femme du chef de la France libre, à se montrer en train de faire le ménage. Tout cela n'est pas faux et encore moins feint : elle est bien cette femme d'intérieur. Mais beaucoup ne retiendront que cela. À cet égard, les photographies sont réductrices et un peu caricaturales. Elles ne révèlent que ce que le sujet veut bien leur confier…

Toutefois, d'un point de vue gaullien, la campagne photographique de Richard Temple n'est pas négative. Quoi de mieux, pour tempérer la réputation d'arrogance et d'orgueil du Général, que de le présenter en honnête mari d'une femme simple et discrète ? Tant de normalité quotidienne ne peut pas nuire au personnage, habituellement caricaturé sous le motif de la grandeur, voire de la supériorité.

Quel est le quotidien du couple ? Difficile à dire. Seul l'emploi du temps officiel de De Gaulle est connu quasiment au jour le jour. Il se caractérise par un foisonnement de rencontres, de correspondance, de voyages. Sur le plan privé, les informations sont plus rares. La proximité de la maison familiale permet désormais à Charles de voir Yvonne un peu plus facilement, chaque fin de semaine à peu près. Il semble que les de Gaulle reçoivent régulièrement et assez discrètement. Passy, chef du Bureau central de renseignement et d'action (BCRA) de la France libre, est par exemple invité à dîner à Rodinghead.

Yvonne, de toute évidence, se tient parfaitement informée. Elle lit les journaux anglais et écoute la BBC puis la radio de la France libre. La destinée de son mari lui tient à cœur : « Elle vivait intensément les faits et gestes de mon père autant qu'elle pouvait en avoir connaissance, mais dans la plus grande discrétion, sans en parler à qui que ce fût, même à ses enfants[232]. » Parfois, l'actualité la rejoint chez elle, notamment au début de l'année 1942, période qui voit la relation entre de Gaulle et Churchill s'aigrir passablement. L'entrée en guerre des États-Unis et l'élargissement du conflit vers la Méditerranée orientale alimentent les incompréhensions entre la France libre et le Royaume-Uni. D'une part, le président américain, Franklin Delano Roosevelt, considère de Gaulle comme un général d'opérette dépourvu de toute légitimité. Depuis que son pays est entré en guerre, le 7 décembre 1941, il ne cesse de prévenir Churchill contre ce grand Français arrogant. D'autre part, Churchill et de Gaulle se livrent à une lutte d'influence dans les colonies françaises. Le contrôle de la Syrie et du Liban donne lieu à de cruels déchirements entre France libre et Royaume-Uni. De même, le débarquement militaire des Anglais dans la colonie française de Madagascar, en mai 1942, met de Gaulle hors de lui. Il n'a pas même été prévenu !

Pour le chef de la France libre, c'en est trop. Un jour, furieux après une énième dispute avec Churchill, il quitte Londres et regagne sa maison de Berkhamsted, au grand étonnement d'Yvonne qui ne l'attend jamais en milieu de semaine. Leur fils, présent, assiste à la scène : « Avant même qu'il ne consente à desserrer les dents, j'ai tout de suite compris que la situation était sérieuse. Il donnait l'impression d'un homme arrivé à la croisée des chemins, en attente, mais déterminé. Il m'a dit laconiquement : "Bientôt, nous serons en Afrique."[233] »

Pour le moment, c'est surtout de façon très désagréable que l'Afrique se rappelle au souvenir des de Gaulle : lors de ses séjours en AEF, le Général a contracté le paludisme. Une crise violente le terrasse alors qu'il se trouve à Londres. Il faut le transporter d'urgence dans un hôpital de la capitale britannique, sous la bonne garde d'Yvonne, qui informe le moins de monde possible. Même son fils n'est pas averti immédiatement : « Elle ne voulait sans doute pas m'inquiéter davantage. Elle ne me l'a avoué que longtemps après, avec ces simples mots : "Nous avons été inquiets pour ton père. Il a fallu l'hospitaliser pendant quelque temps."[234] » Souci de conserver son mari pour elle ? Volonté de ne pas affoler les foules ? Désir de ne pas l'exposer en situation de faiblesse ?

Quand elle ne joue pas les garde-malades, Yvonne effectue quelques sorties à Londres. On sait notamment qu'elle apprécie Clementine Churchill, la femme du Premier ministre, qui l'a invitée à déjeuner dès son arrivée. Le gaullisme de la femme de Churchill la touche : « C'était une femme d'intelligence et de cœur. Elle faisait face à tout[235] », confiera-t-elle bien plus tard. Les deux femmes échangent quelques lettres, et il arrive, au moins une fois, que Clementine Churchill lui fasse envoyer des fleurs[236]. La fille des Churchill, Mary, invite Élisabeth au cinéma. Au moins, sur le plan privé, l'alliance des de Gaulle et des Churchill semble ne pas connaître de heurts !

L'automne 1942 marque un nouveau changement dans sa vie. La voici qui se rapproche géographiquement de Londres. Si les autres déménagements répondaient à une logique précise (fuir le Blitz, puis se rapprocher de son mari et de sa fille), ce dernier s'explique plus difficilement. Yvonne aurait aussi bien pu demeurer à Berkhamsted, maison confortable et pratique pour elle. La seule raison valable est sans doute que le Général a souhaité voir sa femme s'installer près de lui, pour jouer un rôle plus important à ses côtés. Cela correspond à un renforcement de son statut de première dame. Au final, il n'est pas exagéré d'en conclure que les liens entre les deux époux sortent renforcés des deux premières années de guerre.

La résidence des de Gaulle se trouve désormais 65 Frognal Street, à Hampstead, un quartier résidentiel situé à dix kilomètres seulement au nord-ouest de Londres. Il s'agit d'une grande bâtisse agréable, flanquée d'une tour d'angle et arrangée avec goût. Le jardin est entouré de murs, ce qui convient parfaitement à la sécurité d'Anne. Pour la première fois depuis le début de la guerre, peut-être même pour la première fois tout court, les de Gaulle connaissent un certain confort.

Du fait de sa présence dans la capitale, Yvonne est amenée à participer plus régulièrement à la vie officielle de la France libre. Plusieurs dîners ont lieu dans la villa de Hampstead, où elle redevient la maîtresse de maison d'autrefois, la pénurie en plus. Le manque de denrées lui vaut d'ailleurs une friction avec son mari. Pour un de ses dîners, Yvonne téléphone un jour à Eugène Herbodeau, ancien chef de cuisine du Ritz et du Carlton ayant fondé l'Écu de France, l'un des meilleurs restaurants de Londres, fréquenté par les Français libres et de Gaulle lui-même. Elle cherche deux canards et une bouteille de cidre. Le restaurateur croit bien faire en les lui faisant apporter et en y ajoutant un beau rôti, ce qui est alors un morceau introuvable. Le Général, quand il découvre à table que sa femme a recouru au marché noir, lui interdit de retourner chez Herbodeau, auquel il ne pardonnera jamais…

Loin de ces débats d'arrière-cuisine, les plus importantes personnalités de la résistance et de la France libre viennent s'asseoir à la table des de Gaulle : on sait notamment que Henry Frenay, créateur du réseau Combat, le général Delestraint, chef de l'armée secrète, le lieutenant-colonel Billotte, chef d'état-major de De Gaulle, ou André Philip, l'un des quatre-vingts parlementaires français à avoir refusé de voter les pleins pouvoirs à Pétain avant de devenir commissaire à l'Intérieur du Comité national français, y sont reçus tour à tour. Leopold Amery, leader conservateur et secrétaire d'État chargé de l'Inde dans le gouvernement britannique, est également reçu à plusieurs reprises. Comme de Gaulle, Amery est souvent en conflit avec Churchill, dont il déplore les prises de position dans la gestion du dossier indien. Cette opposition commune rapproche sans doute les deux hommes. On imagine que, face à eux, Yvonne ne se départ pas de son habituelle modestie.

Les hauts et les bas de la France libre continuent d'animer la vie familiale. Après le « magnifique succès de Koufra » remporté par les hommes de Leclerc contre les Italiens en Libye au mois de mars 1941, les Français libres se distinguent à la bataille de Bir Hakeim. Le 11 juin 1942, de Gaulle félicite à la radio les combattants qui, derrière le général Kœnig, ont réussi à tenir tête aux Allemands de Rommel pendant presque dix jours dans des conditions effroyables. Le 14 juillet, la France libre change de nom et devient la France combattante. Début août 1942, Charles quitte de nouveau Londres et part pour une longue tournée de presque deux mois au Proche-Orient et en Afrique-Équatoriale française. Yvonne passe l'été à Hampstead en compagnie d'Élisabeth. Charles est de retour le 25 septembre, juste à temps pour apprendre la reconnaissance par l'URSS de la France combattante. Pendant ce temps, en métropole, l'unification des différents mouvements de résistance progresse. Tout va-t-il pour le mieux ? Pas vraiment.

Les ennuis viennent du côté anglo-américain : les Alliés, sans prévenir de Gaulle, débarquent au Maroc et en Algérie le 8 novembre 1942 puis négocient sur place avec les représentants de Vichy. Le Général est hors de lui. Interdit d'antenne sur la BBC, il fait passer par Radio Brazzaville de vigoureux messages de protestation. Il faut dire que les conséquences du débarquement en Afrique du Nord sont lourdes pour la France : Hitler décide immédiatement d'envahir la zone sud du pays, dite « libre ». Dès lors, la flotte française, repliée à Toulon, est directement menacée d'être récupérée par les Allemands. Le 27 novembre, plutôt que de rejoindre les Alliés en Afrique du Nord, elle préfère se saborder. Dans ses *Mémoires de guerre*, Charles de Gaulle souligne son immense désarroi :

« Quant à moi, submergé de colère et de chagrin, j'en suis réduit à voir sombrer au loin ce qui avait été une des chances majeures de la France[237]. » Devant sa femme, il est plus explicite encore. Un mois après le sabordage, alors qu'il passe Noël avec les siens, sa fureur n'est toujours pas retombée. « Il semblait atterré comme si l'un de ses proches s'était suicidé. Il répétait : "Quelle fin honteuse, quel scandale, quelle pitié !"[238] »

Sa préoccupation est redoublée par un autre événement tragique survenu le jour même de Noël, l'assassinat à Alger de l'amiral Darlan. Celui-ci, fidèle à Pétain, s'était vu confier le 13 novembre par les Alliés les fonctions de haut-commissaire pour l'Afrique du Nord. Certains journaux imputent donc logiquement son assassinat à l'entourage de De Gaulle, même s'il semble peu vraisemblable que le Général en personne soit mêlé à la décision. Roosevelt parle de crime impardonnable, Churchill ne dit mot. Pour succéder à Darlan, ils désignent le général Giraud, celui-là même auquel de Gaulle s'était opposé lorsqu'il était colonel au 507e RCC. On comprend donc que l'humeur de De Gaulle ne soit guère aux festivités. Sa femme, aussi charitable que laconique, essaie de l'excuser auprès des enfants : « Il a encore quelques problèmes avec le Premier ministre de Sa Gracieuse Majesté[239], susurre-t-elle. »

Le 18 janvier 1943, lors d'une de ses innombrables tournées d'inspection des FFL, de Gaulle passe en revue les Forces navales françaises libres à Weymouth. Parmi les marins se trouve son fils Philippe, qu'il a juste le temps de faire appeler quelques minutes dans un petit bureau. On échange des nouvelles de la famille. Le Général parle surtout de la situation intenable en Afrique du Nord. Le père et le fils se séparent. Ils ne se reverront pas avant le 5 juin 1944.

Pour de Gaulle, il semble clair désormais que l'avenir de la France combattante – de la France tout court – passe par l'Afrique du Nord. Pas d'autre solution pour lui que de se rendre à Casablanca pour y rencontrer, à la demande réitérée de Churchill, le général Giraud. Yvonne est vraisemblablement terrifiée à l'idée de le laisser partir dans un contexte aussi trouble, où ses vrais alliés se comptent sur les doigts d'une main. Les forces de Vichy ne vont-elles rien tenter contre lui ? Et si des hommes de main l'assassinaient ? Ou s'il était retenu à Alger ? Son avenir à elle serait dès lors très obscur…

La conférence d'Anfa, au Maroc, réunit de Gaulle et Giraud le 23 janvier en présence de leurs entremetteurs, Churchill et Roosevelt. Et se conclut par un échec. Le *New York Times*, qui a le sens de la formule, note : « Le général de Gaulle est revenu à Londres avec autant de soufre jaillissant de son nez et autant d'étincelles jaillissant sous ses talons que lorsqu'il était parti[240]. » Pour Yvonne, c'est malgré tout un soulagement que de savoir son mari de retour.

La vie reprend donc à Hampstead. En février 1943, Yvonne y assiste à un événement historique, ou plutôt n'y assiste pas, puisqu'elle préfère se calfeutrer à l'étage de sa maison avec Anne, par timidité : Jean Moulin est là. Dans ses *Mémoires de guerre*, le Général se souvient de ce moment particulier : « Je le nommai membre du Comité national français et lui remis, dans ma maison d'Hampstead, la croix de la Libération, au cours d'une cérémonie dont aucune, jamais, ne fut plus émouvante[241]. » C'est ainsi qu'Yvonne, au cours des années de guerre, est amenée à croiser le destin de personnalités uniques, sur lesquelles elle n'a laissé aucun témoignage, mais dont elle a suivi le destin avec attention. Et eux, ces résistants, ces combattants emportés par le flot de l'histoire, que savent-ils d'elle ? Pas grand-chose, sans doute. Mme de Gaulle doit être à leurs yeux un peu transparente en comparaison de son mari qui, lui, les galvanise. C'est du moins l'impression qu'elle laisse à Henri Queuille, invité à dîner chez les de Gaulle avec André Philip le 23 avril 1943. Queuille, ancien ministre de la IIIe République rallié à de Gaulle, note « l'élégante simplicité » du cadre. Il ajoute avec une certaine justesse : « La générale me rappelle ces Françaises si attachantes qui vivent avant tout la vie, les angoisses de leur mari et dont le jugement instinctif sur les hommes et les choses doit être particulièrement juste[242]. »

Certains Français libres, malgré tout, montrent de la gentillesse vis-à-vis d'Yvonne de Gaulle. Il en va ainsi du colonel Rémy, qui ne manque jamais de lui rapporter un petit présent de ses missions en France : un jour, une azalée de couleur corail achetée à Paris chez le fleuriste Lachaume, un autre jour, un flacon d'eau de Cologne. Il lui apporte aussi des nouvelles. Le vent mauvais qui souffle sur la métropole n'épargne pas les de Gaulle : le dernier frère du Général, Pierre, est arrêté par la Gestapo le 16 mars 1943 et envoyé en prison à Fresnes. La sœur du Général et son mari sont arrêtés en avril 1943 par la Gestapo : Alfred Cailliau est déporté à Buchenwald, Marie-Agnès emprisonnée à Paris, puis à Godesberg en Allemagne. Les Vendroux ont un peu plus de chance : au printemps 1943, Jacques-Philippe et Cada tentent de gagner l'Angleterre par Marseille et Gibraltar. Leur réseau est démantelé, mais ils parviennent à regagner Calais. Toutefois, ils apprennent par plusieurs sources qu'un ordre d'arrestation est lancé contre eux. Ils n'ont alors plus d'autre solution que d'entrer dans la clandestinité.

Yvonne devine que sa propre vie est de nouveau à un tournant. Son mari, elle le sait, se bat pour défendre sa légitimité en Afrique du Nord, en lieu et place de Giraud. Dès qu'il le pourra, il partira vers ces colonies françaises pour y installer ses institutions. Bien sûr, cet objectif est difficile à atteindre, tant l'hostilité des Alliés à son égard est forte. Il est vrai que le Général s'oppose catégoriquement à la volonté des Américains de mettre sous leur tutelle la future France libérée. Roosevelt, indigné par tant d'insoumission, considère au début du mois de mai 1943 que de Gaulle « est en proie au complexe messianique… Je ne sais qu'en faire. Peut-être voudriez-vous le nommer gouverneur de Madagascar[243] », suggère-t-il à Churchill qui, de son côté, demande par télégramme à ses collaborateurs d'étudier en urgence l'hypothèse « d'éliminer de Gaulle en tant que force politique[244] ». Dans ce texte du 21 mai, il énonce un certain nombre d'arguments « contre la personne de De Gaulle ».

Fait étonnant, Yvonne fait indirectement partie de cette attaque en règle : de Gaulle « déteste l'Angleterre, et s'est répandu en propos anglophobes partout où il est passé. Il ne s'est jamais engagé personnellement dans la bataille depuis qu'il a quitté la France, et a bien pris la précaution d'en faire sortir sa femme au préalable[245] ». Ainsi que le souligne l'historien François Kersaudy dans son superbe *De Gaulle et Churchill*, « cet argument est d'une mauvaise foi saisissante : Mme de Gaulle est arrivée en Angleterre le 19 juin 1940 – soit deux jours après son mari – et Churchill le sait parfaitement[246] »... Bref, tous les coups bas sont permis pour empêcher de Gaulle de continuer son ascension.

Mais il est déjà trop tard. Le 27 mai, après plusieurs échanges écrits avec Giraud, de Gaulle s'envole pour Alger. Il arrive le 30 juin pour la première fois de sa vie dans la capitale algérienne. *A posteriori*, il reconnaît avoir éprouvé une certaine inquiétude à venir se jeter dans ce qui aurait pu être la gueule du loup : « J'aurais très bien pu être enlevé ou assassiné pendant la nuit qui a suivi, villa des Glycines. Mais sur le coup je n'ai pas pensé à cela. Il me fallait plonger dans le chaudron sans attendre. Et puis il y avait des gaullistes à Alger. Certains nous avaient prévenu d'un attentat possible[247]. » Les quelque dix fidèles qui l'ont accompagné depuis Londres – parmi lesquels Palewski et Billotte – sont aux cent coups.

Pas question, dans cette confusion politique, de faire venir le reste de la famille. Le Général préfère qu'Yvonne reste en Angleterre jusqu'à nouvel ordre. Le 14 juin, il lui précise dans une lettre : « Si cela s'arrange finalement (nous le verrons dans les huit jours), tu devras venir à Alger. Je te donnerai alors toutes indications par télégraphe. » La situation est si compliquée qu'Yvonne devra attendre la fin du mois de juillet. La description de l'atmosphère algéroise que lui fait de Gaulle la laisse sans illusion : « Ici, grande bataille comme il était à prévoir. Mais nous avançons. Opinion presque entièrement favorable et, pour la masse, enthousiaste. Résistance acharnée des vichystes, giraudistes et du "vieux". [...] Tu ne peux te faire une idée de l'atmosphère de mensonges, fausses nouvelles, etc., dans laquelle nos bons alliés et leurs bons amis d'ici (les mêmes qui leur tiraient naguère dessus) auront essayé de me noyer. Il faut avoir le cœur bien accroché et la France devant les yeux pour ne pas tout envoyer promener. » Et, signe de son désarroi ou de sa volonté de se faire plaindre par Yvonne, il signe d'un douloureux : « Ton pauvre mari[248]. »

Cette impression de difficulté, de jungle, d'obstacles, est plus forte encore dans la lettre suivante, en date du 24 juin. Cette fois, le « pauvre mari » désigne clairement à sa femme ses vrais adversaires dans son combat pour obtenir le pouvoir en Afrique du Nord : « Ici, comme prévu, je me trouve en face de l'Amérique et d'elle seule. Tout le reste ne compte pas. L'Amérique prétend imposer le maintien de Giraud dont aucun Français ne veut plus, ni ici ni ailleurs. Elle prétend m'empêcher de gouverner. L'opinion ne cesse pas de monter en notre faveur dans toute l'Afrique du Nord. Il s'agit de savoir si les faits finiront par amener le gouvernement de Washington à changer sa politique. En attendant, comme tu dois le voir, tous les reptiles à la solde du State Department et de ce pauvre Churchill hurlent et bavent à qui mieux mieux dans la presse anglo-saxonne. Tout cela est méchant, idiot, mais quoi ! c'est toute cette guerre[249]. »

En dépit de ce contexte passablement chahuté, le Général n'oublie nullement sa famille. Il est vrai que celle-ci se rappelle brutalement à lui : à la fin du mois de juillet, de Gaulle apprend que sa nièce Geneviève de Gaulle a été arrêtée à Paris par les collaborateurs et livrée à la Gestapo. Roger, le frère de Geneviève, se trouve alors avec la 1re Division Française libre (DFL) en Afrique du Nord. Le Général le convoque et, très ému, lui annonce la nouvelle. Au début de 1944, Geneviève sera transférée vers le camp de concentration de Ravensbrück.

Quant à ses propres enfants, il demande de leurs nouvelles dans chacune de ses lettres et se concerte avec Yvonne pour ce qui touche à l'orientation des deux grands. Ainsi, le 18 juin, jour largement occupé pour lui par les commémorations en tout genre de l'appel, il envoie un télégramme à sa femme : « Je suis d'accord pour qu'Élisabeth s'inscrive à Oxford pour une deuxième année d'études. Affections[250]. » La jeune fille restera donc en Angleterre tandis que sa mère gagnera bientôt Alger. Car, à la fin du mois de juin, le Général envisage la venue d'Yvonne en Algérie. Le contexte a évolué favorablement : Giraud a accepté de former le Comité français de libération nationale (CFLN), organisme gouvernemental qui regroupe le Commandement civil et militaire d'Alger et le Comité national français de Londres dirigé par le général de Gaulle. Ce dernier espère bien convaincre Giraud, avec lequel il copréside le CFLN, de renoncer ensuite à ses fonctions. Par ailleurs, sur un plan plus personnel, de Gaulle a trouvé une résidence des plus confortables, « une maison comme il nous faut », dit-il. Il invite donc Yvonne à s'organiser pour le voyage : « Je crois donc que dès que les familles de Londres pourront partir tu pourras venir avec elles en amenant le tout petit, Mademoiselle et Augustine[251]. »

Durant les derniers mois qu'elle passe seule au Royaume-Uni, Yvonne de Gaulle n'a plus rien de la Française anonyme débarquée trois ans plus tôt à Falmouth. L'aura grandissante de son mari et la victoire politique qu'il vient de remporter à Alger font définitivement d'elle l'épouse non plus d'un trublion excentrique, mais d'un homme d'État. Tous, gaullistes ou non, comprennent qu'il faudra désormais compter avec ce de Gaulle pour bâtir l'avenir de la France.

Deux indices montrent de quelle façon cette réalité rejaillit sur Yvonne de Gaulle. Le 22 juin 1943, elle est reçue en audience privée par la reine d'Angleterre à Buckingham. Le 6 juillet, son mari lui demande par un télégramme secret d'aller présenter ses condoléances à Mme Sikorski, dont le mari Wladyslaw, président du Conseil du gouvernement polonais en exil à

Londres, s'est tué en avion le 4 juillet. Dans les deux cas, elle intervient ent tant que première dame, représentante officieuse de son mari.

Le 24 juillet, après avoir restitué sa location d'Hampstead et mis ses affaires dans des malles, Yvonne de Gaulle quitte Londres avec sa fille Anne, Augustine Bastide et Marguerite Potel. Elles montent dans un Lancaster de la marine qui décolle à la nuit tombée en direction de l'Afrique du Nord. La présence d'Anne, comme à l'habitude, complique les choses : la petite infirme n'accepterait pas le port du masque à oxygène, ce qui impose au pilote de voler assez bas. Les risques d'être repéré par l'ennemi s'en trouvent augmentés. Au petit matin, escale à Gibraltar. L'après-midi du 25 juillet, Yvonne et ses compagnes atterrissent à Alger.

L'été méditerranéen la replonge immédiatement dans le climat libanais des années 1930. Même chaleur accablante, même lumière zénithale, même paysage de mer étincelante et de palmiers immobiles. Mais la situation n'a rien à voir avec celle des de Gaulle à Beyrouth avant la guerre, onze ans plus tôt seulement. Si Yvonne et Charles avaient réussi, là-bas, à vivre en famille dans la plus grande discrétion, à Alger ils sont des personnages de premier plan. Charles, qui était en 1929 chef de bataillon au 2e bureau de l'état-major du général commandant les troupes du Levant, chargé de dépouiller des documents austères et de parfaire sa connaissance des tribus locales, est désormais le chef chaque jour moins contesté de ce qui va devenir le gouvernement provisoire de la France. Le 31 juillet, il devient le seul président du CFLN. L'arrivée d'Yvonne renforce symboliquement sa stature d'homme d'État. Désormais, l'exil est derrière lui, derrière eux. L'Algérie est un territoire français, d'où il travaille à l'avenir de la France tout entière et où s'installe officiellement sa famille.

Les retrouvailles et la clarification de la situation politique pour son mari amènent un certain apaisement chez Mme de Gaulle. Surtout, elle se sent aimée. C'est en 1943 à Alger que son mari lui écrit une des plus belles lettres d'amour qu'il lui ait jamais dédiées. Ce billet fait partie des rares lettres personnelles qu'Yvonne ne détruira pas après la mort du Général. Elle le rangera avec le manuscrit de l'appel du 18 juin, signe de sa valeur pour elle :

> Il est là qui écrit à son bureau. Il a devant lui le portrait de sa chère petite femme chérie qu'il admire et qu'il aime tant ! Et voilà que, du coup, tout son amour lui remonte au cœur et il se dépêche de le dire à Y. Tous les deux, bien appuyés sur l'autre physiquement et moralement, nous irons très loin sur la mer et dans la vie pour le meilleur et pour le pire. Charles[252].

Alger est une ville blanche qui s'étire le long d'une ample baie. En bas, près de la rade, s'étend le centre de la cité, avec le palais du gouverneur général, la cathédrale, la poste centrale et le monument aux morts. Derrière, sur les hauteurs, s'étagent les toits blancs en terrasse de la Casbah, les quartiers résidentiels et quelques grands parcs. La résidence des de Gaulle se trouve à trois kilomètres du centre ville, dans l'élégant quartier résidentiel d'El Biar – c'est là par exemple que loge le général Catroux, nommé par de Gaulle gouverneur général de l'Algérie, qui occupe la villa Granger, « vaste et luxueuse demeure bâtie sur une éminence[253] ». La villa des de Gaulle, nommée « les Oliviers », est une imposante maison construite en surplomb de la baie au cœur d'un parc luxuriant. L'architecture gracieuse date de l'époque ottomane : d'un blanc immaculé, avec ses toits en terrasses, elle a l'élancement et la majesté des bâtisses d'alors, où l'équilibre entre soleil et ombre est savamment dosé grâce aux fenêtres mauresques et aux patios. Au bout du jardin, une terrasse s'élance au-dessus du paysage maritime. Yvonne, depuis ce promontoire, songera à son fils : « Nous pensons à toi en voyant les bateaux de guerre manœuvrer. »

Bâtie à l'origine comme maison de campagne, la villa est passée entre les mains de propriétaires prestigieux tels la princesse de Mir en 1835 ou le consul Schultze un peu plus tard. Elle s'appelait alors « la Belle Vue ». En 1881, un certain Victor Olivier acheta la villa, qui resta vingt-cinq ans dans sa famille et acquit ainsi son nom définitif. Au début de la Seconde Guerre, elle hébergea pour un court séjour le général Weygand, puis plus longuement le général Juin. Annie Morzelle, secrétaire générale de l'Association nationale des Françaises à l'étranger, qui a visité les lieux bien plus tard, confie l'émerveillement qu'ils lui ont inspiré : « Trois pas sur le balcon et vous avez Alger devant vous : la ville, le golfe, la mer, les collines qui l'entourent. Et le soir les avenues, les maisons dans une féerie de mille lumières témoignent de la vie de cette immense ville. Lorsque vous sortez du salon ou de la salle à manger, une terrasse vous accueille et des arbres vous invitent à la promenade. Prenez donc le petit chemin qui descend, vous avez l'impression de vous perdre dans une forêt. C'est un lieu merveilleux pour les réceptions et l'accueil des personnalités de passage[254]. »

Décidément, la demeure a tout d'une résidence officielle : si de Gaulle décide de s'y installer, c'est précisément parce qu'elle correspond à son rang[255]. Il lui faut, aux yeux de l'opinion, se donner les apparences du pouvoir, notamment face à Giraud qui s'est installé en un lieu fortement symbolique, le Palais d'été. Cette résidence somptueuse située sur les coteaux de Mustapha supérieur était autrefois celle du gouverneur général.

Yvonne, arrivant en ces lieux au cours de l'été 1943, prend-elle la mesure du changement ? Sans doute. Pour la première fois, des photographies la montrent lors de cocktails dans le parc ou de cérémonies officielles en ville. Charles lui a demandé de se faire couper les cheveux. Ce n'est pas grand-chose, mais c'est un signe. Il veut que sa femme soigne son apparence puisqu'elle est désormais en représentation.

Pour la première fois aussi intensément, Yvonne se trouve au cœur de la politique, au cœur de cet Alger bruissant et divisé où s'ébauche ce qui sera bientôt la France d'après-guerre. Son mari, chef de l'exécutif de la France en exil, a installé ses bureaux au centre d'Alger, dans une villa baptisée « les Glycines ». C'est là, dans ces lieux exigus et désuets, que travaillent presque jour et nuit les membres de son gouvernement. L'enchevêtrement des meubles et des dossiers donne une vague impression de bric-à-brac. Certains collaborateurs couchent sur place, dans des lits de camp. De Gaulle, stoïque comme toujours, ne se laisse distraire ni par le remue-ménage ni par la chaleur. Les urgences, il est vrai, abondent : préparer les institutions et la société de la France libérée, conforter l'unification des mouvements de résistance, continuer à conduire la France libre au combat, se garder des coups bas américains...

Une fois de plus, Yvonne se retrouve souvent seule. Le Général est la plupart du temps retenu à l'extérieur, quand il ne doit pas se déplacer dans les territoires voisins : dès le 6 août, deux semaines après l'arrivée de sa femme à Alger, il part ainsi pour le Maroc rencontrer le sultan Mohammed V. À peine de retour, il se plonge dans les travaux préparatoires à la mise sur pied d'une assemblée consultative provisoire à Alger. Il s'agit d'une étape décisive pour le CFLN : de Gaulle souhaite que la composition de cette assemblée s'inscrive dans la continuité républicaine d'avant-guerre. La moitié des représentants devra donc être issue des mouvements de Résistance intérieure, et l'autre moitié de la Résistance extérieure, des assemblées élues de 1939, des territoires libérés. Cette tâche accapare son équipe jusqu'à la séance inaugurale de l'Assemblée au palais Carnot, le 3 novembre 1943. Yvonne assiste-t-elle à ce moment historique ? Vraisemblablement pas. Mais elle doit être informée, comme toujours, du discours prononcé par son mari puis des travaux de l'Assemblée, notamment lorsqu'ils abordent la question du droit de vote des femmes.

En l'absence de son mari, elle n'entretient guère de relations à Alger, semble-t-il. Sa fille Élisabeth ne la rejoindra villa des Oliviers qu'à la fin de ses études, vraisemblablement en juin 1944. Quelques cousins passent chez elle au cours de leur périple de Français libres... Pierre Cailliau rejoint son oncle Charles de Gaulle à Alger après avoir été fait prisonnier en Espagne. Il s'apprête à entrer dans la 1re DFL. Mais quoi de commun entre ces jeunes gens fougueux et leur tante un peu vieille France ?

En ville, le nom de De Gaulle suscite encore l'hostilité d'un grand nombre de Français. Les épouses ne se précipitent pas chez Yvonne qui, de son côté, ne recherche pas leur compagnie. Philippe de Gaulle, quand il évoque sa mère à Alger, insiste sur cet isolement : « C'est surtout la solitude qui lui pesait. Peu de personnes étaient de notre côté, à ce moment-là, et ses relations étaient rares[256]. »

Au contraire, le rythme de vie du Général est, à cette période, proche du surmenage. Une nouvelle crise de paludisme le frappe au cours de l'hiver 1943-1944. Son médecin lui recommande alors de se reposer – chose impossible – et de manger chaque matin un œuf à la coque. Les œufs étant difficiles à trouver, même au marché noir, Yvonne recourt à nouveau à l'élevage des poules dans le beau parc des Oliviers. Elle convainc aussi son mari de prendre quelques jours de repos avec elle en Kabylie.

Quel est l'état d'esprit d'Yvonne de Gaulle au cours de ces mois algérois ? Selon son fils, elle n'est guère plus heureuse à Alger qu'à Londres : « À l'entendre, la vie n'avait rien de rose. La maison était inconfortable et l'on manquait de tout[257]. » La première partie de l'explication étonne : la villa des Oliviers présente un confort supérieur à tout ce que les de Gaulle ont connu jusque-là... Mais il est vrai que Philippe, happé par la guerre, n'y est jamais allé. La seconde partie, en revanche, est parfaitement exacte : Alger subit une pénurie que les apports américains ne compensent pas. Malgré la mise en place d'un système de rationnement, « le marché noir sévit et la faim se généralise. Dans les campagnes on mange des racines et la mortalité augmente ; avec la sous-alimentation, les épidémies de typhus et de choléra s'étendent[258] ». La situation est moins grave à Alger, où les marchés sont approvisionnés, mais les menus tournent autour des produits locaux de saison : « Poireaux, artichauts et carottes en hiver, tomates, poivrons et aubergines en été, et pois chiches en permanence. Le beurre disparaît, reste l'huile, elle aussi contingentée[259]. »

Yvonne de Gaulle, toujours très concrète dans ses observations, livre ces souvenirs étonnants : « On mangeait dans des assiettes en terre d'argile fabriquées localement et l'on buvait dans des verres qui étaient des bouteilles sciées. Pour se procurer une ampoule électrique, c'était la croix et la bannière. Et il fallait faire attention car les gens volaient. On barbotait même les serrures de porte. Tous les jours, on devait se battre en permanence pour des choses aussi rudimentaires[260]. » La présence d'Anne soulève d'autres difficultés : où trouver du lait en poudre pour confectionner sa purée, seul aliment qui convienne à ses fragiles dents de lait ? Dernier point : les quelque quarante bombardements aériens qui ponctuent les nuits algéroises de 1943 rappellent à Yvonne de mauvais souvenirs. Certes, l'Axe cherche surtout à frapper la zone portuaire, mais il arrive que le centre d'Alger soit touché.

Au relatif inconfort matériel s'ajoute une ambiance des plus délétères. Faut-il rappeler à quel point son mari, avec l'aide de la propagande vichyste, est honni par les Français d'Algérie jusqu'en 1942 ? « Associé à l'anglophobie ambiante, de Gaulle est l'homme de Mers el-Kébir, de Dakar, de Dieppe[261] », rappelle l'historienne Annie Rey-Goldzeiguer. Bien sûr, après le débarquement américain, l'opinion algéroise tend à se transformer, notamment sous l'influence de quelques gaullistes actifs à Alger tels que René Capitant, Louis Joxe et José Aboulker. Lorsque le Général y arrive le 30 mai 1943, la population lui fait spontanément une ovation...

Cependant, un certain nombre de Français, attachés aux valeurs d'ordre moral et de supériorité de l'homme blanc prônées par Vichy, restent sourdement hostiles à de Gaulle. Ce milieu replié sur lui-même et jaloux de son pouvoir est parfaitement décrit par Kenneth Pendar, collaborateur du consul américain Robert Murphy : « Dans les villas et les propriétés des environs de la ville [d'Alger] existait une autre vie plus luxueuse, plus retirée, mais nous ne la connaissions pas. L'aristocratie locale ne prisait guère les Américains et refusait de se compromettre avec eux. [...] Les gros propriétaires représentant en Algérie la classe dominante étaient conservateurs jusqu'au bout des ongles[262]. » Ces mêmes personnages n'apprécient guère l'arrivée de De Gaulle en Algérie parce qu'elle remet en cause la hiérarchie établie jusqu'alors, fondée sur des liens d'intérêt entre le pouvoir politique et certains puissants colons. D'une manière générale, comme le confesse Jean-Louis Crémieux-Brilhac, les Français libres « n'aimeront jamais l'Alger de la guerre[263] », ville d'intrigues qui se méfie d'eux et où le pétainisme reste sous-jacent.

Dès lors, comment Yvonne de Gaulle s'y sentirait-elle tout à fait à l'aise, elle qui n'apprécie ni les commérages ni les luttes d'influence ? Plusieurs témoignages mettent en avant son côté peu avenant, notamment à l'égard des milieux giraudistes, ce qui est particulièrement intéressant. Que Mme de Gaulle soit sur la même ligne politique que son mari n'est pas une surprise. Ce qui est plus inattendu, c'est qu'elle le fasse savoir publiquement. Ainsi, alors qu'elle est encore à Londres le 18 juin 1943 pour les cérémonies du troisième anniversaire du 18 Juin, elle prend place dans la loge qui lui est réservée. Hervé Alphand, commissaire aux Affaires économiques pour le général de Gaulle, assiste à la scène et la rapporte ensuite à Henri Queuille. « Alphand me dit que la générale de Gaulle aurait refusé de voir placer dans sa loge à la cérémonie de cet après-midi Panafieu[264] et un autre giraudiste[265]. » Ainsi, avant même de connaître Alger, Yvonne a une parfaite conscience des différents camps qui s'y affrontent. Elle sait qui sont les alliés de son mari ou non, et ne manque pas de le faire savoir. Henri Queuille en conclut, un brin amusé : « On sait souvent mieux par le cœur des femmes ce qu'il y a dans le cœur de leur mari. » Cette remarque explique aussi la discrétion légendaire d'Yvonne : elle devine qu'à travers elle les gens cherchent à tirer des conclusions sur le Général.

Mme de Lattre de Tassigny, par exemple, lorsqu'elle arrive avec son mari dans la capitale algérienne à la fin de décembre 1943, est un peu heurtée par l'accueil que lui réserve Yvonne de Gaulle. Celle-ci lui dit simplement : « Vous voilà, il y a longtemps que nous vous attendions[266]. » Mais cela est-il vraiment désobligeant ? Ce genre de phrase dépourvue de sentiment n'est-elle pas de la même eau que celles prononcées par de Gaulle lorsqu'il accueille de jeunes résistants ? Ne trouve-t-on pas chez elle, comme chez lui, la même absence d'emphase vis-à-vis d'actes qui leur apparaissent relever du strict devoir moral ? Il ne faut pas négliger non plus la gêne que peut éprouver plus ou moins consciemment Mme de Lattre, dont le mari s'est finalement rallié à de Gaulle assez tardivement : c'est l'invasion de la zone libre par les troupes allemandes en novembre 1942 qui a poussé le commandant de la 16e division de Montpellier à désobéir. Refusant de ne pas combattre la

Wehrmacht, arrêté puis condamné à dix ans de prison en janvier 1943, il a réussi à s'évader en septembre et a alors rejoint Londres puis Alger. Derrière l'apparente froideur d'Yvonne, Mme de Lattre entrevoit peut-être une forme de reproche, mais il est probable que son interlocutrice a simplement voulu lui souhaiter la bienvenue.

D'autres témoins appartenant au camp allié ne sont guère plus tendres avec Mme de Gaulle. Prenons Duff Cooper, ambassadeur du gouvernement de Sa Majesté auprès de la France du début de 1944 à la fin de 1946. Cet homme politique conservateur, issu de l'aristocratie et proche de Winston Churchill, fréquente Charles de Gaulle presque quotidiennement à Alger. Durant cette période cruciale, alors que les relations entre le Royaume-Uni et la France libre se tendent sous l'effet de l'antigaullisme avéré de l'allié américain, Duff Cooper essaie de rapprocher les deux géants que sont Churchill et de Gaulle. À de nombreuses reprises, il s'exaspère de la raideur et de la mauvaise humeur du Général. Mais au fond de lui il est fasciné par le personnage : « Sa superbe intransigeance avait une noblesse que je finissais, malgré moi, par admirer. » Ce n'est donc pas par hostilité envers le Général que Duff Cooper en vient à juger sévèrement son épouse. Ce n'est pas non plus en raison d'un problème de communication, puisqu'il parle parfaitement la langue de Molière. Mais le fait est là.

Cooper rencontre Mme de Gaulle plusieurs fois, notamment le 22 janvier 1944, lors d'un dîner à la villa des Oliviers. Ses observations sont peu amènes : « J'étais assis entre Mme de Gaulle et Mme Catroux. Mme de Gaulle est un genre de petite dame pathétique qui a dû avoir la vie dure. Elle s'interdit visiblement de porter le moindre maquillage. Elle déteste Alger et, je pense, tout ce qui a quelque chose à voir avec la vie publique[267]. » Pour une première impression, il ne se trompe guère : la vie officielle est un supplice pour Yvonne de Gaulle. Quant à la simplicité de sa mise, elle contraste en effet avec l'éclat et la beauté de Lady Diana Cooper. Tout un monde sépare les deux couples. Duff Cooper, que le secrétaire général du ministère des Affaires étrangères Jean Chauvel décrit alors comme « intelligent, homme de plaisir, paresseux et utile[268] », est également connu pour ses aventures extraconjugales. Il forme pourtant avec son épouse un couple mondain et élégant, qui sort beaucoup. Ils sont de toutes les soirées algéroises, si animées en 1943 : l'Opéra est ouvert chaque soir, et Germaine Sablon y interprète pour la première fois *Le Chant des partisans*. Le théâtre des Trois-Baudets accueille les chansonniers. Joséphine Baker, sous-lieutenant dans les Forces aériennes françaises libres, donne des soirées à l'Aletti ou au Majestic en uniforme.

Il est facile de deviner que tout cela ne met guère à l'aise Yvonne de Gaulle, si réservée. Finalement, ce que lui reproche Duff Cooper pourrait bien être de même nature que ce dont il fait grief au Général : voilà des Français qui ne s'amusent pas, qui ne sont pas bons vivants, qui ne laissent pas éclater leur joie de vivre : « Cette curieuse inaptitude à être heureux est un fâcheux trait de caractère, chez un homme remarquable[269] », dit Cooper de De Gaulle.

Faute de lettres publiées, faute de témoignages, il n'y a guère plus à dire sur Yvonne à Alger. Inapte à être heureuse, elle le reste vraisemblablement en 1944. Les tensions engendrées par le procès Pucheu[270] en mars de cette année-là la rendent sans doute plus rétive encore à s'exprimer.

Son seul bonheur est le retour d'Élisabeth, qui arrive de Grande-Bretagne au début de l'été. La jeune fille, quand elle ne tient pas compagnie à sa mère, travaille pour les services du gouvernement provisoire, où son talent et sa parfaite maîtrise de l'anglais sont appréciés.

Yvonne, qui a accompagné son mari tout au long des années de guerre, reste totalement extérieure aux événements de la Libération. Le découplage entre elle et lui, latent depuis toujours, devient effectif le 3 juin 1944 : ce jour-là, le CFLN se transforme en Gouvernement provisoire de la République française (GPRF) et Charles de Gaulle en prend la tête. Le même jour, il quitte Alger pour Londres. Là, à la veille du débarquement allié, à l'écart duquel il a été tenu jusqu'au dernier moment, il revoit son fils Philippe. Le 14 juin, jour mémorable, de Gaulle foule de nouveau le sol de la patrie sur la plage de Courseulles. Il note très simplement dans ses *Mémoires* : « La France est de retour. »

La France, mais pas Yvonne, restée à Alger. Elle lit dans les journaux le récit du débarquement allié en Normandie. Par la suite, elle ne bouge pas. Elle suit de loin, par la presse, le voyage de son mari en Italie puis à Washington et au Canada.

Quand de Gaulle revient à Alger le 13 juillet 1944, elle l'attend à la villa des Oliviers avec ses deux filles, marginale dans cette chronologie du triomphe. Son mari reste en Algérie un mois encore, mais il ne lui appartient plus. L'histoire le happe au fur et à mesure que progresse la libération de la France. Le compte à rebours est lancé. Signature d'ordonnances, discours destinés à encourager les troupes, messages radiophoniques... Le 18 août 1944, le Général quitte l'Algérie pour la France.

Le 26 août, sorte d'apothéose de la libération de Paris, il descend les Champs-Élysées, Leclerc à ses côtés, au milieu d'une foule qui l'ovationne. Yvonne, elle, est à Alger, où « on ne savait pas quel était le degré de libération : on avait su que Paris était libéré, mais pas plus[271] »...

Son mari lui écrit dès le lendemain, sur un ton où perce une certaine ironie face aux événements parisiens. On ne sait s'il faut l'attribuer à son désir de rassurer son épouse ou à la fausse modestie du héros que rien ne bouleverse :

> Tout va très bien. Hier, manifestation inouïe. Cela s'est terminé à Notre-Dame par une sorte de fusillade qui n'était qu'une tartarinade. Il y a ici beaucoup de gens

armés qui, échauffés par les combats précédents, tirent vers les toits à tout propos. Le premier coup de feu déclenche une pétarade générale aux moineaux. Cela ne durera pas.

Je suis au ministère de la Guerre, rue Saint-Dominique. Mais c'est provisoire. Quand tu viendras, nous prendrons un hôtel avec jardin du côté du bois de Boulogne pour habiter et j'aurai mes bureaux ailleurs.

Le retour en France se traduit pour lui, et bientôt pour sa femme, par une avalanche de courrier : « Lettres d'une masse de gens : les Solal, les Duquesnoy, etc., etc. Jean Rérolle est venu deux fois. Mais je n'ai pas encore eu... le temps de le recevoir. »

Enfin, loin, très loin de la grandeur épique de « Paris brisé ! Paris martyrisé ! mais Paris libéré ! », de Gaulle achève sa lettre par un problème matériel de la plus haute importance : « Donne une réponse au général Juin qui repartira pour Paris deux jours après son arrivée à Alger et qui te porte cette lettre. Donne-lui aussi du linge et des souliers pour moi. » Grandeur et humilité ! Ce général qui fait la une de tous les journaux du monde n'a plus de chaussures... Et une fois encore, alors même qu'il atteint partiellement son but – la Libération – il signe : « Ton pauvre mari[272]. »

Le 30 août, les membres du gouvernement provisoire quittent Alger pour Paris. Les représentants de l'Assemblée consultative font également leurs valises et partent d'Afrique du Nord. Alger se vide, dans une ambiance de fin de règne, et redevient ce qu'elle avait cessé d'être depuis la fin de 1942 : une capitale provinciale.

Yvonne ne bouge pas. Il est vrai que les combats continuent autour de Paris, et qu'une grande partie du territoire est encore aux mains des Allemands. Charles, d'ailleurs, lui fait part de l'excellent comportement de leur fils lors des combats : « Philippe est venu dîner avec moi hier soir, puis il a regagné son régiment qui est au Bourget après avoir contribué à le prendre. Ils sont maintenant au repos et l'ont bien mérité. Leurs combats à Alençon, puis à Argentan, puis au sud de Paris pour entrer dans la ville, puis dans Paris où l'ennemi était retranché ont été durs. [...] Philippe s'est parfaitement bien conduit. Nous pouvons en être fiers[273]. »

Yvonne attend la fin du mois de septembre pour prendre à son tour le chemin du retour. Finalement, Charles de Gaulle retrouve son beau-frère Vendroux avant de revoir sa propre femme : le 8 septembre 1944, Jacques-Philippe, accompagné de son frère Jean, rend visite au Général à Paris. Deux semaines après, le 23 septembre, Yvonne et les filles sont enfin de retour en France métropolitaine.

TROISIÈME PARTIE

1944-1958
L'œuvre

Pour qui s'intéresse à la vie d'Yvonne de Gaulle, la période qui s'ouvre après la Seconde Guerre mondiale semble d'une lecture simple. Pourquoi ne pas continuer à associer le destin de cette femme à celui de son mari ? Ne l'a-t-elle pas jusque-là suivi comme une ombre ? Et ne continue-t-elle pas à le faire après 1945 ? Quand le Général quitte le pouvoir, elle se replie avec lui à la Boisserie et devient, au plus profond de cette traversée du désert, la seule personne qu'il côtoie quotidiennement. Et quand il est rappelé à la tête du pays, en 1958, elle l'accompagne quoi qu'il lui en coûte. Elle aurait préféré poursuivre sa vie simple à Colombey, mais accepte par devoir de se glisser dans les habits de première dame.

Méfions-nous toutefois des apparences. Derrière sa façade souvent caricaturée d'épouse docile, Yvonne accomplit à partir de 1946 une révolution silencieuse, sans éclat, sans violence, mais une vraie révolution. Elle ouvre dans sa vie un espace nouveau, un espace qui lui est propre et auquel son mari n'a pas vraiment accès : elle se lance dans une création importante sur laquelle elle veillera pendant plus de trente ans de façon personnelle et indépendante. Dès lors, parallèlement à l'itinéraire glorieux de son mari, elle trace son chemin à elle, caché aux yeux du public – preuve s'il en fallait qu'elle agit non pas pour la gloriole mais pour répondre à un appel qui est en elle.

Cette création jusque-là très méconnue porte le nom de Fondation Anne de Gaulle. Son actuelle présidente est Anne de Laroullière, la petite-fille d'Yvonne de Gaulle. Elle nous a exceptionnellement permis de consulter les archives de la vénérable institution. À leur lecture, on prend la mesure de ce que fut, dans la vie d'Yvonne de Gaulle, cette œuvre – le mot « œuvre » s'appliquant parfaitement ici : il en émane en effet une dimension charitable (les « bonnes œuvres »), mais également une dimension créatrice. Ne parle-t-on pas de l'œuvre d'un artiste ou, mieux, d'un chef-d'œuvre ?

En mettant sur pied de A à Z cette institution destinée aux petites filles handicapées mentales, Yvonne de Gaulle prend un visage nouveau, celui d'une femme d'entreprise, exigeante et déterminée, tenace en affaires, redoutablement accrocheuse. Elle y pense jour et nuit, écrit des centaines de lettres à ceux qui y travaillent, préside les conseils d'administration, cherche des subventions... À partir de là, elle échappe peu ou prou à la stricte chronologie gaullienne. Bien sûr, elle accompagne son époux à Colombey, puis à Matignon et à l'Élysée. Mais sa vraie vie est ailleurs. Quels que soient les revers que subit Charles sur le plan politique, elle suit pour sa part un autre fil directeur de 1946 à sa mort en 1979.

La fondation est son enfant et en porte le nom. Mieux, elle est l'institutionnalisation et donc le dépassement d'une souffrance très personnelle. Pour avoir connu ce qu'il y a de beau et de douloureux à élever une petite handicapée, Yvonne veut aider les familles plongées dans les mêmes affres. Sur la base de son expérience intime, elle bâtit une institution qui s'adresse à tous les parents concernés : merveilleuse façon de surmonter sa douleur que d'en universaliser les fruits !

Cette démarche unique explique en partie que la Fondation Anne de Gaulle soit si peu connue du vivant d'Yvonne. Il s'agit moins d'une œuvre publique que d'un geste intime inspiré par une démarche très personnelle. Pas question de le crier sur les toits, de faire venir la presse. On ne met pas sous les projecteurs l'enfant qu'on a conçu. Cachée aux regards comme l'a été Anne de Gaulle elle-même, la fondation relève du domaine privé d'Yvonne de Gaulle. Ainsi, symboliquement, l'architecte chargé des travaux à la Boisserie en 1946 est celui qui est chargé de remettre en état les bâtiments de la fondation. Et si certains collaborateurs du général de Gaulle participent de très près à la gestion, c'est en raison de leurs compétences particulières ou de la présence dans leur vie d'un enfant handicapé. Du reste, leur implication dans la fondation ne fait souvent que confirmer leur intimité ancienne avec le couple de Gaulle.

Tandis qu'en 1946 Charles de Gaulle quitte le pouvoir, Yvonne devient présidente de la fondation. Il écrit ses *Mémoires* et commence à trouver le temps long ; elle fait prospérer son institution, multiplie les allers-retours entre Colombey et Paris, s'investit.

Pour la première fois, la vie d'Yvonne s'inscrit dans un rythme différent de celui de son mari. Il est retiré. Elle est en charge. Qu'il devienne ensuite président de la République n'y change rien, même si cela facilite et complique à la fois les choses.

À quarante-six ans, Mme de Gaulle prend son destin en main. Si discrètement que nul ou presque ne s'en aperçoit. Pourtant, son investissement total conduit à regarder cette femme apparemment effacée avec d'autres yeux.

Chapitre VII

Revenir : 1944-1946

S'installer

Le retour de Charles de Gaulle en métropole et a été largement relayé par les médias : photographies et films le montrent en train de poser le pied sur la plage de Courseulles, la mine sévère. Rien de tel, bien entendu, pour Yvonne, qui revient à Paris le 23 septembre 1944 dans le plus strict anonymat. La rupture est complète entre l'apothéose vécue par le Général, devenu la France, et elle, qui n'a pas changé de statut.

Que dire de ses retrouvailles avec son mari ? Même Philippe de Gaulle, traditionnel témoin des scènes familiales, est muet à ce propos, trop occupé qu'il est à libérer le territoire au sein de la 2e division blindée (DB).

Il est probable qu'Yvonne, Élisabeth et Anne retrouvent Charles dans la nouvelle demeure de la famille, une villa située route du Champ-d'Entraînement, dans le parc de Bagatelle, non loin de Neuilly (pour plus de commodité, nous la nommerons maison de Bagatelle). Ce grand hôtel particulier a été réquisitionné par Göring pendant la guerre. L'intérieur a gardé de cette époque encore proche des meubles modernes et des tapis, une ambiance pesante, un brin solennelle. Yvonne apprécie-t-elle ce séjour ? Sans doute, puisqu'il signifie avant tout la fin des exils et des séparations, le retour à une vie normale.

Claude Mauriac, le jeune journaliste que de Gaulle vient de recruter en qualité de secrétaire particulier et qui est appelé à fréquenter de près la famille, fournit un témoignage précieux sur la période. Il rencontre pour la première fois Yvonne de Gaulle dans la villa de Bagatelle juste après son retour d'Alger, le 29 septembre. Il relève le caractère sobre et somptueux de la maison – « "un degré au-dessus de ce que j'aurais aimé", me dit cette femme simple et timide[1] ». Puis il entame auprès d'elle sa première « mission », qui consiste à aller récupérer en voiture à Carantec les effets personnels que les de Gaulle y ont laissés avant leur exil. Au fond de la Bretagne, après un éprouvant voyage en voiture, il rencontre la fidèle Mme Montcut : « Elle nous rendait intact ce dangereux dépôt, par elle conservé pendant toute l'Occupation : non seulement l'argenterie, le linge, les fourrures, mais aussi des titres et de nombreux papiers[2]. » Quant aux meubles laissés chez Bedel et Cie, ils attendent que la Boisserie soit en état de les accueillir.

Désormais épouse du chef du gouvernement provisoire, Yvonne de Gaulle s'adapte. Son nouveau statut implique, ni plus ni moins qu'à Alger, des fonctions de représentation. Dans cette perspective, son mari lui demande d'aller s'acheter une nouvelle robe – de la même façon qu'en Algérie il lui avait suggéré de se faire couper les cheveux. Ce souci qu'il a de l'apparence de son épouse doit se comprendre à la lumière de sa mission : quand on incarne la France, on se doit d'être irréprochable – comme il faut, mais irréprochable.

Pour assurer une bonne tenue aux réceptions qu'elle doit organiser chez elle, Yvonne recrute un peu de personnel de maison. Un des seuls appuis matériels qu'accepte le Général de la part de l'État est la présence d'un aide de camp à ses côtés. Deux hommes, à cette période, occupent la fonction et se relaient auprès des de Gaulle. Ils partagent quotidiennement leur vie privée. Pour les recruter, le Général a un seul critère : qu'ils soient « grands et bien-pensants ».

Le premier aide de camp, Claude Guy, a combattu pendant la guerre comme lieutenant dans les Forces aériennes françaises libres. Cela garantit son côté « bien-pensant ». Pourtant, ses relations avec Mme de Gaulle se tendent très rapidement, comme en témoigne le Journal qu'il commence à tenir le 21 janvier 1946, le lendemain du jour où de Gaulle quitte le pouvoir. Est-ce dû au fait que Guy a du caractère ? Qu'il soit alors célibataire et donc supposé volage ? Ou tout simplement que le courant ne passe pas entre lui et Yvonne ?

L'admiration sans bornes que voue Claude Guy au Général le pousse à entretenir avec celui-ci une relation exclusive. Comme le remarque Jean Mauriac, frère de Claude, « un sentiment inattendu dominait chez Guy pour le Général : la tendresse, une [...] tendresse pleine de pudeur dont il ne parlait jamais », mais qui s'exprime à de multiples endroits de son Journal : « Je reste seul avec le Général, dont la sérénité et la douceur me sont bouleversantes. » Ou encore : « Ce regard tendre et presque paternel qu'il pose sur moi[3]... » Dans cette configuration, on conçoit qu'une sorte de jalousie silencieuse oppose Claude Guy aux membres de la famille de Gaulle, notamment à Yvonne, qui est le plus souvent auprès de son cher Général.

Yvonne, quant à elle, éprouve vraisemblablement le sentiment d'être mise sur la touche par le fringant officier qui converse de choses importantes avec son mari. Si l'on en croit Philippe, elle n'apprécie guère Claude Guy : « Ma mère m'a répété plusieurs fois à son propos : "Il ne savait pas tenir en place. J'ai dû lui en faire l'observation à maintes reprises."[4] »

Bref, une sorte de concurrence souterraine se joue autour de la personne du Général. Fine mouche, Mme de Gaulle est parfaitement consciente de cette rivalité, dont il lui arrive de plaisanter ouvertement. En novembre 1946, Jean-Marcel Jeanneney vient de perdre sa femme. Le Général confie : « Oui, Jeanneney... Je me sens de l'estime pour lui... Il m'a envoyé une fort belle lettre quand sa femme est morte... MME DE GAULLE : ... que vous conservez soigneusement, comme modèle, pour vous en servir le jour venu. (*Elle rit.*) LE GÉNÉRAL : Chère amie !... MME DE GAULLE : Il est vrai que vous ne vous en servirez pas vous-même : c'est au capitaine Guy que reviendra le soin de recopier le modèle[5]. »

La plaisanterie peut faire rire, mais elle révèle en réalité la sourde concurrence qui existe entre l'aide de camp et l'épouse. Le résultat en est que le Journal de Claude Guy est un continuel témoignage à charge contre Yvonne de Gaulle, qui y transparaît sous les traits d'une épouse ronchonne et plus éclairée en couture qu'en politique.

Avec l'autre aide de camp, les choses sont extrêmement différentes. Tout comme Claude Guy, Gaston de Bonneval présente un pedigree de guerre impeccable : saint-cyrien et légionnaire, engagé tôt dans la résistance, il a été arrêté en 1943 et déporté à Mauthausen, d'où il est revenu en 1945. Il est recruté comme aide de camp par de Gaulle en octobre de la même année. Sur le plan privé, Gaston de Bonneval se distingue nettement de son collègue : rien que par son nom à particule, il se rattache à l'univers social des de Gaulle. Profondément catholique, marié à une femme qui s'appelle également Yvonne, il fonde une famille bientôt nombreuse.

Comme le note avec un brin d'ironie Emmanuel d'Astier de La Vigerie, « le colonel-comte de Bonneval, héros modeste, saint-cyrien et père de huit enfants, représente l'idéal social d'Yvonne de Gaulle[6] ». Ce n'est pas faux. Alors que Claude Guy prend fait et cause pour le retour du Général en politique, Bonneval nourrit « pour la politique sous toutes ses formes une saine antipathie[7] ». Autre atout aux yeux de Mme de Gaulle...

Par ailleurs, à la différence de Guy, qui prend des notes dans un Journal, Bonneval est d'une discrétion exemplaire : de son vivant comme après sa mort, rien ne filtrera des heures qu'il a passées chez les de Gaulle. Ainsi, Bonneval est un peu plus qu'un aide de camp. Sa famille se lie à celle de De Gaulle, et il n'est pas rare qu'il soit invité avec sa femme à la Boisserie.

Outre les aides de camp, l'État alloue une somme de 40 000 francs pour faire fonctionner « la maison du chef de gouvernement provisoire ». Cet argent permet de payer le personnel et d'organiser les repas officiels. Ceux-ci semblent assez réguliers, si l'on en croit Georges Pompidou. Membre du cabinet du Général depuis septembre 1944 grâce à son ami de khâgne, René Brouillet, directeur adjoint du cabinet, Pompidou est chargé de liaison avec l'Information et l'Éducation nationale. Il commence bientôt à rédiger des notes de situation pour le chef du gouvernement. Sans doute le Général le remarque-t-il à cette occasion.

Quoi qu'il en soit, les liens se resserrent assez rapidement entre le libérateur de la France et le jeune normalien. Ce dernier en fait le constat : « Il y avait [...], parmi les besognes de représentation, les dîners à Neuilly chez le général de Gaulle. La figuration de ces dîners comprenait souvent un ménage du cabinet, et les officiers d'ordonnance agençaient avec une grande observation des convenances et des susceptibilités possibles le "tour" des invitations. Mon ménage était, à mesure que le temps passait, de plus en plus favorisé[8]. » Le 25 septembre 1945, par exemple, Yvonne et Charles de Gaulle reçoivent à dîner dans leur villa de Neuilly le couple Pompidou, ainsi que Léon Blum, sa femme, son fils, sa belle-fille et André Malraux.

Dans son Journal, Claude Mauriac confirme le rythme soutenu des réceptions et donne quelques précisions sur leur déroulement : « Après le repas, [le Général] s'isole comme de coutume à l'autre bout du salon avec les invités de marque – et je demeure avec le menu fretin, chargé de faire des grâces aux dames[9]. » Ainsi se met en place, dès l'après-guerre, la tradition qui prévaudra plus tard à l'Élysée : après le dîner, tandis que les hommes se regroupent pour parler de choses « sérieuses » autour de De Gaulle, sa femme forme un cercle avec les épouses pour un gentil bavardage.

Quels sont les thèmes des conversations entre hommes ? La reconstruction, certainement, tant les débats sont vifs à cet égard. Le ministre de l'Économie, Pierre Mendès France, préconise des mesures sévères pour juguler le marché noir et l'inflation. Mais sa politique entre en contradiction avec celle du ministre des Finances Aimé Lepercq, originaire du Nord comme de Gaulle, ancien directeur de Paribas, très proche de Charles et d'Yvonne. Lepercq met en œuvre des mesures d'aide à la consommation, notamment une augmentation des salaires de 40 % en août 1944. Malheureusement, il meurt dans un accident de la route en décembre 1944. Son remplacement par René Pleven ne fait que renforcer l'antagonisme avec Mendès France, qui préfère démissionner en avril 1945.

D'autres sujets sont brûlants, comme celui de la justice. Si le risque d'une épuration incontrôlée a été écarté, il n'en demeure pas moins que les accusés doivent être jugés, et condamnés le cas échéant. Dans les cas les plus graves, la peine de mort est prononcée et le président du GPRF constitue le recours ultime pour obtenir une grâce. Pour de Gaulle, cette responsabilité est un crève-cœur. Une ou deux fois par semaine, tard le soir, Yvonne assiste à l'arrivée du président de la commission des grâces à la villa. Il apporte avec lui les dossiers de recours présentés par les avocats. Sur la base de ces documents, il revient alors au Général de décider en son âme et conscience du sort qui doit être réservé à chacun des condamnés...

Dans ces moments extrêmement difficiles, Charles de Gaulle trouve en Yvonne un appui infaillible. Elle le soutient moralement, elle qui assiste jour après jour à ses états d'âme. Au sujet de la décision qu'il doit rendre sur le cas de Brasillach – le seul intellectuel que de Gaulle ne graciera finalement pas –, Yvonne confie : « Il ne dort plus, c'est épouvantable. » Une fois sa décision prise, il demande à sa femme : « Vous prierez, Yvonne[10]. »

En plus de ces tâches vouées au règlement de la guerre sur un plan intérieur, de Gaulle se bat pour préserver le rang de la France dans le monde. Le 23 octobre 1944, à l'occasion de la reconnaissance officielle par les Alliés du gouvernement provisoire, les de Gaulle reçoivent chez eux à dîner les ambassadeurs des États-Unis, de la Grande-Bretagne et de l'URSS. Autour de la table, douze personnes se trouvent réunies. Yvonne est désormais aguerrie en matière de réceptions officielles. Pourtant, si l'on en croit l'un des convives, l'ambassadeur du Royaume-Uni Duff Cooper, le dîner est un désastre. Premièrement, la maison de Bagatelle est introuvable : « Ils nous envoyèrent un guide pour nous conduire à la villa, quelque part dans le Bois où [le général de Gaulle] habite, et qui est apparemment très difficile à trouver puisque tous les autres invités arrivèrent en retard. » Deuxièmement, le Général, au lieu de se réjouir de la reconnaissance de son gouvernement, est d'une humeur taciturne : « Quand j'arrivai, il ne fit aucune référence au fait que son gouvernement avait été reconnu par les trois grandes puissances cet après-midi-là. Et quand je lui dis que j'espérais qu'il était content que cela soit fini, il haussa les épaules et dit que cela finirait jamais. » Troisièmement, Mme de Gaulle, à côté de laquelle est assis Duff Cooper, est quasi muette : « Elle ne quittait pas le Général des yeux et parlait à peine. » Bilan : « Ce fut une soirée extrêmement glaciale et ennuyeuse – pire encore que ne l'étaient habituellement ses réceptions. [...] Nous partîmes peu après dix heures trente. Beatrice Eden [femme d'Anthony Eden, secrétaire au Foreign Office] a beau dire que les choses que l'on redoute ne se passent jamais aussi mal qu'on s'y attendait, en l'occurrence, cela avait été encore pire[11]. »

Le 11 novembre, premier anniversaire de l'armistice de la Première Guerre mondiale depuis la Libération, les festivités connaissent une certaine ampleur. Mme de Gaulle est chargée d'accompagner dans Paris Mmes Churchill et Eden ainsi que la fille des Churchill, qu'elle a rencontrée pendant la guerre. Le lendemain, un grand dîner rassemble les chefs d'État alliés chez l'ambassadeur Duff Cooper. Dix-sept personnes sont présentes, notamment les de Gaulle, les Churchill, Bogomolov, ambassadeur d'URSS en France, et Jefferson Caffery, ambassadeur des États-Unis. Obligé de se plier au protocole, Cooper est de nouveau assis à côté d'Yvonne de Gaulle, épouse du chef de gouvernement du pays où il représente le Royaume-Uni... Mais le mutisme de sa voisine l'amène à réviser l'organisation de la soirée : « Il était plus difficile que jamais de parler avec Mme de Gaulle, aussi, au milieu du repas, donnai-je les ordres pour que nous allions ensuite prendre le café dans la pièce d'à-côté[13]. »

Quelques jours plus tard, le 14 novembre, Charles de Gaulle part en voyage officiel en URSS, où il rencontre Staline. À son retour, une fois n'est pas coutume, Yvonne l'attend à l'aéroport avec quelques journalistes. C'est l'une de ses rares apparitions dans les médias à cette époque.

Retrouver la famille

Bien avant ces mondanités auxquelles elle est obligée de se soumettre, le premier geste d'Yvonne revenue d'exil est de retrouver sa famille. Malgré les épreuves de la guerre, les liens ne se sont jamais rompus entre les uns et les autres. Les de Gaulle comme les Vendroux sont très « famille » : « Mon beau-frère, rappelle Jacques-Philippe à propos du Général, a toujours été attentif à ce que les circonstances de l'existence ne distendent pas trop les liens familiaux ; il en a été ainsi jusqu'à la fin de sa vie[14]. » Grâce à de rares lettres, reçues de façon plus ou moins épisodiques, les membres dispersés de la famille ont pu garder le contact entre eux durant le conflit. Les cousins, de passage au fil de leurs missions militaires, apportaient des nouvelles à Yvonne, tandis que les services de renseignement de la France libre glanaient ici et là quelques informations.

En septembre 1944, réunir tous les siens est encore impossible : la plupart des hommes sont retenus au loin par les combats de la libération. Il ne faut pas oublier que le territoire est encore largement occupé, notamment au nord-est. Philippe de Gaulle, qui a rejoint en juin 1944 le régiment blindé de fusiliers marins de la 2e DB commandée par le général Leclerc, a débarqué en France au mois d'août. Depuis ce moment, il est sur les routes et se bat. Le 15 janvier 1945, il écrit à son oncle Jean Vendroux : « Je n'ai pas encore revu Maman et mes sœurs depuis 1942[15]. »

Les cousins de sa génération sont eux aussi retenus par la guerre : Henri Cailliau, nommé officier de liaison auprès des Américains lors de la bataille de France, participe aux combats jusque dans les derniers jours de la reconquête de l'Allemagne. Son frère Pierre, aspirant, a débarqué en août 1944 à Cavalaire. Il participe ensuite à la campagne de France dans la 1re division française libre.

Quant à Jacques-Philippe, le frère qu'Yvonne chérit particulièrement, il a certes pu venir saluer le Général en septembre, mais il a ensuite regagné les environs de Calais. La ville, toujours occupée, doit être prise d'assaut par les FFI et les troupes canadiennes. Capitaine de réserve, Vendroux participe aux combats. Après avoir bombardé la ville, les Canadiens pénètrent dans ses faubourgs le 27 septembre. Deux jours plus tard, Jacques-Philippe atteint la place Saint-Pierre. La libération est lente, du fait de l'entêtement jusqu'au-boutiste de certains SS. Les civils fuient une nouvelle fois en masse. Le 1er octobre, Jacques-Philippe Vendroux est élu président du comité de libération de Calais. Le 3, il est désigné maire, à son corps défendant selon Philippe de Gaulle. Il le restera jusqu'en novembre 1945[16]... La renommée de la famille Vendroux, son ancienneté dans la gestion municipale, mais également le fait qu'il soit le beau-frère du « libérateur national » ont certainement joué en sa faveur. Mais est-ce vraiment une chance ? La ville, sa ville, est un champ de ruines fumantes peuplé d'une population réduite, traumatisée et amaigrie qui s'apprête à affronter l'hiver dans la pénurie.

Tout ce malheur est encore peu de chose en comparaison du sort réservé aux déportés. À l'heure où Yvonne revient en France, quatre membres de la famille sont encore retenus prisonniers en Allemagne pour de longs mois – Pierre de Gaulle, le frère du Général, Marie-Agnès et Alfred Cailliau, sa sœur et son beau-frère, et Geneviève, sa nièce. Parmi eux, deux sont en camp de concentration. Alfred à Buchenwald et Geneviève à Ravensbrück subissent ce que nul, alors, n'est à même d'imaginer : la négation absolue de leur humanité.

Il y a peu de chances pour qu'Yvonne de Gaulle soit alors vraiment consciente de l'horreur qui se déploie dans les camps de la mort. Peut-elle même savoir ce qu'est un tel endroit ? Comment le pourrait-elle, alors que les survivants ne sont pas encore revenus pour témoigner et que les photographies ne circulent pas encore ? Même de Gaulle, pourtant bien placé pour connaître les différentes facettes de cette guerre terrible, est à mille lieues de se représenter le système concentrationnaire construit par les nazis. La preuve : quand sa nièce Geneviève lui en fera le récit, il éprouvera un choc profond.

Cela étant, un signe avant-coureur annonce déjà aux de Gaulle la dimension particulière de la déportation. Au début du mois d'octobre 1944, quelques semaines après le retour d'Yvonne, Charles reçoit une lettre de... Heinrich Himmler, chef des Waffen SS et de la police allemande, ministre de l'Intérieur du Reich et directeur du camp de concentration de Ravensbrück. Sans vergogne, il propose au chef de la France libre de libérer ses proches (Pierre, Marie-Agnès, Alfred et Geneviève) en échange de prisonniers allemands retenus par les Alliés. Bien entendu, de Gaulle se garde bien de répondre au chantage. Mais sa douleur est immense de laisser les membres de sa famille entre les mains de leurs bourreaux. Sa secrétaire, Élisabeth de Miribel, en témoigne : « Un soir où il m'a parlé de Geneviève à Alger, il avait les larmes aux yeux[17]. » Une deuxième demande de Himmler suit, vers le mois de décembre. La troisième date de février 1945 : « On doit, général de Gaulle, vous tirer très bas son chapeau, mais [...] le seul chemin qui puisse mener votre peuple à la grandeur et à l'indépendance, c'est celui de l'entente avec l'Allemagne vaincue [...]. Entrez en rapport, sans délai, avec les hommes qui, dans le Reich, disposent encore d'un pouvoir de fait et veulent conduire leur pays dans une direction nouvelle. [...] Si vous dominez l'esprit de vengeance, si vous saisissez l'occasion que l'histoire vous offre aujourd'hui, vous serez le plus grand homme de tous les temps[18]. »

Si prenantes que soient alors ses activités, de Gaulle évoque certainement ces lettres et le sort de sa famille en Allemagne avec son épouse : comment supporter seul la pensée de ces êtres chers plongés dans le malheur et dont on est sans nouvelles ?

Peu à peu, cependant, les uns et les autres se retrouvent. Le 17 novembre 1944 se déroule à la villa de Bagatelle une scène émouvante : Jacques-Philippe retrouve sa sœur Yvonne, qu'il n'a pas vue depuis 1939 ! Il rejoint aussi, après deux mois de séparation, sa femme et ses filles, qu'il a laissées à Paris pour gérer la situation de Calais. Un déjeuner réunit tout le monde en présence du Général et d'Élisabeth. Comme d'habitude, Jacques-Philippe ne tarit pas d'éloges sur Yvonne, même si l'on ressent désormais un je-ne-sais-quoi d'officiel dans les remarques qu'il formule. De sa sœur devenue un personnage public, il semble ne pouvoir dire que des choses convenues : « Yvonne, que je n'ai donc pas vue depuis cinq ans, ne me paraît physiquement guère changée ; mais les lourdes charges d'épouse, de mère et de grande dame que les événements lui ont imposées tout au long de la guerre ont renforcé sa personnalité. Pleine d'une admiration justifiée pour son époux, elle sait équilibrer discrétion et dignité. Son rôle est important, mais délicat. Elle en a conscience et se veut mesurée dans les avis qu'elle donne[19]. »

Les liens entre les deux familles sont immédiatement renoués. Dès qu'il le peut, Jacques-Philippe quitte Calais pour rendre visite aux de Gaulle, par exemple le 3 janvier 1945. En retour, notons qu'Yvonne de Gaulle attache un grand prix à sa ville natale, et ce d'autant plus que son frère en est le maire – il en deviendra également le député en juin 1946. Pour Noël 1944, elle n'oublie pas la population calaisienne, dont son frère lui a exposé les conditions de vie épouvantables : « La période des fêtes se termine par une distribution de cadeaux envoyés de Paris par ma sœur. Une camionnette pleine de vêtements et de jouets est arrivée ce matin. J'en confie la répartition à mon bureau d'aide sociale[20]. » Ce geste de Mme de Gaulle peut se lire de diverses façons : générosité toute naturelle, certes, mais aussi soutien direct apporté à l'image du maire de Calais – il n'est pas inutile d'être le beau-frère du chef du gouvernement… – et à celle du Général, qui revêt alors par l'intermédiaire de sa femme l'apparence d'un invisible et bon Père Noël. Le 12 août 1945, c'est d'ailleurs à Calais que le Général effectue sa première visite officielle en tant que président du GPRF.

Aux alentours du 25 avril 1945, une autre parente se présente à Bagatelle, à l'invitation de Charles. Il s'agit de Geneviève de Gaulle, tout juste libérée du camp de Ravensbrück et ramenée par la Croix-Rouge en Suisse. Le 2 mai 1945, le Général lui écrit une lettre des plus chaleureuses :

> Ma bien chère Geneviève,
>
> Quelle joie j'ai éprouvée – partagée par ta tante Yvonne, tes cousines et ton cousin – de te savoir enfin libre !
>
> Je suis extrêmement fier que tu sois ma chère nièce. Remets-toi, maintenant. La France a besoin de filles comme toi.

Nous espérons beaucoup te voir à Paris très bientôt. Ta chambre est prête. Nous causerons.

Toutes nos affections profondes à ton papa, à ta maman et aux tiens. Je t'embrasse de tout mon cœur[21].

Désirant plus que tout retrouver son oncle, la jeune fille, très affaiblie, fait le voyage jusqu'à Paris et s'installe pour un mois environ à la villa de Bagatelle. Elle s'y repose et reprend une vie normale, incroyablement douce après les coups de schlague, la faim rampante et la mort de ses camarades. Charles, retenu par son travail à la tête du gouvernement, n'est guère présent. C'est tard le soir, ou bien le dimanche, qu'il prend le temps d'avoir avec sa nièce des conversations longues et émouvantes[22]. Le reste du temps, Geneviève reste donc avec sa tante Yvonne et ses cousines Élisabeth et Anne.

La présence sous le même toit de deux femmes aussi différentes que Geneviève et Yvonne appelle quelques réflexions. Bien entendu, des points communs fondamentaux les rapprochent : leur admiration pour le Général, leur foi catholique, leur intégrité morale. Mais chacune d'elles incarne une façon particulière d'être femme. Geneviève, étudiante en histoire, s'est engagée dans la Résistance dès le 17 juin, le jour où Pétain a annoncé la prochaine signature de l'armistice. Elle a conduit son destin elle-même, a rallié un réseau, est entrée dans la clandestinité, a écrit dans les journaux et, une fois déportée, s'est efforcée de faire de son nom de famille un emblème de ralliement pour toutes les résistantes du camp. En 1945, elle s'apprête à rejoindre l'ADIR (Association des déportés et internés de la Résistance) pour faire des conférences sur l'univers concentrationnaire, témoigner lors des grands procès des criminels nazis et réclamer justice pour les survivantes. Bref, elle entame un combat qui n'a rien de féministe en soi mais qui fait progresser indirectement la cause des femmes.

Yvonne, de son côté, a suivi fidèlement le parcours de son mari, intimement convaincue de la justesse de sa cause, mais sans jamais agir personnellement autrement qu'en étant son premier soutien. Le 29 avril 1945, si elle s'apprête à voter pour la première fois grâce au Général, qui a fait donner le droit de vote aux femmes, elle ne l'a jamais publiquement appuyé dans ce combat. Certes, elle approuve la mesure, selon son fils, mais « elle se refusait à voir [les femmes] assumer des tâches exécutives ou matérielles, des postes où, estimait-elle, il fallait presque des "brutes". "Ce n'est pas leur rôle", jugeait-elle contre l'avis de mon père. "Maintenant, vous pouvez les nommer ministre ou secrétaire d'État si ça vous fait plaisir."[23] » C'est ainsi qu'Yvonne n'a jamais pris la parole publiquement et qu'elle représente une version somme toute très traditionnelle de la femme. Selon son fils, elle compare d'ailleurs la condition féminine à celle de… l'éléphante : « La femme, c'est l'éléphante, lui aurait-elle confié. Elle assure le troupeau, la continuation de l'espèce[24]. »

On imagine ce que Geneviève, qui a combattu aux frontières de la mort avec d'autres femmes telles que Germaine Tillion, Jacqueline Fleury, Jacqueline Péry d'Alincourt et Anise Postel-Vinay, aurait pensé de cette comparaison ! N'oublions pas que, pour elle, les femmes sont au contraire les égales des hommes. À ce titre, elle n'hésite pas à reprocher à son oncle Charles de gracier par principe les femmes qui ont été condamnées à mort pour fait de trahison ou de collaboration : « Vous avez joliment tort ! lance-t-elle au Général. Les femmes, nous nous sommes battues quand il le fallait comme les hommes, alors il ne faut pas avoir [une attitude particulière][25]. »

Néanmoins, il importe de nuancer ce que pourrait avoir de caricatural le fait d'opposer Geneviève et Yvonne. Nous savons, depuis le début de cette histoire, qu'Yvonne peut avoir beaucoup de caractère et défendre ses points de vue même contre Charles : « Il lui arrivait de répondre à son mari du tac au tac sur le même ton quand, par accident, il avait été un peu mordant avec elle[26]. » Sa soumission n'est donc qu'apparente. Nous allons bientôt découvrir qu'elle peut s'engager corps et âme pour une noble cause. Quant à sa vision du monde, et notamment des femmes, il faut suivre Philippe de Gaulle quand il dit « vouloir détruire une bonne fois pour toutes cette vieille légende qui prétend que ma mère avait un caractère étriqué, fermé à tout » : « Elle comprenait très bien que les femmes pouvaient se trouver confrontées à toutes les conditions possibles, et cela lui donnait une largeur d'esprit insoupçonnée en dépit de l'éducation qu'elle avait reçue[27]. »

C'est pourquoi, à l'instar de Geneviève, elle adopte une position très ferme sur la condamnation des personnes de son sexe au moment de la Libération. À son mari qui souhaite alléger les condamnations réservées aux femmes, elle s'oppose avec véhémence : « Elles ont une conscience comme les hommes. Elles sont donc tout aussi responsables de leurs actes[28]. » Et, selon son fils, si elle blâme le fait de raser la tête des femmes soupçonnées d'avoir pratiqué la collaboration horizontale, elle n'excuse pas leur faute initiale. Cette revendication d'une égalité de traitement des hommes et des femmes dans la punition découle pour elle de leur égalité tout court.

Elle approuve donc le droit de vote des femmes et finit par rejoindre son mari quand il se plaint du manque d'engouement des femmes pour la politique : devant Yvonne qui tricote en silence, rapporte leur fils, de Gaulle « ronchonnait contre ceux qui voulaient reléguer les femmes au rang de "tricoteuses professionnelles"[29] ». Yvonne sait bien que ses congénères valent mieux que cela, et elle-même, toute passionnée de tricot qu'elle est, va prouver qu'elle sait s'engager.

Si elle n'a pas la culture intellectuelle ni les convictions politiques ou sociales de Geneviève, Yvonne n'est pas pour autant une douairière insensible à l'évolution de la société au point de s'en couper. Son éducation, quoi qu'en dise Philippe, fut plus souple et plus ouverte que celle de son mari. Jeanne Maillot, la mère de Charles, était intransigeante sur les principes moraux et religieux. Dans la famille Vendroux, on avait par tradition l'esprit plus critique.

Alors, peut-être Yvonne juge-t-elle sa nièce un peu trop indépendante, un peu trop spirituelle. Peut-être Geneviève juge-t-elle sa tante un peu rétrograde et trop conventionnelle. Mais les deux femmes sont finalement peut-être plus proches dans leur analyse qu'on ne pourrait le croire. Sur ce chapitre, la conclusion revient à la future belle-fille d'Yvonne, Henriette de Montalembert, qui dira un jour de sa belle-mère : « Elle n'est pas très féminine, mais elle est assez féministe. » Féministe à sa façon, bien entendu, qui consiste à « prendre la défense de ses compagnes en toute occasion[30] ». Elle le fait un jour sous forme de boutade, sur un sujet anodin, mais sa remarque en dit long. Alors que Philippe tarde à prendre une valise des mains d'Élisabeth, Yvonne lui lance : « Ce n'est pas aux femmes de porter les valises : elles ont d'autres fardeaux à porter[31]. »

Reconstruire la Boisserie

Parmi les rescapés de la famille qui l'ont échappé belle, on peut compter la Boisserie. Comme tout ce qui touchait au Général, elle a subi de plein fouet les mesures de rétorsion prises par Vichy : dès sa condamnation à mort en août 1940, la maison de Colombey a été mise en vente publique. Faute d'acheteur, elle a été ouverte aux réfugiés puis aux troupes allemandes. Au fil de leurs pérégrinations entre 1940 et 1944, les de Gaulle n'ont pas eu plus de nouvelles de leur maison qu'ils n'en avaient de leurs proches.

C'est Philippe qui prend le premier la route de Colombey en septembre 1944. La colonne de la division Leclerc en route vers les Vosges passe en effet par la Haute-Marne. Après avoir demandé la permission de prendre deux jeeps armées et équipées de radios, Philippe fait un crochet par son village. Ce qu'il découvre alors ne le surprend sûrement pas – il a déjà vu tant de demeures pillées –, mais l'attriste profondément : « Le spectacle est désolant. Plus un meuble, plus un objet, rien. Des ruines, des gravats, des ordures. Le feu a ravagé tout ce qui était en bois sauf une partie du toit. [...] Le parc est en friche et labouré d'ornières dues à de multiples passages de voitures[32]. » Une photographie unique de la maison à cette époque la montre close, extérieurement intègre, mais le jardin à l'abandon. Philippe, après avoir demandé que le bâtiment soit au moins mis hors d'eau, envoie un mot à son père pour le tenir informé de sa triste découverte.

Quand elle arrive à Paris, Yvonne est donc au courant de ce nouveau malheur. Le 23 octobre, son mari se rend à son tour à Colombey. Il visite en effet les départements tout juste libérés et en profite pour revoir son village : « À Colombey-les-Deux-Églises, je fis halte dans le bourg. Les habitants, regroupés autour du maire André Demarson, m'accueillirent avec transport. »

Très rapidement, les de Gaulle décident de reconstruire leur maison et de profiter de cette occasion pour l'agrandir. Au sein du couple, la répartition des tâches se fait très simplement. À Charles de penser à l'esprit de la rénovation : destruction du double balcon de bois qui ornait la façade ouest et construction à cet endroit d'une bibliothèque au rez-de-chaussée et d'une chambre à l'étage, ainsi que d'une tourelle qui abritera le bureau du Général. À Yvonne de s'occuper de l'avancement au quotidien – son mari a d'autres soucis et ne se passionne pas pour les détails techniques. Pour diriger le chantier, un proche collaborateur du Général est désigné. Il s'agit de l'intendant militaire Peraldi, ancien FFL, chargé de l'intendance à l'état-major du Général, rue Saint-Dominique. Les de Gaulle trouvent également un architecte en la personne de Richard Hanotelle.

Il faut avoir à l'esprit les difficultés liées à la reconstruction d'une maison en 1945 : le pays est désorganisé, les routes détruites, les ponts abattus, l'essence contingentée. Les matériaux de construction sont partout insuffisants, sans parler du manque d'artisans, débordés par la demande. L'argent fait partout défaut. Dans ce contexte particulier, Charles partage avec sa femme une vision identique des choses. Elle se résume en ces mots : montrer l'exemple.

D'une part, alors qu'ils auraient pu continuer à habiter une location, les de Gaulle décident de reconstruire coûte que coûte leur maison. Ce geste est symbolique à leurs yeux : « Ne serait-ce que pour le principe, il devait récupérer son bien, comme tous les Français, après cette dépossession par l'ennemi du patrimoine national[33]. »

D'autre part, le couple décide de limiter la rénovation au strict minimum : « La France est en pleine reconstruction. Je ne veux pas me livrer à des travaux indécents alors qu'il y a des millions de maisons détruites en France[34] », confie Charles à son fils. Yvonne ne réagit pas autrement quand elle s'indigne de certaines demandes exagérées d'indemnités de guerre que font certains individus. En 1946, Mme de Gaulle est en effet en train d'acquérir un château pour l'œuvre qu'elle s'apprête à fonder. L'ancien propriétaire des lieux avait réclamé en septembre 1945 des dommages de guerre pour les occupations allemande et américaine de sa propriété. Il avait, dans un devis, évalué à exactement 912 868 francs le montant des dégâts. Ces dommages ont été compris dans le prix du vente du château, à charge pour l'œuvre de Mme de Gaulle d'en restituer la moitié à l'ancien propriétaire. La réaction d'Yvonne nous éclaire sur sa répugnance à l'égard de ceux qui abusent de la générosité de l'État et tendent à s'ériger en victimes prioritaires : « Plus je pense à cette question "dommages de guerre", moins cela me paraît intéressant. Cette maison a été occupée, mais ni plus ni moins que toutes les maisons de France. Il n'y a aucun dégât par obus, bombe, ou autre appareil guerrier. Je trouve que l'ancien propriétaire exagérerait en demandant autre chose que les dommages pour des meubles qu'on lui a pris[35]. »

Dans cette volonté de mettre tous les Français sur un même plan vis-à-vis de la souffrance endurée, Yvonne adopte à son niveau la même attitude que son mari, soucieux de ne pas ériger tel ou tel groupe particulier en héros de la victoire : la France a été libérée par tous les Français, dit-il. De même, tous connaissent dans leur chair les conséquences du conflit. Cette façon de voir semble partagée par l'ensemble de la famille : ainsi Jean Vendroux, qui récupère en 1945 un château de Septfontaines en pitoyable état, refuse les dommages de guerre.

En attendant la restauration de la Boisserie, les de Gaulle patientent dans la maison de Bagatelle. Les distractions sont rares. Ce qui se passe le 8 mai 1945, jour de la capitulation allemande, reste donc longtemps marqué dans les souvenirs. En fin de journée, deux revenants se présentent en voiture dans le parc : Marie-Agnès et Alfred Cailliau, arrivés le jour même d'Allemagne par Strasbourg, où de Gaulle leur a envoyé son avion personnel. La sœur du Général, après plus d'un an passé dans la prison de Fresnes, avait été acheminée vers Bad Godesberg et internée à l'hôtel Dresen. Son mari avait été déporté à Buchenwald. Le 1er mars 1945, libéré, il a pu rejoindre sa femme sur les bords du Rhin, dans un état méconnaissable. À Bagatelle, l'accueil qui leur est réservé est « inoubliable[36] », selon le mot de Marie-Agnès, qui retrouve non seulement son frère mais aussi ses fils, accourus à la nouvelle.

Le lendemain, l'émotion continue. Le capitaine Alain de Boissieu arrive au volant de la Mercedes blindée qui a appartenu à Adolf Hitler en personne ! Le jeune homme, que nous avions laissé à Londres à l'état-major particulier du Général, a rejoint en 1943 la 2e DB et commandé le PC de Leclerc. Il a participé à la bataille de Normandie, à la libération de Paris, à celle de Strasbourg et à la ruée sur l'Allemagne. C'est lui qui a hissé le drapeau français sur la résidence d'Hitler à Berchtesgaden. Convoqué ensuite par Leclerc, il a été chargé de « ramener au général de Gaulle la Mercedes blindée d'Hitler, qui serait conduite par un sous-officier du train [...]. Certes, il savait que le chef du gouvernement ne la garderait pas pour lui... mais c'était une prise de guerre qui méritait sa place dans un musée national[37] ».

Dans le parc de Bagatelle, les demoiselles s'amusent. Geneviève monte dans le véhicule, suivie par Élisabeth et son petit chien Floffy. Alain de Boissieu les conduit. La fille du Général et cet officier gaulliste de la première heure semblent faits pour s'entendre. Tous deux sont beaux, intelligents, pleins de caractère. Peut-être se revoient-ils à la fin de juin 1945, quand de Gaulle décore Boissieu des insignes de chevalier de la Légion d'honneur. Aux yeux de Charles et d'Yvonne, leur fille ne pourrait trouver meilleur parti. Ils connaissent bien le jeune homme, dont ils apprécient les qualités humaines et morales. C'est donc sans surprise que cette union deviendra bientôt une perspective plausible.

Jacques-Philippe Vendroux, par sa proximité avec Yvonne, se doute rapidement de quelque chose. Il note dans son Journal, à la date du

28 septembre 1945 : « Nous faisons un rapide aller-retour à Paris pour conduire nos deux filles à une soirée dansante donnée par ma sœur et mon beau-frère route du Champ-d'Entraînement (Bagatelle). Nous avons l'impression qu'il y a des fiançailles sous roche[38]. » Mais c'est sa propre famille qui inaugure les unions d'après-guerre. Sa fille Claude se fiance en octobre 1945 avec Bernard Legrand, un ami d'enfance qui s'est engagé dans la 2e DB au cours de la guerre – comme Jacques-Philippe VI, le propre frère de Claude. Charles et Yvonne félicitent les heureux parents, mais seule la lettre du Général est connue. Elle montre à quel point sont importants à ses yeux, et à ceux d'Yvonne tout autant, les mariages d'alors, promesses de temps meilleurs et de fécondité : « Mon cher Jacques, c'est de tout cœur que je vous adresse mes félicitations profondément sincères pour les fiançailles de votre chère Claude. Yvonne écrit à Cada, et Élisabeth à sa cousine. Mais je tiens à vous dire moi-même quelle joie me cause cet heureux événement. Voici donc pour notre génération l'avènement de la suivante. Saluons-le et réjouissons-nous de ce que le grand drame que nous venons de vivre ne l'aura pas empêché. Je pense aussi à votre papa et à votre maman[39]... »

Le 4 novembre suivant ont lieu les fiançailles entre Élisabeth et Alain de Boissieu. Quelque temps plus tard, Yvonne peut annoncer leur prochain mariage à l'une de ses cousines : « Nous marions notre fille, dans la stricte intimité, le 3 janvier. Vous nous feriez plaisir en venant à la chapelle [Notre-Dame-de-Sion, à Paris]. [...] Gardez le secret[40] ! » Avant le grand événement, les Vendroux sont invités à dîner à Bagatelle pour faire la connaissance d'Alain de Boissieu. La date n'est pas anodine : le jour même, Charles de Gaulle a été officiellement élu président du Gouvernement provisoire de la République française par les députés. Son œuvre à la tête du pays depuis 1940 reçoit là une approbation démocratique. Sa légitimité n'est plus discutable.

Et pourtant, étrange ambiance que celle du tournant 1945-1946 pour les de Gaulle ! Tandis qu'Yvonne se réjouit de la noce à venir, tandis que Charles pourrait s'estimer confirmé dans ses fonctions par l'onction parlementaire, une crise politique sans précédent couve depuis de longs mois. Le 31 décembre 1945 et le 1er janvier 1946, les débats pour le vote du budget donnent lieu à de nouvelles dissensions. Le budget est bien voté le 1er janvier, mais les socialistes ont obtenu une réduction de 20 % des crédits de la Défense nationale, ce que le Général ressent comme un véritable camouflet pour l'exécutif : « On avait vu mon gouvernement battu en brèche par la majorité au long d'une discussion remplie de sommations menaçantes. [...] En quittant le Palais-Bourbon dans la soirée du 1er janvier, mon départ se trouvait formellement décidé dans mon esprit[41]. »

Il préfère néanmoins attendre le mariage de sa fille pour donner sa démission – rare exemple où sa vie privée commande à sa vie publique. Veut-il faire à Élisabeth le plaisir de la marier en tant que chef du gouvernement ? Ou simplement ne pas gâcher la noce par le coup de tonnerre que constituerait son départ ? Toujours est-il que, la veille du grand événement, il annonce très clairement ses intentions aux députés : « Sans doute est-ce la dernière fois que je prends la parole dans cette enceinte. » Il est plus explicite encore avec ses proches, notamment avec son futur gendre, qu'il convoque dans son bureau le 1er janvier : « Voyez-vous, Boissieu, si votre mariage n'était pas dans quelques jours, j'aurais quitté les affaires dès maintenant, ce débat à l'Assemblée constituante sur le budget de la Défense fut lamentable, les partis recommencent comme avant la guerre, ils veulent coloniser l'État et n'acceptent pas l'autorité d'un gouvernement[42]. »

Le mariage est célébré le 3 janvier à Paris comme si de rien n'était. « Élisabeth était très simple et très belle. Elle forme avec Alain un bien joli couple. Nous étions conviés à un lunch donné en petit comité à la résidence de Bagatelle[43] », se souvient Jacques-Philippe, venu de Calais avec Cada et Martine. Pourtant, c'est au cours de cette cérémonie que Charles prend son beau-frère à part pour lui proposer, à lui et à sa femme, de l'accompagner avec Yvonne pour deux semaines de repos dans le sud de la France. Boissieu apporte un témoignage similaire : « Le soir de notre mariage, le Général m'annonça qu'il avait pris la décision d'aller se reposer deux semaines sur la Côte d'Azur avec son frère Pierre et son beau-frère Jacques Vendroux, afin de réfléchir avec eux à la situation politique, mais qu'il allait probablement quitter le pouvoir[44]. »

Les Boissieu, eux, partent en voyage de noces au Maroc : « Nous pensions ainsi nous épargner la curiosité des journalistes, et j'avais gardé de ce pays un excellent souvenir[45] », note Boissieu, qui partage avec sa belle-famille un constant souci de discrétion. À son retour en France, il doit suivre les cours de l'École supérieure de guerre. Le couple a prévu de s'installer dans l'un des pavillons situés à l'intérieur de la propriété de Bagatelle, tout près des de Gaulle, donc.

Il est à noter que la solidarité entre parents et enfants n'est pas un vain mot dans la famille. Ainsi, pour accompagner le départ du jeune couple dans la vie, Charles et Yvonne se montrent aussi généreux que leurs moyens le leur permettent : ils allouent une pension annuelle de 200 000 francs à leur fille et l'aident à acquérir son premier appartement. Plus tard, quand leurs finances seront meilleures, ils l'aideront à acheter une maison de vacances. Ces dispositions vaudront également pour Philippe une fois qu'il sera marié.

À Juan-les-Pins, dans l'hiver calme qui baigne la Méditerranée, Yvonne a tout le loisir de repasser dans sa mémoire les moments forts du mariage de sa fille. À la villa Sous le Vent, « le cadre, où voisinent les marbres de différentes couleurs, est assez somptueux, mais de bon goût[46] ». Quelques mondanités animent le séjour : « Le deuxième jour, le préfet et son épouse viennent déjeuner. L'intendante de la villa a sorti pour la circonstance un superbe linge de table en mousseline vert Nil, brodé d'argent, qu'Yvonne trouve vraiment un peu trop somptueux... On éprouve quelque crainte de l'éclabousser en décortiquant le homard à la bouillabaisse magnifiquement préparé par la fidèle cuisinière qui était déjà à la villa des Oliviers, à Alger[47]. » Mais pour de Gaulle l'heure n'est pas aux plaisirs gastronomiques. Au fil de ses conversations avec Jacques-Philippe et Pierre, il esquisse de plus en plus nettement la perspective de sa démission. Yvonne, même si elle en est un peu triste pour son mari, éprouve un réel soulagement à savoir qu'il aura bientôt quitté le pouvoir : « Quelle joie fut la sienne, en janvier 1946, quand elle comprit qu'il était enfin décidé à brûler la politesse à la politique. Elle le cachait bien, mais à la maison son air ne trompait personne. Enfin, pensait-elle, elle allait pouvoir le garder sous sa tendre vigilance[48] », note son fils.

Aussi, dans le concert de regrets qui s'élève du camp gaulliste le 20 janvier 1946, jour de la démission du Général, elle est l'une des seules à entonner un autre air. Oui, son mari a bien servi la France, mais il mérite désormais de se reposer. N'a-t-il pas déjà cinquante-six ans ? Après vingt-cinq années de vie commune marquées par au moins treize déménagements et d'innombrables péripéties, Mme de Gaulle espère tenir enfin ce dont elle a toujours rêvé : une existence paisible avec son mari à la Boisserie. Claude Guy, le 21 janvier, relève ainsi que « Mme de Gaulle, dans ses paroles et dans ses gestes, révélait la joie, encore inquiète, d'avoir le Général tout à elle[49] ».

Les Boissieu, qui apprennent depuis Rabat la démission de De Gaulle, réagissent de manière assez voisine, ce qui illustre la proximité entre la mère et sa fille : « Cela nous causa une grande tristesse pour la France, mais une grande joie sur le plan familial. Enfin cet homme, qui, depuis cinq ans, vivait intensément pour son pays, pourrait se reposer, écrire, lire et profiter des siens[50]. »

Le repli à la Boisserie ? Ce serait trop simple, hélas ! Quand il démissionne en janvier 1946, Charles de Gaulle répond de manière fracassante à une situation politique qu'il juge délétère. Aucun autre critère n'entre alors en ligne de compte, et surtout pas le fait que la rénovation de sa maison de Colombey ne soit pas achevée. Or les de Gaulle refusent de demeurer dans le logement de Bagatelle, dont ils disposent pourtant jusqu'à la fin de l'année, mais qui est trop somptueux et qui est associé dans l'esprit des gens aux fonctions que le Général a occupées. Comme il le confie alors à Jacques-Philippe, cette résidence « est trop vaste et trop proche de l'agitation urbaine[51] » – entendons trop proche des milieux politiques et journalistiques, que le Général est bien décidé à fuir. Il faut donc se mettre en quête d'un autre logement. Une rupture doit être une rupture. Les de Gaulle quittent donc Bagatelle pour n'y plus jamais remettre les pieds.

Pour autant, la résidence ne reste pas vide. Les Boissieu y emménagent comme convenu à leur retour du Maroc, mais sans la joie à laquelle ils s'attendaient : « À notre retour, la villa du Bois de Boulogne où nous nous étions mariés était tristement vide, mes beaux-parents ayant choisi de résider à l'écart de la capitale [...]. Nous habitions donc ce pavillon en attendant de trouver autre chose[52]. »

Plus tard, en août, les Vendroux feront du bâtiment principal leur pied-à-terre parisien jusqu'à la fin du bail, qui s'achève en décembre 1946. Cet arrangement facilite le travail parlementaire de Jacques : « Ma sœur et mon beau-frère nous ont très affectueusement proposé de profiter de cette belle maison et surtout du somptueux jardin qui l'entoure. [...] Ils n'y viendront plus ; nous ne dérangeons donc personne en l'occupant momentanément[53]. » Mais ils quittent Bagatelle plus tôt que prévu. La tante Suzanne meurt en effet le 23 septembre 1946 et les Vendroux décident de s'installer dans son appartement situé avenue Mozart, à l'angle de la rue George-Sand. Ce logement, où les de Gaulle viendront dormir lors de leurs premiers séjours parisiens au cours de la traversée du désert, est pourtant peu commode. Les lieux sont selon Claude Mauriac très étroits, et s'articulent autour d'« une antichambre qui n'est qu'un obscur corridor[54] ». La chambre à coucher est entièrement occupée par les deux lits, et c'est à peine si l'on peut y poser une valise.

Les de Gaulle, eux, trouvent un petit pavillon qui fait partie des communs de l'ancienne chasse royale de Marly-le-Roi, à l'ouest de Paris, et dans lequel ils sont déjà venus plusieurs fois se retirer en fin de semaine. Ils le louent aux Domaines pour 15 000 francs par mois et s'y installent, une fois encore provisoirement, dans l'attente de retourner à Colombey. La maison est située au cœur d'un parc entouré de cent cinquante hectares clos de bosquets et de futaies.

Claude Guy, qui les accompagne à leur arrivée, souligne le caractère lugubre de la nouvelle résidence : « On vient d'allumer la chaudière, les calorifères sifflent. [...] Les murs, imbibés d'humidité, sous l'effet de la chaleur naissante, se mettent à suinter, mouillant les lisières du tapis. On installe hâtivement un appareil de radio dans le petit salon, où nous allons vivre désormais les uns sur les autres [...]. Cependant que Mme de Gaulle s'affaire, découvrant que tout manque ici : vaisselle, cocotte en fonte, téléphone... Le vent pénètre par les portes-fenêtres[55]. »

Cette description est confirmée par Claude Mauriac, qui voit les lieux pour la première fois le 8 février : « Je découvris, sur la gauche, un modeste pavillon, que la hauteur des arbres dénudés qui l'entouraient faisait paraître plus petit encore[56]. » L'intérieur n'a rien de luxueux : vaste cuisine sombre, belle salle à manger de style Louis XIII, grand salon au mobilier sombre et moderne, plutôt laid. La chambre des parents, au mobilier Restauration, est chauffée par un poêle. Une petite chambre attenante est dévolue à Anne.

En avril, Georges Buis se rend sur place. Il n'a pas d'autres mots : « Dans la petite maison, le Général et sa femme campaient de façon rudimentaire, au moins pour ce que j'en ai vu : une entrée, un escalier, une pièce-passage nue, des tréteaux et des planches de bois blanc sur lesquelles Mme de Gaulle et Bonneval s'affairaient à classer des piles de dossiers[57]. »

C'est peu de dire que les de Gaulle n'apprécient guère leur nouvelle habitation : « Ce pavillon est exigu, humide et mal chauffé. Ni lui ni elle ne s'y plaisent[58] », note leur fils. Yvonne, qui surnomme la résidence de Marly « la bâtisse aux courants d'air », y éprouve sans doute des réminiscences d'Ellesmere et de la guerre : même ambiance recluse, même inconfort et même éloignement. Le pauvre Mauriac en sait quelque chose : c'est lui que Mme de Gaulle charge comme toujours de ses missions de confiance, comme d'aller chercher le personnel et de rapporter les courses. En ces temps de rationnement, la tâche est parfois rude : « Faute d'un nombre suffisant dc voitures, j'ai mis deux heures, hier soir, pour aller jusqu'à Marly. Il nous fallut tout d'abord chercher Mlle Potel – la gouvernante de la famille – quelque part derrière la place de la Bastille – puis aller au Petit-Clamart chez un ravitailleur des hôtes de Marly : navets, choux-fleurs, salsifis, pommes, salades sont chargés en quantité impressionnante dans la Citroën – et je m'aperçois, non sans admiration, que tous ces modestes mais rares légumes sont vendus aux prix taxés, ce qui est un miracle en ces temps de marché noir généralisé[59]. » Ce strict légalisme des de Gaulle ne nous surprend pas. Quant au goût d'Yvonne pour les emplettes en produits frais et le choix de fournisseurs bien particuliers, ce sont deux constantes dans sa vie de maîtresse de maison.

À Marly alternent les bonnes et les mauvaises nouvelles familiales. Le 17 février 1946 est marqué d'un signe funeste : ce jour-là meurt Jacques de Gaulle, le frère de Charles. De plus en plus paralysé, il vivait depuis les années 1930 dans un fauteuil, ce qui n'avait pas empêché la Gestapo de venir le chercher à son domicile de Grenoble pendant la guerre. Miraculeusement absent à ce moment-là, Jacques avait réussi en novembre 1943 à gagner la Suisse, porté dans les bras d'un résistant qui deviendrait bientôt célèbre – l'abbé Pierre.

Deux jours après ce décès, changement de décor : Jacques-Philippe marie à Calais sa fille Claude avec Bernard Legrand. Seule Yvonne se rend au mariage. Jacques-Philippe explique l'absence de son beau-frère par sa volonté de ne plus paraître en public depuis sa démission : « Charles, qui ne veut pas enfreindre la règle qu'il s'est imposée, a chargé ma sœur de les représenter tous les deux[60]. » En réalité, il faut plutôt penser que la mort de son frère ôte au Général toute envie de se rendre à la noce. Il n'hésitera pas, trois mois plus tard, à se rendre au mariage de Geneviève de Gaulle, puis à multiplier ses interventions publiques. Mais l'intéressant, dans la remarque de Vendroux, porte sur Yvonne, « chargée de les représenter tous les deux ». C'est une chose qui se répétera à de nombreuses reprises dans la vie des de Gaulle, et plus encore une fois que le Général aura accédé au pouvoir suprême. Yvonne le représentera dans le privé, dans la famille, mais aussi auprès de tous les anonymes auxquels il n'aura pas forcément de temps à consacrer. Forte de la légitimité que lui confère le nom, mais aussi et surtout de la confiance absolue de son mari, elle le remplacera souvent dans ces occasions particulières.

Le 7 avril 1946, les de Gaulle célèbrent à Marly leurs noces d'argent – vingt-cinq années de mariage durant lesquelles, face à des épreuves redoutables, ils se sont constamment épaulés. La fête réunit les familles de Gaulle et Vendroux, bien sûr, mais aussi les amis proches. Claude Mauriac s'y rend avec sa mère et son frère Jean dans l'automobile mise à sa disposition par *Le Figaro*, pour lequel il travaille. Dans le coffre, il apporte des azalées. Malgré la joie qui les entoure ce jour-là, les de Gaulle ont un regret, celui de ne pas célébrer cet anniversaire à la Boisserie.

Leur installation transitoire à Marly nourrit chez eux une impatience très vive. Nul doute que le Général eût préféré claquer la porte du gouvernement et se retirer directement à la Boisserie, roi en exil sur ses terres, plutôt que de camper dans un logement de fortune. « Il s'irritait contre ce retard, se souvient Philippe de Gaulle : "C'est toujours la même chose en France, bougonnait-il, rien n'est jamais terminé à l'heure prévue."[61] » Yvonne réagit de façon quasi mimétique, elle qui rêve depuis 1940 de retrouver sa maison de Haute-Marne. Chargée de superviser l'avancement des travaux, elle sait se montrer extrêmement sèche avec les artisans jugés trop lents.

Fin avril, elle se rend sur place pour constater l'état du chantier en compagnie de son mari. Après un petit tour du propriétaire, les de Gaulle déjeunent à l'auberge du Cheval-Blanc située dans le village. Le journal *La Haute-Marne libérée*, pour lequel la visite fait figure d'événement, y consacre un long développement. Le journaliste, G.A. Bichet, apprend notamment à ses lecteurs que « le bâtiment d'habitation est encore emprisonné dans ses échafaudages. C'est une sorte de pavillon sans style, en moellons jointoyés genre rustique. Les corps de métier s'affairent de la cave au grenier. Demeure quelconque qui sera seulement confortable, mais située dans un aimable site. »

Yvonne écrit très régulièrement à l'architecte, Richard Hanotelle. La famille de ce dernier a bien voulu nous confier cette correspondance, inédite jusqu'à aujourd'hui. Yvonne s'y révèle en femme sûre d'elle, exigeante et soucieuse du détail.

Le 28 avril 1946, elle envoie une lettre aimable à Hanotelle qu'elle appelle « Cher Monsieur » : « Nous avons trouvé que Colombey avait bien fait des progrès cette fois-ci. Il faudrait que nous puissions emménager vers le 15 ou 20 mai[62] ? » Le soulignement dit assez bien l'impatience…

Le 7 mai, Yvonne confirme dans un nouveau courrier son intention de venir s'installer à la date convenue à la Boisserie :

> Cher Monsieur,
>
> Vous seriez très aimable de m'écrire le plus tôt possible ce que vous pensez que nous devons donner comme chiffre pour l'assurance incendie de Colombey, l'assurance conclue arrivant à expiration le 1er juin.[…]

PS : je pense emménager le 20 matin à Colombey[63].

Cette date est une nouvelle fois repoussée, et c'est finalement le 29 mai que l'emménagement est programmé. Hélas, un autre obstacle se dresse ! Geneviève de Gaulle se marie ce jour-là avec Bernard Anthonioz en l'église Notre-Dame de Genève, et le Général, en tant que témoin de sa nièce, est obligé de s'y rendre. C'est même sa première sortie publique depuis sa démission, ce qui en dit long sur l'affection qu'il voue à Geneviève.

Ce contretemps irrite prodigieusement Yvonne et suscite une vraie petite scène de ménage chez les de Gaulle. Geneviève, informée par la suite de la dispute – par Élisabeth peut-être –, s'en amuse beaucoup et en fera plus tard le récit à ses enfants, en empruntant la voix d'Yvonne et de Charles : « "Vous irez seul à ce mariage, mon ami, et ferez vous-même vos valises", avait dit Yvonne à son mari. Voyant sa fille Élisabeth passer par là, Charles lui demande : "Élisabeth, voudriez-vous bien préparer mes valises ? – Bien sûr, papa." Se tournant vers sa femme, Charles réplique alors : "Eh bien ! vous voyez, ma chère, nul n'est irremplaçable !" »

Finalement, ils se rendent tous deux à la cérémonie en Suisse, où l'abbé Journet unit Geneviève et Bernard. En dépit de l'accueil enthousiaste réservé par la foule à son mari, Yvonne a déjà dans l'esprit sa Haute-Marne tant désirée. « Tout de suite après [le mariage] ils n'avaient qu'une hâte : prendre la route de Colombey[64] », confirme Philippe de Gaulle.

Le 30 mai, enfin, les de Gaulle reviennent chez eux. La date, de nouveau, est fameuse : il s'agit du jeudi de l'Ascension… Désormais, après sa démission de janvier et son départ de Marly, de Gaulle est maître de son destin. Comme le remarque très justement Olivier Guichard, le voici « chez lui et non plus locataire de l'État, dans un endroit qu'il a choisi lui-même, qui n'est pas un héritage ni le résultat d'une éphémère séduction[65] ».

Le couple descend l'allée de buis, retrouve sa demeure… Encore toute chamboulée, le jour même, Yvonne écrit à Hanotelle. Pour le remercier et le féliciter du travail accompli ? Pas du tout ! Loin d'être heureuse de revenir dans sa maison après tant d'années, Yvonne est furieuse. Dès l'adresse, les choses s'annoncent mal pour l'architecte, qui n'est plus « Cher Monsieur » mais tout simplement « Monsieur » :

> Je ne sais pas si le peintre vous a averti du mauvais ouvrage des ouvriers qui ont fait le plafond de la bibliothèque. Ils s'en sont aperçu avant-hier en commençant à préparer leur travail ; il paraît que le plafond a été fait avec du plâtre froid, ce qui occasionne ou peut occasionner la chute de plaques. Nous ne pouvons pas recommencer le plafond maintenant, mais il faudrait bien faire toutes réserves à ce sujet auprès du plâtrier afin que si des ennuis sérieux se produisent ce soit à son compte.
>
> D'autre part, beaucoup de clés de porte ne fonctionnent pas.

Il pleut à trois places différentes – chambres domestiques et grenier – et les gouttières débordaient à plein pendant l'orage d'hier : peut-être aiguilles de pin dans les chaulattes [*sic*] ?

Au sujet du hangar à bois, le Général me réclame le devis.[...]

L'installation électrique de Colombey donne satisfaction jusqu'à présent ; les peintres aussi, le petit chef d'équipe est rempli de bonne volonté.

Mais, pour aggraver encore le tout, Yvonne termine sa lettre par une mention ajoutée entre la date et l'adresse :

Les broches pour les prises de courant ne sont toujours pas arrivées. Le Général s'impatiente. La sonnette électrique ne marche pas[66].

Il y a fort à parier que le destinataire, à la lecture de cette missive assez sèche, fut dans ses petits souliers. Au bout de quelques mois, Yvonne, peut-être confuse de sa brusquerie, lui envoie un courrier plus sympathique :

Cher Monsieur,

L'hiver n'a pas amené de dégâts ; cette petite maison est vraiment confortable et agréable surtout depuis que le jardin a été arrangé.[...]

Pour l'entretien de la maison, nous avons recours désormais aux ouvriers du pays, sous la direction de l'architecte de la commune.

S'il y avait dans l'avenir des travaux importants à exécuter (agrandissement par ex.) nous aurions recours à vous[67].

Un procédé intéressant doit être souligné ici : quand elle souhaite peser de tout son poids pour exiger quelque chose, faire part de son mécontentement ou de sa satisfaction, Yvonne de Gaulle emploie son arme secrète : de Gaulle ! « Le Général s'impatiente... » Elle sait bien que la simple mention du nom de son mari suffit à convaincre les plus réticents ou les plus étourdis. C'est sa seule façon d'user de l'influence de son mari. Encore ne recourt-elle à ce stratagème qu'avec parcimonie, toujours à bon escient... En février 1947, lasse de réclamer certains documents à Hanotelle, elle lui signifie par exemple : « Vous ne m'avez toujours pas envoyé les comptes pour Colombey. Le Général désire absolument les avoir maintenant[68]. »

Malgré tout, le couple s'installe. En dépit des améliorations apportées et de son agrandissement, la Boisserie n'est guère moins austère qu'auparavant : « Cela n'aura rien d'imposant, mais ce sera confortable et convenable », avait prédit Charles de Gaulle dans une lettre à son fils en date du 18 avril. C'est exactement cela. Un carrelage basique blanc et noir a remplacé partout le chaleureux parquet. Les murs clairs, les meubles simples et dépareillés, récupérés au garde-meuble parisien ou sauvés par les voisins de Colombey, la décoration sans fioritures en font un séjour au confort strict. La chambre à coucher, connue grâce à la description qu'en donne Philippe de Gaulle, est tout aussi modeste : « Plus petite que celle de ma sœur Élisabeth, elle possédait l'essentiel : un grand lit double en cuivre sans style recouvert d'une couverture en rat d'Amérique (jusqu'au dernier jour, mes parents n'ont jamais fait chambre à part[69]), deux fauteuils, une table pour prendre le petit déjeuner devant la fenêtre donnant sur la prairie au sud-ouest, une commode en bois fruitier et un grand placard-penderie. Aux murs, quelques portraits de famille, un crucifix [...]. Sur la cheminée de marbre gris [...], les statues en ivoire de la Vierge et de sainte Anne, patronne des marins, particulièrement vénérée par ma mère. À côté de la cheminée, une étroite glace non encadrée de deux mètres de haut, de quoi se voir des pieds à la tête. » Le tout est peint « en bleu clair, comme la moquette. Cette couleur, il faut l'avouer, n'avait rien pour réchauffer l'atmosphère, mais elle l'aimait bien et mon père s'en moquait[70]. »

Après avoir été le chef de la France pendant six ans, de Gaulle revient humblement à ses anciennes marques. Yvonne l'accompagne aisément dans ce retour : la Boisserie est son monde à elle, bien plus que les palais d'Alger ou les logements fastueux de Paris. « Toute sa vie, rappelle son fils, elle a démontré partout que seule la présence de mon père lui importait vraiment et qu'elle se contentait de n'importe quel cadre dès l'instant où il en faisait partie. Je suis sûr qu'elle aurait accepté de dormir sur un simple lit de camp, à côté de lui, bien sûr, si elle y avait été obligée[71]. »

Du reste, si jamais ils avaient voulu vivre dans un décor plus luxueux, leur situation financière ne les y aurait pas autorisés. Il est difficile de le croire, mais la vérité est là : les de Gaulle, au lendemain de la guerre, n'ont pas un sou devant eux. Après avoir vécu de son traitement de chef de gouvernement, de Gaulle rejette toute aide de l'État dès lors qu'il a démissionné. Certaines banques privées dont les présidents l'ont soutenu pendant la guerre lui apportent une aide modique. Mais le Général refuse fermement la solde qui pourrait lui être allouée en tant qu'officier, pour des raisons qu'Alain de Boissieu expose : « Un jour, un fonctionnaire (probablement antigaulliste) du Bureau des officiers généraux découvrit que mon beau-père n'avait été nommé officier général qu'à titre temporaire ; en conséquence, légalement, il n'était que colonel. L'intendance proposa alors au général de Gaulle une retraite de colonel que l'ancien chef de la France libre refusa, saisissant le prétexte pour assurer sa totale indépendance vis-à-vis du régime[72]. »

Certains, parmi les membres du nouveau gouvernement, s'émeuvent de savoir le Général aussi démuni. C'est ainsi qu'en février 1946 Edmond Michelet approche Jacques-Philippe Vendroux pour l'entretenir « des problèmes que pose au gouvernement la situation protocolaire et matérielle du Général. On voudrait qu'il fasse savoir ce qu'il désire... S'il accepterait ceci ou cela... Mais on ne sait pas comment l'aborder. Les premières approches se sont heurtées à un mur de silence[73] » – que Vendroux se garde bien de briser.

Les de Gaulle préfèrent vivre modestement mais avec la fierté de ne rien demander à un gouvernement qu'ils désapprouvent.

À Colombey, on pourrait presque se croire avant guerre tant le village a peu changé. Comment penser que de grands événements mondiaux ont eu lieu, face à l'éternité des paysages et des activités humaines ? Le seul vrai changement, à la vérité, est qu'un nouveau curé a été nommé en juillet 1943. Pour les de Gaulle, désormais résidents de la paroisse et pratiquants réguliers, c'est un élément important. Ce curé, de plus, est appelé à rester très longtemps le leur puisqu'il gardera ses fonctions jusqu'à sa mort, en février 1970. C'est donc avec lui que les de Gaulle vivent leur spiritualité chaque dimanche, puis, une fois que le Général est à l'Élysée, tous les quinze jours environ. C'est lui qui procède aux baptêmes de quelques-uns des petits-enfants, ainsi qu'à l'enterrement d'Anne en 1948. Peut-être même lui arrive-t-il de confesser Yvonne.

Quel genre de croyante est-elle, à propos, elle qui fut si souvent décrite comme une grenouille de bénitier pudibonde ? Pour ce qui est de la pudibonderie, certaines de ses petites remarques enlevées entretiennent un doute salutaire. Sa religiosité, en revanche, ne fait pas de doute. Mme de Gaulle ne manque la messe du dimanche sous aucun prétexte. Sa conception du catholicisme est traditionnelle, jamais traditionaliste – la nuance est de taille. Elle veut que l'Église respecte ses principes et les enseignements du Christ, et que les fidèles tâchent de se les appliquer. C'est pourquoi elle peut paraître intransigeante en ce qui concerne les sacrements, notamment celui du mariage, trop souvent bafoué à ses yeux, y compris par l'institution. Claude Guy se fait une joie de rapporter les discussions qu'elle a à ce propos avec son mari :

> Elle parle du pape « qui reçoit fréquemment des pécheurs ». Elle parle notamment de l'audience accordée à Mme Peron, « une femme qui a tout fait ! ». Il sourit, tire sur son cigare et dit :
>
> – Au total, voyez-vous, l'Église plane toujours largement au-dessus de ses propres erreurs. En définitive, elle considère en toute chose l'aspect surnaturel. Voilà pourquoi il faut bien se garder de juger l'Église à l'échelle humaine. Ce qui compte, pour elle, c'est de conduire les fidèles vers leur salut, c'est d'assurer celui-ci. Voilà pourquoi l'Église considère les choses humaines avec cette suprême indifférence.
>
> [...]
>
> Mais elle, obstinée, revient à Mme Peron :
>
> – Enfin, vous me direz ce que vous voudrez, mais moi je ne vois qu'une chose : tout le monde s'intéresse beaucoup plus à ces femmes-là !
>
> Elle lève la tête de dessus son tricot et cherche un exemple :
>
> – Tenez, Chateaubriand, par exemple... Eh bien, quand sa bonne amie...
>
> Elle se frotte le bout des doigts, cherchant son nom :
>
> – Vous savez bien, Charles, celle qui était malade...
>
> LUI *(immédiatement)* : Mme de Beaumont... *(Impatient)* Eh bien, Mme de Beaumont, quoi ?
>
> ELLE : Eh bien, le pape demanda à Chateaubriand des nouvelles de la santé de cette femme...
>
> LUI *(ironique)* : J'appelle cela de l'excellente politique.

ELLE : Qu'est-ce que vous voulez, moi je ne trouve pas ça bien... Ce n'était pas une femme honorable. C'est comme Mme Pétain : quand le maréchal a été à Rome, le pape l'a reçue...

LUI *(énergique mais rieur)* : Que voulez-vous, Yvonne, ils s'étaient mariés religieusement. [...]

ELLE *(de plus en plus entêtée)* : N'empêche qu'ils avaient vécu ensemble dans le péché. Alors moi je dis : ils n'auraient pas dû se marier à l'église.

LE GÉNÉRAL *(l'interrompant avec une indulgence narquoise)* : Oh ! vous... Pourquoi voulez-vous toujours la mort du pécheur ? Est-ce que je sais, moi ? Il faut tout de même que vous leur laissiez une chance ! L'Église l'a bien fait.

ELLE : Bienheureux les miséricordieux, car ils obtiendront miséricorde[74].

Cet étonnant dialogue résume parfaitement la conception qu'ont respectivement Charles et Yvonne de la religion. Le Général, élevé chez les religieux, a lu Bossuet, Péguy, Pascal ; sa spiritualité est nourrie de philosophie, elle est un fondement à sa vision du monde, mais lui permet une distanciation qui fait parfois défaut à sa femme. Il ressent surtout la dimension surnaturelle de la foi. La vision d'Yvonne est plus ancrée dans le réel : loin d'elle l'idée d'une Église coupée des fidèles par excès de conservatisme ou de pratique latine. Son catholicisme à elle découle tout droit de la parole de Jésus : il est une école quotidienne d'humilité et non de puissance, un modèle de solidarité sociale, une façon de se sentir proche des autres et non de les dominer. Il imprègne sa vie de tous les jours, il est « à échelle humaine ». C'est pourquoi Mme de Gaulle se lance parfois dans des diatribes qui renforcent son côté bondieusard. Pourtant, nulle part elle ne se sent plus à son aise que dans la modeste église de Colombey, parmi les paroissiens, avec ce nouveau curé dont la simplicité lui sied.

L'abbé Drouot – c'est son nom – a laissé un carnet de notes prises entre 1942 et 1970. Certains extraits en ont déjà été publiés dans *La Croix de Haute-Marne* le 3 novembre 1990, mais l'intégralité du texte est inédite jusqu'à ce jour. Ayant eu la chance d'avoir ce « Journal » entre les mains, nous l'utilisons largement puisqu'il constitue une source de première main et qu'il contient des informations particulièrement intéressantes.

Tout d'abord, pendant la guerre, le vicaire Drouot semble mieux informé que sa hiérarchie sur de Gaulle. En effet, lorsqu'il apprend en 1943 par son curé de Saint-Dizier que l'évêque le nomme à Colombey-les-Deux-Églises, il sursaute : « Dès que M. le curé eut prononcé ce mot, je pensai au général de Gaulle, sachant qu'il y avait sa maison. [...] J'allais donc devenir le curé du général de Gaulle. J'ai toujours pensé, du reste, que l'autorité diocésaine, en m'envoyant à Colombey en août 1943, ne savait pas que là était la résidence du Général. » Et il ajoute, avec une humilité toute chrétienne : « Et quand, plus tard, il y revint habiter, on ne jugea pas à propos de me déplacer[75]. » Personnalité plutôt timide, l'abbé Drouot redoute de se retrouver face à celui qu'il appelle « ce grand sur la terre » : « Pour me tranquilliser, je me répétais qu'il avait encore beaucoup à faire au gouvernement ; que sa maison n'était pas encore en état de le recevoir ; et qu'il n'était pas encore sur le point d'être mon paroissien[76]. »

À la Libération, se doutant du prochain retour du Général dans sa commune, le prêtre s'adresse à l'évêché pour savoir s'il y a lieu d'adopter une conduite particulière. « Mgr Michel, vicaire général, me répondit à peu près ceci : "Je comprends que cela vienne troubler votre quiétude. Informez-vous auprès de l'entourage. Recevez-le à la porte de l'église s'il le désire, et seulement s'il le désire." » Sage remarque, après tout.

C'est sans doute le 2 juin 1946 (c'est-à-dire le dimanche qui suit l'arrivée des de Gaulle à Colombey) que l'abbé Drouot rencontre le Général pour la première fois. Quelle que soit la date exacte, le souvenir de ce moment unique est resté gravé dans la mémoire du prêtre. « Je me trouvais dans l'entrée de la sacristie avec mes enfants de chœur et nous attendions l'heure de commencer la messe. Le premier des servants se retourne soudainement et me dit avec de grands yeux : "M. le curé, le Général est à son banc." Je lui répondis froidement : "Il faut l'y laisser." Je montai en chaire pour le prêche. Alors je vis pour la première fois de ma vie, et assis pour m'entendre, le grand'homme [*sic*] qu'était le général de Gaulle. Je n'en fus d'ailleurs nullement troublé[77]. »

Ce bref extrait confirme l'extrême discrétion des de Gaulle : alors qu'ils auraient pu faire savoir au prêtre leur venue et attendre de ce fait un accueil particulier, ils préfèrent se rendre à la messe comme tout un chacun. À Colombey, ils se sentent les égaux des autres habitants. Au sein du village, au fur et à mesure que passent les mois, ils se familiarisent – toutes proportions gardées – avec la population. Malgré la dimension nationale acquise par de Gaulle, l'attitude des habitants reste inchangée. Discrétion et respect en sont les maîtres mots.

Yvonne et Charles ne nouent pas de véritable amitié parmi les villageois, mais ils connaissent les gens et leur rendent éventuellement visite à l'occasion d'événements particuliers.

Au sein du couple, Yvonne est celle qui entretient le plus de contacts avec les voisins. Elle fait les courses, cause avec les commerçants, recherche les bons artisans, que ce soit pour faire des étagères dans la bibliothèque ou pour vérifier la toiture. Comme par le passé à Metz, elle ne manque jamais de célébrer les naissances ou les mariages, en confectionnant parfois elle-même un cadeau. M. Roethlisberger, responsable de la laiterie du village, se souvient par exemple de la naissance de son fils : « Le carton de layette que nous avons reçu de Mme de Gaulle, nous l'avons emporté à la maternité où était ma femme. Jugez de l'effet ! Le médecin a marqué un temps d'arrêt quand ses yeux se sont portés sur l'étiquette qui indiquait la provenance du colis. C'était à la naissance de mon fils Daniel[78]. »

Le Général, de son côté, reste sensible à son passé d'ancien combattant. Président d'honneur de la section locale de l'Association des anciens combattants, il se rend chaque année en uniforme à la célébration du 11 novembre, devant le monument aux morts. Il n'oublie pas de rendre visite au grand-père Consigny, soldat de la Première Guerre, comme s'en souvient le fils de ce dernier : « Avant 1958, après aussi bien sûr, mais moins souvent, le Général, revenant de la messe le dimanche matin, ne manquait jamais d'entrer pour saluer mon père, grand invalide de guerre, et lui allumer une cigarette. Nous parlions récoltes et cultures[79]. »

Il semble en revanche que peu d'habitants soient reçus à la Boisserie en dehors des artisans appelés à y travailler ou des personnes que de Gaulle doit voir pour les affaires de voisinage. La porte n'est close à personne, pourtant, mais sans doute les villageois ne souhaitent-ils pas déranger le grand homme. Quelques exceptions sont à noter. Ainsi, les pompiers viennent chaque année proposer leur calendrier aux de Gaulle. L'un d'eux, M. Maigrot, témoigne : « Nous avons tous été reçus à la Boisserie. Notre chef demandait l'autorisation, prenait rendez-vous en quelque sorte, quelques jours avant[80]. » Il est également vraisemblable que le maire, André Demarson, a été reçu.

Le curé, enfin, s'assoit régulièrement à la table des de Gaulle. Il faut imaginer le contraste entre le grand Général austère, personnage de l'histoire, et ce brave curé de campagne, que les photographies montrent replet et bonhomme, avec ses petites lunettes rondes – Claude Guy, jamais en reste, décrit l'abbé Drouot avec ses « bottines montantes, sanguin, roulant de grands yeux courageux dans un visage timide[81] ». Le récit que fait le prêtre de son premier déjeuner chez les de Gaulle confirme la simplicité du personnage et son souci de bien faire.

> Je me rendais au déjeuner avec une certaine appréhension. Je me revois encore à la grille de la propriété, poussant la porte. J'aurais donné gros alors pour que cette démarche me fût épargnée.
>
> Je fus accueilli par un commandant en grande tenue, le commandant de Bonnevalle [*sic*]. Il prit mon chapeau, ma douillette, et prévint le Général de mon arrivée.
>
> J'avais pris place dans le premier salon, lorsque le Général de Gaulle se présenta et presque aussitôt Mme de Gaulle.
>
> Vraiment, toutes mes appréhensions tombèrent. Je me trouvais avec des personnes de grande éducation, cherchant à me mettre à l'aise le plus possible. Je perdis ma timidité naturelle, et soutins la conversation avec plaisir[82].

Le prêtre aurait dû se douter qu'il serait reçu chaleureusement : Yvonne, comme Charles, voue un profond respect aux gens du clergé. Elle montrera aussi, nous le verrons, une profonde affection envers les religieuses. À Colombey, l'abbé Drouot est pour elle le représentant de Dieu sur la terre. Pourtant, si l'on en croit une anecdote assez amusante relatée par le prêtre, c'est plutôt le Général qui joue le rôle d'intercesseur quand il s'agit d'obtenir gain de cause pour les choses terrestres :

> J'avais alors pour me déplacer un modeste vélomoteur, marque Monet-Gayon. Une pièce de la mécanique s'était rompue, et j'attendais avec impatience la pièce de rechange. Nous étions au lendemain de la guerre, et les usines ne livraient que très difficilement. Les mois passaient, et ma pièce de rechange n'arrivait pas.
>
> Au cours de cette première visite, je fis part au Général de mes ennuis mécaniques. Il me répondit ceci : « C'est étonnant que pour une machine neuve on ne trouve pas une pièce de rechange. »
>
> Fort de cette parole, j'écrivis le lendemain à l'usine. Et je leur dis : « Le général de Gaulle qui habite la paroisse s'étonne de ces longueurs. »
>
> Que se passa-t-il à l'usine ? Je n'en sais rien. Toujours est-il que deux jours après la pièce tant désirée arrivait à Colombey[83].

Ainsi, dès sa première rencontre avec le Général, l'abbé Drouot constate ce qu'Yvonne a compris depuis longtemps lors de ses démarches administratives : le simple nom de De Gaulle vaut sésame !

Les de Gaulle sont appelés à revoir l'abbé Drouot au cours de l'été 1946 dans des circonstances particulières. Doit en effet avoir lieu dans le village à cette époque une importante cérémonie religieuse en lien direct avec la Seconde Guerre mondiale. Il s'agit de rendre grâce à la Vierge Marie d'avoir permis que soient épargnés des otages enlevés par les Allemands le 19 août 1944. Ce jour-là, une cinquantaine de soldats de la Luftwaffe en repli vers l'Allemagne avaient fait halte dans le village. Des FFI venus de l'Aube voisine étaient alors passés en trombe et avaient abattu trois soldats allemands. En représailles, l'occupant avait fait immédiatement arrêter vingt-deux villageois. À Chaumont, où ils furent conduits, leur mort était quasi certaine. Réunis autour de Drouot, le reste de la communauté villageoise avait longuement prié la mère de Dieu pour leur libération. Le 23 août, tous les otages avaient été relâchés sains et saufs.

Pour célébrer l'événement, une statue de Marie est commandée à la fonderie de Vaucouleurs. Elle est installée au pied de la colline de Colombey durant l'été pour être inaugurée le dimanche 24 août 1946. Le jour dit, sous un généreux soleil, plus de trois mille personnes se rassemblent dans le village. Le fait que le Général y réside explique bien sûr cette affluence. La preuve ? Même l'évêque n'est venu que pour cette raison, si l'on en croit l'abbé Drouot : « Pour l'inauguration [...], j'invitai Mgr Chiron, l'évêque de Langres. Il avait d'abord hésité. Pour le décider, je lui dis qu'il rencontrerait le Général à cette occasion. Et il accepta[84]. » Le ton un peu ironique de l'abbé vis-à-vis de son supérieur est constant, et confirme que l'abbé préfère la compagnie des gens simples à celle de sa hiérarchie.

Pour la cérémonie, les autorités municipales et une fanfare entourent l'évêque. Le Général ne s'est pas déplacé, mais Yvonne de Gaulle est au milieu de la foule. Particulièrement sensible à la présence de son évêque, « elle voulut le recevoir à midi [avec] sa suite. Nous devions être deux à l'accompagner : Mgr Michel [vicaire général] et moi-même », note l'abbé Drouot. Il est intéressant de livrer le récit complet de ce déjeuner à la Boisserie avec l'évêque. L'amusement de Drouot à l'égard de son supérieur s'y exprime avec une sorte de truculence et permet de comprendre à quel point son humilité naturelle le rapproche, lui le prêtre villageois, des de Gaulle : « Le déjeuner fut simple et bref. Une petite entrée. Une purée de pommes de terre. Un petit morceau de viande. Un fruit. Comme boisson : de l'eau, et un petit verre de vin pour terminer. Plusieurs fois déjà j'étais allé à la table du Général et je ne fus pas surpris du menu. Mais j'avais l'impression que monseigneur s'était jugé reçu un peu rapidement[85]. »

Pour qui ne connaît pas bien les hôtes de la Boisserie, le repas peut en effet sembler frugal, mais les de Gaulle, de la même manière qu'ils ne sont guère sensibles à l'apparat et aux choses matérielles, ne sont pas du genre à se livrer à des agapes. Yvonne, par simplicité et parce qu'elle veille constamment à ce que son mari ne mange pas trop, choisit des plats simples et familiaux. De Gaulle, quant à lui, a horreur des repas qui s'éternisent. Assis dos à la cheminée de la salle à manger, il est cependant un hôte courtois qui veille à ce que les convives ne manquent de rien.

Le pauvre évêque ne profite pas plus du reste de sa journée à Colombey. *La Croix de Haute-Marne* note en effet qu'à l'office de l'après-midi, « à son banc habituel, on put reconnaître le général de Gaulle[86] ». Derrière cette mention somme toute banale se cache une réalité plus douloureuse pour l'évêque, explique Drouot :

> Le Général fit une apparition à l'église au moment du salut. Ce fut pour notre malheur. L'assistance, qui était considérable, s'intéressait surtout à la personne du Général – peu à monseigneur, peu à la Sainte Vierge et peu au Saint Sacrement. La plupart tournaient le dos à l'autel pour regarder le Général. Et, à la sortie, la foule se précipita sur les pas du premier résistant, avec ces clameurs : « Vive de Gaulle ! »
>
> Quant à Mgr l'évêque, il passait inaperçu. Et il me dit sur un ton agacé : « Rentrons vite à la cure. »
>
> Je sentis qu'il était mécontent[87].

Cette vexation initiale, née d'une jalousie peu chrétienne, entraîne par la suite un gel des relations entre de Gaulle et l'évêque de Langres. Lors de ses voyages suivants à Colombey, monseigneur s'arrange pour ne plus se rendre à la Boisserie, et de Gaulle se lasse bientôt de l'attendre. « Le Général souffrait d'être ignoré de l'évêché, note Drouot. Très souvent il me demandait des nouvelles de monseigneur. Peut-être moi-même ai-je manqué à mon devoir ? Peut-être ne me suis-je pas employé suffisamment à rendre les relations plus cordiales ? En toute occasion, j'excusais monseigneur. Je répétais au Général (et je le pensais réellement) que notre évêque n'avait pas une grande santé et qu'il était vraiment un saint prélat[88]. »

Yvonne souffre-t-elle de ce froid ? Il faut penser que non. Dans sa pratique religieuse, l'abbé Drouot est un personnage plus crucial. Et puis les autres invités ne manquent pas à la Boisserie, en ces premières années d'exil. Bien sûr, dans ses *Mémoires*, de Gaulle se plaît à présenter sa retraite à Colombey de 1946 à 1958 sous un jour radical : « Dans le tumulte des hommes et des événements, la solitude était ma tentation. Maintenant, elle est mon amie[89]. » Il parle de sa demeure comme d'un « ermitage » où règne « le silence », évoque en soupirant son « amère sérénité » et « les heures qui s'écoulent[90] ». Après pareille description, le lecteur s'imagine volontiers le couple replié sur lui-même pour un tête-à-tête de douze années, dans une demeure plus ou moins lugubre, sorte de Hauts de Hurlevent, d'île de Sainte-Hélène ou de Jersey – en tout cas un lieu sauvage propice à l'introspection. Il se représente Yvonne, femme d'intérieur docile, penchée sur son tricot tandis que son mari, face au paysage incroyable, écrit l'histoire qu'il a faite, comme avant lui Napoléon ou Victor Hugo.

L'écrivain de Gaulle a cependant forcé le trait, sous l'influence du stratège politique qu'il est également. Quand il achève ses *Mémoires*, à la fin de 1957, il espère plus que jamais être un prochain recours pour la nation. Il joue sa carte de l'exil comme un va-tout, lui qui sait depuis *Le Fil de l'épée* que « le vrai chef est distant, car l'autorité ne va pas sans prestige, ni le prestige sans éloignement[91] ». Sa retraite à la Boisserie lui permet de cultiver son mystère, donc son autorité : « Le prestige ne peut aller sans mystère, car on révère peu ce que l'on connaît trop bien[92]. »

La réalité telle que nous la présentent les différents témoins, les archives mais également les agendas du Général conservés à la Fondation Charles de Gaulle est tout autre.

D'une part, le couple fait de nombreux voyages à Paris. Yvonne, surtout, qui se plonge dès son retour d'Alger dans la création de sa fondation, multiplie les allers-retours entre la Boisserie et la région parisienne. Visiblement, elle a passé son permis de conduire à la fin de la guerre et y gagne une précieuse indépendance. Autant dire que la broderie et le jardinage ne constituent plus ses seules occupations, ni les plus importantes à ses yeux. Au volant de sa voiture, elle mène son activité. Ses absences sont systématiquement notées par Claude Guy, comme autant de moments de bonheur : « Mme de Gaulle est à Paris. Je suis seul, ce soir, avec lui[93]... »

D'autre part, la Boisserie devient un véritable point de ralliement, notamment entre 1946 et 1955. Plusieurs fois par semaine, des hôtes sont reçus pour un repas ou pour un séjour. Yvonne doit donc, en plus de ses activités extérieures, jouer le rôle de maîtresse de maison pour les nombreux invités de passage. Parmi eux, la famille occupe une place de choix. En juillet 1946, les Vendroux passent quelques jours à la Boisserie avec leur fille Martine.

Pierre de Gaulle, le frère du Général, leur succède début août. En septembre, Marie-Agnès et Alfred Cailliau séjournent à leur tour à Colombey. Ils y reviennent en janvier 1947.

Il faut souligner que le climat qui règne entre Marie-Agnès et Yvonne est parfois électrique. Même si les deux femmes s'apprécient beaucoup, la nature extravertie de Marie-Agnès cadre mal avec la retenue d'Yvonne. Réputée pour être bavarde, la sœur du Général use la patience de sa belle-sœur, et son caractère très affirmé, sa tendance à avoir un avis sur tout n'arrangent rien. Yvonne préfère souvent en rire. « On l'entendait lancer : "La tante Agnès regrette de ne pas avoir été un garçon, parce qu'elle aurait été le Général[94] !" »

Avec le reste de la famille, les choses se passent plus en douceur. Jacques-Philippe rend visite à sa sœur le 10 septembre 1946. Il y revient avec sa femme à l'été 1947, inaugurant une tradition qui durera jusqu'à la fin de ses jours. Dans ses *Mémoires*, Vendroux relate presque chacune de ces visites qui ponctuent les années 1950 en insistant sur leur dimension fortement ritualisée, ce qui est confirmé par une foule d'autres témoignages : « Notre escale s'est déroulée selon les rites habituels, note-t-il en août 1948. Le matin, longues promenades dans le parc avec mon beau-frère [...]. L'après-midi, départ en deux voitures pour visiter successivement les différentes vallées de la région. Le soir, conversation générale ; puis, quand ma sœur et ma femme se sont retirées, tête-à-tête passionnant. Tous les sujets sont abordés et tous les gens passés au crible d'un humour souvent féroce[95]. »

À la fin du mois d'octobre 1946, Philippe vient voir l'état de la maison. C'est peut-être lors de ce séjour qu'il évoque avec ses parents la perspective de son mariage. Le jeune homme est désormais âgé de vingt-cinq ans, et ses parents sont un peu préoccupés de le voir sans épouse. Yvonne, sa mère, aborde le sujet avec la franchise qu'on lui connaît. Elle ose même à ce propos une plaisanterie dont peu de gens la croiraient capable. Alors que le chat Poussy est couché sur le lit de Philippe, elle chasse l'animal et s'exclame : « "Pas d'animaux sur ton lit. Une femme encore, et à la rigueur !" C'est une des rares fois où je l'ai entendue prononcer quelque chose d'équivoque[96] », note Philippe songeur.

Plus sérieusement, en mère attentive, Yvonne n'hésite pas à poser à son fils la question du mariage en termes très clairs : « Quand songeras-tu à te marier ? Maintenant que la guerre est finie, c'est peut-être le moment. Je serais heureuse quand même d'avoir une descendance[97]. » Une des lubies d'Yvonne transparaît là : l'importance accordée à la famille, le souci de perpétuer le nom, le besoin d'avoir autour d'elle enfants et petits-enfants. Élisabeth et Alain n'en ont pas encore. Ils devront attendre treize ans avant la naissance d'Anne, en 1959. Philippe est désormais au pied du mur.

Son mariage se déroule selon un autre schéma que celui de sa sœur. Visiblement – du moins pour ce qu'on en sait – l'union d'Élisabeth et Alain fut le fruit d'un amour spontané, né de leur rencontre à Londres sans doute, puis à Bagatelle. La jeune femme, qui a le caractère affirmé de sa mère, n'est pas du genre à se laisser dicter ses choix. Par analogie, il est possible de penser qu'elle a réagi comme Yvonne en 1920 : « Ce sera lui ou personne. » Du reste, elle était sûre que le choix d'Alain de Boissieu ne pourrait que satisfaire ses parents.

La rencontre entre Philippe et sa future épouse est différente. C'est l'abbé de Dartein, aumônier de la France libre, qui joue les entremetteurs et vante au jeune homme dans une lettre les mérites de sa nièce, Henriette de Montalembert. Philippe montre le courrier à son père et lui demande son avis. Le Général décide d'inviter la jeune fille à la Boisserie, accompagnée de l'abbé. Est-ce à cette occasion que Philippe rencontre pour la première fois Henriette ? Peut-être. En tout cas, le rôle de ses parents dans son choix est déterminant. Depuis la fin de la guerre, les de Gaulle veillaient aux fréquentations de leur fils. Celui-ci se souvient notamment que, lors d'une permission à Paris, à la fin de 1945, il s'était fait réprimander par son père pour être rentré tard : « Comme ma mère, il craignait – il me l'avoua plus tard – que je me lie à une jeune fille qui n'aurait pas convenu à leurs propres vœux[98]. »

Qui peut s'imaginer la terrible angoisse d'Henriette sur la route de la Boisserie ? À la peur légitime de rencontrer ses futurs beaux-parents potentiels, au souci de leur plaire et de ne pas dire de bêtises, s'ajoute le fait qu'ils s'appellent de Gaulle. Qui ne tremblerait d'avoir le Général pour beau-père ? Ou de passer quarante-huit heures d'examen de passage à la Boisserie ? Philippe de Gaulle le confirme : « Ma future femme était terrorisée. Elle n'osait ouvrir la bouche[99]. »

Malgré tout, les de Gaulle la jugent très comme il faut. Yvonne, naturellement pudique, use de retenue pour faire part à son fils de sa bonne impression : « Après l'avoir très discrètement observée des pieds à la tête, elle m'a laissé entendre que son jugement n'était pas défavorable en évitant sans doute d'avoir l'air de faire pression sur moi. S'il l'avait été, elle me l'aurait alors formellement dit[100]. » L'affaire est donc bien engagée. Il convient de remarquer que, par la suite, les de Gaulle auront un constant souci de connaître les épouses des collaborateurs du Général. Plusieurs d'entre elles, nous le verrons, se souviendront de leur « examen d'entrée », souvent un déjeuner intime avec le couple de Gaulle. La capacité d'observation et de jugement d'Yvonne est suffisamment exercée pour qu'en un seul repas elle juge de la qualité de la dame…

Philippe et Henriette se fiancent au cours de l'été 1947. Un peu plus tard, en octobre, Yvonne écrit à son frère. Une fois de plus apparaît dans cette lettre l'étroitesse de ses liens avec lui ; elle désire le consulter dans cette affaire et lui livre des détails sur la cérémonie souhaitée : « Elle nous demande, raconte Jacques-Philippe, de venir passer le prochain week-end à Colombey, avec notre fille Martine, pour nous faire connaître de vive voix les détails de cette cérémonie qui se déroulera dans l'Ain, en tout petit comité, en raison des deuils qui ont récemment frappé la famille de Montalembert, et parce que mon beau-frère ne veut pas de tralala[101]. »

Le 30 décembre 1947, à Poncin, dans l'Ain, le château d'Épierre se dresse sous le givre. Propriété de la famille de Montalembert, cette grande bâtisse constituée de deux tours carrées de trois niveaux borde la rivière de la Morenaz. Le mariage est célébré dans la chapelle du château par l'amiral Thierry d'Argenlieu.

Les événements familiaux ne sont pas les seuls à interrompre le prétendu isolement des de Gaulle à la Boisserie. Régulièrement, en ce début de retraite, Charles se replonge dans la foule et intervient dans le débat national. À Bayeux, le 16 juin 1946, il prononce un important discours où il défend son point de vue sur la Constitution. Deux jours plus tard, pour le sixième anniversaire du 18 Juin, il est au mont Valérien.

Et quand il est replié à la Boisserie, le bruit du dehors passe largement par les fenêtres de la maison. Disons même que jamais la politique n'a été aussi présente qu'en ces années dans son salon de Haute-Marne. Même lorsqu'il est seul avec Claude Guy, Charles de Gaulle passe en revue l'histoire proche, commente l'actualité, émet des hypothèses sur l'avenir. La bombe atomique est au menu des conversations lors du déjeuner du 12 mars avec Élisabeth et Yvonne. Le Général : « Une raison supérieure nous emporte vers des destinées inimaginables, à ceci près que nous avançons avec des folies plus démesurées. Ce siècle est devenu fou[102]. »

Dans ces discussions auxquelles elle assiste le plus souvent, Yvonne intervient rarement, mais quand elle le fait, c'est avec détermination – ce qui lui vaut des réactions mitigées de la part de son mari. C'est le cas peu de temps avant le référendum du 13 octobre 1946, qui porte sur le projet de Constitution. Le Général a officiellement appelé les Français à voter contre un texte qui rétablit les pouvoirs des partis et de l'assemblée, mais tout laisse à penser que le résultat du vote sera positif. S'ensuit un dialogue édifiant entre Monsieur et Madame, qui paraît tourner au désavantage de cette dernière :

> ELLE : Il faudrait que l'Église intervienne catégoriquement en faveur du *non*.
>
> LUI : Ne vous illusionnez pas : l'Église, sans s'abstenir, ne prendra aucune position tranchée à l'endroit de ce projet de Constitution, à part, bien entendu, quelques voix isolées, comme celle de Mgr Théas, évêque de Montauban, qui publiait ce matin un mandement favorable au *non*.
>
> ELLE : Cette intervention de l'Église dans la politique, vous en parlez bien ironiquement et comme si vous ne la souhaitiez pas.
>
> LUI *(avec un grand rire libéral)* : Que voulez-vous, chère amie, j'ai toujours été gallican[103].

Si l'on y regarde de plus près, la logique qui anime Yvonne de Gaulle est simple : elle souhaite ardemment que l'avis de son mari l'emporte et que le non triomphe. Or elle sait pertinemment que le camp du oui est soutenu par le MRP (Mouvement républicain populaire), parti le plus représenté à l'Assemblée et avec lequel son mari entretient des relations chaotiques. À la Libération, le MRP était surnommé le « parti de la fidélité », car il était alors considéré comme le plus proche du Général. Mais le fossé s'est très vite creusé en raison de divergences sur les institutions : le MRP est prêt à un compromis avec les autres partis pour adopter le texte proposé par la Constituante, alors que de Gaulle se montre intransigeant. Il refuse d'adopter des institutions mauvaises « sous prétexte qu'on pourra les réviser plus tard ». Il a reçu un des chefs du MRP, Pierre-Henri Teitgen, à la Boisserie le 20 septembre pour tâcher de le rallier au non, en vain. Un divorce douloureux commence entre gaullisme et MRP, dont certains membres se trouvent écartelés entre leur fidélité à de Gaulle et leur appartenance au parti.

Celui-ci, Yvonne le sait aussi, regroupe une majorité de l'électorat catholique, puisqu'il est l'héritier spirituel du courant chrétien-démocrate d'avant-guerre. Son propre frère Jacques-Philippe est député MRP... Bref, pour schématiser, les catholiques votent MRP et le MRP soutient la Constitution que de Gaulle rejette. Prise elle aussi entre deux feux – son attachement au catholicisme et son amour pour Charles –, Yvonne essaie de trouver une solution acceptable. Celle qui lui vient à l'esprit est certes naïve, mais logique : il faudrait que l'Église passe par-dessus le MRP pour s'adresser aux électeurs catholiques et leur enjoindre de répondre non au référendum. Mais il n'en va pas ainsi, et le projet est adopté par 53,25 % des suffrages exprimés. Un tiers des électeurs s'est abstenu. Jacques-Philippe Vendroux est le seul élu MRP à voter non au projet de référendum.

La conscience politique d'Yvonne de Gaulle, injustement sous-estimée, s'illustre à de nombreuses occasions. Philippe de Gaulle rappelle que sa mère, si elle ne participait pas systématiquement aux discussions, aimait « donner son appréciation sur une situation, un discours ou une allocution ». Il ajoute : « Ne croyez pas qu'elle n'était au courant de rien. Elle suivait l'actualité à la radio et à la télévision et lisait tous les journaux après [son mari][104]. » Mais peu de commentateurs mettent en valeur cette dimension, ou, s'ils le font, c'est de manière involontaire.

Claude Guy, par exemple, sous couvert de moquer les capacités intellectuelles d'Yvonne, laisse voir son intérêt pour les affaires publiques. En octobre 1946, au cours d'un déjeuner orageux avec de Gaulle, la conversation s'oriente sur l'Union gaulliste, mouvement lancé au moment de la démission du Général, en janvier 1946, par René Capitant. Ce mouvement, jamais soutenu officiellement par de Gaulle, tombe en décrépitude et Yvonne reproche à son mari « premièrement d'avoir laissé se faire l'Union gaulliste ; deuxièmement de ne pas aider Capitant, maintenant qu'il coulait à pic[105] ». Elle confirme par là sa possessivité à l'égard du « vrai » gaullisme, qui ne peut à ses yeux appartenir qu'à son mari et qu'à une époque. Mais elle montre en même temps sa solidarité : on ne peut décemment laisser un allié dans la peine.

D'une manière générale, Yvonne est attentive aux concepts développés par son époux. L'idée du Général de fonder un mouvement qui soit au-dessus des partis la travaille à tel point qu'elle finit par interroger le Général sur sa conception d'une future vie politique sans parti.

> ELLE : Est-ce que les partis sont nécessaires ?
>
> LUI *(éludant la réponse avec un air madré, l'œil vif)* : Cela, chère amie, cela dépend de la conception que vous vous faites des institutions.[...]
>
> ELLE *(après un temps)* : Mais comment ferez-vous pour prendre tous vos ministres en dehors des partis ?
>
> LUI : Je ne pourrai pas prendre tous mes ministres en dehors des partis. Ou bien alors, il faudrait prendre les ministres au berceau ! Seulement voilà, j'aurai, pour eux, cette épée de Damoclès : si, une fois ministre, l'un d'eux continuait à obéir aux injonctions d'un parti, alors je le flanquerais en l'air[106].

Ce que Claude Guy ressent comme de la candeur, et de Gaulle comme de l'enfantillage, est en réalité un réflexe positif, qui consiste pour Yvonne à vouloir comprendre les choses simplement, telles qu'elles sont. Elle exige de son époux un effort didactique qui est certainement précieux pour lui lorsqu'il s'adresse aux foules et qui le pousse à exprimer sa pensée politique en termes accessibles à tous.

Parfois, Yvonne se laisse aller à quelques plaisanteries sur le personnel politique, rappelant ainsi qu'elle n'a rien perdu de son sens de l'humour. Elle aime regarder les caricatures politiques dessinées par Sennep dans l'hebdomadaire *La Bataille* et lit de temps à autre *Le Canard enchaîné*. Qui l'eût cru ? Celle qui deviendra Madame de Maintenant dans « La Cour » croquée par Moisan dans *Le Canard enchaîné* sous la Ve République ne déteste pas la causticité. La preuve : en janvier 1947, quand Vincent Auriol devient le premier président de la IVe République, elle lâche, hilare : « Le seul avantage que je voie à son élection est que celui-ci ne pleurera jamais que d'un œil » – référence peu charitable au fait qu'Auriol, depuis son enfance, a un œil crevé.

Plus sérieusement, il arrive aussi qu'Yvonne suggère à son mari de modifier certains passages de ses déclarations politiques. Ses suggestions ne le convainquent pas toujours. À la fin d'octobre 1946, il relit à haute voix devant Claude Guy et sa femme la déclaration qu'il entend publier pour la campagne des élections législatives de novembre. Le contexte est simple : le 13 octobre, les Français ont approuvé la Constitution de la IVe République. Ils doivent maintenant élire leurs députés. Charles de Gaulle rappelle dans sa déclaration son hostilité au texte constitutionnel et en déduit qu'il faut voter pour les partis qui y sont opposés. Yvonne, après la lecture, dit immédiatement : « Mais Charles, vous omettez de dire pour qui il faut voter... » Il la rabroue : « Ma pauvre Yvonne, vous ne comprendrez décidément jamais rien à la politique[107]. »

Pourtant, la remarque d'Yvonne ne manque pas de bon sens. Quelle est l'utilité du message de De Gaulle, si ce n'est d'indiquer aux électeurs pour qui voter aux législatives ? Or, comme il n'est encore le chef d'aucun parti, l'information ne coule pas de source. Et le moins qu'on puisse dire est que la périphrase par laquelle il invite les électeurs à faire le bon choix est des plus obscures : « Les Françaises et les Français vont élire leurs représentants. Puissent-ils prendre pour règle essentielle de leur choix la nécessité absolue de changer au plus vite ces institutions mauvaises en donnant leurs suffrages à ceux qui y sont réellement résolus[108]. »

Yvonne incarne le bon sens populaire, la capacité à appeler un chat un chat, à être clair pour le plus grand nombre et non pas seulement pour les gens les plus éduqués. De Gaulle, qui l'a compris, tient compte de son avis dans d'autres cas. Ainsi, le 19 décembre 1946, il évoque devant elle et Claude Guy la déclaration qu'il compte publier pour annoncer qu'il ne sera pas candidat à la présidence de la République. Il leur a lu le texte trois semaines auparavant. Mme de Gaulle lui a alors adressé la remarque suivante : « Si vous publiez seulement la phrase : "Je refuse de présider… (ici, douloureux effort de mémoire), je refuse de présider dans l'impuissance à l'impuissance de…" est-ce que je sais, moi, eh bien, je vous affirme que vous ne serez pas compris ! » Il a répondu, interloqué : « Comment cela ? – Mais oui. Réalisez donc que les *braves gens*, eux, se diront une fois de plus : ce qu'il nous raconte est bien compliqué pour nous. » Le Général, plus ébahi qu'impatient, a commencé par rire énormément puis s'est levé en disant : « Méfiez-vous, Yvonne, méfiez-vous de ces *braves gens* dont vous me parlez tout le temps. C'est une expression dont on a abusé… dont on a abusé contre eux, dont on abuse contre eux depuis six ans […]. Je vous dis, moi, que vos *braves gens* comprendront parfaitement de quoi il retourne. »

Mais le Général a bel et bien modifié son discours : « Il faut croire qu'il a prêté l'oreille à l'objection de Mme de Gaulle, note Claude Guy, car le texte qu'il nous lit à haute voix comporte un préambule qu'il ne m'avait pas lu il y a trois semaines[109]. »

Cette sensibilité « populaire » d'Yvonne est rarement entrevue par les hommes politiques qui passent à Colombey. Ils sont nombreux, pourtant, à venir à la Boisserie. Jacques Soustelle et son épouse, puis le couple Pleven, sont parmi les premiers à être reçus, à la fin de juin 1946. Pendant les vacances d'été, la maison du Général constitue une halte commode pour les fidèles qui voyagent entre Paris et l'Est – ainsi Guillain de Bénouville s'y arrête-t-il le 8 août, de retour de Suisse. De la même façon, Rémy, qui se rend en janvier 1947 dans l'Est pour faire des conférences sur la Résistance, est invité avec sa femme et son fils à la Boisserie. La plupart viennent de la capitale à l'invitation de De Gaulle, comme, le 4 septembre 1946, Louis Vallon, le général

Chaban-Delmas et Claude Mauriac. Deux jours plus tard, c'est au tour d'Étienne Burin des Roziers et d'Élisabeth de Miribel. En octobre, après le référendum, voici Michel Debré, puis, le 25 novembre, le général et Mme Leclerc. L'amiral Thierry d'Argenlieu est reçu à déjeuner un mois après. Repessé, Palewski et Claude Mauriac déjeunent avec les de Gaulle le 18 janvier 1947... Le lancement du RPF, en avril 1947, fera encore croître le nombre d'allées et venues à Colombey.

Yvonne, maîtresse de maison, apprécie plus ou moins les différents invités. Il est rare qu'elle montre sa désapprobation vis-à-vis d'eux. L'une des rares fois où cela arrive, c'est à l'égard de deux femmes, et pas n'importe lesquelles, puisqu'il s'agit d'Ève Curie et d'Élisabeth de Miribel. Claude Guy note qu'à leur arrivée « Mme de Gaulle, horrifiée, a disparu dans les étages[110] ». Pourquoi ? Mystère. Sont-elles trop libérées, trop indépendantes d'esprit à ses yeux ? Trop mondaines ? Guy explique précisément que le Général ne supporte guère « ce je-ne-sais-quoi d'intelligence futile, de curiosité précieuse et de préoccupation mondaine[111] » qui caractérise les deux jeunes femmes. Yvonne, plus que lui encore, a horreur du bavardage.

Colombey s'érige peu à peu en lieu de pèlerinage où les gaullistes historiques viennent se ressourcer auprès du grand homme, écouter ses conseils, jauger l'avenir. Un rituel se met en place qui ponctue de façon intangible les journées. Les repas, toujours rapides, se déroulent à des horaires fixes qui ne souffrent aucune exception ou presque. Commencé à 12 h 30, le déjeuner doit durer trente-cinq minutes. Le soir, même chose à 19 h 30. Les manquements sont si rares que Claude Guy les relève dans son Journal : « Colombey, vendredi 24 octobre 1947. Malraux et Bénouville, ayant eu une panne de voiture, arrivent pour déjeuner à quatorze heures, ce que le Général accepte avec une bonne humeur inusitée[112]. »

Le menu est décidé par Yvonne et préparé par Augustine, puis par Philomène (Augustine, après six années de bons et loyaux services, quitte les de Gaulle en 1946). Le plus souvent, il s'agit d'un plat traditionnel – bœuf en daube, poule au pot, coq au vin – suivi d'un fruit ou d'un entremets, le tout accompagné d'un vin servi en quantité raisonnable, comme le rapporte Louis Vallon. Reçu à déjeuner à la Boisserie, ce dernier s'entend dire à table par le Général : « Il paraît, Vallon, que vous buvez beaucoup. » Réponse immédiate : « En tout cas, pas chez vous, mon général[113] ! »

Après le café, le Général emmène systématiquement ses invités pour un tour de jardin recommencé des dizaines de fois. Il devise en marchant. Parfois, Yvonne est invitée à accompagner les hommes – « elle accepte sans beaucoup d'entrain[114] », selon Claude Guy. Puis l'après-midi s'étire entre le salon, où l'on fume le cigare, et le bureau d'angle, cœur de la forteresse gaullienne, où l'invité est reçu en tête à tête.

Ce formalisme rigide, ajouté à l'ambiance peu rieuse des lieux, entraîne la formation d'un véritable genre littéraire : le récit de voyage à la Boisserie.

Comme chaque genre, celui-ci a ses poncifs, qui se répètent et se nourrissent les uns les autres au cours des années 1950.

Le trajet, à lui seul, retient l'attention des visiteurs, tant il est malcommode d'aller à Colombey. Le caractère sauvage de l'endroit est également un sujet récurrent, comme s'il sous-tendait une description psychologique de De Gaulle. Pour André Astoux, « ce lieu, surélevé, isolé, venté, est à sa mesure. La solitude est son lot[115] ». Louis Terrenoire, pour sa part, note après sa première visite : « Je n'échappe pas à l'emprise du site, bien accordé à la personnalité de celui qui l'a choisi naguère. Ce sont des "Hauts de Hurlevent", austères, dont l'horizon est grandiose dans sa monotonie[116]. »

Les détails météorologiques ne manquent jamais : le vent est mentionné dans chacun des textes, de même que la fraîcheur. En plein mois de juillet, de Gaulle allume un feu de cheminée pour le couple Astoux. Soustelle, lui, parle de « ciel brouillé ». Seul Claude Mauriac concède à la Boisserie un peu de gaieté, mais avec un grand esprit de nuance. Il note dans son carnet à la date du dimanche 11 avril 1948 : « Trouvé la propriété embellie par le printemps et presque riante[117]. »

Il faut dire que le Général s'amuse à entretenir lui-même la réputation morose de son exil. C'est ainsi qu'il lance à Louis Joxe et à sa femme, lors d'un tour au jardin en janvier 1947 : « Alors vous voyez, madame : ici, ce n'est pas gai… En d'autres termes, on ne vient pas ici pour rigoler[118]. »

Plus intéressant pour nous, chaque récit comporte un portrait, appuyé ou non, d'Yvonne de Gaulle. À leur lecture, un constat frappe : faute d'avoir elle-même écrit ses Mémoires, cette femme n'existe que par le regard des autres. Or ces autres n'accèdent que difficilement à sa personnalité peu prolixe, secrète, qu'ils n'arrivent pas à percer. Leurs descriptions se cantonnent à ce qu'Yvonne veut bien laisser voir d'elle-même, une femme en apparence banale et comme il faut. Le portrait comporte des passages obligés : aucun des commentateurs, par exemple, n'oublie de mentionner le tricot. Claude Mauriac note ainsi que, tandis que le Général se livre à un long monologue, « Mme de Gaulle, assise sur une modeste chaise, tricotait, à son habitude, dans un recoin de la pièce[119] ».

Philippe de Gaulle précise pourtant que sa mère ne tricotait jamais en public, ce qui semble parfaitement conforme à son éducation[120]. Pierre-Louis Blanc, qui côtoie le couple dans les années 1960, le confirme : « Je n'ai jamais vu Mme de Gaulle tricoter, ni même ranger un tricot quand j'arrivais. Or j'ai passé des heures à la Boisserie. Cette image a été véhiculée et entretenue par les médias, et, bien que réductrice, a été répétée à satiété. La paresse de l'esprit des gens qui colportent de telles représentations – Mme de Gaulle tricotant sans cesse – est dévastatrice[121]. »

Il est également tentant, pour des observateurs confits en admiration pour de Gaulle et ses analyses politiques, de cantonner Yvonne à un rang secondaire, celui d'une femme un peu limitée, gouvernée par ses peurs et ses impressions naïves. Un tel procédé permet de rehausser encore l'aura du Général – mais en a-t-il besoin ? – et aussi de mettre en valeur celui qui écrit : l'auteur ne peut être taxé de n'être point objectif sur son sujet, puisqu'il ose critiquer Mme de Gaulle.

Il serait fastidieux de citer tous ceux qui se livrent à ce dénigrement systématique, mais quelques extraits permettront de mieux comprendre le propos. Il est d'usage de présenter Mme de Gaulle comme préoccupée seulement de sujets futiles, loin, très loin des sphères élevées où évolue son mari. En septembre 1947, alors que l'on évoque dans le salon la possibilité d'une guerre avec l'URSS, Mauriac note de la façon suivante le dialogue entre la femme et le mari : « Mme de Gaulle ayant alors assuré que, l'humanité en ayant assez de la guerre, les hommes ne marcheraient peut-être plus, le Général s'écrie : "Mais les hommes marchent toujours !"[122] » Réalisme politique contre humanisme enfantin.

Parfois, le trait est plus sévère. Emmanuel d'Astier de La Vigerie, dans un livre écrit sous la Ve République, entend montrer la vanité de Mme de Gaulle et son obsession pour le thème superficiel des relations familiales :

> Tante Yvonne est snob. Les alliances, les aïeux, les cousins, toutes choses que le peuple n'a pas, sont des sujets de préoccupation.
>
> – Ma nièce d'Ercé a épousé le cousin issu de germain d'Alain. Il a fait inspection des Finances... Vous connaissez Ciré, le château des Fuziens...
>
> Mme de Gaulle est pareille à ma cousine, partagée entre son dieu et son maître terrestre. Elles font de longues parties de tricot et d'album de famille, tandis que les hommes s'isolent et pensent [123].

L'accusation de snobisme paraît toutefois mal adaptée au caractère d'Yvonne. Claude Mauriac attaque différemment quand il décrit la passion de Mme de Gaulle pour son chat. Tandis que le Général lit la presse – occupation des plus sérieuses –, il « échange de rares paroles avec Mme de Gaulle. Il s'agit de baptiser un ravissant petit chat angora ». Le Général évoque avec Mauriac ce qu'il vient de lire dans les quotidiens. « Mme de Gaulle nous interrompt à diverses reprises. On a perdu une poule. Quel nom donner au petit chat ? "Il faut que cela commence par un U." Je propose sans succès Utopie ou Ubu. Mais elle, triomphante : "Je l'appellerai Une mouette." Le Général ne fait aucune attention à ces intermèdes[124]. »

Claude Guy enfonce le clou sur le chapitre animalier : « Mme de Gaulle, que la présence d'un être humain suffit parfois à frapper de mutisme, joue indéfiniment avec l'animal et lâche aux quatre coins de la maison des "Poussy ! Poussy !" prononcés d'une voix très tendre[125]. »

Sans doute toutes ces anecdotes sont-elles véridiques. Sans doute Yvonne possède-t-elle des côtés superficiels ou puérils. Mais faut-il l'y réduire ? Si oui, comment expliquer que le Général ait pu s'accommoder d'une pareille enquiquineuse ? La manière dont Claude Guy, Claude Mauriac, d'Astier, etc., brossent par petites touches cruelles le portrait de Mme de Gaulle a tous les charmes – et toutes les limites – de la caricature.

À leur décharge, les protagonistes de l'époque ne possèdent pas toutes les clés de lecture. Ils ont l'irremplaçable avantage d'être des témoins, mais leurs points de vue additionnés ne suffisent pas à recréer une image complète. Bien sûr, ils mettent en lumière des détails, des traits plus ou moins marquants, mais le passé de Mme de Gaulle leur échappe, ses drames intérieurs aussi. Pris dans le mouvement, ils n'ont pas accès au lent cheminement qui a mené cette femme d'une enfance insouciante et gaie à un drame personnel douloureux, puis à une guerre compliquée et angoissante. Enfin, et surtout, ils sont tenus sur la touche de l'œuvre à laquelle elle se consacre à compter de 1945.

Le fait qu'aucun de ces témoins n'évoque de près ni de loin la Fondation Anne de Gaulle dit bien l'ignorance dans laquelle ils sont du cœur de la vie d'Yvonne. La lecture des archives – qui certes ne remplace jamais les témoignages – apporte ici comme un vent de fraîcheur. Yvonne de Gaulle s'y dévoile sous un jour nouveau, étonnamment plus clair et plus énergique.

Chapitre VIII

La Fondation Anne de Gaulle

Les principes

Alors que s'ouvre pour son époux une période âpre, marquée par la tentative avortée du RPF et par le repli à la Boisserie – période de doute, de questionnement, d'introspection –, Yvonne de Gaulle inaugure une phase majeure de son existence. Elle crée sa fondation. Dès à présent, il faut remarquer que, dans cette entreprise majeure, elle recueille l'absolu soutien de son mari : « Le Général s'intéressait à la fondation, et lorsque j'ai eu l'idée de la réaliser, il m'a approuvée sans réserve[1]. » Quelle phrase merveilleuse ! Avec quel équilibre Yvonne souligne la part de chacun ! « Lorsque j'ai eu l'idée de la créer… » est une manière d'affirmer sa propre liberté d'initiative dans cette affaire, tandis que « le Général m'a approuvée sans réserve » souligne on ne peut plus clairement l'appui dont elle a bénéficié de la part de son mari. La preuve en est le choix du nom de la fondation : jusqu'à la mort d'Anne, elle s'appelle Fondation de Gaulle. Le libérateur de la France donne tout simplement son nom à l'institution, ce qui est une manière de dire qu'elle est la sienne, mais aussi bien celle d'Yvonne et d'Anne : le prénom de Charles est délicatement absent.

Entre Charles et Yvonne existe une vraie perméabilité en ce qui concerne la Fondation de Gaulle : les décisions prises par Yvonne sont avalisées par Charles, les suggestions de Charles sont retenues par Yvonne. L'argent du ménage sert en partie à financer l'entreprise. Les personnages qui jouent un rôle auprès de la présidente de la fondation ont bien souvent partie liée avec le président (du GPRF, du RPF, et plus tard de la République). Et Yvonne joue implicitement, à plusieurs reprises, de son statut de « femme de » pour obtenir des décisions en faveur de la fondation.

La façon dont Charles intervient, lui, dans cette affaire est discrète mais déterminante. Elle se manifeste, nous allons le voir, par l'approbation, les conseils, le choix de collaborateurs zélés. On sent, à de multiples indices, que le couple s'entretient sur le sujet, se concerte, s'épaule. Poussons la réflexion un peu plus loin : auprès d'Yvonne présidente, Charles occupe la fonction du conseiller caché et laisse toujours sa femme libre de ses décisions. C'est le renversement exact des rôles habituels – Yvonne en observatrice et commentatrice des choix de son président de mari. La capacité d'adaptation de l'un et de l'autre, la manière qu'a Charles de laisser à son épouse la liberté de décider en son domaine et de la soutenir illustrent la solidité de leur relation et leur confiance mutuelle.

Nul ne saurait comprendre Yvonne de Gaulle sans s'imprégner de ce que fut pour elle cette réalisation de toute une vie. Certes, la fondation qui portera le nom du troisième enfant du couple et qui est destinée aux jeunes handicapées mentales naît officiellement en 1946 ; mais comment ne pas sentir qu'elle est en germe bien plus tôt, dès la guerre, et même sans doute dès la prise de conscience de l'infirmité d'Anne par ses parents ? Comment ne pas sentir qu'il y a une urgence personnelle, chez Yvonne, à soulager la douleur qui a été la sienne depuis les premiers mois de 1928, quand il s'est avéré qu'Anne était malade ? Le général de Boissieu, si proche de ses beaux-parents, confie sans détour au fil de ses Mémoires : « Celui qui n'a pas jeté un coup d'œil discret vers Mme de Gaulle promenant sa fille à son bras soit dans la villa de Neuilly, soit à Marly, soit à Colombey n'a pas connu le visage de la souffrance d'une mère[2]. »

Cette douleur, Yvonne de Gaulle l'utilise comme un levier : son institution n'est pas destinée à sa propre fille, qui a toujours vécu dans le foyer familial, mais à celles qui n'ont pas la chance d'avoir des parents suffisamment aisés pour les garder à la maison. Il y a dans ce dépassement du drame personnel au profit de l'ensemble de la société quelque chose du Général partant pour Londres en 1940 : la mise au second plan de la situation individuelle au bénéfice d'un destin plus large et d'un avenir à construire.

Une chose est certaine. Cette réalisation est une nécessité pour Yvonne de Gaulle. On ressent chez elle une opiniâtreté hors du commun, une véritable impatience, presque une urgence à mettre la structure sur pied. Par instants, Yvonne paraît vouée à cette œuvre comme d'autres peuvent l'être à un ordre religieux. Bien entendu, cette vocation peut donner lieu à de multiples interprétations et sans doute ne nous revient-il pas de trancher dans ce qui relève plus que jamais d'un choix très intime. Mais tout de même… Il existe un lien si direct entre la petite Anne et la fondation… Il y a une sensibilité si ardente chez Yvonne de Gaulle vis-à-vis de ce qui touche à la vie de cette institution, et une rage si farouche en elle lorsque la survie de sa maison est menacée…

Tous ces éléments laissent à penser que la fondation fut, pour cette mère inconsolable, à la fois une continuation de son enfant infirme et une conjuration du sort qui avait frappé sa famille ; une manière indirecte d'agir là où aucun remède ne peut être porté ; une façon d'élargir à l'échelle de l'humanité une douleur qu'elle-même avait vécue de manière très personnelle – d'autant plus personnelle que la médecine est restée jusqu'en 1959 impuissante à expliquer l'origine du mongolisme sinon par la responsabilité floue de la mère. Dans cette perspective, peut-être la fondation offre-t-elle à Yvonne de Gaulle, très loin au fond de sa conscience, là où nul n'accède et surtout pas l'historien, une forme élaborée de repentir ou de réparation...

Ajoutons que la création d'un lieu de vie pour les petites handicapées est une initiative rare à l'époque. Le plus souvent, ces enfants sont reléguées dans des asiles psychiatriques ou dans des institutions religieuses mal adaptées à leurs besoins spécifiques. Enfermées, peu sollicitées, elles restent exclues du monde des humains. Yvonne a-t-elle visité un de ces lieux ? A-t-elle pris conscience du caractère insupportable de la réalité asilaire en France ? Son projet, en tout cas, dénote un intérêt nouveau pour le bonheur des infirmes.

Une question reste ouverte : pourquoi cette facette essentielle de la vie d'Yvonne de Gaulle est-elle restée si longtemps dans l'ombre ? Pourquoi, alors qu'elle modifie sensiblement le regard que l'on peut porter sur cette femme, cette partie-là de son action n'a-t-elle jamais été abordée dans aucun ouvrage ? La réponse semble simple : de la même façon qu'elle avait élevé Anne dans une discrétion absolue, loin des regards curieux ou moqueurs, Yvonne tient à ce que la fondation conserve un caractère caché. Les principes sont stricts : pas de publicité, pas de communication.

Ce principe a été respecté jusqu'à aujourd'hui : alors que d'autres organismes d'accueil de handicapés n'hésitent pas à mener des campagnes de recherche de fonds, la Fondation Anne de Gaulle se distingue par une grande discrétion dans ce domaine. Une évolution, toutefois, est en cours : l'ouverture des archives en est le signe le plus patent. Ces archives, largement utilisées dans les pages qui suivent, sont entièrement inédites à ce jour. Leur variété – elles se composent de documents comptables, administratifs, mais aussi de plus de quatre cents lettres d'Yvonne de Gaulle – témoigne de l'ampleur de l'œuvre accomplie par la fondatrice. Plus encore que leur diversité, c'est la qualité de ces documents qui doit être soulignée : ils offrent des renseignements d'une grande précision, souvent bruts, et permettent de recueillir, intacts, les sentiments d'Yvonne de Gaulle, parfois émouvants, souvent empreints d'humour, toujours marqués par une détermination hors du commun.

La création

L'idée de créer la fondation naît certainement très tôt chez Yvonne. La meilleure preuve en est la rapidité avec laquelle elle met en œuvre le projet.

Rentrée d'Alger le 23 septembre 1944, elle prend contact dès décembre avec une agence immobilière afin de rechercher le lieu d'hébergement. Début avril 1945, elle a déjà rassemblé les 23 581 108 francs qui composent la dotation initiale de l'institution[3]. Pareille célérité, à une époque où l'argent est rare et où les moyens de communication sont très détériorés, signifie que les démarches ont été entreprises bien avant, sans doute au cours de la période algéroise.

Il semble qu'Yvonne ait lancé un appel à la générosité auprès des milieux gaullistes des colonies africaines à la fin de la guerre. Cet appel est directement évoqué en avril 1945 par Mme L. Cournarie, la femme du gouverneur général de l'Afrique-Occidentale française de 1943 à 1946, dans une lettre à Mme de Gaulle : « Les Français d'AOF, en répondant à votre appel, ont voulu s'associer à votre œuvre charitable et marquer combien les souffrances des Français de la métropole sont ressenties dans ce pays[4]. »

La majeure partie des fonds (21 750 605 francs) provient donc des colonies de l'Afrique de l'Ouest grâce à l'action de Mme Cournarie, dont le mari fait partie des ralliés de la première heure au général de Gaulle – c'est dire le lien étroit qui unit le projet d'Yvonne à l'aura de son mari : Pierre Cournarie a succédé à Leclerc à la tête du Cameroun en novembre 1940 puis a remplacé le vichyste Boisson à la direction de l'AOF en juillet 1943... Informée du projet de fondation, sa femme a lancé une souscription en faveur des « œuvres d'assistance aux enfants infirmes patronnées par Mme la générale de Gaulle[5] » – avec le succès que l'on sait.

Le reste de la somme récoltée émane de dons faits directement au Général et à Mme de Gaulle pour 15 106 francs. Ou de sources diverses comme l'Amicale française de Léopoldville, l'Entraide française de Dakar et le Comité de la France libre. Leur montant n'est pas précisé dans les archives mais recouvre sans doute la somme restante (1 815 397 francs).

La notoriété du libérateur de la France, ainsi que la noblesse de la mission d'Yvonne, expliquent bien entendu le succès de la récolte de fonds. Quant à la participation des Français libres, elle montre que le ressort des donations est étroitement lié au souvenir du combat pour la Libération – et cela restera vrai longtemps encore après la guerre. La participation massive de l'AOF laisse un peu plus songeur, quand on sait que ce territoire n'a rallié la France libre que tardivement, bien après l'Afrique-Équatoriale française, et quand on se souvient que la tentative de ralliement de Dakar par le Général a été pour lui un échec cuisant...

Une fois le financement acquis, les choses vont vite. Le 15 mai 1945, Yvonne de Gaulle écrit au ministre de l'Intérieur, Adrien Tixier, pour lui demander que la fondation « soit reconnue d'utilité publique ». Afin d'appuyer sa sollicitation, elle présente brièvement au ministre ce que sera l'institution, dans une lettre extrêmement intéressante puisqu'elle y développe pour la première fois sa vision personnelle :

L'œuvre dont nous envisageons la création aura pour but de recueillir les jeunes filles arriérées, imperfectibles, mais valides, dont les familles ne peuvent assumer la charge. Les jeunes filles dont il s'agit n'ont besoin d'aucun soin médical particulier ; mais les tares dont elles sont frappées les empêchent de vivre au milieu des jeunes filles normales de leur âge ; bien souvent, leurs familles ne peuvent leur assurer les conditions de vie particulières qui leur sont nécessaires.

Notre but sera de les recueillir, de leur offrir tous les moyens d'existence, de faire assurer par des religieuses leur surveillance et leur éducation.

Notre choix se portera exclusivement sur des jeunes filles indigentes bénéficiant des secours de l'Assistance publique et notamment sur celles qui appartiennent à des familles éprouvées par la guerre.

Nous comptons recevoir, dès l'ouverture de l'asile, une soixantaine de jeunes filles[6].

Yvonne, on le voit, a dès le départ une vision très nette de son projet. Les principes qu'elle énonce dans cette lettre datée de 1945 ne changeront pas d'un iota jusqu'à sa mort en 1979. Tout au long de sa vie, elle ne cessera de les rappeler, de les marteler, de les défendre vigoureusement.

Le premier de ses principes concerne le type de pensionnaires à accueillir. Certes, la façon dont elle les qualifie – « arriérées » « imperfectibles », affectées de « tares » – peut sembler un peu brutale à notre époque où le politiquement correct a imposé sa loi… La notion de normalité qu'elle utilise par opposition aux jeunes filles infirmes pourrait également être discutée. Mais à quoi bon ergoter ? Yvonne a élevé une petite fille handicapée, elle l'a aimée, ce qui ne l'a pas empêchée d'éprouver quotidiennement les limites de son développement et l'absence d'espoir quant à une quelconque amélioration. C'est une femme concrète, directe, qui ne s'embarrasse pas de manières et qui n'hésite pas à utiliser les mots qui lui semblent justes. Pour elle, qui vit à une époque où la trisomie reste inexplicable, une mongolienne est une arriérée dont l'état ne peut être amendé.

Le deuxième principe – sur lequel nous aurons maintes fois l'occasion de revenir – tient à la dimension religieuse qu'elle souhaite imposer à la fondation : les religieuses veilleront sur les pensionnaires, mais, surtout, feront leur éducation. De la part de cette grande croyante, le choix ne saurait surprendre. Du reste, depuis le XVIIIe siècle, il est de tradition de confier les êtres faibles ou « irrécupérables » aux soins des religieuses, au nom de la charité chrétienne.

Dernier principe, tout aussi fondamental que les deux autres : la préoccupation sociale qui anime Yvonne de Gaulle. La sœur Hélène Maillard, qui dirige la fondation à partir de 1977, le rappelle : « Contrairement à ce qui était dit, les pensionnaires étaient issues d'un milieu plutôt pauvre. Aucune famille n'était payante [chacune recevait donc une aide sociale]. Toute admission était soumise à l'approbation de Mme la générale de Gaulle. » Sur cet aspect, elle est intraitable. À ses yeux, seuls doivent être accueillis des enfants issus d'une famille pauvre ou frappée par la guerre, autrement dit qui n'a aucun moyen d'élever une petite infirme dans de bonnes conditions. Il y a là, de sa part, une vraie noblesse : elle qui a pu garder Anne au sein de son foyer, grâce à un niveau de ressources suffisant, est bien consciente que son cas est exceptionnel. Elle veut donc offrir une solution aux mères moins favorisées, celles qui doivent travailler pour vivre mais ne peuvent payer une employée pour garder leur enfant handicapée.

À de multiples reprises, elle refuse les demandes d'admission provenant de familles aisées et s'en explique en termes parfois verts à la sœur supérieure de l'établissement : « La fondation n'est pas faite pour les "gens à millions"[7] », « autrement nous deviendrions vite un "pensionnat de demoiselles"[8] » ; « une fois de plus je le répète : que les familles aisées s'entendent entre elles pour ouvrir une maison qui convienne à leurs filles, quitte à y consacrer une propriété familiale et les fonds nécessaires[9] ». Aucune rente de situation, aucun argument politique, aucune revendication quelconque ne vaut pour faire admettre une enfant à Vertcœur. Yvonne de Gaulle résume la chose de façon très nette : « Il n'est pas tenu compte des recommandations, ni des opinions religieuses ou politiques des parents. Seul compte l'état malheureux de l'enfant[10]. » Ce principe est réitéré à de multiples reprises : « D'une manière générale il est préférable de rejeter tout ce qui peut se dire être ou être envoyé par une personnalité officielle ou politique. L'œuvre doit rester tout à fait en dehors de ces considérations ou recommandations, qu'elles soient de droite, de gauche ou du milieu... Nous ne devons envisager que la question malheur[11]. » En refusant toute attache partisane, Yvonne rejoint à sa façon son mari, qui se considère au-dessus des partis et qui rejette par principe tout ce qui pourrait s'apparenter au népotisme ou au favoritisme.

À son importante lettre de mai 1945 destinée au ministre, Mme de Gaulle joint un certain nombre de pièces attestant le sérieux de son entreprise, notamment une lettre de la sœur supérieure de la communauté franciscaine de la Devèze, qui accepte d'envoyer dix religieuses pour s'occuper des pensionnaires, et un avis favorable du préfet de la Seine – département dans lequel il est envisagé d'installer la fondation.

La réponse du ministre ne se fait pas attendre. Après avoir transmis la demande au Conseil d'État, en l'accompagnant d'une recommandation extrêmement positive, André Tixier peut signer, le 30 mai 1945, le décret de reconnaissance d'utilité publique. La Fondation de Gaulle est née, l'essentiel est obtenu. Et tout reste à faire.

Il faut d'abord trouver un lieu d'hébergement dans un contexte qui s'y prête mal. La guerre a endommagé bon nombre de bâtiments et la pénurie de logements ne se résorbera pas avant des années. Le retour en France des déportés et des prisonniers, qui fait brutalement croître la demande d'abris, impose de réquisitionner des appartements. Les voies de communication, fort endommagées, ne facilitent guère les déplacements pour qui veut chercher une maison… Yvonne ne se laisse pas décourager par ces obstacles. Dès la fin de l'année 1944, elle s'enquiert des bâtiments disponibles. Il faut un lieu vaste susceptible d'accueillir des dizaines de pensionnaires, avec un parc clos qui présente de bonnes garanties en matière de sécurité. Un château ferait l'affaire. Plusieurs sont visités, et le choix d'Yvonne se porte sur celui d'Hanneucourt, à quelques kilomètres de Mantes-la-Jolie. « Il contient une trentaine de pièces et convient parfaitement à l'affectation que nous souhaitons lui donner (grandes pièces au rez-de-chaussée et chambres donnant toutes sur le couloir). Tous ces bâtiments se trouvent en parfait état. Le château est entouré d'un beau parc et de terres (23 hectares en tout). L'ensemble est entouré de murs et d'un saut-de-loup. Au bout du parc se trouvent divers bâtiments, un pavillon de huit pièces, une maison pour le gardien, une maison pour le jardinier, des communs, un colombier, une chapelle[12]. »

Mais le projet d'Hanneucourt, évoqué en mai 1945, ne passe pas l'été… En effet, au mois de juin 1945, l'agence immobilière Largier oriente Yvonne de Gaulle vers un nouveau château, celui de Vertcœur à Milon-la-Chapelle, près de Saint-Rémy-lès-Chevreuse. « C'est la propriété qui nous a semblé la plus intéressante[13] », constate Yvonne. Toutefois, guidée par une prudence qui est l'une des constantes de sa personnalité, elle préfère recueillir l'avis éclairé de l'architecte Hanotelle. Ce n'est donc pas sur un coup de foudre lors d'une promenade dominicale qu'Yvonne de Gaulle se lance dans l'achat de Vertcœur, comme d'aucuns ont pu l'écrire[14], mais au bout d'une année de recherches et après avoir consulté plusieurs spécialistes.

Le château de Vertcœur est un peu une autre Boisserie, avec son bâtiment simple, presque austère, érigé au début du XXe siècle. L'environnement fait songer à celui de Colombey-les-Deux-Églises : similitude des paysages boisés, sauvages. Même repli solitaire au-dessus d'un val où aucune construction n'apparaît. Même discrétion derrière une enceinte, au bout d'un long chemin. Certes, l'endroit est plus proche de Paris que ne l'est le village haut-marnais, mais là encore, à une époque où l'utilisation de la voiture n'est pas encore démocratisée, l'accès par le train n'est guère commode. Il faut descendre à Saint-Rémy-lès-Chevreuse et se faire convoyer pour les dix kilomètres restants.

L'histoire des lieux, pour être courte, n'en est pas moins pleine de rebondissements. Un dénommé Edmond Philippon fit construire la bâtisse en 1902 pour l'offrir en cadeau de mariage à son fils René, qui avait épousé en 1900 Pauline de Lapérouse, descendante du grand navigateur. Le jeune couple y résidait à la belle saison, d'avril à octobre. C'est là que René, en actif mécène, accueillit des artistes et des intellectuels comme Paul Valéry, Pierre de Nolhac, Eugène Marsan, Jean Cocteau, André Dunoyer de Segonzac, Willy, le mari de Colette, ou Firmin Gémier, directeur du théâtre de l'Odéon. Lorsque René mourut précocement, en 1935, la famille mit le château en vente. Il fut acheté en 1938 par la famille Aubrun, qui n'en profita guère puisque la guerre éclata peu après. Pillé par les Allemands en 1940, occupé par une unité de *Flachtanken* puis par des civils, le bâtiment était en piteux état quand vinrent s'y installer, à la Libération, deux cents soldats américains. Souffrant du cœur, et peut-être démoralisé par les infortunes du château de Vertcœur, le propriétaire le mit en vente en 1945.

En septembre, Yvonne de Gaulle écrit au ministre de l'Intérieur, qui a la tutelle de la fondation, pour lui demander l'autorisation d'acheter Vertcœur. Un nouveau décret paraît à cet effet le 11 septembre 1945 : « La présidente de la fondation dite Fondation de Gaulle [...], est autorisée à acquérir du sieur Jean Aubrun, pour le prix de sept millions de francs [...] une propriété sise à Milon-la-Chapelle, d'une superficie de 14 hectares, 9 ares, 50 centiares[15]. » Le document porte le cachet de Charles de Gaulle, président du Gouvernement provisoire de la République française... La vente est conclue en octobre.

Mais rien n'est prêt pour accueillir les pensionnaires. L'état extérieur déplorable de la demeure et le manque d'ameublement approprié repoussent la date d'ouverture. Un état des lieux dressé le 19 janvier 1946 souligne ces lacunes : « Un matériel mobilier important existe déjà mais il devra cependant être encore complété par des achats de lits, matelas, chaises et tables[16]. »

Yvonne se préoccupe de résoudre ces nouveaux problèmes. Elle n'est plus tout à fait seule, cependant, puisqu'elle a rassemblé autour d'elle un conseil d'administration de dimension restreinte. Il se compose à l'origine de six membres : Yvonne de Gaulle, présidente ; le docteur Lévy-Solal, vice-président ; Me Deroy, secrétaire ; Jean Donnedieu de Vabres, trésorier ; la comtesse de Ranchicourt et Mme Bonnier, membres.

Ces noms ne doivent rien au hasard. Yvonne s'entoure de personnes en qui elle a entièrement confiance et qu'elle a recrutées dans deux cercles différents. Le premier est celui de ses relations familiales ou personnelles. Le cas de Lévy-Solal est exemplaire à cet égard. Le docteur vient de prendre la tête du service de maternité à la clinique Baudelocque, et s'occupe bientôt de la chaire de clinique obstétricale à la faculté de médecine de Paris. Il est resté intimement lié aux de Gaulle.

Les autres personnes appartenant au premier cercle sont essentiellement des femmes, c'est-à-dire des proches d'Yvonne. La comtesse Simone Damiens de Ranchicourt, dont la famille est implantée comme la sienne dans le Pas-de-Calais, restera membre du conseil d'administration jusqu'en 1974. C'est une très lointaine parente d'Yvonne, puisqu'elle fut la belle-sœur de Cada Vendroux : Mme de Ranchicourt épousa en effet en 1920 le frère de Cada, Michel Bellaigue. Chose rare dans ce milieu et à cette époque, le mariage fut dissous en 1937. Ce détail est intéressant à deux titres : d'une part, il montre qu'Yvonne ne refuse pas la présence de divorcés au sein de son conseil d'administration. D'autre part, Simone de Ranchicourt est la mère d'un handicapé mental, ce qui est le cas d'un grand nombre de membres du conseil d'administration. Est-ce pour cette raison que son mariage fut rompu ? Peut-être – auquel cas la solidité du couple de Gaulle n'en ressort que grandie.

Mme Jeanne Bonnier est quant à elle la cousine[17] de Marguerite Forest, la mère d'Yvonne de Gaulle. Si elle n'a pas d'enfant handicapé, cette femme née en 1885 sait pourtant ce que le malheur veut dire : elle est veuve depuis... 1916, et le restera jusqu'à sa mort en 1966. C'est pour Yvonne, au-delà des critères familiaux, un argument décisif « question malheur »...

La présence de femmes dans un organe décisionnaire n'est pas chose si fréquente en 1946 ; rappelons que Charles de Gaulle vient tout juste de leur accorder le droit de vote. Yvonne fait donc preuve d'une certaine modernité. Elle est elle-même une vraie présidente. Elle recrute pourtant un certain nombre d'hommes parmi ses proches, comme le professeur Lévy-Solal, dont nous avons parlé. Il se distingue par une expérience irremplaçable aux yeux d'Yvonne de Gaulle : il a perdu lui aussi « une fille de vingt-deux ans mongolienne. C'est pour cela que je lui avais demandé de faire partie de la fondation[18] ». C'est aussi pour cette raison que le couple sera l'un des rares à être reçus à la Boisserie au moment de la mort d'Anne. Charles évoque dans une lettre à Élisabeth « leur pauvre fille Lélette[19] ». Toutes ces personnalités sont intimement liées à la présidente. Sentimentalement attachées à la réussite de son œuvre, dévouées, elles s'engagent par amitié et offrent leur disponibilité.

Le second cercle est bien différent. Il se compose de personnes reconnues pour leur professionnalisme dans des domaines précis – juridique, financier – et pour leurs liens avec Charles de Gaulle.

Dès 1946, le Général met à la disposition de Vertcœur certains de ses collaborateurs, mais pas n'importe lesquels. Non pas de lointains sous-fifres ou des fonctionnaires anonymes, mais ceux qui lui sont le plus proches. René Brouillet, qui fait partie de ce petit groupe, décrit parfaitement la nature de cet entourage particulier : « S'agissant de ses collaborateurs personnels, de ce qu'on appelle "l'entourage", le Général estimait avoir passé avec eux un pacte très spécifique, que je qualifierais d'"engagement de transparence". Il ne s'agit pas d'anéantissement, d'inconsistance, plutôt d'une sorte d'humilité de type franciscain. Mais de cet effacement dans son ombre, de ce devoir de discrétion, le général ne prétendait pas qu'il nous réduisît au rôle d'automates, d'ombres inertes. Il voulait autour de lui des hommes assurant leurs responsabilités, fût-ce en lui opposant, à l'occasion, leur point de vue[20]. »

Il faut en effet que le Général ait une confiance absolue dans ceux qu'il destine à Vertcœur. Placés à la charnière de la vie privée des de Gaulle et du domaine politique, ils sont choisis pour leurs qualités de discrétion et d'efficacité. Ils auront du reste tous, sans exception, des carrières remarquables dans le sillage du Général.

Au conseil d'administration, de Gaulle fait ainsi entrer en 1946 Xavier de Beaulaincourt, lui-même père d'un enfant handicapé mental. Il le prend ensuite comme secrétaire particulier durant la traversée du désert, en remplacement de Claude Mauriac, et le rappellera pour cette tâche à la fin de sa vie.

Au poste crucial de trésorier, le Général place Jean Donnedieu de Vabres, auditeur au Conseil d'État, chargé de mission à son cabinet pour les questions de justice entre septembre 1944 et janvier 1946. C'est à ce brillant protestant qu'est confié le soin de rédiger les statuts de la Fondation de Gaulle. Ils sont déposés le 12 mai 1945 chez Me Breuillard. Composés de 17 articles, ils ne seront modifiés que deux fois, et de façon très marginale : le 29 avril 1948 pour changer le nom de la fondation. Le 2 mai 1957 pour se mettre aux normes avec les statuts des associations et fondations reconnues d'utilité publiques, modifiés par des lois et décrets.

Après le départ de Charles de Gaulle du pouvoir en janvier 1946, Donnedieu est envoyé en mission en Tunisie. Son successeur à Vertcœur, un agrégé encore inconnu du grand public, se souvient de ses grandes qualités : « Jean Donnedieu de Vabres se distinguait par une intelligence exceptionnelle, beaucoup de sérieux et même de rigueur dans son travail comme dans sa vie, et une grande obligeance à se dévouer pour les corvées innombrables qui nous étaient imposées[21]. »

Son successeur à la fondation n'est autre que Georges Pompidou, ce qui confirme la confiance grandissante que lui accorde de Gaulle. C'est le point de départ d'une relation personnelle sans équivalent – tous les témoignages à ce sujet concordent. L'initiateur en est Jean Donnedieu de Vabres. « Il me proposa pour le remplacer[22] », se souvient Pompidou. Donnedieu confirme qu'il donna le nom de Pompidou à Mme de Gaulle : « Le vrai contact est parti de là[23]. » Alain de Boissieu, quant à lui, pense que le Général a eu son mot à dire, ce qui est probable : « C'est [Georges Pompidou] qui avait été sollicité par le Général pour s'en occuper [de la fondation]. Le Général avait dit à ma belle-mère : "Il vous faut un juriste, quelqu'un de capable, quelqu'un qui a un peu de cœur : eh bien, monsieur Pompidou."[24] »

La première rencontre entre Pompidou et Yvonne a lieu en avril 1946. Visiblement, l'entretien d'une heure se déroule fort bien, au point que Pompidou écrit une lettre très positive à Jean Donnedieu de Vabres[25]. Alain de Boissieu, bien au fait des sentiments d'Yvonne, témoigne de l'excellente entente entre la présidente et le nouveau trésorier : « Il est monté dans l'estime de ma belle-mère d'une façon étonnante avec la Fondation Anne de Gaulle. [...] M. Pompidou a très bien collé avec ma belle-mère, tout de suite, et avec les bonnes sœurs. [...] Il s'est passionné pour ça. C'est lui qui a fait acheter la propriété, c'est lui qui a trouvé l'argent pour faire fonctionner tout ça. Vis-à-vis de ma belle-mère, il ne fallait pas toucher à Pompidou. [...] C'est l'époque où mon beau-père a vu les qualités humaines de Pompidou dans la façon dont il s'est occupé de cette fondation[26]. »

Pour Pompidou, cela ne fait aucun doute : son engagement au sein de la fondation est la raison majeure de son intimité croissante avec les de Gaulle et de la suite des événements. « Je vais devenir un familier du Général. Comment ? Pourquoi ? Le souvenir que le général de Gaulle avait pu garder de moi et de mon travail à son cabinet a dû jouer quelque peu, de même que ce qu'ont pu lui dire à l'époque Gaston Palewski, Louis Vallon (mais oui !) et surtout Claude Guy [...]. Mais il est probable que mon rôle comme trésorier de la Fondation de Gaulle (devenue depuis Fondation Anne de Gaulle) a contribué à créer l'événement[27]. »

Ce lien très particulier a des conséquences politiques importantes : en avril 1948, le Général, devenu chef du RPF, rappelle Pompidou à son service avec le titre de chef de cabinet. Dès lors, Pompidou jouit « du privilège rare et très convoité de s'entretenir presque quotidiennement avec le Général[28] ». Proche collaborateur d'Yvonne de Gaulle, le voici proche collaborateur de Charles, bref dévoué aux de Gaulle, mais toujours dans l'ombre. Il ne prend pas sa carte au RPF, par exemple, et souligne la nature particulière de ses fonctions : « Ce poste [de chef de cabinet] était lié à la personne même du Général. »

Son épouse Claude Pompidou confirme : « Mon mari s'occupera des affaires personnelles [du Général] (la Fondation Anne de Gaulle, la publication des *Mémoires de guerre*), il sera le dépositaire du testament manuscrit du Général, il aura un rôle important au sein du RPF. Ils se voyaient régulièrement. Nous n'avons jamais cessé de fréquenter les de Gaulle. Mon mari se rendait souvent à Colombey pour des séances de travail[29]. »

Cette collaboration, on le sait, n'en est qu'à ses débuts. Le Général semble avoir des vues prémonitoires lorsqu'il écrit à Pompidou en novembre 1947 : « L'avenir ne nous appartient pas, mais, s'il s'y prête, sachez que je compte sur vous et avec une entière confiance. » Sur le chapitre Pompidou, il est possible de dire qu'Yvonne marque le destin d'une façon indélébile.

La mise en place

En ces années 1945-1946, Yvonne de Gaulle travaille d'arrache-pied à la mise en place de sa fondation. Tandis que son mari vit dans le souci des tensions politiques, des débats sur la Constitution, de la restauration d'un État de droit, Yvonne veille sur la rénovation de la Boisserie et se consacre à son œuvre. Elle veut aller vite. Pour cela, elle s'appuie sur d'efficaces exécutants. L'un de ses collaborateurs les plus importants, dans cette période cruciale, est Me Deroy. En plus de son rôle de secrétaire du conseil d'administration, il est également le notaire de la fondation et joue un rôle particulièrement actif dans les questions d'assurance, les aspects financiers, les relations avec la préfecture...

En ce qui concerne la remise en état du château, Yvonne, qui ne laisse rien au hasard, demande à l'intendant Peraldi de superviser les travaux. Tout comme Donnedieu de Vabres, Pompidou ou Tixier, Peraldi est un proche collaborateur du Général, puisqu'il appartient à son cabinet et s'occupe également des travaux de la Boisserie. Ce choix confirme le recours assez fréquent de la présidente aux membres de l'équipe gouvernementale. Abus de situation, diraient certains. Détournement de pouvoir, s'écrieraient d'autres... Mais le croiraient-ils vraiment, connaissant la rigueur morale d'Yvonne de Gaulle ? La fondation étant reconnue d'utilité publique, c'est-à-dire approuvée et soutenue par l'État, sa présidente pense pouvoir recourir aux services des hauts fonctionnaires en toute légitimité. Qu'elle le fasse en dehors des procédures habituellement requises, c'est une autre histoire. Et que les fonctionnaires concernés interviennent avec une célérité remarquable, aussi !

Pour Yvonne, les mois qui courent d'octobre 1945 à mai 1946 sont ceux des travaux, que ce soit à Vertcœur ou à la Boisserie. C'est le même architecte qui intervient dans les deux endroits – mais il est vrai que Vertcœur est pour Yvonne une extension de sa propre demeure. Dans les deux cas, le chantier accuse du retard, et Hanotelle en prend pour son grade. Il essaie de se disculper auprès de Peraldi : « La maison Zell procède actuellement à la couverture du petit bâtiment neuf en annexe. Ce travail a été retardé d'au moins une quinzaine de jours malgré que [*sic*] l'entreprise ait eu des bons de déblocage, car il a été dans l'impossibilité d'avoir du zinc au moment de la réévaluation du franc[30]. » Quant à Richard Hanotelle, qui a pourtant toute la confiance des de Gaulle, il est suivi de très près par Yvonne pour ce qui concerne les délais de livraison du chantier : « Nous ne pouvons pas reculer la date d'entrée [des sœurs] à cause de leur retraite annuelle d'une part, et aussi parce que je serai occupée avec Colombey moi-même ensuite. Je compte sur vous[31]. »

Il faut donc finir à temps. L'arrivée des meubles ne peut plus attendre : ils proviennent d'un hôpital américain de Mourmelon qui souhaite s'en défaire sans tarder. En mai 1946, la présidente prend la décision de faire venir le mobilier alors que les travaux ne sont pas achevés : « Il y a encore quelques peintres pour plusieurs jours, mais si nous avions attendu, je n'aurais plus eu les camions et les soldats pour les transports de matériel[32]. » Yvonne, qui doit jongler entre le soutien à apporter à son mari, les contraintes familiales, Anne et la fondation, est sur tous les fronts. Elle s'en ouvre à Me Deroy dans une lettre écrite au début de janvier 1946 lors de son séjour avec Charles à Juan-les-Pins : « Le mariage de ma fille et toutes les obligations dérivant de la fête de Noël m'ont un peu accablée ces temps derniers. Puis le mauvais temps interrompait les travaux de Vertcœur. Je compte rentrer à Paris et aller voir le plus tôt possible avec l'architecte à quel point en est l'arrangement de la maison. Nous pourrions avoir une réunion du comité dans la semaine du 20 au 27 janvier[33]. » Hélas, l'accalmie n'est pas pour tout de suite : avec la démission de son mari le 20 janvier, Yvonne doit s'occuper rapidement du déménagement vers Marly.

D'autres problèmes, encore, toujours. Problèmes concrets d'après-guerre, tracassiers, qu'il lui faut prendre le temps de régler en plus de tout le reste. Il en va ainsi de la réquisition de deux cents stères de bois sur le domaine de Vertcœur, décidée le 23 mars 1945 par le directeur du recensement des coupes et bois sur pied à exploiter. Le propriétaire d'alors, Jean Aubrun, s'était engagé à procéder à la coupe. Mais l'achat du terrain par la Fondation de Gaulle en octobre change la donne : comment procéder à l'exploitation si des enfants handicapées sont présentes ? Yvonne de Gaulle informe de ce problème le ministre de l'Agriculture, dont le directeur de cabinet intervient pour suspendre l'exploitation.

Le printemps voit les choses rentrer dans l'ordre à Vertcœur et à la Boisserie. Au mois de mai, l'installation peut commencer de part et d'autre. Le 28 avril, Yvonne a prévenu l'architecte Hanotelle : « Les premières sœurs s'amèneront le 13 mai matin avec tout le matériel. J'espère que ce sera terminé[34]. » Le jour dit, Yvonne annonce sur un ton enlevé à Me Deroy : « Les bonnes sœurs ont envoyé leur avant-garde ce matin à Vertcœur ». Elle ajoute : « À partir du 25 mai, nous partons nous-mêmes nous installer à Colombey-les-Deux-Églises, mais je reviendrai assez souvent à Paris[35]. »

Une nouvelle vie commence pour elle, dans le cadre rénové de la Boisserie, au rythme des allers et retours à Paris, des réunions du conseil d'administration puis, plus tard, des voyages du général de Gaulle. À n'en pas douter, elle est là à son aise, son mari à la maison, la fondation prête à fonctionner. Reste à faire partir les derniers ouvriers qui, le 30 mai, œuvrent toujours dans le château de la fondation : « Il faut qu'ils aient quitté Vertcœur pour le 15, travaux finis ou non finis, l'Assistance publique mettant cette condition à l'entrée des pensionnaires. Vous serez bien aimable de prendre les dispositions nécessaires[36] », écrit-elle à Hanotelle.

Les débuts

Pour s'occuper des handicapées, Yvonne de Gaulle fait d'emblée le choix d'un encadrement religieux. Ses convictions l'y portent, de même qu'une certaine tradition chrétienne de soins aux plus démunis. La présidente se met donc en quête de dix religieuses. Mais il n'est pas si aisé de trouver des volontaires, Yvonne en est parfaitement consciente : « C'est une tâche si ingrate : pas d'apostolat – pas de guérison – "ce n'est pas intéressant". [...] Si c'est relativement facile de s'occuper de jeunes filles en retraite, ou même en catéchisme, [...] c'est une tout autre affaire de s'occuper d'enfants arriérés[37]. »

À défaut d'une solution durable, on commence par trouver des religieuses ici et là. « Un certain nombre d'entre elles viendront de l'asile Saint-François, de Saint-Maur-des-Fossés (Seine). La fermeture de cet asile ou tout du moins la diminution de son activité était envisagée en raison du mauvais état de l'immeuble[38]. » Une partie des pensionnaires de cet établissement sera également transférée vers la Fondation de Gaulle. Il avait même été prévu, en 1945, que le produit de la vente de l'asile de Saint-Maur puisse entrer dans l'actif de la Fondation de Gaulle, idée abandonnée par la suite.

Il faut pourtant dénicher une communauté catholique qui puisse envoyer des sœurs à Vertcœur, les encadrer, assurer leur présence sur le long terme. Georges Pompidou, originaire du Cantal, recommande à Yvonne de Gaulle une communauté implantée dans son département, celle des sœurs de Notre-Dame de la Compassion, dites Petites Sœurs des âmes du purgatoire, religieuses franciscaines de la Devèze. La sœur Sainte-Anne, supérieure générale, donne son accord dès le 1er mai 1945. Elle juge que l'œuvre charitable d'Yvonne de Gaulle « est tout à fait selon l'esprit de notre vénéré fondateur[39] ». La Fondation de Gaulle démarre donc son existence en 1946 avec cette communauté, et non pas avec celle des sœurs de l'ordre du Sacré-Cœur de Saint-Jacut-les-Pins (Morbihan), comme l'on écrit certains auteurs[40].

En juin 1946, un mois après l'installation des sœurs, le château de Vertcœur héberge douze enfants handicapées venues de l'asile de Saint-Maur – Lucienne Tabernat, Rose Combret, Simone Blévin, Odette Hostein, Félicie Brossard, Jeanne Matthieu, Andrée Dutrévis, Armande Bonhomme, Germaine Goutard, Jacqueline Fournie, Nicole Sénéchal-Chevalier et Jeanne Derens. La capacité d'accueil de la fondation s'élève alors à une trentaine de lits. Il n'empêche : les travaux s'éternisent. Il faut attendre le 1er août 1946 pour que l'ouverture de l'établissement soit autorisée par l'office départemental d'hygiène sociale...

Yvonne, avec sollicitude, presque avec tendresse, cherche à soutenir les religieuses du mieux qu'elle peut : « Les sœurs ont dû avoir un ouvrage terrible, écrit-elle à la supérieure. Je m'en rends d'autant mieux compte que nous sommes nous-mêmes depuis une semaine dans une maison remplie de plâtras, les peintres n'ayant pas encore fini. Dites, s'il vous plaît, à vos sœurs que j'ai raconté au Général tous leurs efforts et qu'il a été très touché. Il a déjà visité Vertcœur au début des travaux, et aimerait revoir la maison quand elle fonctionnera[41]. » C'est là un trait constant : tout au long de sa présidence, Yvonne ne cesse de montrer une attention toute particulière au sort des religieuses. Elle sait que la bonne marche de la maison repose sur leurs épaules, et que, sans leur présence, la fondation devrait fermer ses portes.

Maintenant que toutes sont installées, le fonctionnement matériel de la fondation devient le souci premier d'Yvonne. À cet égard, elle se révèle sous un jour nouveau, insoupçonnable chez cette femme qui fut si souvent présentée comme effacée, un peu soumise aux événements, cantonnée aux tâches d'une maîtresse de maison... À la tête de la fondation, c'est un tout autre profil qu'elle présente, celui d'une femme de tête, décidée et pointilleuse, capable d'englober d'un seul regard l'ensemble des problèmes à gérer, n'hésitant pas, et dotée d'une grande capacité d'organisation. Bref, derrière l'éternelle tricoteuse se cache une décideuse.

Avant toute chose, Yvonne de Gaulle se soucie d'être en règle avec les pouvoirs publics. Une fondation doit rendre des comptes à l'État et fonctionner dans le parfait respect des règlements. Cette tâche un peu austère ne rebute pas la présidente, qui s'en acquitte avec l'aide de Georges Pompidou et de Me Deroy. L'une des questions cruciales, tout au long des années, est l'obtention et le maintien à un bon niveau du « prix de journée », c'est-à-dire de l'aide que l'État verse à tout établissement hospitalier pour subvenir aux besoins quotidiens des pensionnaires. La fondation fait la demande de cette subvention auprès des institutions sanitaires et sociales du département de la Seine, et suggère une somme journalière de 250 francs par pensionnaire. L'administration accepte le principe de l'aide, mais ne cessera de s'opposer à la hausse de son montant. La présidente tente, en 1946, de solliciter d'autres subventions auprès du ministère de la Famille. C'est peine perdue. Le fait que de Gaulle ne soit plus chef de gouvernement semble freiner sensiblement la bonne volonté de l'administration… La Direction de la famille et de l'enfance fait parvenir à Mme de Gaulle, le 1er mars, une fin de non-recevoir. Le prix de journée restera donc le seul soutien financier de l'État à la fondation qui devra, pour le reste, compter sur ses propres moyens.

Ce ne sera pas toujours chose facile. Fort heureusement, le trésorier Georges Pompidou veille sur les comptes et sait à l'occasion se montrer rusé : le 2 juin 1947, il adresse à Me Deroy une lettre fort technique sur la tactique à adopter pour présenter les comptes de la fondation à la Direction des affaires sanitaires et sociales du département (DDASS). La recette est simple dans le principe, moins dans son application. Il s'agit d'éviter de présenter un bilan financier positif, afin de demander l'augmentation du prix de journée !

Si Yvonne de Gaulle laisse volontiers les spécialistes s'occuper concrètement de ce genre de dossiers, elle s'implique en revanche dans d'autres questions administratives. C'est elle, par exemple, qui organise les deux conseils d'administration annuels prévus par les statuts. Cela peut sembler une tâche secondaire. Il n'en est rien. Trouver une date qui convienne à tous les membres, tenir compte des *desiderata* des uns et des autres, concilier les contraires sans jamais recourir au téléphone… tout cela fait que chaque réunion est précédée d'un abondant échange de courrier, comme en septembre 1946. Le 17 de ce mois, Yvonne fait parvenir à Me Deroy un certain nombre de documents administratifs qu'elle a signés et lui propose une date de réunion, le 2 octobre : « Avant cette date, je craindrais de ne pas pouvoir me libérer, tante Richard étant très malade[42]. » Née Suzanne Vendroux, la sœur du père d'Yvonne s'éteindra en effet peu de temps après, le 23 octobre 1946. Yvonne confirme la date de la réunion à Me Deroy par un télégramme de Colombey-les-Deux-Églises, puis par une lettre du 23 septembre. Les mêmes courriers sont échangés avec les autres membres du conseil d'administration. Au dernier moment, alors que tout le monde est d'accord, basculement : dans un télégramme daté du 29 septembre, la présidente demande que la réunion soit repoussée de un jour afin que Georges Pompidou, empêché le 2 octobre, puisse y assister.

C'est également elle qui décide des augmentations de salaire du personnel civil de la fondation (le jardinier par exemple) et qui fixe le montant des étrennes, avec beaucoup de rigueur : « Les étrennes ne sont pas un dû, mais un cadeau. Dans les bonnes maisons, on remet un douzième du salaire de l'année avant retenue Sécurité sociale et retraite[43]. » L'épouse du créateur de la Sécurité sociale est manifestement une parfaite connaisseuse du montant des droits qu'un employeur doit verser pour la protection sociale de ses employés.

Le souci de légalité d'Yvonne de Gaulle s'applique aux moindres détails. Cette vigilance peut parfois prêter à sourire par son côté un peu obsessionnel. Quand, à l'automne, la supérieure demande que les arbres du parc soient élagués, Yvonne se tourne aussitôt vers Me Deroy : « N'avons-nous pas besoin d'une autorisation de "l'Administration" [notons les guillemets et la majuscule, qui disent à la fois le respect et la dérision de la rédactrice...] des Eaux et Forêts pour cela ? Il me semble que le site est classé[44]. »

Même inquiétude en ce qui concerne l'ambulance acquise par la fondation en juin 1947. Les papiers sont alors en cours d'obtention. Yvonne suit l'affaire de près. Elle s'adresse d'abord à la supérieure pour lui demander que la sœur conductrice suive des cours de conduite chez des professionnels. Puis elle se tourne le 19 juin vers Me Deroy : « Je sais que M. Pompidou arrange la question des cartes grises, etc. » Quinze jours plus tard, elle recommande au notaire d'avertir la supérieure lorsque l'assurance du véhicule sera prête. Puis, le 17 septembre, elle se soucie soudain de savoir si la sœur conductrice « fait partie de l'assurance tout risque [*sic*][45] » ! Dieu ne couvrirait-il donc pas ses vaillantes servantes ?

Autre exemple de ce souci de rester irréprochable : dans ces années de restriction où les denrées de base manquent cruellement, la Fondation de Gaulle reçoit des dons de vivres du monde entier. En octobre 1948, un colis de café et de 400 kilogrammes de sucre de canne est livré à Vertcœur. La présidente écrit sans tarder à la supérieure : « Vous seriez bien aimable de m'envoyer en double exemplaire un reçu de ce sucre et du café – séparément – afin que je puisse témoigner, le cas échéant, que je ne l'ai pas utilisé pour mon usage personnel. La douane et autres services administratifs n'étant pas spécialement aimables pour le moment[46]. » Six jours plus tard, sans doute inquiète de n'avoir rien reçu, elle réitère sa demande : « J'espère qu'on vous a livré le sucre – 450 kilogrammes et non pas 400 kilogrammes comme je le pensais tout d'abord. Pour nos archives, et afin qu'on ne puisse pas dire un jour que je l'ai vendu au marché noir, il me faudrait tant pour le sucre que pour le café des reçus de vous sur papier à en-tête de la fondation[47]. »

Jusqu'à la fin de sa vie, Yvonne garde cette vigilance à l'égard de la loi. En 1970, avant d'embaucher à Vertcœur une employée italienne, elle rappelle à la supérieure : « La naturalisation ne s'accorde qu'après des années de résidence en France, et la fondation doit être en règle[48]. »

Cette application à ne rien laisser au hasard, qui découle après tout d'une longue expérience de maîtresse de maison, fait d'Yvonne de Gaulle une présidente extrêmement présente. Son départ de Marly à la fin de mai 1946 ne facilite pas ses allées et venues à Milon-la-Chapelle. La Haute-Marne est bien loin de la vallée de Chevreuse, si loin qu'Yvonne songe un moment à trouver un petit pied-à-terre à Paris. Elle s'ouvre de ce projet au notaire de la fondation : connaîtrait-il un appartement à louer dans Paris pour les Boissieu, et suffisamment grand pour y réserver deux pièces à l'usage de Charles et d'elle-même lors de leurs séjours dans la capitale ? La pénurie de logements empêche cette recherche d'aboutir. Il faut donc continuer à faire les allers et retours en voiture.

Malgré l'éloignement géographique de Colombey-les-Deux-Églises, elle effectue de fréquentes visites à Milon-la-Chapelle, tous les quinze jours ou tous les mois, selon le temps que lui laissent ses autres contraintes. Généralement, elle profite d'un voyage de son mari à Paris pour se rendre à Vertcœur. Elle le fait parfois sans s'annoncer, ce qui suscite la protestation de la sœur Saint-Vincent, qui se plaint un jour d'avoir manqué sa présidente à deux reprises[49].

En dehors de ses visites, Yvonne garde un œil sur la vie quotidienne de l'œuvre grâce à l'abondant courrier qu'elle échange avec la sœur supérieure et les membres du conseil d'administration. Les multiples problèmes matériels qui se posent, notamment au début, trouvent grâce à elle une solution rapide et claire. Une énumération systématique de ces questions d'intendance aurait des allures d'inventaire à la Prévert, mais il est bon de citer quelques exemples, ne serait-ce que pour montrer la diversité des tâches auxquelles est confrontée la présidente. De 1946 à 1978, des passages entiers de sa correspondance sont consacrés à la chaudière, à la toiture, à l'achat de traversins, au remplacement des freins, au rattachement des eaux usées au réseau communal, à des commandes de linoléum. À l'époque du rationnement, elle veille : pour l'essence : « Prenez bien tout ce à quoi vous avez droit, sans en laisser au pompiste[50]. » Plus tard, d'autres soucis se font jour : il faut acheter les géraniums chez Truffaut pour ensuite les bouturer, et songer à les rentrer en hiver. « Avez-vous un paratonnerre sur la maison ? [...] Faites-vous ramoner les cheminées[51] ? » Même les rats sont évoqués : au détour d'une très belle lettre où elle se souvient de la communion de sa fille Élisabeth, Yvonne de Gaulle, spécialiste du coq-à-l'âne, songe tout à coup à la dératisation de Vertcœur. Elle enjoint à la supérieure d'écrire au professeur Trefouel, de l'Institut Pasteur, afin qu'il envoie « des bouteilles de virus dangereux pour éliminer ces animaux. Le blé empoisonné ne fait pas aussi bien que le virus Pasteur[52] »

– foi de connaisseuse ! En 1970, un brûleur à mazout doit être racheté. « Il ne faut pas attendre, les prix ne feront qu'augmenter[53]. »

Pour être à même de faire des choix éclairés, Yvonne n'hésite pas à se rendre dans des salons spécialisés, comme en 1952 « à l'exposition des arts ménagers [pour trouver] une machine à repasser type famille nombreuse[54] ». Cette implication constante dans les détails concrets explique le redoutable esprit pratique de Mme de Gaulle, comme en témoigne le curé de Colombey-les-Deux-Églises, qui rapporte un dialogue surréaliste à propos des techniques de chauffage : « "Avec quoi vous chauffez-vous, monsieur le curé ?" demande un jour le Général à l'abbé Drouot. Je lui répondis que j'achetais des déballes, c'est-à-dire des chutes de scierie. Le président ne savait pas ce que c'était. C'est Mme de Gaulle qui lui en donna la définition. "C'est, dit-elle, la première planche que l'on fait dans un arbre."[55] »

Dans ces embarras très concrets, Yvonne trouve un allié sûr en la personne de Pompidou, du moins jusqu'à ce que celui-ci accède au pouvoir suprême. Un allié ? Voire… Le ton direct, sans fioritures, de la présidente laisserait plutôt croire que le brillant normalien, agrégé de lettres, futur président de la République, est pour la présidente un simple commis, chargé de régler les questions matérielles.

En 1946, quand il s'agit d'élaguer les arbres, Yvonne écrit à la supérieure : « Il ne faut pas que cela nuise à l'équilibre des murs. Il faut donc que cela soit fait habilement. Si M. Pompidou peut voir cela avec M. Hanotelle, ce serait parfait[56]. » En 1947, c'est Pompidou qui est chargé de recevoir le candidat jardinier de la fondation. En 1951, on apprend que « M. Pompidou est tout à fait partisan de la vente des vieilles machines à coudre[57] ». Et, *last but not least,* voici Georges Pompidou consulté pour l'achat de chaussettes : « Il est entendu avec M. Pompidou que vous pouvez en acheter une ou deux paires par enfant[58]. »

Toutefois, ne nous laissons pas prendre au ton d'Yvonne, et n'y voyons pas forcément le signe d'un improbable mépris. L'objectif essentiel de la présidente, nous l'avons compris, est de régler vite et bien les problèmes, même les plus bénins. Comme le rappelle le général de Boissieu, « ma belle-mère était une personne qui était très pointilleuse. À chaque fois que le Général venait à Paris, elle allait à Vertcœur, dans sa fondation. Elle y retrouvait M. Pompidou. Secrétaire général et trésorier, il avait tout en main. Quand il y avait des travaux à faire, il allait les surveiller[59] ». Pour Yvonne, Pompidou représente le bras armé, efficace, capable d'agir rapidement et intelligemment. Pourquoi, dès lors, s'encombrer de formules ? « Veuillez vous adresser à M. Pompidou, il est plus au courant que moi[60] », voilà qui pourrait résumer la relation qu'elle entretient alors avec lui.

L'intendance est une chose. Mais, pour Yvonne de Gaulle, le plus fondamental est sans conteste les êtres humains qui vivent à Vertcœur. Indéniablement, elle se sent responsable de la trentaine de personnes qu'il faut nourrir, occuper, soigner, le tout avec des moyens parfois très réduits. En bonne gestionnaire, elle impose à l'équipe de fonctionner à l'économie. Cela ne signifie nullement qu'il faille se priver, bien au contraire, mais plutôt qu'il faille privilégier les solutions les moins onéreuses. En 1947, alors que les tickets de rationnement sont toujours en vigueur en France et que des vagues successives de grèves bloquent tout le pays, la présidente s'inquiète depuis la Boisserie : « Si jamais vous avez du mal à trouver des pommes de terre, dites-le-moi. Je pourrai en trouver cent kilogrammes ici. Le ravitaillement devient difficile. Je ne sais pas comment vous faites pour la viande[61]. » Il lui arrive d'envoyer aux sœurs du lait en poudre, du beurre, tout en leur demandant de « penser à diminuer si possible la ration de pain[62] »... Elle leur recommande d'anticiper certains achats en raison de la dégradation de la situation financière du pays : « Comme nous allons à grands pas à l'inflation, je crois que nous devons prendre cette pièce de tissu, quitte à la mettre en réserve[63]. » En 1948 encore, les colis de laine en provenance d'Australie, les caisses de riz ou de lait condensé venus du Brésil sont les bienvenus pour améliorer l'ordinaire.

Yvonne, toutefois, préférerait des dons en argent, signe qu'à cette époque les finances de la fondation traversent un passage difficile. Plusieurs lettres l'attestent, comme celle du 29 janvier 1948, dans laquelle Yvonne subordonne l'achat d'un nouveau réfrigérateur à l'arrivée d'un hypothétique don en espèces ; ou celle du 26 novembre 1948, dans laquelle on découvre qu'Yvonne, en quête de fonds, a envoyé une dame chercher de généreux donateurs aux États-Unis. On ne sait pas ce qu'a pu penser le Général de cette démarche auprès d'un allié qui voulut si souvent assujettir la France à sa domination...

La présidente est bien consciente que les temps sont durs. Pour atténuer l'âpreté des conditions de vie des sœurs et des pensionnaires, elle fait preuve d'une générosité constante. La plupart de ses lettres comportent encouragements ou compliments, formulés avec une simplicité touchante qui dit bien l'affection qu'elle voue aux habitantes de Vertcœur. Au début de l'année 1947, ainsi, elle félicite « les personnes si dévouées qui s'occupent si maternellement des enfants[64] ». À plusieurs reprises, elle leur recommande de se ménager : « Si vous tombiez de fatigue, ce serait une catastrophe[65]. » Lorsque le ravitaillement est redevenu normal, elle les encourage à prendre des forces : « Peut-être pourriez-vous, surtout en hiver, augmenter la ration de viande, de sucre, beurre. N'ayez pas peur de faire tout ce qu'il faut et n'oubliez pas que les sœurs ont besoin de plus que dans un métier normal. C'est la supérieure aussi que j'aimerais voir prendre un peu de poids[66]... » Elle insiste : « Vous ne dépensez pas assez pour la table[67]. » Yvonne sait personnellement l'énergie que demandent les enfants infirmes. C'est pourquoi elle conseille aux sœurs de dormir une heure de plus par nuit : « Les enfants peuvent être si lassantes. Il faut vivre parmi elles pour le comprendre. Mais je ne suis pas la supérieure. N'hésitez pas non plus à avoir le cinéma chaque semaine. Cela change les idées[68]. » Les relations qu'elle noue avec les sœurs au cours des longues périodes où celles-ci demeurent à Vertcœur finissent par devenir assez complices. C'est ainsi que la présidente peut écrire à la supérieure, par une belle journée d'été : « Je vous imagine comme une petite abeille affairée. Quant à moi, abeille moins menue par la taille, je goûte la joie d'être grand-mère[69]. »

Lorsque sa situation financière personnelle s'améliore, notamment après 1954 et la publication des *Mémoires de guerre* de son mari, Yvonne de Gaulle gâte les pensionnaires de la fondation, notamment à Noël et à Pâques. Elle le fait le plus souvent par l'envoi d'un chèque qui doit servir à offrir un petit « plus » aux enfants : « Les choses d'utilité comme pantoufles, etc., ne doivent pas entrer dans le compte arbre de Noël[70] », précise clairement Yvonne. Un cadeau est un cadeau.

Cette petite femme toute d'énergie, qui a toujours un proverbe de bon sens dans la poche, qui est dotée d'un sens pratique hors du commun, qui ne rechigne pas à parler travaux, recettes, géraniums et brûleur à mazout, est aussi une femme d'esprit, douée d'une grande sensibilité. La tendresse qu'elle exprime aux sœurs en est un signe éclatant. La façon dont elle organise la vie des pensionnaires en est un autre, peut-être moins évident au premier regard, mais tout aussi réel.

Il est vrai qu'un certain nombre de documents officiels tendent à donner de la présidente l'image d'une femme un peu sèche et sans grand éclat de cœur vis-à-vis des petites infirmes. On se souvient des adjectifs qu'elle utilise pour les désigner – « irrécupérables », « arriérées »... D'autres exemples peuvent être cités, et notamment ce fameux règlement intérieur de la fondation, rédigé en 1946 de la main même d'Yvonne de Gaulle. La brièveté des articles, leur côté tranchant, laissent l'impression qu'il s'agit d'organiser le fonctionnement d'une caserne, voire d'une prison !

> Visites : seules les visites des parents proches sont autorisées, et dans un parloir séparé.
>
> Visites étrangères. [...] Se méfier des journalistes et photographes qui pourraient se dire autorisés (ils ont toutes les audaces !).
>
> Toilette. Pieds et genoux : deux fois par semaine. Bains : 2 par mois au moins. Cheveux : les cheveux doivent être coupés court (à ras du lobe de l'oreille) et entretenus ainsi.
>
> Lavage : une fois par mois.
>
> Horaires d'été :
> lever 8 h
> petit déjeuner 8 h 30
> Déjeuner 11 h 30
> Goûter 16 h
> Dîner 18 h 15
> Coucher 20 h[71].

Ces règles intransigeantes ont peut-être été inspirées à Yvonne par les sœurs de la Devèze, qui inaugurent le fonctionnement de la fondation en 1946 et apportent avec elles des méthodes d'un autre âge. Mais elles ont dû paraître trop contraignantes à appliquer, car elles n'entrèrent jamais en vigueur… La version finale du règlement, approuvée et signée par Yvonne de Gaulle, est en effet d'un ton plus nuancé. Pour les horaires notamment, un assouplissement est perceptible : l'heure des repas n'est plus précisée et il est écrit qu'elle sera « réglée au mieux par la sœur supérieure[72] ».

Sans doute cette apparente dureté de la présidente dans les premières années résulte-t-elle de son inexpérience. À cela s'ajoute sa volonté de bien faire et de ne rien laisser au hasard.

Car enfin ! comment croire que cette femme, qui a choisi de garder Anne près d'elle pendant toute sa vie, puis qui s'est consacrée à créer une institution dédiée aux petites infirmes, serait restée indifférente à leur destin ? Comment ne pas voir que derrière la mère de famille un peu sèche décrite par son fils aîné vibre une femme au grand cœur ?

Il faut attendre encore un peu pour que se dévoilent l'affection et les sentiments d'Yvonne. Le temps doit faire son œuvre. Le malheur aussi.

L'entrée du château de Septfontaines, vers 1900.
Coll. privée Claude Vendroux-Legrand.

Marguerite Vendroux, debout à gauche ; Jacques-Philippe Vendroux, debout à droite ; dans la poussette, Yvonne vers 1902. Coll. privée Claude Vendroux-Legrand.

Marguerite Vendroux (debout à gauche), Yvonne petite fille et son frère Jacques près de leur père dans le parc du manoir de Coulogne, vers 1903.
Coll. privée Claude Vendroux-Legrand.

Marguerite Vendroux, assise 2e à partir de la gauche, infirmière-major à Calais pendant la guerre.
Coll. privée Claude Vendroux-Legrand.

Yvonne à vingt ans.

Le mariage de Charles de Gaulle
et Yvonne Vendroux , 7 avril 1921.
Coll. privée Vendroux.

Elisabeth, Philippe et Anne de Gaulle,
1931.

Tante Suzanne et oncle Richard,
Yvonne au centre, le jeune Philippe
à droite, vers 1935.
Coll. privée Claude Vendroux-Legrand.

Charles de Gaulle et Philippe à gauche ; Yvonne en robe à fleurs dans le jardin de Colombey, 1935. Coll. privée Claude Vendroux-Legrand.

Yvonne dans la salle à manger de La Boisserie, 1935.
Coll. privée Claude Vendroux-Legrand.

De gauche à droite : Mme Churchill, Mme de Gaulle, lors d'un défilé à Londres, vers 1942.
© ECPAD.

Charles et Yvonne de Gaulle avec leur premier petit-fils, Charles, 1948, La Boisserie.
© Bridgeman Art Library.

Les pensionnaires de la Fondation Anne de Gaulle encadrées par l'aumônier et les bonnes sœurs. Château de Vertcœur, vers 1950.
Photo Fondation Anne de Gaulle.

Yvonne et sa fille Anne, La Boisserie, vers 1946.
Coll. privée Vendroux.

De gauche à droite : Henriette de Gaulle, Philippe de Gaulle, Yvonne, Charles de Gaulle et Elisabeth de Boissieu. La Boisserie, 1950.

Yvonne et trois de ses petits- fils (Charles, Yves et Jean), La Boisserie, 1954.

Yvonne et Charles de Gaulle, lors du passage du Tour de France à Colombey, 16 juillet 1960.

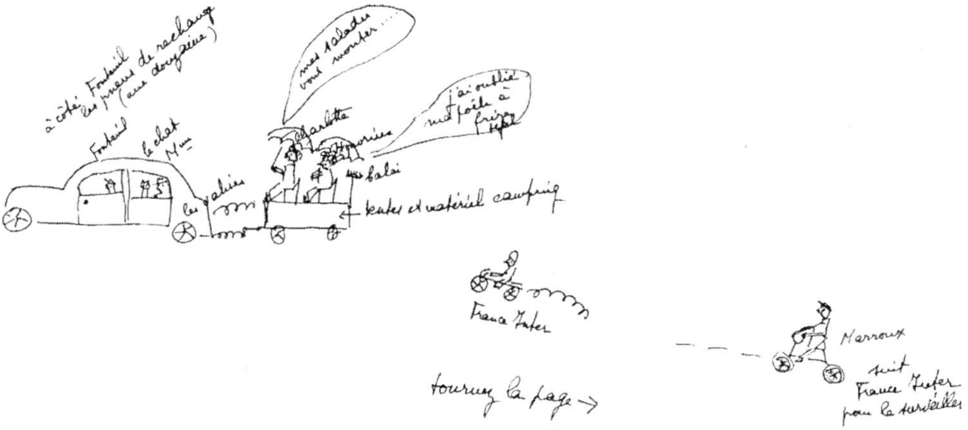

Le cortège présidentiel. Dessin d'Yvonne pour Honorine.
Extrait de F. Tinghely-Repond, *La vie d'Honorine*, Delachaux et Niestlé, 1997.

Le général de Gaulle et son épouse à la Nuit de Saint-Cyr, mai 1960.

Yvonne de Gaulle lors de la réception de Jean-Bedel Bokassa, à l'Élysée.

Charles et Yvonne de Gaulle lors du lancement des Jeux olympiques d'hiver à Grenoble, 1968.
© Dalmas / Sipa Press.

Yvonne de Gaulle, veuve, vers 1972.

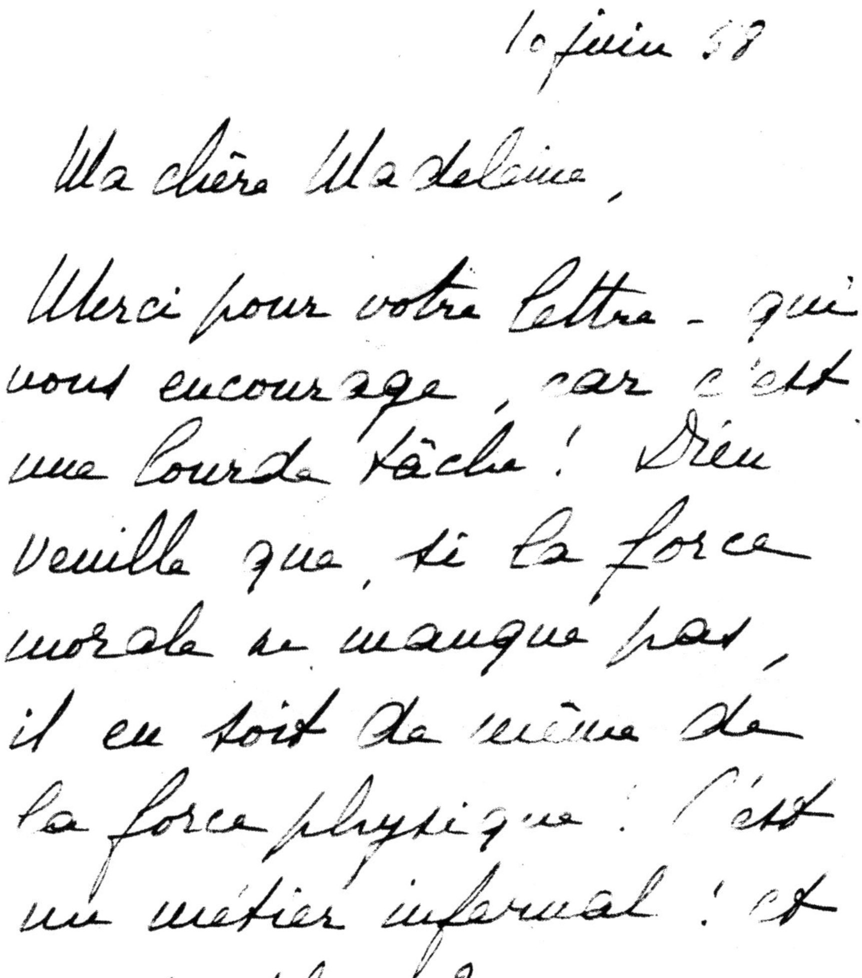

10 juin 58

Ma chère Madeleine,

Merci pour votre lettre – qui nous encourage, car c'est une lourde tâche ! Dieu veuille que, si la force morale ne manque pas, il en soit de même de la force physique ! C'est un métier infernal ! et on n'a plus 20 ans.

Extrait d'une lettre d'Yvonne de Gaulle à sa belle-sœur Madeleine Vendroux, le 10 juin 1958, juste après le retour au pouvoir du Général.
Coll. privée Vendroux.

29 août 62

Ma chère Chantal,

Ton Oncle me charge de te remercier de ta lettre et des sentiments qu'elle exprime. Je te remercie également.

Cela a été <u>miraculeux</u> que personne n'ait été atteint !

Le sale journal vichyste l'Aurore a eu le toupet d'écrire le lendemain "le Général réconfortait Mme de G. très affectée"

or, comme la 1ère fois j'ai conservé tout mon calme, et ton Oncle m'a dit dans l'avion "vous êtes brave" mais ensuite nous avons pensé qu'Alain aurait pu être atteint !

Mais que des gens aient osé cela, au moment même des anniversaires de la libération ! je crois que ton Oncle en a eu de la peine.

Extrait d'une lettre d'Yvonne de Gaulle à sa nièce Chantal Gutmann, juste après l'attentat du Petit-Clamart. Coll. privée Gutmann.

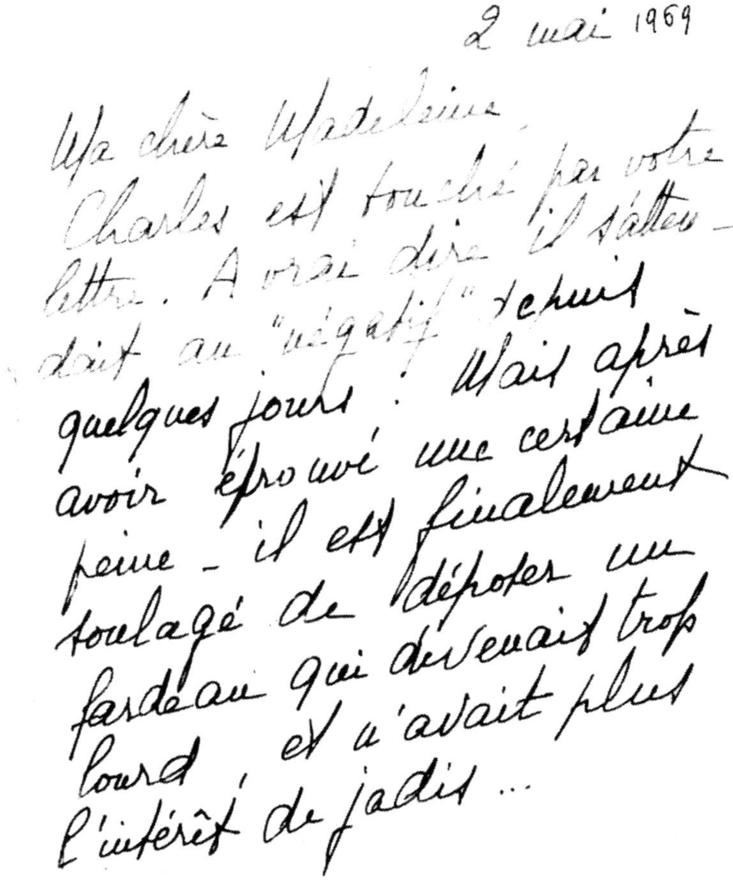
2 mai 1969

Ma chère Madeleine,
Charles est touché par votre
lettre. A vrai dire il s'atten-
dait au "négatif" depuis
quelques jours ! Mais après
avoir éprouvé une certaine
peine - il est finalement
soulagé de déposer un
fardeau qui devenait trop
lourd, et n'avait plus
l'intérêt de jadis...

Extrait d'une lettre d'Yvonne de Gaulle à sa belle-sœur Madeleine Vendroux, le 2 mai 1969,
juste après la démission du Général.
Coll. privée Vendroux.

Merci encore, ma chère Madeleine de m'avoir reçue ainsi. J'étais contente de vous revoir ainsi que les Yves.

Et quel bon déjeuner ! je n'en avais pas fait d'aussi bon depuis longtemps ! Les morilles !!! et le pâté ardennais !!

Charlotte vous remercie pour le gâteau mollet que nous avons mangé en 3 fois en nous léchant les babines.

Lettre d'Yvonne de Gaulle
à sa belle-sœur
Madeleine Vendroux,
le 27 mai 1978.
Coll. privée Vendroux.

C'est toujours avec émotion que je retourne à Septfontaines, bien que peu démonstrative je suis extrêmement sensible à tous les souvenirs de Jean, de mes parents. Et j'admire votre courage.

Je vous embrasse, ma chère Madeleine, de tout cœur

Yvonne

Chapitre IX

Contre le RPF

Tandis qu'Yvonne de Gaulle consacre toute son énergie à sa fondation, le Général, impatient d'en découdre avec la IVe République, s'apprête à fonder un mouvement politique. De 1946 à 1951, le RPF (Rassemblement du peuple français) occupe ses pensées et son emploi du temps. L'échec final de son ambitieuse entreprise le conduira à minorer par la suite l'importance de cette expérience : ses *Mémoires d'espoir* ne consacrent que quelques paragraphes au mouvement, ce qui ne correspond guère à la réalité.

Le RPF a déjà fait l'objet de nombreux ouvrages, analyses et études de qualité[1]. L'objet n'est pas de revenir ici à l'originalité ni à l'histoire de ce parti pas comme les autres, mais plutôt d'observer quelle position adopte Yvonne de Gaulle à son égard. Elle qui a suivi son mari sans broncher durant la guerre, elle qui l'a soutenu dès le départ dans sa tentative risquée pour bâtir une France libre, voici qu'elle se montre extrêmement réservée – pour ne pas dire foncièrement hostile – à l'égard du RPF.

Cette attitude mérite que l'on s'y attarde : c'est la première fois de sa vie qu'Yvonne manifeste ouvertement son opposition à un projet de son mari, et avec autant d'obstination. La plupart des observateurs se contentent d'expliquer la chose par son désir profond de garder pour elle son mari à la Boisserie. Il y a bien sûr de cela, mais comme à l'habitude la vérité est un peu plus compliquée. Dans cette affaire du RPF, Yvonne dévoile surtout une indépendance d'esprit que beaucoup lui ont déniée, et fait preuve d'une clairvoyance politique que les fondateurs du RPF auraient peut-être été inspirés de prendre plus au sérieux.

C'est peu après son retour à la Boisserie en mai 1946 qu'Yvonne de Gaulle pressent le nouveau danger qui plane au-dessus de sa vie de famille. Elle assiste, dans le salon, aux entretiens de son mari avec ses collaborateurs. Elle entend leurs conversations sans mot dire. Plongée dans son tricot ou dans sa correspondance, elle est le témoin muet du projet en train de mûrir.

Le principal mémorialiste de cette période cruciale est encore une fois Claude Guy. La qualité et la précision de son témoignage ne font aucun doute – son inimitié avec Mme de Gaulle non plus. Dès lors, il faut lire ses récits en ayant présent à l'esprit tout ce qui l'oppose à la femme du Général. Par exemple, il ne faut jamais oublier que Guy s'attribue en matière politique une légitimité qu'il refuse à Mme de Gaulle. Jean Mauriac s'étonne de l'assurance de Guy en des termes qu'Yvonne approuverait : « Il donne son avis en politique, même quand le général de Gaulle ne le lui demande pas. Et, chose stupéfiante, il se permet de conseiller le général[2] ! » Selon ce schéma, Guy préfère minorer le rôle de Mme de Gaulle, qui est la seule à pouvoir interférer sans cesse dans son tête-à-tête avec le grand homme, et qui le fait en outre dans un sens contraire au sien.

Le 7 septembre 1946, devant Yvonne, Claude Guy encourage le Général à créer un mouvement. Peut-être ce simple fait explique-t-il la tension entre l'aide de camp et Yvonne. Car dès qu'elle entend parler du projet, elle se braque. Lorsque le Général lance sur un ton lyrique à Claude Guy : « Il faut refaire le 18 Juin. C'est le seul moyen », elle explose même, ce qui entraîne une de ces scènes de rabrouement que Guy ne manque jamais de rapporter :

> « Peuh : le 18 juin ? Mon pauvre ami, personne ne vous suivra. »
>
> Le Général, balayant l'objection d'un grand geste du bras, lui cria :
>
> « Mais fichez-moi la paix, Yvonne ! Je suis assez grand pour savoir ce que j'ai à faire[3]. »

Quelques mois plus tard, alors que le projet du RPF prend corps, l'aide de camp rapporte en des termes peu obligeants une nouvelle intervention d'Yvonne de Gaulle. La scène se passe à Paris en février 1947. Le Général rencontre en secret des hommes politiques dans le petit appartement de l'avenue Mozart mis à sa disposition par Vendroux. Yvonne se confie alors à Claude Guy. Visiblement, ce n'est pas la première fois qu'il entend la diatribe : « Cela commença par les *leitmotive* que j'entends depuis un an, dix fois par jour : "Nous sommes trop vieux maintenant. À notre âge, il faut rester chez soi… Il a bien tort de s'en mêler… Et puis aussi, je vous le demande : qu'est-ce qu'il leur donnera de plus ? Que demandent-ils en effet ? À manger ! Eh bien, ça, il est aussi incapable que les autres de le leur apporter."[4] »

D'où vient l'obstination d'Yvonne ? De l'âge du Général, selon Guy. De Gaulle, pourtant, n'a que cinquante-sept ans et une belle énergie. Aussi, plutôt que de la vieillesse de son mari, Yvonne s'inquiète-t-elle surtout de deux choses. Tout d'abord, elle redoute les risques liés à la fatigue et au surmenage : « Il ne sera pas, s'il continue de ce train-là, il ne sera pas en état physique d'affronter cette lutte [*sic*][5] », répète-t-elle à qui veut l'entendre. Mais personne ne l'écoute. De guerre lasse, elle dit un jour à son fils : « Tu devrais lui dire de se ménager. Moi, j'ai tiré l'échelle[6]. »

Un autre tourment l'accable, celui de voir son mari victime d'un acte de malveillance. Une véritable angoisse s'empare d'elle à ce sujet. D'ordinaire, elle veille sur Charles avec constance, surveille sa santé, lui prépare ses vêtements, éventuellement ses médicaments, s'inquiète quand son sommeil se détériore : « Je ne sais pas ce qu'il a : il ne dort pas et se plaint à nouveau de son dos[7] », confie-t-elle parfois à l'officier d'ordonnance. Mais, avec la perspective grandissante de le voir se relancer en politique, elle devient presque obsédée par la menace d'assassinat qui pèse sur son mari – « cette anxiété, après une halte du destin d'un an, s'empare à nouveau d'elle, familière, tenace, impitoyable[8] », ajoute Claude Guy, qui croit savoir qu'une diseuse de bonne aventure aurait renforcé le côté paranoïaque d'Yvonne en prédisant un mauvais sort à son mari. Écartons cette hypothèse invérifiable et notons plutôt que Pierre de Gaulle partage de semblables inquiétudes au sujet de la sécurité de son frère[9].

Mme de Gaulle n'est pourtant pas à un paradoxe près. Alors qu'elle redoute un drame, elle refuse obstinément qu'un dispositif de sécurité un peu sérieux soit mis en place. En novembre 1947, Claude Guy lui demande où pourrait être installée une mitraillette au rez-de-chaussée de la Boisserie, afin que le Général, seul homme sur place la nuit, puisse s'en servir au besoin. Yvonne réfléchit un instant.

> Mais soudain elle se ravise et la voilà qui lève vers moi son étrange regard délavé : méfiance et ironie... Un feu de franchise moqueuse s'y déclare un instant lorsqu'elle me dit : « Et puis non... À quoi bon d'ailleurs ?... Quand bien même une mitraillette serait à portée de sa main, il ne s'en servirait pas. »
>
> Comme beaucoup d'étonnement se lit probablement dans mes yeux, elle sourit encore : « Mais oui, mais oui... il ne s'en servirait pas (et puis une moue). Saurait-il d'ailleurs s'en servir ? J'en doute » (la phrase disparaissant à moitié dans un petit rire).
>
> Je lui dis alors, un peu trop solennellement peut-être : « Réfléchissez bien, madame. Est-ce oui, est-ce non ? »
>
> Avec l'entêtement incroyable qui la caractérise, je sens que la partie est perdue : « Je vous le répète, me dit-elle lentement, étrangement, vous ne le connaissez pas si vous croyez qu'il se servirait de votre machin. »
>
> Je dis, aussi respectueusement que je le puis : « Madame, madame, vous avez une manière d'en décider !... – Je vous ai déjà dit ce que j'en pense : ce n'est pas tous ces gens-là (geste indiquant la fenêtre) qui empêcheraient... qui empêcheraient ça d'arriver, si ça devait arriver. Allez, allez ! Ce n'est pas sérieux. Si les communistes veulent le descendre [*sic*], eh bien moi je dis : ils le descendront ! À plus forte raison, ce n'est pas cet engin... » (ici elle reprend sa litanie)[10].

L'apparent effacement d'Yvonne ne doit jamais faire oublier qu'elle occupe une place déterminante lorsqu'il s'agit de décider de la vie du Général. Dès lors, rien d'étonnant à ce qu'elle se heurte à la plupart des gaullistes : ils la considèrent comme une force d'opposition d'autant plus redoutable qu'elle n'est pas politique mais privée, et qu'ils ont peu de prise sur elle. La façon dont de Gaulle rabroue sa femme les encourage au mieux à l'ignorer, au pire à la mépriser gentiment. Pourtant, il se pourrait bien que ce faisant ils aillent un peu vite en besogne.

D'une part, le rabrouement d'Yvonne par Charles doit être remis à sa juste place. Le Général est un homme suffisamment déterminé pour ne pas s'embarrasser des conseils de quiconque quand il est sûr de son fait. Yvonne n'est donc pas la seule qu'il remette à sa place. La plupart de ses collaborateurs ont connu ce genre de moments pénibles, et même Philippe en est régulièrement victime. Ainsi, lors de son séjour à la Boisserie pour Noël 1946, il subit en même temps que sa mère les foudres de son père. Ce dernier se dit favorable au lancement d'un mouvement politique, Yvonne réfute cette perspective, mais tous deux sont mis dans le même sac : « Vous me faites rigoler tous les deux avec vos conseils, lance de Gaulle. Vous savez bien que vous n'y entendez rien[11]. » Philippe peut bien protester : « Mais Maman a bien le droit, nous avons bien le droit, je pense, d'exprimer librement nos opinions[12]. » Rien n'y fait. Cinquante ans plus tard, le fils de Gaulle en tire cette sage conclusion : « Je ne pense pas qu'il ait jamais changé d'avis grâce à moi, ni grâce à quelqu'un d'autre[13]. »

Ensuite, il ne faut jamais perdre de vue que Claude Guy, notre principal informateur sur Yvonne durant cette période, est un témoin à charge. Son récit, sans être sujet à caution, s'en trouve sans doute noirci, et Philippe de Gaulle n'hésite pas à y apporter quelques nuances. Il évoque à son tour la fameuse conversation à la Boisserie de fin octobre ou début novembre 1946 au cours de laquelle Yvonne s'est fait reprendre : « Elle avait de la correspondance en retard. C'est pour cette raison qu'elle était présente après le déjeuner dans la bibliothèque. Délaissant son stylo un instant, elle s'est jointe à notre conversation. En général, je le répète, elle s'abstenait d'ajouter son mot quand on parlait politique. Cette fois, elle a osé le faire, et très vite elle a agacé mon père, mais pas autant que raconte Claude Guy[14]. »

Enfin et surtout, si l'on se souvient de la fidélité de Mme de Gaulle au gaullisme de guerre, de son attachement à ce que fut son mari sur le plan historique entre 1940 et 1945, période exceptionnelle à ses yeux, la position d'Yvonne prend tout son sens. Une anecdote rapportée par Claude Guy illustre parfaitement son lien étroit avec le gaullisme primitif, celui de la période anglaise. Un jour, alors qu'elle s'apprête à sortir faire ses courses à Colombey, elle croise Claude Guy dans le vestibule et lui dit : « Ne regardez pas ce manteau, je sais bien qu'il est très simple et très usé. C'est un manteau de guerre, que j'avais acheté à mon arrivée en Grande-Bretagne… Voyez-vous : lorsque je me sens envahie par des idées de grandeur, eh bien, je me rappelle à l'humilité chrétienne en le mettant[15]. » Après quoi elle disparaît en riant.

Yvonne est contre la démesure et aime à se remémorer les temps difficiles de 1940 comme une époque où ses valeurs – modestie et courage face à l'adversité – triomphaient. Pour elle, le 18 Juin reste un événement spécifique et donc inimitable. Un tel moment, fruit des circonstances et de la personnalité d'un homme providence, ne peut se répéter. Il est donc rigoureusement impossible de « refaire le 18 Juin », comme le voudrait le Général, sauf à accoucher d'un avatar ou de cautionner une usurpation. À ses yeux, donc, le RPF ne peut se réclamer de 1940. Pis encore, pour Yvonne, une initiative politique malheureuse de son mari ne ferait que salir sa réputation passée, donc amoindrir dans les mémoires son rôle historique : « Qu'il descende dans cette boue, pour former ce Rassemblement, moi, voyez-vous, ça me dégoûte, car de cette boue il sera inévitablement éclaboussé[16] », dit-elle très franchement à son beau-frère Pierre de Gaulle. De plus, créer un parti dans le dessein précis de lutter contre les partis lui semble absurde : « Vous n'arriverez jamais à bout des partis. Quant à en former un vous-même, mais non, car votre parti lui-même vous trahirait au bout de quinze jours[17]. »

Pour une fois, Yvonne est bien meilleure Cassandre que son mari ! Mais son prosaïsme logique ne convient pas à l'exaltation dont le Général a besoin pour mener à bien son projet. Au moment où le proche lancement du RPF mobilise les ardeurs de De Gaulle et de ses collaborateurs, les propos d'Yvonne n'ont guère de poids. Qui voit alors dans son pessimisme autre chose qu'un désir entêté de garder pour elle son mari ?

Avec ou contre son avis, le mouvement politique gaulliste est donc officiellement créé, le 7 avril 1947, depuis le balcon de l'hôtel de ville de Strasbourg. Mme de Gaulle n'accompagne pas le Général pour ce baptême qu'elle accepte mal. Mais la foule se serre sur la place Broglie. De Gaulle, en verve, clame l'originalité de son mouvement, qu'il veut au-dessus des partis. Le principe de la double appartenance – qui permet d'adhérer au RPF même si l'on est déjà inscrit dans un autre parti – séduit un grand nombre de Français. Le souvenir du gaullisme de guerre fait le reste.

Yvonne, en dépit de sa désapprobation, reste une épouse exemplaire, décidée à soutenir son mari coûte que coûte. Soucieuse du sort de Charles, elle choisit de ne plus le lâcher d'une semelle : « Je vais prendre certaines précautions de manière à être libre de mes mouvements. Car, quoi qu'il arrive – et je prévois le pire dès maintenant –, je veux rester avec lui. Sachez-le bien : *dorénavant je ne le quitterai plus d'un pas.* » Cette confidence faite à Guy est des plus intéressantes, car Mme de Gaulle s'applique en effet à respecter scrupuleusement cet engagement. Pendant toute la durée du RPF, alors qu'elle est fondamentalement opposée à l'existence même du mouvement, elle accompagnera son mari dans chacun de ses déplacements en province, dans chacune de ses réunions à Paris, quitte à rester pour l'attendre dans la voiture. Silencieuse comme l'ombre du Général, elle sera à sa façon son plus fidèle garde du corps. « Elle tenait tellement à veiller sur lui ! À la fin, elle y a même pris goût[18] », se souvient Philippe de Gaulle.

Dès les premiers déplacements du Général à Paris, les mercredi et jeudi de chaque semaine, Yvonne est là. Elle loge avec Charles dans l'appartement de son frère Jacques-Philippe avenue Mozart, puis, à partir de mai 1947, à l'hôtel Lapérouse : c'est dans cet établissement que le couple prend ses habitudes pour ses séjours parisiens. Toutefois, la proximité géographique avec les Vendroux n'est interrompue que pour une très courte durée.

En effet, l'appartement de l'avenue Mozart doit être vendu en 1950. Les Vendroux ne savent plus où loger lors de leurs passages dans la capitale. Or « il est presque impossible, actuellement, de trouver à se loger à Paris. Nous discutons [avec les de Gaulle] des différentes solutions susceptibles de nous tirer d'embarras. Et c'est finalement mon beau-frère qui nous suggère de nous installer à l'hôtel Lapérouse, où une direction fort obligeante et bien disposée nous proposerait sans doute un arrangement commode et raisonnable. Un souci de discrétion nous fait hésiter[19] ».

Finalement, la solution est acceptée, et le 20 décembre les Vendroux s'installent à l'hôtel Lapérouse dans une grande chambre contiguë... à celle des de Gaulle. « Ce porte-à-porte avec eux renforce le scrupule que j'avais déjà d'un voisinage indiscret ; mais ma sœur, qui a peut-être inspiré le choix de la direction, m'assure qu'elle est au contraire satisfaite de ce que ce voisinage empêche celui d'éventuels gêneurs[20]. » Cet arrangement en dit long sur la confiance complète qui lie les deux couples. Le 12 janvier 1951, Yvonne et Charles – que Jacques-Philippe s'amuse désormais à appeler « mes voisins » – rendent visite aux nouveaux venus dans leur chambre du Lapérouse. « Ils l'ont trouvée à leur goût[21] », conclut Vendroux.

Une fois que le RPF a acquis un siège officiel pour ses bureaux, au 5, rue de Solferino à Paris, Yvonne y accompagne le Général mais ne pénètre quasiment jamais dans les bureaux. Elle préfère rester dans la traction garée sous le porche d'entrée : « Lorsque le Général arrivait en DS[22], très souvent Mme de Gaulle l'accompagnait et elle restait dans la voiture lisant un journal. Elle ne se mélangeait pas du tout, mais ce n'était pas par fierté ou par orgueil : elle était secrète, timide, elle n'osait pas sortir de la voiture[23] », témoigne Georgette Rocafulle, la secrétaire de Claude Guy rue de Solferino.

Si le Général est retenu trop longtemps, elle saisit cette occasion pour rencontrer dans Paris les gens qu'elle a besoin de voir au sujet de sa fondation, ou pour faire des courses au Bon Marché, situé non loin de là. Cette manie exaspère plus d'une fois Claude Guy : « Maintenant elle profite de ce voyage quasi hebdomadaire pour accabler de paquets de provisions les chauffeurs, à l'aller comme au retour[24]. »

Lors des déplacements en province, elle essaie de se faire toute petite. Tandis que son mari prononce des discours et reçoit les honneurs des villes qu'il traverse, elle « va visiter l'asile de vieillards le plus proche, la maternité ou les bonnes sœurs. Sans s'en rendre compte, elle apprend déjà son rôle[25] ».

Perçue comme une gêne par les proches collaborateurs de son mari, comme un poids par le service d'organisation du RPF, Mme de Gaulle acquiert dans les années 1950 une partie de sa réputation ultérieure. Les membres du RPF la décrivent comme une femme silencieuse et taciturne, sorte de garde-chiourme chargée de surveiller leur chef.

Claude Guy ne relâche pas ses efforts pour la prendre en défaut. Le 23 avril 1947, Yvonne accompagne son mari à Rueil pour visiter une villa qui pourrait servir de siège au RPF et de logement parisien aux de Gaulle. « Elle s'acharne à trouver l'endroit charmant » alors qu'il s'agit d'une « bicoque d'un rez-de-chaussée et d'un étage fraîchement repeints », entourée d'un « jardin pelé ». Le coup de grâce vient immédiatement après : « Le général de Gaulle, demeuré avec moi dans le jardin, me confie à quel point cet endroit lui déplaît[26]. »

D'autres membres du mouvement contribuent à donner d'Yvonne une image peu amène. Comment ne pas conter l'aventure qui arrive à l'inénarrable Roger Barberot, gaulliste de la première heure, cadre du RPF et coureur de jupons patenté, et à Brigitte Friang, membre du service de presse du RPF ? Les deux jeunes gens – qui n'ont aucune relation sinon professionnelle – doivent un jour d'hiver 1947 se rendre en 11 CV à Baume-les-Dames pour y préparer la venue prochaine du président du RPF. Las ! Ils se rendent compte en chemin qu'ils ont oublié de prendre avec eux les indispensables bons d'essence sans lesquels il est impossible de faire le plein en cette période de rationnement.

Brigitte Friang suggère alors de s'arrêter à la Boisserie, qui est sur la route, pour demander des bons à Claude Guy. À 7 heures du soir, alors que la nuit est tombée, les voici qui sonnent à la porte. Claude Guy, hélas ! n'y est pas, et c'est Yvonne de Gaulle qui leur ouvre, éberluée ! Le récit que fait Brigitte Friang de cet épisode trahit une gêne réelle. C'est que la jeune fille, en dépit de son éducation ouverte, sait qu'il est inconcevable de débarquer ainsi de façon impromptue chez les de Gaulle. Elle devine aussi qu'il est plus inconcevable encore, aux yeux de Mme de Gaulle, de voir une jeune fille et un jeune homme non mariés voyager seuls en pleine nuit : « Roger Barberot et moi avons été aussi bêtes l'un que l'autre. Au lieu de dire la vérité, Roger Barberot, qui avait beaucoup de bagou, commence à dire : "Eh bien voilà ! nous passions. Nous allons à Baume-les-Dames et nous souhaitons demander au Général des précisions sur son discours" (il n'y avait aucune raison de le déranger, car ce n'était pas du tout un discours historique)[27]. »

La situation devient plus délicate encore quand le Général entre dans la pièce. « Barberot, terriblement gêné, pour excuser ma présence, commence à raconter mes hauts faits de résistance et le Général, manifestement, se disait : "Mais qu'est-ce que font ces deux-là ici ?"[28] »

Ils ne tardent pas à avoir des échos de l'affaire. Deux jours plus tard, Claude Guy rapporte à Barberot les propos de la femme du Général :

« Mme de Gaulle a été outrée de voir que vous vous promeniez comme ça avec une jeune fille. » Barberot fournit une version moins édulcorée de la phrase du Général – « Alors maintenant on emmène ses petites amies à Colombey[29] ! » – et la déclinera ensuite sur un mode encore moins courtois.

Plus souvent, les cadres du RPF sont moins gênés par le côté bonnet de nuit d'Yvonne que par son indéfectible retenue. Leur enthousiasme militant se heurte à l'apparente apathie d'Yvonne. La fierté qu'ils ont de servir le Général achoppe sur le silence buté de son épouse, toujours présente physiquement, mais qui semble toujours absente. Roger Barberot ne se prive pas de le dire, en toute franchise, quand il se remémore le voyage de De Gaulle à Sennecey-le-Grand : « J'étais dans la deuxième voiture, qui suivait celle du Général, avec Mme de Gaulle et j'étais en uniforme. Tout le long du parcours, les gens nous arrêtaient dans tous les villages – ils étaient prévenus de l'arrivée du général de Gaulle – avec des bouquets de fleurs. Au prochain village on s'arrêtait (il y avait jusqu'à sept ou huit arrêts). Je mettais au monument aux morts les fleurs qu'on m'avait données au village précédent… Et puis, comme Mme de Gaulle m'ennuyait quand même, je crois que j'ai dû dormir dans la voiture, ce qui probablement n'a pas été apprécié !! Bon, quoi qu'il en soit, quand nous sommes arrivés à Charolles, où le Général allait faire un discours, eh bien, c'est moi qui ai repéré Mme de Gaulle qui était dans la foule au dernier rang pour lui dire : "Écoutez, non, madame, il faut quand même vous mettre dans un rang où vous pouvez vous asseoir !" Sinon elle restait anonymement dans la foule : défaut de qualité [*sic*] quelquefois exaspérant[30] ! »

Brigitte Friang, qui dit « aimer beaucoup Mme de Gaulle », confirme que son manque d'enthousiasme a de quoi doucher l'euphorie des jeunes militants. « Un jour, à Lyon, j'avais les textes des discours que je devais distribuer à la presse filmée. J'avais six ou sept paquets de discours. Et, pour rire (c'était des idées de jeune), en passant devant la tribune officielle pour aller porter mes discours à mes petits copains de la presse filmée, j'ai trouvé drôle de vouloir en donner un exemplaire à Mme de Gaulle. Elle n'a pas du tout apprécié la plaisanterie et m'a répondu : "Merci, mademoiselle, je connais !" Je suis partie avec mes discours, vexée[31]. »

Le RPF, galvanisé par la volonté de De Gaulle, appartient certainement à un univers très éloigné de celui de Mme de Gaulle. Jeunesse, militantisme, engagement ne sont plus de son âge, s'ils l'ont jamais été. Pourtant, avec le temps, et surtout avec les excellents résultats obtenus par le RPF aux municipales d'octobre 1947, Yvonne tempère son point de vue. Il est vrai qu'elle peut se réjouir : le RPF obtient sur le plan national 35 % des voix et s'empare de plusieurs grandes villes. Mais surtout son mari est élu dès le premier tour, avec 112 voix sur165 votants, au conseil municipal de Colombey-les-Deux-Églises, où il ne se présentait pas ! C'est pour elle un honneur et une sorte de pied de nez aux conseillers politiques de tout poil, même si de Gaulle refuse la fonction. Petit à petit, Yvonne joue un peu mieux le jeu. Bien informée, elle finit même par donner son avis. Plusieurs faits l'attestent.

En premier lieu, voici qu'elle se montre hostile aux personnes qu'elle soupçonne de trahir le RPF. Il est captivant de voir à quel point elle peut se montrer intraitable avec ceux qu'elle considère comme des traîtres : elle fait alors preuve d'une dureté supérieure à celle de son mari, même si c'est lui, et non pas elle, qui est trahi.

Après les municipales d'octobre 1947, Edmond Michelet demande à être reçu à la Boisserie. Rappelons que cet ancien résistant déporté à Dachau, ministre de la Guerre du Général à la Libération, est membre du MRP. Mais tout comme Jacques-Philippe Vendroux, lui aussi membre du MRP avant de rallier le RPF, il se sent attaché au gaullisme par des liens presque naturels. Le 20 août, Vendroux a pris l'initiative de créer un intergroupe d'action pour une vraie démocratie, « sorte d'amicale des parlementaires adhérents ou favorables au RPF[32] ». Michelet y a adhéré immédiatement, mais le MRP a interdit deux jours plus tard à ses membres d'appartenir à ce groupe. Vendroux en a tiré les conséquences : le 29 septembre, il a démissionné du MRP. Michelet, lui, espérait pouvoir arriver à une conciliation. Pour les municipales, candidat à Brives, il a suggéré de créer une liste de très large union sous le patronage du RPF. Mais le MRP a refusé, tandis que de Gaulle présentait une liste RPF dirigée par Pierre Lefranc. Déchiré entre ses deux appartenances, Michelet a préféré ne pas se présenter. C'est après cette échéance électorale qu'il arrive à la Boisserie.

Or Yvonne s'insurge, et reproche à son mari de recevoir Michelet. Sans doute, confortée par l'exemple de son propre frère qui a préféré quitter le MRP, considère-t-elle Michelet comme quelqu'un qui ne sait pas choisir son camp. Charles de Gaulle rétorque par un argument imparable : s'il accueille Michelet, « c'est pour avoir une occasion de l'engueuler[33] ». L'intransigeance de Mme de Gaulle, qui ne saurait supporter qu'on joue avec les principes de fidélité, qu'elle soit conjugale ou politique, explique pour beaucoup ses relations : toute sa vie, elle sera courtoise et aimable avec les personnes qui lui semblent droites et fiables, mais ne cessera de battre froid aux menteurs, aux roublards ou aux volages, qu'elle met dans le même sac. En l'occurrence, son mari est plus fin qu'elle : Michelet, gaulliste dans l'âme, est exclu du MRP le 10 novembre, quinze jours après sa visite à Colombey. Louis Terrenoire le suit par solidarité. Ils deviennent tous deux des éléments moteurs du RPF.

En dehors de Michelet pour des raisons conjoncturelles, il est d'autres membres du RPF qui ne trouvent pas grâce aux yeux d'Yvonne de Gaulle. Visiblement, elle ne porte dans son cœur ni Soustelle – président du RPF de 1947 à 1951 –, ni Palewski, ni Malraux. Pour ce dernier, Philippe a une explication, qui semble recevable : « Ma mère s'en méfiait. Elle trouvait que son existence personnelle était parfois compliquée, bien que dénuée de scandale, par plusieurs compagnes légitimes ou non, et depuis ses aventures au

Cambodge ou en Espagne pendant la guerre civile. Elle désapprouvait sa vie de "bâton de chaise". [...] Elle craignait que sa passion politique, son exaltation lyrique et son attachement pour mon père n'entraînent ce dernier loin de la Boisserie où elle aurait souhaité le garder en famille, hors des tumultes et des ingratitudes de la vie publique[34]. »

En deuxième lieu, Yvonne commence à s'impliquer personnellement en faveur du RPF. Le témoignage de son frère Jacques-Philippe est à cet égard fondamental. En mars 1948, il reçoit une lettre de sa sœur, dont il cite certains termes : elle « me suggère, puisque le Pas-de-Calais "a besoin d'être secoué un peu", de susciter un voyage de mon beau-frère en août prochain dans la région. Il me faudrait provoquer à cet effet quelques invitations de maires et de personnalités représentatives. Elle me demande de toucher Charles discrètement, sans passer par la rue de Solferino[35] ».

Quelle mention intéressante ! Yvonne s'y dévoile en stratège politique. Constatant que sa région natale n'est pas suffisamment engagée derrière le RPF, elle propose une solution : organiser un déplacement de son mari à Calais. Elle conseille son frère sur la marche à suivre : intervenir directement, sans recourir aux caciques du mouvement. Enfin, surtout, sa fierté personnelle la pousse à faire en sorte que sa région, qui est aussi celle où son frère fait sa carrière politique, exerce un soutien sans faille à son mari.

Il sera fait comme Yvonne l'a voulu : en août, les de Gaulle rejoignent les Vendroux à Calais pour quelques jours de repos. Le 3 février 1950, de nouveau, le Général et sa femme logent chez Jacques-Philippe et Cada. Le lendemain, Charles de Gaulle effectue une visite officielle à Calais et dans les environs.

En dernier lieu, un constat s'impose : quand bien même Yvonne voudrait rester à l'écart du RPF, sa vie privée se trouve affectée par le mouvement politique. Son emploi du temps est commandé par les déplacements et les meetings de son mari. À compter de septembre 1948, son quotidien est littéralement envahi par le RPF : c'est le début de la « campagne du timbre », un stratagème original trouvé par les gaullistes pour renflouer les finances du parti. Dans toute la France, chaque citoyen peut acheter un timbre de 50 francs dont la plus-value est versée au RPF. Seule condition : affranchir avec ce timbre un courrier à destination du Général, comme l'indique l'affiche de lancement de la campagne : « Si vous voulez que la France soit la France, aidez dans sa mission le général de Gaulle. Envoyez-lui ce timbre personnellement à Colombey-les-Deux-Églises (Haute-Marne)[36]. »

Le succès de l'opération déborde vite les moyens mis en œuvre par de Gaulle – en l'occurrence les malheureux Claude Mauriac et Gaston de Bonneval chargés d'ouvrir les lettres à la Boisserie. Le samedi 18 septembre, 95 000 lettres arrivent à la poste de Colombey ! Le journal *La Haute-Marne libérée* rapporte l'embarras de la receveuse des postes : « Mlle Berçot, ses deux facteurs et son auxiliaire, Mlle Blanchard, ne suffisent pas au tri de ce volumineux courrier et à sa distribution dans un temps normal[37]. » Le lundi 20 septembre, 13 sacs postaux sont déposés à la Boisserie – soit 180 000 lettres. Même les actualités Gaumont, Pathé et Métro filment l'événement – c'est du reste la première fois que Colombey apparaît à l'écran. Le 22 septembre, on en est à 400 000 lettres. Impossible pour la poste de Colombey de séparer le courrier personnel destiné aux de Gaulle et les lettres de la campagne du timbre. Toutes les enveloppes sont donc placées, c'est le cas de le dire, dans le même sac.

Si l'on ne connaît pas la réaction d'Yvonne face à ce remue-ménage hors du commun, il est facile d'imaginer qu'elle ne goûte guère d'être ainsi envahie. Son propre courrier disparaît dans la masse, sa bibliothèque croule sous les lettres, les collaborateurs de son mari passent la journée entière à compter le nombre de timbres reçus. Aussi est-elle soulagée lorsqu'il est décidé que tout ce laborieux travail sera effectué par un secrétariat plus important à Paris.

L'épisode de la campagne du timbre amène également Yvonne à intervenir dans un domaine annexe. C'est elle qui répond aux gens qui souhaitent récupérer les timbres après envoi, pour leur collection. Un certain Léon Mazaud, d'Argentières, a fait part à Jacques Soustelle de son désir d'obtenir les timbres. Hélas, il se fait griller la priorité par une autre personne, bien mieux placée puisqu'il s'agit d'une religieuse de l'abbaye Notre-Dame à Sées. Dès le 27 octobre 1948, elle écrit à Yvonne de Gaulle : « Pour la reconstruction de notre monastère et de notre école dentellière, rasés par les bombardements de juin et la bataille d'Argentan d'août 1944, nous recueillons tous les timbres oblitérés français et étrangers qu'on veut bien nous donner[38]. » Yvonne ne peut pas résister à une demande aussi justifiée à ses yeux.

Le pauvre Mazaud reçoit donc la lettre suivante, qui n'est pas d'Yvonne mais a sans nul doute été écrite à sa demande par une plume du RPF sur ordre de Christian Fouchet : « Je crois pouvoir vous dire que, pour diverses raisons, le général de Gaulle ne désire pas que la campagne du timbre de salut public soit utilisée dans un but de philatélie. Le dépouillement de tout le courrier reçu par le général de Gaulle à Colombey une fois terminé, les timbres seront brûlés et les enveloppes elles-mêmes seront détruites. Je regrette donc de ne pouvoir vous donner satisfaction[39]. » Pieux mensonge : le 20 mars 1949, huit cartons de timbres sont livrés à Sées à la sœur Lucie Valet…

À travers le prisme du RPF à ses débuts, Yvonne de Gaulle confirme sa personnalité discrète mais entière. Malgré les portraits souvent défavorables que peignent d'elle les collaborateurs de son mari, elle se révèle en cette occasion une femme avertie, informée, et finalement désireuse de voir le mouvement gaulliste remporter des victoires.

En septembre 1948, une nouvelle fois, elle montre la pertinence de son point de vue dans une discussion qui se déroule entre son mari et Claude Mauriac. Lors d'un rassemblement RPF à Grenoble, de graves incidents ont eu lieu entre les militants gaullistes et les communistes. Souvent violents, ces heurts ont causé cette fois la mort d'un jeune homme. Dans la bibliothèque de la Boisserie, le Général regarde les actualités de 13 heures, où est évoquée l'ouverture à l'Assemblée nationale d'un débat sur les événements de Grenoble. « De Gaulle feint de ne pas y attacher d'importance, note Mauriac. Selon lui, tout sera oublié dans dix jours. Mme de Gaulle intervient du petit bureau où elle écrit, pour dire que, si les élections cantonales ont lieu, le RPF perdra des voix en raison précisément des bagarres de Grenoble. De Gaulle n'en croit rien, mais ne répond pas lorsque je lui dis : "C'est grave, mon Général, les premiers morts depuis la Libération."[40] »

L'échec final du RPF, patent à partir de 1951, donne rétrospectivement raison au pessimisme initial d'Yvonne. Dès 1947, elle assurait à Claude Guy : « Je ne crois pas à cette aventure... Je suis persuadée qu'il ne réussira pas[41]... » Bien entendu, elle ne pouvait prévoir que l'hostilité des autres partis se traduirait par l'interdiction d'antenne de son mari, et par une loi dite des apparentements qui étoufferait le succès du RPF dans les urnes.

Mais son intuition concernant la trahison politique se révèle exacte. Quand, le 6 mars 1952, vingt-sept députés RPF votent l'investiture du gouvernement Pinay contre l'avis du général de Gaulle, les propos tenus quelques années plus tôt par Yvonne prennent tout leur sens : « Vous n'arriverez jamais à bout des partis. Quant à en former un vous-même, mais non, car votre parti lui-même vous trahirait au bout de quinze jours[42]. » Que les députés félons soient exclus du RPF n'y change rien : quelques mois plus tard, quarante-cinq autres élus rompent à leur tour avec le mouvement gaulliste pour rejoindre des partis plus susceptibles à leurs yeux d'arriver au pouvoir. Il est temps pour de Gaulle de tirer les conclusions qui s'imposent : en 1953, il rend leur liberté aux élus RPF.

Louis Terrenoire, qui succède à Soustelle comme secrétaire général du mouvement en 1952, est l'un des rares gaullistes à voir dans le point de vue d'Yvonne de Gaulle une fidélité au gaullisme originel. Il est vrai qu'il la côtoie surtout à une époque où le mouvement arrive à bout de souffle. Cela le rend plus sensible au pessimisme qu'elle exprime. Après le mauvais résultat du RPF aux municipales d'avril 1953, le Général confie à Terrenoire son intention de mettre un terme au rassemblement. Dans son commentaire, Terrenoire ne fait que reprendre l'argumentaire traditionnel d'Yvonne de Gaulle sur le prestige historique de son mari : « Sur le fond, je ne ressens pas la moindre réserve, étant intimement persuadé que de Gaulle avait raison. Il ne faut à aucun prix que son prestige soit davantage entamé par la versatilité des Français. Pendant un court moment d'absence de son mari, je le dis à Mme de Gaulle, qui me fait part de ses propres inquiétudes à cet égard. Elle paraît très émue à la pensée que le Général puisse être ridiculisé par des résultats comme ceux du 26 avril. Je suis entièrement de son avis : il faut que cela cesse[43]. »

Étonnante communion de pensée, inenvisageable en 1947, mais rendue possible par la conjoncture de 1953 ! Même Claude Guy finit par regarder d'un autre œil l'opinion d'Yvonne. « L'attitude de Mme de Gaulle, explique Terrenoire, a beaucoup frappé Claude Guy. Elle lui a paru posséder désormais l'assurance, tellement désirée, de conserver son mari pour l'Histoire, mais pour l'Histoire seulement[44]. » Alors qu'il la soupçonnait de vouloir simplement garder son époux sous sa coupe à la Boisserie, Guy commence à entrevoir que la pensée d'Yvonne est peut-être plus généreuse : son refus du RPF aurait pour motivation de protéger la stature historique du Général...

« Je songe que *tante Yvonne* est en train de gagner la partie, conclut Terrenoire. Chaque fois que je suis venu seul à la Boisserie, n'a-t-elle pas, de façon croissante, mais en termes mesurés, fait allusion au dommage que les engagements d'une vie publique, en cette fin de Rassemblement, causaient à la figure historique du Libérateur[45] ? »

Yvonne gagne provisoirement. La véritable traversée du désert commence en 1953 alors pour de Gaulle, cantonné désormais à incarner le personnage historique qu'il fut durant la guerre. La rédaction de ses *Mémoires de guerre*, fermement encouragée par Yvonne, correspond à cette résignation nouvelle.

Elle, de son côté, ne connaît pas de désert ni de repos. Elle travaille à sa fondation. Un drame brutal, pourtant, bouleverse sa vie enfin apaisée.

CHAPITRE X

Vivre sans Anne

Revenons un peu en arrière. En cette fin de 1947, les de Gaulle peuvent tirer un bilan très positif des mois écoulés : le Général a bon espoir dans le succès du RPF et Yvonne a réussi à mettre sur pied sa fondation. Les deux parents, épanouis et fort occupés dans leurs activités respectives, se réjouissent du prochain mariage de leur fils Philippe. Pourtant, quelques événements troubles viennent perturber la sérénité qui devrait régner. Il serait facile – et illusoire – de les considérer rétrospectivement comme des signes avant-coureurs. Pourtant, à partir des derniers mois de l'année, le climat change à la Boisserie.

Aux alentours du mois d'octobre 1947, la fidèle Mlle Potel quitte la famille de Gaulle après quinze années de bons et loyaux services. Son départ n'est donc pas, comme l'écrit Marcel Jullian, la conséquence de la mort d'Anne. Elle prend simplement sa retraite dans son village de Torigni-sur-Vire (Manche), une retraite bien méritée. Durant les derniers temps de son service, Anne n'était plus une petite fille facile à transporter ou à circonvenir. Âgée de vingt ans, un peu rondelette comme le sont la plupart des trisomiques, elle pesait sans doute plus de soixante kilos. Ce simple fait rendait les soins plus compliqués et plus fatigants.

Mlle Potel, qui fait partie intégrante de la famille, restera en très en bons termes avec les de Gaulle. Néanmoins, force est de s'interroger sur les conséquences pour Anne de son départ. Elle qui a vécu depuis l'âge de quatre ans dans l'étroite compagnie de cette dame, qui la connaissait et savait lui parler, comment réagit-elle à son absence définitive ? Surtout, que suscite en elle l'arrivée d'une nouvelle gouvernante ? C'est Mme Michignaud, « une veuve originaire de Rizaucourt[1] », qui succède à Mlle Potel. Arrivée avec son mari – un banquier retraité – dans ce village voisin de Colombey, elle s'occupe des jeunes et organise des séances de catéchisme. À la mort de son époux, elle est embauchée par les de Gaulle pour s'occuper de leur fille.

Durant l'été 1939, lorsque Marguerite Potel avait déjà été remplacée durant un mois par une institutrice de Saint-Dizier, tout s'était bien passé. En est-il de même en 1947 ? Sans doute, puisque les de Gaulle garderont par la suite de très étroits contacts avec Mme Michignaud, ce qui montre à quel point ils l'ont appréciée. La veuve travaillera même à la Fondation Anne de Gaulle puis pour une vieille parente des Boissieu[2]. Toutefois, la mort d'Anne dans les mois qui suivent le départ de son ancienne gouvernante apparaît comme une fascinante coïncidence. Même si son décès résulte de causes cliniques parfaitement identifiées, il est difficile de ne pas le mettre en relation avec le départ de Mlle Potel. Comme si, abandonnée par la personne qui veillait sur elle quotidiennement depuis quinze ans, elle s'était laissée aller à perdre sa raison de vivre.

Le mois de novembre 1947 fait entrer la mort chez les de Gaulle. Le 28 novembre, alors que la neige recouvre Colombey, ils apprennent la disparition du général Leclerc dans un accident d'avion au Sahara. Le choc, surtout pour le Général, est violent : « La mort de Leclerc est une perte incalculable pour le pays. Je l'aimais, confie-t-il à Claude Guy. Oh ! il était cabochard, bien entendu... On ne peut être parmi les plus grands sans être un peu cabochard. Mais, croyez-moi, je me souviendrai toujours de ceci à son propos : il avait une chose que les autres n'avaient pas souvent : aucun sentiment chez lui, aucune pensée, aucune parole ni aucun geste n'était jamais vulgaire ni médiocre[3]. »

La disparition d'un homme aussi exceptionnel ruine pour de Gaulle bien des espoirs. Il imaginait volontiers Leclerc occupant de hautes responsabilités dans le pays. Désormais il se sent seul, et, pour ne pas risquer à son tour de disparaître, prend une décision qui n'est pas de nature à lui rendre sa bonne humeur : il arrête de fumer.

Le 3 décembre, le Général et Mme de Gaulle rendent visite à la veuve de Leclerc à Paris. En sortant, de Gaulle pleure. « Cherchant pour la première fois un point d'appui affectif, il dit à sa femme : "Yvonne, donnez-moi votre bras, j'ai besoin de m'appuyer dessus."[4] »

Le Noël qui suit est des plus tristes. Le Général a donné congé à Claude Guy du 23 décembre au 13 janvier. Les de Gaulle comptent sur la venue des Philippe et des Boissieu. Mais Philippe n'arrive que le 27 et Élisabeth, malade, ne vient pas.

« Mme de Gaulle m'a dit la tristesse inoubliable de ce Noël, que le Général – pour la première fois depuis 1940 – avait voulu gai : il avait ordonné qu'on préparât un copieux déjeuner de Noël. La tristesse de cette messe de minuit troublée par un photographe qui les aveuglait de magnésium, au grand scandale des fidèles... La tristesse encore de cette scène : Marie, la servante, les éclairant sur la route de l'église avec une lampe-tempête... Puis le retour, le réveillon à deux, dont elle m'a dit l'infinie mélancolie[5]. »

La mort d'Anne

Vers le milieu du mois de janvier 1948, Anne est frappée d'une maladie que ses parents prennent d'abord pour une angine mais qui se révèle en réalité être une grippe se portant sur un poumon. Le médecin du village, le docteur Colomb, fait ce qui est en son pouvoir. Chez les trisomiques, dotés d'un système immunitaire affaibli, chaque maladie présente un risque d'aggravation et doit être prise au sérieux. Les de Gaulle savent depuis longtemps que la vie de leur petite handicapée sera brève. Les Lévy-Solal, par exemple, ont perdu de façon précoce leur enfant frappée du même handicap. Quand le deuxième poumon d'Anne est atteint par la bronchite, la situation devient extrêmement grave. La petite infirme respire de plus en plus mal. Le soir du vendredi 6 février, le docteur Hurez est appelé en urgence de Troyes. Il donne de la pénicilline à la jeune fille – ce qui est encore peu fréquent à l'époque –, mais sa respiration est de plus en plus courte.

Yvonne envoie chercher l'abbé Drouot : « Alors que j'étais déjà couché, raconte le prêtre, un violent coup de sonnette retentit à la cure. Aussitôt je me trouvai en présence du colonel de Bonnevalle [*sic*]. Il venait me chercher pour assister Mlle de Gaulle qui mourait[6]. »

Le récit de la mort d'Anne a déjà été fait par plusieurs témoins indirects, notamment Philippe de Gaulle et Jacques-Philippe Vendroux. Laissons pour la première fois Yvonne raconter elle-même, avec ses mots, ce moment douloureux. Elle le fait du fond de son cœur dans une lettre à ce jour inédite, écrite à la supérieure de la Fondation Anne de Gaulle, une femme en qui elle a une confiance absolue. Ce texte est empreint d'une grande pudeur. Aucune description pénible, aucun détail indigne. La part la plus importante de la lettre est en réalité consacrée à la famille dans son ensemble, qui apparaît comme le lieu de la survie et des grands équilibres. C'est ainsi que, pour Yvonne, la mort d'Anne n'est pas vaine : c'est une offrande faite pour l'accomplissement des siens, Charles et Philippe notamment, mentionnés dans la lettre. Mais aussi pour la Fondation de Gaulle, considérée plus que jamais comme un membre de la famille à part entière.

« À 10 heures du soir, elle est morte dans nos bras[7]. [...] Sans doute Dieu avait-il besoin de cette âme si pure pour mieux protéger le Général dans l'œuvre qu'il a entreprise. [...] Au même moment, Philippe échappait à un atterrissage violent. » Yvonne précise que le dernier mot prononcé par Anne fut : « Henriette. » Elle ajoute : « Anne avait un carnet de caisse d'épargne [...] que nous consacrerons à la chapelle [de la fondation]. Et la semaine d'après je vous ferai porter tout ce qui pourrait vous être utile des petites affaires d'Anne[8]. »

Il faut remarquer que la solidarité familiale invoquée par Yvonne pour magnifier la mort d'Anne est également le fait des autres membres de la famille. Alain de Boissieu, par exemple, se dit prêt à sacrifier sa carrière militaire pour venir soutenir ses beaux-parents : « Pour [eux], cette épreuve fut beaucoup plus lourde que les familiers purent l'imaginer. Après notre départ vers l'Afrique, après le mariage de mon beau-frère, seule Anne restait à la Boisserie ; elle était certes le sujet de leurs préoccupations, mais aussi celui de leur affection. Sa disparition laissait la maison tellement vide que j'envisageai de rentrer en France, même s'il fallait pour cela interrompre ma carrière en demandant un congé sans solde[9]. » Ses beaux-parents refusèrent la proposition.

Le prêtre apporte lui aussi un témoignage inédit sur la terrible soirée. Après avoir quitté sa cure à la hâte, il arrive à la Boisserie : « Je me trouvais, pour la première fois, en présence de Mlle Anne de Gaulle[10]. » Détail étonnant, qui montre bien la pudeur dont les de Gaulle entouraient leur fille ! Même au curé qui fait le bien et accorde le pardon, même au curé qui bénit, ils ont caché leur enfant. Du reste, quand Drouot entre dans la chambre, Anne est déjà morte. « Présumant qu'il était encore temps, je lui donnai l'extrême-onction. Dans la suite, je me le suis reproché. Anne de Gaulle n'avait jamais eu la raison[11]. »

Jusqu'à la fin, sa faiblesse d'esprit aura finalement isolé cette enfant pas comme les autres du reste des hommes et même du reste des chrétiens. Entrée dans la communauté chrétienne par son baptême, à un âge où son handicap était indécelable, elle quitte la terre avec un dernier sacrement donné trop tard et accompagné des remords d'un homme d'Église.

Dans les heures qui suivent la mort, les de Gaulle se retrouvent près de la dépouille en compagnie du curé, de Claude Guy, de Gaston de Bonneval et de Mme Michignaud. « Je trouvai le Général effondré dans une incroyable douleur, note l'abbé Drouot. Il me dit à peu près ceci : "Je suis un homme anéanti. Vous déciderez de tout : du jour et de l'heure. Je voudrais d'un enterrement comme on les fait à Colombey."[12] » On peut voir là la première formulation du testament du Général – « Je veux que mes obsèques aient lieu à Colombey-les-Deux-Églises »...

Puis c'est la famille – et la famille seulement – qui accourt pour entourer les parents meurtris. Jacques et Cada Vendroux sont parmi les premiers à arriver, dès le matin du 7 février. Ils sont accompagnés du docteur et de Mme Solal, qu'on peut considérer comme appartenant aussi à la famille.

Philippe de Gaulle, qui se trouve à Hyères le jour de la mort d'Anne, arrive à Colombey le dimanche. Il décrit la tristesse qui envahit les lieux et donne des détails sur les gestes très chrétiens qui accompagnent rituellement la mort : « Mes parents étaient silencieux. [...] Ma mère avait fait fermer tous les rideaux et les volets de la maison. On n'entendait que des chuchotements et des bruits de pas. Je suis arrivé à temps pour assister à la mise en bière de ma petite sœur. On a ensuite descendu le cercueil dans le salon où on l'a posé sur deux tabourets, au milieu du grand tapis décoré de roses. À côté, sur un petit guéridon, brûlaient des bougies près d'une assiette remplie d'eau bénite et d'un rameau de buis[13]. »

La seule absente est finalement Élisabeth qui vit avec son mari en Afrique et se trouve alors seule à Brazzaville, Alain étant en déplacement à Fort-Lamy. « Comment a-t-elle appris cette cruelle nouvelle ? » redoute son mari après coup. La lettre que Charles lui écrit le 10 février reflète la solidarité familiale :

> Ma chère petite fille Élisabeth,
>
> Je vous écris à vous – naturellement la première – après le grand chagrin qui est venu sur nous. Votre pauvre petite sœur est morte vendredi (6) à dix heures et demie du soir. Elle était assez patraque depuis une quinzaine de jours. Ensuite, elle a paru être grippée. Mais le vendredi matin elle respirait péniblement et ne voulait plus rester étendue sur le dos. Un spécialiste de Troyes (docteur Hurez) est venu au début de l'après-midi et a reconnu une pneumonie double, d'autant plus grave que le petit cœur lui paraissait faible. Une piqûre de pénicilline et de l'oxygène n'ont rien donné. Anne allait s'affaiblissant et s'asphyxiant. Elle est morte dans mes bras avec sa maman et Mme Michigniau à côté d'elle, pendant que le médecin lui faisait une piqûre *in extremis*... M. le curé est accouru pour la bénir. C'est une âme libérée. Mais la disparition de notre pauvre enfant souffrante, de notre petite fille sans espérance, nous a fait une immense peine. Je sais qu'elle vous en fait aussi. Puisse la petite Anne nous protéger du haut du ciel et protéger d'abord vous-même, ma bien chère Élisabeth[14] !

Enfin, à Colombey, les gens du village expriment une compassion touchante. Ils connaissent assez les de Gaulle pour ne pas se manifester de manière trop appuyée. Leur intervention est ordonnée et se place sous l'autorité de M. le curé, qui agit envers Anne comme envers n'importe lequel de ses paroissiens décédés : « Le 8, qui était en même temps un dimanche, je me rendis après vêpres avec les jeunes filles à la maison mortuaire (ce que nous faisons pour tous les morts de la paroisse). Nous récitâmes le chapelet autour du lit sur lequel reposait Anne de Gaulle. Le Général et Mme de Gaulle se mirent à genoux, à même le sol, et le récitèrent avec nous[15]. »

Les funérailles se déroulent dans la plus stricte intimité et la plus grande simplicité. Charles de Gaulle énumère pour Élisabeth la liste des membres de la famille présents : « Philippe et Henriette, arrivés le dimanche ; vos oncles et tantes : Xavier ; Marie-Agnès ; Pierre et Madeleine ; Jacques et Cada ; Jean et Madeleine ; Suzanne (marraine d'Anne) et Jean [Rérolle]. [...] Il y avait également Mlle Potel arrivée le dimanche matin (à temps pour revoir une dernière fois les traits d'Anne) et Mme Michignaud. Avec le commandant de Bonneval et le capitaine Guy [...], c'étaient là tous les assistants du déjeuner après la cérémonie[16]. »

La messe est dite par l'abbé Drouot, seulement accompagné du curé de Lignol, un village voisin. Autant dire que l'évêque de Langres est absent. Selon l'abbé Drouot, il n'aurait même pas envoyé ses condoléances aux de Gaulle, contrairement à la plupart des évêques de France. Quant à l'église, elle « était pleine, mais sans plus, note-t-il. Les abords de Colombey étaient surveillés par la police, laquelle ne laissait entrer au village que ceux qu'elle voulait bien[17] ».

Avec l'enterrement de leur fille dans le cimetière paroissial, les de Gaulle confortent leur enracinement dans le petit village. Colombey est désormais la terre où repose leur enfant, ce qui signifie déjà implicitement qu'ils ont choisi d'être enterrés là aussi quand viendra leur heure. Il n'est pas envisageable de séparer dans la mort des êtres qui ont été solidement unis durant la vie terrestre. Ce qui s'esquisse en 1947 est confirmé officiellement par de Gaulle dans le testament qu'il rédige en 1952 : « Ma tombe sera celle où repose déjà ma fille Anne et où, un jour, reposera ma femme. Inscription : Charles de Gaulle (1890-....). Rien d'autre. »

Quelques jours après les funérailles d'Anne, Yvonne écrit de nouveau à la supérieure de Vertcœur. Son ton est cette fois doux-amer. L'enterrement est passé, le silence emplit la maison, les émotions contenues font surface : « Ici les abeilles sont sorties hier, ce qui annonce dit-on le printemps... Il aura peu de charme pour nous cette année. Notre jardin est si triste sans Anne. Elle s'y promenait beaucoup avec sa fidèle gouvernante ou l'un de nous. Il est arrivé plusieurs cartes de sympathie des familles de nos protégées. Nous en avons été touchés, le Général et moi. Une correspondance considérable est parvenue. Plus de 10 000 témoignages de partout et de toutes sortes de gens. Une lettre émouvante entre toutes disait qu'Anne était "la petite colombe de Colombey". C'est joli n'est-ce pas[18] ? »

Alors qu'Anne représentait depuis vingt ans un élément majeur dans l'organisation de leur vie, les de Gaulle doivent désormais apprendre à vivre sans elle. Bien sûr, la présence d'Anne s'est souvent apparentée à une contrainte matérielle et morale. À cet égard, la mort de la jeune fille représente aussi, et eux-mêmes le reconnaissent, un soulagement. Non pas un lâche soulagement matériel, mais une sorte d'allégement spirituel : désormais, cette âme innocente a rejoint sa place au Ciel. C'est ce que le Général confie à Bonneval, près du cercueil : « Évidemment, il y en a qui ont été plus utiles et qui sont morts. Mais, s'il y a un Dieu, c'est une âme libérée qu'il vient de rappeler à Lui[19]. »

Il n'empêche. L'absence d'Anne est d'une grande cruauté. Au mois de mai, la solitude se fait sentir : « Philippe est en croisière jusqu'à la fin de juin. Henriette est à la Cueille avec sa mère, écrit Charles à Élisabeth qui se trouve toujours à Brazzaville. C'est vous dire que nous sommes bien seuls, votre Maman et moi. La pauvre petite Anne, quel que fût son état, jouait tout de même son rôle de présence, de sujet d'intérêt et d'affection[20]. »

Leur tristesse ne diminuera pas avec les années et sera toujours un point de repère extrêmement net dans leur existence. Charles, qui vouait une profonde affection à sa benjamine, s'émeut encore à son souvenir des années après. En juillet 1962, alors qu'il parle avec Alain Peyrefitte, dont la fille vient d'être victime d'un grave accident de la circulation, il mentionne son enfant perdue :

> Le général me questionne encore : « Est-ce qu'il lui en restera quelque chose ? – On ne pourra le savoir qu'à son adolescence. »
>
> Il se tait un instant puis me dit, avec une infinie douceur dans la voix : « S'il devait lui en rester quelque chose, vous savez, on s'attache plus à un enfant fragile qu'à un enfant normal. »
>
> Dans le regard qu'il m'a jeté, dans le silence qui a suivi, j'ai senti passer une tendresse, et comme une souffrance, qui m'ont bouleversé[21].

Yvonne, de son côté, entretient le souvenir de sa fille avec une minutie particulière. L'attention de chaque instant qu'elle lui a accordée de son vivant se poursuit après sa mort, d'une autre façon. Ainsi, selon son fils, « elle veillait à ce que la tombe fût fleurie en toutes saisons. On l'a souvent vue au cimetière en train de s'en occuper avec l'une des deux aides ménagères, Charlotte ou Honorine, le matin, de très bonne heure, ou le soir venu, après le départ des derniers pèlerins[22] ».

Le triste anniversaire du 6 février est bien sûr un jour important pour elle. Elle le célébrera à Colombey tous les ans jusqu'à la fin de sa vie, comme le confirme l'abbé Drouot : « Après la mort de sa fille Anne, Mme de Gaulle me demanda chaque année, pour le 6 février, une messe anniversaire[23]. » Le week-end du 7 février 1949, pour la première commémoration, Jacques-Philippe et Cada séjournent à la Boisserie. Cette messe est l'occasion d'un léger différend entre Yvonne et son mari par curé interposé. Mme de Gaulle, par crainte des températures rigoureuses, suggère en effet au curé de repousser l'heure de la messe à 9 h 30. « Après la messe, le Général vint me trouver à la sacristie. Il me présenta ses excuses, m'assurant qu'il avait été contrarié de ce qu'on m'avait demandé de changer mon heure. J'eus beau lui dire que je l'avais fait avec plaisir, pour la famille de Gaulle. Il n'aima pas ce procédé de son épouse[24]. »

Avec le temps, le zèle que met Mme de Gaulle à célébrer le 6 février ne faiblit pas, au contraire. Quand l'une de ses cousines l'invite en février 1957 à venir chez elle, Yvonne en accepte le principe mais précise : « Pas le 6 qui est l'anniversaire de la mort de notre petite Anne[25]. » Chaque année, explique l'abbé Drouot, « je reçus régulièrement un mot de Mme de Gaulle. Elle me retenait la messe du 6 février, mais ne me demandait plus de changer mon heure ».

Un autre jour de l'année est voué à occuper une place spécifique dans la vie des de Gaulle. Il s'agit du 26 juillet, jour de la Sainte-Anne. Charles et Yvonne ont souhaité sa fête à Anne chaque année de sa courte vie et entendent continuer à honorer la sainte qui a veillé sur leur enfant. Dès le mois de mai 1948, Yvonne écrit donc à la sœur supérieure de la Fondation de Gaulle : « Je voudrais vous dire, et vous garderez bien le secret, que nous essayerons, le Général et moi, de venir à la fondation le jour de la Sainte-Anne[26]. » La démarche est assez exceptionnelle – Charles de Gaulle ne vient que très rarement à Vertcœur. Au début de juillet, toutefois, il semble qu'il ne soit plus question de la venue de Charles, qui effectue alors une tournée dans l'ouest de la France pour le RPF. Dans sa lettre à la sœur, Yvonne explique : « Je ferai l'impossible pour être là. [...] J'aimerais bien être à la fondation ce jour qui est la fête de notre petite Anne, inspiratrice de la fondation[27]. » Hélas, Yvonne elle-même ne parvient pas à s'organiser pour être là à temps. Elle ne peut que le déplorer dans la lettre suivante : « Combien je regrette de n'avoir pas pu être avec vous hier après-midi[28]. »

Si les messes anniversaires et la célébration de la Sainte-Anne aident Yvonne à supporter sa peine, la Fondation de Gaulle est un moyen autrement plus efficace de préserver la mémoire de sa fille et de dépasser sa mort. Allons plus loin encore : le décès d'Anne représente un moment charnière dans l'histoire de la fondation et dans la façon dont Yvonne l'envisage.

Désormais, le château de Vertcœur suscite chez Yvonne une émotion nouvelle, comme le ferait un condensé de souvenirs. La présence de jeunes filles dont la morphologie et le comportement lui rappellent ceux de son enfant n'y est pas étrangère. Anne, on le sait, n'est jamais allée au château. Mais c'est en son nom, au nom de son amour pour elle, qu'Yvonne a créé l'institution. À l'époque, en 1946, elle était restée très discrète sur cette filiation entre son enfant infirme et la fondation, simplement baptisée « de Gaulle ».

Après la mort d'Anne, elle regarde les choses sous un angle complètement différent. Elle considère comme un devoir de rendre à sa fille ce qui lui est dû : « C'est la petite Anne qui a inspiré l'idée de cette fondation[29] » ; « Je n'aurais jamais eu l'idée de fonder cette œuvre si je n'avais compris, par notre pauvre enfant, à quel point ce serait utile[30]. »

À partir de là, sa fondation, d'une certaine façon, devient Anne. Un grand nombre de lettres d'Yvonne en témoignent. « Pour le Général et moi-même, c'est une douceur de penser à notre petite Anne à travers Vertcœur[31] », confie-t-elle avec une tendresse peu commune après la disparition de son enfant... Au même moment, elle fait reproduire des photographies de la jeune mongolienne « à partir de médiocres clichés d'amateurs – elle était si difficile à photographier ». Elle ajoute à l'attention de la supérieure : « Je vous en apporterai une ou deux. Ce sera pour nous une douceur de penser que son image est à la fondation[32]. » *Douceur* est le mot qui lui vient pour évoquer Anne.

En réalité, Yvonne en vient à considérer que son enfant, dont le corps repose à Colombey, continue de vivre à Vertcœur. La magnifique phrase qu'elle écrit en 1957 prend alors tout son sens : « Vertcœur, où un morceau de mon cœur se trouve. » Dans les faits, cette profonde mutation se traduit de façon très concrète : la présidente décide de modifier le nom de la Fondation de Gaulle très peu de temps après le décès. Dès le courant du mois de février 1948, Yvonne en avertit la sœur supérieure : « En souvenir de notre petite fille Anne qui avait inspiré la création de la fondation, celle-ci portera désormais le nom de Fondation Anne de Gaulle. M. Pompidou fait faire la rectification officielle nécessaire[33]. » Un décret du 13 août 1948 entérine la nouvelle dénomination, qui ne changera plus jusqu'à aujourd'hui.

Cette filiation est fondamentale pour comprendre la façon dont Yvonne envisage son œuvre. À ses yeux, il s'agit de reconstituer une famille où les enfants auraient pour mères les sœurs et, dans une moindre mesure, Yvonne elle-même. Ne les appelle-t-elle pas « mes enfants » ? Ne connaît-elle pas le prénom de chacune ? Il convient d'ajouter que le général de Gaulle partage entièrement la vision de son épouse sur ce point. On sait qu'il a soutenu le projet de Vertcœur et qu'il l'a financé en partie. Sur le plan des principes, il est à l'unisson avec Yvonne, comme le souligne cette dernière : « La fondation a été fondée pour les imperfectibles. C'est bien précisé dans nos statuts. Nous ne changerons pas de but. J'en parlais tout à l'heure avec le Général. Il m'a répondu : "Notre petite Anne était imperfectible. Vous avez raison de n'accepter que celles-là, celles dont personne ne veut." Et après tout, que leur faut-il ? Une maison calme, aussi familiale que possible[34]. »

C'est sur cette base solide qu'Yvonne aborde le tournant des années 1950, moment crucial pour la survie de son œuvre.

« VERTCŒUR, OÙ UN BON MORCEAU DE MON CŒUR SE TROUVE[35] »

À partir de 1948, la fondation change progressivement de nature. Anne devient une référence immanente, sans cesse citée pour justifier telle ou telle activité, tel ou tel achat.

« Je me souviens que notre petite Anne aimait son fauteuil crapaud, don d'une vieille tante. C'est pourquoi l'entretien ou l'achat de quelques sièges agréables me paraît tout à fait indiqué pour nos filles[36] », indique typiquement Yvonne à la sœur en 1949. De la même façon, elle fait venir un piano au château – Anne aimait les chansons – et fait acquérir des jeux qu'elle sait adaptés aux petites filles, comme une balançoire ou un croquet. Plus tard, quand les moyens sont plus développés, elle suggère d'installer un badminton à Vertcœur. Sur un sujet que l'on pourrait croire éloigné de ses préoccupations habituelles, elle ne se démonte pas : elle prend des renseignements, fournit aux sœurs trois adresses de fournisseurs à Paris et va jusqu'à dessiner de sa main un schéma du terrain et du déroulement du jeu ! C'est sa façon de veiller à tout, de proposer et d'agir, avec une rigueur poussée dans les moindres détails.

Elle demande également en 1955 l'installation d'une salle de projection dans le château, afin que des films puissent être régulièrement montrés aux pensionnaires : « Pendant les mois d'hiver, il nous est apparu qu'il serait bon que vous ayez le cinéma[37]. » On imagine bien qu'Yvonne de Gaulle peut faire entière confiance aux sœurs pour le choix des films – du reste, elle ne se mêle en rien de la sélection, sauf pour un aspect très précis, sur lequel on ne l'attendait pas forcément : « Il vaut mieux ne pas prendre de films à la maison qui [est sous influence] des Russes. La propagande communiste, très habile, s'insinue jusque dans les milieux chrétiens. Vous voyez l'effet que cela ferait si on pouvait se targuer de fournir la Fondation Anne de Gaulle[38] ! »

Deux préoccupations majeures d'Yvonne, pour ne pas dire deux de ses obsessions principales, transparaissent ici. D'une part, la peur d'un recul du catholicisme – plus importante pour elle que la peur de l'expansion communiste, pourtant répandue en cette période de guerre froide. Cette angoisse ira croissant au fil des années : peut-être parce que la position de l'Église s'affaiblit avec le temps, peut-être parce que l'âge tend à renforcer les inquiétudes de jeunesse, elle fera peu à peu de ce thème un *leitmotiv* de sa correspondance avec les sœurs.

D'autre part, elle révèle ici son souci de protéger les siens, de dresser une barrière entre la fondation et le reste du monde, comme si la pureté de son œuvre ne pouvait être préservée que par une vigilante autarcie. Ainsi, ce n'est pas par crainte de leur mauvaise influence morale qu'elle rejette les films « communistes », mais parce que l'image de la fondation et même de la famille de Gaulle pourrait s'en trouver brouillée si les producteurs venaient à se vanter d'avoir pour client l'œuvre de Mme de Gaulle.

La reconstitution d'une ambiance familiale passe aussi par quantité de détails chers à toutes les mères du monde, comme l'habillement : « Personnellement je mettais un peu d'orgueil à habiller Anne gentiment. Pas de luxe, mais confort de bon goût. Elle y était très sensible[39]. » Ce thème est récurrent dans les échanges épistolaires entre la présidente et les sœurs. Il ne faut pas y voir seulement une préoccupation superficielle, une discussion de bouts de chiffons, mais bien davantage une volonté de respecter la dignité des petites handicapées et leur droit à être jolies. Elles sont donc vêtues d'un uniforme très soigné, comme le souhaite la fondatrice, qui supervise étroitement la confection des tenues. Au début de 1951, par exemple, elle demande à la sœur supérieure de lui faire parvenir les mesures de toutes les pensionnaires afin de faire confectionner des tabliers de finette. Les nouvelles admises n'apportent aucun habit et sont vêtues par la fondation. Au moment de leur départ, elles emportent ce trousseau avec elles.

Yvonne, qui fut une mère attentive au bien-être de son enfant, donne de nombreux conseils aux sœurs concernant l'éducation des petites infirmes. Elle laisse paraître là des sentiments qu'elle exprime rarement d'ordinaire. Dans une lettre particulièrement remarquable, écrite en 1953 à sœur Madeleine du Calvaire, nouvellement arrivée à Vertcœur, elle expose longuement sa vision des handicapées. Son regard, extrêmement humain, admirablement inspiré par son expérience de mère, ne nie pas les difficultés des enfants. Mais elle met en lumière la ferme douceur avec laquelle on peut, à force de patience et de justice, les faire grandir. Laissons-la parler :

> Quelques-unes des enfants sont capables d'aider un peu pour les petits travaux ménagers. Elles sont très fières de leur ouvrage (bien qu'il soit loin d'être parfait !). Dans leur intérêt même, il y a lieu de les occuper ainsi, mais en ne perdant pas de vue qu'elles ne doivent pas devenir les servantes des autres et qu'elles se fatiguent vite. Je vous engage vivement à leur faire chanter des cantiques simples à la chapelle, et des petites chansons enfantines qu'elles peuvent même mimer (*Savez-vous planter des choux ?*, etc.), rondes, des danses simples, mouvements de gymnastique élémentaires, avec l'aide du piano même... Le plus possible de jeux sur la terrasse, marche, coloriages, cubes, tricot ?, couture simple ?
>
> Ne pas chercher trop compliqué.
>
> Ne pas oublier que leur âge mental se situe entre deux et sept ans, et souvent plus près de deux que de sept.
>
> Qu'elles ne s'énervent pas. Avant tout, maintenir une atmosphère de calme heureux. Que les enfants sachent qu'il faut obéir. Douceur, mais fermeté. Si elles se butent, prendre un biais pour arriver au résultat. Toutes les enfants sont soumises à la même règle, les parents doivent le comprendre. Pas d'exception[40].

Pour Yvonne, les handicapées mentales sont dignes d'amour, plus encore que les autres enfants. À ce titre, les adultes leur doivent attention, équité et respect. Elles détiennent à leur façon une part d'innocence et de faiblesse qui les rend très sensibles au monde extérieur, à ses tensions comme à ses beautés. Un exemple ? En 1952, une des pensionnaires est atteinte d'une maladie dont l'issue, on le sait, sera fatale. La sœur supérieure demande à Yvonne ce qu'il faut en dire aux autres résidentes. La réponse est très claire : ne pas faire lever le chagrin dans ces âmes émotives : « Il est nécessaire qu'elles conservent leurs illusions et qu'elles ne soient pas au courant de ce qui suivra, je le crains. Dans leur état nerveux, il faut à tout prix écarter la peur et le chagrin, qu'elles ignorent, comme on ferait pour de petits enfants[41]. » De petits enfants... Nous voici assez loin des arriérées, des tarées, des imperfectibles qu'évoquait Yvonne de Gaulle en mai 1945...

Très loin, même, puisqu'elle accorde à ces âmes jeunes pour toujours le crédit de la foi. Anne fut baptisée, mais ne fit jamais sa première communion. Cela n'empêcha pas Yvonne de lui parler de Dieu, ni à Charles de tenter de lui apprendre les prières. À Vertcœur, la vie spirituelle occupe une place centrale. Les convictions religieuses d'Yvonne sont pour beaucoup dans cette orientation ; comme son mari, elle est persuadée que Dieu a placé dans ces cœurs innocents une part extraordinaire d'humanité.

Dans leur article 2, les statuts de la fondation établissent clairement la nature catholique de l'institution : « Une communauté religieuse catholique assiste, sous l'autorité du conseil d'administration, les personnes hébergées dans le souci de leur faire connaître les valeurs catholiques tout en respectant leur liberté de conscience. » Jusqu'à sa mort, Yvonne prendra grand soin de préserver cette dimension religieuse, à la fois en garantissant la présence des sœurs et en s'impliquant concrètement dans l'éducation religieuse des infirmes. En la matière, elle déborde d'idées, sans jamais perdre de vue les limites de ses pensionnaires sur le plan spirituel. Il faut leur proposer une approche adaptée de la religion.

C'est le message qu'elle s'évertue à faire passer, et qui n'est parfois pas bien compris, si l'on en croit sa lettre de 1951 : « Je crois [...] que M. l'aumônier, dans son désir de bien faire, ne réalise pas à quel point elles [les pensionnaires] sont atteintes : leur âge mental est, en moyenne, de trois-quatre ans[42] ! » Le père Jean Hébert, en charge de Vertcœur de 1969 à 1994, se montre plus sensible aux difficultés des patientes : « Pour la spiritualité j'ai fait de mon mieux, les différences entre les pensionnaires sont énormes. Elles le sont également pour les gens dits normaux », écrit à Yvonne ce prêtre doté d'un humour tout chrétien... Bien souvent, les pensionnaires ne reçoivent d'autre sacrement que celui du baptême. « Quelques-unes ont fait leur première communion », remarque Yvonne, qui ajoute : « Avec beaucoup de bonne volonté de la part de M. l'aumônier sur ce qu'elles comprennent vraiment[43]. »

Mais que faire, justement ? Que proposer à ces pauvres âmes pour les éveiller à la foi ? Yvonne prône une religion de rites, de gestes, de belles couleurs, de musique, bref, une religion à laquelle les jeunes filles peuvent prendre part avec leurs sens, ce qu'elle résume d'une phrase : « Les enfants, puisqu'il s'agit d'enfants, ont besoin autant de concret que d'abstrait[44]. » Elle félicite donc la supérieure d'avoir eu l'idée, pour la première communion, de coiffer les jeunes filles de couronnes blanches. Elle-même suggère que de petits extras soient ajoutés à la tenue pour certaines occasions. « Je viens vous faire part d'une petite coquetterie de mère de famille, avec l'espoir que vous l'éprouverez aussi. Ne trouvez-vous pas qu'il faudrait une coiffure blanche pour les enfants, pour la chapelle seulement ? [...] J'aimerais qu'elles aient cette coiffure pour Noël[45]. » Grâce au Bon Marché, le souhait d'Yvonne est exaucé le 11 décembre 1951.

Autre demande de la présidente : « Nous aimerions entendre chanter les enfants à la chapelle, au moins un cantique par messe[46]. » Lors de ses voyages autour du monde avec le général de Gaulle, elle ne manque pas de s'inspirer des pratiques religieuses locales qui pourraient convenir aux patientes de Vertcœur. Ainsi, au cours du séjour aux Antilles de 1956, elle recopie pour l'envoyer aux sœurs un cantique enfantin entendu pendant une messe[47].

C'est également Yvonne qui supervise « le matériel » nécessaire à l'exercice de la foi, et qui y pourvoit personnellement. En 1947, elle fait acheter trente prie-Dieu, puis une statue de sainte Anne, « hauteur 1 mètre, en couleurs pour que les enfants la trouvent plus belle, c'est le modèle de Sainte-Anne-d'Auray. Ceci sera un cadeau de notre petite Anne pour la chapelle[48] ».

Justement, après la mort d'Anne, un phénomène intéressant se produit : Yvonne de Gaulle tend à fondre ensemble le souvenir de son enfant et la figure de sainte Anne, comme si les deux ne faisaient plus qu'une seule patronne au visage à la fois terrestre et céleste, familial et divin. Quelques jours seulement après le décès de sa fille, nous l'avons vu, elle a écrit à la supérieure : « Anne avait un carnet de caisse d'épargne [...] que nous consacrerons à la chapelle[49]. » La façon dont elle procède est plus révélatrice encore : elle charge un orfèvre de concevoir un ostensoir qui sera offert à la fondation pour le jour de la Sainte-Anne. Or cet objet sacré n'est pas ordinaire, puisqu'il a été « fait en partie avec la chaîne, les médailles et les bijoux de la petite Anne, ainsi que l'argent de son livret de caisse d'épargne[50] ». De la même façon, Yvonne de Gaulle retourne systématiquement vers la fondation les dons qui lui sont faits personnellement en mémoire de sa fille Anne, comme en 1956 : « Quelqu'un désirait mettre des fleurs sur la tombe d'Anne, mais à ma demande cela s'est transformé en dessert pour la fondation. Notre tombe a eu un gros bouquet de roses de Noël du jardin (plante qui avait été plantée sous les yeux d'Anne)[51]. »

En dépit de son caractère catholique, la fondation ne fait pas de l'appartenance religieuse un critère rédhibitoire pour accueillir ou refuser des pensionnaires. À plusieurs reprises, dans ses courriers, la présidente rappelle que les jeunes filles admises à la fondation sont baptisées avant leur majorité – si ce n'est déjà fait – mais seulement avec l'accord des parents. Si ces derniers ne le souhaitent pas, la pensionnaire n'est en aucun cas renvoyée. De la même façon, lorsque le conseil d'administration de la fondation se réunit à Vertcœur, Yvonne prévient les sœurs qu'il ne participera pas à l'office religieux. La raison de cette abstention est formulée avec simplicité : « Comme tous les membres du comité ne sont pas catholiques, nous n'irons pas à la messe à la chapelle[52]. »

En 1956 se présente le cas d'une pensionnaire d'origine algérienne, sans doute de confession musulmane – cela n'est pas précisé dans les archives. Ses parents veulent la retirer de la fondation, ce qui est assez rare dans l'histoire de l'institution car la présidente est très ferme sur ce sujet : aucune pensionnaire retirée de Vertcœur ne pourra y être admise de nouveau. Ce qui nous intéresse dans cette affaire est la réaction personnelle d'Yvonne, qui fournit là encore une preuve de son ouverture d'esprit en matière religieuse : « Les pressions de ses coreligionnaires doivent être là-dessous. Pourtant, nous n'obligeons personne à se faire baptiser, et même si les événements se compliquaient en Algérie, la petite se trouverait à la fondation sous ma protection personnelle. » Cette position illustre la tolérance d'Yvonne de Gaulle – une qualité qu'on lui prête pourtant rarement.

À partir de ces principes inébranlables, la fondation trouve son rythme. Au cours des toutes premières années, le principal souci d'Yvonne consiste à faire venir des pensionnaires : l'argent a été trouvé pour lancer l'œuvre, le château est prêt, le personnel aussi, mais il semble que les candidates manquent à l'appel. Les quelques pensionnaires amenées par les sœurs de la Devèze ne suffisent pas. L'institution, il est vrai, ne bénéficie pas encore d'une réputation et refuse absolument de se livrer à la publicité. Le dilemme est donc le suivant : faut-il faire parler de la fondation pour attirer les patientes, quitte à bafouer le principe de discrétion si cher à la présidente ? Dans une lettre de 1946, Yvonne de Gaulle énumère les différentes solutions possibles. La fondation pourrait par exemple se faire connaître auprès de Victoire, association des familles des anciens combattants, ou auprès des services sociaux des grands magasins de Paris, des entreprises de gaz, de transport... « L'objection, souligne-t-elle aussitôt, est qu'il ne faudrait pas que cela ait un air de publicité autour de nous. » Elle préférerait tourner le problème en s'adressant aux assistantes sociales. « J'aimerais tant voir la Fondation de Gaulle remplie », soupire-t-elle. Et, puisqu'il faut bien un bouc émissaire et que les hommes font souvent l'affaire, Yvonne trouve à se plaindre du neuropsychiatre infantile détaché auprès de Vertcœur pour procéder aux admissions : « Le bon docteur Fay n'est pas rapide à trouver les jeunes filles[53]. »

Face à ce problème, les conditions de recrutement des pensionnaires sont assouplies : « Au début, pour remplir la maison assez vite, rappelle Yvonne de Gaulle, nous avions accepté des petites d'un peu partout », alors que selon les statuts elles doivent résider dans le département de la Seine ou tout du moins en Île-de-France. Cette exigence de proximité géographique, qui sera ensuite rigoureusement appliquée, a pour but de préserver les liens entre les familles et leur enfant. Les parents ont en effet l'obligation de reprendre les handicapés pour tout le mois d'août, ce qui constitue le seul moyen d'offrir un peu de vacances aux sœurs. Cette règle soulève chaque année de multiples problèmes car il se trouve toujours une famille ou deux pour échapper à la contrainte et laisser son enfant à Vertcœur...

Il faut donc plusieurs années pour que tous les lits de la fondation soient occupés. En 1959, 32 pensionnaires sont recensées, dont 26 originaires de la Seine, trois de la Seine-et-Oise et les autres du Loir-et-Cher. On en note aussi, ce n'est pas un hasard, quelques-unes venues du Pas-de-Calais[54].

À la veille des années 1950, le fonctionnement de Vertcœur est à peu près rodé. La présidente s'y dévoile en maîtresse femme, chef aussi incontestable que son mari le fut en d'autres circonstances ! Mais elle se montre aussi sensible et soucieuse du bien-être du personnel et des pensionnaires. Sa tolérance s'exprime. Et même, avec toutes sortes de réserves, une forme de féminisme qui ne se dit pas.

Quand on y songe un peu, la Fondation Anne de Gaulle est en effet un monde de femmes – on l'avait pressenti avec la composition du conseil d'administration. Philippe de Gaulle dresse le même constat : « Mon père est allé visiter ce château deux ou trois fois pour surveiller les travaux de remise en état [...]. Ensuite, il s'y est rendu pour saluer les religieuses et rencontrer les premiers enfants accueillis. Je ne pense pas qu'il y soit jamais retourné. Comme moi, par la suite, il avait quasiment interdiction d'y mettre les pieds ! Car ma mère avait décrété : "C'est l'affaire des femmes et non des hommes. Je m'en charge."[55] » En exagérant un peu, on pourrait voir dans ce château cerné par les bois une sorte de gynécée, inspiré par une petite fille, présidé par une femme, dirigé par une supérieure, conduit par des sœurs, destiné à des jeunes handicapées. Sans doute n'y a-t-il rien là que de très logique : les femmes se sont imposées au cours du XIXe siècle dans les hôpitaux, les maisons de soins, les orphelinats... Pour les ordres religieux féminins, la fonction d'infirmière représente même une vocation majoritaire. Quant à la séparation des sexes en milieu hospitalier ou même scolaire, elle est encore la règle en ces années 1950. Mais, à Vertcœur, s'ajoute à cette organisation somme toute classique une touche d'on ne sait quelle indépendance, une sorte de petit vent de rébellion, une complicité malicieuse entre femmes. Cette discrète originalité n'est guère palpable, en vérité. Toutefois, on la devine, on la pressent, à lire les lettres écrites par Yvonne aux sœurs supérieures. Elle y dévoile une chaleur, une confiance étonnantes et même, à la fin de sa vie, une véritable tendresse.

En revanche, l'opinion d'Yvonne sur les hommes qui travaillent pour la Fondation Anne de Gaulle est beaucoup plus mesurée. Mettons de côté les membres du conseil d'administration, auxquels elle voue, hommes ou femmes, un grand respect. Les autres, qu'il s'agisse du médecin, de l'aumônier ou du jardinier, attirent rarement ses compliments. Elle emploie généralement pour parler d'eux un ton légèrement agacé ou gentiment moqueur. Le jardinier, toujours soupçonné de rechercher une augmentation, manque d'humilité à ses yeux. Lorsqu'il demande que soit installée une salle de bains dans sa maison (ce qui paraît tout de même normal en 1970 !), Yvonne tique sur le montant des travaux : « Il ne faut pas que le jardinier voie trop grand. La fondation est une œuvre de bienfaisance, pas un château[56]. »

Quant aux aumôniers, ils ont beau être les représentants de Dieu, ils ne trouvent pas toujours grâce aux yeux d'Yvonne de Gaulle. Son opinion est particulièrement sévère durant les premières années de la fondation. En 1947, notamment, elle se plaint avec vigueur des prêtres qui se sont succédé à Vertcœur : « Les aumôniers accordés par l'évêché ont jusque-là été déficients du point de vue santé : trépanation, originalité notoire[57]. » En conséquence, elle interdit qu'ils puissent conduire l'ambulance récemment acquise par la fondation.

Les choses, heureusement, s'améliorent par la suite. L'abbé Dupont, qui arrive à Vertcœur en 1959, a vécu pendant la Seconde Guerre mondiale une expérience tragique. Il a été déporté pendant trente mois à Dachau et a été l'un des seuls à survivre parmi les soixante-dix prêtres enfermés avec lui le même jour. Il reste dix ans à la fondation et mourra en janvier 1978. Son successeur, le père Hébert, de la congrégation des Pères Blancs, reste en place de 1969 à juillet 1994, ce qui constitue un record de longévité à Vertcœur. De fait, il semble entretenir de bonnes relations avec la présidente. À son arrivée, il demande que la télévision soit installée dans son petit appartement. Yvonne accepte, non sans appeler à la modestie : il faudra acheter un poste tout ce qu'il y a de plus simple, avec les deux chaînes, mais pas en couleur[58]...

L'atmosphère est moins détendue en ce qui concerne les médecins, du moins ceux qui s'occupent des aspects psychiatriques. Les généralistes, eux, chargés de suivre au quotidien la santé physique des résidentes, ne causent aucun souci à Yvonne. Le docteur Jean Dugué, qui vient une fois par semaine de 1946 à 1975, ne s'attire aucune récrimination de sa part. Bien au contraire, elle lui montre sa reconnaissance en le nommant au conseil d'administration en 1971, pour remplacer le vieux docteur Lévy-Solal, décédé. De même, aucun problème n'est décelé à propos de la sœur infirmière qui, à partir de 1957, exerce son activité à la fondation.

Les choses sont plus difficiles avec les psychiatres. La convention passée avec le département de la Seine rattache la Fondation Anne de Gaulle aux statuts des congrégations hospitalières mises au service des établissements d'hospitalisation et de soins. Dans ce cadre, la DDASS met à leur disposition un médecin psychiatre chargé de se prononcer sur l'admission de toute nouvelle pensionnaire et d'effectuer un nombre réglementaire de visites médicales.

Les lettres d'Yvonne de Gaulle témoignent des tensions que suscite en elle cette présence obligatoire mais extérieure qu'elle a tendance à vivre comme une intrusion et comme un facteur de troubles. Le docteur Fay, premier psychiatre en charge de Vertcœur (1946-1951) en fait les frais. Les griefs de la présidente à son égard sont multiples. Tout d'abord, elle considère que le médecin n'est guère compétent pour décider des admissions. C'est ainsi qu'en mai 1947 elle s'indigne quand elle apprend que deux pensionnaires ont dû être évacuées d'urgence vers l'hôpital Sainte-Anne à Paris : « La supérieure et moi avons demandé au docteur Fay de ne plus accorder d'admission quand il a un doute, comme c'était le cas pour ces deux pauvres enfants. La maison était bouleversée par ces pénibles scènes[59]. »

Les successeurs de Fay n'ont pas plus de chance, du moins au début. S'il n'existe pas de témoignage connu sur le docteur Trillat, qui succède à Fay en 1952, le docteur Lemaire, arrivé en 1956, fait trop de zèle aux yeux de la présidente. Dans plusieurs de ses lettres, elle manifeste avec humeur son désir de le voir modérer ses interventions. Par exemple, lorsqu'il émet le souhait de venir plus souvent à Vertcœur, elle proteste auprès de Me Deroy : « Je crois vraiment que la visite de tous les deux mois prévue par nos statuts est suffisante. La Santé publique a approuvé, il n'y a pas lieu d'être plus royaliste que le roi. D'autre part, nous ne sommes ni hôpital, ni maison de rééducation. Notre œuvre est, somme toute, un asile qui recueille les pauvres filles qu'on n'a pu améliorer quand elles étaient d'âge à l'être[60]. » Finalement, une solution d'apaisement est trouvée. Le fait qu'il s'occupe des patientes jusqu'en 1977 prouve qu'il a su à la longue s'entendre avec Mme de Gaulle.

Pareille méfiance vis-à-vis des médecins peut surprendre chez une femme dont les parents nourrissaient une grande confiance envers la science médicale. La réticence d'Yvonne s'explique cependant. Pour elle, les médecins ont tendance à s'ingérer dans des affaires qui ne les regardent pas : « S'il est bien entendu que le docteur intervient sur le plan médical, il ne doit pas interférer pour le reste[61]. » Le reste, c'est toute la relation qui existe entre Yvonne de Gaulle, les sœurs et les pensionnaires, toute cette volonté de soulager la souffrance avant de songer à la soigner, d'autant que la médecine est impuissante face au mongolisme – Yvonne le sait mieux que quiconque.

À quoi bon recourir à l'expertise ou aux prescriptions d'un médecin ? Que vaut, face à la détresse mentale, une science qui ne sait même pas en expliquer les origines ? La mise en cause de la médecine qui transpire à travers les lettres de la présidente correspond à son expérience propre. Les médecins n'ont rien pu faire pour sa fille Anne. Seules l'attention et la patience de ses parents ont pu dans la pratique permettre à l'enfant de vivre à peu près harmonieusement. L'attitude d'Yvonne de Gaulle face au docteur Fay n'est rien d'autre que l'opposition de deux légitimités : celle d'une mère, qui a vécu dans sa chair le drame de l'anormalité, qui y a trouvé des réponses personnelles, pragmatiques, quotidiennes, contre celle d'un médecin, démuni sur le plan scientifique face à une maladie mystérieuse, et dépourvu de ce fait de la seule crédibilité qui aurait pu être la sienne.

Les femmes, dans cette perspective, sont pressenties comme seules capables d'apporter un certain réconfort aux malades incurables. Leur patient travail, tout de modestie et de petits gestes, est pour Yvonne bien plus valable que celui des docteurs.

1950 : CRISE À VERTCŒUR

Les interventions jugées intempestives du médecin ne suscitent chez Yvonne qu'un agacement sans gravité. La fondation connaît au cours de son histoire des crises autrement graves, lors desquelles la présidente dévoile une force de caractère dont certains auraient pu douter.

Quand son œuvre se trouve mise en péril, Yvonne réagit comme une mère voulant protéger ses petits : alerte, vive, elle cherche des soutiens, se démène, sans doute ne dort plus, consacre son énergie entière à sauver la fondation, tempête, réagit, et ne cesse de combattre tant que la victoire n'est pas assurée. Tout comme son mari aux heures difficiles de la guerre, il lui arrive bien sûr de douter. Et, comme lui, elle ne tait pas son pessimisme mais le brandit comme une arme ultime, destinée à effrayer les autres et à aplanir finalement les obstacles.

Que se passe-t-il donc de si grave ? À la fin de 1949, la sœur supérieure de la Devèze informe Yvonne de Gaulle qu'elle est dans l'incapacité de lui fournir d'autres sœurs avant huit mois, ou même plus tard. La présidente, qui comptait sur ce supplément de personnel, doit refuser de nouvelles admissions d'enfants. Cet incident est une première alerte. En septembre 1950, la situation se dégrade très brutalement : la supérieure avertit Yvonne de Gaulle qu'elle sera dans l'obligation, à la mi-décembre, de retirer de Vertcœur les religieuses qu'elle y a déléguées.

Sans doute la diminution du nombre de vocations l'oblige-t-elle à rappeler les sœurs vers la maison mère. Yvonne de Gaulle pressent que cette annonce pourrait avoir de graves conséquences. Elle écrit sans tarder au chanoine de l'évêché de Versailles qui a en charge la Fondation Anne de Gaulle : « Je ne veux pas déranger Mgr Roland-Gosselin, mais, sachant l'intérêt qu'il veut bien porter à cette œuvre en vous en chargeant spécialement, je voudrais vous voir afin d'envisager comment remplacer ces bonnes sœurs dont moi-même et notre comité déplorons le départ tout en en comprenant bien le motif[62]. » La réponse du chanoine ne nous est malheureusement pas connue, mais la suite se laisse aisément deviner.

Un mois se passe avant que la présidente reprenne sa plume pour s'adresser, cette fois, au vicaire général. Elle a entre-temps joint ou rencontré d'autres ordres religieux pour remplacer les sœurs de la Devèze. Mais les déceptions se multiplient : les sœurs de Gramat, par exemple, sont à court de religieuses et, de plus, « le genre de mes protégées n'a pas semblé les émouvoir[63] », regrette sévèrement Yvonne.

Elle choisit dès lors de s'adresser à des communautés spécialisées dans les soins aux malades ou aux handicapées – les dominicaines de la Présentation à Tours, l'ordre du Bon-Sauveur à Saint-Lô… Au total, sur les conseils des uns et des autres, elle prend contact avec près de vingt-neuf communautés[64], comme les sœurs de charité de Nevers, les sœurs de Saint-Louis à Vannes, les sœurs du Saint-Esprit en Bretagne, les dames du Calvaire de la rue de Lourmel à Paris, 15e, les sœurs de la Sagesse en Vendée…. Elle écrit elle-même, tient la comptabilité des réponses – extrêmement simple : seuls des avis négatifs lui parviennent… Son amertume est tangible : « Que pouvons-nous faire devant cette défaillance de l'élite chrétienne ? Partout on m'a donné l'assurance de prières, mais personne n'a offert l'action[65]. »

Yvonne de Gaulle, pour déçue qu'elle soit, reste néanmoins combative. Elle sait à quel point sa cause est juste : « Il est impensable de mettre toutes ces petites à la rue – et ce serait absurde de fermer une maison qui a toutes les raisons de continuer à bien fonctionner, alors qu'il faut tous les jours refuser des admissions, faute de place. » Mais si aucune solution ne se dessine, comment éviter la fermeture ? La présidente n'est pas à bout d'arguments, quitte à céder sur quelques-uns de ses principes, pourvu que ses protégées ne soient pas dispersées. Dans la lettre qu'elle envoie au vicaire général, elle fait montre d'un entêtement hautement revendiqué : « Ce ne serait qu'en dernier recours que je me déciderais à avoir des "civiles", mais ce serait mieux que de fermer la maison, dussé-je y aller moi-même. Enfin, reste la solution d'écrire en tout à fait haut lieu, si la situation est désespérée... Comme vous le voyez je ne suis pas picarde pour rien[66]. » Magnifique exemple des ressources qu'Yvonne est capable de déployer quand tout semble perdu, en bonne Picarde – ou en bonne épouse de l'homme du 18 Juin !

Car l'action, chez elle aussi, suit de près les paroles : « écrire en haut lieu », ainsi, est chose faite quelques semaines plus tard. « Je sais que le Saint-Père s'est ému de cette situation qui ne nous est pas particulière, vous le savez vous-même quand vous manquez de curés de campagne et qu'il y a aujourd'hui à Rome un congrès dont le but est justement de voir comment les couvents pourraient agir d'une façon plus adaptée à l'évolution sociale. Dieu veuille que les pauvres enfants arriérés, entre autres, bénéficient de ces réunions[67] », écrit-elle à la fin de novembre au chanoine. Qu'Yvonne ait alerté le pape est bien le signe que la situation est à ses yeux désespérée. À un mois de l'échéance annoncée par la supérieure de la Devèze, aucune solution de remplacement n'a été trouvée. « Notre réunion de conseil d'administration est le 29 [novembre] après-midi – et si d'ici là un miracle ne se produit pas il faudra en arriver à passer la fondation à l'Assistance publique... M. Pompidou se renseigne sur les conditions dans lesquelles cela pourra se faire sans trop de dommages. » Accablée de tristesse, la présidente déplore sans ménagement l'attitude de la communauté de la Devèze : « Il est certain que le délai de trois mois était trop court... Et que faire devant l'intransigeance de la mère générale ? Je m'excuse de le dire, mais nous pensons qu'elle a fait une erreur de première grandeur[68]. »

Les dernières solutions achoppent. Le chanoine avait bien trouvé à la dernière minute un certain nombre de jeunes filles pour s'occuper de Vertcœur, mais Yvonne repousse son offre : les candidates ne sont ni infirmières ni religieuses. Pour couper court à toute discussion, elle s'appuie sur son mari : « Le Général ne tient pas à ce que nous prenions de risques à la fondation[69]. » Signe qu'en ces jours difficiles elle évoque régulièrement la question avec lui...

À Vertcœur, l'heure est venue de faire les cartons. La présidente demande que les vases sacrés de la chapelle qu'elle avait offerts après la mort d'Anne lui soient retournés. Elle multiplie les démarches pour assurer l'avenir des pensionnaires : « J'essaie de caser le plus possible de nos filles dans des maisons religieuses. Mère Monique [communauté de la Devèze] a tout de même offert d'en prendre quelques-unes. [...] L'Assistance publique est évidemment disposée à ce que nous posions des conditions. Si nous sommes contraintes d'avoir recours à elle, je demanderai que l'on ne prenne à la fondation que des jeunes filles de quatorze ans au moins, [...] mais choisies dans les arriérées les plus atteintes. Ainsi, la question religieuse sera moins sensible puisqu'elles ne comprendront rien... » On voit quelle attention Yvonne porte à la vie spirituelle de ses enfants, et l'on comprend mieux pourquoi elle est si viscéralement attachée à la présence d'un encadrement religieux : il s'agit de sauver des âmes pures...

Les perspectives sont sombres. Toutefois, en cette fin de novembre 1950, une timide lueur jaillit. Parmi les nombreuses communautés qui ont été contactées, deux n'ont pas encore donné de réponse. L'une d'elles, celle des sœurs du Sacré-Cœur de Saint-Jacut, dans le Morbihan, entretient un maigre espoir chez Yvonne de Gaulle. Des discussions s'engagent. Le principal obstacle est que les religieuses de Saint-Jacut ne pourraient arriver avant l'été 1951, tandis que celles de la Devèze doivent quitter les lieux en décembre 1950... Yvonne bondit sur une occasion qui lui semble inespérée. Elle prie les sœurs présentes sur place de reporter leur départ jusqu'à l'arrivée de leurs remplaçantes. Hélas ! rien n'y fait. Une dépêche de la Devèze annonce froidement : « Décision maintenue. »

Yvonne, acculée à réussir, sollicite sans hésiter l'aide de l'évêque de Versailles par l'intermédiaire de son chanoine : « Je viens vous demander si Mgr Roland-Gosselin pourrait avoir la bonté d'agir d'urgence auprès de Mgr de Saint-Flour pour que la supérieure générale de la Devèze nous laisse les sœurs jusqu'à la fin d'août. [...] Comme c'est notre dernier espoir d'une solution "religieuse", il faut tout tenter. Le temps nous presse, hélas ! puisque ce n'est plus que par jours que nous pouvons compter[70]. » L'intervention de l'évêque porte rapidement ses fruits : une nouvelle dépêche de la Devèze annule la précédente : « Prenons désir évêques en considération. » Les sœurs acceptent de maintenir leur présence jusqu'en septembre 1951. Ce « revirement de dernière minute » remplit Yvonne d'une joie indicible : « Tout s'arrange et je ne puis vous dire à quel point j'en suis heureuse. J'avoue avoir vécu des journées pénibles[71]. »

Le miracle qu'elle avait appelé de ses vœux a eu lieu. Elle-même donne une origine divine à cette heureuse conclusion : « C'est un médecin de Vannes, le docteur Mabin, qui parcourait le Morbihan à nos intentions depuis un mois, essuyant toujours le même refus : manque de sujets. En désespoir de cause, il est allé en pèlerinage, avec sa femme et leurs douze enfants, à Sainte-Anne-d'Auray. C'est en revenant qu'il a eu l'idée de passer par Saint-Jacut. La supérieure m'a raconté qu'il avait parlé de la fondation de façon si émouvante qu'elle s'était décidée à venir la visiter[72]. » L'intercession de sainte Anne ne fait pas de doute aux yeux de la présidente, mais comme à son habitude elle sait garder les pieds sur terre : pour elle, l'heureuse issue de la crise s'explique « grâce à sainte Anne d'Auray et à la petite Anne [...]. Nous y ajouterons quelques interventions humaines[73]. »

Yvonne, du reste, sait dire sa reconnaissance à toutes les personnes qui l'ont aidée dans cette affaire. À l'évêque Josselin, tout d'abord : « Permettez-moi de vous dire combien le conseil d'administration de la fondation, et moi-même, vous sommes reconnaissants d'être intervenu pour que l'œuvre puisse rester aux mains des religieuses. » Elle lui dit tout son respect, « auquel le Général me demande de joindre ses souvenirs très respectueux et dévoués[74] ». Jamais Charles de Gaulle n'est oublié en ces grandes occasions ! Si Yvonne se débrouille seule pour régler ses problèmes, elle ne manque pas d'invoquer son mari quand elle souhaite renforcer sa propre position, rehausser la valeur d'une lettre, ou simplement faire plaisir à un correspondant. Mais la conclusion de la crise se trouve, magnifique, dans une lettre adressée au chanoine : « Il me reste à vous remercier, monsieur le chanoine, pour toute la peine que vous avez prise à ce sujet, et à m'excuser d'avoir dérangé votre retraite. Les mères de famille n'hésitent pas quand il s'agit de leurs enfants[75]. »

L'examen détaillé de ces quelques mois difficiles a pour principal intérêt de montrer à quel point Yvonne s'implique. Courriers quotidiens, coups de téléphone en cas d'urgence, réunions extraordinaires du conseil d'administration, recours à un large réseau d'amis et d'ecclésiastiques, appel lancé à presque une cinquantaine de communautés à travers la France… C'est à force de pugnacité qu'elle l'emporte finalement.

Le 18 janvier 1951, elle peut enfin signer une convention avec sœur Marie-Anselme, supérieure générale de la congrégation des sœurs du Sacré-Cœur-de-Jésus de Saint-Jacut. La continuation de l'œuvre de Vertcœur est désormais assurée :

> Entre les soussignés il a été convenu ce qui suit :
>
> Avec l'autorisation de Mgr Le Bellec, évêque de Vannes, la permission de Mgr Rolland-Gosselin, évêque de Versailles, à la demande du conseil d'administration, les sœurs du Sacré-Cœur-de-Jésus de Saint-Jacut acceptent d'envoyer, en septembre 1951, cinq ou six religieuses, l'une d'elles étant infirmière, pour s'occuper de la Fondation Anne de Gaulle, à savoir :
>
> 1) une sœur assumant les fonctions de supérieure et de directrice de la maison
>
> 2) une sœur cuisinière, si possible
>
> 3) deux sœurs pour s'occuper des enfants
>
> 4) une ou deux autres religieuses chargées de la lingerie.
>
> En retour de ces services, la Congrégation demande un traitement de 10 000 francs par mois pour chacune des sœurs[76].

Le début des années 1950 représente donc un tournant : libérée de la menace de voir s'en aller les religieuses, la fondation connaît également une embellie sur le plan matériel. La présidente ne parle plus de se serrer la ceinture ni de reporter les achats. Au contraire, elle ouvre une véritable campagne d'équipement, longtemps reportée faute de moyens, et peut-être aussi parce que l'avenir était jusque-là suspendu à la décision des sœurs de la Devèze.

Rien qu'en 1951, la fondation acquiert une armoire frigorifique, une machine à laver, fait équiper de linoléum la salle de bains, dote l'aumônier d'un téléphone, achète des lainages, des chaussures pour les sœurs, et même des bottines, sous réserve que cela soit « conforme à la nouvelle mode des sœurs[77] » !

Ce renouveau s'explique en partie par la sortie des années difficiles d'après-guerre, la fin du rationnement, bref, un contexte général qui s'améliore peu à peu. Le fait que la fondation ait été baptisée Anne de Gaulle en 1948 joue sans doute aussi un rôle dans la « lisibilité » d'une institution qui, rappelons-le, vit de sa dotation initiale mais surtout des dons individuels. À ce propos, il est intéressant de noter que les particuliers ne cesseront, au fil du temps, d'apporter leur contribution à l'œuvre d'Yvonne.

Leurs motivations sont diverses : simples gens émus par le malheur des enfants handicapés, riches rentiers désireux de s'acheter un peu de bonne conscience et, surtout, gaullistes qui voient là un moyen de remercier leur héraut, au travers d'une œuvre qui lui est liée et qui correspond parfaitement à sa vision de l'homme. Yvonne, lorsqu'elle évoque par exemple le cas de M. Claverie, généreux donateur, explique ainsi : « C'est un fidèle du Général, tout est là[78]. » Les mécènes les plus importants sont autorisés à visiter Vertcœur – faveur exceptionnelle que la présidente entoure de multiples précautions. Quand elle apprend que M. Claverie va venir à la Fondation Anne de Gaulle en compagnie de son filleul, grand photographe amateur, elle écrit aussitôt à la sœur : « On ne peut pas photographier la fondation, c'est une règle absolue. »

De même qu'à la Boisserie, Yvonne de Gaulle exige la plus grande discrétion autour de ses « enfants ». Le château de Vertcœur est, comme la maison de Haute-Marne, un château fort. Il faut préserver la tranquillité des patientes, empêcher que leur innocence soit trahie et étalée dans les journaux. Les journalistes, on le sait, sont la bête noire de la présidente, qui, parfois aux limites de la fixation, les voit partout : « J'ai déjà dû mettre en garde la supérieure contre les visites de soi-disant assistantes sociales qui viennent en fait par curiosité ou… reportage[79] », explique-telle à Me Deroy dès 1947. Les années qui passent la renforcent dans sa crainte : « On vient de me dire que des journalistes souhaitaient faire un reportage sur la fondation. Méfiez-vous donc, car ils n'ont aucun scrupule et sont capables de dire qu'ils viennent de ma part. Même s'ils offrent la lune, nous ne voulons d'aucun photographe ni reporter. Peut-être serait-il bon d'avertir les sœurs, car ils sont capables d'attendre que vous sortiez pour se présenter, par exemple en faisant semblant d'avoir une enfant à placer ou se disant assistante sociale. *Paris-Match* n'est pas mieux que les autres dans cet ordre d'idées[80]. »

Une même conception motive son refus absolu de toute publicité. Sans doute ne désire-t-elle pas donner prise à ceux qui verraient dans son institution un prétexte mercantile. Sa foi catholique et sa volonté de protéger les faibles lui semblent inconciliables avec une démarche promotionnelle. « L'idée de faire de la propagande à l'étranger, ou une publicité quelconque, ne me sourit guère », avance-t-elle tout au début. Ce trait va se renforçant : « Nous ne désirons en effet aucune publicité autour du nom de la fondation[81] », souligne-telle très clairement en 1953.

Sa pureté de principe revient à choisir le chemin le plus ardu : la fondation, pour vivre et recevoir de l'argent, doit se faire connaître. Comment y parvenir sans aucune publicité ? Eh bien, le miracle se reproduit d'année en année, porté par la célébrité du général de Gaulle, le bouche-à-oreille, peut-être aussi par la confiance que les gens accordent d'emblée à une institution qui ne dépense pas ses ressources dans de dispendieuses campagnes de promotion.

La traversée du bonheur

Durant les années 1950, la Fondation Anne de Gaulle trouve sa sérénité, à l'image de sa présidente. Jamais Yvonne n'a semblé aussi apaisée qu'au cours de cette période. Ce bonheur vient du règlement des problèmes liés aux sœurs, mais également en grande partie du repli familial à Colombey. Le RPF, après un lent essoufflement, a été mis en sommeil en 1955. Yvonne ne se réjouit pas de la fin d'une entreprise où le Général avait mis beaucoup d'énergie, mais profite pleinement de la nouvelle liberté que ce dénouement offre à son couple. Elle peut enfin retrouver le rôle qu'elle apprécie le plus, celui d'épouse, de maîtresse de maison et bientôt de grand-mère.

La naissance de ses petits-enfants est une vraie source de joie, tant elle considère comme fondamentale la perpétuation de la famille : « Il faut assurer la pérennité du nom[82] », écrit-elle en septembre 1951 à l'une de ses cousines. Et quel nom ! Le premier enfant de Philippe et Henriette naît le 25 septembre 1948 à la maternité de Dijon. C'est un garçon dont le prénom n'est pas choisi au hasard : il est baptisé Charles. La tradition consistant à donner au fils aîné le prénom de son grand-père ou de son père est encore forte à l'époque, même si l'on peut craindre qu'il soit un peu difficile, pour un jeune garçon, de s'appeler Charles de Gaulle…

C'est à Colombey-les-Deux-Églises que les de Gaulle souhaitent baptiser l'enfant, comme le Général l'indique le 3 octobre dans une lettre au père Drouot : « Mes enfants Philippe et sa femme seront ici vendredi prochain, s'il plaît à Dieu, avec mon petit-fils Charles. Voudriez-vous le baptiser le lendemain, c'est-à-dire samedi 9 octobre ? » Le jour même du baptême, le curé reçoit une nouvelle lettre de Charles de Gaulle qui « insinuait avec une grande délicatesse que, la jeune maman ayant un oncle prêtre, il serait peut-être bon de lui réserver l'honneur de baptiser. Il ajoutait que j'étais le seul maître dans mon église, et que j'en déciderais[83] ».

C'est finalement l'oncle d'Henriette, le révérend père du Dartein, celui-là même qui avait présidé à la rencontre entre les deux futurs époux, qui donne le sacrement, ce que le curé de la paroisse accepte de bon cœur, non sans lancer une petite pique à son remplaçant d'un jour : « Le père du Dartein avait été toute sa vie aumônier de vaisseau. Jamais il n'avait baptisé d'enfant. Aussi la cérémonie du 9 octobre fut-elle assez longue. Le R.P. devait lire toutes les rubriques avant de prononcer les paroles liturgiques… »

Quelques mois après la mort d'Anne, la naissance de Charles tombe à point nommé pour sortir les grands-parents de leur tristesse. En décembre 1948, Yvonne peut certes constater : « Pour nous, ce sera notre premier Noël sans notre petite Anne[85] », elle trouve une consolation dans le fait que ce même Noël sera le premier avec son petit-fils. Par la suite, trois frères viendront s'ajouter à l'aîné. Le deuxième, à la demande du général de Gaulle en personne, s'appelle Yves : « Si votre deuxième fils s'appelait Yves, je crois que ce serait bien pour ta maman certes, mais aussi pour la Bretagne où il fut "imaginé"[86]. »

Yvonne et son mari se révèlent sous un nouveau jour, celui de grands-parents attendris. La nouvelle grand-mère mentionne systématiquement ses petits-enfants dans chacune de ses lettres, sous forme parfois de simples informations factuelles, mais le plus souvent de descriptions élogieuses. Pour cette femme qui a sans doute souffert de ne pas mettre plus d'enfants au monde, la joie de pouponner est restée intacte. Le premier jour de 1949, elle parle ainsi de son petit-fils à ses cousines : « Charles et moi […] rentrons de Bretagne, ayant souhaité passer Noël chez Philippe et Henriette. Le petit Charles va très bien, d'après son honorable grand-père il est "exigeant, fort lucide et digne"[87]. » Bref, tout le portrait de son grand-père !

La naissance d'un petit frère le 1er septembre 1951 redouble son bonheur : « Ce second petit-fils comble nos désirs[88]. » Après la cérémonie du baptême, toute la famille se retrouve à la Boisserie. Toujours modeste, Drouot note : « Au déjeuner, je me trouvais avec les grands de ce monde. J'étais à gauche de Mme de Gaulle. Étaient là entre autres Pierre de Gaulle, président du conseil de Paris, Xavier de Gaulle, ambassadeur de France auprès du gouvernement suisse. » Et, toujours aussi prompt à oublier sa charité chrétienne, il ajoute : « Je me souviens qu'au cours du repas le chanoine Kirr [*sic*], député-maire de Dijon, fit les frais de la conversation, et qu'il ne reçut pas des fleurs[84]. »

Cette hostilité s'explique aisément : ancien résistant, Félix Kir est devenu conseiller général et député-maire de Dijon dès la Libération, puis il a adhéré au Centre national des indépendants. Or, lors des élections législatives du 17 juin 1951, il ne bénéficie plus du soutien des indépendants de Côte-d'Or qui ont conclu un apparentement avec la liste du RPF conduite par le général Pierre Billotte. Qu'à cela ne tienne ! Kir décide de se présenter sans eux et il axe sa campagne sur un refus simultané du gaullisme et du communisme ("ni aventure ni dictature"). Bien qu'ayant obtenu moins de voix que la liste RPF, il obtient le même nombre de sièges qu'elle (c'est-à-dire un) en raison de la proportionnelle. Cela exaspère de Gaulle.

Deux autres frères naissent, Jean le 13 juin 1953 et Pierre le 20 juin 1963. À travers le courrier de leur grand-mère, on les voit grandir et l'on peut aisément suivre leur évolution. En 1954, elle annonce ainsi à la supérieure de Vertcœur : « Le jeune Charles, qui aura six ans en septembre, entrera chez les Pères maristes[89]. » L'année suivante, tandis que Charles arrive en neuvième, Yves découvre la maternelle. Quant à Jean, c'est « une vraie force de la nature, il se borne à démolir les barreaux de son petit lit[90] ». Il semble que la naissance de Pierre le 20 juin 1963 soit bénéfique au terrible bambin : « Cela lui a fait le plus grand bien d'avoir un petit frère. Il va sortir des jupes de sa mère[91]. » Bref, la grand-mère est attentive aux progrès et au caractère de chacun. Avec les années, son bonheur ne faiblit pas : « Je goûte la joie d'être grand-mère[92]. »

Les vacances estivales voient désormais la Boisserie se remplir de cris d'enfants. Les de Gaulle accueillent leurs petits-fils pour plusieurs semaines – il est vrai qu'ils ne les voient guère le reste de l'année. Les préparatifs de leur venue mettent Yvonne en transe : « Nos petits-enfants arrivent incessamment, écrit-elle. Vous imaginez les préparatifs, surtout pour les petits-fils ! Chacun ses joujoux, ses objets de toilette d'une couleur déterminée, même les petits pots, sans oublier la boîte de bonbons pour le "bonsoir, grand-père "[93]. » Que d'attention ! Cette attitude bienveillante et généreuse – qui contraste avec la sévérité que Philippe de Gaulle prête à sa mère – est confirmée par Geneviève de Gaulle. Elle est reçue de temps à autre à Colombey avec les quatre enfants qu'elle a mis au monde depuis 1947 et se souvient de la délicatesse de sa tante : « Lorsque nous nous rendions à la Boisserie, elle aimait acheter des livres pour les enfants et les déposait dans chacune des chambres qui leur étaient attribuées. Un jour, l'un de mes fils avait dessiné une maison que le Général, toujours attentif, s'était donné la peine de dater. Mon cousin Philippe me l'a remise bien des années plus tard. Tante Yvonne n'oubliait jamais un baptême, ni un anniversaire, ni une communion. Elle me rapportait souvent des fruits de son verger, des légumes de son potager[94]. »

De grandes réunions familiales ont également lieu à Noël. En 1954, par exemple, les Boissieu et les Philippe de Gaulle rallient Colombey-les-Deux-Églises. Yvonne veille à tous les détails de la fête, mais laisse à son fils et à son gendre le soin de réaliser une belle crèche. Elle précise à la sœur supérieure que, le 25 décembre, les enfants « nous ont réveillés à 5 h 30[95] ».

Visiblement, elle s'épanouit dans les ambiances joyeuses et remuantes : « La maison est pleine en ce moment. La maîtresse de maison, même aidée, est débordée. [...] Les petits-enfants font notre bonheur[96]. » Aussi, quand sa famille quitte la Boisserie, éprouve-t-elle une sorte de tristesse : « Mes petits-enfants me manquent, aussi vos bonnes lettres sont les bienvenues parce que cette chère fondation compte beaucoup pour mon cœur[97]. » Entre-temps, Élisabeth et Alain ont également eu une fille, baptisée Anne comme sa tante qu'elle n'a jamais connue.

Loin de se sentir confinée dans sa vie désormais assez tranquille, Yvonne y trouve un bonheur simple. Elle vit selon son goût, s'occupe de sa maison, rencontre comme d'habitude des problèmes de personnel. Sa cuisinière et sa femme de chambre sont fidèles, mais il semble que le jardinier lui cause du souci. Le 24 mai 1955, elle explique à la sœur – décidément tenue au courant des moindres détails – que le couple de jardiniers s'apprête à quitter la Boisserie. Yvonne suppose qu'il a été « mal influencé » ou qu'il a subi un « chantage ». Elle cherche déjà un remplaçant qu'elle aura d'ailleurs beaucoup de mal à trouver, sans doute en raison de ses exigences particulières : « À cause du Général, il faut des gens absolument sûrs[98]. » Un mois plus tard, elle est toujours en quête de la perle rare, à une saison où le parc exige pourtant de gros travaux d'entretien et de tonte…

Son quotidien est également marqué par une pratique religieuse extrêmement régulière. Le dimanche, elle ne manque jamais la messe – ce qui lui vaut quelques mésaventures : au cours de l'hiver particulièrement rigoureux de 1952, la voiture qu'elle conduit pour se rendre à l'église du village voisin verse dans le fossé. Il lui faut attendre qu'un tracteur vienne la dépanner, « et point de messe[99] ».

Enfin, surtout, elle peut se consacrer à ce qu'elle aime, notamment à sa correspondance, toujours abondante. Tous les jours de sa vie, avec une ponctualité dont beaucoup se souviennent, elle passe des heures à répondre aux nombreuses lettres qui lui arrivent. Au moment de Noël et du jour de l'an, le volume augmente encore. « Un courrier effarant m'attend[100] », note-t-elle à plusieurs reprises. Elle choie ceux qu'elle aime, comme la sœur supérieure de Vertcœur : « [Votre lettre] est la première lettre à laquelle je répondrai, car la fondation est près de mon cœur[101]. »

C'est exactement cela. Yvonne se recentre et se rapproche de ce qui lui est cher – son mari, sa famille, sa demeure, sa fondation. Cette proximité avec l'essentiel lui procure une sérénité qu'elle n'a pas connue depuis longtemps, et qui se lit de façon limpide dans son courrier. Ses lettres fourmillent de remarques amusantes, d'élans de bonne humeur, de fantaisie – comme celle dans laquelle elle avoue à la sœur Madeleine du Calvaire son désir de « faire un petit séjour en Corse (mais pas y habiter) ». Elle ajoute : « Ne le lui dites pas [au chanoine Rozo, lui-même corse]. Étant originaire du Nord, j'aime l'eau et le savon. Ceci dit, les Corses sont sympathiques, courageux, mais leurs habitudes sont immuables et les gens qui viennent chez eux, s'ils sont bien reçus, restent toujours des étrangers, un peu comme les îliens de Sein considèrent les gens du continent[102]. »

Dans une autre lettre, elle suggère à la supérieure de donner une compagne aux poissons rouges de la fondation qu'elle soupçonne de s'ennuyer ferme. Surprise de sa propre audace, elle se reprend en riant : « Voyons ! voyons ! restons sérieuses. Pour cela je vais m'astreindre à tricoter le pied d'une chaussette d'enfant. Puis j'entends le Général qui s'encombre dans ses papiers. Une petite aide va s'avérer nécessaire[103]. » Délicieux clin d'œil à l'ambiance qui règne à la Boisserie : cliquètement des aiguilles à tricoter, grattement de la plume sur le papier, puis ronchonnement du Général, qui a horreur de chercher ce qu'il a égaré, bruit de la chaise quand Yvonne se lève pour porter secours au malheureux grand homme...

Car son autre passion de toujours est là, vibrante, en la personne de son mari. À partir du moment où de Gaulle s'attelle à la rédaction de ses *Mémoires,* il s'enferme à la Boisserie et clôt pour plusieurs années l'ère des déplacements en province, des incessants voyages, des réunions politiques. C'est là pour Yvonne la définition du bonheur, et pour rien au monde elle n'irait à Vertcœur en laissant son mari seul. Son organisation reste donc fondée sur un seul principe : « Mes programmes sont établis d'après ceux du Général et les possibilités de la voiture[104]. » Ce qui était vrai au temps du RPF, quand elle accompagnait son époux dans ses longs périples provinciaux, le reste après 1951 : elle ne quitte la Boisserie que lorsque le Général lui-même se rend à Paris, c'est-à-dire à peu près chaque semaine. Mais s'il advient que, pour une raison ou une autre, il remette son déplacement, elle préfère rester à ses côtés.

En janvier 1954, elle annonce ainsi à la sœur supérieure qu'elle ne pourra pas venir à Vertcœur avant plusieurs semaines, car « le Général a un travail important à terminer ces temps-ci [le premier tome de ses *Mémoires*] et la paix de Colombey lui est nécessaire pour cela[105] ». Un scénario identique se reproduit en septembre. La présidente annule une de ses visites : « Le Général vient de me dire qu'il a trop à travailler ces jours-ci pour aller à Paris[106]. » Même sa propre famille passe au second plan. En novembre, Yvonne annonce à son frère Jean que son mari et elle ne pourront se rendre à Septfontaines pour la traditionnelle battue d'automne : « Charles a beaucoup à travailler... surtout pour le second volume des *Mémoires,* un trop grand espace de temps n'étant pas souhaitable entre les trois tomes[107]. »

La santé devient également une préoccupation nouvelle dans la vie de ce couple qui prend de l'âge. Le 21 mars 1956, alors que Charles est âgé de soixante-cinq ans, Jean Vendroux, qui n'en a que cinquante-quatre, se tue dans un accident de la route. C'est pour elle un choc brutal et douloureux, d'autant que son frère laisse derrière lui une femme et sept enfants. « Ma sœur [est] très touchée par ce grand malheur familial[108] », se souvient Jacques-Philippe.

Plus que jamais, le maintien en forme du Général est pour Mme de Gaulle une préoccupation constante. À table, elle veille à l'équilibre des menus et au fait que son mari ne se resserve pas trop abondamment. Elle suit de près les interventions chirurgicales auxquelles doit se soumettre le Général. Les suites de l'opération de la cataracte qu'il subit en 1955 exigent d'elle une présence constante, comme elle l'écrit en mars à la sœur supérieure : « La situation évolue normalement, mais je suis encore nécessaire à chaque instant[109]. »

De Gaulle, à peine remis, se replonge dans la rédaction de ses *Mémoires*. Sa fille Élisabeth l'aide : « Elle aura, avant de partir, tapé et contribué à mettre au point les quatre premiers de mes huit chapitres. Les suivants attendront son retour pour être dactylographiés[110]. » Yvonne, quant à elle, soutient son époux par sa présence assidue. « Le Général est si pressé de terminer le second volume de ses *Mémoires* que nos voyages à Paris sont plus courts et plus brefs[111]. » Éloignée de la capitale, elle doit recourir au téléphone – qu'elle exècre – pour régler les problèmes urgents. En 1954, elle se résout à donner ses coordonnées téléphoniques à la sœur supérieure : « Vous pouvez me téléphoner à Colombey après 19 heures : la ligne est meilleure. 60 inter Chaumont. Insistez bien sur ce numéro, car il y a un 60 Chaumont. » Toujours soucieuse de préserver son intimité, elle ajoute : « C'est un numéro spécial, mais ne le donnez à personne[112]. »

Toutefois, à l'occasion de la publication du premier volume écrit par son mari en 1954, elle accepte de participer avec lui à un reportage réalisé par *Paris-Match* à la Boisserie. C'est la seule et unique fois où les de Gaulle jouent le jeu des journalistes et ouvrent aux photographes la porte de leur maison. Le magazine paie le prix fort pour décrocher cette exclusivité – le chiffre de 4 millions de francs est avancé[113]. Cette somme est intégralement reversée par Charles de Gaulle à la fondation présidée par sa femme.

Au cours de cette période relativement simple de sa vie, Yvonne a le temps d'effectuer avec son mari plusieurs voyages, proches ou lointains. Ils rendent visite aux enfants et petits-enfants, comme en février 1955 lors d'un séjour chez Philippe à Toulon. L'année suivante, le 16 mars 1956, ils y retournent pour la communion privée de leur petit-fils Charles. Élisabeth les accompagne. Yvonne, par ailleurs, ne rompt jamais le lien avec sa région natale. Au moins une fois chaque année, elle se rend à Calais avec son époux. Les prétextes ne manquent pas, qu'il s'agisse de revoir son frère et sa belle-sœur, de régler des problèmes de propriété, ou tout simplement de réveiller, comme nous l'avons vu, l'électorat calaisien.

C'est ainsi que les de Gaulle se rendent à Calais en août 1948 puis en février 1949. Au cours de l'été 1950, c'est au tour des Vendroux de séjourner à Colombey, où se trouvent également Élisabeth et son mari. Alain de Boissieu confirme l'attachement qui lie les deux couples : « Mon beau-père me fera un grand éloge de Jacques-Philippe Vendroux, "qui est resté lui-même dans cet océan de combines"qu'est la vie parlementaire. Il lui rend de grands services en l'informant de ce qui se dit, de ce qui se passe dans ce milieu. Il le fait toujours avec une grande objectivité et une grande franchise.

L'éloge me plaît car je le partage entièrement, c'est un oncle avec lequel je m'entends particulièrement bien[114]. »

Le 4 septembre 1951, les de Gaulle retournent à Calais. Yvonne en profite pour se rendre sur la tombe de ses parents à Coulogne et régler des questions de propriété familiale... Le 11 juin 1953, le voyage est motivé par les mêmes raisons. Avec les années, il devient plus facile de se voir : de Gaulle en a fini avec le RPF, et, en janvier 1956, battu aux législatives, Jacques-Philippe entame à son tour sa traversée du désert ! Il faut dire que les républicains sociaux (ex-RPF) n'ont obtenu que 4,4 % des suffrages... Comme son beau-frère Charles, il doit réorganiser son existence : « C'est le grand calme. Nous pouvons enfin nous consacrer un peu plus à nos enfants et petits-enfants [...]. Je commence, moi aussi, à classer mes documents [...] afin de jeter les bases des *souvenirs* que je publierai peut-être un jour[115]. »

Dans les jours qui suivent la défaite électorale de son frère, Yvonne invite celui-ci avec sa femme à un voyage dans le Midi. Les deux couples se retrouvent à Colombey le 17 janvier, et partent le lendemain vers le sud. Jacques-Philippe est fort lucide sur les raisons de cette petite échappée : « Sous prétexte de leur tenir compagnie, c'est surtout, j'en suis intimement convaincu, par gentillesse et pour nous changer les idées après mon premier échec politique qu'ils ont combiné ce voyage[116]. » Les Vendroux et les de Gaulle séjournent en Ardèche puis à Vence, où ils déjeunent dans la villa d'hiver de la tante Berthe Gailly, alors âgée de quatre-vingt-trois ans. Née Berthe Forest, elle est la sœur aînée de Marguerite Vendroux.

L'année suivante, du 18 au 26 octobre, les de Gaulle retournent à Calais, avec Élisabeth cette fois. De là, en compagnie des Vendroux, ils prennent la route vers la Bretagne, visitent le Mont-Saint-Michel et poussent jusqu'à Guérande.

En dehors de ces voyages provinciaux et souvent familiaux, le Général décide d'organiser, à l'invitation des anciens Français libres qui vivent dans l'Union française, deux grands voyages autour du monde. Ils sont pour Yvonne l'occasion de parcourir les autres continents, elle qui ne connaît encore que quelques pays d'Europe – l'Italie de son voyage de noces, l'Allemagne d'avant-guerre, la Grande-Bretagne de 1940 et l'Algérie de 1943.

Pour parcourir le monde, le Général dispose d'un moyen de transport pratique : le président Truman lui a offert en 1946, à titre personnel, un DC 4. De Gaulle a donné cet avion à l'armée de l'air, mais se réserve le droit d'en disposer de façon temporaire[117]. C'est donc à bord de cet avion qu'il voyage avec Yvonne. Du 4 mars au 1er avril 1953, celle-ci découvre l'Afrique grâce à un grand tour qui commence au Sénégal puis l'emmène au Soudan, en Guinée, en Côte d'Ivoire, en Haute-Volta, au Niger, au Tchad, en Oubangui-Chari, au Moyen-Congo, au Gabon, au Cameroun et enfin en Tunisie. Du 4 au 22 octobre, les de Gaulle repartent vers Madagascar, la Réunion, Djibouti et l'Éthiopie.

En août 1956, un nouveau périple doit avoir lieu. « Je suis plongée dans mes quelques valises[118] », écrit Mme de Gaulle à la sœur. Pendant le mois de juillet, les rituels ne s'en trouvent pas bouleversés pour autant ; les Vendroux séjournent à la Boisserie et Yvonne leur demande même s'ils ne pourraient pas revenir trois semaines en août pendant son absence afin de tenir compagnie à Élisabeth, dont le mari ne peut quitter Brazzaville avant septembre. Ainsi en est-il décidé. Cada reste même une semaine supplémentaire aux côtés d'Élisabeth.

Le 8 août, les de Gaulle s'envolent pour une expédition de plus d'un mois. Leur première destination est Cayenne, d'où ils gagnent la Guadeloupe et la Martinique. Puis, à Fort-de-France, ils embarquent à bord du paquebot *Calédonien* pour quinze de jours de croisière jusqu'à Tahiti. De là, ils visitent les Nouvelles-Hébrides et la Nouvelle-Calédonie, d'où ils reprennent l'avion vers Paris avec plusieurs haltes : Darwin, Colombo, Djibouti, Fort-Lamy et Ajaccio !

Ces deux tours du monde revêtent un double intérêt. Ils font tout d'abord découvrir à Yvonne à quel point elle adore ces expéditions. Sur ce point, les témoignages sont unanimes : « Ma belle-mère [est] toujours tentée par les voyages[119] », note son gendre de Boissieu. Jacques-Philippe Vendroux ne dit pas autre chose : « C'est une chance que ma sœur aime les voyages et apprécie beaucoup l'avion[120]. » Et Philippe de Gaulle confirme : « Elle adore l'avion, la découverte de pays lointains. Elle vit d'heureux moments. "Peut-être parmi les plus heureux," m'avouera-t-elle beaucoup plus tard quand [le Général] ne sera plus là[121]. »

Il est facile de relier ce goût de l'ailleurs à son éducation. Ses parents, en l'emmenant à Septfontaines, dans les Alpes ou sur la Côte d'Azur, ont développé sa curiosité de petite fille et son ouverture d'esprit. De toute évidence, une fois adulte, elle garde cet appétit de découverte. Hélas ! la plupart des auteurs n'ont retenu que le côté puéril de son regard. Ainsi, la scène lors de laquelle Yvonne, en avion au-dessus de la Côte d'Ivoire, aperçoit des éléphants est répétée de livre en livre. À la vue des pachydermes qui courent dans la brousse, Mme de Gaulle ne peut se retenir de tirer son mari par la manche : « Charles ! Charles ! Un troupeau d'éléphants ! » Mais lui, indifférent et comme agacé, répond : « Laissez, Yvonne, laissez donc[122]. »

La femme impressionnable, le mari qui en a vu d'autres. La femme qui se passionne pour les animaux, le mari pour les sujets sérieux… N'est-ce pas un brin injuste ? Pourquoi ne pas admirer plutôt l'enthousiasme d'Yvonne ? Il développe son goût pour les coutumes locales et l'observation de la façon dont vivent les gens.

Marcel Jullian a le mérite de le souligner : « Elle a le coup de foudre pour les îles [de Tahiti] et envoie à son frère des descriptions enthousiastes dont elle est ordinairement avare[123]. » Les cartes postales qu'elle rédige depuis cette partie du monde confirment sa bonne humeur. Le 20 août, elle parle à la sœur de son « long mais magnifique voyage » dans le Pacifique. Dix jours plus tard, elle lui envoie de Tahiti une carte postale des plus audacieuses : on y voit deux languissantes vahinés ! Le commentaire est plein d'humour : « Ma révérende mère, j'ai choisi les plus habillées[124]. »

Au-delà de l'amusement, Yvonne observe la réalité, la compare à ses propres valeurs et en tire des leçons : « Quel magnifique pays ! Mais la vie y est trop facile, d'où contrecoup dans les mœurs. Les sœurs de St-Joseph-de-Cluny qui sont ici ont bien à faire pour essayer de bien élever toutes ces filles[125]. » *La vie y est trop facile…* Yvonne de Gaulle est tout entière dans cette phrase : le bon équilibre passe pour elle par l'effort et le respect des règles, par l'épreuve, voire par un certain esprit de pénitence cher à la tradition catholique, où la peine est un instrument d'élévation. Et pourtant, malgré tout, elle apprécie les autres cultures et aime aller à leur rencontre. Ce goût du voyage lui sera fort précieux après 1958. Les voyages à l'étranger constitueront même l'une des rares joies de sa vie de première dame.

Et la perspective élyséenne, avec les années, se fait de moins en moins hypothétique.

QUATRIÈME PARTIE

1958-1969
Première dame

La célébrité d'Yvonne de Gaulle lui vient en grande partie de la période élyséenne et du changement de statut que cela entraîne pour elle. Il n'est pas exagéré d'affirmer que c'est à partir de 1958 qu'elle naît aux yeux du grand public. Jusque-là, elle était restée volontairement très effacée, à tel point qu'il lui était possible de se promener dans Paris sans être reconnue. À part le reportage exceptionnel de *Paris-Match* en 1954, aucun magazine n'avait montré sa photographie.

Après 1958, et en dépit de sa farouche volonté de rester toujours à l'écart des médias, il lui devient difficile d'échapper à la renommée : la place que Charles de Gaulle a donnée au pouvoir exécutif dans la nouvelle Constitution personnalise considérablement la fonction présidentielle. Le chef de l'État, doté de pouvoirs réels, est un personnage désormais incontournable et visible. L'attention dont il est l'objet rejaillit nécessairement, mais aussi parce que c'est la volonté du Général, sur son épouse. Dès la cérémonie d'investiture, puis lors des cérémonies, des réceptions et des voyages, elle est à ses côtés.

Aujourd'hui encore, quand Mme de Gaulle est évoquée, c'est l'image de la femme du président qui vient à l'esprit : on la revoit se tenant un peu en arrière de lui, petite, modeste, vêtue de couleurs passe-partout et coiffée d'un inévitable chapeau. Cette Mme de Gaulle qui s'impose communément dans les mémoires est finalement celle que les caricaturistes, notamment Moisan, ont si souvent représentée dans *Le Canard enchaîné* tout au long des deux mandats de Charles de Gaulle.

Dès son premier dessin d'Yvonne de Gaulle, au détour d'un voyage du Général à Lacq, Moisan donne le ton. Charles s'adresse à Yvonne, petite et mal fagotée dans un tailleur noir, avec son chapeau et un petit sac qu'elle ne quitte jamais. Il lui demande : « À Lacq, tu as bien fermé le gaz ? » Désormais, avec constance, les caricaturistes insisteront sur son côté femme au foyer vieille France, prude, bigote et rabat-joie. Dans une grande fresque de mai 1965 où le gouvernement est représenté en tenue Renaissance à la table d'un banquet, Yvonne chuchote à son époux : « Assez trinqué aux alentours, Charles[1]. »

Fait étonnant, elle n'est représentée dans *Le Canard enchaîné* qu'une seule fois en 1959. Et si elle est dessinée neuf fois en 1960, c'est que la naissance de la chronique « La Cour » fait d'elle une figurante parfaite. De même, dans les films d'actualité ou sur les photographies, Yvonne n'apparaît jamais pour elle-même et jamais seule, mais toujours en compagnie de son mari ou de personnalités politiques. Plus frappant encore : il n'existe à ce jour aucun enregistrement connu de sa voix, ni aucune interview d'elle, même écrite.

L'épouse du président joue sa partition sans aucune fausse note : elle est là, présente, courtoise, maîtresse de maison accomplie, souriante. Mais face à ce qui ressemble de près ou de loin à un journaliste, elle reste invariablement muette. Aucun d'entre eux ne saura conquérir sa confiance, ni lui dérober la moindre confidence. Lorsqu'on occupe une fonction aussi élevée et aussi convoitée, ce silence parfait relève de la gageure. Il est la preuve de l'extraordinaire fermeté d'Yvonne de Gaulle et de son attachement sans faille à des principes qu'elle juge fondamentaux, notamment à cette retenue bienséante qu'elle cultive depuis l'enfance et qu'elle porte à compter de 1958 au rang de dogme.

La réserve d'Yvonne est renforcée par sa nouvelle fonction : elle craint, en se répandant en commentaires, de nuire à l'œuvre de son mari. Aussi préfère-t-elle se taire. Il est possible que, de son vivant, ce silence lui cause du tort et la fasse passer pour une personnalité glaciale et peu liante. Elle n'en a cure, seul importe le succès de son mari.

Avec le temps, le mutisme de Mme de Gaulle a pris de la valeur : dans la débauche de confidences, de pseudo-révélations, d'émissions grand public, de livres événements à laquelle se livrent aujourd'hui certains détenteurs du pouvoir, l'attitude d'Yvonne possède toutes les vertus d'un noble renoncement. Toutefois, si cette discrétion honore l'intéressée, elle ne facilite pas le travail de l'historien… Pour comprendre la façon dont Mme de Gaulle a envisagé le statut de première dame et comment elle a vécu cette fonction, il faut recourir aux témoignages croisés ou à des archives dispersées – avec un bémol en plus à la clé : le très riche fonds de la Fondation Anne de Gaulle est muet pour les années 1958-1969. Les documents relatifs à cette période ont été retirés des cartons par une main vigilante, peut-être celle d'Yvonne elle-même.

Dès lors, que dire de neuf sur un sujet que tout le monde attend au tournant et dont beaucoup connaissent déjà les grandes lignes ? Faut-il répéter pour la énième fois combien Yvonne détesta l'Élysée mais à quel point elle joua son rôle de première dame consciencieusement ? Faut-il faire mine de s'intéresser de nouveau aux dîners élyséens et aux plats choisis par la première dame pour honorer ses hôtes ? Oui, bien sûr, mais il serait dommage de s'en tenir là. D'autres aspects plus importants sont désormais accessibles grâce à des témoignages et à des documents nouveaux, grâce aussi à une relecture attentive de ceux que l'on connaît déjà.

Le fil d'Ariane de ces années élyséennes est le suivant : de la même façon que son mari devient le premier président de la Ve République, Yvonne en devient la première « première dame ». Et de la même façon que le Général modèle la nouvelle République selon sa stature, Mme de Gaulle établit dans sa fonction d'épouse présidentielle une tradition qui perdurera longtemps après elle, et, pour certains aspects, jusqu'à aujourd'hui. Son rôle politique, s'il s'exerce en toute discrétion, n'en est pas moins réel ; il se manifeste dans des domaines où on ne l'attend pas forcément.

Suivre Yvonne pas à pas dans la chronologie présidentielle serait à coup sûr fastidieux : entre 1958 et 1969, la vie du couple est à la fois très remplie et très répétitive, de dîner en dîner, de réception en réception, de voyage en voyage, de séjour à la Boisserie en séjour à la Boisserie. Mieux vaut approcher de biais ce temps cyclique et l'observer au travers d'un autre prisme. Laissons donc de côté le strict récit chronologique et privilégions une approche plus souple, à travers de grands thèmes qu'il est intéressant de détailler, comme la façon dont Yvonne est impliquée dès le départ par son mari dans la vie officielle, la manière dont elle s'empare de la fonction et lui donne un contenu, son caractère trempé face aux crises du régime, sa fidélité sans faille envers ceux qu'elle aime et les valeurs qu'elle défend.

Réfléchir à ces questions revient à interroger l'image d'Yvonne de Gaulle : dans quelle mesure sa représentation caricaturale est-elle fondée ?

CHAPITRE XI

Fuir les feux de la rampe : juin-décembre 1958

Usons d'un raccourci facile : Yvonne de Gaulle met plus de temps à devenir première dame que Charles de Gaulle à devenir « le premier en France ». Il faut dire qu'il bénéficie d'une avance non négligeable : depuis la Seconde Guerre mondiale, il est devenu – qu'il soit aimé ou non – « le plus illustre des Français », connu de tous, associé au souvenir de la Résistance et de la Libération. Son investiture le 1er juin 1958 fait écho à ce passé et se nimbe immédiatement d'une aura particulière. Lui qui fut le chef de la France libre et celui du Gouvernement provisoire en 1944 devient facilement, dans la plupart des esprits, le chef du gouvernement de la IVe République, transformation que René Coty résumera d'une phrase devenue célèbre lors de la passation des pouvoirs : « Le premier des Français est désormais le premier en France. »

Mme de Gaulle rechigne à sortir de l'ombre où elle est volontairement restée. Le statut de femme de chef du gouvernement lui permet de préserver cette intimité. Mais l'élection de Charles de Gaulle à la présidence de la République en décembre 1958 change radicalement la donne : pour Yvonne, le baptême du feu est brutal. Placée sous la lumière des projecteurs, elle doit s'habituer en quelques mois à un rôle nouveau – auquel son passé, il est vrai, l'a préparée.

« LA BOISSERIE, UN NOUVEL HÔTEL MATIGNON »

Les années 1956 et 1957 se sont déroulées dans un grand calme entrecoupé de voyages et de réunions familiales. Le Général, redevenu écrivain, a consacré son énergie à la publication du deuxième tome des *Mémoires de guerre* en juin 1956. Il travaille désormais au troisième volume. Yvonne, heureuse, s'est plu à veiller sur lui et à revoir sa famille tout en présidant aux destinées de sa fondation.

C'est sur une autre tonalité que commence 1958. La guerre d'Algérie fait rage depuis quatre ans, la IVe République s'empêtre dans un conflit qui lui coûte de plus en plus cher économiquement, politiquement et moralement. Le combat des Algériens pour leur indépendance prend de l'ampleur, et le déploiement par Paris de moyens militaires toujours plus importants n'y fait rien.

Le 1er janvier, Charles de Gaulle écrit à son fidèle compagnon Pierre Lefranc : « Si l'ambiance venait à changer, alors, oui, il faudrait agir. Cette ambiance nouvelle, que ceux qui le peuvent la préparent dès maintenant. » Le message est sibyllin et donne la mesure du jeu gaullien : profiter des événements pour tenter de revenir au pouvoir, les encourager sans les provoquer, et surtout ne jamais apparaître comme un chef d'orchestre. Yvonne de Gaulle est suffisamment fine mouche pour percevoir un lent mais sûr changement dans l'attitude de son mari. Nul doute qu'elle perçoit l'éveil nouveau que suscitent en lui les possibilités contenues dans la crise algérienne. Elle qui avait cru gagner la partie avec la mise en sommeil du RPF comprend que Charles de Gaulle reprend les rênes de son destin.

À partir du moment où il est question de placer à la tête du gouvernement Pierre Pflimlin, réputé favorable à une évolution de l'Algérie vers l'indépendance, la population française d'Algérie entre dans une phase d'insurrection rampante. Les gaullistes pressentent que les temps sont mûrs pour un retour de leur héraut. Dès le 17 avril est lancé un appel pour l'accession de De Gaulle au pouvoir.

À la Boisserie, après les repas, cette guerre qui ne dit pas son nom constitue un thème de discussion incontournable entre le Général et les différents invités. Du reste, depuis juin 1956, Yvonne se trouve en contact presque direct avec les événements d'Afrique du Nord. Il s'avère en effet que son gendre, le lieutenant-colonel Alain de Boissieu, a été muté en Algérie à la tête du 4e régiment de chasseurs dans le Constantinois. Sa femme l'y rejoint l'année suivante, ce qui inquiète profondément Yvonne de Gaulle : Élisabeth devra vivre presque enfermée dans la caserne[2] pour éviter tout risque.

Sur la question algérienne, Mme de Gaulle a une opinion très personnelle et très claire : de manière nettement plus affirmative que son mari, elle déplore la lutte des Algériens pour l'indépendance. À ses yeux, il s'agit purement et simplement d'une trahison de leur part. Dans une lettre de février 1956 où elle évoque son fils Philippe parti en mission en Indochine sur le *La Fayette*, elle prend ainsi parti au sujet de l'ancienne colonie asiatique de la France : « Ce sont ceux pour lesquels on en a fait le plus qui sont les plus prompts à nous trahir. Et maintenant l'Algérie[3]. »

Les rares arguments qu'on lui connaisse pour justifier sa position sont à la fois originaux et discutables. Le 23 août 1955, c'est-à-dire moins d'un an après la Toussaint 1954 qui a marqué le début de la guerre d'Algérie, elle confie ainsi à la sœur supérieure : « Ce qui se passe au Maroc et en Algérie est extrêmement grave. Beaucoup plus que de tel ou de tel sultan, il s'agit d'une violente poussée d'islamisme[4]. » Pour cette indéfectible catholique, le premier danger est donc religieux. Le combat des Algériens ne serait en réalité qu'une croisade de l'islam contre l'Occident.

Cet argument du « choc des civilisations », s'il est aujourd'hui répandu, paraît quelque peu anachronique en 1955. Le FLN, qui s'est constitué pour lutter contre les Français, trouve son inspiration du côté communiste plutôt que dans la tradition musulmane. Mais l'opinion d'Yvonne se trouve là bien résumée : la France a dépensé sans compter pour sa fille l'Algérie, et maintenant celle-ci veut la quitter au nom de valeurs opposées à de celles de sa mère France, fille aînée de l'Église.

Le côté un peu simpliste et tranché de l'explication de Mme de Gaulle ressort avec plus d'acuité quand on la compare aux arguments avancés par le Général pour justifier – *a posteriori* il est vrai – l'indépendance algérienne. L'énumération qu'il fait de causes historiques et politiques montre que le Général a longuement analysé la question. Lorsqu'il rédige ses *Mémoires d'espoir*, il sait que l'histoire jugera son action, particulièrement en Algérie, et il met dans la balance un ensemble d'arguments assez irréfutables : « Un immense mouvement d'indépendance soulevait [...] les peuples colonisés. Par suite de l'affaiblissement relatif de l'Angleterre et de la France, de la défaite de l'Italie, de la subordination de la Hollande et de la Belgique aux intentions des États-Unis, de l'effet produit par les Asiatiques et sur les Africains par les batailles livrées sur leur sol et pour lesquelles les colonisateurs avaient eu besoin de leur concours, du déferlement des doctrines qui, libérales ou socialistes, exigeaient pareillement l'affranchissement des races et des hommes, enfin de la vague des désirs que suscitait dans ces masses dépourvues le spectacle de l'économie moderne, l'univers s'offrait à un bouleversement en sens inverse mais aussi profond que celui qui avait jadis déclenché les découvertes et les conquêtes des puissances de la vieille Europe[5]. »

En ce début de 1958, Yvonne se rend compte que son mari suscite à nouveau l'intérêt de l'opinion. Elle est même l'une des premières à comprendre ce que le Général espère et prépare pour la bonne raison qu'elle se trouve aux premières loges. C'est en effet depuis la Boisserie que de Gaulle entend conduire le jeu. C'est là que viennent les collaborateurs ou les émissaires de Paris. C'est là que le Général évoque devant les siens les développements potentiels de la situation.

Or, sur ce sujet, son épouse se trouve de plus en plus isolée au sein de la famille. Si Philippe de Gaulle est longtemps d'avis qu'il ne faut pas que son père réponde aux sirènes du retour au pouvoir, il change d'opinion au cours de l'année 1958 devant la puissance des événements. Sa mère en conçoit une vraie amertume : « Elle nous considère, tristement surprise par notre changement d'attitude. Et puis, après avoir regardé fixement la statuette de sainte Anne posée au-dessus de sa tête, je la vois abandonner brusquement sa broderie, comme si c'était pour toujours. Elle fronce les sourcils, crispe les lèvres puis se décide à s'adresser à mon père : "Mais Charles, vous ne trouvez pas que ça suffit comme ça ? Vous allez recommencer ? On n'aura que des embarras." Elle a une voix sèche et presque plaintive. Il ne répond pas[6]. »

C'est donc avec résignation qu'elle assiste aux allées et venues à la Boisserie, de plus en plus nombreuses au fur et à mesure que le fossé se creuse entre Paris et les Français d'Alger. Le 7 mai, Olivier Guichard vient apporter un message personnel du président de la République, René Coty. Le Général temporise. Le 12 mai, jour où est formé le gouvernement Pflimlin, nouvelle irruption de Guichard, porteur cette fois d'une demande de Jacques Soustelle, qui veut savoir s'il doit se rendre ou non à Alger. De Gaulle ne se prononce pas. Le 13 mai, tandis que les Français d'Alger créent un comité de salut public et occupent le gouvernement général, Charles de Gaulle passe tranquillement la journée dans sa maison. Après un bref passage à Paris le 14, il revient à Colombey le soir même. Il a appris que le comité de salut public d'Alger l'appelait à former un gouvernement.

Le Général peut sortir de son silence. De façon symbolique, il le fait depuis la Boisserie, sous les yeux d'Yvonne qui croit vivre un cauchemar. Son mari confie à Gaston de Bonneval un communiqué dont les termes engagent l'avenir, un avenir qui ne convient pas du tout à Yvonne : « Je me tiens prêt à assumer les pouvoirs de la République... » Pour Mme de Gaulle, c'est la fin des espérances. Son mari repart, renoue avec le rythme effréné des années de pouvoir, rajeunit de dix ans au contact de l'arène politique. Entre le 15 mai et la fin du mois, il effectue cinq voyages à Paris.

Bien sûr, il revient ensuite à Colombey, même après la fameuse conférence de presse du 19 mai où il prononce cette phrase devenue célèbre : « Ce n'est pas à soixante-sept ans que je vais commencer une carrière de dictateur. » La Boisserie reste sa base arrière, comme le note Odile Rudelle : « Pour une semaine encore, malgré deux ou trois visites d'hôtes de marque, la vie sera ordinaire, scandée par le rythme des *Mémoires de guerre* qu'il devient peut-être urgent de terminer[7]. » Mais Yvonne ne se laisse pas tromper par cette apparente normalité. Elle sait que dans quelques semaines, quelques jours peut-être, son mari sera de nouveau à la tête du pays : « Ma pauvre mère ! [...] De toute façon, elle a bel et bien fini par se résigner. Elle sait depuis le 19 mai 1958 que les dés sont jetés[8] », se souvient Philippe de Gaulle.

Bientôt la crise algérienne gagne la Corse, et un comité de salut public est formé à Ajaccio. Son président, Henri Maillot, a des liens familiaux avec les Vendroux.

Yvonne assiste avec agacement au changement de statut de sa maison. La Boisserie devient un lieu de négociations où se succèdent Antoine Pinay, Georges Boris et Georges Pompidou entre le 20 et le 25 mai. Par voie de conséquence, la demeure jusque-là tranquille attire également l'attention des médias. Les journalistes – jusqu'à trois cents dans le village – guettent et alimentent le sentiment d'impatience des Français tant leurs articles sont impuissants : que voir derrière les murs épais de la propriété ? Mme de Gaulle, si éprise de discrétion, vit mal cette intrusion. À coup sûr, l'article rédigé par Pierre Jeancard dans le magazine grand public *Jours de France* la hérisse : « Un hameau de cent quarante-trois feux est depuis quinze jours la seconde capitale politique de la France. Son "hôtel Matignon" est une grande maison de pierre blanche recouverte de tuiles brunes et dissimulée par un épais rideau d'arbres : la Boisserie. »

Il faut pourtant qu'elle se fasse une raison. La Boisserie est désormais presque aussi célèbre que son illustre habitant. C'est d'ailleurs depuis sa demeure privée que de Gaulle envoie le communiqué qui, le 27 mai, officialise son retour au pouvoir : « J'ai entamé hier le processus régulier... » Le lendemain, la démission de Pflimlin n'est qu'une formalité, et le 1er juin l'Assemblée nationale élit Charles de Gaulle chef de gouvernement. Son épouse, contre toute attente, réussit à se réjouir de l'événement mais revient à ses peurs d'antan : « Je vais devoir veiller deux fois plus sur lui[9]. »

Elle ne change rien, pourtant, à ses habitudes. La Fondation Anne de Gaulle retient toute son attention et, toujours attachée aux dates symboliques, elle réunit son conseil d'administration le 18 juin 1958 à Vertcœur. On imagine que, en ce jour particulièrement gaullien, les commentaires vont bon train et ne portent pas exclusivement sur l'indemnité journalière et les travaux d'extension...

GÉNÉRAL VOLAGE ?

En tant que femme du chef de gouvernement, Yvonne réussit à passer largement inaperçue dans l'opinion. Le problème algérien focalise les regards, de même que le débat institutionnel autour de la future Constitution. Dans le grand vent de l'histoire, elle parvient à se tenir cachée.

La chronologie, à cet égard, est révélatrice : Mme de Gaulle n'est pas représentée une seule fois dans *Le Canard enchaîné* en 1958, alors que son mari y figure à toutes les pages... C'est qu'en cette phase de transition entre deux régimes elle est un sujet secondaire. Et, surtout, elle subit la concurrence déloyale d'une autre femme alors surreprésentée en compagnie du Général : Marianne. Le vrai couple, c'est eux. Sur un dessin de Moisan du 24 septembre 1948, le Général est assis aux côtés de Marianne dans une salle des mariages. Il est grand et hiératique, elle est petite et inquiète. Le 1er octobre, cortège nuptial. Les futurs époux avancent vers l'autel accompagnés du cousin Massu, et Marianne soupire par-devers elle en regardant de Gaulle : « L'ennui, c'est qu'il faut épouser sa famille. » Moisan livre aussi une version moins policée de cette version : on y voit, assis sur un lit, un de Gaulle égrillard et une Marianne friponne, allègrement surnommée « la gaullegirl[10] ». La République est parfois figurée en nouveau-né et l'infirmière s'exclame alors : « Tout le portrait de son père[11] ! » Mais, la mère est absente…

Il faudrait un livre entier pour commenter la métaphore qui assimile le Général à un homme brutal et la République à une femme que l'on peut posséder, contraindre, violer. La misogynie est peut-être plus du côté des dessinateurs que de l'intéressé ! Mais là n'est pas le propos. Constatons simplement que la seule histoire d'amour que l'on prête à de Gaulle en 1958 est une liaison un brin passionnelle avec la République. Tant que cette histoire-là n'est pas réglée, aucune chance pour Yvonne d'attirer les regards. Il faut attendre le 18 février 1959 pour qu'elle apparaisse dans le journal satirique, dans un dessin où de Gaulle l'interpelle par son prénom, histoire de préciser au lecteur non averti de qui il s'agit.

La vie d'Yvonne se trouve profondément chamboulée, comme le laisse transparaître ce qu'elle écrit à son frère Jean : « Merci pour votre lettre qui nous encourage, car c'est une lourde tâche ! Dieu veuille que, si la force morale ne manque pas, il en soit de même pour la force physique. C'est un métier infernal ! Et on n'a plus vingt ans. Ceci dit on fera ce qu'on pourra[12]. »

Dès le 2 juin 1958, Jacques-Philippe téléphone à sa sœur pour la féliciter du succès de son mari. Elle aimerait revoir son frère, mais l'agenda est encore flou. Une invitation, lancée à tout hasard pour le 19 juin à la Boisserie, sera finalement annulée au dernier moment puisque le Général ne peut alors s'absenter de Paris. Or l'appartement privé de Matignon ne se prête pas à recevoir les proches : « [Situé rue de Varenne] il est aussi restreint et malcommode qu'officiel. Ils n'ont aucune possibilité d'y recevoir à coucher qui que ce soit, tout étant envahi par les bureaux… Seul le parc est magnifique[13]. »

Cet été-là, la Boisserie est peu fréquentée : « Adieu le séjour des enfants à Colombey cet été et les fugues que nous comptions faire à Septfontaines et Calais[14] », déplore Yvonne. La seule escapade que s'autorisent les de Gaulle est pour Calais, où ils s'invitent chez les Vendroux avant de poursuivre jusqu'à Wissant où Philippe et les siens sont en vacances. Au cours de ce bref voyage, deux nouveautés apparaissent : la première est que de Gaulle a changé de voiture. Il a abandonné la traction avant, un peu démodée, au profit de la DS. Ce véhicule devient un attribut mythique du président, et ses lignes élégantes sont sans doute plus connues que le visage de Mme de Gaulle. La seconde est que le couple doit désormais ruser pour échapper aux journalistes indiscrets. C'est ainsi que, pour entrer chez les Vendroux, Charles et Yvonne passent par la porte du jardin situé derrière l'immeuble.

Ce séjour est le dernier des de Gaulle avant le drame qui frappe les Vendroux au début de l'automne : leur fille Martine meurt subitement le 1er octobre 1958, laissant un petit Alain âgé de huit ans. La perte de leur fille, dix ans après la mort d'Anne, rapproche encore les Vendroux des de Gaulle.

Le reste de l'été, Yvonne demeure le plus souvent à Paris aux côtés du Général, qui doit y régler mille affaires différentes. Il effectue une tournée en Algérie au début de juin, une autre en Afrique noire à la fin d'août pour inciter l'Union française à répondre favorablement au référendum portant sur la Constitution et sur la Communauté. Son épouse ne l'accompagne pas lors de ces voyages, ce qui peut se comprendre dans le cas de l'Algérie : le pays est en guerre, la situation délicate. En revanche, l'absence d'Yvonne en Afrique révèle autre chose. On sait à quel point le Général est sensible à la signification et à l'étiquette. Dans son esprit, la fonction de chef de gouvernement n'implique pas la participation officielle de l'épouse car c'est une fonction politique : investi par l'Assemblée nationale, il représente le gouvernement. Au contraire, quand il sera président de la République, il incarnera la France, ce qui est fort différent. Dans ce cas, chargé de représenter son pays et tous les Français, il demandera à son épouse de se tenir à ses côtés, comme le ferait un préfet.

Un Allemand à la Boisserie

La seule occasion pour Yvonne, durant cette période, de participer de près à un événement politique d'envergure est la visite en France, le 14 septembre 1958, du chancelier allemand Konrad Adenauer, et pour cause : l'entrevue garde un caractère exclusivement privé puisqu'elle a lieu à la Boisserie. Le chancelier est reçu par les de Gaulle en famille, événement sans précédent qui ne se répétera pour aucun autre chef d'État ou de gouvernement. Il est facile d'imaginer la réaction première d'Yvonne à l'idée de son mari : Quoi ! Mélanger politique et vie privée ! Inviter un chancelier dans une maison aussi dépourvue d'apparat ! Et comment le servira-t-on ? Un Allemand, en plus, quelle idée !

Pourtant, dans l'esprit du Général, Yvonne fait intégralement partie de l'échiquier de cette rencontre. Par une sorte de prémonition, il a compris la chose suivante : la relation avec l'Allemagne constitue le socle de l'avenir européen de la France. Mais il sait aussi que le chancelier se méfie de lui. Son refus de la CED, les distances qu'il a prises avec les États-Unis, le fait qu'il soit militaire au pouvoir, tout cela inquiète le gouvernement allemand. Dans ce contexte, seule une rencontre franche et simple, en tête à tête, d'homme à homme, peut donner des fruits. Le bannissement de toute dimension officielle permettra de fonder un dialogue juste avec un homme dont de Gaulle connaît la foi catholique et le passé antinazi : « Pour l'explication historique que vont avoir entre eux [...] ce vieux Français et ce très vieil Allemand, le cadre d'une maison familiale a plus de signification que n'en aurait le décor d'un palais. Ma femme et moi faisons donc au chancelier les modestes honneurs de la Boisserie[15]. »

« Ma femme et moi… » Dans ses *Mémoires d'espoir*, c'est la première fois que Charles de Gaulle cite son épouse. Cette mention exceptionnelle arrive à la page 184, après plusieurs chapitres consacrées à l'Algérie, aux problèmes économiques, à la Constitution, autant de sujets qui ne concernent Mme de Gaulle que de loin…. Sa soudaine apparition dans le récit politique de Charles de Gaulle revêt donc une dimension particulière : elle renforce le caractère privé de la rencontre avec Adenauer. Pas de maître d'hôtel, pas de chef cuisinier, juste un couple qui accueille un ami et lui fait les honneurs de la maison. Voilà ce que Charles de Gaulle a dû expliquer à son épouse pour qu'elle accepte de tenir ce rôle nouveau : faire semblant de recevoir un vieux cousin que l'on n'a pas revu depuis longtemps. Toujours fidèle au poste, Yvonne s'acquitte bon gré mal gré de sa mission, mais à la perfection.

À midi, quand la voiture du chancelier se gare devant l'entrée de la maison, seul de Gaulle sort pour l'accueillir. Yvonne attend à l'intérieur. Elle sert un déjeuner simple, puis montre au chancelier la chambre où il peut se reposer un moment. La pièce se situe juste au-dessus du bureau de Charles de Gaulle, dans la tourelle d'angle. Après la venue d'Adenauer, Yvonne n'appellera plus cette pièce que « la chambre du chancelier ». L'après-midi, le Général et Adenauer s'entretiennent en tête à tête, s'interrompant à 17 heures pour prendre le thé avec Mme de Gaulle.

Au dîner, ils sont rejoints par un certain nombre de personnalités. Au total, quatorze personnes prennent place autour de la grande table de la salle à manger. Konrad Adenauer est assis, comme le veut l'usage, à côté de la maîtresse de maison. Il est accompagné, entre autres, de son ministre des Affaires étrangères, Heinrich von Brentano, de l'ambassadeur de RFA en France, Vollrath von Maltzan, et de son secrétaire particulier. Charles de Gaulle a fait venir le ministre des Affaires étrangères, Maurice Couve de Murville, l'ambassadeur de France à Bonn, François Seydoux, et son conseiller diplomatique, Jean-Marc Boegner. Un interprète et d'autres collaborateurs complètent la tablée.

En dépit des hautes fonctions de ses invités, Yvonne se tient au mot de son mari et écarte d'emblée tout ce qui pourrait apparaître comme officiel dans la réception. Pas question d'utiliser la vaisselle du gouvernement. On prend celle de la Boisserie et le menu sera simple. Mme de Gaulle refuse également de recourir au personnel de Matignon pour donner un coup de main. Elle préfère s'adresser à sa belle-sœur Cada, qui lui envoie pour l'occasion l'une de ses domestiques, Marie Wierez. L'attitude de cette dernière est intéressante. Employée chez les Vendroux depuis 1933, elle s'était engagée dans la Résistance pendant la guerre, « ce qui lui avait valu d'être interrogée par la Gestapo[16] ». Il faut supposer qu'à l'instar d'une majorité de Français elle voit d'un mauvais œil un Allemand accueilli dans une maison française. La gentillesse d'Adenauer atténue un peu sa réaction, mais ne révolutionne pas une attitude bien ancrée : « Monsieur le chancelier a été si gentil avec elle, lui demandant en français des détails sur sa famille, qu'elle est encore aussi émue que fière, rapporte Jacques Vendroux après coup... Sa haine foncière des Allemands s'en trouve un peu atténuée. On sent qu'elle est gênée d'éprouver de bons sentiments à l'égard d'Adenauer[17]. »

Le personnel de la Boisserie réagit de façon similaire. Louise Camaille, originaire de Lorraine, s'entête : « Je ne servirai jamais un Allemand ! » Le Général doit expliquer sa démarche de façon pédagogique. Charlotte Marchal, embauchée en 1960, se souvient : « La première fois que j'ai vu le Général, il m'a dit : "Charlotte, vous êtes de la Moselle, vous n'aimez pas les Allemands." Alors je lui ai dit : "Mon Général, ils nous ont fait trop de mal. Ils nous ont chassés, et ils ont fait du mal à mon mari." Alors il m'a juste dit : "Je vous comprends, mais il vaut mieux être leurs amis que leurs ennemis. C'est pour ça que je lui ai tendu la main. D'ailleurs, ça n'était pas un hitlérien." » Par contraste, ces réactions illustrent l'originalité et la force du raisonnement de De Gaulle si peu de temps après l'Occupation...

Et Mme de Gaulle, comment réagit-elle ? Selon Philippe, de façon ambivalente : « L'attitude de ma mère a été parfaitement naturelle tout au long du séjour de son invité. Avant le déjeuner, elle m'a soufflé en aparté : "C'est quelqu'un de bien élevé et de sympathique. Il semble avoir de la culture." Néanmoins, après un petit soupir, d'un air pincé, celui qu'elle prenait quand quelque chose la chiffonnait, elle a ajouté : "Mais, évidemment, c'est un Allemand."[18] »

Pour véridique qu'il puisse sembler, ce témoignage doit pourtant être pris avec des pincettes. Philippe de Gaulle, en effet, est un observateur privilégié de ce qui se passe à la Boisserie le 14 septembre... sauf que sa présence n'est avérée que par lui-même ! Ni les archives diplomatiques françaises, ni celles d'outre-Rhin, ni même les comptes rendus des autres convives n'indiquent qu'il était là au déjeuner ou au dîner.

Différents témoignages montrent que les choses se déroulent au mieux entre le vieil Allemand et Mme de Gaulle. À table, Adenauer parle en français à sa voisine et évoque son goût pour la musique classique. Pour la nuit, Yvonne a veillé à installer son autre domestique, Philomène, dans la chambre voisine de celle du chancelier : élevée en Lorraine, elle parle couramment l'allemand. Enfin , quand Adenauer part le lendemain, Yvonne lui offre une gerbe de roses de son jardin[19].

Le but recherché par de Gaulle est largement atteint : au-delà des différends entre les deux pays, notamment en ce qui concerne l'attitude à adopter vis-à-vis des États-Unis, le caractère privé de la rencontre a permis l'éclosion d'une vraie relation humaine entre les deux hommes. L'intimité de la Boisserie a fait ressortir leurs points communs, notamment cette éducation catholique du début du siècle faite de respect pour la famille et pour les êtres en général. Tous les témoins soulignent la sérénité qui baigne l'entrevue et citent Mme de Gaulle comme un acteur à part entière de ce moment historique. François Seydoux raconte : « L'atmosphère est étrangement paisible, familiale.

Mme de Gaulle contribue à donner la note. [...] Pendant que s'affairent autour de la table deux servantes tout à fait dans le ton, le Général est plein de bonhomie et d'urbanité. On a suffisamment travaillé. Pour un instant, il ne fait plus l'histoire, il raconte des histoires. Adenauer est détendu, joyeux. L'ambiance l'enchante ; elle lui rappelle celle de sa maison de Rhöndorf où, le dimanche, ses enfants et ses petits-enfants se rassemblent autour de lui, le patriarche vénéré et aimé. Jamais il n'oubliera Colombey-les-Deux-Églises, la courtoisie raffinée du seigneur qui lui faisait les honneurs de sa demeure provinciale, la gravité spirituelle, chrétienne dont elle était empreinte[20]. »

Le chancelier lui-même reconnaît les bienfaits de cette rencontre en terrain familial : « J'étais heureux d'avoir trouvé un tout autre homme que ce que j'avais craint. Je me félicitais d'avoir fait la connaissance de De Gaulle chez lui, loin de Paris. Je crois, en effet, que l'on ne peut avoir une juste opinion de lui qu'après l'avoir vu et lui avoir parlé dans son univers familier[21]. »

Le Général, pour sa part, retient aussi le succès de l'entrevue. Et, pour comble, il trouve que son épouse a peut-être poussé un peu loin son désir de simplicité ! Il en fait la confidence à Élisabeth, toujours installée en Algérie[22] : « La visite d'Adenauer à Colombey s'est très bien passée. Maman a tout parfaitement arrangé. Peut-être au dîner du soir (14 couverts), Philomène et Marie Nagot (celle-ci venue de Calais) auraient-elles gagné à être renforcées pour servir à table. Mais maman tenait à ce que la maison fût, à tous égards, ce qu'elle est. C'était sans doute le mieux[23]. »

« Un métier infernal » !

À partir de mai 1958, le destin de Mme de Gaulle est de nouveau étroitement lié à celui du Général. La liberté recouvrée des années 1950 disparaît. L'emploi du temps, le lieu de résidence, l'apparence et les activités, tout cela dépend désormais des fonctions nouvelles occupées par Charles.

L'avènement de la Ve République, approuvé par référendum le 28 septembre 1958, accentue encore cet effet : les nouvelles institutions ont plus de conséquences qu'il n'y paraît sur l'existence d'Yvonne. Fruit de la pensée du Général, la Constitution de 1958 instaure un pouvoir exécutif fort. Sans rogner pour autant les pouvoirs du Parlement, elle met un terme à l'instabilité gouvernementale d'une IVe République minée par le jeu des partis. Le nouvel équilibre des pouvoirs passe par un renforcement sensible du rôle du chef de l'État : dans le texte constitutionnel, le chapitre consacré au président de la République est pour la première fois placé en tête de tous les autres, et quinze articles lui sont consacrés ! Ils lui confèrent une réelle capacité d'agir avec le recours exceptionnel aux pleins pouvoirs, l'usage du référendum, la nomination du Premier ministre. Son autorité sera encore affermie par l'adoption en 1962 du suffrage universel direct pour son élection...

Pareilles innovations institutionnelles modifient en profondeur le fonctionnement de l'État, ainsi que le souligne l'historien Éric Roussel : « Désormais la présidence de la République est au centre de tout, rien d'important ne se fait ou ne se décide sans l'aval du chef de l'État ou de ses collaborateurs les plus proches[24]. » Dans cette perspective, l'existence de la première dame acquiert une dimension inconnue jusqu'alors.

Certes, les épouses des deux présidents de la IVe République (Vincent Auriol de 1947 à 1954 et René Coty de 1954 à 1958) ont connu une vraie renommée. Jacqueline Auriol, fille d'un ouvrier syndicaliste ami de Jean Jaurès, aimait parler aux journalistes et s'exprimait volontiers sur les questions de société. Elle bénéficiait d'une bonne image au sein de la population. Ce fut plus vrai encore pour Germaine Coty, qui lui succéda. Dans un genre complètement différent, elle s'attira la sympathie des Français par son côté grand-mère généreuse, un peu vieille France. Sa gentillesse, sa simplicité et son engagement pour les œuvres caritatives empêchaient même ses caricaturistes d'avoir prise sur l'opinion. Quand elle mourut, le 12 novembre 1955, une intense émotion s'empara du pays.

La place d'Yvonne est différente. Contrairement à Jacqueline Auriol ou Germaine Coty, elle refuse de se montrer aux journalistes ou de s'exprimer publiquement. Elle ne possède certainement pas, aux yeux du grand public, la chaleur de Mme Auriol ni la bienveillance de Mme Coty. Pourtant, elle devient une personnalité à part entière de la Ve République, essentiellement parce que son mari lui demande de tenir un rang précis.

Pour le fin connaisseur de l'histoire et le vieux praticien des institutions qu'est Charles de Gaulle, rien dans l'exercice du pouvoir ne doit être laissé au hasard. C'est pourquoi la scène qui se déroule le 23 décembre 1958 est si importante pour ce qui concerne notre sujet : l'avant-veille, Charles de Gaulle a été élu président de la République par un collège de 80 000 électeurs qui lui ont donné 78,5 % de leurs suffrages. Le 23, il est reçu à l'Élysée par son prédécesseur, René Coty. Les caméras sont présentes. Or, pour ce moment historique, le Général se fait accompagner par son épouse. Dès le premier instant de sa présidence, et contrairement à ce qui s'était passé lors de son élection comme chef du gouvernement en juin, il l'associe à son action, la présente aux Français, lui fait découvrir en même temps que lui le palais de l'Élysée, dont elle sera la maîtresse de maison quelques semaines plus tard.

Yvonne de Gaulle est donc propulsée d'emblée au rang de première dame sous l'effet du nouveau rayonnement de la fonction présidentielle. Toutefois, aucun statut officiel ne définit son rôle, aucune ligne dans la Constitution ne décrit ce que pourrait être son action. La première dame n'existe que par défaut, remplissant les interstices qui lui sont laissés : elle occupe la place que son mari veut bien lui conférer et, selon sa personnalité, donne plus ou moins de retentissement à ses interventions. Bref, c'est de façon empirique que son statut va se dessiner au fil des mois. La façon dont Yvonne de Gaulle habite la fonction n'est pas anodine : elle instaure en la matière un précédent et une tradition que celles qui lui succéderont reprendront en partie.

Elle définit son rôle de façon très simple, comme elle y a été préparée par les années passées avec son mari au sein des régiments d'avant-guerre ou durant la période de la France libre : de même qu'elle déteste être appelée « la générale », elle refuse d'être nommée « la présidente ». Aussi stricte que son mari sur l'étiquette, elle considère qu'un titre se mérite. Elle, elle est Yvonne de Gaulle, accessoirement épouse du président de la République. Elle n'est ni l'élue des Français, ni la détentrice de la moindre parcelle d'autorité, ni la personne compétente pour s'exprimer sur tel ou tel sujet.

Les frontières du domaine de l'épouse présidentielle se dessinent assez tôt : présente à la réception organisée par René Coty le 23 décembre 1958, Yvonne de Gaulle est en revanche absente à la cérémonie d'investiture du 8 janvier 1959 qui voit l'ancien président passer le pouvoir à son successeur dans la salle des fêtes de l'Élysée.

Le distinguo est subtil mais clair : la première dame est là pour les cérémonies de représentation, aux côtés de son mari, quand l'homme privé affleure sous le président. En revanche, lors des cérémonies protocolaires et officielles qui voient l'homme disparaître derrière sa fonction, la présence de Mme de Gaulle devient moins indispensable. Cette clé de lecture un peu binaire permet de comprendre beaucoup de choses par la suite, notamment l'absence ou la présence de Mme de Gaulle aux côtés de son mari lors des divers moments de la période élyséenne.

Sur cette base simple qui consiste à séparer clairement ce qui ressortit à la fonction et ce qui relève de la personne privée, Yvonne devient la première « première dame » de la Ve République. Impeccable dans son rôle d'épouse du président, elle conserve en dehors de ses fonctions de représentation ses habitudes et sa simplicité d'autrefois, son attachement à sa famille, son goût pour la Boisserie et sa passion pour la Fondation Anne de Gaulle.

Chapitre XII

Naissance de la « première dame »

Dotée d'une importance inconnue jusque-là, la présidence s'organise. Les structures élyséennes se composent essentiellement de deux pôles. D'une part, le secrétariat général du président de la République, chargé de préparer les dossiers et de jouer l'interface avec les autres institutions de la République. Il est dirigé par Charles Merveilleux du Vignaux, qui assure la transition avec la période précédente, avant d'être confié en 1959 à Geoffroy de Courcel. Lui succèdent Étienne Burin des Roziers en 1962 puis Bernard Tricot en 1967. D'autre part, il y a le cabinet, qui s'occupe du fonctionnement interne de l'Élysée et de ses six cents employés. C'est René Brouillet, lui aussi homme de confiance et collaborateur de longue date, qui se voit attribuer sa direction.

Entre ces deux pôles, l'un en relation avec les institutions et les personnalités extérieures, l'autre fortement impliqué dans la marche intérieure du palais, Yvonne de Gaulle doit trouver sa place et se familiariser rapidement avec un nouveau métier.

La vie de palais

L'Élysée est un palais. Mais que ceux qui se figurent une habitation magnifique, aux proportions généreuses et au mobilier extraordinaire, dotée du confort le plus parfait, abandonnent tout de suite cette illusion. Édifié pour le comte d'Évreux entre 1718 et 1722, c'est un hôtel particulier construit selon une architecture classique. Il entra dans la « grande histoire » sous Louis XV, quand le roi décida de l'acheter pour sa favorite, Mme de Pompadour. Habité par Napoléon Ier durant les Cent-Jours, il fut occupé en 1848 par le prince-président, futur Napoléon III. Il devint en 1873 la résidence officielle des présidents de la IIIe République, tradition reprise sous la IVe République et finalement par de Gaulle, qui aurait pourtant aimé s'installer ailleurs.

Pour des raisons diverses, ni lui ni Yvonne n'apprécient l'endroit. Mme de Gaulle, flegmatique, minore le caractère exceptionnel des lieux : « La maison ici manque en effet de gaieté ! Enfin cela ne fait jamais que notre 23e demeure[1] ! » Trop pompeux, l'Élysée souffre d'un passé peu honorable : offert par un roi à sa maîtresse, il est aussi le lieu où Napoléon III a signé son abdication et où deux républiques défuntes ont essayé de vivre. La mort peu glorieuse de Félix Faure dans le salon d'Argent après un malaise dans les bras de sa maîtresse renforce le parfum de scandale qui s'attache au palais présidentiel…

L'allusion à ce dernier épisode permet de mesurer une fois de plus qu'Yvonne de Gaulle n'est pas aussi rabat-joie qu'on le croit. Pierre Lefranc, qui sert de guide au couple présidentiel dans sa première visite de l'Élysée, en est pour ses frais : alors qu'il présente aux de Gaulle le fameux salon d'Argent, il rechigne à évoquer les péripéties peu avouables qui, dans cette pièce, ont précédé la mort de Félix Faure. Mme de Gaulle n'hésite pas à lancer, dans un éclat de rire, qu'elle est parfaitement au courant de l'échappée rocambolesque de la fameuse « connaissance ». Ainsi, même un collaborateur aussi proche des de Gaulle que Pierre Lefranc ne s'attend pas à trouver de la légèreté chez l'épouse du Général. Cela signifie que, la plupart du temps, par éducation et par timidité, elle cache bien son jeu.

Cette anecdote en appelle une autre, liée également au cadre élyséen. Elle se déroule dans la salle des Fêtes lors d'une séance de cinéma. Alors qu'un bref entracte interrompt la projection de *La Princesse de Clèves*, Bernard Tricot patiente à côté de sa voisine, Mme de Gaulle. « Je regardais avec amusement le plafond où, dans un ciel d'un bleu léger, des cupidons voletaient, enrubannés de gaze blanche ou rose qui se glissait là où elle pouvait prévenir les effarouchements d'une pudeur exigeante. Ma voisine, qui avait suivi mon regard, me dit tranquillement : "Eh bien, voyez-vous, malgré ce que vous pouvez penser, ce n'est pas moi qui ai fait ajouter ces rubans."[2] » Ainsi donc, au hasard de l'architecture ou des souvenirs du palais, Mme de Gaulle dévoile son humour et un sens certain de l'autodérision. Savoir qu'elle est capable de se moquer de sa propre image permet d'atténuer d'autres traits plus rigoureux de son caractère.

Si Yvonne est peu heureuse à l'Élysée, c'est que le palais rassemble en un même lieu le bureau et le domicile, la vie de l'État et la vie privée. C'est pour elle un défaut majeur. Sur le plan pratique, une telle proximité permet certes au Général d'éviter des déplacements qui le fatigueraient et lui feraient perdre du temps. Le matin, à 9 h 40, il lui suffit de sortir de son appartement, au premier étage de l'aile droite, pour gagner en quelques minutes son bureau situé au même niveau. Mais en contrepartie il est difficile de s'abstraire de la trépidation qui règne sur place. Bien sûr, le Général veille à entretenir strictement la séparation entre son travail et sa vie intime. Il lui arrive ainsi de déjeuner dans ses appartements avec sa femme : « Le temps, bien court, que ne me prend pas l'exercice de mes fonctions, je le passe avec ma femme en toute intimité. Le soir, la télévision et, quelquefois, le cinéma font défiler devant nous nos contemporains, au lieu que ce soit l'inverse[3]. » Mais ces moments sont rares, et le plus souvent la journée est une succession sans fin de réunions et d'entretiens que prolonge parfois un dîner officiel. La vie « réelle » disparaît dans le flot des obligations, à tel point qu'Yvonne confie un jour à sa nièce Claude Legrand : « De temps en temps, pour avoir l'air d'une femme normale, je lave les chaussettes de mon mari dans le lavabo[4]. »

Ajoutons que les lieux n'ont rien de fonctionnel. L'exemple le plus frappant est à cet égard la distance entre la cuisine et les appartements privés : la salle à manger du président, dans l'aile ouest, est située à cent mètres des fourneaux, installés au sous-sol de l'aile est ! Autant dire qu'il faut se résoudre à manger froid.

Yvonne, dès qu'elle sort de son logement personnel, n'est pas chez elle au palais. Elle croise les collaborateurs de son mari, s'entretient forcément d'une affaire ou d'une autre avec les responsables du protocole, de la cuisine ou de l'entretien. Elle doit soumettre son emploi du temps au secrétariat général, sa sécurité aux services qui en sont chargés, ses déplacements à un chauffeur. Dans sa nouvelle existence, les aides de camp deviennent ses interlocuteurs quotidiens. À eux d'organiser concrètement la vie des de Gaulle, de les soulager des petits tracas habituels, de les accompagner dans leurs déplacements, comme le rappelle l'un d'eux : « Gardiens ultimes de sa sécurité, les aides de camp accompagnent le Général dans tous ses déplacements, qu'ils soient officiels ou bien privés, l'organisation de ces derniers étant de leur ressort. Leurs responsabilités sont multiples : elles vont de la préparation des audiences à l'introduction des visiteurs, des instructions à donner au valet de chambre pour les tenues qu'il lui faut préparer, aux rendez-vous avec le médecin ou le dentiste, de la déclaration de revenus à la correspondance avec le fermier de Coulogne[5]... »

Si plusieurs aides de camp se partagent le service du couple présidentiel (Gaston de Bonneval jusqu'en 1965, Jean d'Escrienne à partir de 1966, François Flohic de 1959 à 1963 puis de 1965 à 1969), l'un d'eux est particulièrement voué au service d'Yvonne : « C'est le commandant Sabot qui supervisait l'équipe mise à la disposition de Mme de Gaulle[6]. » Raymond Sabot, d'origine lorraine, rallié de la première heure à la France libre, a été attaché au couple de Gaulle à partir de 1946. Il a accompagné le Général lors de ses allers et retours entre Paris et Colombey au moment de la crise de mai 1958, et entre donc au service de Mme de Gaulle à l'Élysée. Sa tâche consiste à aider la première dame dans ses activités semi-officielles, à faire pour elle certaines courses, à l'escorter lorsqu'elle sort.

Même si elle s'entend fort bien avec cet homme intègre, Yvonne ne peut s'empêcher de se sentir contrainte : que sa liberté de mouvement est loin, et sa vie simple à la campagne ! Il y a bien un parc à l'Élysée, mais il est quasi impossible de s'y promener incognito puisque toutes les fenêtres arrière s'ouvrent sur sa perspective. Ce mode d'existence si contraire à ses goûts explique peut-être qu'elle apparaisse triste ou sérieuse à ceux qui l'y croisent. À moins que, précisément, son austérité extérieure soit finalement un moyen efficace de préserver son quant-à-soi…

Peut-elle seulement se replier tranquillement dans les appartements privés ? Il ne semble pas qu'ils constituent le havre qu'elle recherche. Son habitation, située au premier étage de l'aile est, compte cinq pièces principales : un salon jaune où sont installés une télévision, une table bureau, un grand canapé et des fauteuils, un petit salon meublé dans des styles disparates et communiquant avec la chambre d'Yvonne et lui servant de bureau, une chambre à coucher, deux chambres d'amis. La salle à manger installée au même étage à l'époque de Vincent Auriol a été transformée par de Gaulle en bureau, comme d'autres pièces du même niveau initialement conçues pour être des salons ou des appartements réservés aux invités d'honneur.

Désormais, quand les de Gaulle reçoivent à déjeuner, ils doivent donc descendre au rez-de-chaussée. Là s'ouvre l'autre partie des appartements privés, une partie ouverte aux convives. Elle se compose « d'une enfilade de quatre salons tout à fait classiques, à prédominance de style Empire très doré. La salle à manger, qui se trouve dans l'aile en retour, est plus gaie avec ses harmonies grises et bleues et sa vue sur la roseraie. […] On prend l'apéritif comme le café dans le quatrième salon de l'enfilade[7]. » Presque tous les midis, les de Gaulle déjeunent ici en petit comité, puisque la table ne peut accueillir plus de seize convives.

Yvonne se sent étrangère à l'Élysée, même chez elle, à l'étage. Elle redoute d'être observée ou photographiée depuis les fenêtres situées en vis-à-vis rue de l'Élysée. Elle fait donc poser de très épais rideaux qui contribuent à confiner les lieux. Il règne un confort strict qui rappelle celui de la Boisserie, le paysage en moins. Jacques-Philippe, qui rend visite à sa sœur le 2 février 1959, donne une description peu enchanteresse des appartements : le salon est « familièrement meublé de fauteuils confortables en merisier Directoire, du bureau de ma sœur, d'un appareil très moderne de télévision. […] L'ensemble est dénué de tout luxe inutile, et, ne serait-ce le service qu'impose la dignité de sa fonction, rien ici n'est excessif ou inhabituel au mode de vie simple auquel ma sœur et le Général sont accoutumés[8]. »

Un autre témoin, et pas n'importe lequel, confirme le manque de gaieté des lieux. Il s'agit d'Anne-Aymone Giscard d'Estaing, qui en prendra possession en mai 1974[9]. Selon Mme Giscard d'Estaing, la présence des de Gaulle y est encore perceptible : « Si les Pompidou avaient largement modifié le bas de l'aile particulière en recourant à des décorateurs contemporains, ils n'avaient guère touché à l'étage. Les appartements privés étaient donc restés assez austères, comme au temps des de Gaulle. La chambre que j'ai reprise était encore très gaullienne, avec ses deux lits jumeaux longs et étroits, le tout avec des couleurs plutôt tristes[10]... »

Claude Dulong, dans son excellent livre sur l'Élysée au temps des de Gaulle, souligne quant à elle que la chambre est une pièce agréable qui donne par deux côtés sur le jardin. Mais elle admet que l'arrangement intérieur manque de chaleur : « La chambre était à l'origine meublée de deux lits Empire en acajou que Mme de Gaulle fit remplacer par deux simples lits-divans, plus longs que la normale (deux mètres dix) mais assez étroits et recouverts de satin vert sans fioriture. Les rideaux étaient de même[11]. »

À leur décharge, il faut préciser que les de Gaulle campent plutôt qu'ils ne vivent en ces lieux. À son arrivée à l'Élysée, Mme de Gaulle ne confie-t-elle pas, d'un ton pince-sans-rire : « Nous voilà donc en meublé[12] ! » Leur vraie demeure continue d'être la Boisserie, où ils essaient de se rendre tous les quinze jours en fin de semaine. À Paris, ils occupent leur logement de fonction comme une chambre d'hôtel, avec le sentiment qu'ils devront un jour en repartir. Philippe de Gaulle rapporte que, pour sa mère, « l'Élysée n'était qu'un lieu de passage. Les quelques bijoux précieux qu'elle sortait parfois y demeuraient rarement plus d'une nuit. Elle les rapportait le plus vite possible à la Banque de France de Chaumont[13] ».

Tous les témoins s'accordent à dire que Charles et Yvonne n'ont apporté sur place que de quoi vivre – les habits, les affaires de toilette, le nécessaire de correspondance –, mais qu'en aucun cas ils n'investissent les lieux par des transformations intérieures, des travaux de décoration ou même l'installation de meubles que, de toute façon, ils ne possèdent pas. Le seul élément de mobilier personnel est apporté par Mme de Gaulle : il s'agit de son secrétaire, qu'elle installe dans le petit salon pour y écrire. Ainsi qu'à la Boisserie, elle le place derrière la table de bridge où se tient souvent le Général. L'intention, note Philippe de Gaulle, est claire : il y a là un souhait profond de se sentir « comme chez nous[14] ».

Les autres interventions des de Gaulle dans l'espace qui leur est attribué sont simplement révélatrices de leur désintéressement : Charles fait installer un compteur électrique dans les appartements afin de régler personnellement la facture relative à sa consommation particulière. Yvonne, de son côté, court au Bon Marché acheter de la vaisselle parce qu'elle se refuse à utiliser celle de l'État pour son usage personnel.

Peu de personnes ont accès à l'appartement privé du président et de son épouse. Aucune personnalité politique n'y est reçue, à l'exception notable du chancelier Adenauer[15]. La famille proche, en revanche, y est accueillie régulièrement. Jacques-Philippe, on l'a dit, s'y rend rapidement après la prise de fonction. Son parcours politique suit de près la courbe du succès de son beau-frère : désigné maire de Calais en octobre 1944 pour un an, Vendroux doit attendre mars 1959 pour revenir à la tête de sa ville. Il sera réélu en 1965. Ses victoires aux législatives font également écho à la popularité politique de Charles de Gaulle : élu député en 1946 pour une législature, Jacques-Philippe retrouve l'Assemblée nationale lors des élections du 1er décembre 1958 où il obtient 64 % des voix. À compter de cette date, il loue donc un pied-à-terre à Paris, rue Franklin, pour pouvoir assurer sa fonction.

Cette proximité géographique avec les de Gaulle le place une fois de plus dans le rôle de confident de sa sœur. Et son orthodoxie gaulliste, entremêlement de fidélité familiale et de conviction personnelle, le fait se rapprocher encore du Général, qui n'hésite pas à lui demander des échos du Palais-Bourbon. Il est donc invité souvent, et sans manières, à l'Élysée, parfois à l'improviste, ce qui montre que le frère et la sœur sont en contact permanent : le 29 octobre 1963, « ma femme ne m'ayant pas accompagné à Paris cette semaine, ma sœur [...] me fait demander par le colonel de Bonneval de partager leur dîner[16] ».

Solange Galichon est la femme du directeur de cabinet de De Gaulle à partir de 1961. Elle voit Mme de Gaulle presque chaque jour et confirme son profond attachement à son frère : « La seule personne de sa famille dont parlait Yvonne de Gaulle était son frère Jacques et sa belle-sœur qui était charmante. Du coup, j'étais très mêlée à la vie des Vendroux, moi qui ne les connaissais pas. Les Vendroux offraient des cadeaux de mariage à mes enfants. Les Boissieu étaient très présents aussi[17]. »

Élisabeth et Alain, bien sûr, mais aussi Philippe de Gaulle et les siens font naturellement partie des hôtes reçus fréquemment. Ils viennent le plus souvent le jeudi, à tour de rôle. Claude Legrand, la nièce de Calais, confie qu'elle aussi a « ses entrées à l'Élysée » et vient y déjeuner régulièrement[18]. Un tel honneur ferait pâlir d'envie beaucoup de Français. Mais il a une contrepartie. Fidèles à leur sens de l'État, Yvonne comme Charles veillent à ce que leurs enfants n'apparaissent jamais comme des privilégiés. Ainsi, Mme de Gaulle fait savoir au protocole qu'il ne faudra pas inviter ses enfants à plus de deux réceptions par an et qu'il faut lui faire savoir quand un des membres de la famille est convié[19]. S'ils peuvent venir autant qu'ils veulent dans le cadre privé, les proches des de Gaulle ne bénéficient d'aucun avantage dès lors que c'est l'État qui reçoit. Obéissant, le service du protocole note par exemple que, le 1er février 1961, le général et Mme de Boissieu, M. et Mme Jacques-Philippe Vendroux sont les invités personnels du général de Gaulle lors de la réception du corps diplomatique[20]...

Yvonne invite également ses domestiques de la Boisserie à lui rendre visite à l'Élysée, signe de son attachement à des personnes qui lui sont si précieuses. C'est du reste dans le cadre de la présidence qu'elle reçoit pour la première fois, le 22 novembre 1966, sa future cuisinière de Colombey, Honorine Manzoni. Très impressionnée par ce rendez-vous, Honorine s'apprête à décliner l'offre d'embauche à cause de sa nationalité italienne, qui l'empêcherait de travailler pour le président français. Mme de Gaulle fait fi de ces arguments et déploie une chaleur exceptionnelle : « Madame m'a fait un grand sourire et a dit : "Honorine, je suis contente que vous veniez travailler chez moi."[21] »

La lettre que la première dame écrit dès le lendemain à sa future cuisinière en dit long sur les sentiments qu'elle voue à son personnel : « Je viens vous confirmer que Colombey vous attend en toute confiance. [...] Nous ne demandons qu'à nous attacher à vous, comme nous l'avions tous fait pour Louise qui a pris sa retraite après dix-sept ans dans la maison. Et nous espérons que ce sera réciproque[22]... »

En 1967, quand Honorine demande quelques jours de congé pour se rendre à une fête dans son ancien couvent d'Angers, Mme de Gaulle organise elle-même le voyage et prévoit un arrêt à Paris :

> Madame tenait à me faire visiter personnellement l'Élysée. Lorsque je suis arrivée à la gare, M. Fontenil, le chauffeur, m'attendait. Nous sommes bien sûr rentrés sans difficulté dans la cour du palais.
>
> Madame m'a montré les plus belles pièces. J'ai même revu le salon où nous nous étions rencontrées pour la première fois. Ensuite, nous avons traversé l'appartement de Madame, très simple et de bon goût.
>
> Avant que l'on me ramène à la gare, j'ai encore mangé avec la femme de chambre de Madame. Ce fut une très belle journée[23].

Les appartements privés, enfin, sont le lieu où circulent en toute discrétion les domestiques du président et de la première dame. Les fonctions de maître d'hôtel et valet de chambre du Général sont remplies par le premier maître de marine Hennequin, dont l'épouse est la femme de chambre d'Yvonne. Elle est remplacée ensuite par Jeanne Prud'homme, venue de Calais et, selon Philippe de Gaulle, « connue de la famille depuis longtemps[24] ». Claude Legrand donne une version un peu différente : « Ma tante m'avait demandé de trouver une *payse* pour la servir à l'Élysée. Je lui ai trouvé la petite Jeanne, Jeanne Prudhomme, qui habitait non loin de Calais, à Locquinghen-Rety[25]. »

Une autre dimension de la vie privée, fondamentale pour les de Gaulle, doit être évoquée. Il s'agit de l'exercice de leur foi religieuse. La paroisse dans laquelle se situe l'Élysée est celle de la Madeleine. Mais il n'est pas envisagé que le président aille à la messe dans cette église, à la fois pour des raisons de sécurité et des raisons de principe : la République est laïque et le résident de l'Élysée ne montre pas son catholicisme en public.

Dans le palais, il n'existe aucun lieu de culte à l'arrivée des de Gaulle, puisque le président Auriol avait transformé la chapelle en bureaux. « Le Général avait rendu l'un des bureaux au culte, ce qui en faisait vraiment une très petite chapelle, explique Flohic. J'avais été chargé d'approvisionner l'autel – objets de culte, ornements sacerdotaux, bref tout ce qui était nécessaire à la messe – ce que je fis avec l'accord de Mme de Gaulle. Tout ce qui a été livré, du plus grand dépouillement, a été payé sur la cassette personnelle du Général[26]. »

Chaque dimanche, la messe commence à 11 heures et doit être dite en vingt-trois minutes. Pour bien insister sur son caractère privé, l'officiant ne vient pas de la paroisse, mais de la maison des Pères Blancs des missions africaines. Il se trouve que François de Gaulle, neveu du président, appartient à cette congrégation et vient à plusieurs reprises célébrer l'office pour son oncle et sa tante.

La première dame de l'Élysée

L'existence élyséenne d'Yvonne de Gaulle ne se limite pas à un souci constant de préserver sa vie privée, loin de là. La première « première dame » se montre au contraire très active au service de l'État. Elle le fait de façon discrète, sans convoquer la presse ni la télévision, et même plutôt en les fuyant. Dès lors, son action n'est guère connue du grand public, ce qui n'ôte rien à sa réalité.

Le premier aspect qui vienne à l'esprit, lorsqu'on songe au rôle de l'épouse présidentielle, est de l'imaginer, précisément, comme une sorte de compagne silencieuse et polie qui accompagne et soutient son époux. Il y a, bien sûr, du vrai là-dedans.

Yvonne, par exemple, est aux côtés du Général quand il s'agit de recevoir des hôtes à l'Élysée puisqu'elle joue alors le rôle de maîtresse de maison. À cette occasion, elle devient visible et passe au premier plan. C'est ainsi qu'une des premières descriptions d'Yvonne de Gaulle dans la presse quotidienne est faite par *Le Monde* le 26 février 1959 à l'occasion de la première grande réception de la Ve République, à savoir la soirée en l'honneur du corps diplomatique à l'Élysée. Dans ce bref compte rendu, Yvonne est mentionnée presque autant de fois que son mari : « En habit de soirée de général, la poitrine barrée du grand cordon de la Légion d'honneur, le président et Mme de Gaulle, qui portait une robe de soie noire, présidaient chacun l'une des deux grandes tables qui avaient été disposées dans la grande salle des fêtes[27]. »

En moyenne, c'est un peu plus d'une fois par semaine qu'Yvonne doit se livrer à ces exercices de représentation. Prenons l'année 1965, pour laquelle le protocole de l'Élysée a laissé une série d'archives très complète[28] : sur les soixante-quatorze cérémonies ou repas officiels qui ont lieu à la présidence entre janvier et décembre, Mme de Gaulle est présente cinquante-deux fois, soit dans 70 % des cas. La règle semble la suivante : elle participe sans exception à toutes les manifestations où les épouses sont invitées. Il s'agit à ses yeux d'une courtoisie élémentaire. Ainsi, elle est là quand Sir Anthony Eden – Premier ministre du Royaume-Uni – est accueilli à déjeuner avec sa femme à l'Élysée le 15 avril 1959[29] ou quand tous les membres du gouvernement sont invités à dîner avec leurs épouses le 18 octobre 1962[30].

En revanche, elle ne participe pas aux déjeuners qui réunissent régulièrement les collaborateurs techniques, les militaires de l'état-major, ou les chefs d'État étrangers s'ils viennent sans leur éventuelle compagne. Souvent, ces repas sans épouse s'inscrivent dans la foulée d'une réunion qui a eu lieu auparavant. Y assistent des représentants ou des serviteurs de l'État qui parlent de sujets techniques... Ainsi, de 1959 à 1969, Mme de Gaulle ne prend part à aucun des repas annuels qui réunissent les gouverneurs des territoires d'outre-mer à l'Élysée. Même chose avec les préfets. Elle n'est pas davantage présente au déjeuner du conseil exécutif de la Communauté à l'Élysée le 4 février 1959 – il n'y a aucune femme parmi les trente-six convives[31] – ni lorsque les membres du Conseil économique et social sont reçus le 13 février 1960, ni quand les procureurs généraux près les cours d'appel sont invités le 12 mars 1963[32]. Elle n'est pas conviée aux déjeuners qui suivent le Conseil des ministres ou le Conseil de défense. Même au grand dîner du 13 juillet en l'honneur de la fête nationale, qui réunit chaque année près de quatre-vingts officiers généraux, elle n'est pas là. Dans de telles assemblées, la présence des épouses n'a pas lieu d'être.

Lorsque sont reçus des chefs d'État étrangers célibataires ou non accompagnés de leur femme, la règle varie. Dans certains cas, Yvonne est là. Le 1er décembre 1959, quand Adenauer vient déjeuner dans les appartements, elle l'accueille tout naturellement. En revanche, le lendemain, elle n'assiste pas au grand déjeuner donné en l'honneur du chancelier dans la salle des fêtes. Le 12 juillet 1960, elle est présente au déjeuner avec Caramanlis, le président du Conseil de la Grèce[33], mais le lendemain elle n'assiste pas au repas avec M. de Uay, Premier ministre des Pays-Bas. Pourquoi ? Question de préférence personnelle ? Hasard des calendriers ? Impossible de le savoir.

D'autres cas sont plus clairs : Mme de Gaulle est quasi systématiquement présente aux repas donnés en l'honneur des présidents des pays de l'Afrique noire francophone – colonies puis ex-colonies françaises. Prenons le cas le plus emblématique, celui d'Houphouët-Boigny, détenteur du record pour ce qui concerne les invitations à l'Élysée. Entre 1959 et 1969, il y est convié au moins neuf fois[34]. Hormis une journée commune avec tous les autres chefs d'État africains, le président de la Côte d'Ivoire est invité seul le reste du temps. Mme de Gaulle assiste aux repas six fois sur neuf... Une même constance s'observe vis-à-vis des autres chefs d'État africains : elle est présente lors des trois visites à l'Élysée du président nigérien Diori, lors des deux visites du président gabonais Léon Mba ou du président sénégalais Léopold Sedar Senghor, et lors de trois visites sur quatre du président camerounais Ahidjo.

Que disent ces chiffres ? Tout simplement que la Communauté des pays africains et malgache, puis les pays indépendants de l'Afrique francophone occupent une place particulière dans le cœur de De Gaulle. Le Général a noué depuis la guerre des liens filiaux avec ces contrées qu'il affectionne. Sous l'égide de Jacques Foccart, habile connaisseur de l'Afrique, les intérêts économiques et militaires réciproques ont renforcé la proximité entre la France et ses anciennes colonies. Par ailleurs, il règne entre de Gaulle et les présidents noirs une sorte d'esprit de famille, tour à tour débonnaire et sérieux. Certains chefs d'État, comme Bokassa, appellent le général « papa ». Dans cette perspective, Yvonne est la bienvenue. Elle fait figure de mère tutélaire et renforce l'atmosphère humaine des rencontres, d'autant qu'elle aime l'Afrique et apprécie ses habitants. La longévité au pouvoir des présidents africains fait qu'ils connaissent bien, à la longue, le Général et son épouse.

Il en va tout autrement quand sont reçues à l'Élysée de hautes personnalités religieuses. Connaissant la foi d'Yvonne, il serait tentant de penser qu'elle souhaite assister aux repas donnés en l'honneur des représentants de son Église. Lorsque, le 14 décembre 1963, est reçu le cardinal Feltin, tout laisse croire qu'Yvonne de Gaulle sera présente : le déjeuner regroupe en effet l'évêque de Versailles, Mgr Renard, dont dépend la Fondation Anne de Gaulle, le provincial des Pères Blancs, congrégation à laquelle appartient le Père François de Gaulle qui vient dire la messe à l'Élysée, deux évêques, deux évêques auxiliaires, des abbés… Mais Mme de Gaulle n'est pas conviée. Nulle femme non plus parmi les trente-sept invités qui entourent le cardinal-légat le 30 mai 1965. Yvonne peut en revanche assister à la messe solennelle qui suit le repas.

Lorsqu'il s'agit des autres religions, la règle est identique. Pas de femme au déjeuner donné en l'honneur du cardinal Tappouni, patriarche d'Antioche des Syriens le 12 octobre 1966 ou en l'honneur du patriarche Maximos IV le 21…

La simple énumération des repas auxquels a assisté ou n'a pas assisté Mme de Gaulle est un exercice intéressant mais insuffisant. Il ne rend pas compte, en effet, du travail que ces réceptions impliquent pour elle. En amont des dîners officiels, déjeuners intimes ou réceptions, Yvonne intervient en effet de multiples façons. À elle revient le choix du menu, l'élaboration du plan de table et la composition des bouquets. Pour cela, elle est en contact régulier avec les services de l'Élysée, notamment les cuisines et le protocole.

Le chef des cuisines, Roland Pelois, officier marinier, la voit presque chaque jour. Il travaille avec six cuisiniers et des traiteurs extérieurs, notamment Battendier, le favori de Mme de Gaulle, et Potel et Chabot. Pelois connaît les goûts très simples du couple présidentiel, et rappelle les règles qui régissent la composition des menus : « Le fonctionnement du palais imposé par le Général voulait que les repas fussent *imposés* par le chef sauf en cas de dîner d'État. Ces réceptions données en l'honneur d'un chef d'État étranger, d'un monarque ou des grands corps de l'État représentaient le summum du faste élyséen[35]. » Dans ces cas-là, c'est Yvonne qui est chargée de composer les repas.

Pour le président de la République, la bonne organisation de ces dîners est fondamentale : « Tout compte s'il s'agit du prestige de l'État. Je tiens pour important qu'à cet égard les choses se passent avec ampleur et mesure, bonne grâce et dignité. C'est bien aussi ce que veut la maîtresse de maison, ma femme. Nos réceptions sont donc fréquentes et nous tâchons qu'elles soient de bon ton[36]. »

Le chef des cuisines décrit le processus qui conduit à la confection du repas : « Une dizaine de jours avant la date fatidique, Mme de Gaulle nous transmettait un petit mot par l'intermédiaire de l'intendant. Elle y indiquait l'entrée, le plat et le dessert qu'elle désirait voir servis. Elle tirait ses recettes de la presse féminine et surtout d'un livre de cuisine, le fameux *Guide culinaire* d'Escoffier, que nous connaissions bien. Le chef, dès réception des ordres qui ne se discutaient pas, se reportait à la page de la recette concernée, passait ses commandes en conséquence et donnait ses directives à ses collaborateurs[37]. »

Yvonne essaie, même dans les grandes occasions, de respecter les goûts du Général et surtout de veiller à sa santé. Il faut que les repas soient courts, pas trop lourds, ni trop arrosés ni trop salés : « Mon mari doit faire attention au sel[38] », répète Yvonne aux cuisiniers. À table, son attention ne se relâche pas, comme s'en souvient l'épouse d'un proche collaborateur : « Lors des déjeuners dits intimes à l'Élysée, quand nous étions huit ou dix à table, j'étais toujours assise à gauche du Général (j'étais trop jeune pour être à sa droite). Au moment du dessert, Mme de Gaulle me foudroyait du regard pour que je ne me resserve pas, car son mari aurait alors eu un prétexte pour se resservir aussi. Il adorait tout particulièrement l'omelette norvégienne – que je n'aimais guère – et j'étais alors partagée entre le désir de lui faire plaisir et celui de ne pas déplaire à Mme de Gaulle. Je me resservais une fois sur deux[39] ! »

C'est également Yvonne qui décide avant chaque réception de la vaisselle qui sera utilisée, puis informe le conservateur de l'argenterie Louis XV et fin XIXe, des services de Sèvres (Empire et Restauration) et des cristaux de Baccarat. Le 24 février 1965, quand les grands corps de l'État sont reçus pour un dîner assis de deux cent onze personnes dans la salle des fêtes, le menu qu'elle a composé est exceptionnel en quantité et en raffinement : « Consommé madrilène, Timbale de filets de sole dieppoise, Pintadeaux rôtis à la provençale, Fonds d'artichauts favorite, Parfait opéra. Vins : château laville haut-brion 1959, château mouton-rotschild 1955, Mumm cordon rouge 1955[40]. » Ce sont là des agapes exceptionnelles. Lors des déjeuners ou dîners plus communs, le repas se compose simplement d'une entrée, d'un plat et d'un dessert souvent dérivés d'une cuisine simple et familiale. Mme de Gaulle est restée humble en tout. Il lui arrive de rapporter de province des produits frais qu'elle confie pour préparation aux cuisiniers de l'Élysée. Dans le même esprit, elle préfère ne réserver qu'aux grandes occasions les nappes brodées d'or que Mme Auriol avait fait acheter pour l'Élysée, tant leur nettoyage est onéreux[41]... En dehors des repas donnés pour les chefs d'État étrangers ou le corps diplomatique, les nappes blanches font donc l'affaire.

Pour les bouquets, Yvonne peut se targuer d'une expérience acquise de longue date dans le jardin de la Boisserie. Elle décide des compositions florales avec le fleuriste de l'Élysée, Marius Harris. Pourtant, elle n'échappe pas, là comme ailleurs, à certaines critiques. Mme Giscard d'Estaing décidera de reprendre les choses en main : « J'avais souffert, du temps des de Gaulle et des Pompidou, des décorations florales composées de bouquets de roses toutes raides. J'ai demandé au fleuriste des bouquets plus naturels, plus campagnards[42]. »

Le plan de table est dressé en fonction de règles intangibles : l'hôte mis à l'honneur est placé à la droite de Mme de Gaulle, assise non pas en bout de table, mais au milieu du grand côté. En face, l'épouse de l'hôte se trouve à la droite du Général. Les invités sont ensuite installés par ordre décroissant d'importance, depuis le milieu de la rangée vers les extrémités de la table. C'est ce dont se souvient malicieusement Anne-Aymone Giscard d'Estaing, qui a connu tour à tour ces strates successives : « Au début, quand Valéry était secrétaire d'État, nous étions assis au bout de la table et après le dîner nous nous retrouvions lors de la réception avec les jeunes secrétaires d'État. Quand il est devenu ministre – c'est-à-dire quand il eut gravi des échelons considérables ! –, nous nous sommes rapprochés du centre de la table[43]. » Jusqu'à l'atteindre à partir de 1974.

Lorsque les convives sont particulièrement nombreux et qu'il faut dresser deux grandes tables ovales d'une centaine de places chacune, il est de coutume que le Général en préside une et sa femme l'autre. C'est le cas lors des dîners en l'honneur des grands corps de l'État. À cette unique occasion, Yvonne, assise entre Valéry Giscard d'Estaing et André Malraux, face à Georges Pompidou, se retrouve au même rang protocolaire que son mari.

Qui peut imaginer la fatigue qu'occasionnent ces imposants dîners ? Lors des réceptions dans la salle des fêtes, le couple présidentiel doit rester debout pour la présentation des invités, dont le nombre peut atteindre cinq cents et qui sont annoncés tour à tour par l'aboyeur. Autant de mains à serrer, autant de formules de politesse originales à trouver. À table, il faut faire la conversation aux voisins, puis, après le dîner, animer le groupe des épouses qui se retrouve au salon.

Yvonne noue de vraies relations amicales avec certaines femmes de chef d'État, notamment avec Farah Diba, qu'elle dit « belle, charmante, douce et bien élevée », avec la reine Sirikit de Thaïlande, avec la princesse Grâce de Monaco et avec Jackie Kennedy : elle l'invitera même personnellement à venir se reposer en France après l'assassinat de son mari. Philippe de Gaulle ajoute qu'elle a beaucoup d'affinités avec la reine des Belges, Fabiola[44], et Mme Galichon décrit son attachement pour la reine Juliana. Lors de sa première visite officielle à Paris le 20 septembre 1961, la souveraine des Pays-Bas est accompagnée de ses filles. L'une, la future reine Beatrix, a le bras en écharpe « car elle avait voulu accrocher ses rideaux elle-même. On était interloqué ! Mais Mme de Gaulle a trouvé ça très sympathique car c'était le genre de choses qu'elle comprenait[45] »...

En raison du rythme des réceptions et de la qualité irréprochable qui en est attendue, les relations d'Yvonne de Gaulle avec les services protocolaires sont fondamentales. Le premier directeur du protocole est Ludovic Chancel, remplacé ensuite par Pierre Siraud. En juin 1960 arrive à ce poste Maurice Guiramand, qui reste en fonction jusqu'en mars 1962. Il s'entend apparemment très bien avec la femme du président : « Il était très apprécié de Mme de Gaulle, sensible à toutes ses attentions[46] », note un des membres du service. Son successeur, Claude Mantel, est un compagnon de la Libération. Tout s'annonce donc pour le mieux. Il a sous ses ordres deux collaborateurs, Jean-Paul Alexis et Édouard de Blanpré. Or, selon Alexis, les relations se refroidissent peu à peu entre la première dame et le protocole : « Nous commençons à perdre le contact avec Mme de Gaulle. En effet, Mantel, pour une raison inconnue, contrairement à Guiramand, n'est plus reçu par elle. Désormais, c'est le directeur de cabinet lui-même, Georges Galichon, qu'elle appelle pour les questions de notre compétence qui lui posent des problèmes[47]. »

Alexis croit pouvoir expliquer cette rupture par une rumeur née au printemps 1963 au Quai d'Orsay : « Claude Mantel est un ancien prêtre, mobilisé en 1939, qui, après cinq ans de guerre, n'a pas repris la soutane et s'est marié[48]. » L'histoire, pour banale qu'elle soit, prend un relief particulier en raison du poste occupé par l'intéressé. Elle devient intolérable pour la présidence le jour où le journal *Minute* titre : « Un défroqué à l'Élysée. » Le Général n'a pas d'autre choix que de congédier le compagnon.

L'interprétation de Jean-Paul Alexis appelle quelques réserves : est-il possible que Mme de Gaulle connaisse avant tout le monde le passé du chef du protocole et que, le condamnant, elle se contente de ne pas traiter avec lui ? Avec son tempérament entier, il est plus vraisemblable que la première dame aurait dénoncé sans ambiguïté une attitude qui ne lui convenait nullement et exigé le départ de Mantel bien avant que la rumeur ne s'empare de l'affaire. L'histoire rapportée par Alexis montre surtout que, comme toute organisation humaine, l'Élysée connaît ses clans, ses groupes d'affinités, ses histoires et ses ragots, exacerbés encore par la proximité du pouvoir.

À cet égard, il n'est pas aisé de savoir quelles sont les relations entre Mme de Gaulle et le personnel de l'Élysée. Les témoignages qui comportent des jugements de valeur ne sont guère abondants. Les rares personnes qui s'expriment sur leurs relations avec Yvonne restent d'une prudente neutralité ; quelques-unes osent critiquer la première dame, comme France Gorny, qui se présente comme la secrétaire du général de Gaulle et qui est en réalité la secrétaire de ses aides de camp : « Contrairement au Général, la vérité m'oblige à le dire, Mme de Gaulle n'était pas toujours appréciée par le personnel de l'Élysée. Je ne dirais pas qu'elle est mal vue, non, mais on n'a pas toujours pour elle l'admiration que l'on éprouve pour lui. Elle passe pour n'être pas facile. Certains même la craignent. […] Au téléphone, lorsqu'elle appelle quelqu'un à l'Élysée, on se doit de reconnaître sa voix car elle ne se présente pas et déteste qu'on lui demande qui est à l'appareil[49]. » D'autres collaborateurs sont plus nuancés. Pour le colonel d'Escrienne, Mme de Gaulle se comporte simplement, selon la dignité exigée par sa fonction. Elle est naturellement réservée, ce que certains prennent pour de la froideur.

La préparation des réceptions ne souffre aucune approximation. Il s'agit de ne pas placer côte à côte deux ennemis mortels, ou une épouse légitime face à la maîtresse de son mari. Pas question non plus de provoquer une gaffe irréparable ou de blesser par une phrase maladroite un convive dont on ignore les centres d'intérêt ou les faiblesses éventuelles.

Avec autant de minutie que dans la conception des menus, Yvonne de Gaulle se tient donc parfaitement informée des hôtes qu'elle reçoit à sa table. Pour ce faire, le service du protocole lui fournit des éléments qui aident à connaître les invités et à entretenir la conversation. Cette méthode est absolument normale et permet au chef de l'État et à son épouse de tenir leur rang. Pourtant, un je-ne-sais-quoi d'abusif se profile parfois derrière la louable intention de prévenir une bévue.

Le protocole montre un zèle très variable à nourrir le couple présidentiel en informations. De 1959 à 1964, aucune mention n'est faite des caractéristiques personnelles de tel ou tel invité. Le protocole se contente d'indiquer les horaires, les plans de table, les parcours, de préciser éventuellement la profession de tel ou tel. Chaque repas donne lieu à une fiche qui comporte le plan de table nominatif et, lorsqu'il s'agit de la réception de chefs d'État étrangers, la description minute par minute du cérémonial. Ce genre de note est rédigé sur un modèle toujours identique, comme lors de la visite de Son Altesse sérénissime Rainier de Monaco le 12 octobre 1959 :

> Le général et Mme de Gaulle accueillent le prince et la princesse au bas des marches du perron du salon des Ambassadeurs. […] Le Général conduit S.A.S. le prince au drapeau. De leur côté, Mme de Gaulle et la princesse gagnent le salon des Ambassadeurs. À l'issue de la cérémonie militaire, le prince et le général rejoignent la princesse et Mme de Gaulle dans le salon des Ambassadeurs. […]
>
> Vers 14 h 45. Le général de Gaulle conduit S.A.S. le prince dans son bureau où ils ont un entretien. […] Mme de Gaulle et la princesse gagnent les appartements privés et Mme de Gaulle remet un cadeau à la princesse.
>
> 15 h 00. Départ de Mme de Gaulle et de la princesse par la cour d'honneur en direction de Garches. Le colonel de Bonneval accompagne Mme de Gaulle.
>
> 16 h 50 retour de Mme de Gaulle[50].

Si ce type de document reste inchangé durant les deux septennats de De Gaulle, le protocole se met en revanche, à partir de la fin de 1963, à donner un nombre très supérieur d'informations particulières. Le responsable du protocole se mue en agent de renseignements. Des mentions personnelles accompagnent le nom de chaque invité ou presque et font doubler le volume des dossiers constitués pour chaque manifestation élyséenne. Par la suite, le calme revient et les détails disparaissent.

Cette période de fièvre correspond au passage de Siraud à la tête du service de la fin de l'année 1963 à octobre 1965. Sans doute prend-il lui-même l'initiative d'abreuver les de Gaulle d'informations, puisque ni ses prédécesseurs ni ses successeurs ne s'y sentent obligés. Il est cependant impossible d'affirmer que les notes, jamais signées, sont de sa main. L'analyse succincte des informations mentionnées est passionnante, non pas pour ce qu'elles contiennent, mais pour ce qu'elles révèlent des centres d'intérêt supposés des de Gaulle.

Il est vrai qu'avant 1964 certaines mentions personnelles figurent sur les fiches du protocole, mais seulement dans des cas très particuliers. Lorsque le président du Pérou, Manuel Prado, vient en visite officielle en février 1960 avec sa femme, un petit livret protocolaire à ruban tricolore est édité, comme le veut la tradition. Mais sur la deuxième page un membre du service de l'Élysée a noté à la maison des précisions sur la suite péruvienne :

> M. Manuel Prado fils. Fils du président Manuel Prado et de sa première femme. Marié mais vient seul.
>
> Mme Rosa Prado. Fille du président Manuel Prado et de sa première femme. Sœur de Manuel Prado fils. Divorcée. 3 filles (14-11-9).
>
> Mme Manuel Prado sœur. C'est son premier mariage[51].

L'intérêt de la note saute aux yeux : il s'agit pour les de Gaulle de ne pas s'emmêler dans la complexe généalogie de la famille présidentielle péruvienne et notamment de ne pas vexer la nouvelle Mme Prado.

Mais ce genre de renseignements, exceptionnels dans les premières années de présidence gaullienne, est peu à peu délivré de manière systématique quelle que soit la fonction de l'invité. Assise à côté du Premier ministre néerlandais Beyen lors d'un déjeuner le 20 avril 1963, Mme de Gaulle, informée par la fiche du protocole, sait par exemple qu'elle peut lui parler de ses trois enfants, de ses ouvrages sur les questions monétaires ou de sa passion pour le violoncelle et le golf ! Passe encore. D'autres mentions sont plus subjectives.

Que penser par exemple de la note qui accompagne le nom d'une célèbre opposante argentine au régime péroniste, Mme Ocampo, qui apporta durant la guerre un soutien financier à la France libre et qui est invitée à l'Élysée le 18 décembre 1963 ? Le protocole s'étend plus que de coutume sur sa beauté fanée et ses mœurs intrépides : « M. Malraux, qui a insisté pour que Mme Ocampo fût reçue par le général de Gaulle, précise qu'elle est de nationalité argentine, âgée de soixante-treize ans, divorcée depuis quarante ans, sans enfant. Ce fut l'une des plus belles femmes d'Amérique du Sud, c'est encore l'une des plus riches. Elle dirige une maison d'édition et l'un des plus grands journaux de langue espagnole, *Sur*[52]. » On se rapproche de la gazette mondaine, et il n'est pas sûr que Mme de Gaulle voie d'un bon œil un tel étalage.

À compter de la fin de 1963, la minutie du service protocolaire augmente brutalement. Toujours ajoutées de façon manuscrite sur les feuilles imprimées des plans de table, des précisions d'ordre personnel accompagnent le nom de chaque invité. Le 10 décembre 1963, Mme de Gaulle, qui est assise près de François Missoffe, a son sujet de conversation tout trouvé : il est le père de six filles et d'un fils âgés de un à quinze ans ! Jusqu'à la fin de l'année 1965, le nombre d'enfants des invités est systématiquement indiqué, toujours près du nom de l'épouse. Exemples : déjeuner du 18 février 1964, « Mme Gary : pas d'enfants, actrice (Jean Seberg), d'origine américaine », « Mme Barre, deux fils : huit et deux ans, est d'origine hongroise[53] ». Déjeuner du 24 février 1964 : « Mme Burin des Roziers : Nicolas neuf ans et demi, Madeleine huit ans et demi, Laurent un an et demi. Mme de Courcel : Jean neuf ans et Antoine six ans[54]. » Dans ce dernier cas, l'utilité de la fiche est discutable : Mmes Burin des Roziers et de Courcel sont des collaboratrices très proches d'Yvonne de Gaulle, qui connaît donc leur progéniture. De la même façon, on peut se demander pourquoi le protocole, à moins d'un zèle aveugle, précise aux de Gaulle que Bonneval a huit enfants ou que Mme de Beaulaincourt a quatre fils « entre quatorze et sept ans (le plus jeune est mongolien)[55] » : tous sont des intimes du couple présidentiel, et Beaulaincourt fait même partie du conseil d'administration de la Fondation Anne de Gaulle…

Bientôt certaines notes personnelles sont tapées à la machine, signe de leur importance croissante. Lors d'un déjeuner du 29 avril 1965 en l'honneur de Louis Jacquinot et de Robert Boulin, des fiches cartonnées et imprimées comportant le plan de table et les informations personnelles sont même inaugurées. Les détails se multiplient. En cas de remariage, des explications sont avancées. M. et Mme Puaux sont reçus à déjeuner le 28 juillet 1964. Il s'avère que Mme Puaux a deux enfants d'un premier mariage et un avec M. Puaux. Mais l'honneur est sauf : il est précisé que « Mme Puaux est veuve d'un officier – capitaine – tué pendant la guerre 39-45[56] ». Parallèlement, le protocole ne se contente plus de mentionner le nombre d'enfants. Il va désormais jusqu'à préciser leur profession ou le lieu de leur scolarité : Mme Besnault, reçue à déjeuner le 9 décembre 1964, a ainsi « trois enfants dont : un fils quinze ans (en première à Jean-Baptiste-Say), une fille treize ans (en troisième à Victor-Duruy), une fille onze ans (en cinquième à Duruy)[57] ». M. et Mme François Goguel ont cinq enfants : « trois fils dont l'un, ancien polytechnicien, est employé à la régie autonome des pétroles et les deux autres poursuivent leurs études. Deux filles, l'une (vingt-six ans) professeur d'histoire, l'autre mariée est en Suisse ».

Omniscient, le service connaît également l'état médical et parfois psychologique des membres de la famille. Le 12 novembre 1964, le Premier ministre du Québec, Jean Lesage, est reçu. Dans sa suite se trouve Charles Lussier, délégué général de la province du Québec. On apprend qu'il a « trois enfants (un fils très malade, mais, après avoir craint le pire, on est rassuré) »... Au déjeuner du 8 février 1965, il est précisé que Mme Furukaki est la mère « d'un fils, qui s'est suicidé, d'une fille brouillée avec ses parents, d'une fille dont les parents ne parlent jamais ». Mieux encore, les fiches montrent que l'Élysée est au courant des cas d'enfants adoptés : M. et Mme Dennery ont « un fils, adoptif, de huit ans[58] », Mme de Bresson « une fille adoptive[59] ». Enfin, cerise sur le gâteau, le protocole est visiblement au courant des grossesses ! À plusieurs reprises, la fiche précise les maternités en cours ! Quand Jean Méo, directeur général adjoint de l'Union générale des pétroles, est reçu avec sa femme le 25 janvier 1964, il est noté que Mme Méo a « deux filles, en attend une troisième[60] ». Avec plus de style, le protocole précise pour le déjeuner du 26 octobre 1964 que la marquise de Perinat a « une fille six ans, une en puissance »...

Cette abondance de précisions pose naturellement la question des sources utilisées par le protocole et celle du temps consacré à leur collecte. Pour ce qui nous occupe, il est surtout intéressant de constater que le service de l'Élysée croit devancer les préoccupations de Mme de Gaulle par un luxe de détails familiaux. Il est de notoriété publique, en effet, qu'Yvonne aime avant tout parler des enfants. Jean d'Escrienne, qui l'a bien connue, résume parfaitement la chose : « Il y avait pour Mme de Gaulle trois sujets de conversation inépuisables. Il s'agissait, sans ordre de préférence, des enfants, des fleurs et des voyages[61]. » D'autres témoins confirment, comme Éliane Dromer, l'épouse du conseiller technique pour l'économie, les finances et le social au secrétariat général de la présidence de la République : « Ma première rencontre avec Mme de Gaulle a été une visite protocolaire. J'y suis allée juste après la prise de fonction de mon mari en 1964. L'épouse de M. Lévêque, son prédécesseur à ce poste, m'avait prévenue que l'entretien ne durerait pas plus de vingt minutes. Elle avait ajouté : "Pas de problème ! Vous avez cinq enfants, donc le sujet de conversation est tout trouvé."[62] »

Pourtant, le fait qu'à compter de la fin de 1965 les détails disparaissent d'un coup des fiches protocolaires indique bien qu'ils ne correspondent pas à une demande du Général ou de Mme de Gaulle. Ils sont plutôt l'émanation d'un fonctionnaire zélé qui croit savoir que la première dame est curieuse de renseignements sur les enfants et les divorcés – mais qui connaît pas son goût pour la discrétion et le respect de la vie privée d'autrui.

Il faut ajouter, pour terminer avec le chapitre des réceptions à l'Élysée, qu'il en existe une catégorie qui n'apparaît jamais dans les documents protocolaires. Il s'agit des dîners que les de Gaulle organisent dans le salon Murat pour l'ensemble de leurs neveux. Même à la présidence, leur sens de la famille reste intact. « Il y a eu trois repas de cette sorte. Les deux familles, Vendroux et de Gaulle, étaient reçues en même temps, ce qui faisait une cinquantaine de personnes au total », se souviennent Chantal Gutmann, fille de Pierre de Gaulle, et son mari Francis. En réalité, en raison de la taille de la famille, les neveux sont scindés en plusieurs groupes, comme l'explique Yvonne elle-même : « Je regrette souvent que le nombre de neveux oblige à un tour pour les invitations ; cet hiver, le nombre nous fera faire deux dîners des neveux je le crains[63]. »

« Le dîner commençait à 20 h précises. À moins cinq arrivait dans la cour un cortège de voitures délabrées, des 2 CV, des 4 CV ! » Le déroulement de la soirée est le même que pour les autres réceptions : après le repas, « on discutait en prenant le café, les hommes avec les hommes, les femmes avec les femmes. On était assises en rond autour de tante Yvonne[64] », commente Chantal Gutmann.

Visiblement, au cours de ces instants passés au milieu des siens, Yvonne est une autre femme et déploie une chaleur particulière. Pierre Cailliau, le fils de Marie-Agnès, insiste sur cet aspect : « Annie, mon épouse, qui nourrissait alors son cinquième enfant, Hervé, est arrivée en retard au dîner des neveux à l'Élysée – un comble ! – après le cocktail et une fois les invités installés à table. Or elle était placée à droite du Général. Ce fut tante Yvonne qui détendit l'atmosphère en saluant et excusant Annie[65]. » Il est vrai que, pour la première dame, les jeunes mamans et les bébés sont des êtres exceptionnels qui méritent toutes les excuses du monde.

La première dame en voyage

Au cours de sa présidence, comme il le rappelle lui-même dans ses *Mémoires d'espoir*, Charles de Gaulle visite en France soixante-sept départements, au cours de dix-neuf voyages qui durent entre quatre et six jours chacun. C'est pour lui un moyen nécessaire pour rétablir avec les Français ce contact direct qu'il affectionne tant. La plupart du temps, sa femme l'accompagne et suit avec lui l'immuable rituel de la visite : le préfet accueille le président à l'entrée du département, l'invite à monter dans son véhicule et reste avec lui toute la journée. Yvonne prend place dans les voitures de suite. Une cérémonie se déroule au chef-lieu, mais le Général se rend aussi dans les bourgades moins importantes.

De son côté, Yvonne de Gaulle demande à l'une des épouses des collaborateurs de son mari de venir avec elle. Un groupe informel de « dames d'honneur » se met ainsi en place. C'est ce dont témoignent aujourd'hui pour la première fois deux femmes qui ont souvent accompagné Mme de Gaulle lors de ses déplacements en France et à l'étranger. La première, la baronne Martine de Courcel, est la femme de Geoffroy de Courcel, compagnon de la

Libération et secrétaire général de l'Élysée à partir de 1959. Elle confie : « Il y avait une sorte de roulement des épouses des membres de la "maison" du Général pour jouer le rôle de dame d'honneur auprès de Mme de Gaulle lors des cérémonies officielles et des voyages à l'étranger, bien que cela ne fût jamais formalisé[66]. »

La seconde, Solange Galichon, est l'épouse du directeur de cabinet du président de la République de 1961 à 1967. Deux jours avant la visite à Paris de la reine Juliana, alors que Galichon vient de prendre ses fonctions, le directeur du protocole demande à son épouse de se tenir prête : « "Vous accompagnerez Mme de Gaulle pour cette visite. Préparez-vous." Cela m'avait impressionnée ! » La suite de son témoignage rejoint celui de Mme de Courcel : « En général je montais dans la voiture de Mme de Gaulle car il y avait peu de femmes [pour effectuer cette mission]. Mme Burin des Roziers était fragile à cause de sa déportation. [...] J'étais plus spécialement faite pour Mme de Gaulle, un peu comme une dame d'honneur. Tout ce qui était cérémonie officielle, avec de nombreux invités, je devais la suivre. Il n'y avait rien d'écrit, mais c'était ainsi[67]. »

C'est Yvonne qui, visiblement, choisit ses compagnes de route parmi les épouses de l'Élysée, sans doute en fonction d'affinités de caractère, car elle doit passer parfois des journées entières avec elles. « Il y avait un jour une exposition de "chinoiseries" à Paris, se souvient Mme Galichon. Le Général avait été invité mais ne voulait pas y aller. Mme de Gaulle a été conviée à la visiter. Mais elle me dit : "Je ne veux pas y aller seule, on y va ensemble et on déjeune avec les Chinois, ensemble." »

Une rupture intervient toutefois en septembre 1962, comme l'explique Mme Galichon dans un témoignage passionnant. Le 22 août de cette année-là, pendant que les « dames d'honneur » sont en vacances, les de Gaulle sont victimes de l'attentat du Petit-Clamart. « Je n'ai revu Mme de Gaulle qu'à la rentrée, lors d'une cérémonie. Nous devions prendre la voiture ensemble. La seule chose qu'elle m'a dite fut : "Non, pas aujourd'hui, vous êtes mère de famille nombreuse." » Les archives du protocole confirment ce tournant chronologique. Avant l'attentat, Yvonne de Gaulle accompagne systématiquement les épouses de chefs d'État étrangers qui profitent de la visite officielle pour découvrir Paris : du 14 au 18 février 1960, elle tient compagnie à Mme Manuel Prado dans ses différentes excursions parisiennes, notamment à la clinique pour enfants de l'hôpital Saint-Vincent-de-Paul. Le 7 juin 1961, elle se rend avec Mme Houphouët-Boigny à l'école d'infirmières des Peupliers de la Croix-Rouge française de 15 h à 15 h 45[68]. Le 22 mars 1961, à 15 heures, elle est aux côtés de Mme Léon Mba pour une visite de l'hôpital Trousseau. Avec l'impératrice d'Iran, le 11 octobre 1961, elle retourne à l'école d'infirmières des Peupliers[69]. Après août 1962, c'est terminé. Qu'il s'agisse de la grande-duchesse de Luxembourg, de la reine du Népal, de la reine du Danemark ou de celle d'Afghanistan, Yvonne de Gaulle reste à l'Élysée.

Consciente du jusqu'au-boutisme des terroristes de l'OAS, qui n'ont pas hésité à mettre sa vie en péril pour tuer son mari, elle refuse de faire courir le moindre risque aux femmes qui seraient à ses côtés. Elle laisse donc à l'épouse du Premier ministre, Mme Pompidou, le soin d'accompagner les visiteuses dans la capitale.

Lors des voyages en province, OAS ou pas, Yvonne se trouve le plus souvent aux côtés du Général. Elle se montre facile à vivre lors de ces déplacements. Elle n'exige pas de conditions particulières de confort et fait preuve de la même résistance physique que son mari, comme l'attestent plusieurs anecdotes. Lors du voyage dans le sud de la France, un ministre inquiet de la canicule va jusqu'à la voiture de Mme de Gaulle et lui demande si elle n'est pas trop fatiguée. « "Fatiguée ? s'exclama-t-elle. Mais pas du tout. Je suis ravie. Je suis toujours ravie quand le Général m'emmène en voyage."[70] » Elle accepte avec gentillesse les cadeaux que lui offrent les gens dans la foule – ainsi, se souvient un habitant de Haute-Savoie, « cette croix de nos ancêtres savoyards que ma fille a remise à Mme de Gaulle lors de son passage à Annemasse[71] ».

Mme Galichon, à qui il arrive de passer beaucoup de temps en voiture avec Mme de Gaulle, se souvient de sa simplicité. Nul besoin de faire la conversation, de chercher des thèmes. Le plus souvent, Mme de Gaulle regarde le paysage, fait quelques commentaires, ne pose jamais de questions personnelles à son interlocuteur. « Les conversations restaient assez générales. » La famille Galichon entretient des liens étroits avec la famille de Gaulle depuis les années 1930 : « Mes parents habitaient l'angle de la rue Monsieur et de la rue de Babylone, les de Gaulle habitaient rue Saint-François-Xavier. On avait des relations. Ma grand-mère et mes parents faisaient des visites aux parents de Gaulle. La sœur de Mme de Gaulle avait épousé une relation très proche de ma famille [Rérolle]. Un de mes oncles était élève d'Henri de Gaulle... » Pourtant, jamais la première dame n'aborde ce sujet. « Ce n'était pas une loi écrite, mais, pour ne pas mélanger les domaines, on n'en parlait pas[72] », commente Mme Galichon. Sans être jamais distante, Yvonne de Gaulle reste sur la réserve et oriente les discussions sur des thèmes très classiques.

Si le programme du Général est essentiellement composé de cérémonies officielles, la première dame a un emploi du temps personnel. Sa seule obligation est de retrouver son époux pour les repas à la préfecture, mais il lui arrive d'éviter délibérément ce qui lui apparaît parfois comme une corvée. Avant un déplacement officiel à Chartres prévu le 19 juin 1965, elle explique ainsi à Solange Galichon : « Je tourne la difficulté en m'invitant à dîner (moi seule) chez Mme de Boissieu – le prétexte officiel sera qu'elle y tient beaucoup et que je ne puis refuser[73]. »

Le reste de son temps s'organise en visites. « Le choix des établissements émanait de l'entourage du Général et des préférences personnelles de

Mme de Gaulle », indique Mme Galichon. Parfois, selon Claude Dulong, « c'est sans se faire annoncer que, pendant les voyages en province où elle accompagnait son mari, elle allait visiter telle ou telle institution charitable[74] ». Car sa préférence va toujours aux structures consacrées aux êtres les plus fragiles, à savoir les enfants, les malades et les démunis. Ainsi, après la visite présidentielle à Calais en septembre 1959, elle écrit à sa belle-sœur Cada Vendroux : « J'ai été enchantée par mes visites à la maternité et chez les Petites Sœurs. Le centre de prématurés est le plus beau, le mieux organisé... médecins, etc., de ceux que j'ai visités[75]. »

La présidente de la Fondation Anne de Gaulle est sensibilisée à ces questions et regarde d'un œil expert les conditions de vie des patients. Sans doute en tire-t-elle des leçons pour son institution. Et comme Vertcœur, elle pose pour condition *sine qua non* à ses visites l'absence totale de journalistes : « Elle exigeait un silence absolu de ses hôtes. Pas de journalistes ni de photographes, sinon elle faisait demi-tour[76]. » Elle considère en effet n'être pas en visite officielle et ne représenter qu'elle-même – bien que les responsables des établissements concernés ressentent sa venue comme un honneur républicain.

Comme le rappelle Charles de Gaulle lui-même, Yvonne est active : durant la présidence, « ma femme, en toute discrétion, est allée voir quelque trois cents hôpitaux, maternités, maisons de retraite, orphelinats, centres d'enfants malades ou handicapés[77] ». La sœur directrice d'une maison d'enfants handicapés de Paimpont décrit le déroulement d'une de ces visites dans son établissement : « Mme de Gaulle serrait la main à tout le monde, interrogeait les enfants, avait un mot gentil pour chacun, laissait un énorme paquet de bonbons et une enveloppe puis allait se recueillir dans l'église toute proche, une belle abbatiale du XIIIe siècle[78]. »

Une source originale et inédite permet de se rendre compte du type et de la popularité de ces visites. Il s'agit des lettres de condoléances que Mme de Gaulle reçoit à la mort de son mari en novembre 1970. Parmi les milliers de correspondants, nombreux sont ceux qui se souviennent avec chaleur de la venue de Mme de Gaulle dans l'établissement dont ils avaient la charge. Une majeure partie de ces lettres émanent d'institutions religieuses.

Le 11 mai 1960, lors de la cérémonie de lancement du paquebot *France*, dont elle est la marraine, Yvonne de Gaulle profite de son passage en Loire-Atlantique pour se rendre à l'institut médico-pédagogique Marie-Moreau : « Toutes les fillettes et les religieuses se souviennent de votre passage[79]. » De la même façon, la Maison d'accueil protestante pour enfants de Crest, dans la Drôme, garde le souvenir de sa venue le 26 septembre 1963. La congrégation de Notre-Dame de la Charité à Bayeux également : « Le 6 juin 1964, notre maison d'enfants déficientes mentales avait le plaisir de vous accueillir car vous veniez, incognito, pendant que le Général était à Bayeux pour commémorer le vingtième anniversaire de la Libération de la ville. » Les sœurs de Saint-Jacut, particulièrement chères au cœur de Mme de Gaulle pour leur soutien à sa fondation, sont choyées : « Nous n'oublierons pas le geste délicat de votre visite à Notre-Dame-de-Pitié de Landernau où les sœurs de notre congrégation se dévouent près d'enfants débiles. » Les Petites Sœurs des pauvres de Lyon écrivent : « Nous n'oublions pas vos visites[80] » à l'occasion des passages du Général dans la capitale des Gaules (1967 et 1968).

Certains établissements laïques expriment aussi leur reconnaissance, mais plutôt par la voix personnelle de leurs patients. Ainsi, Joseph André, handicapé hébergé dans un établissement de Saint-Dié, écrit à Yvonne : « L'hospice de Toucharupt n'oublira [*sic*] jamais la bonne visite que vous avait [*sic*] faite en 1961. Nous en gardons un bon souvenir[81]. »

Une autre source, exceptionnelle et inédite, confirme l'intérêt de Mme de Gaulle pour les institutions les plus difficiles. Elle met en relief la lucidité de la première dame, à qui il n'en faut pas compter, son entêtement à regarder les choses en face, son goût pour les âmes humbles. Dans une lettre qu'elle écrit le 18 octobre 1972 à Georges Galichon, Yvonne en personne narre la visite qu'elle fit, du temps de la présidence, dans un hôpital psychiatrique. Des années après, elle reste marquée par ce moment :

> J'ai visité il y a quelques années, au cours d'un voyage du Général dans le Vaucluse, un hôpital psychiatrique.
>
> On me proposait de voir le service tout neuf des enfants semi-éducables. Comme j'insistais, on a fini par m'ouvrir (ouvrir est le bon mot car il fallait des clefs pour y pénétrer) la salle des enfants inéducables. Dans cette salle, carrelée par terre, une odeur… les murs tâchés, griffés… et, couchés, se traînant par terre, une douzaine ou plus d'enfants inéducables (j'emploie ce terme pour ne pas en employer de plus accentué).
>
> Une brave femme d'un certain âge nettoyait et les enfants et le sol, et recommençait inlassablement. J'ai admiré le dévouement et la patience de cette personne, humble et ignorée[82].

Ainsi, toute une carte de France de la souffrance se dessine, toute une carte de la reconnaissance à Yvonne de Gaulle, une carte non officielle, non médiatique, une carte qui s'inscrit dans le cœur des individus et qui, en silence, donne d'Yvonne une image plus douce que ne le font les articles des journaux.

Un dernier témoignage émouvant le confirme. Il émane de Jean Morin, préfet de la Haute-Garonne en 1959. En février, il reçoit à Toulouse les de Gaulle, qui ont été informés qu'une de ses filles, Odile, quatre ans, est handicapée. Comme ils logent à la préfecture, les de Gaulle demandent à rencontrer l'enfant : « Nous nous rendons donc avec notre fillette dans la grande chambre du Général. L'un comme l'autre se montrent très affectueux avec elle et tiennent à évoquer le drame qu'ils ont vécu eux-mêmes avec leur fille Anne. […] Leur émotion est profonde. Pour eux, nous sommes en quelque sorte leur double. La même malheureuse histoire nous éprouve tous les quatre. J'entends Mme de Gaulle murmurer : "Il faut avoir du courage. Dieu l'a voulu ainsi, nous nous devons de l'accepter." » À la fin du séjour, une messe est donnée à la cathédrale de Toulouse. « Sur le parvis, à la sortie, grande est notre stupéfaction quand Mme de Gaulle, connue pour ne jamais embrasser personne, embrasse ma femme devant des centaines de témoins. » Trois ans plus tard, à l'Élysée, Charles de Gaulle fait Jean Morin commandeur de la Légion d'honneur pour l'action qu'il a menée en tant que délégué général en Algérie de 1960 à 1962. Mme de Gaulle, à son départ, lui laisse un énorme paquet qui contient une poupée bretonne, avec ce mot : « Pour Odile, qui n'a pas pu participer à cette petite fête[83]. »

Les voyages à l'étranger constituent un autre moment fort. Yvonne y participe presque à chaque fois : reçus le plus souvent par le couple présidentiel ou royal, les de Gaulle effectuent logiquement à deux les déplacements d'État. Tandis que les maris parlent relations internationales, la rencontre entre les épouses permet de développer le dialogue bilatéral à une autre échelle. Elle humanise incontestablement des rendez-vous parfois un peu austères et donne à voir aux opinions publiques autre chose que des comptes rendus de discussions politiques ou des images de table ronde.

Du reste, selon plusieurs proches témoins du couple de Gaulle, l'attitude du Général à l'étranger serait plus sereine quand il est en compagnie de son épouse : « Elle était toujours à ses côtés. Mes camarades et moi avions noté que, dans les rares déplacements qu'il avait effectués sans elle, le Général n'était pas tout à fait lui-même, tant il avait besoin de sa présence[84]. » Interrogé sur cette impression, Pierre-Louis Blanc commente : « C'est une perception dure à expliciter, qui ne repose pas sur des faits précis, mais que Desgrées du Lou – qui était le responsable logistique des voyages et accompagnait Mme de Gaulle le plus souvent – partageait avec moi quand nous en parlions ensemble[85]. »

Enfin, dans l'inconscient collectif, le fait de voir le président de la République se déplacer avec son épouse dans les autres pays, ou recevoir avec elle en France les chefs d'État étrangers, entretient certainement d'anciennes réminiscences. La France a beau être une république, ou peut-être précisément pour cette raison, il subsiste toujours un attachement silencieux à la figure du roi et de la reine de droit divin. Avec Charles de Gaulle, inventeur de la monarchie républicaine, cette nostalgie inavouée trouve un baume apaisant. Toutefois, si la première dame est officiellement invitée et reçue selon le protocole du pays, elle reste une personne privée. Les honneurs officiels ne sont rendus qu'au seul président de la République. C'est pourquoi Yvonne a son propre programme, qu'elle accomplit avec son interprète et son accompagnatrice, disposant pour cela de sa propre voiture. C'est pourquoi elle refuse également de s'exprimer publiquement, ce qui correspond il est vrai à sa nature : « Moi je ne parle pas », répond-elle à une journaliste vénézuélienne qui souhaite l'interroger. C'est mon mari qui est le maître de la maison. C'est lui qui parle[86]. »

En amont, elle prend à cœur l'organisation de ses voyages et décide notamment des personnes qui l'accompagneront ainsi que de l'emploi du temps. En janvier 1964, par exemple, elle rédige de sa main à l'attention de Mme Galichon une note sur le prochain voyage en Amérique latine :

> Pour le voyage au Mexique, Mme Burin des Roziers pense pouvoir venir avec son époux. Elle pourra rentrer ensuite avec M. et Mme Couve de Murville.
>
> Pour Guadeloupe-Martinique, Mme Gauthier [femme du général]. Il suffirait qu'elle nous retrouve à la fin de ces deux visites.
>
> Pour Guyane, les conditions sont pénibles, je pense que cela n'a pas d'intérêt de déplacer quelqu'un. La préfète m'accompagnera à l'unique visite en face de la préfecture[87].

L'attention portée par Mme de Gaulle aux dames qui la suivent, son souci de leur éviter des conditions trop pénibles et de les ménager en partageant son voyage entre plusieurs accompagnantes, est un trait constant : « Pour se rendre en Amérique du Sud en 1964, rapporte Mme Galichon, les de Gaulle prennent un bateau militaire – où Yvonne est la seule femme. Je dois prendre l'avion pour le Chili avec le ministre des Affaires étrangères Couve de Murville. Avant de partir, Mme de Gaulle m'a confié sa femme de chambre : "Prenez-en soin, car sinon elle risque de se sentir perdue."[88] »

La première dame, rappelons-le, adore les voyages à l'étranger. Il n'est guère facile de savoir quel pays lui laisse la plus belle impression – ou plutôt si. Dans une lettre bien postérieure aux années élyséennes, elle explique à sœur Hélène : « Quand on a parcouru des tas de pays, on sait bien que la France est celui où il fait meilleur à vivre, de toutes manières[89]. » Cette remarque ressemble à s'y méprendre à ce que dit le Général. Alors que le curé de Colombey lui demande un jour « quel est le pays qui [lui] a paru le plus beau », il fait cette magnifique réponse : « La France[90]... » Yvonne n'a jamais donné les raisons de son engouement pour les voyages, mais il est possible d'avancer qu'elle aime découvrir des mondes différents, des cultures éloignées, des modes de vie nouveaux, peut-être aussi s'éloigner de l'enfermement élyséen. La grande tournée de 1964 en Amérique du Sud, par exemple, lui laisse sans doute des images très fortes. Mme Galichon, qui l'y accompagne, reste elle-même marquée par le souvenir de la Bolivie : « Les petites rues de Cochabamba étaient très pittoresques. Deux rangs de cavaliers munis de hallebardes escortaient la voiture du Général. C'était une cavalcade invraisemblable, on était serré, les drapeaux flottaient partout, des voitures françaises suivaient les chevaux. La foule descendue des montagnes n'était guère habituée à ce genre de cohue. »

Quelles que soient les circonstances, Yvonne affiche la même tranquillité et la même patience que dans les déplacements en province : « Elle était égale à elle-même. Elle prenait le temps de se reposer pour ne pas faiblir à un moment ou un autre[91]. » Les températures équatoriales ne l'affectent visiblement pas, ce qui épuise Desgrées du Lou : « Il détestait faire de longs trajets en voiture avec Mme de Gaulle dans les pays chauds, car, en raison du chapeau qu'elle portait, il ne pouvait pas ouvrir les fenêtres[92] ! »

Sa discrétion fait que les accompagnateurs ont parfois tendance à ne plus penser à elle, si l'on en croit André Patry, chargé de l'accompagner lors du voyage au Québec en juillet 1967 : « Dans cette journée de bousculade, on l'oubliait tout le temps[93]... » Du moins peut-on être sûr qu'Yvonne, elle, n'oubliera pas le retentissant « Vive le Québec libre ! » lancé par son mari sur le balcon de Montréal : elle se trouve alors à ses côtés, au-dessus de la foule – Foccart conteste cette version. Selon lui, pendant que le Général faisait son discours sur le Québec libre, son épouse serait restée dans la résidence de Bordaz, le haut-commissaire du pavillon français, située à Mont-Royal. C'est à cet endroit que le Général l'aurait retrouvée après son discours[94]... Témoin ou non des propos historiques lancés à Montréal, Yvonne en tire des leçons. Quelques semaines plus tard, alors que le Général doit partir pour un nouveau voyage à l'étranger, elle confie à Claude Pompidou dans un demi-sourire : « Pourvu qu'il ne sorte pas l'une de ses petites phrases[95] ! »

Avec ses « dames d'honneur », elle se montre comme toujours aimable et généreuse, puisqu'elle leur offre une partie des cadeaux qu'elle reçoit : « Vous savez que j'ai été comblée pendant le voyage en Amérique latine. J'ai pensé que vous m'aideriez à accepter tout cela et je vous ai réservé le petit sabot de Noël ci-joint. C'est un étrier de dame Pérou[96]. »

Dès qu'elle le peut, au cours du voyage, elle leur manifeste de petites attentions. Solange Galichon rapporte par exemple : « Comme elle connaissait mon goût du voyage, il lui est arrivé de me dire, par exemple au Pérou : "Je m'enferme jusqu'à ce soir pour être en forme, je connais déjà tout ça. Mais si vous voulez aller vous promener, allez-y, profitez-en..." Elle avait ce genre d'attentions. Elle m'invitait aussi à profiter des services de son coiffeur avant le dîner. »

Si le voyage à l'étranger est l'occasion pour le président de la République de réaffirmer la grandeur de la France au cours de discours souvent retentissants, la première dame, elle, s'arc-boute dans sa discrétion radicale. Le témoignage de Mme Galichon est, ici encore, révélateur : « À l'entrée en fonction de mon mari, en 1962, un de nos premiers contacts avec Yvonne de Gaulle fut le voyage en Allemagne. Il y a eu de grandes réceptions avec Adenauer, et une grande démonstration sur le Rhin. On a remonté le Rhin, [en bateau] avec la foule qui applaudissait. Yvonne de Gaulle regardait par la fenêtre du bateau. La foule criait : "Madame de Gaulle !" Je lui disais : "Montrez-vous ! " Elle répondait : "Cela n'a aucun intérêt." Jamais elle n'a accepté, malgré les cris qui l'accompagnaient... »

Comme en France, Yvonne dispose à l'étranger d'un programme personnalisé. Elle s'arrange pour visiter les établissements médicaux et les écoles. « Cela faisait partie du programme officiel, mais cela l'intéressait particulièrement, surtout dans les pays où cela n'était pas évident. Les établissements qu'on lui faisait voir là, elle se rendait compte qu'on avait rhabillé ou arrangé les aspects. Elle ne se laissait pas prendre au piège[97] ! »

À la mort du Général, certaines de ces institutions se manifestent auprès de Mme de Gaulle, comme l'Instituto Nuestra Senora de la Sabiduria, à Bogota – « votre aimable visite lors de votre voyage en Colombie a laissé un souvenir ineffaçable[98] » – ou l'Institut des sourdes muettes et aveugles, dans le même pays[99]. Une institutrice malgache, Victoire Razanoely, était à Tananarive en 1958 lors de la visite des de Gaulle : « C'est dans mon école qu'a eu lieu la réception où j'ai eu la joie de vous recevoir avec mes élèves. Vraiment, tous les deux, vous avez été très bon [*sic*] pour nous[100]. »

Mme de Gaulle, cependant, prend parfois ses aises avec le programme officiel. Ses priorités ne sont pas toujours celles des organisateurs ou de ceux qui l'accompagnent et qui se trouvent confrontés, étonnés, à son légendaire entêtement. Mme de Courcel rapporte l'épisode étonnant auquel elle assiste lors du voyage à Londres d'avril 1960 : « Le clou de ce voyage à Londres fut le discours que le Général prononça à Westminster, parlant une heure sans note et sans en changer un seul mot : les Anglais qui suivaient le discours sur une traduction qui leur avait été distribuée parlent encore de cet exploit. Mais je n'ai pu assister à ce grand moment parce que Mme de Gaulle voulait aller chez Harrod's, car c'était le seul moment où elle pouvait échapper au programme officiel. J'essayai, en vain, de la convaincre de renoncer à ce projet, sachant que l'événement serait historique. Nous sommes donc allées chez Harrod's, elle m'a expliqué que le magasin avait été très gentil pour elle pendant la guerre et qu'elle voulait manifester sa gratitude. Je suggérai de faire prévenir la direction, ce qu'elle refusa catégoriquement. Ce qui est très intéressant psychologiquement, c'est qu'elle tenait à faire cette démarche incognito : elle est venue témoigner de sa reconnaissance sans que personne le sache. C'était peut-être cela son rêve : vivre incognito en se soumettant à une règle morale très élevée. » Beau résumé, finalement, de la personnalité de cette femme si difficile d'accès…

Une action personnelle

Le rôle de la première dame ne se borne pas à jouer les maîtresses de maison élyséennes ou à accompagner son mari dans ses déplacements officiels. Et même si elle avait voulu se limiter à ces fonctions de représentation, Yvonne aurait été rattrapée par la réalité : elle est devenue un personnage de premier plan. Chaque jour, des dizaines de Français s'adressent à elle pour obtenir de l'aide, lui soumettre un problème, réclamer de l'attention. Son passé de femme de chef de corps resurgit d'un coup, démultiplié, puisque c'est tout un peuple dont il faut désormais écouter les doléances et tâcher de panser les plaies.

Pour la première fois, des données extrêmement précises permettent de se faire une idée de la quantité de courrier reçue par Yvonne. Un dossier des archives du protocole présente en effet les chiffres du courrier du 1er au 30 novembre 1965 (aucun autre mois n'est disponible dans le fonds) : ils se montent à 13 884 lettres reçues à l'Élysée. « Cette masse se décompose en 645 envois acheminés sur le secrétariat de Mme de Gaulle, 1 443 plis acheminés vers le cabinet, le secrétariat général, l'état-major particulier, la sûreté, 885 demandes de grâce transmises à M. Patin et 10 911 plis traités directement par le secrétariat particulier[101]. »

Ce mois de novembre 1965 est considéré comme faste en matière de courrier destiné au président, puisque « le 4 novembre, fête de la Saint-Charles, jour également de l'allocution du Général annonçant sa candidature à la présidentielle, et le 22 novembre, jour de son soixante-quinzième anniversaire, ont motivé un envoi massif de 4 888 correspondances individuelles et de télégrammes » – quatre fois plus que durant le même mois de l'année précédente. Ces accidents conjoncturels liés à la vie de Charles n'ont guère d'impact sur la quantité de lettres reçues par Mme de Gaulle, et l'on peut donc considérer le chiffre de 645 lettres en un mois comme une moyenne approximative pour la première dame.

Répondre à ce courrier constitue en soi un vrai travail. Yvonne de Gaulle, bien entendu, ne l'accomplit pas toute seule. Elle dispose d'une secrétaire puis d'une assistante sociale, car la plupart des lettres concernent des questions de bienfaisance. Au sein de l'Élysée, les lettres adressées à la première dame connaissent un traitement particulier : à la différence du courrier envoyé au général de Gaulle, « les lettres adressées à Mme de Gaulle n'étaient pas ouvertes par le service du courrier de l'Élysée[102] », explique Claude Dulong. Ce détail est confirmé par France Gorny, secrétaire des aides de camp : « La discrétion est de mise chez Mme de Gaulle. Personne d'autre qu'elle-même n'est autorisé à ouvrir son courrier en dépit du pensum quotidien que cela lui coûte. Car chaque jour, les lettres s'amoncellent[103]. » Les réponses sont quelquefois rédigées par Mme de Gaulle en personne, mais la plupart le sont par le secrétariat, voire par d'autres services de l'Élysée. Éliane Dromer, qui travaille sur les questions sociales au cabinet du ministre de la Santé Bernard Chenot de 1958 à 1961, se voit parfois confier par Mme de Gaulle certaines réponses épineuses[104].

Le courrier d'Yvonne de Gaulle à l'Élysée n'est pas consultable – s'il est archivé… –, mais on peut se faire une idée du genre de lettres qu'elle reçoit en lisant celle-ci, datée de novembre 1970. Elle émane d'une mère de famille de la Drôme qui dit avoir été résistante. Son fils a volé une Mobylette, il est handicapé, et elle prie Mme de Gaulle, dans une orthographe approximative, de faire lever la plainte : « Je vous demande de levé la sanctions et d'annulé le jugement de tous les enfants inadaptés jugé ce jour-là a la même heure des obsèques du général[105]. » Une autre source permet de s'imaginer la nature et la quantité du courrier reçu par la première dame. Il s'agit du journal du curé de Colombey. Comme Yvonne, l'abbé Drouot est considéré par la population comme un proche du Général, appelé à le rencontrer régulièrement et, par ses fonctions, à nourrir une certaine proximité spirituelle avec lui. Il devient donc la cible, comme la première dame, de milliers de correspondants dont il dresse une brève typologie :

> Depuis que le Général a repris le pouvoir, je reçois chaque matin un abondant courrier. Je réponds à toutes les lettres. Ces lettres sont de trois sortes :
>
> – il y a les lettres de fous et de folles, qui prétendent avoir eu des révélations sur les destinées de la France et de son président. Jamais je n'aurais pensé qu'il y eût en France autant de personnes malades de la tête ;
>
> – il y a les lettres d'insultes à l'adresse du président. Généralement elles ne sont pas signées. Et elles montrent combien les Français sont ingrats, combien ils mettent leurs petits intérêts particuliers au-dessus de l'intérêt général ;
>
> – et surtout il y a les lettres présentant une requête. Certaines sont intéressantes, d'autres beaucoup moins[106].

Ceux qui écrivent à Yvonne de Gaulle peuvent être tranquilles. En matière de correspondance, elle est d'un sérieux exemplaire. Pour son courrier personnel, elle a l'habitude de répondre dans les vingt-quatre heures suivant la réception d'une lettre. « Elle répondait toujours elle-même, très gentiment [aux lettres], et s'excusait si elle avait deux jours de retard », souligne Solange Galichon. Elle impose une même discipline au secrétariat de l'Élysée. Par ailleurs, sa discrétion légendaire lui permet de gérer des cas délicats sans qu'aucun détail s'ébruite. France Gorny note par exemple : « Quand elle écrit au préfet de police pour se renseigner sur tel ou tel correspondant, elle ne signe jamais de son nom, mais "la secrétaire"[107]. »

Les destinataires, toutefois, ne s'y trompent pas. C'est bien elle qu'ils remercient, associée parfois au président de la République. Pour l'historien, les choses sont moins claires. Sachant qu'Yvonne continue par ailleurs à exercer une charité personnelle, et en l'absence de registre précis des sommes dépensées officiellement par ses services, il n'est pas facile de démêler ce qui, dans ses dons, relève du privé et de l'Élysée. Mais l'important est ailleurs, dans cette compassion qu'elle déploie en toute discrétion et qui lui vaut, là encore, une profonde reconnaissance populaire.

De façon assez attendue, deux groupes bénéficient plus particulièrement de l'aide de la première dame. Le premier est le monde catholique. René Gaudillière, curé de Saint-Jean-de-Bosco, Paris 20e, se souvient par exemple « de votre bonté si généreuse et si discrète à l'occasion de nos ventes de charité. Nous avons voulu vous marquer notre reconnaissance par la prière[108] ». Depuis la ville d'Aumale, sœur Madeleine Véronique exprime à Mme de Gaulle « notre reconnaissance pour l'aide discrète et le réconfort que vous avez toujours prodigués à l'institution Jeanne d'Arc[109] ».

L'autre groupe est celui des laissés-pour-compte, que ce soit en raison de leurs faibles ressources ou de leur maladie. Tout un lot de petites gens exclus du progrès social et restés en marge des Trente Glorieuses s'adresse à la première dame. Ainsi, au sein du couple présidentiel, tandis que Charles promeut la croissance et la modernisation de la France, Yvonne reste en prise quotidienne avec la profonde injustice qui sévit encore dans le pays. Un courant fécond circule donc entre Yvonne, attachée au principe de réalité, et Charles. Leur nièce Geneviève de Gaulle-Anthonioz est également là pour le dire et le redire, elle qui devient en 1964 la présidente d'ATD Quart Monde : oui, il y a des bidonvilles aux portes de Paris, des enfants qui ne vont pas à l'école, et c'est une négation à la fois du progrès social et des droits de l'homme. Bien sûr, Yvonne ne pousse pas aussi loin que sa nièce sa réflexion sur la pauvreté ni son engagement. Il se peut même qu'elle considère d'un œil dubitatif les initiatives iconoclastes du père Joseph Wresinski, le fondateur d'ATD Quart Monde. Tandis qu'il dénonce l'aumône comme le moyen de ne rien changer pour les pauvres tout en donnant bonne conscience aux riches, elle en est restée à une vision plus traditionnelle. La charité chrétienne, telle que la concevait sa mère, n'est pas un vain mot pour elle.

C'est ainsi qu'elle fait envoyer des sommes d'argent aux plus nécessiteux, après étude de leur cas par l'assistante sociale : « Je dois aussi vous remercier de nous avoir, par l'intermédiaire de l'Assistance sociale de la République, fait don d'une somme de 150 francs[110] », note une personne reconnaissante. Quand cela est possible, elle essaie de régler les problèmes administratifs dans lesquels se débattent certains Français défavorisés et mal alphabétisés : « Jamais je ne l'oublierais [*sic*] car san son intervention auprès du service compétan des services de retraite, nous étions tous près tous près du désespoire, car nos petitte retraite son bien faible, mais depuis six mois que nous l'attendions, avec son aide au bout de huit jours nous avons toucher[111]. »

Parmi les malades dont elle s'occupe, les handicapés reçoivent bien entendu toute son attention. Nombreuses sont les familles qui lui expriment leur reconnaissance : « Je m'appelle Dominique, j'ai quatorze ans, c'est à mon petit frère Jacky, infirme à 100 %, que vous aviez envoyé le 3 janvier 1966 la somme de 30 francs et ça mes parents ne l'ont pas oublié[112] », ou encore : « M. de Gaulle et vous-même avez été si gentils envers notre fils Georges enfant inadapté[113]. » Dans les cas sans espoir, les parents des malades s'adressent à la première dame en dernier recours. Leur motivation est double : ils espèrent sincèrement que la femme du président pourra trouver une solution au mal de leur enfant. Et ils savent, pour certains, la souffrance qu'elle a elle-même endurée en tant que mère d'un enfant malade. Cela les aide à se confier : « Il y a six ans j'ai reçue [*sic*] quelques lettres de vous à qui je m'étais permises d'écrire, ne sachant plus où m'adresser pour faire soigner ma fille Marie-Thérèse atteinte d'une encéphalite. [...] J'aurais tant voulu la sauver, n'ayant qu'elle. C'était mon bonheur, mais le Bon Dieu ne l'a pas vu ainsi et le 28 octobre 1968, elle nous quittais [*sic*]. Bien des fois j'ai pensé que ce destin avait été le même pour vous[114]. »

Que nous disent, finalement, toutes ces lettres ? Elles n'éludent pas le fait qu'une partie de l'opinion reste opposée aux de Gaulle, auxquels elle reproche leurs mœurs de Cour et leur mépris du petit peuple. Mais elles signalent qu'une autre partie de la population leur voue une reconnaissance profonde. Il n'est pas possible de chiffrer cette affection, de la mesurer en termes d'opinions favorables, mais elle existe bien, particulièrement attachée à la personne d'Yvonne de Gaulle, dans laquelle beaucoup de femmes, beaucoup de mères se retrouvent.

En dehors de la gestion du volumineux courrier qui lui arrive à la présidence et qui s'ajoute à ses correspondances personnelles multiples, Yvonne de Gaulle prend à cœur trois autres événements sociaux qui ont lieu à l'Élysée. Le plus connu est l'organisation des arbres de Noël. Le Général lui délègue de façon compréhensible cette mission annuelle et elle s'en acquitte avec soin. Année après année, la cérémonie se déroule selon le même rituel, mis en place dès 1959 par le protocole :

> L'arbre de Noël de la présidence de la République réunira le jeudi 17 décembre 1959 à 15 heures au palais de l'Élysée :
>
> – 200 enfants des écoles de Paris de 6 à 12 ans (10 par arrondissement, 5 filles et 5 garçons) accompagnés des instituteurs ou institutrices,
>
> – les enfants du personnel de la présidence de la République et de la présidence de la Communauté, de la naissance à 12 ans,
>
> – les enfants du personnel de Rambouillet et Marly, de la naissance à 12 ans.
>
> – La fête de l'arbre de Noël comprendra un spectacle, un goûter et une distribution de jouets. Elle se déroulera dans la grande salle des fêtes et les salons attenants[115].

Dans ce dispositif, le rôle de Mme de Gaulle est simple : « Elle choisissait elle-même les cadeaux, très précisément[116]. » Elle s'occupe également de sélectionner les spectacles qui animeront le goûter. Ce choix donne lieu à des échanges plutôt loufoques où l'on voit qu'aucun domaine n'échappe à l'autorité du président de la Ve République. Dans une carte qu'elle écrit à Solange Galichon juste avant l'arbre de Noël 1960, Mme de Gaulle fait part de ses hésitations et de la façon dont elle a tranché : « J'en ai parlé au Général. Il pense que "les clowns de cirque" sont préférables. Pour le reste : pas d'amateurs – des professionnels. Comptez sur soixante-dix poupées qui vont arriver pour les enfants des écoles[117]. »

Il faut ajouter que Charles de Gaulle se prête bien au jeu de ces après-midi festifs. Il aime les enfants et sait se mettre à leur niveau. Martine de Courcel confie cette anecdote magnifique qui, si elle est amusante, révèle surtout l'humanité du personnage et sa capacité d'autodérision : « Je me souviens que Charles de Gaulle, à la fin d'un déjeuner qui précédait un arbre de Noël, se leva de table et dit : "Il faut que j'aille m'habiller en *général de Gaulle*, ça fait plaisir aux enfants"... »

Les autres domaines dans lesquels Yvonne s'implique à l'Élysée touchent également au monde enfantin. Elle s'occupe par exemple des filleuls du président de la République, généralement choisis dans les milieux défavorisés. C'est avec grand soin qu'elle sélectionne les heureux élus au milieu de la foule de propositions qui lui parvient. Pour asseoir son choix, elle se renseigne sur la famille, écrit aux préfets, s'informe. Dans une lettre aux services municipaux de Guyans-Vennes, elle note par exemple en 1963 :

> Cher Monsieur,
>
> La famille Charmoillaux (agent technique des Eaux et Forêts en retraite) sollicite le parrainage du Général pour son quinzième enfant vivant.
>
> Vous seriez très aimable de me donner votre avis à ce sujet. La mère a-t-elle la médaille d'or de la famille ?
>
> Je voudrais bien pouvoir donner une réponse rapide, afin de ne pas faire trop attendre le baptême.
>
> Recevez, cher monsieur, l'expression de mes sentiments distingués[118].

Par la suite, quand les filleuls grandissent, son intérêt pour eux ne faiblit pas. « Elle leur envoyait des cartes de vœux, des petits cadeaux, réglait les petits problèmes qu'ils pouvaient rencontrer[119]. »

Yvonne veille également sur les mères de familles très nombreuses, mises à l'honneur une fois par an au cours d'une cérémonie à l'Élysée. Instaurée en 1950, cette manifestation est l'occasion de récompenser « les mères de famille les plus méritantes de Seine, Seine-et-Oise et Seine-et-Marne à partir de 10 enfants[120] ». Pour obtenir la médaille d'or de la famille française, une progéniture de dix enfants minimum est en effet requise – huit permettant d'obtenir l'argent, et cinq le bronze. La cérémonie est des plus officielles, et Mme de Gaulle n'en manque pas une seule de 1959 à 1968.

Aux alentours du 30 mai, dans le salon des Ambassadeurs, le président de la République et son épouse reçoivent la délégation de mères de familles très nombreuses accompagnées de leur mari. La cérémonie, qui dure trente minutes, permet de féliciter chacune d'elles de façon personnelle, grâce aux fiches dressées par les services de l'Élysée. Les lauréates proviennent de tous les milieux. Pas question de favoriser les familles démunies ou, au contraire, les plus aisées. La liste des décorées de 1960 est un exemple de pluralisme social : l'épouse de l'OS de Seine-et-Marne côtoie celle du militaire de carrière, la femme de l'administrateur adjoint à l'Assemblée nationale côtoie celle de l'épicier de Seine-et-Oise. C'est une vision sans exclusive de la société qui correspond bien, finalement, à la conception gaullienne.

Pour l'anecdote, signalons que le zèle qui s'empare du protocole en 1965 atteint dans le cas des familles nombreuses des proportions délirantes : décidé à donner tous les détails sur la scolarité ou la carrière de chaque enfant et même de chaque petit-enfant de ces familles de plus de douze membres, le service produit d'épais dossiers de plusieurs pages, dont l'utilité reste discutable.

QUE RESTE-T-IL ?

Parce qu'elle est la première femme de président sous la Ve République, Yvonne de Gaulle instaure *de facto* une tradition. Comment son héritage s'est-il transmis aux sept épouses qui lui ont succédé ? Observons le panorama de façon globale : la fonction de première dame est restée la même dans ses grandes lignes.

Les premières dames n'ont toujours pas de statut officiel mais ont conservé, voire agrandi, leur place à part dans la République. Leur œuvre dans les domaines sociaux et médicaux s'est perpétuée : Claude Pompidou a créé une fondation qui porte son nom, destinée aux handicapés et aux personnes âgées. Anne-Aymone Giscard d'Estaing a lancé la Fondation pour l'enfance. Danièle Mitterrand, plus tournée vers l'international, a créé France libertés. Bernadette Chirac est revenue à une action plus traditionnelle en direction des services pédiatriques des hôpitaux avec la très médiatique opération « Pièces Jaunes », et vers les jeunes anorexiques avec la Maison de Solenn – en écho elle aussi au drame personnel que représente le cas de sa fille. Un certain glissement se fait jour avec Cécilia Sarkozy dans l'affaire des infirmières bulgares, puis avec Carla Bruni intervenant en faveur du dalaï lama : la première dame s'inscrit désormais dans des actions plus ponctuelles mais plus retentissantes pour la France.

Si l'on entre dans le détail, des évolutions sont naturellement perceptibles au sein de l'héritage gaullien.

Sans doute parce qu'elle a beaucoup côtoyé Yvonne et qu'elle lui a directement succédé, Claude Pompidou est la plus marquée par son héritage : « Durant deux ans, j'appris beaucoup d'elle, en la regardant vivre auprès du Général. Elle tenait son rang discrètement mais pleinement, sans jamais aucun écart ni impair[121]. » Pour ce qui concerne sa fondation pour les enfants handicapés mentaux ou physiques, Mme Pompidou énonce très clairement la filiation : « J'ai connu la fondation en faveur des enfants handicapés qu'avait créée Mme de Gaulle. [...] C'est là que j'ai compris l'importance de telles institutions, qui dépassent les limites de la seule initiative individuelle. [...] Après l'élection de mon mari à la présidence de la République, j'ai pensé que je pouvais me lancer[122]. » La Fondation Claude Pompidou, qui emploie 750 bénévoles et crée 700 emplois, fonctionne bientôt avec un budget annuel de 192 millions de francs, sans argent public. Claude Pompidou y attache autant d'importance que Mme de Gaulle à sa fondation. Elle s'y rend chaque jour : « Cela n'a jamais été, à mes yeux, un passe-temps ou une manière de me donner bonne conscience. Je me considère comme un chef d'entreprise à but non lucratif[123]. »

La tonalité est un peu différente avec Anne-Aymone Giscard d'Estaing. Bien entendu, une vraie considération perce quand elle évoque le souvenir de Mme de Gaulle : « Ma seule entrevue en tête à tête avec Yvonne de Gaulle eut lieu à l'occasion du départ de mon mari du gouvernement. J'avais demandé à Mme de Gaulle l'autorisation de lui faire une visite de courtoisie pour prendre congé d'elle – c'était alors un usage, sans doute perdu aujourd'hui. Elle m'a reçue dans les salons particuliers. Elle était chaleureuse et avait visiblement apprécié ma démarche. Elle avait de la sympathie pour nous. »

Pour autant, Mme Giscard d'Estaing, parce qu'elle est peut-être plus indépendante, souhaite exercer sa fonction à son idée : « J'avais forcément à l'esprit les deux premières dames qui m'avaient précédée. Et comme je m'intéresse à l'histoire, j'avais aussi des références antérieures. J'avais mon idée sur la manière de se comporter et sur les choses bonnes ou moins bonnes que les autres premières dames avaient faites. » Comme elle le dit avec amusement, « Mmes de Gaulle et Pompidou formaient deux références très contrastées ! Mme de Gaulle avait exercé son rôle fort convenablement, comme cela se devait d'être à son époque, dans son contexte. En revanche, j'avais été choquée par Claude Pompidou, qui se tenait à l'écart de la vie publique et ne cachait pas qu'elle n'appréciait guère sa fonction de première dame. Je trouvais cela dommage : pour ma part, je trouvais que côtoyer l'homme qui dirige le pays est une chose exceptionnelle et que l'on doit en profiter pour faire des choses utiles. J'ai donc essayé d'agir à ma façon, le mieux possible, et d'être moi-même[124]. »

C'est sur cette notion assez nouvelle pour une première dame – « moi-même » – qu'Anne-Aymone essaie de construire son rôle. Alors qu'Yvonne ne se déplaçait qu'avec son mari, la femme du président Giscard d'Estaing choisit, elle, de se rendre seule chaque mois dans un département où elle visite écoles, usines, mines ou centres culturels. Elle écoute les gens, parle avec eux et rapporte des informations à son mari. C'est sa façon de participer à son œuvre.

L'alternance politique, de mai 1981 à 1995, n'empêche pas une certaine continuité de se maintenir pour ce qui concerne l'épouse présidentielle. Avec Danièle Mitterrand, toutefois, le rôle s'infléchit et gagne en influence. Cette ancienne résistante, militante socialiste, entend travailler réellement pour son pays : « Je tenais mon rôle de représentation quand c'était nécessaire, et j'essayais d'utiliser au mieux les contacts établis dans ce cadre de rencontres internationales pour défendre mes causes avec les meilleurs soutiens, avoue clairement Mme Mitterrand. Combien de fois François ne m'a-t-il pas dit que j'exagérais[125] ! »

L'arrivée de Jacques Chirac au pouvoir voit la fonction de première dame renouer avec son passé gaullien. Parallèlement à son mari, qui aime à évoquer ses attaches gaullistes, Bernadette Chirac ne cache pas son admiration pour Yvonne de Gaulle. De plus, avec son air sérieux et ses tenues classiques, sa retenue en matière de politique nationale et internationale, ses préoccupations de maîtresse de maison, elle rappelle un peu la « tante Yvonne » des années 1960. Est-ce pour cette raison que les caricaturistes la représentent toujours avec un petit sac à main serré contre elle ? Elle se distingue toutefois de Mme de Gaulle par son goût des grands couturiers et des belles choses, ainsi que par ses capacités de communication : ses apparitions dans les journaux ou à la télévision, notamment pour son opération « Pièces jaunes », font d'elle une première dame populaire et médiatisée, notamment sous le second mandat. Son influence à l'Élysée est indéniable, et ses mandats électoraux en Corrèze font d'elle une vraie femme politique.

Cette évolution se renforce sous la présidence de Nicolas Sarkozy. Son épouse Cécilia est certes réticente à la perspective de succéder aux autres premières dames : « L'Élysée, cela me rase. Je ne me vois pas en First Lady[126]. » Une fois en place, elle joue toutefois un rôle non négligeable, par exemple lors de la libération des infirmières bulgares retenues en Libye. Le divorce du couple présidentiel est une première qui montre à quel point l'époque gaullienne est lointaine en matière de mœurs. La nouvelle première dame, Carla Bruni-Sarkozy, est très éloignée du modèle d'Yvonne de Gaulle. Quel contraste entre la petite dame replète en tailleur sombre et la superbe jeune femme ! La discrétion maladive de la première est difficilement croyable face à la surmédiatisation de la seconde, qui fait la une des magazines et s'exprime à la télévision, sur les ondes... Quant à la vie privée des deux femmes et à leur mode d'existence, nul besoin de faire de longs commentaires pour rendre perceptible leur radicale opposition.

Certains critiqueront ce qu'ils considèrent comme une perte de sens, une dévalorisation de la fonction de première dame. Les nostalgiques ont le tort de naître trop tard. L'évolution de la société elle-même, le changement brutal des centres d'intérêt, des cultures, des façons de vivre font que Carla Bruni-Sarkozy répond à sa façon aux attentes des Français aujourd'hui, comme le montre sa cote de popularité.

L'image de la première dame

Dans la France des Trente Glorieuses où la jeunesse exulte, où la société de consommation se répand comme une traînée de poudre, où les valeurs traditionnelles connaissent leurs premiers effritements, la personne d'Yvonne de Gaulle appartient certainement à une époque dépassée. Mais c'est le cas de beaucoup d'autres mères de famille, et même d'une grande partie de la population née avant la Première Guerre mondiale. Comment se fait-il, dès lors, qu'une certaine opinion crie haro sur la gentille ringardise, sur le conservatisme moral et religieux de Mme de Gaulle ?

Prenons la description la plus cinglante et la plus caricaturale de toutes, celle qu'on peut lire dans « La Cour » d'André Ribaud et Moisan en 1961. Les éléments qui y figurent, condensés et portés à leur paroxysme, reflètent assez bien les critiques habituelles :

> Mme de Maintenant était une personne sans naissance, d'un visage guindé, sévère, sous des traits encore lisses, même frais, où s'imprimaient infiniment de vertu, mais assez peu de bonté, serrant toujours sa haire avec sa discipline. Elle était fort experte dans l'alchimie des marmelades, plus habile encore dans la réduction de pécheurs. Elle passait sa vie dans les exercices de piété les plus édifiants et les plus continuels. Elle avait l'âme austère et pénitente, et elle eût envoyé toute la Cour à complies. Elle régnait sur le palais avec un empire craint de tous et redouté de toutes. Elle n'y voulait ni jeunes gens de traverse ni dames de moyenne vertu. La boue infecte de l'adultère lui faisait horreur et il ne fallait pas qu'on s'avisât d'extravaguer loin des lisières du sixième commandement de Dieu. Régnait-elle sur le Roi ? Elle ne l'entreprenait pas sur les pensées : elle l'entama plus d'une fois sur le domestique. Elle gouverna souvent le flux et le reflux de ses faveurs. Elle était bien informée, par des agents, de l'intérieur le plus intime de la Cour. Combien furent ruinés par un mot d'elle ! Tout à l'Élysée sentait son aiguillon.

Tout y est : la sévérité de mise et de caractère ; les talents réduits à leur dimension culinaire ; la rigueur catholique ; la surveillance des bonnes mœurs ; le pouvoir de vie et de mort sur les courtisans… Si cette caricature fonctionne, c'est qu'elle correspond à l'idée que les gens ont communément d'Yvonne de Gaulle. À tel point que des esprits éclairés peuvent se laisser prendre à l'illusion. André Malraux, selon Pierre-Louis Blanc, entre dans cette catégorie : « André Malraux, jusqu'à sa visite à Colombey en décembre 1969, voyait Mme de Gaulle telle que la presse la dépeignait et qu'il l'avait observée aux réceptions de l'Élysée. » Il lui faut la rencontrer chez elle, plus intimement, donc, pour s'apercevoir de son erreur : « Il était revenu de la Boisserie avec un jugement bien différent. “Soudain, m'avait-il dit, j'avais découvert la véritable dimension de son personnage et exactement mesuré la qualité de son influence.”[127] » Il confie à Pierre-Louis Blanc qu'il a perçu en Mme de Gaulle « un personnage de tragédie[128] », et lui voue dès lors une admiration aussi extrême qu'avait pu l'être précédemment sa méfiance…

Bref, la caricature de Mme de Gaulle fonctionne. Alors pourquoi ne pas le dire ? Il y a du vrai dans cette description à l'emporte-pièce. Même au sein des milieux les plus gaullistes, il est d'usage de brocarder sans méchanceté le côté plutôt sec de la première dame, son peu de souci de la mode, son attachement aux conventions. Il est indéniable qu'Yvonne de Gaulle, sans vouloir mal faire, prête le flanc aux critiques.

Son aspect extérieur, par exemple, donne immédiatement une impression de sérieux et de guindé. « Mme de Gaulle était toujours très digne, un peu austère », reconnaît Éliane Dromer, qui l'apprécie beaucoup mais qui, du coup, veille aussi à sa tenue : « À cette époque, quand j'allais à l'Élysée, je portais toujours un chapeau, des gants et jamais de pantalon[129]. » La première dame, vêtue de robes conçues par Jacques Heim dans l'esprit le plus sobre, coiffée d'un chapeau, gantée, incarne un style vieillot... Avec constance, les caricaturistes insisteront sur son côté vieille France, qui suggère logiquement à quel point elle est rabat-joie.

Elle devient finalement l'anti-Brigitte Bardot, son icône inversée. Sur un dessin en une du *Canard enchaîné* du 1er janvier 1964 – pour la nouvelle année, donc –, on voit de Gaulle effectuer sur un âne son voyage en « Gaullilée ». Au premier plan, lascivement agenouillée sur le sable, une B.B. aux yeux de braise arbore un décolleté plongeant. Yvonne, à ses côtés, prie sagement à genoux, sa robe noire boutonnée jusqu'au cou.

Au-delà de son apparence, le comportement d'Yvonne suscite parfois des commentaires perplexes. Le fait qu'elle tienne par exemple à rencontrer assez formellement les épouses des collaborateurs de son mari renforce son côté conventionnel. Il semble que chacune des femmes des personnages importants de l'entourage du président ait à subir un examen d'entrée auprès de la première dame – Bernadette Chirac, qui a connu cette épreuve aux côtés de son mari secrétaire d'État à l'Emploi, parle d'un « examen de passage[130] ». Le plus souvent, la scène prend la forme d'un déjeuner intime.

Quelques jours après que Geoffroy de Courcel a annoncé au Général son prochain mariage avec sa fiancée Martine, le futur couple est invité à déjeuner par les de Gaulle. La scène se déroule en 1953, c'est-à-dire bien avant la période élyséenne, mais le rituel est déjà bien en place et la fiancée déjà très intimidée – non seulement par la stature du général, mais aussi par son épouse, qui raconte : « Nous étions quatre. L'ambiance était assez guindée, presque solennelle, le Général me posait beaucoup de questions et la dernière me plongea dans un grand embarras. Nous étions encore à table, le Général, de sa voix caverneuse, me demanda, en sortant de sa poche un paquet de Player's Navy Cut un peu écrasé, celles qu'il avait pris l'habitude de fumer en Angleterre pendant la guerre : "Mademoiselle, est-ce que vous fumez ?" J'étais très embarrassée. D'une part, je craignais que Mme de Gaulle ne trouve pas cela convenable pour une jeune fille de fumer, et d'autre part je me disais que, si j'étais appelée à rencontrer les de Gaulle souvent par la suite, ils finiraient par s'apercevoir que fumais. Bref, je répondis, pensant m'en tirer à bon compte : "Oui, Général, je fume", et j'ajoutai, ce que je trouvais hautement diplomatique : "Mais je crois que vous fumez aussi ? " Et le Général de répondre : "Mademoiselle, je ne fume plus depuis six ans et je souffre comme au premier jour", étrange confidence à une jeune fille inconnue de la part d'un homme qui n'aimait pas en faire[131]. »

C'est le même genre de scène à laquelle participe Mme Galichon en 1961 : « Ma première rencontre avec les de Gaulle a eu lieu quand mon mari est entré à l'Élysée, pour faire connaissance. Nous avons été invités à déjeuner. J'étais fascinée par le Général. J'ai trouvé Mme de Gaulle accueillante, aimable, souriante, mais... je ne savais pas pourquoi nous étions reçus ! Cette rencontre était très banale. En réalité, je suis persuadée que c'est *moi* qu'elle voulait voir. C'était la même chose avec les autres proches collaborateurs de son mari[132]. »

Le colonel d'Escrienne fait la connaissance du couple présidentiel dans des conditions similaires : « J'ai rencontré Mme de Gaulle pour la première fois en 1966 quand je suis devenu aide de camp du général. C'était au cours d'un déjeuner, certainement ces déjeuners *intimes* à douze couverts dans l'appartement (salle à manger au rez-de-chaussée des appartements privés). Ma femme a été reçue ensuite en tête à tête par Mme de Gaulle pour faire connaissance[133]. »

Même les membres de la famille doivent passer par ce moment assez formel. C'est ce que raconte Francis Gutmann, qui, en 1960, s'apprête à épouser Chantal de Gaulle, nièce du Général : « Ma future femme me présenta au Général et à son épouse lors d'un déjeuner intime à l'Élysée où étaient également présents les Boissieu. Le Général et Alain de Boissieu ont tout fait pour me mettre à mon aise » – Yvonne n'est pas mentionnée en ce sens ! Il est vrai qu'il lui faut du temps pour s'accoutumer aux êtres, sans doute parce qu'elle est d'un naturel timide : « Elle n'adoptait pas facilement les gens. Par exemple, même si j'ai eu de bonnes relations avec elle par la suite, elle ne m'a pas agréé tout de suite. Je n'étais ni de Calais, ni de Gaulle[134] ! » sourit Francis Gutmann.

Mme de Gaulle est également réputée avoir une conversation assez plate, pour ne pas dire lénifiante selon certains témoins – la gamme des adjectifs varie selon l'affection que les auteurs portent à la première dame. Nous avons vu en effet qu'elle aime parler de sujets généraux et qu'elle se refuse à aborder en public des thèmes politiques, religieux ou polémiques. Restent donc la famille, les fleurs et les voyages, comme le souligne Anne-Aymone Giscard d'Estaing : « Sa conversation était assez limitée. Elle vous parlait de ses enfants, vous demandait si vous vous occupiez bien de votre mari[135]. » Mme Giscard d'Estaing cherche à comprendre les raisons de cette distance, et avance celle-ci : « La différence d'âge entre elle et moi était très importante. J'avais vingt-cinq ans, et une dame comme Mme de Gaulle [qui avait alors cinquante-huit ans] m'intimidait. Nous avions peu de points communs – il en existait sûrement puisque j'étais d'une famille de militaires, donc nous avions sûrement les mêmes traditions, les mêmes valeurs. Mais la différence d'âge empêchait la conversation de prendre. Quant au Général, il était encore plus intimidant ! Il avait une personnalité très impressionnante, une sorte de majesté naturelle qui faisait que l'on se sentait en face d'un personnage. » Tout cela ne facilite pas les échanges.

Mme de Courcel rapporte un exemple significatif des efforts d'Yvonne pour cantonner la discussion à des domaines très inoffensifs. Au cours de la traversée du désert du Général, celui-ci se rend régulièrement à la Boisserie, où elle l'accompagne à trois reprises. « Je me souviens que l'une de ces visites se déroulait au moment de la polémique sur la bombe nucléaire, il y avait des bombistes et des antibombistes : le Général et mon mari avaient engagé une conversation sur ce sujet qui me passionnait, mais Mme de Gaulle m'a dit de venir m'asseoir près d'elle et m'a demandé quelle marque de lait je donnais à mon fils qui venait de naître. »

Souvent, Yvonne est poussée par les circonstances à se retrouver avec les femmes. À la fin des repas à l'Élysée, la coutume veut que les maris et les femmes se séparent en deux groupes : « Nous voyions peu Mme de Gaulle, confie Bernard Tricot. Après les repas officiels, le Général entraînait les hommes dans un coin du salon pour parler affaires » pendant que les femmes faisaient cercle autour de la première dame. « Quand approchait l'heure prévue pour le départ des invités, le Général se levait et, presque invariablement, disait : "Allons rejoindre les dames." Pendant ce temps-là, d'après ce que m'a raconté ma femme, les dames n'avaient guère été incitées par Mme de Gaulle à aborder d'autres sujets qu'enfants et petits-enfants[136]. » Jacques Chaban-Delmas se souvient que l'ambiance des repas était conviviale et policée : « La conversation ne dérivait jamais. Mme de Gaulle y veillait. Elle n'aimait visiblement pas les propos légers[137]. »

D'autres témoins sont plus sévères, tel le professeur Pierre Lelong, célèbre mathématicien membre du cabinet du Général à partir de janvier 1959. Lors d'un déjeuner à l'Élysée, Mme de Gaulle l'interroge : « "Monsieur le professeur, y a-t-il des jeunes filles dans vos universités ?" Je suis interloqué. Que veut-elle dire par là ? Imagine-t-elle que les universités ne sont pas mixtes ? Je me décide à répondre de cette façon un peu caustique, je l'avoue : "Mais, madame, il y a même des jeunes filles qui font des mathématiques avec beaucoup de succès. Des mathématiciennes." Que ne lui avais-je pas appris ! Épouvantée, elle ajoute alors cette question étonnante : "Mais, monsieur le professeur, vraiment, est-ce qu'on peut les marier après ?" Vous imaginez mon ahurissement[138]. »

Il est à craindre que le professeur, tout scientifique qu'il était, n'ait pas saisi que Mme de Gaulle plaisantait. Car comment croire que cette mère qui a encouragé sa fille à poursuivre des études supérieures et qui, nous le verrons, défend la cause des femmes ait pu prononcer sérieusement de telles paroles ? Sa boutade ressemble plutôt aux propos qu'elle tient à Bernard Tricot lorsqu'elle lui explique n'être pour rien dans la dissimulation du sexe des anges de la salle de fêtes. Sentant que le professeur Lelong doute immédiatement de son ouverture d'esprit, elle entre dans son jeu et se fait passer pour plus arriérée qu'elle ne l'est. C'est un moyen de défense comme un autre, aux dépens de celui qui se croit le plus fort.

Malgré tout, est-ce grave ? Peut-on reprocher à la première dame de se vêtir dignement, d'être croyante, de vouloir rencontrer par courtoisie les épouses des collaborateurs de son mari ? Pourquoi s'en prendre à ses conversations quand des centaines de milliers d'autres Françaises parlent aussi de leurs enfants, de leur jardin, de leurs recettes de cuisine ou du temps qu'il fait ? Au moins, comme le souligne Bernadette Chirac, cela fait de Mme de Gaulle « une personne extrêmement accessible : elle était simple, parlait des choses de tous les jours, on se parlait des plantes à Colombey. C'était facile de parler avec elle[139] ».

Tant d'acharnement, en réalité, tient peut-être à ce que ces caractéristiques sont moralement inattaquables. La rigueur et le sérieux peuvent agacer, ils peuvent difficilement être critiqués. Du reste, les journalistes satiriques en sont pour leurs frais et doivent se contenter d'accusations farfelues pour faire des reproches à l'irréprochable première dame, comme :

« Ses initiatives malheureuses dans le choix de ses chapeaux
– sa distraction pendant les offices religieux
– son incompétence absolue en matière de tricot
– son effacement excessif dans les cérémonies publiques
– son sens du devoir si élevé qu'il en devient ostentatoire[140]. »

Aurait-on préféré que ses robes fissent scandale, qu'elle intervînt à tort et à travers dans le jeu diplomatique par des commentaires sans retenue ? Bien sûr, il existe un juste milieu entre banalité consternante et extravagance débridée, entre passéisme et modernité. Les premières dames qui ont succédé à Yvonne sauront, par exemple, préserver la dignité de la fonction tout en modernisant ses apparences.

En réalité, il faut se demander si les critiques énoncées contre Mme de Gaulle ne proviennent pas d'une méconnaissance de sa personnalité, plus riche et plus complexe qu'il n'y paraît. D'autres acteurs de l'époque donnent un éclairage légèrement différent.

Écoutons par exemple Éliane Dromer. C'est elle qui demande à rencontrer Mme de Gaulle lorsque son mari devient conseiller à l'Élysée. Elle est reçue dans un petit salon du rez-de-chaussée des appartements. Il est de notoriété publique que Mme de Gaulle ne consacre pas plus de vingt minutes à de tels exercices. Or le rendez-vous dure cinquante minutes, au point que l'huissier ouvre la porte à plusieurs reprises pour voir si tout va bien. « Ce n'est qu'à la fin de l'entretien, près de la porte, que Mme de Gaulle m'a dit : "Vous avez cinq enfants, je crois..."[141] » Il s'avère en effet que les thèmes chers à la première dame n'ont pas fait un seul instant l'objet de la discussion, tout simplement parce que Mme Dromer a une spécialisation qui intéresse la première dame : « Mme de Gaulle était parfaitement informée sur mon parcours et nous avons avant tout parlé de questions sociales, car j'étais alors au cabinet du garde des Sceaux, Jean Foyer, pour ces questions. Auparavant, de 1958 à 1961, je m'étais occupée de ce même sujet au cabinet de M. Chenot, ministre de la Santé. »

Ainsi donc, la première dame s'intéresse à des sujets autres que le tricot, la cuisine et la pédagogie enfantine. Francis Gutmann confirme ce trait : Yvonne de Gaulle « a été très injustement jugée. C'était une femme intelligente, cela n'a pas assez été dit. Si elle n'a pas été comprise, c'est qu'elle était plus effacée que Mme Coty, par exemple, et qu'elle ne cachait pas sa pratique confessionnelle. Elle n'était pas Vatican II, elle était plus ouvertement pieuse que d'autres – et cela commençait à être démodé. Par ailleurs, elle était restée très provinciale. Tout le milieu parisien lui était étranger. Bref, elle ne se moquait pas de son image, mais tout simplement elle ne s'en occupait pas. Cela ne la concernait pas. Les journalistes ne le lui ont pas pardonné[142]. »

Bernard Tricot, dans le même sens, établit une nuance supplémentaire : si Mme de Gaulle refuse d'aborder des thèmes « importants » en public, c'est en vertu du devoir de réserve qu'elle s'est imposé vis-à-vis de son mari. « Si telle épouse de chef d'État s'intéressait à la santé, à l'éducation, aux activités professionnelles des femmes, si elle avait visité chez nous des établissements modèles et manifesté le désir d'échanger informations et réflexions, Mme de Gaulle veillait à ce que la conversation ne s'élargisse pas à des sujets trop proches de la politique. Ce n'était point un manque d'intérêt pour la chose publique, je suppose plutôt qu'il était entendu entre elle et son mari qu'elle devait éviter d'exprimer des opinions personnelles afin que ses interlocuteurs, et ceux à qui ceux-ci feraient ensuite des confidences, ne mettent l'accent sur d'éventuelles divergences avec le Général[143]. »

Il existe donc chez Yvonne une telle conscience de sa fonction que sa vie à l'Élysée se drape tout entière dans le devoir de réserve. En déduire une absence de conversation est largement exagéré : « Contrairement à une idée un peu simpliste, ma tante Yvonne n'avait rien de la brave femme sortie de son village, insiste Geneviève de Gaulle-Anthonioz. Même s'il est exact qu'elle n'appréciait guère la vie publique, elle remplissait ce rôle avec beaucoup de conviction[144]. » Et il faut croire que cet effort lui coûte, tant elle déteste les mondanités, les apparences et les hypocrisies. Un témoignage inattendu l'atteste. Il émane de Colette Lalouette, dont le mari est chargé de mission au secrétariat général de la présidence de 1960 à 1963. Un jour, elle reçoit une lettre d'Yvonne de Gaulle déplorant son absence répétée aux cérémonies élyséennes. D'un caractère entier, Mme Lalouette demande immédiatement un rendez-vous à la première dame.

« Dès qu'elle me reçoit, je m'explique franchement : "Madame, vous avez raison. Je ne viens plus aux réceptions et en voici la raison. Je ne connais personne parmi les invités. Je me sens donc transparente et je pense que c'est beaucoup plus simple de rester chez moi pour m'occuper de mes enfants." Elle sourit alors gentiment et, à ma grande surprise, m'avoue que toutes ces réceptions ne la passionnent pas davantage, mais qu'elle consent à y assister par devoir. Puis, me regardant avec plus de gentillesse encore, elle prend ma main et me confie : "Écoutez, si je sens que vous êtes là, je me sentirai moins seule."[145] »

La réputation d'Yvonne de Gaulle, vue sous cet angle, se trouve bien nuancée. Pour en finir avec ce sujet, intéressons-nous à un autre trait qui lui a souvent été reproché, par exemple par Emmanuel d'Astier de La Vigerie : « Elle a une grande influence sur la vie à Colombey, comme elle l'aura à l'Élysée, en gouvernant le quotidien, l'appareil de la maison, le petit ordre social. [...] Pour Yvonne de Gaulle, les bonnes mœurs, les manières importent beaucoup. On doit être *comme il faut*... On doit être en règle avec Dieu, c'est-à-dire avec l'Église et la hiérarchie catholique[146]. » Et tous ceux qui n'obéissent pas à cette règle, à savoir les divorcés, les concubins, les amants, les maîtresses, les homosexuels, sans compter les prêtres défroqués, sont interdits de séjour à la présidence, dénoncés sans relâche, renvoyés sur ordre de la première dame.

Qu'en est-il de cette accusation qui est souvent faite à Yvonne ? Incontestablement, son éducation et ses convictions religieuses la conduisent à réprouver ce qu'elle considère comme contraire à la morale chrétienne. Tout comme son propre frère, au demeurant, qui déclenche une polémique nationale en faisant interdire la projection des *Liaisons dangereuses* à Calais en décembre 1959. « C'est une décision de salubrité publique[147] », conclut-il. Tous ceux qui ont côtoyé Yvonne le savent : « Elle n'aimait pas les mœurs corrompues parmi ses collaborateurs[148]. » Éliane Dromer se souvient aussi que Mme de Gaulle s'étonnait de trouver si souvent, dans son courrier, des femmes qui parlaient de leur « concubin ».

À partir de ce constat, beaucoup de commentateurs déduisent qu'elle cherche systématiquement à savoir qui a fauté. « Mme de Gaulle sait beaucoup de choses parce qu'elle reçoit les dames, bavarde avec elles, les fait parler[149] », explique l'ambassadeur Alain Plantey, proche d'Alain Foccart. On sait que cette affirmation est discutable, puisque au contraire Yvonne n'aborde jamais les questions privées[150]. Jean Mauriac va un peu plus loin : « Mme de Gaulle était très bien renseignée sur la vie privée des membres de l'entourage du Général, des ministres, des hauts fonctionnaires, des préfets, des ambassadeurs. Elle connaissait les divorces, les séparations et le reste. Elle était dans l'intimité très libre, très à l'aise avec le Général. Toujours très entière dans ses jugements – elle aimait les gens ou ne les aimait pas –, elle ne cachait jamais sa pensée à son mari[151]... »

De là, le glissement est tout trouvé, Mme de Gaulle demande à son mari de faire le tri entre le bon grain et l'ivraie. C'est ce qu'avancent certains collaborateurs, tel Alain Plantey : « Son influence sur son mari est loin d'être négligeable. [...] Elle a beaucoup de bonté, mais elle est un peu femme d'officier "service service" avec cependant une grande dose de bon sens. [...] Le

Général l'écoute plus qu'on l'imagine. C'est ainsi qu'un membre de son cabinet a dû, un jour, quitter ses fonctions parce qu'il était l'amant de la femme d'un ministre. Quand Mme de Gaulle l'a appris, elle a conseillé au Général de se débarrasser de lui[152]. » Il est possible qu'à l'occasion elle demande à son mari l'éloignement de tel ou tel, comme le suggère Mme de Courcel : « Mon mari disait qu'elle avait une grande influence sur le Général, notamment sur le choix de certaines personnes à des postes importants. Je ne citerai pas de nom. Lorsque le Général battait froid à quelqu'un, mon mari disait que c'était parce que Mme de Gaulle désapprouvait sa vie privée. Elle était très stricte sur le divorce et l'adultère[153]. » Jean Mauriac renchérit : « Le Général écoutait avec attention ce qu'elle disait des uns et des autres, l'interrogeait souvent. Bref, on sait aujourd'hui que le Général tenait compte des avis de Mme de Gaulle, et que celle-ci a pu avoir quelque influence sur le choix des membres de son entourage. Certains, sans aucun doute, auraient eu une carrière plus rapide si Mme de Gaulle n'avait exprimé au Général sa condamnation quant à leur vie privée[154]. »

Mais il semble cependant que ce genre d'intervention soit exceptionnel. D'une part, pour de Gaulle, le service de l'État prime sur toute autre considération : mieux vaut garder un collaborateur doué, même s'il vit dans le péché, que le remplacer par un imbécile irréprochable sur le plan conjugal... Faudrait-il dresser la liste des ministres ou conseillers qui travaillent à l'Élysée avec de Gaulle alors qu'ils sont divorcés, vivent en concubinage ou entretiennent une maîtresse ? Si la première dame est si influente, comment expliquer la longévité de plusieurs ministres réputés pour leur liberté amoureuse ? Charles de Gaulle n'est pas du genre à se laisser dicter sa conduite, même par son épouse. Le colonel d'Escrienne, qui les a bien connus, émet ainsi des doutes : « Je ne crois pas qu'elle ait eu une influence sur le Général à l'Élysée[155]. »

D'autre part, il faut manier avec précaution l'idée qu'Yvonne se conduit en censeur des mœurs dans l'entourage présidentiel. « Je suis sûre qu'elle a reçu des gens en situation "irrégulière" du point de vue religieux, tout en le sachant très bien », affirme Mme Galichon. Tous les témoins confirment ce point, qu'il s'agisse de Jean d'Escrienne – « Je suis certain qu'elle n'appréciait guère ces gens-là, mais elle restait courtoise, répondait aux salutations, ne les mettait pas en quarantaine. Les apparences étaient sauves[156] » – ou de Mme Giscard d'Estaing : « Yvonne de Gaulle avait la réputation de respecter la tradition qui veut que l'on ne reçoive pas les divorcés... jusqu'à un certain point. Il y avait en effet dans le gouvernement des gens comme Roger Frey ou Olivier Guichard qui avaient des histoires compliquées. Ils étaient néanmoins reçus à la table des de Gaulle, même si Mme de Gaulle ne leur faisait guère de frais[157]. » Et Éliane Dromer est encore plus affirmative : « On a souvent dit que les de Gaulle étaient hostiles aux gens qui avaient des vies sentimentales compliquées. J'ai eu maintes fois des exemples du contraire. J'ai très bien connu certaines personnes qui, malgré leurs aventures parfaitement connues des de Gaulle, continuaient à être reçues par eux très aimablement[158]. »

Finalement, au croisement de tous les témoignages, plusieurs points de concordance apparaissent. Oui, Mme de Gaulle appartient à une époque où la morale chrétienne et les convenances avaient valeur de dogme, comme le dit avec simplicité Claude Pompidou, qui l'appréciait beaucoup : « C'était une femme d'une autre génération. Elle est le modèle parfait d'un certain type de femme, dans un certain type de famille, inscrite dans une certaine France. Le seul conseil qu'elle m'ait jamais donné c'est : "Portez des chapeaux."[159] »

Mme de Gaulle préférerait assurément ne pas devoir jouer le rôle de première dame. Apparaître en public ne lui sied pas. Claude Pompidou, qui lui succède, sait ce que coûte cette permanente exposition : « J'avais été formée [...] dans le culte de la discrétion et de la simplicité, et ma nature profonde est la pudeur. Le destin de mon mari impliqua que les journalistes, et donc leur public, s'intéressent à mon existence. On raconta beaucoup de sottises, on rapporta des faits ou des propos erronés. Je connus l'expérience de la mauvaise foi, de la méchanceté et même de la calomnie[160]. »

Même si Yvonne de Gaulle n'a jamais à subir la violence que connaîtra Mme Pompidou (notamment lors de l'affaire Markovic), elle souffre de l'intrusion des médias et des personnes extérieures dans sa vie. C'est peut-être pour se protéger de ces ingérences qu'elle ne lutte pas contre une nature peu communicative. Comment, encore une fois, ne pas la comparer avec son frère, qui se décrit lui-même dans les termes suivants : « Je manque de liant, me disent ma femme et mes proches. [...] Il paraît que j'intimide ceux qui me connaissent mal, et que, si j'ai l'estime des meneurs de jeu, je reste en dehors de leur intimité[161]. » Le tempérament d'Yvonne n'est guère différent – celui de Charles non plus : « Ils étaient l'un et l'autre d'une extrême pudeur. Je crois que Mme de Gaulle était en quelque sorte une femme qui avait peur : elle n'avait pas peur du Général, mais elle craignait de ne pas être à sa hauteur ; de même, elle n'avait pas vraiment peur des journalistes, mais elle les redoutait. Elle avait toujours peur de se commettre[162]. »

Pourtant, avec ceux qu'elle apprécie ou lorsqu'elle est loin de l'Élysée, elle sait se montrer sous un autre jour. Pierre-Louis Blanc n'hésite pas à évoquer sa gaieté : « Cette femme aimait rire et ne manquait pas d'humour[163] », dit-il. Le colonel d'Escrienne va dans le même sens : « Elle pouvait rire, plaisanter, même si je ne l'ai jamais vue éclater de rire. Sa réputation de rabat-joie venait peut-être du fait qu'elle contrastait avec d'autres femmes qui tenaient la vedette, ou aussi qu'elle choquait certaines personnes en les tenant à l'écart. En effet, si elle était chaleureuse avec les gens qu'elle appréciait, elle se tenait en réserve de ceux qu'elle n'aimait pas. Pour ma part, je n'ai jamais entendu beaucoup de critiques contre elle, mais il est vrai que je n'étais pas bien placé pour cela[164] ! »

Finalement, que de complexité derrière une sévérité apparente ! Solange Galichon résume ainsi : « Elle avait un cœur très profond mais ne s'attendrissait pas[165]. » Comme en écho, Martine de Courcel livre cette belle explication : « Il est difficile de parler de Mme de Gaulle d'abord parce qu'elle aurait eu horreur qu'on le fît. Elle était toujours souriante, aimable, mais toujours infiniment retenue, secrète, presque impénétrable. Pourquoi ? À cause de ce qu'elle avait vécu pendant la guerre ? Je ne sais pas. Mais ce qu'il y avait d'étrange, c'est que lorsqu'on lui écrivait, non seulement elle répondait dans les quarante-huit heures, mais ses lettres étaient très chaleureuses. Elle formulait alors des choses bien senties, qui surprenaient après un comportement si réservé et si conventionnel dans les relations quotidiennes. Je reste frappée par le contraste aigu entre Mme de Gaulle, personne publique qui refuse de briller, toujours sur la réserve, et Mme de Gaulle dans ses lettres, capable d'effusion, très libre, presque expansive et très amicale. » Pour preuve, cette lettre parmi d'autres qu'Yvonne lui écrit pour la nouvelle année 1962 :

> Chère madame,
>
> Nous vous connaissons et vous aimons bien tous deux, depuis longtemps. Aussi vos vœux sont-ils parmi ceux que nous recevons avec le plus de joie.
>
> Pour vous, et pour vos gentils enfants, nous espérons beaucoup que 1962 sera une bonne année. Santé d'abord, satisfactions bien méritées dans *votre* carrière (l'épouse la partage…)[166].

La complexité d'Yvonne de Gaulle se perçoit dans l'écart qui sépare la duègne revêche du *Canard enchaîné* et la figure de tante Yvonne chère au cœur d'une autre partie des Français. « Tante Yvonne », expression popularisée semble-t-il par sa nièce Geneviève de Gaulle-Anthonioz, est même devenue, sous forme de « Tantyvonn », un prénom donné à des petites filles africaines. C'est un personnage simple et chaleureux, proche par ses attaches provinciales de la sympathique Bécassine, bref à mille lieues de la première dame hautaine et rigide décrite par ailleurs. La vérité, comme toujours, se trouve quelque part entre les deux.

CHAPITRE XIII

L'influence politique d'Yvonne de Gaulle

Il existe une forme de déséquilibre dans le jugement communément porté sur l'influence d'Yvonne : si son pouvoir en matière de choix et d'éviction des personnes à l'Élysée est souvent surestimé, son rôle dans le domaine politique est quant à lui méconnu. Bien sûr, il serait exagéré de dire que l'intervention de Mme de Gaulle est déterminante dans l'évolution du pays ; cependant, elle se révèle plus grande qu'il n'y paraît dans plusieurs domaines.

Par ailleurs, sa constante présence auprès du président, le soutien infaillible qu'elle lui apporte lors des crises de la Ve République, sont pour lui une aide précieuse. Comment ne pas avoir en tête, pour estimer l'importance de la place tenue par Yvonne de Gaulle, la magnifique dédicace que lui écrit Charles de Gaulle sur le premier volume des *Mémoires de guerre* qu'il lui offre ? « À Yvonne, sans qui rien de ce qui a été fait n'aurait pu l'être[1]. » Énoncée pour la période de la guerre, cette vérité reste valable à partir de 1958.

DOMAINES RÉSERVÉS

Les domaines politiques dans lesquels Mme de Gaulle intervient sont peu nombreux, et tous en relation étroite avec son histoire personnelle. Pour faire simple, chacun fait référence à une facette importante de son identité : ses origines calaisiennes, son statut de femme et son expérience de mère d'enfant handicapé.

L'attachement d'Yvonne à sa ville natale, qui est aussi la ville où elle s'est mariée, ne se dément pas. Le souvenir de ses parents et de son enfance l'y ramènent tout au long de sa vie, de même que la présence sur place de son frère Jacques-Philippe, chargé comme ses ancêtres des destinées de la municipalité. Par ailleurs, comme le rappelle Claude Legrand, Yvonne a gardé des titres de propriété dans le Pas-de-Calais : « Les grand-parents Vendroux-

Giovanelli avaient une ferme à Coulogne. À leur mort, ils l'ont léguée à mon grand-père et à ma tante Richard. Puis elle est passée à mon père [Jacques-Philippe Vendroux] et à Yvonne qui a racheté sa part. Le général de Gaulle a chargé mon mari de gérer cette propriété pour lui[2]. »

Toutes ces raisons sentimentales et matérielles font qu'Yvonne considère Calais comme sa terre, et donc comme un lieu à nul autre pareil en France. Dès lors, quand il est question à la fin d'août 1959 d'y effectuer prochainement un voyage présidentiel, Yvonne intervient aussitôt. La scène se passe à table, à la Boisserie, avec les Vendroux. Yvonne dit à son frère : « Je vais te priver de ta place dans la voiture de Charles. Comme il s'agit de ma ville natale, je vais faire une seule exception en sa faveur, et j'arriverai avec lui !
– Il faut arranger cela vous-mêmes avec le protocole, ajoute le Général. Au lieu de m'attendre à l'entrée de votre ville, le plus simple serait que vous m'accueilliez quelque part avant l'hôtel de ville ; Yvonne aurait ainsi fait un bon morceau du parcours avec moi. Elle remontera dans votre voiture avec Cada et vous prendrez la place qui vous revient dans la mienne[3] ! »

Exception remarquable dans un protocole d'habitude huilé, le déplacement à Calais du 24 septembre est autant celui de la première dame que celui du président. Charles effectue le début de la visite dans le Nord-Pas-de-Calais de manière traditionnelle (discours à Montreuil-sur-Mer puis à Boulogne-sur-Mer, visite d'un élevage de chevaux de race boulonnaise à Marquise...), mais le protocole est bouleversé à l'approche de Calais : Mme de Gaulle le rejoint dans la voiture présidentielle pour entrer dans la ville où les accueille le député-maire Jacques Vendroux.

Après avoir visité le port de Calais et s'être recueilli au Monument du souvenir, le couple présidentiel assiste à une réception à l'hôtel de ville – là même où le maire les a mariés le 6 avril 1921. Est-il exact qu'à l'occasion de ce voyage le Général revoie aussi l'abbé Baheux, qui a procédé à leur mariage religieux ? Ce n'est pas avéré, mais l'anecdote relative à ces retrouvailles est amusante et plausible. Le prêtre, intimidé devant Charles de Gaulle, se présente à lui et lui dit : « Mon général, c'est moi qui vous ai marié en 1921 ! » Et le général de répondre : « Rassurez-vous, monsieur le curé, je ne vous en veux pas[4] ! »

Un déjeuner suit. Contrairement à la coutume, il est présidé par Yvonne de Gaulle, assise face au Général. Ensuite, le président poursuit ses visites officielles dans le département, jusqu'à la préfecture d'Arras où sa femme doit le retrouver plus tard. Pendant ce temps, Yvonne se consacre à un programme très familial, comme le rapporte Jacques-Philippe : elle est « désireuse de s'arrêter un instant chez nous, puis de se rendre avec ma femme au cimetière de Coulogne sur la tombe de nos parents, avant que je ne la conduise à la maternité municipale et à la maison de retraite des Petites Sœurs des pauvres[5] ».

L'intérêt d'Yvonne pour Calais ne se limite pas au seul événement que constitue le voyage présidentiel. La première dame veille sur sa ville, et notamment sur la cathédrale, qui doit subir d'importants travaux de réfection. Lors de la visite de 1959, Charles et Yvonne se sont d'ailleurs arrêtés un instant sur le chantier, où les ont accueillis Mgr Evrard et l'archiprêtre Decool. Aussi, quand Yvonne apprend un an plus tard que la restauration de l'édifice est suspendue faute de moyens financiers, réagit-elle vivement. Et, le 29 juillet 1961, la presse calaisienne peut diffuser la lettre par laquelle la première dame annonce à son frère qu'elle a plaidé la cause de Calais auprès du ministre des Affaires culturelles, André Malraux : la réfection de l'édifice reprendra bientôt. Jacques-Philippe ajoute, et la précision est de taille pour mesurer la place de Calais dans le cœur de Mme de Gaulle : « Elle est pour la circonstance exceptionnellement sortie de la règle qu'elle s'est imposée de n'intervenir jamais dans les affaires publiques[6]. »

Enfin, faut-il considérer comme un pur hasard le fait que la ville de Calais, en juin 1962, soit retenue « pour être dotée d'une institution spéciale destinée aux enfants inadaptés de la région[7] » ? Sans doute pas. Le fait que la demande émane d'un maire qui est lui-même le frère d'une première dame particulièrement attentive à ce genre d'établissement explique sans doute le choix…

En dehors de ses interventions à Calais qui restent d'une importance locale, il arrive que la première dame s'engage en faveur de décisions d'ordre national. Deux exemples très intéressants, et pour l'un d'eux inconnu jusqu'à aujourd'hui, méritent d'être cités. Bien sûr, nous l'avons dit, Yvonne détient une influence limitée en matière politique. Le Général sait ce qu'il a à faire et est entouré de conseillers compétents pour l'éclairer sur les questions techniques. Toutefois, comme le souligne Bernard Tricot, « sur certains sujets de société (droits de la famille, de l'adoption, etc.), le Général ne cachait pas que sa femme lui donnait des informations et des avis ; c'était exceptionnel[8]. » Jacques Patin, chargé de mission pour les affaires judiciaires à l'Élysée, confirme cette remarque : « Elle étudie les dossiers que le Général ramène chez lui, le soir, concernant les dispenses d'âge pour le mariage des mineurs et les adoptions en présence d'enfants légitimes[9]. » En dehors de ces interventions ponctuelles, Yvonne de Gaulle s'engage plus nettement à deux reprises.

Le premier cas a déjà été abordé par l'historien Éric Roussel dans sa biographie de Charles de Gaulle, mais il mérite d'être rappelé tant il jure avec l'image habituelle de Mme de Gaulle. Il s'agit de son intervention en faveur de la loi sur la pilule contraceptive.

Rappelons brièvement dans quel contexte s'inscrit sa prise de position, car il montre l'originalité profonde de son engagement. Depuis les années 1950, les campagnes en faveur de la contraception se multiplient dans les journaux de gauche. Dans *Combat*, Clara Malraux soutient le contrôle des naissances.

Libération et *France Observateur* se mêlent au débat en 1955, suivis de *L'Express* de Françoise Giroud en 1961. Le thème est lancé : « 600 000 avortements valent-ils mieux que le contrôle des naissances[10] ? » La presse conservatrice et d'extrême droite dénonce de son côté la propagande anticonceptionnelle comme « un nouvel aspect de la décadence française[11] ». Après cette entrée en matière par journaux interposés, le monde politique commence à s'emparer de la question. C'est ainsi que, durant la campagne présidentielle de 1965, François Mitterrand est le premier à l'évoquer publiquement lors d'un meeting à Nevers. Il est sensibilisé sur le thème par Pierre Simon, cofondateur du Mouvement français pour le planning familial, ardent défenseur de la loi et membre du Parti radical. Les deux hommes se connaissent depuis longtemps et le Parti radical fait partie de la Fédération de la gauche démocrate et socialiste animée par François Mitterrand.

Quelle est la réaction du général de Gaulle ? Elle est faite de pudeur et de prudence. Par éducation, il répugne à évoquer ouvertement le thème et se dit même choqué que certains hommes politiques osent « aborder de tels sujets sur les tréteaux[12] ». Par conviction personnelle, il passe plutôt pour un nataliste, lui qui a appelé de ses vœux en 1945 les « 12 millions de beaux bébés qu'il faut à la France en dix ans ». Du reste, quand Alain Peyrefitte évoque devant lui la perspective de la pilule, le président répond nettement par la négative[13]. Par intelligence politique, toutefois, il est prêt à évoluer. Il sait qu'un conseil des sages a récemment encouragé l'autorisation de la pilule et il sent qu'il va lui falloir affronter directement le sujet.

Yvonne de Gaulle pourrait donner l'impression d'être plus rétive encore à l'idée de promouvoir la contraception. C'est ce que semble suggérer Philippe de Gaulle : « Comme toutes les femmes de la famille, elle était encore moins favorable à la pilule que mon père. [...] La plus hostile était ma tante Marie-Agnès. Elle le proclamait haut et fort[14]. » Son catholicisme et le dédain que lui inspirent les mœurs légères – « la bagatelle », comme dit son mari –, son goût pour la famille et son conservatisme social, tout suggère qu'Yvonne s'opposerait à une loi qui aurait entre autres effets secondaires de faciliter la liberté sexuelle des femmes. Pourtant, contre toute attente, c'est le contraire qui se produit et qui vient nous rappeler que le déterminisme a ses limites.

C'est Philippe de Gaulle qui, paradoxalement, donne la clé de lecture de cette révélation inattendue, dans un témoignage qui a été trop peu retenu : « Je vais sûrement vous étonner, ma mère n'avait pas peur des mots. Elle n'était pas si bégueule qu'on le prétendait. Elle savait que la condition des femmes était de toute nature et ne s'effrayait pas systématiquement au moindre écart de l'une ou de l'autre. » Au contact des femmes de soldats avant la guerre, mais aussi de toutes ces femmes qui lui écrivent à l'Élysée, Yvonne a acquis une lucidité qui lui permet de faire la part des choses entre les principes et la réalité. Cela la conduit à prendre ses distances avec les positions morales exagérées, comme en témoigne son fils : « Elle aimait relater les excès moralisateurs de mon arrière-grand-mère paternelle, Julie-Marie Delannoy, qui manquait rarement la messe de 7 heures et vérifiait que ses jeunes bonnes avaient bien entendu le sermon du dimanche. [...] Je me souviens comme nous éclatâmes de rire quand ma mère [rapporta] cette réflexion de ma si prude arrière-grand-mère : "Le Seigneur aurait quand même pu trouver une solution plus élégante pour donner des enfants aux femmes."[15] »

L'intervention de Mme de Gaulle dans le processus qui conduit à l'adoption de la loi sur la pilule est rapportée par le docteur Pierre Simon : « Peu de Français savent sans doute que l'une des étapes de notre longue marche, la plus décisive peut-être, une dame très pieuse et secrète [...] aiderait à la franchir. La dame, c'est Yvonne de Gaulle[16]. » Cela fait alors plusieurs années que les associations féministes et le Planning familial luttent pour l'abrogation d'une partie de la loi de 1920 qui mêle la répression contre l'avortement et contre la contraception. La dernière tentative date de 1965 et propose une dissociation entre les deux thèmes : abolition des articles réprimant la propagande et la pratique anticonceptionnelles, maintien des articles consacrés à l'avortement. En pure perte.

Une fois de Gaulle réélu à la présidence, Pierre Simon et ses amis adoptent une nouvelle position : « Notre projet sera désormais à la disposition du groupe politique le plus en mesure de le faire aboutir[17]. » Dès lors, il devient intéressant de rallier le plus grand nombre possible de gaullistes à la cause. Par l'intermédiaire du dermatologue et grand résistant Robert Aron-Brunetière, une rencontre est organisée avec le député UDR Lucien Neuwirth. L'entente est profonde et immédiate. À son tour, celui-ci mobilise des appuis, notamment en la personne d'Alexandre Sanguinetti.

C'est ce dernier qui, selon Pierre Simon, a l'idée de faire intervenir Mme de Gaulle. La démarche est originale, puisque la réputation de la première dame ne fait pas d'elle une progressiste. Elle a peu de choses en commun avec les membres du Planning, plus souvent socialistes que gaullistes. « *A priori* cette dernière [Mme de Gaulle] n'est pas l'interlocutrice idéale pour ce genre de sujet, mais Sanguinetti assure qu'en ce domaine le Général prend toujours l'avis de son épouse[18]. » En effet, la première dame se montre moins dogmatique que prévu. Laissons Pierre Simon rapporter la scène : « Plusieurs jours passent. Sanguinetti revient avec le sourire. Mme de Gaulle s'est montrée plus qu'intéressée par le projet. "La cause est gagnée, nous annonce-t-il. Nous avons le feu vert de l'Élysée."[19] » L'attitude du Général évolue. Selon l'amiral, ses parents « en ont discuté ensemble, c'est certain, mais entre quatre yeux. [...] Elle concevait [...] que la pilule pouvait éviter des drames dans certains cas[20] ».

Le Général convoque alors Lucien Neuwirth pour qu'il lui parle de la pilule. Il est assez convaincu pour mettre le sujet à l'ordre du jour du Conseil des ministres le mercredi suivant. Dès lors, Neuwirth forme et dirige la commission parlementaire nommée pour examiner la nouvelle proposition, qui conduit au vote le 19 décembre 1967. La loi est signée par le Général à

Colombey juste avant Noël. Deux nuances toutefois : il refuse que la pilule soit remboursée, car selon lui « la pilule, c'est pour la bagatelle. La Sécurité sociale n'a pas plus de raison de la rembourser que l'automobile ». Et les décrets d'application ne seront publiés que le 3 février 1969 et le 8 mars 1972, ce qui prolonge encore de plusieurs années l'attente des Françaises.

Le même genre d'intervention d'Yvonne existe dans un autre domaine, où le retard est aussi important que celui qui touche la contraception avant 1967, celui des handicapés – on parle alors d'« incapables ».

C'est en effet toujours la loi de 1838 qui régit l'hospitalisation et le statut des malades mentaux. Elle prône leur internement selon un découpage départemental et sous le contrôle de l'autorité publique qui dirige les établissements publics et exerce sa surveillance sur les établissements privés, soumis à son autorisation. Dans ce contexte, la gestion des biens des malades majeurs, c'est-à-dire qui ne sont plus soumis à l'autorité parentale, suscite bien des critiques : « Seuls les malades pris en charge dans les hôpitaux psychiatriques publics bénéficiaient d'un régime de protection et de gestion de leurs biens[21]. » La loi de 1838 laisse donc de côté les nombreux aliénés internés dans des établissements privés. Pour ceux qui sont dans le public, les limites et les lenteurs du système d'administration provisoire des biens appellent une réforme urgente.

Dès la fin de l'année 1963, sur l'initiative de Jean Foyer, garde des Sceaux, une commission de réforme de la législation sur les aliénés est mise en place. Devant la difficulté qui consiste à réformer une loi traitant à la fois de l'internement et de la gestion des biens des aliénés, il est décidé de s'attaquer d'abord à ce dernier aspect et de remettre à plus tard celui de l'internement. Sur la base des travaux de la commission, un projet de loi est rédigé.

C'est à ce moment qu'Yvonne de Gaulle entre dans le processus de fabrication de la loi, selon un témoignage inédit d'Éliane Dromer, qui parle à cet égard de « souvenir cauchemardesque » : « Jean Foyer préparait une loi sur les incapables majeurs, c'est-à-dire ce que nous appellerions aujourd'hui les personnes handicapées à l'âge adulte. Il m'a fait venir dans son bureau et m'a demandé d'aller présenter à Yvonne de Gaulle le texte qu'il avait préparé. Il faisait de cette étape le préalable avant de soumettre le texte au Conseil des ministres[22]. » L'attitude de Foyer est particulièrement instructive : pour le ministre de la Justice, l'approbation de Mme de Gaulle est fondamentale sur une question qui la touche personnellement et où elle a acquis par ses fonctions de présidente de la Fondation Anne de Gaulle une expertise particulière. Par ailleurs, le garde des Sceaux a l'idée habile de lui faire présenter le texte par une femme dont il connaît la compétence, puisque Mme Dromer a travaillé au cabinet du ministre de la Santé de 1958 à 1961, avant de rejoindre son cabinet pour y traiter des questions sociales.

Sa mission donne à Mme Dromer des sueurs froides : « J'ai appris le texte du projet de loi à fond, me le récitais en marchant de long en large. Je pensais pouvoir tenir trois minutes en exposant le projet à Mme de Gaulle. Je n'en dormis pas ! » Le projet de loi présente deux innovations majeures : il relègue la notion d'aliéné mental au profit des nombreuses catégories d'incapables majeurs : vieillards séniles, majeurs déficients ou inadaptés, personnes atteintes d'une incapacité corporelle grave. Il établit l'indépendance entre le médical (soins, lieu d'hospitalisation) et le juridique : dans ce domaine, il propose de mettre en place trois systèmes de protection en fonction de l'état du malade. La curatelle est destinée au majeur qui, « sans être hors d'état d'agir lui-même, a besoin d'être conseillé dans les actes de la vie civile[23] ». La tutelle, système le plus lourd, s'applique au majeur qui « a besoin d'être représenté d'une manière continue dans les actes de la vie civile[24] ». La sauvegarde de justice, enfin, permet d'intervenir en urgence pour protéger un malade qui conserve par ailleurs ses droits.

La présentation de ces différents aspects à la première dame se passe le mieux du monde : « Finalement, le moment venu, je suis restée une heure avec elle. Elle m'a bombardée de questions et finalement j'ai pu annoncer à Jean Foyer que Mme de Gaulle était d'accord[25] ». Les propositions du texte la convainquent d'autant plus qu'elle est confrontée au problème dans sa Fondation Anne de Gaulle : les pensionnaires sont pour la plupart arrivées à l'âge adulte et la question de la gestion de leurs biens n'est pas résolue. En janvier 1964 survient ainsi pour la première fois le cas d'une pensionnaire, Monique Marron, qui doit toucher un héritage. Le conseil d'admnistration de la fondation demande au notaire de requérir l'interdiction pour Mlle Monique Marron auprès du tribunal de grande instance. La jeune femme se trouve en effet dans l'incapacité de gérer son argent et il faut donc qu'un tuteur soit nommé[26]. La même procédure sera adoptée pour les héritages suivants. Le nouveau projet de loi, qui simplifie ces procédures, ne peut donc que recevoir l'approbation d'Yvonne de Gaulle.

Fort de ce soutien, le gouvernement peut déposer le projet de loi à l'Assemblée nationale le 23 décembre 1965. Il est adopté définitivement en décembre 1967 et aboutit à la loi n° 68-5 du 3 janvier 1968 portant réforme du droit des incapables majeurs, publiée au *Journal officiel* du 4 janvier 1968. Comme le rappelle Erwan Quezede, « cette loi a commencé à être appliquée en novembre 1968, avec une montée en puissance, lente au début, des dispositions provisoires aménageant une transition avec l'ancien droit jusqu'au 1er janvier 1975[27] ». Car le travail de refonte du texte de 1838 se poursuit… La loi qui est discutée sous le mandat du président de la République Valéry Giscard d'Estaing et votée le 30 juin 1975 insiste sur la notion de solidarité nationale autour des handicapés. Elle institue l'allocation adulte handicapé. Il est désormais entendu que leur identité sociale repose sur trois éléments : le revenu, le travail et le logement.

UN COURAGE REVENDIQUÉ

En dehors de ces interventions exceptionnelles, Yvonne de Gaulle participe de façon plus continue et moins spectaculaire à la vie politique de son pays. Aux côtés de son époux, au fil des crises qui agitent la Ve République, elle fait figure de soutien indéfectible, quelles que soient les réserves que lui inspirent telle situation ou telle décision. Son fils insiste à de nombreuses reprises sur le sang-froid de sa mère : « Égale à elle-même. La femme du soldat. Prête à affronter toutes les situations avec courage et obstination. [...] J'ai toujours été admiratif de ma mère dans les moments où il fallait faire face[28]. »

L'appréciation vaut tout particulièrement lors de l'attentat du Petit-Clamart, le 22 août 1962. Les faits sont connus : alors que la guerre d'Algérie s'est terminée le 19 mars 1962 par la signature des accords d'Évian qui prévoient l'indépendance du pays, certains partisans de l'Algérie française regroupés au sein de l'OAS s'engagent dans une logique désespérée et destructive. Elle consiste à perpétrer des attentats contre ceux qui leur semblent responsables du sort de l'Algérie, notamment le président de la République.

Déjà, le 8 septembre 1961, alors que les de Gaulle roulaient vers Colombey, une bombe a explosé à leur passage dans la ville de Pont-sur-Seine. La voiture officielle a été peu endommagée. Une nouvelle tentative a été déjouée au dernier moment le 24 juin 1962 à Rebréchien, dans le Loiret, où le couple présidentiel se rendait au mariage de la nièce d'Yvonne, Marie-Marguerite Rérolle, avec le neveu de Cada, Gérard de Guitaut. L'une des invitées, la marquise de Maupeou Monbail, avait remarqué dans le café où elle prenait un rafraîchissement avant la messe « quatre ou cinq hommes parlant bas, et paraissant extrêmement nerveux » qu'elle avait pris pour des journalistes. En réalité, ce groupe espérait assassiner de Gaulle à la sortie de l'église : « Ils racontèrent au procès qu'ils y avaient renoncé, de crainte d'atteindre trop de spectateurs ; montrant une photo de l'église à l'appui, celle du président et de Mme de Gaulle sortant de la sacristie, au milieu d'une foule d'invités, dont nous[29] ! »

Après ce coup pour rien, les assassins organisent un nouveau plan le 22 août 1962. Sur la route de Villacoublay, où les attend l'hélicoptère chargé de les emmener à Colombey, Yvonne et Charles, conduits par le chauffeur Marroux et accompagnés du général de Boissieu, tombent dans un guet-apens minutieusement préparé. Au Petit-Clamart, au sud-ouest de Paris, un groupe de terroristes aux ordres de Bastien-Thiry tire plus de cent cinquante balles sur la DS présidentielle. La voiture subit une quinzaine d'impacts. C'est miracle qu'aucun des occupants ne soit atteint, ce que le Général résume par une de ses formules lapidaires : « Cette fois, c'était tangent. Ils tirent vraiment comme des cochons[30]. »

Ce grave événement met en lumière l'impressionnante maîtrise de soi d'Yvonne de Gaulle. La fameuse anecdote des poulets le prouve par l'absurde : alors que la DS à demi détruite parvient à Villacoublay, les premiers mots de Mme de Gaulle ne sont pas pour dire sa peur, mais pour plaindre les poulets : « J'espère qu'ils n'ont rien eu... » Les gendarmes présents autour du véhicule pensent que la première dame parle d'eux. Il n'en est rien. Yvonne s'inquiète pour la volaille qu'elle avait emportée dans le coffre de la voiture !

Son mari, du reste, ne s'y trompe pas. « Dans le salon [de l'aéroport de Villacoublay], sans insister, il [lui] dit : "Très bien, Yvonne, vous êtes courageuse." [...] Il a attendu d'être seul avec elle, assise à ses côtés dans l'avion du retour, pour lui glisser à l'oreille : "Ah, vous êtes brave, Yvonne."[31] » Le plus intéressant est qu'Yvonne elle-même a parfaitement conscience de son courage, à tel point qu'elle s'insurge contre ceux qui osent donner d'elle une autre version. Une extraordinaire lettre qu'elle écrit à sa nièce Chantal de Gaulle cinq jours après l'attentat le montre :

> Ma chère Chantal,
>
> Ton oncle me charge de te remercier de ta lettre et des sentiments qu'elle exprime. Je te remercie également.
>
> Cela a été *miraculeux* que personne n'ait été atteint !
>
> Ce sale journal vichyste *L'Aurore* a eu le toupet d'écrire le lendemain : « Le Général réconfortait Mme de G. très affectée. » Or, comme la première fois, j'ai conservé tout mon calme et ton oncle m'a dit dans l'avion : « Vous êtes brave », mais ensuite nous avons pensé qu'Alain aurait pu être atteint[32] !

Ce n'est pas vantardise de la part d'Yvonne, mais simplement une juste conscience de ce qu'elle ressent. Loin d'elle l'idée de se mettre en avant grâce à cet attentat. Mme Legrand rapporte ainsi son souci de ne jamais déranger ni peiner les siens. Tandis que sa nièce l'appelle pour prendre de ses nouvelles après le Petit-Clamart, Yvonne s'excuse presque d'avoir suscité l'inquiétude des siens[33]... De même, elle s'inquiète pour la famille qui, à bord d'une Panhard, a essuyé les balles perdues de l'attentat. Elle prend soin quelques jours après d'« envoyer des jouets et des livres d'enfants à la famille [...]. Sur une carte, elle a écrit : "Navrée que les enfants aient eu cette peur. Je les embrasse de tout cœur."[34] »

D'où lui vient le précieux sang-froid dont elle fait preuve lors de l'attentat et après ? De son expérience passée, sans doute, au cours de la guerre et du Blitz. Mais aussi d'une profonde certitude : à plus de soixante ans, dont quarante passés auprès de son mari, il lui semble que mourir en même temps que lui serait à tout prendre un sort enviable. C'est du moins ce qu'elle confie à son fils : « Nous aurions eu une mort exemplaire... [...] Ton père a dit que si nous avions péri ce jour-là, nous aurions eu une belle mort et qu'après tout, c'eût été mieux que de mourir dans son lit[35]. »

La présence d'Yvonne aux côtés de son mari au Petit-Clamart a une conséquence importante. Elle favorise sans doute la décision de De Gaulle de ne pas gracier l'organisateur de l'attentat, Jean-Marie Bastien-Thiry, condamné à mort. Bien sûr, plusieurs paramètres entrent dans sa décision. Le fait que Bastien-Thiry n'ait pas pris de risques physiques, se contentant de donner aux autres le signal en agitant un journal (*L'Aurore* encore !) pour déclencher les tirs, est de nature à l'accabler aux yeux du Général. Par ailleurs, quelques jours avant que le Général ne rende son avis, l'OAS assassine à Neuilly le banquier Henri Laffont, qui a eu la veille un entretien privé avec lui au sujet de l'OAS. Mme de Gaulle, selon le garde du corps Teisseire, s'exclame alors : « Si ceux qui viennent voir le Général pour lui dire ce qu'ils doivent lui dire se font assassiner, ce n'est plus possible[36]. » Il se peut que la coïncidence influence également le président.

Toutefois, selon de nombreux témoins, c'est bien la présence de Mme de Gaulle lors de l'attentat qui est la plus accablante pour l'accusé. Le général de Boissieu, à cet égard, est formel quand il rapporte les propos du Général : « Ils ont tiré sur une voiture où ils savaient qu'il y avait une femme. Et cette femme n'a rien à voir dans la politique. Qu'ils aient tiré sur moi, c'est le risque de l'État. Qu'ils aient tiré sur vous, c'était une erreur de ma part[37]. » Ajoutons que Mme de Gaulle ne montre aucune commisération pour ceux qui ont perpétré l'attentat : « Mais que des gens aient osé cela, au moment même des anniversaires de la Libération ! je crois que ton oncle en a eu de la peine[38] », explique-t-elle à sa nièce.

La ténacité de l'OAS après 1962 oblige l'Élysée à multiplier les mesures de sécurité pour protéger le président et sa femme. Elles sont d'autant plus difficiles à mettre en œuvre que le Général ne veut pas en entendre parler. Ses collaborateurs traitent donc discrètement. Pour les voyages à Colombey, quatre itinéraires différents sont déterminés, et choisis au dernier moment. Des escortes de gendarmes repèrent soigneusement l'itinéraire. À Colombey, un escadron de gendarmerie organise les tours de garde en toute discrétion, non pas tant pour se cacher des éventuels terroristes que pour ne pas susciter l'agacement du général de Gaulle lui-même… Le curé de Colombey souligne le contraste entre l'intérieur de la maison et le dehors : « Une chose me fit impression, en sortant de la Boisserie : c'était la nuit. Dans la maison du général, c'était le calme. Tout invitait au repos. Et quand j'eus passé la grille, je vis les gendarmes qui aux quatre coins montaient la garde pour protéger le président[39]. »

Même les déplacements privés du couple sont attentivement organisés. Lorsque le Général et sa femme se rendent à Toulon pour la communion privée de leur petit-fils Jean, Flohic organise le voyage « directement avec l'amiral Galleret, préfet maritime, chez qui [le Général] allait résider, avec consigne de n'en parler à personne[40] ».

On imagine aisément à quel point cette surveillance nécessaire mais contraignante gêne Mme de Gaulle dans son quotidien. « Durant la période élyséenne, confie Mme Dromer, ses sorties étaient compliquées. Quand elle allait chez son fils, la sécurité bloquait l'ascenseur de tout l'immeuble tant qu'elle était chez lui. C'est la même chose quand elle se rendait à un mariage : "Même pour aller aux toilettes, ils [les officiers de sécurité] me suivent !" Du coup, comme elle ne voulait pas déranger, elle restreignait ses sorties[41]. »

Même longtemps après que l'OAS a cessé de sévir, Mme de Gaulle reste inquiète. Il y a de quoi : à la fin de septembre 1968, le colonel d'Escrienne lui apprend que le colonel Argoud, ancien chef d'état-major du corps d'armée d'Alger, passé à l'OAS, a bénéficié des mesures d'amnistie réservées aux activistes. À sa remise en liberté, il s'est rendu à Bar-sur-Aube et à Colombey… « Mme de Gaulle paraissait irritée par cette loi d'amnistie qui libérait un certain nombre d'ennemis déclarés : "Ils sont bien capables, dit-elle, de préparer de nouveaux attentats."[42] »

Les attentats ne sont pas le seul souci de la première dame. Le maintien de son mari au pouvoir la préoccupe, et c'est avec un espoir mêlé de crainte qu'elle voit arriver l'échéance présidentielle de décembre 1965. Comme au début de l'année 1958, elle nourrit l'espoir ténu que son époux renoncera à se présenter pour un nouveau mandat. À l'âge de soixante-quinze ans, il mérite à son avis de pouvoir se reposer.

Dès 1964, elle commence à faire connaître sa position aux collaborateurs de son mari, avec le souhait qu'ils sauront l'inciter à la modération. Le 13 juin 1964, au cours d'un voyage en Picardie, Alain Peyrefitte croise Yvonne de Gaulle à la préfecture de Beauvais. Elle l'arrête, « lève la main avec un doigt tendu et me dit doucement, comme une prière : "Vous qui avez l'occasion de parler au Général, je vous en supplie, ne le poussez pas à se représenter, tâchez de le retenir !" Puis elle me plante là, sans attendre une réponse, et s'en va de son pas menu. Est-elle au courant du mot lâché par le Général dans la mêlée, et répercuté par mes soins [à un homme dans la foule qui lui criait de rempiler, il répondit : J'essaierai] ? Ou a-t-elle eu vent d'autres interventions plus ou moins conscientes de ma part, et qui tendaient à pousser le Général dans le sens qu'elle redoute ? Mais comment n'aurais-je pas souhaité de tout cœur que le Général se représente[43] ? »

Une autre fois, elle se confie à Paul Hutin-Desgrées. Celui-ci a fondé *Ouest-France* à la Libération. Ancien député du Morbihan, il appartient surtout à la famille du colonel Emmanuel Desgrées du Lou, qui est si proche des de Gaulle. Cela explique la confidence que lui fait Mme de Gaulle : « Nous ne tenons pas à nous représenter. Croyez-vous que le Général puisse tenir ? Où est la voie ? Nous nous le demandons[44]. » Cette réticence est ce qui distingue Yvonne de tous les gaullistes qui l'entourent : eux pensent à l'avenir du pays et ne voient que des avantages au maintien de De Gaulle à la présidence.

Elle considère son mari comme un homme. Avant d'être le président, il est surtout un vieux monsieur qui doit profiter de sa retraite. C'est ce qu'Alain Peyrefitte résume parfaitement : « Mme de Gaulle me fait mesurer soudain qu'on peut aimer de Gaulle, l'admirer, lui avoir consacré sa vie, l'avoir même risquée pour lui en plus d'une occasion, et ne pas souhaiter qu'il reste à la tête des Français[45]. »

À ces arguments s'en ajoute un autre qui s'apparente à la position qu'a adoptée Yvonne contre le RPF. Dès le début du mandat, en 1959, elle se méfie d'une aventure qui risque d'éloigner son mari de la pureté originelle de la France libre : « La situation actuelle n'est qu'un moyen. Rien n'égalera jamais les gloires de 40-45[46] ! » confie-t-elle crûment à l'une de ses cousines. En 1965, cette tendance s'est encore renforcée, comme le rapporte Mme Galichon : « Elle ne faisait pas mystère qu'elle était contre le fait que son mari se représente. Elle le revendiquait, de peur qu'il ne tienne pas le coup, mais aussi parce qu'elle avait peur qu'il ne soit plus de Gaulle. Cela, je l'ai entendue le dire souvent[47]. » Toujours fidèle au Général éternel, celui de la France libre, elle redoute que l'exercice prolongé du pouvoir n'use sa dimension historique et le ravale au rang de banal politicien.

Pendant une grande partie de l'année 1965, Yvonne peut croire qu'elle a remporté la partie. Son mari n'annonce pas sa candidature. Quand il le fait, c'est très tardivement, le 4 novembre 1965, un peu plus d'un mois avant le premier tour. Il ne donne à personne les raisons de cet engagement tardif dans la bataille, sauf à sa femme, comme l'explique Jacques Foccart : « Je n'en ai pas eu la confidence de la bouche du Général. Ce que m'a confié Mme de Gaulle est qu'il n'avait pas l'intention de se représenter, mais que, lorsqu'il a vu la tournure que prenait la campagne de François Mitterrand – qui avait annoncé sa candidature le 9 septembre –, il a pensé que l'affaire serait trop risquée pour un autre *gaulliste* que lui. Son jugement sur Mitterrand était très défavorable, et il se disait : "Je ne peux pas laisser la France à Mitterrand. Si un autre que moi se présente, Mitterrand a des chances de passer. Par conséquent, je dois me présenter."[48] »

L'argument convainc-t-il son épouse ? Il n'y a guère de moyen de le dire. On ne peut que rappeler son attachement au gaullisme et son hostilité aux autres forces politiques, qu'elles soient « vichystes », de droite, du centre ou de gauche. Sa fidélité au gaullisme originel se renforce même avec les années et vire à la simplification : dans ses lettres, elle appelle désormais les gaullistes les « vrais » et considère que le reste ne mérite pas un regard. Cela suffit-il à la persuader qu'un nouveau mandat de son mari est une chose nécessaire pour le pays, face à la menace que représente le candidat de la gauche unie ?

Du moins se montre-t-elle parfaitement solidaire de son mari. Le premier tour, qui le met en ballottage avec 44 % des voix face à François Mitterrand qui en obtient 32 %, la secoue tout autant que lui. La surprise est entière dans tout le pays, et le Général hésite sur la marche à suivre. Dès le lendemain du scrutin, Jacques-Philippe quitte Calais et arrive de bonne heure à la Boisserie où se trouvent sa sœur et son beau-frère : « Charles et Yvonne paraissent touchés de ma venue si rapide. Mon beau-frère me dit qu'il se donne vingt-quatre heures pour faire connaître sa décision de maintenir ou retirer sa candidature[49]. » Le Général décide finalement de continuer, et quand il est élu par 55 % des voix le 19 décembre, Yvonne de Gaulle ne laisse rien paraître de ses anciennes réticences : « Merci, chère madame, pour votre si charmante lettre, écrit-elle le 21 janvier 1966 à Mme de Courcel. Le Général et moi sommes très sensibles à votre fidèle pensée... et Dieu sait que nous avons eu besoin de ce soutien des "vrais" en décembre ! Et ce n'est pas fini[50]... »

Non, ce n'est pas fini. Un lot d'épreuves nouvelles attend Charles de Gaulle pour les dernières années de son mandat. Maintenant que les grands problèmes nationaux sont réglés (qu'il s'agisse de l'Algérie, de la Constitution, de l'indépendance nucléaire), le Général doit se couler dans l'habit d'un président ordinaire. Ce n'est pas forcément facile quand on est un personnage taillé pour les circonstances exceptionnelles... Ce l'est d'autant moins dans une France qui a radicalement changé de génération, de culture, de visage. Dans ce pays où la jeunesse née du baby-boom affiche des valeurs plus individualistes, ancrées dans la notion de plaisir, de loisir, de consommation, il apparaît soudainement vieilli. Ce n'est peut-être pas vrai dans l'absolu, mais ce l'est de façon relative : l'avidité de joie de vivre exprimée par les lycéens ou les étudiants recale le président dans un XIXe siècle mythologique, celui des valeurs judéo-chrétiennes dont beaucoup souhaitent alors se libérer.

Dans ce contexte, l'argument de Mme de Gaulle selon lequel son mari est désormais trop âgé pour rester au pouvoir aurait peut-être dû être davantage écouté. Elle-même, en pleine crise de mai 1968, confie à Foccart : « Vous savez, cela ne peut pas continuer comme cela. J'avais raison quand j'ai demandé au Général de ne pas se représenter aux élections... Cela devient tout à fait infernal[51]. »

Car c'est bien sur une fracture générationnelle que se joue progressivement le divorce entre Charles de Gaulle et les Français. Même Yvonne fait les frais de la lassitude qui commence à s'emparer d'une partie de l'opinion peu de temps après la réélection de 1965. La lecture du principal journal satirique d'opposition l'illustre assez bien. Durant le premier septennat, les apparitions d'Yvonne dans les caricatures du *Canard enchaîné* n'étaient guère méchantes et servaient plutôt de contrepoint à un de Gaulle trop enflammé. Elles ramenaient le Général sur terre, le rattachaient au quotidien, bref l'humanisaient. Ainsi, en février 1960, tandis qu'un Charles de Gaulle retombé en enfance partait pour la plage avec sa pelle, son seau et sa « bombinette », Yvonne l'attendait sagement à la maison, les mains croisées sur les genoux[52]. En 1964, à la veille du départ vers l'Amérique du Sud, Mme de Gaulle préparait les valises de son époux et lui faisait ses recommandations : « À propos de ponchos, Charles, méfie-toi du punch froid à Fort-de-France[53]. » Elle apparaissait finalement sympathique. Son opposition aux bikinis faisait sourire et sa popularité n'était pas niée : sur un dessin de Moisan représentant les de Gaulle au Mexique, une grande pancarte, à l'arrière-plan, proclamait : « Viva doña Yvonne ! »

Après 1965, le ton change imperceptiblement. Bien sûr, il lui est toujours reproché de censurer les mœurs ; c'est une constante tout au long des deux présidences. Mais sa représentation se durcit. Elle apparaît plus vieillie, touchée par l'embonpoint. Surtout, il arrive désormais qu'elle soit mise sur le même plan que l'exécutif, alors qu'elle apparaissait jusque-là comme extérieure au jeu politique, un peu en décalage dans son monde de femme surannée. Le 9 février 1966, en pleine affaire Ben Barka, Moisan dessine le gouvernement aux enfers. Yvonne n'est pas épargnée, puisque au même titre que les autres membres du gouvernement elle est en train de bouillir dans une marmite. Un diable lui pique la tête de sa fourche et, surtout, le dessinateur la montre nue : ses seins apparaissent clairement, alors que la marmite cache le reste. Cette désacralisation est un signe de l'évolution de l'opinion. En juin 1966, lors du voyage en URSS, tandis que « Charles le grandiose » est représenté sur un cheval, sa femme trône dans une chaise à porteurs – fâcheux symbole de l'oppression royale. De 1967 à 1969, elle disparaît quasiment du *Canard enchaîné* ou n'apparaît plus que de façon anecdotique, ce qui n'est pas mieux : son absence peut être interprétée comme le signe d'une désaffection pour le Général, qu'elle contribuait finalement à humaniser. Sa disparition annonce la rupture.

Au cours de l'année 1968, alors même qu'une partie de la population se soulève contre de Gaulle au cri de « Dix ans, ça suffit ! », Mme de Gaulle reste donc épargnée par les caricaturistes. Un article, cependant, aurait dû alerter les gaullistes. Il est publié dans *Le Canard enchaîné* le 20 mars, soit deux jours avant la création par Daniel Cohn-Bendit du mouvement du 22 mars qui marque les débuts de Mai 1968. L'article peut paraître éloigné des thématiques de la crise. Il ne l'est pas tant que cela. Intitulé « Les p... de tante Yvonne », il s'en prend dans des termes particulièrement violents à la première dame, accusée d'avoir fait supprimer la prostitution au cœur de Paris. La dureté de l'attaque et du vocabulaire – qui n'a d'égale que la vacuité des arguments avancés – est assez inhabituelle : « Yvonne de Gaulle chasse les p... de la rue Saint-Denis. Parce que tel est son bon plaisir, qui est principalement de gâcher celui des autres. Son époux s'était fait un nom dans l'anglophobie et le panarabisme. Elle pouvait s'en faire un dans la morale chrétienne en l'attachant [...] à la suppression définitive, radicale et miraculeuse de la prostitution. » Il est précisé que Mme de Gaulle tient les hommes « pour de vieux dégueulasses indignes de monter sur autre chose que sur une croix[54] ».

L'article ne fait référence à aucune décision précise et à aucun événement particulier. Comment Mme de Gaulle aurait-elle fait pour interdire aux prostituées d'exercer leurs activités en plein Paris ? À quel titre ? Selon quelles mesures contraignantes ? Tout cela ressemble bien à une charge gratuite, mais l'intérêt de l'article est ailleurs. Exactement au moment où il paraît, les événements de Mai 1968 commencent à Nanterre. Indignés de se voir interdire l'accès aux dortoirs des filles par le règlement, les étudiants de Nanterre s'apprêtent à lancer un mouvement de protestation qui, de fil en aiguille, aboutit aux émeutes que l'on sait.

D'un côté, une jeunesse qui réclame son droit à la liberté, notamment sexuelle. De l'autre, une première dame assimilée à un brutal censeur des mœurs. L'article du *Canard enchaîné*, de façon prémonitoire, reproche à Yvonne de Gaulle – et à travers elle à son mari – d'incarner un mode de pensée périmé, rigide, austère. Il dresse par avance le portrait de l'ennemi à abattre, un couple présidentiel taxé de ringardise. Alors que Mme Coty, ni plus ni moins « vieille France » que Mme de Gaulle, avait acquis en 1954 une vraie popularité, Yvonne suscite en 1968 la méfiance et la critique. C'est assurément que les temps ont changé : l'idéal conjugal, le devoir maternel et les recettes de cuisine ne font plus rêver les Français – ni les Françaises.

La crise de mai 1968 commence sous la forme de manifestations étudiantes. Face à ce qu'il considère comme de l'agitation, le Général ordonne la fermeté : « Il faut restaurer l'ordre. On verra ensuite le fond du problème. » Le 6 mai, la Sorbonne est fermée mais la province est touchée à son tour. Le 10 mai, de violentes émeutes secouent Paris au cours de la nuit des barricades. Informé à 5 h 30 du matin seulement que 376 personnes ont été blessées, le Général laisse le Premier ministre, Georges Pompidou, apaiser le jeu. La Sorbonne est rouverte.

Mais la crise prend de l'ampleur : les étudiants sont rejoints par un mouvement social. Des grèves éclatent dans le pays, plus ou moins orchestrées par les syndicats. Le 13 mai, un million d'étudiants et de travailleurs défilent dans les rues de Paris ! Tandis que la France se paralyse sous l'effet de la grève, Charles de Gaulle maintient son voyage officiel en Roumanie, du 14 au 19 mai. Yvonne l'y accompagne. À cette occasion, elle assiste à la discussion qui a lieu, le soir du 16 mai à Craoiva, entre son mari et son ministre des Affaires étrangères : face aux événements, dont il est informé heure par heure, Charles de Gaulle confie à Maurice Couve de Murville qu'il devient nécessaire d'organiser un référendum sur la participation et la réforme universitaire. C'est d'ailleurs par Yvonne de Gaulle que Flohic apprend le lendemain matin ce projet, puisque la première dame lui confie : « Il ne faudra pas tarder à référer[55]. »

Les choses ne s'arrangent pas avec le retour du président en France. Au contraire. Le 24 mai, de Gaulle fait un discours manqué. « J'ai mis à côté de la plaque[56] », confie-t-il à Jacques Foccart. À ce moment-là de la crise, un certain nombre de proches considèrent que Mme de Gaulle contribue pour une fois à entretenir le découragement de son mari. Seul l'amiral de Gaulle soutient que sa mère garde un calme olympien, comme ce dimanche 26 mai où elle lui dit : « Ton père et moi, nous considérons tous ces remous avec calme. Nous en avons vu bien d'autres et de bien pires. Mais je ne te cacherai pas que nous dormons mal. Nous ne sommes bien qu'à Colombey[57]. »

Les autres membres de l'entourage sont d'un avis différent sur l'attitude d'Yvonne. Jacques Foccart, par exemple, qui s'entretient avec le Général le 28 mai à l'Élysée : « En sortant du bureau, je vais voir Mme de Gaulle, qui m'avait fait dire qu'elle voulait me parler et à qui j'avais à transmettre un message de sympathie pour elle contenu dans la lettre d'un militant. Je ne la trouve pas dans un état d'esprit de nature à lui permettre de remonter le moral de son mari. Elle me raconte qu'elle a été reconnue dans la voiture, à un feu rouge, par le conducteur d'une DS, qui l'a copieusement injuriée, lui disant quelque chose comme "on va vous foutre dehors". Elle en est toute retournée. Si encore ç'avait été un étudiant ou un ouvrier, mais non : "Vous vous rendez compte ! commente-t-elle, un homme dans une DS !" Sur un tout autre plan, elle est scandalisée par les propos de l'archevêque de Paris, Mgr Marty, qui a presque pris le parti des grévistes[58]. »

Le lendemain, le général Alain de Boissieu, qui commande la 7e division du corps de bataille à Mulhouse, a une impression similaire. « Le mardi 28 mai, entre 17 h 30 et 18 heures, je reçois à mon PC de Mulhouse un coup de téléphone du général de Gaulle en personne (ce qui arrivait extrêmement rarement) : "J'ai besoin de vous voir, quand pouvez-vous venir à Paris ?" » Le voyage est organisé en hélicoptère le 29 mai. « Vers 10 h 30, j'entre dans le bureau du général de Gaulle. Le Général a l'air soucieux et préoccupé, il me fait un tableau très sombre de la situation. Il a été douloureusement choqué par les injures proférées à l'adresse de ma belle-mère par un groupe de vendeuses syndiquées dans un grand magasin. Il fulmine contre ce peuple français qui gaspille ses chances[59]. » Dans une lettre qu'il adresse à Foccart au début de juin pour lui rendre compte des événements, Alain de Boissieu confirme l'abattement d'Yvonne, secouée par ce qui arrive et incapable de remonter le moral du Général : « J'avais devant moi un homme neutralisé par une certaine ambiance familiale [allusion au fait que Philippe de Gaulle et Yvonne lui conseillent de se retirer], par la fatigue et le chagrin[60]. » Et quand de Gaulle lui confie : « En fait, les Français sont des veaux… Quant au gouvernement, il ne réagit pas, il s'incline devant la rue, certains responsables tremblent à la seule idée d'une épreuve de force. Dans ces conditions, le peuple français n'a pas besoin de De Gaulle à sa tête, je ferais mieux de rentrer chez moi et d'écrire mes *Mémoires*[61] », Boissieu comprend que son beau-père est tenté de jeter l'éponge, comme l'y incite son épouse.

Boissieu a décrit la vigueur avec laquelle il réagit : « Ce n'est plus le gendre qui vous parle, mais le commandant de la 7e division : vous n'avez pas le droit de lâcher comme cela[62]. » Il apporte à de Gaulle le soutien de plusieurs généraux et lui parle de la grande manifestation gaulliste que Foccart organise pour le lendemain. C'est là, entre les deux officiers, que prend forme le projet de rencontre secrète avec le général Massu, commandant les forces françaises en Allemagne à Baden-Baden. Le président confie à son gendre qu'il a l'intention de s'entretenir avec Massu l'après-midi même à Strasbourg, tandis qu'on le croira à Colombey : une manifestation de la CGT est en effet prévue dans Paris, et si elle tournait mal, le président serait loin. « On n'attaque pas un palais vide[63] », ajouta-t-il.

Dans ces circonstances dramatiques, il est intéressant d'observer combien la famille revient au premier plan. Seuls les proches parents sont mis au courant du plan du Général. Dès le 28 au soir, Charles de Gaulle remet deux lettres à son fils Philippe et lui annonce qu'il l'envoie avec sa famille à Baden-Baden, sans lui préciser qu'il s'y rendra lui-même. Son objectif est de préserver les siens d'une éventuelle prise d'otages. Élisabeth, elle, est en sécurité à Mulhouse, en terrain militaire. Puis c'est à son gendre que de Gaulle demande le 29 mai d'aller à la Boisserie dire que les de Gaulle arriveront en retard. De là, il devra prévenir Massu de l'arrivée du président. « Vous ne devez dire ici quoi que ce soit à qui que ce soit. Je veux plonger les Français, y compris le gouvernement, dans le doute et dans l'inquiétude afin de ressaisir la situation[64]. » Même le Premier ministre, les ministres et les collaborateurs les plus proches restent dans l'ignorance de ce qui se trame. L'effet de surprise doit jouer sur eux aussi. La famille devient l'unique alliée.

Après avoir fait promettre le silence à Boissieu, de Gaulle lui explique qu'il fera, en rentrant, une allocution devant le peuple français. L'entretien terminé, il prie Yvonne de préparer une valise contenant des uniformes et des képis[65]. Car sa femme est l'autre témoin clé de cette aventure incroyable. Il va de soi qu'elle part avec lui, d'abord pour accréditer pendant les premières heures la thèse d'un départ vers la Boisserie, puis pour renforcer le mystère de la « disparition ». Enfin, si l'affaire tournait mal, mieux vaut que les époux soient côte à côte. Yvonne, avec l'autorisation de Charles, met son frère Jacques-Philippe dans la confidence. Elle lui confie en effet sa bonne afin qu'il la ramène à Calais. Elle laisse entendre à Jacques-Philippe que l'absence sera de courte durée.

Le 29 mai à 11 heures, le couple présidentiel, accompagné de François Flohic, quitte l'Élysée pour l'héliport d'Issy-les-Moulineaux. Le président a annulé le conseil des ministres. Quand l'Alouette III décolle, à 11 h 45, de Gaulle dévoile enfin sa destination à son aide de camp. Dans l'appareil, le pessimisme de Mme de Gaulle ne faiblit pas, ainsi que le rapporte le pilote : « Dans l'hélicoptère survolant les usines en grève, chaque fois que Mme de Gaulle voyait les drapeaux rouges et les drapeaux noirs plantés sur les bâtiments, elle prenait le Général par le bras et disait : "Là aussi, encore un drapeau rouge." C'était un élément de découragement pour le Général[66]. »

Le mauvais temps, cependant, contrarie le plan de De Gaulle en même temps qu'il en renforce la dimension mystérieuse. Il est impossible d'atterrir à Strasbourg, et c'est finalement à Baden-Baden que les de Gaulle arrivent directement. Ils atterrissent à 14 h 50 devant la résidence de Massu. Philippe de Gaulle les y rejoint dans un autre hélicoptère, accompagné par le général Lalande, chef d'état-major particulier du président, tout surpris de découvrir que de Gaulle est là lui aussi. Tandis que le Général rejoint Massu dans son bureau, Yvonne est conduite par son épouse à l'intérieur de la résidence. Elle attend avec elle la fin des entretiens et écoute, flegmatique, ses commentaires sceptiques : « Vous savez, madame, à soixante-dix-huit ans on ne recommence pas le 18 Juin tous les jours[67]. » Peut-être Yvonne n'est-elle pas loin de penser la même chose. Autour d'un repas froid, le général Lalande converse avec elle. Dans le témoignage qu'il rédige à chaud dès le 31 mai, il se souvient des mots qu'elle a prononcés : « Depuis un mois, mon mari ne dort plus, il écoute la radio, ça ne pouvait plus durer[68]. »

Quand de Gaulle ressort, Flohic le trouve rasséréné. Le Général demande à repartir vers Colombey. « Je l'annonce à Mme de Gaulle qui, aussi imperturbable que jamais, s'apprête à regagner sa demeure[69]. » Sang-froid et maîtrise de soi quelles que soient les circonstances. À 18 h 20, le couple est à Colombey. De là, le président appelle son Premier ministre Georges Pompidou et annonce le conseil des ministres pour le lendemain. Puis, comme si de rien n'était et parce qu'il sait que désormais tout est réglé, il fait en compagnie d'Yvonne et de l'aide de camp le tour du parc. « On ne parle que de fleurs, d'arbres et de poésie : il y a là quelque chose de singulier, proche de l'irréel, après les événements que nous venons de vivre[70] ! »

Le 30 mai, goguenard, de Gaulle confie à son ministre de l'Information : « J'ai fait six heures d'hélicoptère. J'aime bien l'hélicoptère pour réfléchir. »

Le voyage à Baden-Baden a eu l'effet recherché. Quand il devient certain que le Général n'est pas à Colombey et reste introuvable, la presse s'affole : « Le président a disparu ! » Par la suite, les interprétations de l'événement se multiplieront. Chaque détail donnera lieu à des conjectures, y compris la valise de Mme de Gaulle. Le général de Boissieu, qui a assisté à l'ensemble de l'événement, tient à rectifier : « Beaucoup de choses fausses ont été dites ou écrites sur ce fameux voyage à Baden. Certains ont été jusqu'à imaginer que le général de Gaulle envisageait de créer une nouvelle France libre à partir de Baden, sous prétexte que ma belle-mère avait demandé à disposer d'une chambre à son arrivée et sous prétexte que le général de Gaulle avait fait passer le Rhin à son fils et à sa famille. Pour ce qui est de la chambre, il se trouve que ma belle-mère avait des bagages importants, étant donné qu'une des hypothèses envisageait un séjour à Strasbourg. Elle voulait remettre un peu d'ordre dans ses valises faites à la hâte et se reposer[71]. »

Le dénouement est bien connu. Le 30 mai 1968, Charles de Gaulle revient de Baden-Baden revigoré. Il reprend l'initiative par un discours radiophonique sans ambages : « Je ne me retirerai pas… Je ne changerai pas de

Premier ministre… Je dissous l'Assemblée nationale. » Le soir même, plusieurs centaines de milliers de partisans défilent de la Concorde à l'Étoile derrière Malraux, Debré et Schumann. En province, des manifestations similaires. Peu à peu, le travail reprend dans les usines et le pays retrouve son calme, malgré une dernière émeute étudiante le 11 juin. Les 23 et 30 juin les élections législatives se concluent par un raz de marée gaulliste. Au début de juillet, le Général accepte la démission de son gouvernement et nomme Maurice Couve de Murville Premier ministre.

Pour Mme de Gaulle, c'est à coup sûr un soulagement. Les leçons qu'elle tire de la crise semblent presque en deçà de la gravité des événements. Son optimisme est revenu, mais il s'avère cette fois déplacé : « Que 1968 soit effacée par une année 1969 meilleure. En premier lieu, que notre jeunesse comprenne qu'elle doit construire et non détruire. Il faudrait que la majorité des "bons" s'organise[72]… »

L'avenir en décidera autrement. La volonté de De Gaulle de lancer un référendum en avril 1969 peut être interprétée de diverses façons. Officiellement, le président souhaite questionner les Français sur deux points qui lui paraissent essentiels – la réorganisation des régions et le rôle du Sénat. Officieusement, il veut surtout refonder sur de bonnes bases sa relation avec la nation, ce qui explique qu'il fasse de ce référendum un test de confiance en sa faveur. Une majorité de « non » entraînerait sa démission, annonce-t-il : « Votre réponse va engager mon destin. » Un certain nombre de commentateurs assimilent dès lors le référendum à une sorte de suicide politique, solution que de Gaulle aurait choisie pour quitter dignement ses fonctions. Pourquoi, sinon, avoir choisi deux questions aussi rébarbatives ? Pourquoi tant de lenteur et de tâtonnements dans l'organisation du scrutin ?

Yvonne de Gaulle apporte un éclairage légèrement différent. Pendant la semaine qui précède le référendum de 1969, elle confie à Jacques Foccart : « "Vous savez, même si le oui passe, il ne finira pas son mandat, parce qu'il ne s'en sentira ni le courage ni la force." Il est vrai que, dans la bouche de mon interlocutrice, ce propos pouvait être considéré comme une nouvelle manifestation d'un vœu permanent, mais le Général lui-même, quelques jours plus tard, […] me répondit : " […] Même si cela se passait dans de meilleures conditions, dans un délai très bref je m'en irais."[73] » Ainsi donc, en parfaite connaisseuse des sentiments de son mari, la première dame sait de quoi il retourne. Le référendum aura lieu, mais ses résultats ne changeront plus rien : quoi qu'il arrive, le président ne finira pas son mandat.

La version des de Gaulle, il est vrai, est peut-être formulée pour sauver l'honneur, tant il est sûr à cette date que le référendum sera perdu. C'est ce qui ressort de deux témoignages inédits émanant de membres de la famille. Ils montrent que pour le Général l'issue du référendum ne fait aucun doute. C'est ce que suggère Francis Gutmann dans le récit qu'il fait de son dernier repas à l'Élysée : « En février 1969, nous participâmes à un dîner familial à l'Élysée avec les Cailliau, les Vendroux et Bernard de Gaulle. Après le repas, le Général nous a invités à venir discuter avec lui puis, au bout d'un certain temps, a proposé de rejoindre les dames. Dans le salon qui séparait les deux pièces, il me dit : "Je ne suis pas sûr d'avoir fait le mieux pour la France, mais je pense avoir fait ce que je croyais être le mieux." Il regardait le miroir. » La confidence ressemble fort au bilan que l'on tire avant de s'en aller...

Claude Vendroux Legrand est plus claire encore. Elle déjeune à l'Élysée quelques semaines avant l'échéance. Elle décrit une ambiance étrange où se mêlent gaieté et gravité : « Au cours de ce repas, le Général m'a dit : "Claude, fais-moi plaisir. – Que puis-je faire, mon oncle ? – Fais-moi rire, parle-moi patois." Alors je lui ai raconté l'histoire qu'il adorait de cette brave Calaisienne venue trouver mon père à sa permanence de député pour lui expliquer ses malheurs en ch'timi, d'où il résultait qu'en raison d'une cystite elle avait raté la visite de l'inspecteur du travail... En me raccompagnant à l'ascenseur privé, car il était fort courtois, mon oncle m'a confié : "Tu sais, ma petite Claude, c'est la dernière fois que tu viens ici. Tout est fini."[74] »

Du reste, une simple observation de la liste des invités à l'Élysée confirme que les de Gaulle s'attendent au pire. Durant la dernière semaine avant le vote, Charles et Yvonne invitent exclusivement ceux qui leur sont chers, ceux qui leur sont proches. Il y a là, bien sûr, une évidente recherche de réconfort et une façon de faire ses adieux, mais aussi, déjà, un pas dessiné vers le retour à la vie normale, aux valeurs sûres, à la famille éternelle. Le dimanche qui précède la consultation, le couple présidentiel invite à l'Élysée ses cinq petits-enfants. On assiste à la messe dite par François de Gaulle, puis on déjeune et on cause. Le mercredi, après le conseil des ministres, repas intime avec les membres du gouvernement et les aides de camp. Sont présents les « grognards » du Général, les « vrais », les « bons », comme dirait Mme de Gaulle : Albin Chalandon, Henri Duvillard, Jean Taittinger, Bernard Tricot, Alain Prate... Le jeudi 24 avril, enfin, les Vendroux viennent prendre leur repas à l'Élysée. Se doutent-ils que c'est la dernière fois ?

Le vendredi, après un rapide déjeuner, le général et Mme de Gaulle quittent l'Élysée, accompagnés de Flohic. Ni Yvonne ni Charles n'y reviendront plus jamais. Ils gagnent la Boisserie, où ils arrivent à 16 h 30. La façon dont de Gaulle salue le personnel signale qu'il a perdu toute illusion : « Nous rentrons définitivement ; cette fois-ci, Charlotte, c'est pour de bon[75]. » Flohic part coucher à Bar-sur-Aube et laisse les de Gaulle en tête à tête pendant les heures languissantes qui les séparent du vote. Le dimanche matin, ils écoutent la messe chez eux – pas question de servir de cible aux photographes qui pullulent dans le village. À 11 h 30, toutefois, il faut sortir pour aller voter à la mairie. Au premier étage, les assesseurs émus soutiennent du regard leur célèbre voisin.

Flohic n'est pas invité à rejoindre le Général pour assister à la soirée électorale retransmise à la télévision. C'est plutôt mauvais signe. En effet, au soir du

27 avril 1969, les résultats du référendum sont sans appel : avec 12 007 102 « non » et 10 901 753 « oui », le général de Gaulle essuie pour la première fois un échec devant les électeurs. Fidèle à ce qu'il avait laissé entendre, il annonce à minuit dix qu'il quittera ses fonctions à midi le lundi 28 avril.

Mme de Gaulle, enfin assurée de vivre paisiblement avec son mari pour les quelques années qui leur restent, est-elle heureuse ? Aucun des proches collaborateurs ne le prétend, au contraire. « Bien des Français pensent qu'elle s'est réjouie de cet échec d'avril 1969 qui mettait un terme à une vie qu'elle n'avait jamais tellement appréciée, reconnaît le colonel d'Escrienne. Il y a même des gens qui vont jusqu'à imaginer qu'elle pourrait bien avoir voté non à ce référendum [...]. Il faut mettre les choses au point. [...] Mme de Gaulle a toujours été une femme de devoir, et, en ce qui concerne avril 1969 plus spécialement, en tant qu'épouse du général de Gaulle, puis en tant que Française, il est inimaginable de supposer qu'elle ait pu se réjouir un instant de voir le Général mis, de façon solennelle, en échec par les Français[76]. »

L'autre aide de camp, François Flohic, dit exactement la même chose : en avril 1969, « Mme de Gaulle est triste. Ce n'est pas qu'elle s'apitoie sur son sort : elle a toujours détesté l'Élysée et ne souhaitait pas la représentation du Général en 1965, mais elle ressent fortement l'ingratitude du peuple français envers son mari. Elle me dit avoir interprété le fort pourcentage des votants à 13 heures comme un indice du renversement de la tendance en faveur du vote affirmatif[77]. »

Dans une très belle lettre jusqu'ici inédite, rédigée quelques jours après les résultats, Mme de Gaulle résume ses impressions pour son neveu Étienne : « À vrai dire, Charles s'attendait au "négatif" depuis quelques jours. Mais, après avoir éprouvé une certaine peine, il est finalement soulagé de déposer un fardeau qui devenait trop lourd, et n'avait plus l'intérêt de jadis... Les enfants depuis un an pensaient, comme moi, que cela suffisait, et qu'il avait mérité de reprendre sa liberté[78]. »

Pour autant, il ne lui serait pas venu à l'idée de voter non : « Il m'a été pénible que des proches parents aient pu faire courir le bruit de votes négatifs[79] », confie-t-elle quelques années plus tard à Jean Mauriac.

Le Canard enchaîné, dans un dessin qui est le dernier où apparaît Yvonne de Gaulle, montre un camion de déménagement devant le portail de l'Élysée. La première dame y monte, suivie du Général portant un baluchon. Dans la remorque, un bric-à-brac dépasse : sacs à godillots, trompette à cocorico, bombinette, malle de barbouzes, cercueil de Ben Barka[80]... C'est toute une époque qui se termine, voilà le message...

En réalité, les de Gaulle voyagent léger. Ils n'ont jamais apporté grand-chose à l'Élysée. Deux camions transporteront dans la journée à Colombey des éléments d'archives, des livres, quelques affaires... Les seuls éléments dont prenne soin Mme de Gaulle, les seuls qu'elle ait apportés aussi, sont finalement les accessoires de la chapelle. Elle demande à François de Gaulle de retirer les divers éléments de mobilier et les accessoires du culte, avec pour seule instruction de donner l'autel à la Fondation Anne de Gaulle[81].

Lorsqu'il quitte le pouvoir, le Général a quant à lui un geste particulièrement émouvant envers ses petits-neveux : « Il a fait un cadeau financier à chacun d'eux, note Francis Gutmann. Avec l'argent, nous avons acheté un beau tableau à chacun de nos enfants[82]. »

Au lendemain du vote, Flohic arrive tôt le matin à la Boisserie. La liaison téléphonique directe avec l'Élysée a été désactivée dès que les résultats officiels ont été annoncés. Désormais, seuls les plus proches alliés auront accès au « château fort ». Le premier est Jacques-Philippe Vendroux, qui quitte Paris pour Colombey dès le matin du 28 avril : « Comme au lendemain du premier tour des élections présidentielles de 1965, je veux sans délai manifester mon attachement à Charles[83]. » Il transmet à son beau-frère un message de soutien des parlementaires gaullistes et lui annonce aussi, en gage de son extrême fidélité, qu'il a démissionné de son poste de président de la commission des Affaires étrangères à l'Assemblée nationale. Le mardi 29, c'est Bernard Tricot qui est reçu à déjeuner, puis, le 30, Alain de Boissieu, le général Lalande et Xavier de La Chevalerie, directeur de cabinet du président de la République, Foccart le 1er mai, Xavier de Beaulaincourt le 3, Philippe de Gaulle le 4…

De toute la France, des milliers de lettres de soutien affluent vers Colombey-les-Deux-Églises et aussi, le 1er mai, un autre hommage particulier : « Le salon et la bibliothèque [de la Boisserie] croulent sous les bouquets de muguet, du modeste au somptueux », raconte Flohic, qui est invité chez les de Gaulle en compagnie de son épouse le 1er mai. « Mme de Gaulle nous dit que les fleuristes continueront leurs envois le lendemain, car ils n'arrivent pas à satisfaire aux ordres d'Interflora. En revoyant ma femme, pour la première fois depuis le référendum, elle a les larmes aux yeux. Très gentiment, elle prend notre bouquet et le place au centre de la table[84]. »

CHAPITRE XIV

Protéger le domaine privé

Revenons un peu en arrière, au temps de l'Élysée, et interrogeons-nous sur la façon dont Yvonne réussit envers et contre tout à préserver ce qui lui est le plus cher durant cette période.

Autant le dire tout de suite : le triptyque de ses amours reste inchangé. Ils ont pour nom Charles, la famille et la Fondation Anne de Gaulle. Certes, il lui est plus difficile qu'auparavant d'assouvir ses trois passions, mais elle s'organise et essaie coûte que coûte de protéger le domaine privé.

CHIENNE DE GARDE ?

Plus encore qu'au temps du RPF, Yvonne veille sur son mari. Elle ne le quitte pas d'une semelle, toujours « un œil aux aguets dans sa direction[1] ». Cette sollicitude maternelle, selon Philippe de Gaulle, est acceptée par le Général « tant qu'elle [est] discrète. Et ma mère savait l'être. Elle savait le couver du regard sans qu'il s'en aperçoive. Son attitude me touchait beaucoup[2] ».

La santé de Charles est la préoccupation première d'Yvonne. Nous l'avons vue composer les menus afin qu'ils ne soient pas trop lourds. De même, elle invite les collaborateurs à ne pas surcharger l'emploi du temps du Général. Une pensée l'obsède : elle redoute la mort prématurée de son mari. Pierre de Gaulle n'est-il pas décédé brutalement en 1959 après une crise cardiaque ? La scène s'était passée à l'Élysée sans qu'aucun médecin puisse rien pour lui. Elle répète donc à Foccart : « Il faut que vous ménagiez le Général. Les de Gaulle sont fragiles, ils ont les mêmes problèmes d'anévrisme ; le Général risque de mourir comme son frère[3]. » Ce drame avait visiblement marqué son époux : « Charles est très affecté par la mort de son frère, avait-elle noté à l'attention d'une de ses cousines. Je l'ai convaincu qu'un petit voyage vers nos petits-fils était utile, nous allons donc prendre la route de Toulon[4]. »

Désormais, elle redouble de prudence. Si elle remarque un signe de faiblesse ou un quelconque refroidissement chez son époux, elle fait tout pour reporter les rendez-vous du chef de l'État. Le dimanche 24 juin 1961, par exemple, Charles est fatigué, il tousse et ne peut se rendre à la messe à Colombey. Mme de Gaulle est dans tous ses états : « Elle me confie que son mari n'a pas cessé de tousser jusqu'à 4 heures du matin quand il s'est enfin endormi. Ses inquiétudes sont vives au sujet du prochain voyage dans l'Est (du 28 juin au 2 juillet) où, eu égard à son état d'épuisement, il serait à la merci d'un accident[5]. » Dès le lundi matin, Yvonne appelle donc le directeur de cabinet du président pour faire étudier un allègement du programme présidentiel lors de ce déplacement. Finalement, sa demande n'aboutit pas. « Sans doute le Général a-t-il tenu à ce que le programme initial soit retenu[6]. » La famille, elle aussi, est habituée aux changements de dernière minute exigés par cette première dame surprotectrice. Jacques-Philippe note dans son Journal à la date du 3 juin 1960 : « Ma sœur me téléphone pour me demander de venir dîner le 8 plutôt que ce soir : mon beau-frère souffre d'une légère grippe : elle voudrait qu'il se couche de bonne heure[7] ! »

Cette extrême attention atteint bien évidemment un paroxysme lorsque Charles doit subir une intervention chirurgicale. Ce fut déjà le cas en décembre 1952 pour son opération de la cataracte. Le 17 avril 1964, il doit à nouveau recourir à la chirurgie pour subir l'ablation de la prostate. Jean Lassner, médecin biologiste et anesthésiste à l'hôpital Cochin, où doit avoir lieu l'intervention, se souvient de l'émouvante inquiétude de Mme de Gaulle. La veille au soir, le Général arrive à l'hôpital pour y passer la nuit. Le docteur Lassner croise alors la première dame qui sort de la chambre : « Elle me dit : "Docteur, je sais que ce n'est pas prévu, mais je veux rester près du Général. Trouvez-moi un lit." Nous l'installons donc dans une chambre voisine, puis je reviens auprès du Général, mais je ne lui annonce pas la présence de sa femme. J'ai pensé que cela pourrait le contrarier[8]. »

Vigie de chaque instant, Yvonne de Gaulle voue à ce mari qu'elle a épousé quelque quarante années plus tôt un amour immense et exclusif. Le « Ce sera lui ou personne » par lequel elle s'est engagée en 1921 est devenu « C'est lui et personne » – personne d'autre. Nul ne peut rivaliser avec lui dans son cœur.

Il n'est pas facile de prendre la mesure de ce sentiment, tant Yvonne est portée par nature à une discrétion maladive, plus vive encore quand il s'agit de dévoiler ce qu'elle ressent. Malgré tout, certains indices ne trompent pas. Son soutien constant au Général, sa présence attentive, le fait même qu'elle se plie aux devoirs qu'il attend d'elle disent la force du lien. Par ailleurs, son silence implacable à l'égard des journalistes, des historiens, des archives, bref de tout ce qui pourrait s'emparer de son témoignage, est à coup sûr un signe de profond respect. « À l'exception, vraisemblablement, de Mme de Gaulle, personne ne peut se targuer de bien connaître le personnage privé[9]. » Or

Yvonne est déterminée à garder un usage strictement personnel de ce secret dont elle est détentrice. Rien n'émane d'elle concernant l'homme privé. Pas un mot. Quant au personnage public, il ne se trouve aucun témoin pour soutenir qu'elle ait pu, un jour, le critiquer ou dire quoi que ce soit qui le contredise.

C'est pourquoi, quelle que soit la façon dont Charles de Gaulle supporte la surveillance de sa femme, il lui voue une profonde reconnaissance. « Mme de Gaulle était la femme idéale pour le Général. Elle a été exactement celle qui lui convenait », affirme l'un des aides de camp, le colonel d'Escrienne. Et ceux qui les ont approchés de près n'hésitent pas à parler d'amour pour caractériser leur couple. « Je crois qu'ils s'aimaient énormément[10] », avoue Martine de Courcel, tandis que Chantal Gutmann insiste sur le fait que leur relation « était très forte, sans démonstration, mais on sentait que c'était soudé. C'était un amour exclusif d'Yvonne pour son mari ». « Il est difficile pour les gens qui ne les ont pas connus d'imaginer ce couple de Gaulle affectueux et intime, ajoute son mari. Mais c'était la réalité[11]. » C'est sans doute pour cette raison que le premier couple présidentiel de la Ve République est aussi le seul qui puisse se targuer d'avoir vécu dans une fidélité conjugale parfaite. Quels que soient les rumeurs et les désirs cachés de découvrir une maîtresse au Général, rien jusqu'à présent n'est venu donner la moindre vraisemblance à pareille thèse. Cette exclusivité de presque cinquante ans au total est à elle seule une éclatante preuve d'amour.

Dès qu'ils le peuvent, c'est-à-dire environ un week-end sur deux, les de Gaulle se rendent à la Boisserie. C'est pour eux le seul moyen de se retirer du monde, d'échapper un instant à la pression du pouvoir. Ils sont là chez eux, selon la formule très simple du Général : « C'est ma demeure. » Malgré l'illusion de se retrouver chez soi comme avant, les choses sont bien différentes. Désormais, un aide de camp accompagne systématiquement le couple lors de ses déplacements vers Colombey. Une fois dans le domaine privé de Charles de Gaulle, il devient son hôte, prend ses repas et dort sur place, ce qui brise quelque peu l'intimité : « On imagine ce que cette présence étrangère, pour discrète qu'elle s'efforce de se faire, a de lourd et de parfois importun pour les de Gaulle[12] », reconnaît Flohic, qui se rend à de nombreuses reprises avec le président dans sa résidence de campagne.

En conséquence, il est décidé, à partir d'octobre 1960, que l'aide de camp ne résidera plus à la Boisserie. Cet éloignement permet aux de Gaulle de gagner un peu de liberté. Jean d'Escrienne décrit ainsi son organisation lorsqu'il est en mission auprès des de Gaulle le samedi et le dimanche : « Je dînais parfois à la Boisserie si nous arrivions tard, mais je logeais à Bar-sur-Aube ou à Chaumont. Le dimanche, j'accompagnais à la messe le Général et Mme de Gaulle et je déjeunais avec eux[13]. »

Seules les domestiques demeurent toujours dans la maison. Honorine dort même à leur étage, dans la tourelle, juste au-dessus du bureau du Général : « La pièce était grande, tapissée d'un papier vert d'eau. Trois grandes fenêtres s'ouvraient sur la nature. Une Vierge était placée sur la cheminée. Madame avait laissé deux rouleaux de tissu afin que je puisse confectionner des rideaux[14]. » Mais cette présence ne dérange pas Charles et Yvonne : la cuisinière et la gouvernante font en quelque sorte partie de la famille, tout en se tenant un peu à l'écart. Jamais, par exemple, elles ne prennent leur repas avec eux.

Elles sont du reste cantonnées à un rôle que rappelle leur tenue – point sur lequel Mme de Gaulle est particulièrement vigilante : « Comme je vous l'ai dit, une robe noire simple, manches trois quarts ou longues, suffit pour le service de table exceptionnel (congé de la femme de chambre, ou circonstance repas nombreux lorsque les enfants sont là). Nous ne donnons pas de réceptions à Colombey[15]. »

Bien plus que les domestiques, un élément vient déranger la tranquillité d'autrefois. Il s'agit du téléphone, installé dès les années 1950 dans un petit espace confiné, sorte de cagibi sous l'escalier de l'entrée. Ni Charles ni Yvonne n'apprécient ce mode de communication. Le plus souvent, c'est Mme de Gaulle qui décroche, à moins que ce ne soit l'aide de camp ou une des domestiques. De l'avis de tous ses interlocuteurs, Yvonne mène alors la discussion de la manière la plus efficace possible, car le bavardage l'indispose.

Fait étonnant, c'est par cette ligne téléphonique personnelle que le Général est en contact avec l'Élysée : « Le directeur de cabinet [du président] rend compte téléphoniquement tous les jours à 12 h 30. Il ne doit y avoir aucun autre appel sauf cas exceptionnels et graves[16]. » Même en vacances ou en week-end, de Gaulle reste donc en contact quotidien avec la présidence, ce qui paraît finalement normal et que le téléphone portable a rendu on ne peut plus banal. Ce qui l'est moins, c'est que les archives[17] précisent que cette ligne n'est pas brouillée : « L'Élysée est relié directement à la Boisserie par un fil *non* muni d'un dispositif de chiffrement assurant le secret des communications[18] », souligne Flohic dans une note classée « confidentiel » du 29 août 1961. La brièveté et la sécheresse de Mme de Gaulle au téléphone s'expliquent peut-être aussi par le risque d'être écoutée…

Pour pallier l'absence de confidentialité des liaisons téléphoniques, l'Élysée déploie des solutions annexes, à vrai dire peu pratiques. Lors des vacances de Pâques de 1961, par exemple, « le service de transmissions de l'Élysée (PTT) mettra en place à la préfecture de Chaumont le téléimprimeur chiffrant et personnel nécessaire à son exploitation, le vendredi 31 mars dans la journée[19] ». Durant le séjour estival du président à Colombey, de la mi-août à la fin d'août de la même année, Bonneval décide d'installer le dispositif à la Boisserie même :

> Le téléimprimeur chiffrant sera installé à demeure à Colombey à partir du 11 dans la journée. [...] Lorsque le téléimprimeur chiffrant [...] est branché à Colombey, les règles suivantes sont en vigueur :
> – durant les heures ouvrables la liaison est veillée en permanence ;
> – hors cloche il convient de prévenir la *sécurité* à Colombey, qui assure la mise en place des opérateurs[20].

Dans ces conditions, il est aisé d'imaginer que la sérénité des lieux et la tranquillité de Mme de Gaulle sont bien bouleversées.

L'autre menace qui pèse sur l'intimité du couple est bien entendu la présence permanente de journalistes et de photographes à Colombey. Autour de la maison, à la porte de la mairie les jours d'élection, à la sortie de la messe surtout, ils guettent le moment opportun et courent après le cliché fameux. De nombreux anonymes se joignent à eux, certains munis d'appareils photographiques. « Lorsque le président de Gaulle vient passer le dimanche à Colombey, s'il est annoncé par la radio, on voit arriver beaucoup de voitures à l'heure de la messe[21] », souligne l'abbé Drouot. La plupart du temps, les gens viennent en vain, car Yvonne et Charles sont méfiants à l'extrême. Il leur arrive par exemple de faire faux bond à leurs admirateurs en allant à la messe dans un autre village. « Ainsi, le dimanche de Pâques, alors qu'une foule assez imposante se pressait aux alentours de l'église, alors que les gendarmes en gants blancs assuraient le service d'ordre sur la place de l'église, le président de Gaulle partait avec toute sa famille (enfants et petits-enfants) à la messe à Lavilleneuve-aux-Fresnes[22]. »

La famille proche est parfaitement au courant de l'intimité recherchée par le couple présidentiel. « Cette discrétion nous paraissait tout à fait naturelle, remarque Philippe de Gaulle. Nous avions été éduqués, ma sœur et moi, avec ces mêmes principes. Ils ne nous embarrassaient donc pas[23]. » Les reporters avides de scoops n'ont donc rien à espérer des enfants et petits-enfants de De Gaulle. Ni de la famille au sens plus large. Un exemple : lors de l'enterrement d'Olivier de Gaulle en 1966 à Saint-Pierre-de-Manneville, près de Rouen, Yvonne de Gaulle est présente. Francis Gutmann, beau-frère du défunt, repère dans le café situé en face de l'église une journaliste de *Paris-Match*. Après l'avoir houspillée, il court prévenir Yvonne et lui conseille de se méfier.

Les reporters doivent donc chercher d'autres informateurs. À Colombey, ils n'hésitent pas à solliciter n'importe quel habitant du village pour lui soutirer n'importe quelle information. Le curé, comme toujours, est leur cible favorite :

« Je reçus un jour la visite de deux journalistes italiens qui me questionnèrent fort indiscrètement sur la vie et la personne du président de Gaulle. Je me défendis assez longtemps. Mais ces messieurs ne s'en allaient pas. Ils voulaient à tout prix une anecdote sur le Général, alors je leur dis ceci :

quand le Général se promène dans la forêt avec Mme de Gaulle, ses yeux cherchent les champignons. Et lorsqu'il en découvre un, il ne se baisse pas pour le prendre. Il est en effet fort grand. Mais il le montre à son épouse avec sa canne en disant : Yvonne, Yvonne. Après ce récit bien inoffensif, mes deux journalistes parurent satisfaits et s'en allèrent. »

Et le cher abbé, toujours probe, livre même sa source : « Ce détail, je le connaissais par Mme Tricot, ma gouvernante, dont le mari est jardinier à la Boisserie[24]... »

Exiger un mutisme parfait de la part des domestiques est une gageure. Les journalistes sont prêts à corrompre le personnel pour lui soutirer quelques renseignements. Sur le sujet, Mme de Gaulle se montre drastique : « À la moindre indiscrétion de votre part, vous quittez aussitôt le Général[25]. » Elle essaie également de limiter les risques de rencontre entre son personnel et les reporters. Dans cette optique, elle préfère payer le taxi à ses bonnes lorsqu'elles doivent se rendre à Chaumont ou à Bar-sur-Aube : « Dans le car, [...] elles pourraient rencontrer un journaliste et on sait comment ces gens-là arrivent à faire parler même les plus muettes[26]. » Elle veille également à recruter des domestiques irréprochables sur le plan moral, afin de limiter leur tentation de bavardage. Honorine Manzoni, la cuisinière qu'elle embauche en novembre 1966, a vécu au couvent et vient de perdre son fiancé dans un accident de la route quatre jours avant son mariage...

Malheureusement pour la première dame, les journalistes sont roués. C'est ce que découvre à ses dépens Honorine, peu après son entrée au service des de Gaulle. Un beau jour, le chauffeur Fontenil lui annonce que l'on ne parle que d'elle dans le journal. « J'étais très étonnée. Nous avions la consigne formelle de ne pas entrer en contact avec les journalistes. Bien sûr, je n'avais pas désobéi. J'avais même fait promettre au maire de mon village de ne pas dévoiler mon nouveau lieu de domicile. J'ai pris le journal que me tendait M. Fontenil. Quelle horreur ! Il y avait un titre énorme : Mme de Gaulle guérit Honorine d'un chagrin d'amour. Dessous, il y avait une photo de moi aux côtés de Madame. Elle était truquée. [...] Comme j'ai pleuré ! J'étais sincèrement désolée. Madame m'a consolée, cette fois réellement[27]. »

Si les domestiques parviennent à tenir leur langue tant qu'ils travaillent à la Boisserie, c'est parfois après avoir quitté le service des de Gaulle qu'ils se livrent à des confidences plus ou moins étendues. En 1963, le magazine *Noir et Blanc* publie une série d'interviews d'Augustine, l'ancienne cuisinière de la Boisserie pendant trois ans et demi. Yvonne de Gaulle s'amuse des incongruités du récit : « Je ne vois pas non plus votre beau-frère [Charles de Gaulle] soulever les couvercles des casseroles. Dieu sait ce qu'on pourra encore inventer, mais cela n'a pas d'importance[28] », écrit-elle à Madeleine Vendroux. En réalité, cette tendance à l'étalage l'agace au plus haut point : « Augustine radote un peu. Tout cela vient de son fils, *personnage peu intéressant*, qui fait de l'argent par tous les moyens. La semaine prochaine, cet hebdomadaire sort un article sur "Les enfants du général" ??? Juste pour l'anniversaire de la mort de notre petite Anne[29]... » L'article en question, d'un goût douteux, présente les photographies des pensionnaires de Vertcœur sous le titre précité, « les enfants du Général »...

Honorine Manzoni, elle, attendra beaucoup plus longtemps avant de publier ses souvenirs : elle le fera en 1997[30].

Enfin, même dans leur village de l'Est, les de Gaulle restent la proie des quémandeurs de toute nature. Le fait que le président soit sur ses terres, plus accessible donc qu'à l'Élysée, plus humain aussi, stimule les sollicitations non pas des habitants de Colombey eux-mêmes, mais d'individus de la France entière. Le curé de Colombey, bonne pâte, accepte au début de jouer les intercesseurs. Ainsi, en août 1959, alors que les de Gaulle sont en vacances à la Boisserie, il profite d'être invité chez eux pour soumettre au Général le cas d'un colonel venu le trouver pour se plaindre de son sort. « Mais le président m'arrêta net : "Monsieur le curé, n'entrez pas dans toutes ces histoires."[31] »

Malgré tout, le Général fait une rare exception pour le curé lui-même, ou plutôt pour l'un de ses proches. Drouot précise en effet : « S'il m'était arrivé souvent de demander au président quelque chose pour rendre service à ceux qui voulaient se servir de moi comme intermédiaire, jamais je ne lui aurais demandé la moindre faveur pour moi ou pour quelqu'un de ma famille. » Pourtant, en août 1964, quand son neveu Pierre est affecté pour son service militaire comme parachutiste à Pau et que ses parents, habitants de Montier-en-Der, ont épuisé toutes les tentatives pour obtenir la mutation de cet enfant fragile, l'abbé se résout à aller frapper à la porte du Général. « Il me reçut avec la plus grande bonté. Me dit que, exceptionnellement et à cause de moi, il ferait changer l'affectation. Ce qui fut fait deux jours après. Il me demanda en outre de n'en rien dire[32]. »

La même attitude est à noter chez Yvonne de Gaulle, prompte à intervenir en faveur de ses domestiques. Elle prend notamment en main le processus de naturalisation d'Honorine. Dans l'une des premières lettres qu'elle écrit à sa cuisinière, elle lui indique : « Apportez ce que vous avez comme papiers de vos parents – et les vôtres – puis un certificat de la dame chez qui vous avez été si longtemps et signature légalisée. Tout ceci servira pour une demande de naturalisation aussi rapide que possible lorsque les renseignements sont favorables. Aussi quelques photos d'identité[33]. » Quand la demande aboutit, Mme de Gaulle l'annonce à Honorine avec une grande gentillesse : elle a pensé à laisser à la Boisserie un petit cadeau sous forme d'un presse-papier au fond bleu-blanc-rouge. Le jour où, à l'Élysée, elle reçoit confirmation de la naturalisation de sa cuisinière, elle l'appelle à la Boisserie et lui dit d'aller chercher le cadeau, caché dans un coin de la maison[34]...

LA FAMILLE

Il est rare que les de Gaulle soient en tête à tête à la Boisserie. Le plus souvent, ils profitent de leur résidence campagnarde pour inviter enfants, petits-enfants, frères, sœurs, neveux et petits-neveux. Au cours du mois d'août 1962, par exemple, la Boisserie est pleine à craquer, comme se plaît à l'écrire Yvonne : « Nous avons passé 14 jours d'affilée à Colombey avec enfants et petits-enfants – regrettant seulement que la maison manque d'une ou deux chambres d'amis. Mais construire à notre âge[35]... » Les Vendroux sont souvent de la partie, bien sûr, et Claude Legrand y est invitée un week-end en 1967.

La famille, si chère à Yvonne, s'est agrandie : en juillet 1959, Alain et Élisabeth de Boissieu ont eu une petite fille qu'ils ont appelée Anne en souvenir de sa tante défunte. L'enfant a été ondoyée à Paris, mais la famille organise un « supplément de cérémonies » à Colombey le 10 avril 1960, jour des Rameaux. Mme de Gaulle exige la plus grande discrétion – « il était bon de ne pas ébruiter l'événement. Sans quoi le baptême n'eût plus été une fête de famille[36] ». Le dévoué abbé échafaude donc un plan. Trois enfants de chœur sont sélectionnés en fonction de leur capacité à tenir leur langue : Robert Piot, Jean-Paul Roethlisberger et Yves Consigny, choisi par Mme de Gaulle en personne, puisqu'il est son petit voisin. Ils servent comme d'habitude la messe du dimanche pour les paroissiens, puis rentrent chez eux. Vingt minutes après, ils reviennent à l'église pour le baptême. Le jour dit, la famille et une quinzaine de proches assistent à la cérémonie. « Discrètement, la police secrète ferma les portes de l'église. Et nous fûmes tranquilles pour le baptême[37]. » Le Général signe le registre à la demande du curé, ainsi qu'Yvonne de Gaulle.

De leur côté, Philippe et Henriette mettent au monde un quatrième enfant, encore un fils, en 1963. Ils l'appellent Pierre, en souvenir de l'oncle défunt. Au total, ce sont donc cinq petits-enfants qui illuminent la vie de Charles et d'Yvonne de Gaulle.

La Boisserie devient le lieu de ralliement des familles de Gaulle et Vendroux. Qui n'a pas vu ces photographies en couleur du parc de la Boisserie en été, sous un ciel serein ? Dehors, les transats sont sortis. Installés en cercle sur la pelouse, ils accueillent les grands-parents, Charles et Yvonne, et les enfants, Philippe et Henriette, Élisabeth et Alain. Les femmes en robe d'été sourient. Le Général, toujours en costume et cravate quelles que soient les circonstances, semble détendu. Des fleurs multicolores ornent les parterres et l'on croirait entendre les cris des enfants. Ils ne sont pas loin, en effet. Après avoir fini de pique-niquer sur une petite table pliante, ils jouent dans l'énorme piscine gonflable dressée sur la pelouse. Le Général a aussi tenu à faire installer pour eux, sur la grande étendue d'herbe qui descend vers la vallée, un mini-golf et une balançoire.

Cette maison est assurément celle des petits-enfants, choyés tout au long de leur séjour. Yvonne chérit les nourrissons et veille sur les plus grands. Sa belle-fille Henriette ne tarit pas d'éloges sur sa gentillesse : « Ma belle-mère était généreuse à mon égard et n'a jamais cessé de me témoigner de l'attention. Rares sont les fois où elle revenait d'un magasin sans un petit cadeau pour moi, un linge quelconque, un foulard. Je pense qu'elle m'estimait autant que je l'estimais moi-même. [...] Elle s'est toujours beaucoup préoccupée du confort matériel [de ses petits-enfants], me demandant constamment de leurs nouvelles et les couvant avec sollicitude lorsqu'ils passaient leurs vacances à Colombey[38]. » Chacune des lettres qu'Yvonne envoie aux sœurs de Vertcœur, à ses cousines ou à ses nièces est pleine de mille détails sur ses petits-enfants. « La petite Anne va aller dans une école maternelle le matin ! déjà ! note-t-elle à la veille de la rentrée de 1962. Quant à nos petits-fils, l'un me dépasse nettement, l'autre s'y prépare, et le troisième en prend le chemin avec certitude[39]. »

Charles est tout aussi attentif à ses petits-enfants. À leur arrivée, il leur offre des livres ou des bandes dessinées, se promène avec eux de temps en temps, pousse Anne de Boissieu sur la balançoire. Il chante, aussi : « Quand un gendarme rit dans la gendarmerie, quand un sapeur a peur », imite l'accent des tirailleurs récitant le règlement militaire : « Li fousil mitraillour est oun arme outoumâtique », fait des jeux de mots : « De quelle couleur sont les petits pois ? Les petits poissons rouges[40]. » Bien sûr, il faut parfois se tenir tranquille pour laisser le Général travailler. Pendant les vacances de Noël, quand la rigueur du climat impose de rester plus souvent à l'intérieur, les enfants sont soumis à une discipline plus stricte. Geneviève de Gaulle rapporte ainsi que Charles de Gaulle « avait entendu avec tristesse les enfants, dans la pièce voisine, dire du prochain Noël : "Si l'oncle Charles vient, ce sera mieux, mais nous ne pourrons pas rigoler."[41] »

La fête de la Nativité est pourtant chaleureuse. Tandis que s'échappent de la cuisine des odeurs de pâté en croûte et de dinde aux marrons, le Général et Madame, la famille de Philippe et celle d'Élisabeth se rassemblent autour du sapin et des petits chaussons pour ouvrir les cadeaux. Le personnel est largement associé à la fête. « Charlotte et moi, nous recevions toujours trois cadeaux, un par famille. [...] Une fois que nous avions tous déballé nos paquets, la famille passait à table. [...] Puis je mangeais à la cuisine avec Charlotte et la gouvernante de la famille de Boissieu à la cuisine. Nous assistions ensuite à la messe de minuit[42]. »

Tous les invités à la Boisserie sont unanimes. Dans ses murs, le Général se métamorphose ; il retire son habit de président de la République et redevient celui qu'il n'a jamais cessé d'être, le grand-père, l'hôte charmant, le mari. On assiste même à une étonnante inversion des rôles dont le Général aime à s'amuser. À la Boisserie, en effet, il n'est que le sujet de la maîtresse des lieux, sa femme ! Alain de Boissieu décrit avec bienveillance ce renversement : « À table, le Général demeurait le grand-père avant tout, la maîtresse de maison étant incontestablement ma belle-mère. Il arrivait au Général de lui demander le menu, elle, en souriant, ne voulait pas répondre, car il s'agissait parfois d'une surprise. Le Général nous prenait alors à témoin : "Vous voyez, je suis soi-disant le premier en France, mais ici c'est votre mère qui commande" et c'était bien la vérité. À Colombey ma belle-mère revivait, rayonnait. Autant le séjour à l'Élysée était pour elle une charge, autant la vie à Colombey était son paradis, surtout quand ses enfants et petits-enfants étaient là[43]. »

Le paradis, pour Yvonne, est un monde clos où l'on se retrouve entre gens de la même famille, un monde isolé de l'agitation et des rumeurs de la ville, un monde où les journées se passent en occupations simples et bucoliques. Le choix des fleurs à semer, l'achat des graines chez Truffaut, les promenades dans le jardin constituent la trame de ce temps hors du monde. « Elle lisait les catalogues de fleurs, commandait, l'hiver, les graines pour les semis de printemps, surveillait, à l'automne, les plantations des oignons de tulipe, s'occupait de ses fleurs et des arbres fruitiers[44]. »

Même le président de la République s'adonne à cette activité : « Un délégué de Truffaut a fait l'autre jour l'inventaire des plantations, d'où il résulte qu'il faut entreprendre pas mal de choses. Les grands sapins sont, dans tout le jardin, ou morts (de la maladie) ou condamnés à plus ou moins long terme. Beaucoup d'arbres doivent être élagués, etc. L'avenue est à reconstituer en vue de l'avenir. Bref, on va s'y mettre, afin de rendre à ce modeste parc une nouvelle vie[45] », explique-t-il à son capitaine de corvette de fils.

De temps à autre, Yvonne gagne la bourgade la plus proche pour y faire elle-même quelques courses, éventuellement conduite par le chauffeur. Les habitants de Bar-sur-Aube ou de Chaumont l'aperçoivent régulièrement. Mais, la plupart du temps, elle reste chez elle, accaparée par les questions domestiques. Des problèmes de personnel se posent de temps en temps. Il faut par exemple, en mai 1966, trouver une remplaçante à Louise, qui souhaite prendre sa retraite en Alsace.

En contrebas de la maison, Yvonne a tenu à faire construire un petit poulailler, comme en Angleterre puis à Alger pendant la guerre. Le but officiel est « d'avoir des œufs frais qu'elle apportait régulièrement à Paris ou envoyait par colis spéciaux à ses petits-enfants[46] ». Mais il arrive aussi qu'elle s'y approvisionne en viande de poulet, au grand dam du Général, qui répugne à manger, dit-il, des bêtes qu'il connaît. Plus pragmatique, sa femme ne s'en laisse pas compter et cuisine quand même sa propre volaille, en cachant le cas échéant à son mari la provenance de la viande. Elle déploie de semblables qualités dissimulatrices lorsqu'il s'agit de se débarrasser du mouton offert au Général par des bergers des Pyrénées-Atlantiques. Comme elle ne supporte plus cette brave bête qui passe son temps à brouter les massifs de la Boisserie et à renverser son écuelle d'eau – ce qui désespère le Général, qui la lui remplit à chaque fois –, Mme de Gaulle finit par le donner à un orphelinat voisin. Elle fait croire à son mari que le mouton est destiné à amuser les petites filles. En réalité il a fini à la casserole, ce que la supérieure de l'orphelinat révèle par mégarde au Général. « Il n'émit aucun commentaire. Mais pendant un mois, il fut d'une humeur de chien[47] » – un deuil qui peut sembler long pour un mouton... Au fil de ce genre de détails anodins apparaît la domination d'Yvonne sur le petit monde de la Boisserie...

D'autres témoignages confirment ce trait, notamment celui d'Henriette de Gaulle. Malgré toute l'estime qu'elle voue à sa belle-mère, la jeune femme reconnaît qu'il n'est pas toujours simple de se soustraire à son autorité : « Il fallait qu'elle supervise tout, qu'elle veille sur les faits et gestes des uns et des autres, qu'ils fussent petits ou grands. Rien ne devait ni ne pouvait lui échapper. Elle était vraiment une maîtresse de maison exemplaire. » Yvonne s'attribue notamment le contrôle des dépenses. Elle fait d'ailleurs preuve d'une vraie générosité, ce qui ne l'empêche pas de contrôler « son budget comme le nombre et l'ordre des serviettes et des draps ». C'est pourquoi, selon Henriette, elle aime tant Colombey : « Là, elle pouvait coiffer son monde, régenter, avoir tout un chacun sous sa coupe[48]. »

D'une manière générale, si Charles de Gaulle apparaît sous un jour différent à la Boisserie, détendu et aimable, il semble qu'Yvonne de Gaulle conserve où qu'elle soit une attitude égale. À Colombey comme à l'Élysée, elle peut apparaître froide au premier abord. « Tante Yvonne était très sympathique, mais on n'arrivait pas à échanger. Cela restait superficiel[49] », regrette par exemple Chantal Gutmann. Henriette de Gaulle, qui la connaît intimement pourtant, confirme : « Comme vous le savez, elle n'était pas démonstrative, et quand on la connaissait mal, on la prenait pour quelqu'un de distant, je dirais même d'insensible. Il faut dire qu'il était difficile d'engager le dialogue avec elle. On devait toujours être de son avis et faire ce qu'elle avait décidé que l'on ferait. [...] Et puis elle n'aimait pas les conseils amicaux qu'une femme peut donner à une autre sur tel ou tel achat de vêtement ou sur telle ou telle question familiale. Il était souvent difficile de percer ses intentions. En fait, quand elle vous fixait de ses yeux gris-bleu, on ne savait jamais sur quel pied danser, et cela avait le don de me mettre mal à l'aise[50]. »

Pour expliquer cette retenue, certains membres de la famille avancent une hypothèse intéressante. Il y aurait, à les en croire, deux catégories de femmes chez les de Gaulle : « celles qui parlent peu et celles qui parlent beaucoup[51] ». Parmi les premières, Yvonne de Gaulle, Élisabeth de Gaulle et Chantal de Gaulle. Parmi les secondes, Geneviève de Gaulle-Anthonioz et Marie-Agnès Cailliau-de Gaulle... Quelle que soit la validité de cette classification, elle vient rappeler que ce qui passe chez les uns pour de la froideur peut être perçu par d'autres comme de la retenue ou de la timidité. Indéniablement, il existe chez Geneviève de Gaulle un amour de la parole, une capacité à exprimer ses sentiments, qui ne se retrouvent pas chez sa tante Yvonne. De même, il est connu dans la famille que la sœur du Général, Marie-Agnès Cailliau, n'est pas du genre à mâcher ses mots ni à en retenir le flux. Son goût pour la discussion irrite peut-être Yvonne, du moins si l'on en croit le récit de Philippe, particulièrement sévère à son endroit. Il reproche à sa tante de poser trop de questions, et sur tous les sujets, au Général : « Très vite, ma mère ou moi ou d'autres essayions de détourner la conversation. [...] On avait pour consigne de préserver au maximum son intimité[52]. » Vraisemblablement, aux yeux d'Yvonne, une femme qui n'est pas aux affaires n'a pas son mot à dire dans des conversations pointues qui touchent à la politique ou à la défense. Position qu'elle résume avec humour et tranchant : « La tante Agnès regrette de ne pas avoir été un garçon, parce qu'elle aurait été le Général. »

Pierre Cailliau, un des fils de Marie-Agnès, ne conteste pas le penchant de sa mère pour les grands débats, mais il tient cela pour une qualité et un signe d'ouverture d'esprit : « Tante Yvonne voulait à tout prix ne pas mélanger famille et politique et cherchait à tout prix à empêcher que sa belle-sœur Marie-Agnès, invitée à l'Élysée ou à Colombey, aborde auprès de son frère tout sujet du jour. Ceci n'empêcha pas ma chère maman de le faire, au grand dam de tante Yvonne. On retrouve sous la plume de Philippe des propos fort désobligeants pour rappeler ces incidents futiles[53]. »

La Fondation Anne de Gaulle, pendant ce temps

Quels que soient les aléas politiques de la Ve République, quel que soit le temps que lui prend sa fonction de première dame, Yvonne de Gaulle reste assidûment la présidente de Vertcœur. C'est une présidente en exercice, qui se rend sur le terrain régulièrement, essaie de résoudre les problèmes qui se posent, réunit son conseil d'administration. Le 30 juin 1959, il doit décider de la vente à la commune d'une parcelle de terrain et autoriser la traversée de la propriété par une conduite d'eau[54]. Le 25 janvier 1962, il se réunit à Paris. La convocation précise l'adresse : 55, rue du Faubourg-Saint-Honoré – à l'Élysée...

À la fondation, le temps n'est plus aux doutes et aux craintes du début. Le château héberge désormais trente-deux pensionnaires. Le fonctionnement est rodé, le personnel est stabilisé, les financements sont acquis. La présence d'Yvonne de Gaulle sur place devient moins nécessaire qu'au démarrage. La présidente s'appuie sur les sœurs supérieures qui se succèdent à Vertcœur. Chacune, depuis 1951 et à de rares exceptions près, reste en fonction une dizaine d'années[55], ce qui lui permet de connaître parfaitement les lieux et de nouer des liens étroits avec la présidente.

Les membres du conseil d'administration sont tout aussi fidèles à leur poste. Pas de démission, encore moins de renvoi. Seule la mort vient mettre fin au mandat des administrateurs. Quand le dévoué Me Deroy meurt, il est remplacé en janvier 1963 par Ghislain de Boissieu, frère d'Alain – on reste en famille. La veuve Bonnier quitte ce monde en juillet 1966. Mme de Beaulaincourt, épouse du fidèle collaborateur du Général, prend sa place.

Enfin, les prêtres sont attachés à leur poste. Depuis 1959, c'est l'abbé Dupont qui a en charge la vie spirituelle de Vertcœur. Au bout de dix ans, à bout de forces, il demande à se retirer. Ce départ coïncide avec celui de De Gaulle du pouvoir, en avril 1969. Toutes les pages se tournent en même temps... Pour trouver un remplaçant au prêtre, Yvonne s'adresse au père François de Gaulle, qui officiait pour le couple présidentiel à l'Élysée. Il trouve un père blanc, Jean Hébert, qui prend ses fonctions à Vertcœur le 2 mai 1969 et ne les quittera qu'en 1994[56].

Ainsi, tandis que Charles de Gaulle quitte l'Élysée, Yvonne reste présidente. La Fondation Anne de Gaulle demeure son point d'ancrage, d'autant plus important que le Général entre dans une période mouvante.

CINQUIÈME PARTIE

1969-1979
Le temps des deuils

Le général de Gaulle meurt à l'automne 1970. Mais pour Yvonne le temps des deuils a commencé bien avant. À partir d'avril 1969, elle a partagé solidairement avec son mari le deuil d'une histoire finie, l'histoire qui unissait un président à son peuple. La tristesse de Charles de Gaulle après la démission est également la tristesse d'Yvonne. Le deuil qui se lit sur les traits du Général est également son deuil. Et même si les mois atténuent la douleur, le mari et la femme restent marqués conjointement par l'épreuve.

Durant les derniers mois qu'il leur reste à partager, d'ailleurs, ils se ressemblent confusément. L'image mythique du vieux Charles sur la plage irlandaise, vêtu d'un long imperméable, appuyé sur une canne, courbé sous le vent, appelle en arrière-plan l'image d'Yvonne, plus petite, elle aussi en imperméable, elle aussi agrippée à un bâton, elle aussi pliée sous la puissance des éléments. Elle est plus que jamais l'ombre de ce grand homme, presque l'ombre de son ombre, une moitié indéfectible.

D'Irlande en Espagne, jusque dans l'ermitage de Colombey, elle est là, vigilante comme toujours. Ces mois d'après tumulte ont le visage d'une épure ou d'une ascèse. Seul l'essentiel compte : pour lui, écrire. Pour elle, veiller sur lui. Le choix même des destinations de leurs deux voyages étonne par son âpreté : l'Irlande avec ses plages désertes, ses grands paysages désolés, le vent. Puis l'Espagne immobile sous un soleil de plomb, aride et poussiéreuse, sèche jusqu'à l'horizon.

La vie s'échappe déjà, quelle que soit la gaieté des petits-enfants qui viennent peupler la Boisserie aux temps des vacances. Charles et Yvonne sont ailleurs, dans un temps qu'ils présument intermédiaire. Quand Charles meurt le 9 novembre 1970, c'est un choc brutal pour Yvonne, mais non pas une surprise. Ce qui devait survenir est arrivé. Désormais, elle le sait, elle le dit : « Ma vie est finie[1]. »

Et il faut vivre pourtant. Vivre alors qu'on est morte et qu'on sait que la seule destination possible est le monde éternel. Le deuil d'Yvonne de Gaulle dure neuf années. Il est une radicalisation du deuil précédent, une poussée plus profonde vers un monde intérieur de silence et de méditation. Après les errances innombrables d'une vie de voyages, la claustration devient son dernier domicile. Enfermée à la Boisserie, puis retirée chez les sœurs, elle se replie dans la contemplation du passé. Le présent lui est de plus en plus étranger, de plus en plus hostile. Elle le fustige le plus souvent.

La mort d'Yvonne de Gaulle le 8 novembre 1979 ne fait pas de bruit, ou presque. Elle s'inscrit dans l'écho presque parfait de celle de son mari neuf ans plus tôt et rappelle ce poème de Verlaine que Charles aimait citer à son propos :

Écoutez la chanson bien douce
Qui ne pleure que pour vous plaire.
Elle est discrète, elle est légère :
Un frisson d'eau sur de la mousse !

CHAPITRE XV

Le deuil du Général

LE DERNIER EXIL

Étrange période que celle qui s'ouvre au début du mois de mai 1969, une période dont les de Gaulle pressentent la brièveté et qu'ils vivent comme un sursis. Cette retraite à Colombey, ils la savent définitive. Rien à voir avec l'exil de 1946. La traversée du désert, dès le début, avait été considérée par de Gaulle comme la respiration qui précède l'action, l'instant où l'on bande ses muscles pour mieux franchir l'obstacle. Il avait mis son temps à profit pour écrire le récit de sa guerre et tirer des bords vers l'avenir. Mais, en 1969, il a soixante-dix-huit ans, bientôt soixante-dix-neuf. Il sait que, même en cas de crise nationale, il ne reviendra pas au pouvoir. Son âge est trop avancé et le désaveu des Français a été trop cuisant. La seule échéance à court ou moyen terme est inexorable et s'appelle la mort.

Il attend sans peur l'instant fatidique. Sa foi en l'au-delà le prémunit contre l'angoisse de mourir, tout comme sa profonde conscience de la dimension éphémère des existences humaines. Et puis, pourquoi ne pas le dire ? Cet historien passionné n'ignore pas que son nom et son œuvre lui survivront : « Puisque tout recommence toujours, ce que j'ai fait sera, tôt ou tard, source d'ardeurs nouvelles quand j'aurai disparu. » Néanmoins, sa tristesse est bien réelle, attestée par de nombreux témoins. Il n'est pas si facile au Général de faire le deuil de sa présidence, non pas des avantages matériels ou de prestige qu'elle pouvait lui procurer, il n'en a cure, mais de ce sentiment de tenir en ses mains les destinées de la France. Désormais, l'histoire s'écrira sans lui, lui qui a tant aimé la faire.

Face à ce deuil dans lequel est plongé son mari, Yvonne est un soutien indéfectible. Elle accompagne son mari d'une façon radicale, absolue, proche de la renonciation. « Dépouillement » pourrait être le maître mot de sa vie à compter de 1969. Cette évolution est d'autant plus naturelle pour Yvonne qu'elle éprouve depuis toujours un goût marqué pour l'humilité. Aux côtés de son mari qui a perdu, elle veut perdre plus encore, rester plus petite que lui, s'effacer dans une modestie qui n'a pour contrepoids que l'amour qu'elle lui porte. Le premier signe de ce renoncement tient en quelques mots et peut paraître symbolique, mais il en dit long : « Puisque la mode est aux simplifications, adressez vos lettres, s'il vous plaît, à Mme Charles de Gaulle[2] », écrit-elle à ses correspondants.

Elle n'est plus Mme la générale de Gaulle ni Mme la présidente – titres qu'elle n'avait jamais acceptés mais que beaucoup utilisaient malgré tout. Elle retourne à son identité première, la seule qui vaille, épouse de Charles de Gaulle redevenu un citoyen comme les autres (ou presque).

À la Boisserie, pourtant, il est difficile de s'extraire d'un passé qu'il serait plus doux d'oublier. La maison croule sous « l'invasion du courrier[3] ». Des sacs de lettres de soutien arrivent chaque jour à Colombey, à l'Élysée ou rue de Solferino. Un secrétariat est spécialement mis en place, avenue de Breteuil, pour répondre à la majeure partie de cette imposante correspondance. Le Général n'y met pas les pieds. À la Boisserie, « Mme de Gaulle jette parfois un coup d'œil dans l'un des sacs, commence un tri et présente quelques lettres au Général. "Je répondrai plus tard, déclare-t-il à Beaulaincourt, on a tout le temps, rien ne presse désormais."[4] » Philippe de Gaulle confirme le manque d'empressement de son père à se soumettre à la contrainte du courrier : « Il ne répondait qu'aux lettres très personnelles[5]. » Dès lors, pour qui veut atteindre directement le Général à propos d'une affaire personnelle, la meilleure solution reste de passer par son épouse. La transparence entre les deux époux est telle que cette méthode est régulièrement utilisée par les principaux collaborateurs du Général, tel Pierre-Louis Blanc. « Lorsque je souhaitais entretenir le Général de sujets de son ressort exclusif, j'avais recours au moyen utilisé par la famille ; j'écrivais à Mme de Gaulle et lui demandais de transmettre mon message à son mari[6]. » Yvonne conserve ainsi le rôle de messagère qui est le sien depuis des décennies. Quant aux lettres qui n'ont pas la chance de passer par son entremise, elles sont réexpédiées vers l'avenue de Breteuil…

À la fin du mois de juillet, le flux de lettres se tarit. Yvonne de Gaulle en conçoit un véritable soulagement : « Enfin, nous voici allégés de ce fardeau ! Maintenant nous sommes tranquilles[7]. » Hélas, c'est compter sans la fidélité d'une partie non négligeable de la population française, qui se charge d'écrire son attachement au Général sous toutes les formes – lettres, poèmes, dessins, compositions musicales… À la nouvelle année, aux dates anniversaires comme le 18 juin ou le 22 novembre, mais aussi le 29 avril, le courrier revient en masse à la Boisserie. « Des télégrammes recouvraient les tables du salon, les fauteuils, son bureau[8] », note Bernard Tricot lors de sa venue à la Boisserie à la fin d'avril 1970… Et les de Gaulle, qui ne laisseraient pour rien au monde une lettre sans réponse, se retrouvent d'astreinte – avec la collaboration des aides de camp et du secrétariat.

La fin de l'histoire

Le départ du pouvoir entraîne, chez le Général et sa femme, un retrait de la scène politique, mais plus largement un retrait volontaire du monde temporel. Bien sûr, tous deux continuent à s'informer de l'actualité et à en parler. Yvonne, même après la mort de son mari, conservera un regard très aiguisé sur ce qui se passe en France d'un point de vie politique et social, comme nous le verrons. Mais, vis-à-vis de l'opinion, le Général est entré dans un mutisme total qu'Yvonne n'a pas besoin d'adopter, puisqu'il est le sien depuis toujours. Rien ne filtre officiellement de la pensée de De Gaulle sur tel ou tel événement. Le Général s'est comme extrait de l'époque présente, se contentant finalement – et c'est déjà beaucoup – d'appartenir à l'Histoire.

Plusieurs raisons peuvent expliquer cet exil hors du temps. Le fait de ne pas interférer dans la gestion de ses successeurs est une courtoisie élémentaire. Une certaine mauvaise humeur guide également le Général : puisque les Français ne veulent plus de lui, qu'ils s'abstiennent de ses conseils. Enfin, l'organisation de l'élection présidentielle constitue une réminiscence douloureuse pour celui qui vient de quitter l'Élysée et qui, de surcroît, pose sur son probable successeur un regard mitigé.

La relation entre de Gaulle et Pompidou, née en 1945 sous les meilleurs auspices, s'achève en 1969 en queue de poisson. Les remous finaux ont suscité d'abondants commentaires et enraciné dans la plupart des milieux gaullistes un fort sentiment antipompidolien. Le fait que Georges Pompidou ne fasse pas partie des « gaullistes historiques » qui ont soutenu le Général dès la Seconde Guerre mondiale joue à coup sûr en sa défaveur.

Au sein même de la famille, des clans se forment. Alors que les Boissieu se posent en défenseurs de Georges Pompidou, Philippe de Gaulle est assez hostile au président, surtout après la mort de son père. Le propre frère d'Yvonne, Jacques-Philippe Vendroux, nourrit un farouche sentiment antipompidolien et ne s'en cache pas : le 3 mai 1969, « je suis, avec Louis Vallon, le seul parlementaire à refuser de signer toute adresse et toute déclaration de soutien en faveur de Georges Pompidou. Tout est définitivement rompu entre lui et moi[9]. » Dès le mois de juin, il crée une une amicale parlementaire, Présence et action du gaullisme, « qui ne cachait pas son ambition de surveiller le nouveau président afin qu'il ne sorte pas de la droite ligne gaullienne[10] ». Il est difficile de penser qu'il se lance dans cette entreprise sans l'approbation au moins tacite du général de Gaulle… Selon Pierre-Louis Blanc, Yvonne de Gaulle fait partie de ce clan antipompidolien. Mais en réalité, quel que soit le fond de sa pensée, elle joue en la matière la carte de l'apaisement. Revenons à l'histoire de cette rupture…

Les premières bisbilles entre le Général et celui qui est alors son Premier ministre trouvent leurs racines dans la crise de Mai 1968. Jusqu'au 30 mai, le

Général paraît impuissant tandis que Pompidou gère la crise en donnant partiellement satisfaction aux manifestants. Le départ pour Baden-Baden, dont le Premier ministre n'est pas informé, crée un premier hiatus.

À la fin de 1968, les démêlés de l'affaire Markovic, sombre machination qui vise à discréditer Pompidou en laissant croire que sa femme est adepte de parties fines, accentue la discorde. Aux yeux de Pompidou, le président de la République n'a pas pris assez vigoureusement sa défense en public. Si l'on en croit Philippe de Gaulle, Yvonne est, des deux, la plus indignée par les ennuis faits à Pompidou, en raison de l'amitié qu'elle porte à sa femme Claude. Durant les vacances de Noël à la Boisserie, elle exprime sa révolte : « "Comment peut-on laisser accuser une femme pareillement ? s'emporte ma mère. Je connais trop Claude Pompidou, c'est une accusation mensongère. Ne peut-on arrêter toutes ces rumeurs scandaleuses ?" Elle semble vouloir s'adresser à mon père comme si elle lui reprochait de ne pas intervenir. Il secoue les épaules : "L'Intérieur et la Justice s'en occupent. On découvrira bien vite l'inanité de ces ragots." Elle insiste : "Mais enfin, il n'y a rien d'autre à faire ?" Il s'est énervé. Il a reposé sa tasse à thé avec agacement. "Que peut-on faire de plus si ce n'est répondre à tout ça par le mépris ?"[11] »

Différence de position rare et intéressante. Yvonne fait jouer la solidarité féminine ; elle devine mieux que son mari les dégâts que peut causer la rumeur. « En famille, ma mère s'emportait : "On attaque les hommes par leurs femmes ! Claude Pompidou est une brave personne, c'est une enseignante de collège, ce n'est pas une écervelée. Elle est parfaitement honnête. Tout ça n'est pas correct." Je l'ai rarement vue si indignée. Mon père en était silencieusement étonné[12]. » Écoute-t-il son épouse ? Toujours est-il que, quelques jours après ce dialogue, il consent à inviter les Pompidou à un déjeuner privé à l'Élysée pour leur montrer officiellement son soutien.

Ce repas, qui intervient tardivement, ne répare pas les accrocs qui déchirent désormais la relation de Gaulle-Pompidou. Personne n'ose aborder « l'affaire ». Yvonne confie ensuite sa peine : « Lui [Georges Pompidou] était fermé, hostile. On sentait qu'il en voulait beaucoup à ton père. Claude, au contraire, essayait comme d'habitude d'être souriante, charmante. Ce déjeuner était vraiment très triste[13]. »

Les choses s'enveniment encore le 17 janvier 1969 quand Pompidou, selon les propos rapportés par un journaliste, annonce depuis Rome qu'il se place dans la perspective des présidentielles : « Pour succéder au général de Gaulle, il faut deux conditions : qu'il ait quitté la présidence et que son successeur soit élu. Ce n'est, je crois, un mystère pour personne que je serai candidat à une élection à la présidence de la République lorsqu'il y en aura une. Mais je ne suis pas du tout pressé », déclare-t-il.

La réaction du Général est brutale. Sur un plan personnel, la manière lui paraît irrévérencieuse comme le serait le fait d'annoncer sa mort à une personne toujours vivante. Politiquement, la phrase de Pompidou risque de fausser le jeu du référendum-plébiscite : certains électeurs pourraient envisager le départ du Général comme acceptable, dans la mesure où Pompidou assurerait la relève. Bref, le 22 janvier 1969, en conseil des ministres, de Gaulle fait un communiqué très clair : « J'ai le devoir et l'intention de remplir mon mandat jusqu'à son terme[14]. »

Tout a été dit sur cet incident. Le fait que de Gaulle ait suggéré dès 1962 à Pompidou d'être un jour son successeur, le contexte particulier de l'entretien de Rome mené par téléphone alors que Pompidou était en retard pour sa visite au pape, l'habileté du journaliste à lui faire prononcer des mots qui dépassaient sa pensée... Peu importe, le mal est fait.

Mme de Gaulle, pourtant, reste plus calme que la majorité des gaullistes. Elle qui est la première à dénoncer, quand ils se présentent, les traîtres et les opportunistes, elle qui ne mâche pas ses mots quand il s'agit de défendre son mari reste sur le sujet très modérée. Le lendemain de la fameuse déclaration de Pompidou, Foccart la rencontre : « Elle était très peinée. Elle m'a confié avoir dit au Général qu'il n'aurait pas dû faire ou laisser publier cette déclaration[15]. » Pas un mot contre Pompidou... « Pour ce que j'en sais, confirme Solange Galichon, Yvonne de Gaulle n'a pas conçu d'amertume de ce qui s'était passé à Rome[16]. »

Pourtant, il y a fort à parier que Mme de Gaulle ressent directement le camouflet que cette déclaration inflige à son mari. Il est probable qu'en ces circonstances elle se range à ses côtés. Comment expliquer alors la modération de sa réaction ? De deux choses l'une : soit elle trouve à Pompidou des circonstances atténuantes, soit elle le condamne intérieurement mais se garde de le dire. Le dévouement de Pompidou pour la Fondation Anne de Gaulle depuis 1946 – qui n'a jamais cessé depuis lors – lui vaut une mansuétude peu commune de la part de la première dame.

La suite des événements la conforte sans doute dans sa position de neutralité officielle, puisque Pompidou rend un bel hommage à de Gaulle lorsqu'il lui écrit le 28 avril 1969 pour lui annoncer sa candidature à la présidence – la lettre n'est rendue publique que plus tard : « Je n'oublie pas, mon Général, que ma fierté depuis un quart de siècle a été d'être votre collaborateur. Puissiez-vous croire que je reste dans le même état d'esprit[17]. » La réponse du Général deux jours plus tard mérite d'être citée. C'est un suave modèle de nuance : « Vous êtes certainement fondé à croire que j'approuve votre candidature. Je l'approuve, en effet. Sans doute eût-il mieux valu que vous ne l'ayez pas annoncée plusieurs semaines à l'avance, ce qui a fait perdre certaines voix au *oui*, vous en fera perdre quelques-unes à vous-même et, surtout, pourra vous gêner enfin dans votre personnage, si vous êtes élu[18]. »

Après la démission du Général, les de Gaulle décident de s'absenter durant la campagne de la présidentielle et de n'assister ni au vote, ni même à l'anniversaire éminemment gaulliste du 18 Juin. Pour cela, il leur faut quitter la

Boisserie, devenue la cible de trop de curieux : « Durant ces quinze derniers jours, [le Général] n'a pu sortir de sa propriété pour les promenades qu'il affectionne dans les bois d'alentour, voire dans son parc qu'il sait être sous la surveillance continue et indiscrète des téléobjectifs des photographes[19] », souligne l'amiral Flohic. Yvonne commente prosaïquement auprès d'un neveu : « Votre oncle avait besoin de s'éloigner du grenouillage actuel[20]... »

Ils veulent trouver la paix intérieure que procurent – du moins le croit-on communément – l'éloignement et la solitude. Ils décident de partir vers l'Irlande, choix moins absurde qu'il n'y paraît. Charles y a de lointains ancêtres et, sentant proche la fin de sa vie, aime penser qu'il y retrouvera ses racines. Et puis, depuis 1940, n'est-il pas d'usage pour lui de se réfugier sur une île quand le monde s'écroule ? Pourtant, pas de redite : l'Irlande a beau être proche de la Grande-Bretagne, elle en est fort éloignée. Peut-être de Gaulle éprouve-t-il même une joie secrète à venir dans un pays qui fait de la lutte contre la perfide Albion sa marque identitaire, au même titre que les montagnes du Connemara, les chevaux et la bière...

Le départ se fait dans la plus grande discrétion et l'ensemble du voyage est placé sous le sceau du secret. La peur des journalistes, toujours... « Les dispositions prises [...] ont été tenues si secrètes que ni le personnel de la Boisserie ni les policiers des renseignements généraux n'ont eu le moindre vent d'un voyage imminent[20]. » Mme de Gaulle fait elle-même les valises en cachette du personnel. Le 10 mai 1969, Charles et Yvonne quittent la maison à 8 heures. Ils arrivent une heure plus tard à la base militaire aérienne de Saint-Dizier où les attend un Mystère 20 du GLAM, le Groupe de liaisons aériennes ministérielles. Flohic monte avec eux dans l'avion. À 11 heures, l'appareil se pose à Cork, en Irlande. C'est Paul Fontenil qui pilote la voiture de louage et conduit le couple vers sa première destination, dans le Kerry, au sud-ouest de l'île. L'ambassadeur Emmanuel d'Harcourt et sa femme suivent en voiture.

Pendant plus de dix jours, les de Gaulle vivent dans un hôtel situé à l'écart du village de Sneem dans baie de Kenmara. La crique où se dresse leur logis s'appelle Heron Cove. Xavier de La Chevalerie, qui a été chargé d'organiser le voyage, et Miss Kilmartin, la secrétaire de l'ambassadeur, les y attendent. Ce n'est certainement pas un séjour de luxe : « Notre hôtel est vraiment modeste ; les verres et le service de table, tout à fait ordinaires. [...] La nourriture est simple, saine, bien préparée », constate l'aide de camp. Yvonne de Gaulle est plus pondérée : « La cuisine irlandaise a des points communs avec la nôtre, mais ne la vaut tout de même pas[21] », confie-t-elle à sa cuisinière Honorine. Et, au bout d'un mois, elle lance ce cri du cœur : « Vivement une bonne salade de laitue avec de l'huile. » Elle ajoute tout de même : « Par contre, le paysage est magnifique[22]. » Accoutumée à une certaine austérité, elle exige malgré tout un minimum de confort et ose faire quelques réclamations : « Elle me demande simplement, dit Flohic, que l'on pourvoie au remplacement de son lavabo par trop en mauvais état[23]. »

Comment les de Gaulle occupent-ils ces journées, eux qui ne sont plus habitués au temps libre ? Leur aide de camp explique que les premiers temps ils restent dans leur appartement et ne sortent que pour les repas. « Très vite, ils s'installent dans une routine : petit déjeuner à 8 h 30, déjeuner à 13 heures, dîner à 19 h 30[24]. » Ils se reposent, devisent entre eux, s'habituent à leur nouvel état de retraités. Yvonne s'attache à terminer son courrier. « Sans ses centaines de filleuls, se moquait gentiment mon père, ma femme se sentirait bien seule[25] ! » Le dimanche, la messe est dite à leur hôtel par le père Flavin, dont le portrait rappelle celui de l'abbé Drouot – « brave homme, très curé de campagne[26] »... Bref, l'ambiance de la Boisserie n'est guère éloignée.

Au bout de quelques jours, les de Gaulle supposent que les journalistes ont, de guerre lasse, abandonné la traque. Ils partent donc se promener avec Flohic sur les dunes de la plage de Derrynane. Les photographes, pourtant, sont là. Ils immortalisent dans des clichés devenus célèbres le couple de Gaulle qui affronte le vent sur cette grande plage. Un des journaux trouve le moyen de publier un cliché sur lequel le Général semble trébucher. Flohic remet ce journal à Mme de Gaulle : « Lorsqu'elle me le rend, la photographie n'y est plus[27]. » Préserver son mari, toujours le préserver.

Il faut noter que Charles de Gaulle est lui aussi très attentif à la façon dont les journalistes traitent son épouse. Au cours de l'été 1970, *Paris-Match* publie un article assez déplaisant sur Mme de Gaulle. Marcel Jullian est témoin de la colère que cela provoque chez le Général : « S'il supporte les attaques dont il fait l'objet, il trouve scandaleux qu'on cherche à l'atteindre en s'en prenant à son épouse. Il va droit à l'essentiel : [...] "Je ne comprends pas que Raymond Cartier ait laissé passer cet article. Nous avons, de 1940 à 1945, combattu du même côté. Il aurait pu ne pas l'oublier. "[28]»

Le plus amusant est qu'Yvonne se montre assez détachée vis-à-vis des critiques dont elle est l'objet. En Irlande, *Match* publie une photographie censée montrer la silhouette d'Yvonne derrière une fenêtre, prise au téléobjectif. Lorsqu'elle découvre le cliché, la femme du Général s'exclame : « Je ne me charge pas de faire les vitres[29]. »

Après treize jours passés à Heron Cove, les de Gaulle partent vers le Connemara, au nord-ouest de l'Irlande. Yvonne justifie ce choix auprès d'Honorine d'une façon imparable : « Nous allons changer d'endroit encore deux fois – tant qu'à faire, autant visiter le pays[30]. » Depuis le début de son séjour, elle observe avec passion le mode de vie des Irlandais. Dans la longue lettre qu'elle écrit le 22 mai à sa cuisinière, elle commente à sa manière – concrète, directe et sans transition – le mode de vie des habitants. Derrière la simplicité, voire la banalité, de ses propos percent un sens aigu de l'observation et un intérêt non dissimulé pour la façon dont s'organisent les sociétés humaines :

Les paysans produisaient trop de lait, on les a obligés à faire de la viande et à cesser les cultures pour faire des prés à cette intention, ils ont rouspété pendant trois ou quatre ans, mais sont enchantés maintenant. Ils ne font de beurre que pour leur consommation – ils n'exportent pas, bien que ce soit moins cher qu'en France, et il est bon.

Ils ne font pas de fromage – ils n'en mangent pas.

Ils mangent des pommes de terre, choux, carottes, oignons.

Les crudités sont rares et chères – ils n'ont pas d'huile.

Beaucoup de bon poisson-bœuf-mouton et surtout porcs et volailles. Les moutons, lâchés dans la nature (ils sont marqués) sont très jolis, jolie tête et pattes noires – et des poils longs et soyeux comme s'ils étaient peignés. Les vaches : pas de race spéciale, mais il y en a des grises à poils assez longs. Tout cela vit dehors sous la pluie. On ne tue pas les veaux qui sont nourris par leur mère, d'où qualité de viande de bœuf. La viande est coupée à la mode ancienne : rouelle de porc taillée en travers de jambon, aloyau de bœuf, etc.

Je n'ai pas vu un potager, ni un arbre fruitier, mais des tas de rhubarbe ! et tout de même des groseilliers-cassis et groseilles vertes.

Les Irlandais sont souriants et aimables, avec un joli teint rose dû à la bière brune qu'ils boivent. Il n'y a pas de vin. Ils se chauffent avec de la tourbe qu'ils exploitent tous[31].

Le 23 mai, les de Gaulle s'installent pour treize jours au Cashel Bay Hotel. Ancienne demeure privée, l'hôtel donne sur la mer. Le couple, visiblement, reprend des forces : « La condition physique du Général s'est beaucoup améliorée et continue de s'améliorer[32] », note Flohic. Yvonne, de toute évidence, a elle aussi le moral au beau fixe. Le jour de son anniversaire, elle écrit longuement à ceux qui lui sont chers. Comme à l'accoutumée, ses propos se ressemblent de lettre en lettre : « Cela me semble bon de n'avoir rien à faire d'autre que ce que je veux. Enfin, à soixante-neuf ans aujourd'hui, il était temps[33]... », confie-t-elle à Honorine. La phrase est identique dans la lettre qu'elle adresse à son fils : « Enfin, je n'ai plus rien à faire d'autre que ce que je veux. À mon âge, il était temps[34] ! »

Le 3 juin, nouveau déménagement, cette fois vers Killarney, capitale du Kerry. Au pied de la cathédrale, dans un domaine de cinq mille hectares qui s'étend au bord d'un lac, les de Gaulle s'installent dans l'ancienne laiterie d'un château. « Le cottage n'a pas d'étage ; il donne de plain-pied sur le jardin où les rhododendrons en fleur répandent leurs couleurs à profusion. Plus loin, le parc, le lac, les montagnes constituent un magnifique paysage[35]. » Les de Gaulle partagent juste les lieux avec Flohic, le chauffeur et deux femmes de chambre. Mme Flohic rejoint le groupe pour quelques jours. Le Général, « toujours très attentionné », demande à son aide de camp de louer une voiture pour sa femme : « Le premier jour, elle conduit Mme de Gaulle, ravie de circuler incognito, faire ses courses en ville[36]. » Bernard Tricot rend également visite aux de Gaulle le 5 juin. Il confirme qu'un certain apaisement semble régner : Mme de Gaulle « s'est, au moins en apparence, remise du choc d'avril ; elle souhaite, maintenant, retourner à Colombey et recevoir enfants et petits-enfants. La perspective de prendre des grandes vacances la réjouit[37]. »

La politique, cependant, reprend ses droits. Le dimanche 15 juin a lieu, en effet, l'élection présidentielle en France, pour laquelle les de Gaulle ont voté par procuration dès le 20 mai. Après avoir assisté à la messe dans la cathédrale de Killarney, ils retournent au cottage, où ils attendent l'annonce officielle des résultats à 23 h 30. Sans surprise, Georges Pompidou arrive en tête. Son élection, comme le note François Flohic, « clôt psychologiquement le séjour en Irlande ». C'est en effet pour éviter d'être sur le sol national au cours de la campagne électorale que le Général avait choisi de partir vers l'Irlande. Le retour en France n'est toutefois pas immédiat, car le 18 juin se profile et le Général ne veut pas assister à sa commémoration, lui qui a fait cette date et l'a célébrée tant de fois au temps où il était président.

Féru de symboles forts, il préfère passer ce jour glorieux en compagnie d'un autre grand homme qui a joué un rôle majeur dans l'histoire de son pays, Eamon De Valera. Âgé de quatre-vingt-cinq ans, le président-fondateur de la République d'Irlande reçoit les de Gaulle pour un dîner intime dans sa maison, située près de Dublin, le 17 juin. Le lendemain, après avoir visité le musée national de Dublin et le monastère de Glendalough, Charles et Yvonne déjeunent à l'ambassade de France. Emmanuel d'Harcourt, compagnon de la Libération, a été nommé au poste d'ambassadeur de France en Irlande juste avant le départ du Général. Profondément attaché à la personne de Charles de Gaulle, il remarque sa tristesse en ce jour anniversaire : « Après le déjeuner, le Général, auquel j'ai constamment trouvé l'air triste (j'ai vu que Mme de Gaulle avait les larmes aux yeux), revenait, comme dans son obsession, sur les circonstances de son départ, soulignant que les Français sont ingouvernables, toujours divisés, individualistes à l'extrême[38]. »

Ainsi donc, plus d'un mois passé en Irlande n'a pas suffi à absorber toute l'amertume du Général, qui paraît redoubler à la faveur du 18 juin. Quoi qu'il en soit, le retour en France est prévu le lendemain. Avant leur départ, les de Gaulle prennent le temps de rencontrer une délégation de descendants de la famille Mac Cartan.

Une fois le couple rentré à la Boisserie, les bénéfices du voyage apparaissent plus nettement. Jean d'Escrienne, qui vient rendre visite au Général à cette époque, rapporte la confidence que lui fait alors Yvonne de Gaulle : « Ce voyage en Irlande a fait le plus grand bien au Général ; ça l'a *sorti*, ça lui a changé les idées... car il y a eu des jours pénibles, des heures difficiles à passer... bien que, finalement, pour lui, ç'ait été un bon départ ; et il fallait bien de toute façon partir un jour[39] ! » Ce témoignage est corroboré par celui de l'abbé Drouot, qui voit les de Gaulle le 25 juillet 1969 : « Faisant allusion à son départ de l'Élysée il me dit : "Je ne regrette rien." Et je lui ai répondu : "Vous avez fait votre part, votre très grande part."[40] »

Ainsi, en dépit du référendum négatif et de la nouvelle période historique qui commence pour la France, le Général parvient à trouver une paix relative. Pour Mme de Gaulle, l'arrivée de Pompidou à la présidence soulève un problème très particulier.

LE PRÉSIDENT TRÉSORIER

Georges Pompidou est, depuis 1946, trésorier et membre du conseil d'administration de la Fondation Anne de Gaulle. Son accession aux fonctions de Premier ministre en 1962 n'avait pas remis en cause cette position. En revanche, son arrivée à la présidence de la République soulève la question de savoir s'il peut continuer à exercer sa mission à Vertcœur. Visiblement, pour Yvonne, c'est impossible. Elle tarde toutefois un peu avant de s'adresser au nouveau locataire de l'Élysée, puisque elle ne le fait que le 4 août 1969. Fait étonnant, dix jours avant cette date, alors qu'elle ne connaît donc pas de façon formelle la décision de Pompidou, elle a déjà sollicité un éventuel successeur en la personne de Georges Galichon : « Sur le conseil du Général, je vous demande de faire partie du conseil d'administration de la Fondation Anne de Gaulle (œuvre que j'ai fondée en 1946 pour des jeunes filles arriérées de familles nécessiteuses)[41]. »

La lettre à Pompidou, postérieure, donc, est étrangement symétrique :

> Cher Monsieur le président,
>
> Vous aviez accepté, voici nombre d'années, de faire partie du conseil d'administration de la fondation. Étant donné la nature des hautes fonctions qui vous incombent maintenant, je ne puis vous demander de le faire plus longtemps. Sur le conseil du Général, j'ai pressenti M. Galichon pour qu'il accepte de prendre les fonctions de trésorier[42].

Les deux courriers illustrent, si l'on en doutait encore, l'implication du général de Gaulle dans la vie de la fondation. Pour les décisions importantes, Yvonne ne manque pas de se concerter avec lui, de se réclamer de lui, de s'entourer des personnages qu'il lui recommande. Georges Galichon, qui est à l'époque conseiller d'État et président d'Air France, fut de 1961 à 1967 le directeur de cabinet de De Gaulle à l'Élysée. Son épouse confirme la façon dont s'est fait le choix : « Les de Gaulle voulaient quelqu'un de confiance. C'est le Général qui a proposé son nom, en très grand accord avec Mme de Gaulle. Le Général était très attaché à la fondation[43]. »

La réponse du président de la République arrive dans le courant du mois puisque, le 31 août, Yvonne de Gaulle lui annonce depuis Colombey qu'elle accepte sa démission[44]. Entre-temps, Pompidou a également écrit à son successeur ainsi qu'à la sœur Jeanne, qui lui fait part de ses « regrets de [le] voir quitter le conseil d'administration » et de « la gratitude de tout Vertcœur[45] ». Le

17 septembre 1969, un conseil d'administration entérine la décision : « Mme la générale de Gaulle fait savoir que, par décision du 31 août 1969 et avec beaucoup de regret, elle avait pensé décharger M. G. Pompidou, président de la République, des fonctions de trésorier de l'œuvre en raison de la lourde charge qu'il assumait actuellement à la présidence de la République. [...] Mme la générale accepte la démission de M. Pompidou comme membre du CA[46]. » À partir de cette date, la fondation, créée par la femme d'un chef d'État, se sépare d'un de ses plus anciens collaborateurs, appelé à son tour aux plus hautes fonctions.

Il y a dans ce voisinage permanent entre la misère humaine, symbolisée par les infirmes, et la grandeur attachée au pouvoir, une vraie singularité d'Yvonne de Gaulle. Le fait qu'elle soit impliquée dans chacun de ces deux univers séparés lui permet de conserver sa simplicité et de rester au contact des réalités. Georges Galichon s'en aperçoit vite. Tout comme Pompidou, il reçoit les recommandations très directes de sa présidente : « Les bonnes sœurs ont tendance à demander trop[47] » pour les réparations du château, lui signifie-t-elle dès le 30 novembre 1969. Quand il faut racheter un brûleur à mazout en 1970, elle le presse – « Il ne faut pas attendre, les prix ne feront que monter[48] ». La présidente n'a rien perdu de son goût pour les choses pratiques, ni de son sens de l'humour. Quand le père blanc aumônier est hospitalisé en mai 1970, elle envoie de l'argent aux sœurs pour qu'elles lui achètent des fruits, tout en précisant : « sauf bananes et oranges dont il a dû être saturé en Afrique[49] ».

Après avoir servi le Général, Georges Galichon apprend à travailler avec sa femme, tout aussi exigeante. Si l'on en croit Solange Galichon, son mari se prend vite au jeu de ses nouvelles fonctions. : « Il y allait très souvent, au moins tous les mois, sauf quand il fut ambassadeur auprès du Vatican [de 1975 à 1979]. J'y allais avec lui, sauf pour le conseil d'administration. Il fallait déjeuner avec les bonnes sœurs. Ce n'était pas le même genre de relations qu'avec Pompidou. Toutes les bonnes sœurs étaient autour de mon mari ! Il connaissait très bien leur ordre et les bonnes sœurs lui confiaient tous leurs malheurs. Cette confiance mutuelle entraînait une vraie relation, pleine de compréhension[50]. »

La solitude à deux

Après le retour d'Irlande et en dépit des activités liées à la fondation, le couple reprend ses habitudes à la Boisserie. Moins d'une semaine après leur réinstallation à Colombey, les fidèles Vendroux arrivent. Puis l'été voit alterner les visites des petits-enfants, des neveux, des frères, des sœurs, presque comme autrefois. Pourtant, l'ambiance est radicalement changée. Désormais, alors même que plus rien ne le presse, le Général se sent pris par le temps. Son urgence tient en quelques mots : les *Mémoires d'espoir*. « Comme je voudrais les terminer avant ma mort ; je me dépêche, je me dépêche... J'espère écrire le second tome en moins d'un an. C'est ma mission avant de mourir[51] », confie-t-il à son neveu Bernard de Gaulle. Propos répétés à Couve de Murville – « en quatre ans, je peux avoir fini, si Dieu me prête vie[52] » – et confirmés par Yvonne : « Ton oncle travaille, travaille à ses Mémoires. Si Dieu le veut ce sera terminé dans cinq à six ans[53]. » Ses journées se passent donc à lire et à écrire. Il s'attelle aussi à ses *Discours et messages*, dont les différents volumes sortiront en librairie entre avril et septembre 1970.

Pour mettre sur pied cette œuvre importante, il s'entoure de collaborateurs en lesquels il a une entière confiance. Dès le 30 avril 1970, il charge son dernier directeur de cabinet, Xavier de La Chevalerie, de demander à Pierre-Louis Blanc s'il accepterait de l'aider dans la préparation des *Mémoires*. Le Général apprécie Blanc, énarque et diplomate, qui a servi à partir de 1967 dans son cabinet en tant que chef du service de presse. L'intéressé accepte sans hésiter et se rend à Colombey pour la première fois le 6 juillet 1969. Il lui incombe désormais de regrouper les archives, de rédiger les demandes ou les dérogations, de régler les problèmes juridiques liés à l'édition. Dès lors, et jusqu'en octobre 1970, il effectue seize voyages à la Boisserie et devient l'un des témoins privilégiés de la période. Un autre homme est très présent. Il s'agit du responsable de la librairie Plon chargé de la parution des œuvres de Charles de Gaulle, Marcel Jullian. Enfin, une séance de courrier a lieu chaque mardi à la Boisserie avec le secrétaire particulier, Xavier de Beaulaincourt, parfois accompagné du colonel Desgrées du Lou.

Dans ce contexte, Yvonne continue d'assurer son rôle de gardienne. Par une sorte de mimétisme amoureux qui la pousse à faire siennes les obsessions de son mari, l'écriture des *Mémoires* devient son cheval de bataille. Convaincue depuis longtemps de la dimension historique du Général, elle veut que la postérité puisse en apprécier la valeur. Aussi, elle accueille à la Boisserie seulement les rares visiteurs autorisés – anciens proches collaborateurs comme Geoffroy de Courcel (devenu ambassadeur à Londres), Étienne Burin des Roziers, Bernard Tricot, Xavier de La Chevalerie ; anciens ministres comme Pierre Messmer, André Malraux, Maurice Couve de Murville ; fidèles de toujours tels Pierre Lefranc ou Léon Noël, ou encore ceux qui ont partie liée à l'édition des *Mémoires d'espoir* – Michel Droit, Marcel Jullian, François Goguel…

Mais même contre ces hommes, qu'elle sait pourtant très attachés à son mari, il lui arrive de pester. S'ils s'attardent trop longtemps, elle se plaint auprès de Philippe : « Ils le retardent dans son travail. Ils ne peuvent pas le laisser tranquille. Tu devrais lui conseiller d'ouvrir moins sa porte[54]. » Rapportés par Philippe de Gaulle, ces propos doivent être nuancés. Ce n'est pas tant Yvonne que le Général lui-même qui demande à réduire le flot des visiteurs. Yvonne, du moins, l'affirme : « Les parents proches – que j'invitais parce que nous avions eu si peu de temps à leur consacrer à Paris –, il était heureux de les revoir, mais me disait aussi : "Cela me fait perdre du temps pour mes *Mémoires*." En réalité, à part les enfants et les petits-enfants , auxquels il ne comptait pas son temps, il ne tenait plus à recevoir que ceux qui l'aidaient – aides de camp, Beaulaincourt, M. Blanc – pour les *Mémoires*[55]. »

En toutes circonstances elle se montre bonne hôtesse. Malraux, lors de sa visite du 11 décembre 1969, qui constitue le thème des *Chênes qu'on abat*, fait d'elle un portrait flatteur et parle de « la sympathie qu'elle [lui] inspire » : « Elle a rajeuni à tel point que je découvre le jeune visage qu'aimait autrefois le capitaine de Gaulle. Jadis lasse, elle montre aujourd'hui une joie contagieuse, qui n'est pas étrangère à la sérénité du Général[56]. » À table, selon Marcel Jullian, le ton est badin. Alors que les convives parlent de Jackie Kennedy, Malraux lance : « Vous vous souvenez des pancartes à Cuba : Kennedy, non, Jackie, oui ? » Mme de Gaulle coupe : « Charles, si nous y étions allés, est-ce qu'il y aurait eu des pancartes : de Gaulle, non, Yvonne, oui[57] ? »

Primesautière, elle redevient parfois grave, quand elle se fait l'écho des doutes de son mari écrivain. Le colonel d'Escrienne assiste dans la bibliothèque au dialogue entre l'auteur de *La Condition humaine* et la femme du Général, première confidente de celui-ci. « Malraux lui avait dès l'abord dit combien il estimait, pour sa part, important, capital même que le Général, après cette rupture brutale avec la vie publique, se soit rapidement mis à écrire. [...] "Le Général, avait dit Mme de Gaulle, se demande parfois si ce travail est bien utile[58] !" » Façon pour ce grand sentimental d'exprimer son désir de s'entendre dire le contraire, sans doute...

Quoi qu'il en soit, il travaille sans relâche, chaque jour, avec une grande régularité. Mme de Gaulle s'en ouvre auprès de Mme Baltrusaïtis, dont le mari, Jurgis, est chargé d'affaires en France du gouvernement lituanien en exil. Ce couple passe de temps en temps quelques jours dans sa famille, non loin de Colombey, à Maranville. Du coup, on se fréquente en bons voisins. « Le Général travaille à la seconde partie de ses *Mémoires*. Il ne veut plus se mêler de rien, ni dire, ni encore moins faire dire par qui que ce soit. Personne n'a été chargé d'aucune mission[59]. » Propos confirmés dans les lettres qu'elle envoie à d'autres correspondantes : « Votre cousin va bien, il ne veut plus se mêler de "ce qui ne le concerne plus" et a trouvé dans ce grand travail des Mémoires une excellente suite, et activité. Nous ne recevons plus que nos enfants et petits-enfants ; pour le temps présent, Ch. ne veut plus parler de ce qui se passe ; et on ne veut pas qu'on se serve de son nom, ce qui créerait une équivoque[60]. »

La vie du village passe au premier plan. Échanges avec les voisins, déjeuner avec le maire M. Raullet, messe du dimanche... Précisons que les de Gaulle choisissent le plus souvent d'assister à l'office dans des bourgades voisines – sans faire faux bond pour autant à l'abbé Drouot, qui dessert les paroisses entourant celle de Colombey. « Le Général m'a dit en souriant que le monde qui venait le voir à la messe l'intimidait, note l'abbé, et que pour cette raison ils allaient à la messe ailleurs, mais, ont-il dit, toujours dans le cadre paroissial[61]. » Le détail est intéressant : alors que les de Gaulle pourraient faire venir chez eux un père conventuel comme à l'Élysée, ils tiennent à s'inscrire dans la dimension locale de leur église, à côtoyer les fidèles, bref à pratiquer ce catholicisme humble qui les caractérise depuis toujours. Malgré les contraintes que cela leur impose, notamment par la présence des curieux ou la nécessité de se déplacer vers d'autres paroisses, ils considèrent que leur foi les met sur le même plan que les autres croyants. C'est au sein du peuple de Dieu, parmi les gens simples, qu'ils veulent continuer à communier.

Pour cette raison aussi, ils sont donc attachés à leur curé de campagne, présent à Colombey depuis 1943. Régulièrement convié à la Boisserie, l'abbé Drouot est l'objet de toutes les attentions du couple. Quand sa mère meurt, en juillet 1969, il reçoit « aussitôt » une lettre du Général et une de Mme de Gaulle. Puis les de Gaulle viennent le voir, l'après-midi du 25 juillet, pour lui présenter leurs condoléances. Dans la salle à manger de la cure, ils lui parlent « fort gentillement [*sic*] de [sa] famille et de [sa] maman ». Ce même jour, à peine sortis de chez le curé, ils filent vers le village voisin de Rizaucourt. Ils y rendent visite à Mme Michiniau, l'ancienne gouvernante d'Anne, qui vit chez sa sœur, Mme Bernard. La fidélité aux personnes qui ont été bonnes pour eux est toujours aussi importante à leurs yeux.

L'hiver vient sur la Boisserie. Les petits-enfants sont retournés à l'école. Le temps s'arrête, comme le ciel gris qui bouche le ciel. « Yvonne et moi sommes dans une solitude qui ne nous est pas pesante après beaucoup de tumultes », écrit un Général apaisé. Le village, coupé de tout, devient un monde en soi dont ils suivent les rythmes. À 17 heures, quand il fait déjà noir, ils prennent le thé dans un certain silence, celui des vieux couples qui se sont déjà presque tout dit et qui n'ont pas besoin de se parler pour se comprendre. Dehors, aucune lumière. La rue est loin, masquée par les murs.

Le 22 novembre, jour anniversaire du Général, un regain d'activité s'empare du village. Les journalistes commencent à arriver dans l'espoir de photographier de Gaulle le lendemain à la messe. À la Boisserie, où les anniversaires ne sont jamais célébrés entre adultes, la journée se passe le plus calmement du monde. L'abbé Drouot est convié à déjeuner. Yvonne en profite pour lui demander où il dit sa première messe le lendemain matin. Le prêtre désigne le village d'Harricourt. « Et effectivement, la famille de Gaulle s'y trouvait [le lendemain] afin d'éviter les journalistes arrivés au village[62]. »

Dans le froid de Colombey, les de Gaulle finissent par ressembler à deux petits vieux. Ils prennent garde à ne pas glisser sur les plaques de verglas, à ne pas prendre froid, à ne pas tomber malades. « Nous sommes les deux seuls du village à n'avoir pas eu la grippe[63] », note fièrement Yvonne au milieu du mois de février 1970. De leur exil ouaté, ils suivent l'évolution d'une époque qu'ils ne comprennent plus. Yvonne, particulièrement, regarde disparaître avec tristesse le monde qu'elle a connu.

L'avenir de l'Église la préoccupe tout particulièrement, et de façon de plus en plus obsessionnelle. Il faut dire que les profondes mutations qui agitent le monde catholique ont tout pour déplaire aux de Gaulle. C'est encore une fois l'abbé Drouot qui nous en apporte le précieux témoignage. Alors qu'il déjeune à la Boisserie en novembre 1969, le sujet de conversation se porte assez naturellement sur le récent congrès qu'a tenu à Rome, du 10 au 16 octobre, un mouvement de prêtres européens contestataires. De quoi s'agit-il exactement ? Dans la foulée de Mai 1968 et selon une démarche assez parallèle à celle des étudiants, un certain nombre d'ecclésiastiques français ont lancé le 3 novembre 1968 un mouvement baptisé Échanges et dialogues. Soucieux de revenir à ce qu'ils considèrent comme les vraies valeurs évangéliques, ils préconisent la création d'un nouveau statut du sacerdoce. Ils souhaitent par exemple travailler pour gagner leur vie, et non plus être des fonctionnaires du culte. Solidaires des hommes de base, ils veulent pouvoir s'exprimer librement, prendre des engagements politiques ou syndicaux et participer directement aux décisions de l'Église. Enfin, ils n'excluent pas la perspective du mariage des prêtres. Cette aspiration à la liberté individuelle qui tente de secouer le joug de la hiérarchie ecclésiastique s'est donc exprimée lors du congrès d'octobre 1969 à Rome. Des mouvements venus de plusieurs pays s'y sont regroupés pour réclamer la « déclergification ».

Ces revendications totalement contraires à la tradition sont très clairement condamnées par les de Gaulle. Selon Drouot, le Général s'indigne : « Ces prêtres recherchaient leurs propres commodités, et non le bien de l'Église[64]. » Son épouse est tout aussi choquée : « Mme de Gaulle s'est plainte des continuels changements dans l'Église. Et s'est montrée très pessimiste sur son avenir[65]. » Une lettre exceptionnelle permet de se rendre compte des arguments très précis qu'avance Yvonne pour justifier ses craintes. Elle est écrite dans un contexte particulier : en ce début de février 1970, la paroisse de Colombey et celles qui l'entourent se retrouvent sans prêtre, puisque l'abbé Drouot vient de prendre sa retraite – il mourra peu après, le 25 février 1970, à Arc-en-Barrois. Au-delà du problème que pose son départ sur le plan local, Yvonne analyse plus largement les causes de cette situation : « Voici huit villages sans pasteur et si près de la profession de foi... De plus, [l'abbé Drouot] assurait l'aumônerie du collège d'enseignement général de Colombey regroupant des tas de jeunes ramassés en car au-delà même des huit paroisses. Comme il n'y a eu qu'une ordination en 69 et qu'il n'y en aura pas pour le diocèse, le doyen nous a prévenus que ce n'est pas en quelques semaines que le remplacement pourra être fait. Il y aura une messe le dimanche à Colombey, et les sept paroisses devront y venir. En cas d'urgence, nous n'avons que la possibilité de nous adresser à dix kilomètres à un pauvre curé. [...] Il n'y a plus de grand séminaire en Haute-Marne, les trois départements sont regroupés à Reims[66]. »

Du reste, même quand le diocèse trouve – plus rapidement que prévu – un remplaçant au défunt prêtre, Yvonne ne démord pas de son pessimisme : « Nous avons à Colombey un bon curé qui dessert sept paroisses en plus de la nôtre. Je ne pense pas qu'il tienne longtemps, sa santé est déficiente et le climat très froid[67]. » Bref, tout va mal, même la météorologie. De manière générale, il semble qu'avec l'âge la méfiance d'Yvonne envers le présent et l'avenir se renforce, tandis que se cristallise son admiration pour un passé qui n'est plus. Le thème de la décadence de la France, certainement associé dans son esprit au fait que son mari n'est plus aux commandes, devient récurrent dans son courrier : « Ce qui est inquiétant c'est surtout pour les jeunes. Dans l'agriculture comme ailleurs, il y a de la contestation. On n'obéit plus aux parents[68] », s'inquiète-t-elle en ce début d'année 1970. Cette tendance à désespérer de la jeunesse et de la nation gagnera en intensité après la mort du Général.

En 1970 se profile pour les de Gaulle un nouveau grand voyage, qui se prépare comme le précédent dans le plus grand secret. L'ambassadeur français à Madrid, Robert Gillet, se rend à deux reprises à la Boisserie. Le colonel Desgrées du Lou part aussi en reconnaissance vers la péninsule Ibérique. C'est en effet sur l'Espagne que le Général a jeté son dévolu, sans que personne connaisse vraiment les raisons qui ont présidé à son choix. Pas d'ancêtres, cette fois, ou alors un aïeul symbolique en la personne de Charles Quint, que le Général admire beaucoup.

En tout cas, peu de personnes sont mises dans la confidence. Le président de la République et quelques ministres sont informés de la destination, mais c'est à peu près tout. Même la sœur supérieure de Vertcœur, pour qui Yvonne n'a habituellement pas de secret, n'en saura pas plus : « "Confidentiellement", je vais partir en vacances – si on peut dire[69] », se contente de lui indiquer Mme de Gaulle.

C'est en voiture, le 3 juin 1970, que les de Gaulle quittent la Boisserie. Leur périple espagnol durera vingt-trois jours au total et les conduira vers des régions très différentes. Sur la côte nord, ils se rendent à Saint-Jacques-de-Compostelle. Ce haut lieu de pèlerinage a été mis au programme par Yvonne, si l'on en croit Jean Lacouture[70] et Jean Mauriac. À celui-ci, Mme de Gaulle écrit qu'elle a suggéré cette visite à son mari, pensant « que ce très ancien pèlerinage l'intéresserait – tout comme j'ai demandé le retour par Roncevaux pour une raison similaire ». La suite de sa lettre montre le rôle important qui fut le sien dans le choix des étapes : « Il n'avait pas consulté le *Guide bleu*, simplement fixé Madrid, l'Escorial et un "petit pays tranquille". J'avais obtenu d'autres étapes et, finalement, il n'était pas fâché de les faire[71]. »

C'est ainsi que les de Gaulle se rendent à Madrid. Au matin du 8 juin, visite de l'Escorial. À midi, le couple est reçu par le général Franco puis parcourt à toute allure le musée du Prado avant de reprendre la route en direction du sud, vers Tolède. Le 9 juin, ils s'installent dans un parador près de Jaen, en Andalousie orientale. De là, ils se rendent en excursion à Cordoue.

Sur la carte postale qu'elle envoie à Vertcœur depuis Jaen, Yvonne évoque essentiellement la dimension religieuse de ce qu'elle observe. Toutes les églises qu'elle a visitées l'y incitent, et elle sait aussi que le thème intéressera sa correspondante. Mais la profusion de détails techniques, l'observation attentive du rituel, montrent encore une fois à quel point le sujet lui est cher. Et puis, en Espagne, elle retrouve la religion qu'elle a connue dans sa jeunesse, avec ses fastes, ses rites, son emphase : « Ici les sœurs sont en costume peu modernisé (jupe longue) et les prêtres en soutane et chapeau. J'ai vu des sœurs de charité, d'autres en noir et blanc, comme les ursulines, d'autres en blouse de nylon, bleu de roi et voile blanc (école village). Les communiantes sont en mousseline blanche, avec des tas de ruchés, broderies, dentelles, on dirait des petites mariées (elles sont petites de taille), et toutes brunes, souvent de peau foncée, ce qui fait qu'elles ont un aspect de mouches tombées dans du lait... Les cloches sonnent peu, et carillons légers. À Saint-Jacques-de-Compostelle, un encensoir manipulé par cinq hommes et des cordes se balance devant le chœur jusqu'en haut de la nef (les jours de très grande fête). On l'a fait marcher pour le Général, c'est impressionnant[72]. »

Enfin, étape méridionale ultime, les environs de Marbella. Pendant dix jours, à Ojen, les de Gaulle profitent des paysages de la sierra blanca. Ils y passent le 18 juin dans une quasi-solitude. À l'issue du déjeuner, le Général gagne son bureau, Mme de Gaulle sa chambre. « Mais assez vite il revint près de moi, se souvient-elle. Il ne voulait pas rester seul[73]. »

Malgré la chaleur accablante, le Général poursuit son travail de mémorialiste. Les épreuves du troisième tome des *Mémoires d'espoir* lui sont apportées de France afin qu'il les relise.

Le 26 juin, retour vers la France par Séville, Caceres, Ségovie, Burgos et enfin le col de Roncevaux. Après une nuit au château d'Ayres, en Lozère, le couple est de retour à Colombey.

À peine chez eux, les de Gaulle reprennent leurs occupations. Le jour même du retour, Marcel Jullian est là pour évoquer avec le Général l'avancement des *Mémoires d'espoir*. Le 10 juillet, il revient pour emporter le premier tome achevé. Désormais, avec les beaux jours, le couple reste à la Boisserie et reçoit la famille. Les Vendroux passent quelques jours autour du 14 juillet, puis reviennent aux alentours du 15 août, suivis de peu par Philippe de Gaulle et les siens.

Charles et Yvonne ne font qu'un seul séjour, très court, à Paris. Le motif en est la communion de leur petite-fille Anne. Pour éviter les indiscrétions, ils entrent dans l'immeuble des Boissieu, rue de Grenelle, par le garage et la porte du sous-sol. Après la cérémonie et le déjeuner, ils rentrent à Colombey. Car de Gaulle, plus encore qu'au début de l'année, ressent l'urgence d'achever son œuvre.

Seule rupture dans cette retraite, les devoirs que l'écrivain remplit pour promouvoir son livre. Le 6 octobre 1970, Pierre-Louis Blanc apporte à la Boisserie les premiers exemplaires des *Mémoires d'espoir*... Le moment est émouvant, et le premier geste de Charles est pour son épouse. « Il y avait notamment des tirages sur beau papier portant la mention "imprimé pour", le numéro 1 étant destiné au "Général et à Mme de Gaulle". Il était vers 10 heures du matin. Le Général, sans défaire le léger emballage enveloppant l'ouvrage, le remit immédiatement à sa femme avec ces simples mots : "Cet exemplaire est pour nous. "[74]» Quelques jours plus tard, Pierre-Louis Blanc revient avec trois cents livres afin que de Gaulle puisse les dédicacer à ses anciens collaborateurs, à certaines personnalités politiques, à des membres de sa famille. Bilan, selon Yvonne : « Le Général a signé ou dédicacé tant de livres qu'il en a eu horriblement mal à la main droite[75]. »

Elle-même, de son côté, poursuit ses actions régulières, organise les réunions de Vertcœur, écrit ainsi au trésorier : « Ci-joint une lettre de la supérieure de la fondation… Je crains que la réparation du toit-cheminée soit assez sérieuse. Enfin je me dépêche de faire partir cette lettre puisque les P et T vont se mettre en grève[76] », conclut-elle avec son pessimisme pince-sans-rire.

Bientôt, les vacances de la Toussaint arrivent, et avec elles la famille qui vient prier ses morts. Élisabeth, Alain et Anne se rendent à la Boisserie. Philippe est retenu à Brest, où il commande l'aéronavale de la 2e région militaire. Le 2 novembre, le Général, sa femme et les Boissieu vont à la messe. Dans une lettre un peu postérieure, Yvonne explique aux sœurs à quel point son mari et elle pensent alors à Anne[77]. À la sortie de l'église, ils se recueillent sur la tombe de leur enfant morte vingt-deux ans plus tôt. Charles fait remarquer que la porte du cimetière est trop étroite et qu'elle ne suffira pas en cas de foule importante. Le 4 novembre, toute la famille, mais aussi Honorine, Charlotte et le chauffeur Marroux, célèbrent la Saint-Charles.

A posteriori, quand on sait que de Gaulle mourra quelques jours plus tard, chaque moment de ces vacances automnales prend une tonalité particulière et confine au symbole. Ce 3 novembre, quand les Boissieu repartent vers Paris après le déjeuner, le Général se rend compte au dernier moment qu'il a oublié d'embrasser sa petite-fille. Les parents s'en aperçoivent aussi et Anne, avant de franchir le portail, sort de la voiture pour embrasser son grand-père.

Quant à la lettre que le Général écrit à Philippe le 6 novembre, elle a de beaux accents prémonitoires : « Puisse cette maison être pour notre famille un centre effectif de réunion, cela tant que nous y serons ta maman et moi, puis ta maman après moi ; mais cela aussi, je l'espère, autour de toi et d'Henriette quand nous aurons disparu[78] ! »

Le dimanche 8 novembre, les de Gaulle vont à la messe au village. Certains paroissiens confieront après coup qu'ils ont alors trouvé le Général bien pâle.

CHAPITRE XVI

« Ma vie est finie »

LA MORT DU GÉNÉRAL

Le lundi 9 novembre commence comme n'importe quel autre jour à la Boisserie. Yvonne se lève la première, fait servir le petit déjeuner dans la chambre. Le couple descend ensuite. Lui s'installe à son bureau pour écrire ses *Mémoires*, elle vaque à ses occupations ménagères ou épistolaires. Le déjeuner est pris en tête à tête, puis Charles doit recevoir un voisin, René Piot, pour des affaires de terrain. Il se remet ensuite à son œuvre, écrit une lettre à Cada, une à Philippe.

Selon Jean Mauriac, il vient voir sa femme et lui remet deux enveloppes pour qu'elle y inscrive les adresses. Yvonne a gardé un souvenir parfaitement exact de ces moments qui précèdent la mort. En 1972, elle adresse un certain nombre de remarques à Jean Mauriac, qui vient de publier un livre sur la mort du Général. Elle y note que son mari avait non pas deux, mais plusieurs lettres dans la main. « Cela l'ennuyait de mettre les adresses (sauf celles des enfants), il me chargeait de le faire pour les lettres familiales[1]. »

À 17 heures, le couple prend le thé puis se remet à ses activités. La nuit est tombée depuis un moment. Vers 18 h 30, le Général arrête de travailler et s'assoit à la table de bridge pour faire une réussite.

C'est vers 18 h 50 qu'il s'effondre dans un cri, la main sur les reins. Yvonne accourt, se penche sur lui, le soutient, mais comprend. Certains auteurs prétendent qu'il lui dit alors qu'il a mal au dos. Yvonne est catégorique : « Ce n'est pas ce qu'il a dit. Je suis la seule à le savoir[2]. »

Elle appelle les domestiques, demande à Charlotte de téléphoner de toute urgence au docteur Guy Lacheny à Bar-sur-Aube et à Honorine de prévenir Marroux (qui loge dans une petite maison située juste à la sortie de la Boisserie) pour qu'il aille quérir le curé Claude Jaugey. Mme de Gaulle précise dans sa lettre à Mauriac que « le Général a encore vécu plusieurs minutes après l'extrême-onction[3] ». Ce détail est capital pour la catholique qu'elle est.

Quand le médecin arrive à 19 h 10, il est trop tard pour tenter quoi que ce soit. De Gaulle s'éteint à 19 h 25.

« Vous savez, depuis deux ans, il a tellement souffert[4]. » Tels sont les premiers mots que prononce Mme de Gaulle pour commenter auprès du médecin la mort de son mari. Confidence étonnante qui dit bien l'épreuve que fut, pour cet homme passionné de la France, la résignation de ne plus être aux commandes de sa destinée. La sérénité recouvrée après le voyage en Irlande, la joie affichée du grand-père auprès de ses petits-enfants, la satisfaction d'avoir mené à bien une bonne partie de ses *Mémoires d'espoir*, tout cela n'avait pas suffi à panser la blessure, et Yvonne avait été le témoin de cette souffrance indélébile.

Mais fi des regrets pour l'instant. Il faut agir. Mme de Gaulle demande au curé de prévenir les Boissieu, qui se chargeront d'appeler Philippe. L'émotion l'empêche-t-elle d'accomplir elle-même cette annonce douloureuse ? Est-ce alors que le chagrin s'empare d'elle ? Il n'est pas facile de le savoir, tant elle s'applique à n'en point montrer le moindre signe. Cela correspond à sa nature avant tout pudique, mais aussi aux recommandations de l'Église : « Ceux qui sont frappés de deuil doivent se tenir à l'église, au monastère, à la maison, silencieux, calmes et dignes, comme doivent l'être ceux qui croient à la vérité de la Résurrection[5]. » La douleur d'Yvonne se résume extérieurement à l'habit noir qu'elle porte dès cet instant.

Pour le moment, elle est prise par l'urgence des choses à régler. Il lui faut refaire les gestes qu'elle a déjà faits en 1948 après la mort d'Anne, des gestes archaïques qui lui viennent de ses parents et de plus loin encore. À cet égard, Yvonne se présente comme l'héritière d'une coutume qui commence alors à disparaître en France : sa façon sobre d'accepter la mort comme une chose naturelle, sans pruderie, et son respect des codes du deuil la rattachent à une tradition catholique qui n'en a plus pour longtemps. Elle ne s'enferme pas dans un chagrin solitaire, ne se cache pas la réalité du corps qui gît devant elle. Elle assume au contraire un événement qui bouleverse l'ensemble du groupe familial et, au-delà, le pays tout entier.

Cela signifie prévenir au plus vite les enfants, assister le médecin dans la toilette du corps puis transporter la dépouille dans le salon, songer à appeler une entreprise de pompes funèbres et surtout maintenir secrète la nouvelle le plus longtemps possible : « Quand elle vient à se produire, pensions-nous, la mort est une affaire privée, relate Philippe. Elle appartient à la famille. Elle n'appartient à tout le monde, pour un homme public, estimaient mes parents et mon père en particulier, qu'à partir du moment où l'inhumation a eu lieu. Tout cela avait été décidé depuis longtemps[6]. »

Auprès de la dépouille, Yvonne fait placer deux cierges, un crucifix, une soucoupe d'eau bénite, une branche de buis. Elle enroule aux mains de son mari le chapelet que lui avait offert le pape Jean XXIII. Et elle commence seule, selon son souhait, la veillée. Ce dernier tête-à-tête est l'occasion pour elle de découvrir ce qui sera son mode d'expression le plus fréquent désormais, le monologue. À ses prières se mêlent vraisemblablement des centaines d'images, celle d'Anne que son père s'apprête à rejoindre pour ne plus la quitter, celles de Londres en 1940, celles des promenades tranquilles dans la forêt des alentours. Elle revoit peut-être le lieutenant qui l'a accueillie au bal à Versailles, cinquante ans plus tôt, et le Général qui la félicite de son courage après le Petit-Clamart, où ils auraient pu tous deux mourir. Ces pensées de tristesse contenue et de fatalité, elle les partage quelques jours plus tard avec sœur Hélène dans une lettre particulièrement émouvante : « Pour mes enfants, pour moi surtout, la peine est grande. Nous pensions fêter notre cinquantième anniversaire de mariage en avril. Sans que rien ne puisse le laisser prévoir, Dieu en a voulu autrement[7]. »

Pendant la nuit, la famille rallie la Boisserie le plus vite possible. Les Boissieu arrivent à 1 heure du matin le 10 novembre. Philippe de Gaulle a quitté Brest dès qu'il a appris la nouvelle et est à Paris peu avant 7 h du matin. À 5 h 30, prévenus par la famille, le colonel Desgrées du Lou et Xavier de Beaulaincourt se mettent en route vers Colombey. Au petit matin, Yvonne appelle elle-même le président de la République pour l'avertir de la mort de son mari, « puisque telles étaient les consignes que lui avait données mon beau-père en cas de décès[8] », explique le général de Boissieu. Selon Jean Mauriac, c'est Boissieu lui-même qui appelle Pompidou de la part de sa belle-mère[9]. La France hébétée apprend la mort à 9 h 06.

Fidèle parmi les fidèles, Yvonne entend respecter à la lettre le testament rédigé par son mari en 1952 et inchangé depuis cette date. L'humilité qu'il préconise dans l'organisation de ses obsèques ne peut que plaire à sa veuve :

> Je veux que mes obsèques aient lieu à Colombey-les-Deux-Églises. Si je meurs ailleurs, il faudra transporter mon corps chez moi, sans la moindre cérémonie publique.
>
> Ma tombe sera celle de ma fille Anne et où, un jour, reposera ma femme. Inscription : Charles de Gaulle (1890-...). Rien d'autre.
>
> La cérémonie sera réglée par mon fils, ma fille, mon gendre, ma belle-fille, aidés par mon cabinet, de telle sorte qu'elle soit extrêmement simple. Je ne veux pas d'obsèques nationales. Ni président, ni ministres, ni bureaux d'assemblées, ni corps constitués. Seules les Armées françaises pourront participer officiellement, en tant que telles ; mais leur participation devra être de dimension très modeste, sans musiques, sans fanfares, ni sonneries.
>
> Aucun discours ne devra être prononcé, ni à l'église ni ailleurs. Pas d'oraison funèbre au Parlement. Aucun emplacement réservé pendant la cérémonie, sinon à ma famille, à mes compagnons membres de l'ordre de la Libération, au conseil municipal de Colombey. Les hommes et femmes de France et d'autres pays du monde pourront, s'ils le désirent, faire à ma mémoire l'honneur d'accompagner mon corps jusqu'à sa dernière demeure. Mais c'est dans le silence que je souhaite

qu'il y soit conduit. Je déclare refuser d'avance toute distinction, promotion, dignité, citation, décoration, qu'elle soit française ou étrangère. Si l'une quelconque m'était décernée, ce serait en violation de mes dernières volontés.

Notons que ce texte très beau dans son humilité est en tout point fidèle à la tradition catholique qui s'est imposée depuis le milieu du XVIIIe siècle. Tous les testaments, à partir de cette époque, expriment le désir de leur auteur d'être enterré « avec la plus grande simplicité ». Les exigences de Charles de Gaulle s'inscrivent donc dans le droit fil d'une longue lignée et rappellent celles d'un chanoine de Paris en 1708 : « Je recommande très expressément que toute cette cérémonie de mes funérailles se fasse avec beaucoup de simplicité et même pauvrement. Qu'il y ait en cette cérémonie et office plus de cierges sur le saint autel que sur mon pauvre corps. Qu'on supprime en cette cérémonie la sonnerie et les autres frais et dépenses qui ne sont pas absolument nécessaires[10]. »

Hélas ! la mort d'un grand homme lui échappe souvent. L'État s'en empare au nom des services qu'il a rendus, puis la nation au nom de la reconnaissance qu'elle lui voue. Or il existe trois exemplaires originaux du testament de De Gaulle. En plus de celui remis au notaire, l'un est détenu par Philippe de Gaulle, représentant de la famille et bien décidé à l'appliquer sans faillir. Le troisième est entre les mains de Georges Pompidou, à qui de Gaulle l'a fait remettre en 1952, au temps où l'illustre agrégé était membre de son cabinet. À l'instant de la mort, une querelle de légitimité oppose celui qui est devenu président de la République à la famille de Gaulle. Il est intéressant d'observer quelle est la position d'Yvonne dans ce moment grave.

Dès le 10 novembre au matin, Pierre Lefranc, à qui Philippe de Gaulle a transmis le texte du testament, explique par téléphone à Georges Pompidou que « la famille avait l'intention de rendre public ce document et qu'il n'appartenait à personne d'autre de le faire[11] ». Les positions, rapportées par Pierre-Louis Blanc, qui est un des témoins de la scène, sont claires. Pourtant, à la demande du président, Michel Jobert rappelle Lefranc et lui demande de ne pas publier le testament avant que celui-ci ait été lu en conseil des ministres. De nouveau consulté, Philippe de Gaulle ne modifie pas sa position : il « confirma sans la moindre ambiguïté que sa mère et lui-même souhaitaient que le texte soit diffusé par le secrétariat privé du Général et par lui seul[12] ».

Le dénouement de cette lutte sourde ne satisfait personne, puisque l'Élysée et la famille diffusent le texte officiel du testament presque en même temps. Pour les de Gaulle, Pompidou commet là une faute qui est sévèrement interprétée. « L'opération destinée à faire apparaître, aux yeux de l'opinion, Georges Pompidou comme l'héritier du général de Gaulle avait réussi. C'est ainsi en tout cas que je l'interprétais[13]. » Pierre-Louis Blanc ne mâche pas ses mots, et son opinion reflète vraisemblablement celle d'Yvonne de Gaulle, si soucieuse des dernières volontés de son mari. Dans son testament, le Général n'a-t-il pas exigé que son enterrement soit organisé par sa seule famille ? « La cérémonie sera réglée par mon fils, ma fille, mon gendre, ma belle-fille, aidés par mon cabinet. »

Le différend n'en reste pas là. Il s'avère en effet que Pompidou veut organiser des obsèques nationales pour le général de Gaulle, ce qui constitue pour la famille une seconde violation. Pourtant, comment imaginer que la France puisse ne pas rendre un dernier hommage officiel à de Gaulle ? Une cérémonie de requiem est donc prévue le 12 novembre à Notre-Dame de Paris.

Yvonne de Gaulle, l'apprenant, déclare : « On ne nous y verra pas[14]. » La mention est intéressante : devenue veuve, Mme de Gaulle confirme son rôle de gardienne du temple et change de stature. Elle devient la dépositaire de la mémoire du Général, dans la plus pure fidélité à ses idées. Mais si elle règne sur l'empire du passé, elle n'en conçoit nulle gloire. Si elle détient des secrets, elle n'en tire aucun parti. Elle s'enferme dans la tour d'ivoire de la mémoire, s'oppose aux tentatives d'hommage déplacées, se comporte avec la dignité qu'on lui connaît, renforcée par son sentiment d'être désormais seule à bord.

Sa position a la solidité d'un vieux roc. Il faut dire qu'elle est ancienne et résulte, si l'on en croit Claude Guy, d'une discussion avec le Général. En février 1948, au moment d'enterrer Anne, Yvonne aborde très directement la question des funérailles de son mari avec l'aide de camp. Dès cette époque, elle a décidé que son mari reposerait près de sa fille – disposition confirmée par le testament – et elle se méfie déjà de tous ceux qui pourraient vouloir en décider autrement : « "S'ils imaginent qu'ils vont le mettre, le jour venu, aux Invalides, ils se font des illusions !" Elle rit ; c'est un rire un peu vengeur : "Être enterré auprès de Pétain et de Weygand, vous comprenez, non merci. Nous nous sommes mis d'accord avec mes enfants : si, le jour venu, ils ont l'intention de faire des cérémonies à sa mémoire, nous nous alerterons à temps, les uns les autres. L'autre jour, à la radio, on parlait d'une cérémonie à la mémoire du général Leclerc, en présence de sa veuve et de son fils, au lieu où il tomba. Le Général n'en était pas content. La Troisième Force essaie déjà de s'emparer de sa mémoire."[15] »

Douze ans plus tard, la fermeté d'Yvonne n'a fait que se renforcer. On la perçoit dans la radicalité avec laquelle Yvonne défend la mémoire du Général : elle fait disparaître tous les effets personnels ayant appartenu à son mari. Costume, matelas, habits… tout est brûlé. Même le service en porcelaine qui servait à leurs petits déjeuners est détruit. Tous ces objets participent d'une mémoire matérielle qui, ni pour le Général ni pour Yvonne, n'a d'importance. De crainte de voir se développer un culte *post mortem* qui pourrait entretenir un fétichisme abject, Yvonne préfère supprimer ces éléments. Les voisins, rapporte Philippe, croient à un incendie en voyant la fumée s'élever[16]. Ce que la veuve accomplit là sans défaillir correspond bien entendu à un accord avec son défunt mari : « Nous avions pris, entre nous deux, les dispositions pour que le dernier survivant accomplisse ce qu'il fallait, et nous étions bien d'accord pour qu'il n'y ait pas de photo, mèches, etc. C'est le général qui avait spécifié : alliance à remettre au survivant de nous deux et indiqué qu'il ne voulait aucun moulage, trouvant cela irrespectueux pour un pauvre mort[17]. » C'est pour ces raisons qu'elle rejette la suggestion de Pierre Lefranc de faire réaliser un moulage du visage et des mains du Général, et celle d'un de ses enfants qui aurait souhaité garder une mèche de cheveux. « Pas de reliques[18] » est son seul credo.

Ajoutons que le Général, à plusieurs reprises, avait exprimé son refus d'être commémoré par des statues figuratives. Yvonne serait bien surprise aujourd'hui de le découvrir en sculpture sur de nombreuses places de France et du monde. De son vivant, elle s'offusque déjà : « En voyant tous les bustes, tableaux, objets divers horribles qui se vendent à Colombey, je constate que le Général avait bien raison de ne pas vouloir de moulage[19]. »

Le 10 novembre, en dépit de la stupeur qui frappe toute la France, les membres de la famille restent entre eux. Les aides de camp sont là. À l'heure du déjeuner, les Boissieu, Desgrées du Lou, Beaulaincourt, Mauriac prennent place à table avec Yvonne. Selon les témoins, le moment est difficile. La place de Charles, vide pour la première fois, secoue visiblement Yvonne, qui parvient à se contenir. Finalement, Élisabeth s'assoit à la place de son père, puisque Philippe n'est pas encore arrivé. Entre-temps, de rares visiteurs sont admis à voir la dépouille : le maire et les membres du conseil municipal, le préfet, Jacques et Cada Vendroux, les Galichon, l'évêque de Langres, Mgr Alfred Atton, accompagné du curé du village, puis le général Massu. À 16 heures, Michel Debré est le seul ministre à venir à la Boisserie – Mme de Gaulle « avait fait savoir qu'elle ne souhaitait la venue d'aucun membre du gouvernement[20] », demande relayée en conseil des ministres par Georges Pompidou. Ses responsabilités de ministre de la Défense nationale permettent cependant à Michel Debré de trouver un motif valable pour contrevenir à la règle : il faut organiser l'enterrement sur place et veiller à la sécurité de la foule.

En fin d'après-midi, après avoir réglé l'organisation des funérailles, Philippe arrive enfin chez sa mère. Une fois qu'il s'est recueilli sur la dépouille, le cercueil est fermé, vers 20 heures. Philippe souhaite que le couvercle ne soit pas vissé afin que d'autres membres de la famille puissent voir le corps – notamment Marie-Agnès, pas encore arrivée –, mais Yvonne refuse. Son défunt mari souhaitait être rapidement mis en bière « pour éviter la fatigue à ceux qui ont à veiller un mort[21] ». Et elle-même désire restreindre le nombre de personnes qui verront le corps.

Le lendemain, à 14 h 58, le président de la République arrive à la Boisserie en compagnie de son Premier ministre Jacques Chaban-Delmas. Cette visite donne lieu à des récits qui varient selon les sentiments plus ou moins pompidoliens de leurs auteurs. Éric Roussel affirme que Mme de Gaulle a délibérément fermé le cercueil « quelques heures seulement avant la venue du président de la République[22] », ce qui est un peu exagéré. Néanmoins, le fait que l'accès à la dépouille lui soit refusé, à lui, l'ancien compagnon, est symboliquement significatif. Certains, comme les Rouanet dans leur livre *Les Trois Derniers Chagrins du Général,* soutiennent que Mme de Gaulle refuse de serrer la main de Pompidou quand il entre dans le salon pour se recueillir sur le cercueil. L'anecdote, pour qui connaît un peu Yvonne, paraît invraisemblable. La politesse la plus élémentaire ne l'aurait pas autorisée à une telle inconvenance. De plus, son attachement à Pompidou n'a pas été entamé par les dissensions nées du règlement testamentaire : ce qu'il a accompli pendant vingt-trois ans à la Fondation Anne de Gaulle a bien plus de valeur pour elle. Il faut donc croire le général de Boissieu quand il qualifie cette histoire de « mensonge abominable » : « Il y avait dans ce salon avec moi d'autres témoins : mon beau-frère, ma belle-sœur et Jacques Chaban-Delmas. Ils peuvent attester que Mme de Gaulle serra la main de Georges Pompidou qui s'inclina pour la lui baiser, ce qu'il faisait rarement[23]. »

Avec Jacques Chaban-Delmas, Yvonne se montre incontestablement chaleureuse. Au moment où il part, selon Jean Mauriac, elle lui prend la main et lui confie : « Il faut que vous le sachiez. Il vous aimait bien[24]. » L'intéressé fait un récit similaire : « Mme de Gaulle, comme je venais de m'incliner devant la dépouille du Général, m'a arrêté. Elle a pris mes deux mains dans les siennes. Et elle m'a dit : "Il faut que vous le sachiez, il vous aimait bien." Le cercueil était à trois mètres de nous[25]. » Le fait que le président de la République soit juste à côté rend cette marque d'affection particulièrement mordante. Auprès du cercueil, c'est à Chaban et non à Pompidou que la veuve attribue le sésame de la reconnaissance posthume...

Jusqu'à l'enterrement, qui doit avoir lieu le 12 novembre dans l'après-midi, les proches se succèdent à la Boisserie. Le 11, Jean d'Escrienne est là avec quelques-uns des plus fidèles gaullistes – Pierre Lefranc, Maurice Couve de Murville, Pierre-Louis Blanc... Le 12 au matin, Étienne Burin des Roziers et Solange Galichon viennent présenter leurs condoléances à Mme de Gaulle. Le même jour, les neveux, qui ont passé la nuit dans un hôtel de Bar-sur-Aube, se rendent également auprès de leur tante Yvonne.

Au lendemain des obsèques, les seuls gouvernants qu'elle autorise à venir chez elle sont les chefs d'État de l'Afrique noire francophone et le chancelier Adenauer. Plus tard, en 1972, elle n'ouvrira pas à Hailé Sélassié, venu en visite à Colombey, et fera entrer le roi Baudouin de Belgique pour vingt minutes[26].

Tous ces visiteurs n'ont qu'un mot pour caractériser l'attitude de Mme de Gaulle : la dignité. Jean d'Escrienne se souvient : « On a mis de l'eau bénite sur le cercueil fermé. Je lui ai dit notre peine, à ma femme et à moi. Elle était digne, n'extériorisait pas ses sentiments plus que d'habitude[27]. » « Quelle dame ! s'exclame Jacques Chaban-Delmas. Même dans ma génération, même dans les montagnes, je ne sais pas s'il existe encore des femmes de cette trempe. J'ai vu dans son chagrin quelque chose de religieux. Elle savait que cela devait arriver... Elle était accablée ; mais quelle extraordinaire dignité[28]. » Mme Galichon est plus laudative encore : « Elle était héroïque le jour des obsèques, par son éducation familiale, mais aussi par respect pour le Général. Elle voulait être à la hauteur[29]. » L'émotion submerge les visiteurs, frappés par la capacité de la veuve à contenir la sienne. Pierre-Louis Blanc se souvient du moment où il fait ses adieux à Mme de Gaulle après avoir béni le cercueil : « J'aurais voulu marquer à la veuve du Général, qui m'avait reçu souvent à la Boisserie, avec qui j'avais beaucoup parlé et qui m'était toujours apparue comme une personnalité ferme, souriante et forte, combien je partageais son deuil. Montait en moi, du plus profond de la tradition provençale, la coutume qui veut qu'on embrasse ses proches devant le cercueil d'un être cher. J'hésitai. Par pudeur. Sachant que Mme de Gaulle n'aimait guère qu'on lui baise la main, je me contentai de la lui serrer longuement. Elle me remercia pour tout ce que j'avais fait pour son mari. Je ne l'ai plus revue depuis[30]. »

Ces témoignages peuvent sembler convenus. Des proches du Général et de Mme de Gaulle oseraient-ils après tout décrire autrement qu'en termes respectueux l'attitude de la veuve ? Mais certains détails incitent à penser qu'ils reflètent bien la réalité. Face à l'entourage qui lui rend visite, Yvonne déploie des trésors de gentillesse pour mettre tout le monde à l'aise. Non seulement elle n'expose pas sa tristesse, mais, de plus, elle essaie de soutenir les autres, parfois moins solides qu'elle. C'est le cas avec Mme Pompidou, qui vient la voir un peu plus tard : « Quand je lui rendis visite, à Colombey, après la mort du Général, j'étais si bouleversée que je me contrôlais difficilement. [...] Mme de Gaulle m'accueillit dans la cour, avec cette dignité dont elle ne se départait jamais, quels que soient ses sentiments. Je restais en face d'elle sans voix. J'aurais voulu tout faire pour elle, dans ce moment, tant elle était seule, et par exemple rester auprès d'elle jusqu'au lendemain. C'était l'élan du cœur. Puis nous entrâmes, et elle me fit le récit de la mort de son mari, dans tous les détails, me montrant l'endroit où il s'était effondré. J'étais sens dessus dessous et ne savais pas comment prendre congé. C'est elle qui m'y aida, avec sa simplicité coutumière, me remerciant d'être venue[31]. »

Cet altruisme délicat, inspiré par une humilité qui fait passer les autres avant soi-même, Yvonne le déploie également avec Francis Gutmann le jour même de l'enterrement. La mère de Francis est morte un mois auparavant, le 10 octobre, des suites d'une longue maladie. À l'époque, Charles de Gaulle avait écrit une lettre touchante à son neveu. Le jour des obsèques du

Général, Francis Gutmann se rend avec les autres neveux à la Boisserie : « Je n'ai pas eu le temps de parler que tante Yvonne a dit : "Francis, on a beaucoup pensé à votre mère."[32] »

La retenue d'Yvonne pourrait facilement être assimilée par des esprits chagrins à de l'impassibilité. Est-il besoin de préciser qu'il n'en est rien ? Mme de Gaulle l'écrit elle-même sans ambages. La mort de son mari l'a bouleversée : « J'étais choquée, atrocement choquée, tout s'était passé si vite et si brutalement. Je ne me sentais plus vivre[33]. »

Si la veuve du Général est un modèle de dignité, d'autres personnes ont moins de scrupules. L'enterrement attire aussi les marchands du temple, comme en témoigne un dossier des archives départementales de la Haute-Marne.

Une semaine après les obsèques, un individu demeurant dans le Haut-Rhin vient à Colombey déposer au magasin Coop un stock de 1430 portraits du Général qu'il suggère de vendre 5 francs pièce. Le gérant du magasin confie ses inquiétudes à la gendarmerie, laquelle contacte la famille de Gaulle et se voit confirmer que « personne n'avait été autorisé à vendre ces portraits[34] ». Détail intéressant : afin d'attirer le chaland, l'escroc avait apposé la mention suivante sur les portraits : « Pour les œuvres d'Anne de Gaulle – merci – Vente autorisée[35]. »

À partir de la mort de son mari, Yvonne laisse la Boisserie en l'état. À l'exception des effets qu'elle a détruits, tout reste en place. Elle-même ne changera plus de lieu, ni de vie, ni d'amour. N'a-t-elle pas confié doucement à Solange Galichon : « Ma vie est finie » ? Les années supplémentaires que Dieu lui donne à vivre sont des années subsidiaires qu'elle accepte docilement de franchir, mais qui n'ajouteront rien.

Du Général, elle n'a gardé que deux képis et deux uniformes[36], parce qu'ils sont le symbole de sa fonction. Leur destin est révélateur de la façon dont elle envisage le souvenir. Yvonne distribue en effet les tenues au musée de l'Ordre de la Libération et à celui de Saint-Cyr. Elle sait à quel point son époux est resté avant tout un militaire et combien cette formation a compté dans sa vie. Elle offre aussi un képi à Marguerite Potel, en souvenir d'Anne, qui fut leur trésor commun.

Ce partage parle de lui-même : il y a chez de Gaulle un double attachement sans lequel le grand homme n'aurait pas été. L'attachement à la grandeur de la France et l'attachement à une enfant infirme. Yvonne, d'un geste, résume ce que fut la vie de celui qu'elle a aimé : un combat mené pour la gloire du pays et un combat pour défendre ce qu'il y a de plus faible dans l'humanité. Pour avoir perçu cette originalité profonde, pour l'avoir vécue aux côtés de Charles, Yvonne est bien la légataire de sa mémoire.

L'une des dernières apparitions publiques de Mme de Gaulle a lieu le 12 novembre lors de l'enterrement du Général, au cœur de Colombey, parmi la foule de dizaines de milliers de personnes venues de la France entière. Ceux qui n'ont pas pu venir suivent ce moment grâce à leur écran de télévision.

Derrière le véhicule blindé léger qui transporte le cercueil recouvert du drapeau tricolore, ils voient un cortège de voitures sombres sortir de la Boisserie. Lentement, elles glissent vers le centre du village, dans un silence empreint de recueillement. La foule retient son souffle. Mme de Gaulle entre dans l'église. La messe est comme elle les aime, comme il les aimait. Concélébrée par l'évêque de Langres, le curé de la paroisse et le père François de Gaulle, elle revêt la même simplicité que tous les dimanches. Des prières en latin et en français sont dites « pour le repos de l'âme de notre frère Charles de Gaulle que Dieu a rappelé à lui ». Une partie grégorienne, avec le *Requiem*, l'*Agnus Dei* et le *Libera me*, précède la messe en français et la communion. Dans l'église, l'assistance est composée des paroissiens, de la famille et des compagnons. « Prions pour la France qu'aimait passionnément Charles de Gaulle, à laquelle il consacra toute sa vie », dit l'évêque en guise d'adieu.

Alors Yvonne se rend avec les siens au cimetière voisin pour assister à la mise en terre. Mais elle s'éloigne de la tombe avant les siens et descend seule, incroyablement seule, les marches du cimetière, remonte dans la DS. Elle est absente au monde qui l'entoure, terrassée de chagrin et forte pourtant. Les Français garderont l'image de cette veuve silencieuse dont le visage, malgré la voilette noire, laisse transparaître les traits tirés.

L'ICÔNE DES SIMPLES

Ce mois particulier de novembre 1970 est consacré au deuil et à la rétrospective. Les Français se recueillent et se souviennent du grand homme. « La France est veuve », déclare le président Pompidou. On pleure un père, on revit les heures glorieuses de l'histoire nationale, l'appel du 18 juin est lu à haute voix dans les écoles. Pourtant, sur un mode plus mineur, une autre page d'histoire est en train de s'écrire, non pas dans les grandes lettres de sang de la Résistance ni dans les grandes lettres de feu de la Libération, mais dans l'écriture cursive de simples anonymes. À partir du 10 novembre 1970, les condoléances s'accumulent à la Boisserie, tandis qu'à Paris le secrétariat de l'avenue de Breteuil croule lui aussi sous les sacs postaux. Un même libellé s'affiche sur toutes les enveloppes : « Yvonne de Gaulle, La Boisserie, Colombey-les-Deux-Églises, Haute-Marne. »

Les trois jours qui courent du 9 au 12 novembre, marqués successivement par la stupeur, les réactions officielles et les cérémonies, forment le dernier grand moment de l'histoire gaullienne. Mais ils constituent aussi, de façon infiniment plus discrète, l'un des grands chapitres de celle d'Yvonne. Désormais dévolue pour toujours à son rôle de veuve, elle devient pour tous ceux qui pleurent de Gaulle l'ultime point de référence, l'ultime survivance, l'ultime ombre portée du grand homme. C'est à elle que l'on écrit le regret que l'on a de lui.

Bien sûr, si Yvonne devient le centre de toutes les attentions, c'est au nom de son mari défunt. Alors même que disparaît son compagnon, il semble qu'elle ne puisse toujours pas exister officiellement pour elle-même, indépendamment de lui. C'est vrai, mais en apparence seulement. Car que se passe-t-il exactement dans les semaines qui suivent le 9 novembre ? Que disent ces dizaines de milliers de courriers adressés à une femme à l'occasion de la mort de son mari ? Ils évoquent tous peu ou prou le sentiment de perte qui accompagne la mort du Général, et la reconnaissance envers l'œuvre qu'il a accomplie. Mais directement ou indirectement, par allusion ou par paragraphes entiers, toutes ces lettres brossent aussi à petites touches le portrait d'Yvonne de Gaulle. Des contours se dessinent : une tonalité générale. Il manque bien sûr infiniment de détails, mais c'est une image inédite qui apparaît, celle d'Yvonne vue par les Français de son temps sans l'intermédiaire des médias.

Cette révélation a surgi d'un lot d'archives récemment acquis par la Fondation Charles de Gaulle. Leur volume – dix-neuf cartons au total comportant chacun au bas mot entre cinq cents et mille lettres, télégrammes, dessins d'enfants, poèmes – en fait un ensemble à la valeur historique unique. De grandes lignes s'en dégagent. Elles forment la trame d'une Yvonne peu connue, familière au cœur des Français, humaine et proche.

Ceux qui écrivent à Yvonne sont originaires de tous les horizons sociaux, de tous les pays, de tous les milieux. Cependant, ils peuvent être regroupés en quelques grandes catégories. En premier lieu viennent les hommages à Charles de Gaulle, dont Yvonne est la destinatrice obligée mais où elle n'occupe pas vraiment de place particulière. Bon nombre de ces lettres émanent des officiels – ministres et anciens ministres, corps de l'État, préfets, conseillers généraux – et des représentants du gaullisme politique – élus de l'UNR, sections locales de l'UJP, etc. On compte également un volumineux ensemble de messages écrits par des anciens résistants et des Français libres. Yvonne de Gaulle fera une réponse globale au président de l'Association des Français libres.

Les maires s'associent largement à cet hommage. Beaucoup proposent de donner le nom du Général à l'une des artères de leur commune. Là s'opère un premier glissement : ceux qui ont côtoyé de près ou de loin les de Gaulle essaient de se rattacher directement à Yvonne par des souvenirs précis. Le maire de Montigny-lès-Metz rappelle les années d'avant-guerre. Celui de Rebréchien évoque une période plus tardive : « Je me souviens de votre séjour dans notre village en 1940, de votre venue à Rebréchien à l'occasion du mariage de votre nièce en juin 1962, ainsi que de vos divers passages chez votre beau-frère[37]. » D'autres essaient coûte que coûte de participer rétrospectivement à ce que fut la vie des de Gaulle, même si le lien est lointain. Leblond, le maire de Tournan-en-Brie, fait cette confidence émouvante :

« Notre commune, placée sur le parcours aérien de Paris à Colombey, a entendu pendant dix ans le bruit devenu familier des hélicoptères et s'inquiétait lorsque l'heure de passage était inhabituelle, pressentant un événement grave. »

En dehors de celles des maires, certaines lettres sont assez prévisibles, comme celles provenant de gens qui ont travaillé pour les de Gaulle, par exemple les fonctionnaires du service des voyages officiels[38] ou l'Association des hôtesses et convoyeuses de l'Air[39]. D'autres le sont beaucoup moins puisqu'elles émanent de milieux apparemment plus éloignés du Général – citons en vrac l'association La Betterave, les Mères médaillées de France, la société Taittinger, la Fédération bouddhiste de France, l'Institut Pasteur, le Congrès juif mondial, l'Ordre des géomètres, le Centre féminin études informations, l'Association des Antillais de Lyon, l'équipage du pétrolier *Vega*, la colonie libanaise de la Guyane française, l'Association du personnel francophone de la Caisse d'épargne belge[40]...

Il est intéressant de s'attarder un instant sur la façon dont les auteurs s'adressent à Mme de Gaulle. Les dénominations sont révélatrices. Elles varient du classique « Chère Madame »[41] au plus pompeux « Madame la Présidente[42] » ou « Madame la Générale[43] », en passant par un étrange « Mon Général[44] » que l'on peut mettre sur le compte de l'émotion. Enfin, il ne faut pas négliger le nombre assez important de « Chère Tante Yvonne », qui montre à quel point l'expression est entrée dans les mœurs pour devenir finalement affectueuse : « Je ne suis qu'une femme du peuple. C'est avec tristesse, chère tante Yvonne, qu'en ce jour cruel je viens m'associer à votre deuil[45]. »

Très souvent, les correspondants craignent (à juste titre) de contribuer à accroître le volume de courrier reçu par la veuve. « J'ai trop admiré et estimé le regretté général de Gaulle pour ne pas joindre mon nom à l'immense correspondance qui vous est parvenue[46] », s'excuse presque Marguerite de Chevigné, une petite sœur de l'Assomption. Conscients que leur missive est une goutte d'eau dans la mer de courrier qui déborde à la Boisserie, certains correspondants se sentent presque découragés – « Parmi la multitude de lettres que vous avez reçues, la mienne vous paraîtra peut-être inutile[47] » – voire complètement pessimistes : « Je ne me fais aucune illusion. Votre courrier est si abondant que vous ne lirez pas ce mot[48]. »

En effet, des dizaines de sacs postaux arrivent chaque jour à Colombey ou à Paris. Xavier de Beaulaincourt, le chef du secrétariat particulier du général de Gaulle, installé avenue de Breteuil, procède au tri. Il transmet à Mme de Gaulle les lettres particulièrement émouvantes, ou celles qui sont écrites par des personnalités remarquables. Sur quelques-unes d'entre elles seulement, Mme de Gaulle précise de sa main qu'elle a répondu personnellement... Pour les autres, des réponses toutes prêtes sont envoyées avec sa signature.

Cette tâche interminable lui fait comprendre qu'elle doit, en raison de la mort de Charles, continuer à jouer un rôle auprès des Français – son rôle de « souvenir vivant ». Plusieurs expéditeurs soulignent sans fioritures cette exigence : « Pardonnez-moi, madame, de vous importuner. Votre deuil lui-même ne semble pas vous appartenir[49]. » Il faut qu'elle se prête au jeu qu'attend d'elle une population bouleversée par la mort du Général : « Si les journalistes et les photographes vont vous importuner quelquefois, madame, veuillez d'avance les excuser, nous serons nombreux à être heureux d'avoir ainsi de vos nouvelles de temps en temps[50]. »

Pour mieux saisir ce qu'Yvonne représente alors pour les Français, les lettres écrites par les individus isolés, ceux qu'on appelle les anonymes (alors que tous signent leur courrier et font preuve d'une franchise étonnante), sont particulièrement instructives.

Une première chose frappe dès l'abord : l'importante proportion de femmes parmi les rédacteurs. Alors que c'est un homme politique qui vient de mourir, et qui plus est un militaire, les femmes n'hésitent pas à se manifester. Elles le font avant tout en pensant à Yvonne de Gaulle comme à l'une des leurs. Beaucoup associent Yvonne et Charles au sein d'un couple complémentaire : « Je ne pouvais penser à lui sans vous à ses côtés[51] », note l'une d'elles. Dans le cas des de Gaulle, cette association de l'époux et de l'épouse s'inspire d'un modèle traditionnel dans lequel la plupart des correspondantes se retrouvent, même les Américaines : « Pendant que les hommes s'occuppent [*sic*] des affaires du monde, nous, les femmes, sont occuppées [*sic*] à façonner les hommes et les femmes de demain[52] », explique l'épouse d'un journaliste américain. Plus clairement encore, avec beaucoup de clairvoyance, une religieuse écrit : « Je vous remercie, madame, d'avoir toujours été, au côté du Général, la présence féminine, à la fois pleine de dignité et de discrétion, qui sut toujours se montrer également accueillante aux grands et aux petits de ce monde[53] », ce qu'une autre traduit à peine différemment en évoquant « ces longues années d'intimité et de dévouement si total à celui dont vous secondiez tellement la mission, afin qu'il puisse être tout entier livré au service de la France[54] ».

En même temps, certaines pressentent que, en dépit de cette répartition des rôles, une même grandeur habite Charles et Yvonne de Gaulle : « Je trouve que lui et vous, vous vous êtes donnés à vos frères dans une vie de service intégral et de cela je remercie Dieu[55]. » Une habitante de Reims traduit plus simplement encore ce sentiment : « Il n'y avait que de vous regardé pour comprend pourquoi le générale vous aimé tant, madame de gaulle [*sic*][56]. » De cette proximité morale et spirituelle entre le grand homme et son épouse, il découle qu'Yvonne reste sur terre sa plus fidèle représentante : « Vous restez pour nous le vivant souvenir du général[57]. »

Autre découverte étonnante : de nombreuses lettres montrent qu'Yvonne, qui a pu sembler parfois si éloignée des préoccupations des femmes de son époque, leur sert au contraire de point de ralliement. Parce qu'elle est une femme, elle doit se montrer vaillante : « Je vous souhaite bon courage. Vous êtes une femme, prouvez-le, soyez forte. Je vous soutiendrez [*sic*] tout le reste de mon existence[58] », lui écrit une jeune fille de quinze ans. Certaines se reconnaissent dans sa douleur et prennent prétexte de ce malheur commun pour lui confier leurs mésaventures personnelles, très éloignées pourtant de celles d'Yvonne de Gaulle : « Je suis aussi une femme, et une femme qui souffre, une fiancée abandonnée par un grand poète étranger, juste parce que je n'ai pas voulu quitter pour le suivre une mère de quatre-vingt-six ans qui n'a que moi au monde. Cela après dix ans d'entente parfaite, avec une collaboration étroite, la conviction que deux âmes ne faisaient qu'une. Il a épousé une autre femme sans me le dire, sans même avoir rompu avec moi[59]. »

Cette tendance à la communion dans la douleur explique sans doute qu'un grand nombre de veuves écrivent à Yvonne de Gaulle. Ces femmes s'identifient aisément à celle qui vient de perdre son mari et sur laquelle tous les regards sont rivés. Les veuves de guerre se sentent particulièrement concernées. Après tout, leurs époux ont également servi la France, et jusqu'au sacrifice. Mme Roosz[60] précise ainsi qu'elle est la veuve d'un grand mutilé de 1914, Marie Fuchs, qu'elle a perdu son mari le 18 juin 1940 dans les Vosges[61]. Autres cas, les femmes dont le mari est mort quasi en même temps que le Général : « Le 8 au soir mourait mon mari âgé de soixante-douze ans. Et, le 9, M. de Gaulle ! » s'étonne Thérèse Périer de Lons-le-Saulnier. Elle ajoute un détail révélateur : « Je ne puis vous dire, madame la générale, combien la proximité de ces deux décès m'a rapprochée de votre personne, me faisant comprendre encore mieux votre déchirement, votre solitude[62]. »

Car l'intérêt est là. Qu'il soit ancien ou récent, le veuvage exerce un effet de rapprochement très fort entre les femmes qui le subissent et Yvonne de Gaulle. « Aussi, en cette douloureuse circonstance de sa mort, je viens m'associer à votre peine (étant veuve moi-même depuis quinze ans et mesurant le poids de votre solitude)[63] ». Ou encore : « Soyez certaine que je comprends votre grand chagrin. Je reste seule[64]. » Une autre femme esseulée, Mme Chaaregrin, décrit parfaitement ce qui fait le point commun de leur état : « Comme veuve, je connais et je comprends mieux votre douleur, le déchirement de la séparation, la révolte du cœur devant l'inéluctable réalité, même quand l'âme chrétienne veut accepter la volonté de Dieu[65]. »

Un autre groupe, sans guère de surprise, est surreprésenté quand il s'agit de venir réconforter Yvonne de Gaulle. Il s'agit des religieux, avec une prédominance très nette des catholiques ; les quelques rares protestants font nettement figure d'exception[66]. Tout ce que la France compte de couvents, de carmels, d'abbayes, vole au secours de la première dame. Il serait fastidieux d'établir la liste exhaustive de toutes ces institutions, puisqu'elles se dénombrent par milliers dans les cartons d'archives – au hasard, citons les religieuses de la Providence à Maizière-lès-Metz, le monastère des dominicaines de Blagnac, les filles de la Charité de Charleville-Mézières, la communauté des religieuses de la Sainte-Famille de Nogent-le-Rotrou, les Petites Sœurs de l'Assomption de Paris, 15e...

Parmi cette foule de priantes, certaines cherchent à spécifier à Mme de Gaulle leur particularité. Au travers de leurs lettres, Yvonne revoit défiler son passé d'écolière à Calais, de jeune fille à Septfontaines, d'épouse, de mère. Toutes les solidarités religieuses nouées au fil de sa vie resurgissent. La sœur Myriam, de Gémenos, lui rappelle par exemple qu'elle appartient à la famille Crèvecœur, amie des Vendroux à Calais au début du siècle[67]. Une bernardine installée à Lille « garde le fidèle souvenir d'Yvonne Vendroux-de Gaulle[68] ». L'abbé Henri van Schel, à Warcq, dans les Ardennes, disait autrefois la messe pour les habitants de Septfontaines : « J'ai téléphoné à Mme Vendroux qui m'a toujours témoigné une grande amitié depuis que j'ai été curé de Fagnon. Je n'osais pas vous présenter mes condoléances, et l'assurance de mes prières. Elle m'a demandé de vous écrire. Je le fais simplement, avec tout mon cœur de prêtre[69]. »

Même la Première Guerre mondiale revient en souvenir : à l'institut Sainte-Agnès d'Asnières, la prieure « s'honore de vous avoir eue comme élève[70] ». Certaines sœurs ont croisé les de Gaulle au cours de la Seconde Guerre, comme sœur Yvonne Marie : « J'ai eu le plaisir de rencontrer Mme de Boissieu, alors très jeune fille, à notre couvent de Notting Hill, avec June Crutchley, du temps de *Our Lady of Sion*[71]. » Chaque période de l'existence d'Yvonne est marquée par cette imprégnation catholique. « J'ai été vicaire à Bar-sur-Aube, jusqu'en 1959. Votre simplicité m'édifiait lorsqu'on vous rencontrait dans les rues. J'allais aussi à Colombey avec la musique de la Jeune Garde[72] », se souvient l'abbé J. Barré. Même les voyages officiels à l'étranger apportent leur lot de souvenirs chrétiens. Le frère Paul Rambo, ancien supérieur des dominicains de Montevideo en 1965, a par exemple rencontré Yvonne de Gaulle au cours de son voyage en Amérique latine de 1964...

Dans d'autres cas, les rapports sont plus lointains, mais il n'empêche. Le moindre lien est mis en valeur. Ainsi, sœur Marie Clément rappelle qu'elle fut autrefois « professeur au collège Sainte-Ursule à Mulhouse où était votre petite fille Anne[73] ». Et la sœur infirmière Janine, elle, a soigné Mme Michiniau à Doulaincourt : « Nous avons souvent parlé de ce passé dont elle vit encore quotidiennement et, par elle, je vous connaissais et aimais tellement mieux. Aujourd'hui, c'est ensemble que nous pleurons, que nous prions, que nous vous remercions mais aussi que nous espérons[74]. »

Comme cela apparaît dans cette dernière lettre, la compassion fait partie intégrante du message des sœurs. Soulager Mme de Gaulle par la prière constitue leur *leitmotiv* très doux : « Je viens partager votre grande peine. Le Bon Dieu appelle le général de Gaulle au ciel. Il n'est plus à côté de vous. Vous restez bien seule dans votre grande maison[75]. » Ou encore : « Je pense surtout à vous, son épouse, qui perdez le compagnon aimé de tant d'années et qui devez ressentir si profondément la séparation[76]. »

Certaines, toutefois, adoptent un ton différent. Une sœur de The Immaculata à Chicago se distingue par une déclaration d'amour étonnante : « Chère madame de Gaulle, Ton mari était un grand homme ! il a contribué beaucoup au monde entier. J'aime la France, et j'aimais ton Charles. Je suis triste[77]. »

Plus souvent, les lettres relèvent du conseil spirituel. Pensant aider Mme de Gaulle à accepter sa souffrance, une sœur souligne par exemple que « sainte Thérèse disait : "Plus le sacrifice est douloureux, plus le Dieu de miséricorde dans sa bonté nous récompensera."[78] »

Mais surtout, à l'unanimité, religieux et religieuses tressent autour de la veuve et du défunt un tissu de prières innombrables. Chacune de leurs lettres comporte des intentions de prières et de messes. Grâce à ces courriers, on découvre l'ancienneté de cette pratique : certaines sœurs déclarent avoir prié pour le Général depuis la Seconde Guerre mondiale ! Une missionnaire de la Médaille miraculeuse de la rue du Bac avait envoyé deux médailles au Général au moment où sa vie était menacée, en 1962. Il lui avait répondu pour l'en remercier[79].

Avec son décès, la pratique se généralise et intègre à présent sa veuve. Un prêtre de Tours s'engage : « Dès que j'ai appris la mort du général de Gaulle, j'ai célébré la messe pendant neuf jours consécutifs à son intention[80]. » Une grande compétition invisible s'engage. C'est à qui interviendra de la façon la plus massive en faveur du mort : « Les 50 000 messes et plus offertes à Dieu pour le bonheur éternel de sa grande âme me permettent de le voir dès maintenant près de Jeanne d'Arc et de saint Denis[81] », affirme sœur Marie-Édith de Puthaut.

Les avis de messe sont particulièrement abondants dans le courrier en provenance des États-Unis. Un dossier complet regroupe des cartons préimprimés sur lesquels des Américains ont inscrit leur nom, ainsi que le nombre de prières qu'ils entendent dédier au Général. Ces livrets de messe perpétuelle proviennent de la Perpetual Mass Association of the Fathers of the Oratory[82], de chez les Passionist Fathers de Virginie[83] ou encore de chez les Franciscan Friars of the Atonement…

La remarquable présence du monde catholique auprès d'Yvonne s'explique naturellement par la foi affirmée de la première dame, mais également par une profonde reconnaissance des catholiques. Les de Gaulle ont personnellement soutenu de nombreux établissements religieux, notamment près de Colombey. C'est ainsi que la mère supérieure de la maison Saint-Joseph de Doulevant-le-Château confirme que « personne n'oublie la générosité de M. et Mme de Gaulle à l'occasion des fêtes de Noël[84] ». De même, sœur Reine-Marie, qui dirigea de 1961 à 1966 l'orphelinat de Bar-sur-Aube, se souvient d'avoir eu « l'honneur et le plaisir de recevoir votre visite et vos largesses[85] ».

Les autres régions ne sont pas en reste. À Auray, dans le Morbihan, l'institution de la Chartreuse est encore reconnaissante : le Général « a tant fait pour nous, tout particulièrement après le terrible incendie que nous avons vécu en septembre 1968[86] ». Et le curé de Saint-Michel-sur-Orge écrit : « Ma tante, il y a trois années, l'oncle Charles avait eu la délicatesse de m'aider par un don généreux et qu'il m'avait prié de garder secret, à la construction de mon église paroissiale. Je m'apprêtais à lui faire part de la bénédiction de cette église, quand la brutale nouvelle de son décès m'est parvenue[87]. » À la faveur de tante Yvonne, le Général est devenu oncle Charles…

En dehors des femmes et des catholiques, une autre catégorie est extrêmement présente. Il s'agit bien sûr du milieu de la santé et des handicapés. Infirmières travaillant pour les vieillards ou les infirmes, sœurs vouées aux aveugles ou aux inadaptés, spécialistes des malades psychiatriques font entrer dans l'hommage national la cohorte des faibles et des simples d'esprit. L'hospice de vieillards de Mamirolle, ceux de Fontaines-sur-Saône et de Sommevoire, l'asile du Sacré-Cœur d'Aromas, le centre d'inadaptées de Mirabel dans le Gard, la congrégation des Filles du Sacré-Cœur de Marie à Baugé avec ses cent soixante-dix handicapés mentaux et ses trente-quatre personnes âgées, des centaines d'autres encore, viennent témoigner leur affection à Yvonne de Gaulle. Les individus isolés ne sont pas en reste, comme Maurice Dieutre[88], trente-sept ans, hospitalisé pour une maladie de Parkinson, Gilles Ledoux[89], jeune homme aveugle de Saint-Mandé, ou encore parmi tant d'autres Mme Davoust[90], habitante de Saint-Just-en-Chaussée et maman d'un petit Georges inadapté.

Au sein de cette foule d'êtres vulnérables, les trisomiques occupent bien sûr une place importante et symbolique. Pour leurs parents, l'identification avec Mme de Gaulle joue à plein. Leurs lettres bouleversent à coup sûr Yvonne, comme celle qui émane de l'Association jurassienne de parents de handicapés physiques ou mentaux. Ils se reconnaissent en elle « parce que nous sommes des parents d'enfants "pas comme les autres"… Que vous avez vécu ces souffrances, ces angoisses mais avez su aussi les dépasser et trouver à travers votre fille Anne "foi et lumière"…Que vous avez été ainsi que le général de Gaulle un exemple vivant de courage, de don de soi et d'abnégation[91] ». Une des rares lettres auxquelles la veuve du général répond personnellement émane précisément de la mère d'une mongolienne qui se présente elle-même comme « une inconnue ». À sa lecture, nul doute qu'Yvonne ne revive des sentiments qu'elle a connus longtemps auparavant et qui vibrent encore en elle, ravivés par la mort de Charles : « J'ai entendu que le général de Gaulle désirait être enterré près de sa fille Anne, "sa préférée". Je suis maman d'une mongolienne de vingt ans. C'est tout dire. Elle est très affectueuse, aime beaucoup la musique et passe des heures à regarder la télévision. Elle est toujours restée avec nous et pour l'instant nous ne comptons pas nous en séparer. Nous l'aimons beaucoup[92]. »

En ces jours de deuil, Yvonne associe volontairement le souvenir d'Anne à celui de Charles. Pour les obsèques de son mari, elle conseille par exemple aux gens de ne pas acheter de gerbes de fleurs, puisque de Gaulle n'en voulait pas sur sa tombe. Elle leur recommande plutôt de donner la somme équivalente à la Fondation Anne de Gaulle. C'est ce qui transparaît d'une très intéressante lettre de la délégation départementale du Nord-Pas-de-Calais de l'UJP : « Suivant votre désir, nous vous remettons en lieu et place de la gerbe prévue la somme correspondante pour les œuvres de la Fondation Anne de Gaulle[93]. » En marge de la feuille, Yvonne de Gaulle ajoute de sa main : « Le don sera remis pour l'arbre de Noël. »

En fin de compte, de manière nette, Yvonne se révèle comme l'icône des simples et des faibles. Tandis que les hommes politiques, les officiers, les résistants, les décideurs, tout ce que la nation compte de virilité symbolique se retrouve dans la personne de son mari et dans la grandeur qu'il a voulu incarner, Yvonne rassemble autour d'elle les silencieux, les malades, les vieillards. À l'instant où une partie de la population ressent la disparition du Général comme celle d'un père, Mme de Gaulle devient la mère d'une autre patrie. « Femme de France[94] », selon la belle expression de Jean Mauriac, elle est la mère des Français d'en bas.

Comment ne pas citer les témoignages d'une extraordinaire simplicité qu'elle reçoit ? « Chere la plus grande Dame de France, J'ai beau être très pauvre avoir un maris handicapé et vivre dans une cave sans eau gaz électricité j'ai grand chagrin de votre perte[95]. »

Des personnes très modestes, comme cette « bien humble Française, ancienne petite ouvrière[96] », parfois à peine lettrées, osent prendre un crayon et lui écrire, parce qu'elles savent « que vous ne rejetterez pas les petits[97] ». « J'ai beaucoup hésité à vous écrire car je ne suis qu'une pauvre paysanne, tout ce qu'il y a de plus "peuple". Mais puisque c'est justement du peuple qu'a voulu être entouré le général de Gaulle, je m'enhardis à vous présenter mes très respectueuses condoléances[98]. » D'anciens artisans se manifestent : « J'étais le petit électricien de la maison Dufour qui début mai 1958 et le 24 décembre 1959 eu [*sic*] l'honneur à la Boisserie de réparer votre machine à laver Vestale Conord. Je suis maintenant ouvrier dans une centrale atomique. Je me souviendrai toujours de votre simplicité et de votre gentillesse[99] », écrit Bernard Paissequin… Un homme évoque « les sacrifices draconiens que vous avez acceptés pour servir la cause de nous tous, celle des petits en particulier : catégorie à laquelle j'appartiens[100] ». Bien souvent, du reste, le Général est associé à ce respect pour les humbles : « Nous ne sommes que d'humbles ouvriers, mais nous savons que c'était une "catégorie" que le général aimait[101] », « je ne suis qu'une pauvre fille du peuple qu'il aimait tant[102] ».

C'est d'ailleurs à ces petites gens, plutôt qu'aux officiels, qu'Yvonne répond personnellement, par exemple à M. et Mme Lebon qui lui ont écrit ceci : « Veuillez bien recevoir toute nos éscuse les plus sincères de ce retard vue les circonstances de votre maleur et de votre chagrin de la perte cruelle du décè de votre époux Monsieur le Général de Gaulle ex Président de la République française, si umain et si juste enver son pays et le monde. De la part d'une simple famille, ouvrier, honorable Calaisien, cité à Paris en 1965 le Père le plus méritants de France 17 enfants[103]. »

Chapitre XVII

Le deuil d'une vie

Désormais habitée par son veuvage, Yvonne de Gaulle vit dans la compagnie des défunts. Rien de mortifère, pourtant, dans son attitude. La vieille dame attend simplement de rejoindre au Ciel sa fille et son mari, et tous les ancêtres qu'elle a aimés il y a très longtemps. La douleur d'avoir perdu son époux reste vive, elle l'exprime à sa façon : « J'ai été si brutalement frappée que je ne me sentais plus capable d'écrire un mot[1]. » Son propre fils confirme qu'il arrive à sa mère de traverser des moments difficiles : « Certaines nuits, Charlotte la surprenait debout devant la fenêtre du couloir menant à sa chambre, regardant fixement dans la direction du petit cimetière et de la croix de Lorraine illuminée[2]. »

Pourtant, elle parvient à recouvrer une certaine sérénité, fondée sans doute sur la perspective chrétienne de ses prochaines retrouvailles avec Charles.

« C'est ma demeure »

Où pourrait-elle se sentir mieux que dans cette maison que son mari et elle ont jadis choisie ensemble ? Nulle part. C'est donc là qu'elle décide de rester jusqu'à ce que ses forces la quittent. En dépit de l'isolement des lieux, en dépit de la rigueur du climat, en dépit de tous ceux qui lui conseillent de se rapprocher des siens, ou plutôt en raison de tout cela, elle reste. Quand son fils lui suggère de s'installer à Paris, elle répond : « Non, je reste ici, c'est notre demeure. Je ne puis la quitter. Je vais essayer d'y rester le plus longtemps possible[3]. » Selon Marcel Jullian, ce choix aurait été arrêté à l'avance avec le Général, ce qui paraît hautement vraisemblable : « En août 1972, elle avait confié au colonel d'Escrienne que le Général et elle avaient décidé que celui qui survivrait à l'autre devrait rester le plus longtemps possible à la Boisserie[4]. »

La cuisinière Honorine et la gouvernante Charlotte sont demeurées sur place pour l'aider, mais en dehors de leur présence, Yvonne est seule. Ses journées se partagent entre le jardin, les travaux domestiques et l'écriture de nombreuses lettres qui nous permettent aujourd'hui de mieux comprendre cette période de retrait complet. Car Yvonne est très ferme sur un point : le veuvage n'est pas un vain mot. C'est à ses yeux un état aussi sérieux que le mariage, et qui exige la même fidélité : « Suivant le désir du Général, et les usages de notre famille, je vis désormais aussi discrètement que possible. Le Général blâmait les femmes "qui se mettent en avant", les "veuves abusives" ; il jugeait qu'elles manquaient à la bonne éducation et à la réserve qui convenaient[5]. »

Cette lettre extraordinaire d'Yvonne – ah, « les veuves abusives[6] » ! – confirme le témoignage de Claude Dulong qui, dans son ouvrage, rapporte : « Charles de Gaulle ne pouvait supporter que les femmes se glorifiassent de leur réussite ou de celle de leur mari et qu'après la mort de ceux-ci elles se crussent obligées de perpétuer à grand bruit leur souvenir ou de réclamer des honneurs qui n'étaient dus qu'à eux. À ce titre les veuves de guerre (je parle de celles qui militaient dans les associations ou, pire, les présidaient) l'irritaient particulièrement. D'une veuve illustre et dont les prétentions l'agaçaient d'autant plus qu'elles s'ajoutaient à une hostilité politique agissante[7], il disait : "La dinde ! ce n'est tout de même pas elle qui a franchi le Rhin !"[8] » Cette méfiance du Général envers les veuves profiteuses est très ancienne ; déjà, il notait en 1916 dans ses carnets : « Dans le veuvage et dans la douleur, la plus grande gloire appartient à celle qui fait le moins de bruit parmi les hommes[9]. » Sa propre épouse respecte cette règle à la lettre.

Aucun risque qu'elle vienne se vanter d'être pour quelque chose dans l'appel du 18 juin, la création du CNR ou la rédaction de la Constitution de 1958 ! C'est tout l'inverse qui se passe. Avec une économie de moyens impressionnante et dans un silence absolu, Mme de Gaulle s'efface du monde. « Je ne prends plus part aux manifestations mondaines ou officielles[10] », indique-t-elle à Martine de Courcel. Elle ne se rendra pas, par exemple, à l'enterrement de Georges Pompidou. Elle décline aussi l'invitation qui lui est faite de participer à l'ouverture de Roissy-Charles-de-Gaulle : « Je n'assiste pas à l'inauguration de l'aéroport. Les enfants y vont[11] », note-t-elle succinctement à l'adresse de Georges Galichon en mars 1974. « Elle refusa toutes les invitations, confirme Jean Mauriac. Celle de Mao, en 1971, à venir en Chine, celle des Libanais à visiter leur pays en 1974, celle de la reine d'Angleterre à déjeuner à l'ambassade de Grande-Bretagne, celle de M. Chirac d'inaugurer une exposition consacrée à Charles de Gaulle à l'Hôtel de Ville de Paris, en novembre 1978[12]... » Durant les neuf années qui la séparent de la mort, elle ne fera que quatre exceptions à cette règle d'or.

La première est sa présence au triomphe de la promotion Charles de Gaulle à Saint-Cyr le 25 juillet 1971. Depuis sa destruction sous les bombardements en 1944, l'École spéciale militaire n'est plus située dans l'ouest de la banlieue parisienne, comme au temps où de Gaulle y était élève puis enseignant. Elle s'est installée tant bien que mal à Coëtquidan, en Bretagne. C'est sous la présidence du général de Gaulle qu'elle a été dotée de bâtiments neufs. Yvonne se souvient de l'importance de la formation d'officier pour son mari. À juste titre, elle considère que l'identité de Charles de Gaulle provient en grande partie du saint-cyrien qu'il a été. Qu'une promotion de l'École spéciale militaire porte son nom ne peut donc que la toucher profondément.

La deuxième occasion de sortir de sa retraite sera l'inauguration de la croix de Lorraine à Colombey-les-Deux-Églises. Sa participation s'explique cette fois par une double proximité. Proximité géographique, bien sûr, mais également sentimentale : le monument érigé sur la colline du village avait été souhaité de son vivant par le Général.

Elle, si hostile aux hommages, semble plutôt favorable à l'érection de la Croix de Lorraine. « C'était quelque chose d'important pour elle ; en revanche elle s'était opposée à d'autres projets de mémoriaux pour Colombey[13] », commente Solange Galichon. Un Comité national du mémorial Charles de Gaulle est créé le 23 mars 1971 pour mener à bien la construction. Il est placé sous le haut patronage du président de la République et sous la présidence d'Henri Duvillard. En juin 1971, il invite une douzaine d'architectes à présenter des projets pour un mémorial en forme de croix de Lorraine devant être implanté en haut de la colline.

Le comité prend soin de consulter la veuve : sans son aval, rien ne sera possible. Aussi, en novembre 1971, l'équipe des architectes Marc Nebinger et Michel Mosser est choisie par un vote du comité, avec approbation de Mme de Gaulle. Qu'est-ce qui a retenu l'attention d'Yvonne ? Le fait que ses dimensions rendront la Croix de Lorraine visible à une dizaine de kilomètres à la ronde ? L'habillage élégant et intemporel de granit et de bronze ?

Marc Nebinger est bien conscient que la veuve du Général est pour beaucoup dans la décision. Il l'écrit au ministre Duvillard : « J'apprends avec un réel plaisir le choix de Mme Charles de Gaulle et sa famille. C'est un très grand honneur pour moi et je vous suis reconnaissant d'avoir bien voulu m'en avertir aussitôt[14]. » Dans la même lettre, l'architecte annonce au ministre des Anciens Combattants et Victimes de guerre qu'il « abandonne la totalité de [ses] honoraires d'architecte » et ne réclamera « aucuns frais de déplacement ».

En janvier 1972, l'entreprise les Chantiers modernes est choisie pour exécuter le gros œuvre. Il faut que le monument soit achevé le 18 juin. La brièveté des délais, les contraintes techniques – notamment la superposition de béton et de pierre – et les rigueurs de l'hiver haut-marnais font de ce chantier un immense défi. Au cours des travaux, Yvonne de Gaulle se rend régulièrement sur place pour observer la progression de l'édifice. En mars 1972, elle assiste à l'arrivée des premières structures en béton recouvert de granit.

L'organisation de l'inauguration retient également toute son attention : « Je souhaite qu'elle ait lieu un 18 juin matin et que ce soit une cérémonie patriotique uniquement. Le 9 novembre étant réservé au souvenir religieux[15] », dit-elle à Martine de Courcel. Des termes quasi similaires sont utilisés dans la lettre qu'elle rédige le même jour pour les Galichon : « Il y aura encore l'inauguration de la croix de Lorraine (je souhaite que ce soit un 18 juin matin avec une brève cérémonie patriotique), mais en sera-t-il ainsi[16] ? »

Oui, il en sera ainsi. Le 17 juin 1972 au soir, un engin blindé quitte Paris avec à son bord un flambeau allumé au tombeau du soldat inconnu, place Charles de Gaulle, en direction de Colombey. Dans le village, une veillée nocturne rassemble une foule importante autour du monument aux morts. Yvonne n'y participe pas, mais Philippe de Gaulle et Alain de Boissieu sont présents. Au loin, sur la colline, la croix est éclairée. Le lendemain, des milliers de personnes se pressent au pied de la montagne. À 10 heures du matin, le conseil de l'ordre de la Libération, les membres du Comité national et les autres personnalités officielles arrivent sur le parvis de la croix de Lorraine. Yvonne est là, avec la famille au grand complet – ou presque. Yvonne n'a pas invité Marie-Agnès, la sœur du Général, expliquant à sa fille qu'elle veut lui éviter la fatigue du voyage. Marie-Thérèse Tardif est chargée de la représenter, mais commente : « Je trouvais que ce n'était pas très gentil parce que maman aurait bien aimé y aller[17]. »

Le président de la République prononce un discours, puis deux saint-cyriens dévoilent les inscriptions portées en lettres de bronze sur le mur de soubassement du monument. Georges Pompidou s'avance ensuite pour saluer les personnes présentes. Il échange avec Mme de Gaulle une poignée de main que certains qualifient de brève. Mais qu'en savent-ils ?

L'implication d'Yvonne dans l'élaboration de la croix de Lorraine confirme son rôle crucial dans l'architecture du souvenir gaullien : jusqu'à aujourd'hui, le 9 novembre est bien resté le jour de la messe et du recueillement autour de la mort du Général, notamment à Colombey. Le 18 juin, en revanche, est la date retenue pour célébrer son action. Ce découpage correspond parfaitement à sa vision et a même été renforcé par le décret du 19 mars 2006 qui fait du 18 juin une « journée nationale commémorative », à l'instar, entre autres, du 8 mai, du 11 novembre ou de la journée nationale à la mémoire des victimes des crimes racistes et antisémites de l'État français et d'hommage aux Justes de France (16 juillet).

Pour Mme de Gaulle en 1972, l'inauguration de la croix de Lorraine représente une conclusion : après cela, « le Général pourra reposer en paix dans ce petit cimetière qu'il a choisi[18] », dit-elle à Mme de Courcel. Ce qui devient dans la lettre à Mme Galichon : « Après, le Général pourra reposer en paix[19]. » C'est dire que, pour elle, la construction de la croix clôt le cycle de la mort et des hommages.

Elle y voit l'ultime geste de la nation en l'honneur de son grand homme. Sur ce plan, elle s'illusionne un peu. Elle mourra toutefois sans avoir vu naître les autres grands lieux de la mémoire gaullienne que sont l'Historial des Invalides à Paris ou, à Colombey même, le Mémorial Charles de Gaulle, tous deux inaugurés en 2008.

Au cours de ses dernières années, elle voue une véritable affection à la grande Croix de son village. Dans presque chacune de ses lettres elle en donne des nouvelles, comme si elle était devenue un membre de la famille : « Colombey est sous le givre. La Croix de Lorraine était majestueuse et belle, avec son grès gris-rose se détachant sur un ciel aurore au lever du jour (à 8 heures !) et dominant une forêt d'arbres givrés. Toutes les autos, nombreuses à cette époque, ralentissaient pour l'admirer, ont dit les gendarmes[20] », explique-t-elle le 1er janvier 1974 à l'un de ses neveux.

La troisième occasion pour Yvonne d'apparaître dans une cérémonie officielle a lieu en 1975 et est étroitement liée à ses attaches familiales : il s'agit en effet d'assister à la cérémonie de remise de la plaque de grand-officier de la Légion d'honneur à Alain de Boissieu, son cher gendre. Pour lui et pour Élisabeth, elle veut être présente. Mais si l'on en croit Jean Mauriac, elle assiste à l'événement « depuis un recoin de la galerie du premier étage[21] », pour ne pas être vue.

Enfin, dernière exception à sa stricte retraite, elle se rend à Paris pour rencontrer Étienne Denenry, administrateur général de la Bibliothèque nationale. Elle lui remet les deux versions manuscrites ainsi que la version dactylographiée et corrigée par le Général du second tome, inachevé, des *Mémoires d'espoir*. Elle accomplit là son devoir de gardienne du temple et s'inscrit dans la lignée de son défunt époux : « Le Général avait déjà remis à la BN tous les manuscrits de ses œuvres précédentes et avait également fait don de celui de *La Condition humaine* que lui avait un jour offert André Malraux[22]. »

En dehors de ces quatre cas, Yvonne reste inflexible. Elle refuse les honneurs et s'inquiète si on s'intéresse à elle en vue d'une décoration. C'est ce que révèle cette très belle lettre à Georges Galichon : « Je suis un peu inquiète de ce que M. Boulin [ministre de la Santé publique et de la Sécurité sociale] pense tout à coup à la fondation, et en personne. Il ne faudrait pas qu'il ait l'idée de m'octroyer une distinction quelconque, soi-disant sur le prétexte du vingt-cinquième anniversaire de la fondation. Je ne souhaite aucune manifestation à cet égard. [...] Ni qu'on prenne prétexte des trois cents visites aux œuvres faites pendant le règne du Général (il aurait mieux fait de ne pas le dire). Cela faisait partie de mes devoirs à l'époque – et je dois dire que cela m'encourageait à tenir moralement. Donc aucun mérite[23]. » Plus radicale que jamais en termes d'humilité, Yvonne juge même que son mari n'aurait pas dû insister sur l'ampleur de ce qu'elle a accompli.

Avec le temps, pourtant, elle finit par concevoir une certaine fierté de tous ses voyages : « Je me demande combien de "présidentes" battront mes records, écrit-elle à Jean Mauriac en 1972. Vingt-six et vingt-huit jours de voyages officiels ininterrompus – en pays lointains, climats variés, le moins qu'on en puisse dire ! ... et sur le rythme des voyages du Général ! Et cela entre cinquante-huit et soixante-neuf ans ! Ce n'est pas mal pour une vieille dame[24] ! »

Mais son humilité n'en est pas entamée. En 1978, l'empereur Bokassa veut lui faire remettre la grand-croix du Mérite centrafricain par l'intermédiaire de Philippe de Gaulle[25]. Refus catégorique.

Ses seuls déplacements sont désormais pour aller dans sa famille, ce qu'elle fait relativement souvent au début de son veuvage. Cinq ou six mois après la mort de son mari, elle vend la DS 21 et acquiert une 6CV Citroën noire : c'est plus discret, et moins attaché au souvenir de son mari. Jusqu'en 1976, elle conduit elle-même, avant de demander au fidèle Marroux de redevenir son chauffeur.

Tous les ans, rappelle son fils, elle séjourne un mois ou deux chez Élisabeth, près de La Trinité-sur-Mer. En 1976, elle y déplore la sécheresse qui nuit aux agriculteurs[26]. Elle se rend aussi régulièrement chez Philippe, à Agay, dans le Var, notamment en 1972 et en 1974, à Pâques 1976 pour la naissance de son arrière-petit fils, en septembre 1977 mariage d'Yves avec Annick Courtray à Cannes. La plupart du temps, Philippe vient la chercher à Colombey en voiture. Yvonne effectue également de belles escapades avec Jacques-Philippe et Cada Vendroux. Ensemble, ils visitent tour à tour Lanslebourg, le château-hôtel de Rigny en Haute-Saône, Menton... À chaque étape de ses voyages, elle envoie aux sœurs de Vertcœur des cartes postales inspirées de sujets religieux[27].

La famille reste son grand bonheur. Elle entretient une volumineuse correspondance avec les siens. « Elle connaissait les prénoms des plus lointains cousins, les dates des maladies, des accidents, des réussites ou des échecs aux examens. [...] Voulant répondre elle-même à toutes les lettres qu'elle recevait, elle avait refusé la secrétaire que l'institut Charles-de-Gaulle lui avait proposée[28]. »

Pas un courrier où elle n'évoque ses petits-enfants, même pour des remarques assez banales : « Le petit-fils Charles : licencié en droit et Sciences-Po, est avocat, [...] vingt-trois ans tout juste. Yves est à Nanterre et Sciences-Po, il a vingt ans. Ils mesurent entre 1 m 86 et 1 m 94. Jean est en terminale. Pierre en huitième, très grand aussi. Anne de Boissieu est toujours très gentille, intelligente, et sera très jolie. Grande aussi, fine et distinguée[29]. » Elle continue à recevoir chez elle sa famille qui, le temps de quelques jours, vient rompre un peu sa solitude. C'est souvent le cas au moment de la Toussaint, quand vient l'heure de se recueillir sur la mémoire des disparus. Le voisinage de la fête des Morts et de la date anniversaire du décès du Général rend ce moment difficile pour Yvonne : « C'est tout de même une épreuve pour moi, toutes ces messes. C'est comme si les obsèques recommençaient[30]... » Aussi la famille essaie-t-elle d'être là pour entourer la veuve à la Toussaint et le 9 novembre. Le 17 novembre 1973, Yvonne peut ainsi écrire à sœur Hélène qu'elle a passé une soirée de Toussaint réconfortante au milieu de tous ses enfants[31].

Les fêtes de Noël constituent également un moment privilégié pour se retrouver. Le sapin est dressé dans la salle à manger, la crèche amuse les petits. Le bon repas rappelle les grandes tablées d'autrefois, sauf qu'Yvonne ne parvient pas à retrouver la joie d'alors : « Mes enfants vont et viennent pour Noël surtout. J'en suis bien contente, mais il manque… lui[32] ! » Chez elle, une telle confidence, rare et brève, prend la dimension d'une déclaration d'amour.

En dehors des enfants et des petits-enfants, Yvonne ouvre également sa porte à son frère et à sa sœur, bien sûr, mais aussi de temps à autre à ses neveux, comme s'en souvient Francis Gutmann : « Après la mort du Général, tante Yvonne nous a reçus avec les enfants à la Boisserie pour un goûter[33]. » Mais, à part cela, rares sont les personnes à franchir le portail de la maison. Yvonne n'accepte que les plus intimes, ceux auxquels le Général faisait entièrement confiance et avec lesquels elle-même avait des relations privilégiées. Le colonel d'Escrienne fait partie de cette petite élite : « Elle nous a reçus avec ma femme Marie-José le 16 août 1972. On a déjeuné tous les trois puis on a bavardé un peu. Nous sommes parmi les rares personnes à avoir été reçues ainsi[34]. »

L'âge venant, ses déplacements se réduisent. Elle hésite par exemple à aller en pèlerinage à Lourdes, comme l'y invitent les sœurs en 1978 : « Je vous remercie de vos prières à Lourdes. Peut-être irai-je cette année. Reste le problème du voyage – je n'ai plus de voiture – et crains la grande foule. Enfin, on verra bien aux beaux jours[35]. » Finalement, elle préfère ne pas faire le voyage.

En août 1973, sa cuisinière Honorine prend sa retraite à La Tour-de-Scay. C'est une présence en moins dans la maison. Yvonne continuera de lui rendre visite dans son petit appartement et lui écrira jusqu'à la fin de sa vie, une lettre par semaine. La chambre de la tourelle qu'occupait la cuisinière à la Boisserie est dès lors transformée en bureau pour les fils de Philippe. « Charles qui vient passer le 15 août s'en sert déjà[36] », note-t-elle.

Le reste du temps, Yvonne goûte une solitude qui lui a souvent manqué au cours de son existence. Son long veuvage contrebalance peu à peu les dix années qu'elle a passées à l'Élysée sous le regard du monde. Mais ces deux périodes de durée quasi égale n'ont pas la même valeur à ses yeux. À la fin de sa vie, elle considère que l'expérience de première dame ne fut qu'une parenthèse et que l'essentiel est ailleurs. Un an avant de mourir, elle s'en explique très clairement auprès des sœurs : « Il paraît que des gens ne comprennent pas […] que j'aie de nouveau refusé l'hôtel particulier, les personnes de service, la voiture, etc., que le gouvernement voulait mettre à ma disposition ! Je préfère la simplicité de mon genre de vie, mon indépendance. Il a bien fallu subir les honneurs, les palais, etc., pendant un temps, mais le Général et moi avions retrouvé avec satisfaction notre modeste demeure[37]. »

Comme dans un monastère qu'elle se serait elle-même érigé, elle vit selon des règles de simplicité et de foi. Pour des raisons d'économie et de modestie, elle a fermé la plupart des pièces de la Boisserie. Elle vit repliée dans la seule salle à manger, près de la cuisine. Le salon, la bibliothèque et *a fortiori* le bureau du Général ne lui sont plus d'aucune utilité. Elle en a fermé les volets depuis qu'elle est seule et a renoncé à les chauffer. À l'étage, elle n'a besoin que de sa chambre. Le silence, l'obscurité et le froid règnent donc sur les trois quarts de la demeure.

Humble parmi les humbles, elle observe le passage des saisons, rivée aux paysages sauvages que son mari chérissait. L'observation du climat constitue un passe-temps qu'elle commente dans la plupart de ses lettres, souvent pour en tirer d'étonnantes conclusions : « Il n'y a pas eu d'hiver par ici : les paysans disent que cela n'est pas bon pour la culture. Il est vrai qu'on les entend rarement être satisfaits. C'est bien français ![38] » s'amuse-t-elle en 1974. D'autres années, on sent poindre derrière ses mots l'émotion que soulève en elle la vue de la vallée en plein hiver, quand le froid gerçant bleuit les lignes de l'horizon : « – 13, ce matin ! Tous les oiseaux du monde viennent chercher devant les fenêtres le grain et même l'eau tiède[39]. »

La messe du dimanche rythme ses semaines, le souvenir de ses chers disparus alimente ses prières quotidiennes. En février 1978, trente années après la mort de sa fille, elle remercie la sœur Hélène d'avoir pensé à « l'anniversaire du départ au Ciel de la petite Anne de Gaulle[40] ». Chaque jour, elle se rend à pied jusqu'au cimetière de Colombey où reposent dans la même tombe le Général et sa fille, puis elle revient. Une place est prête pour elle à leurs côtés, dans le tombeau. La mort la cerne, il est vrai. Dès 1973, dans une lettre adressée à ses amis les Galichon, elle dresse ce triste constat :

> Malheureusement
>
> – ma belle-sœur Xavier de Gaulle, en Bretagne, passe d'hôpital en maison de santé (sénilité précoce)
>
> – ma belle-sœur Pierre de Gaulle, réopérée pour la deuxième fois, a une convalescence bien douteuse
>
> – ma belle-sœur Jacques de Gaulle [mère du père blanc] vient d'être opérée à Saint-Antoine, à soixante-dix-sept ans. Paraît reprendre assez bien.
>
> Et moi, je vieillis[41].

En juillet 1977, Charlotte doit être opérée à Nancy pour une tumeur qu'elle prend pour un polype. Yvonne redoute le pire car elle lui est particulièrement attachée : « Dix-sept ans que cette brave personne est avec nous, devenue "de la famille" et patriote en bonne Lorraine qu'elle est[42]. » Après l'opération, la bonne Charlotte ne peut revenir travailler et part s'installer dans un établissement pour personnes âgées situé à une heure de route de la Boisserie. Yvonne se retrouve seule, ce qui provoquera finalement son départ de Colombey. Quelques mois plus tard, elle apprend la mort de son ancienne domestique : « Ma fidèle et brave ancienne cuisinière est décédée à la maison de retraite de Langres, où j'allais la fréquenter fréquemment. Elle était "en enfance" depuis plusieurs mois. Elle est sûrement au paradis maintenant. C'était une âme pure[43]. »

Avec les années, le monde qu'a connu Yvonne se peuple de malades ou de morts. En janvier 1978 disparaît l'abbé Dupont, qui s'était occupé pendant dix ans des âmes des pensionnaires de Vertcœur. Deux mois plus tard, le mari de sa sœur Suzanne, Jean Rérolle, meurt à son tour. Heureusement, d'autres événements viennent compenser ces nouvelles funestes. En 1976, Honorine annonce à son ancienne patronne son… mariage avec un certain André Dématraz. Elle a alors soixante-trois ans. On ne peut pas dire qu'Yvonne déborde d'enthousiasme : « Je pense que vous avez bien réfléchi, et si ce monsieur est un brave homme, pourquoi pas[44] ! »

En revanche, elle ne dissimule pas sa joie quand de belles perspectives illuminent sa descendance. C'est à l'extrême fin de sa vie qu'elle voit germer la nouvelle génération familiale : « Si tout va bien, je serai arrière-grand-mère au printemps, et ma petit-fille Anne de Boissieu est fiancée. Je remercie le Seigneur de tous ces bonheurs[45]. » Yvonne vit en effet suffisamment longtemps pour assister à l'entrée de ses petits-enfants dans la vie d'adulte. La voici tout excitée et « fort occupée par les préparatifs du mariage d'Anne[46] ». Sa dernière petite-fille doit en effet épouser, le 15 décembre 1978, un certain Étienne de Laroullière. Le maire qui unit le couple n'est autre que Jacques Chirac, premier magistrat de Paris. « Les Boissieu ne voulurent pas qu'Anne fût mariée par le maire du 7e (leur arrondissement), qui n'était autre que Frédéric-Dupont, à leurs yeux adversaire politique, déterminé et de toujours, du général de Gaulle[47] », explique Jean Mauriac.

L'année suivante, autre motif de réjouissance, rapporté avec humour par l'intéressée aux fidèles Courcel : « Je vais "monter en grade" fin février, Yves et Annick me donnant alors mon premier arrière-petit-enfant… Ce sera une grande joie, succédant à celle de l'heureux mariage d'Anne[48]. » Henri naît le 5 mars 1979. Philippe de Gaulle, devenu grand-père, confirme le bonheur qui s'est emparé de sa mère : « C'est la première fois que nous la voyons si attendrie devant un nourrisson[49]. » Elle se rend dans le sud de la France au baptême du bébé, qui sera le seul arrière-petit-enfant qu'elle connaîtra ; les autres naîtront après sa mort. Aussi veut-elle considérer le garçon comme un digne héritier de la lignée : « Nous baptisons en toute intimité (juste un petit goûter famille très proche) le petit Henri, dimanche 17 [juin 1979]. C'est un très bel enfant, fort éveillé, un vrai de Gaulle : ce sera un chef[50] ! »

Une fenêtre sur le monde

Malgré tout, il est difficile de s'extraire du monde quand on s'appelle Yvonne de Gaulle. Même si elle se cloître, même si elle est inaccessible aux journalistes et invisible dans l'actualité, elle ne peut se couper complètement du présent. Du reste, bien souvent, c'est le monde qui vient à elle et s'impose à sa vue.

À Colombey même, son havre de toujours, les choses ont bien changé avec la mort du Général. Le petit village est devenu un lieu de pèlerinage où viennent chaque année quelque quatre cent mille visiteurs. La tombe du Général est le point de ralliement de tous ceux qui le regrettent et veulent lui rendre un hommage personnel. Bien souvent, les curieux font une courte halte arrêt devant le portail résolument clos de la Boisserie. Pendant l'hiver, le flot s'interrompt un peu – « Colombey se calme[51] », note Yvonne en janvier 1972 –, mais reprend dès les beaux jours. C'est alors un enfer pour cette femme qui déteste la foule et aimerait continuer à aller à sa guise. Elle s'en plaint : « Les "pèlerins" sont toujours nombreux à passer par Colombey. Je ne puis aller au cimetière que tôt le matin ou tard le soir[52]. » Le temps qui passe ne change rien à l'affaire. Six ans après sa mort, de Gaulle continue d'attirer les admirateurs : « Il semble qu'il soit passé à Colombey encore plus de monde que les années précédentes. C'est bien émouvant[53] ! » reconnaît-elle en novembre 1976. Deux mois plus tard, elle confirme à l'un de ses neveux : « Les gens sont reconnaissants à ton oncle, m'écrivent, et cette année ils sont venus 150 000 en plus qu'en 75 (dénombrés par la Gendarmerie !). »

Comment ne serait-elle pas touchée par cette gratitude qui ne diminue pas ? Le facteur lui en apporte chaque jour la manifestation écrite, sous forme de dizaines de lettres qui deviennent des centaines aux dates anniversaires ou pour les vœux. Selon Philippe de Gaulle, tout ce courrier la lasse rapidement : « Je ne veux plus entendre parler de quoi que ce soit. Tout s'est achevé pour moi avec la mort de ton père. Tu t'occupes de la correspondance et de toute la comptabilité[54]. » Bien sûr, l'abondance du courrier constitue un *leitmotiv* chez Mme de Gaulle, comme en janvier 1972 : « Je suis de nouveau ensevelie sous une montagne de lettres, cartes, etc.[55] » ou en janvier 1976 : « Je suis débordée par le courrier[56]. » Mais ses plaintes s'accompagnent systématiquement d'une émotion proportionnelle. Yvonne n'oublie jamais de mentionner qu'elle répond au courrier qu'elle reçoit, quelle que soit la corvée que cela représente, tout simplement parce que les correspondants le méritent : « Je passe sept à huit heures par jour à répondre. C'est touchant, mais épuisant[57]. » Ou encore en janvier 1977 : « Mon courrier ne cesse d'augmenter depuis la Toussaint, j'y réponds six heures par jour – j'en ai bien jusqu'à fin février avec les "vœux". »

Cette observation, qui nuance considérablement la remarque de son fils, se répète d'année en année :

> Chère Madame,
>
> Positivement enfouie sous le courrier, j'ai tout de même décidé de vous donner une priorité (ceci dit je suis fort touchée par la quantité des témoignages de fidélité à la mémoire du Général arrivés ces jours-ci)[58].

Par la suite, chaque mois de novembre confirme que l'affection posthume des Français pour le Général ne diminue pas : « Si, cet après-midi seulement, je réponds à votre lettre, c'est qu'un courrier énorme m'est parvenu depuis trois semaines. Il semble que ce sixième anniversaire de la mort du Général ait rassemblé encore plus de pensées, de regrets que les années précédentes. C'est bien émouvant – et je voudrais pouvoir remercier tant de personnes qui ont écrit[59]. »

La Fondation Anne de Gaulle, plus que jamais

Comme on peut aisément l'imaginer, la mort du général de Gaulle a de multiples répercussions sur la vie de la Fondation Anne de Gaulle. Certes, Vertcœur est bien l'œuvre d'Yvonne, mais elle n'a jamais manqué de préciser à quel point le Général fut associé à cette création, et combien il l'a soutenue. C'est donc un peu de l'histoire de la maison qui disparaît. Les donations du début, les soutiens, la réputation de l'établissement, tout cela devait beaucoup au nom du Général. Parmi les centaines de journaux qui consacrent leurs pages à l'illustre disparu, plusieurs articles de presse rappellent d'ailleurs l'existence discrète de l'institution.

D'un autre côté, la Fondation Anne de Gaulle représente pour Yvonne un lien vivant avec le Général. Tous deux avaient voulu ce lieu, tous deux avaient veillé à sa naissance, au nom de leur enfant disparue. La fondation devient pour la veuve une manière de continuer leur œuvre à tous deux, une manière de perpétuer un geste qui leur était cher. Son attachement à Vertcœur se renforce encore, comme en témoignent ses lettres : « Une partie des enfants et petits-enfants m'a entourée ces jours-ci ; vous savez qu'avec la fondation c'est toute ma joie maintenant[60]. »

Son affection se traduit par mille petits gestes généreux, notamment au moment des fêtes. Elle n'oublie jamais d'envoyer un mandat pour que les sœurs achètent des œufs de Pâques. « On me dit que cette coutume n'a plus cours, mais des friandises font toujours plaisir aux enfants[61]. »

Comme par le passé, elle maintient l'institution dans une discrétion totale. Il y a dans son souci de ne rien changer une volonté quasi maladive de préserver son œuvre telle quelle. En 1971, à une date où la renommée de la fondation est pourtant établie, la présidente se montre encore méfiante vis-à-vis d'opérations de communication qui pourraient mettre son institution en vedette. Elle confie ainsi son trouble au trésorier de la fondation : « Mon fils Philippe me téléphone que Joël Le Tac se propose de publier un recueil de photos des obsèques du Général (bonnes photos, paraît-il) en le vendant 50c dont 25c pour la fondation… si le conseil d'administration est d'accord. Je vous laisse juge du problème ; je n'aime pas beaucoup cette publicité[62]. » Si elle ne se montre pas plus sévère dans ce cas précis, c'est que le procédé peut amener l'établissement des fonds qui manquent alors cruellement.

En tant que présidente, elle continue comme par le passé à s'occuper vaillamment de Vertcœur. Elle écrit, se déplace, est prête à affronter la route et à sortir de chez elle. Alors qu'elle refuse de participer à toute manifestation officielle depuis la mort de son mari, elle fait toujours une exception pour sa fondation. Invitée par les sœurs à déjeuner à Vertcœur, elle répond : « Depuis plusieurs années je n'assiste plus à aucune réception, mais j'accepterai bien volontiers de me joindre à votre joie à toutes, si cela reste familial... et empreint de simplicité[63]. »

Elle reste pareillement vigilante sur les petits détails matériels, les économies, les questions de nourriture, les finances. Lorsqu'une nouvelle sœur, Marie-Thérèse, arrive à la tête de l'institution en 1973, elle ne manque pas de lui donner des conseils pour l'achat de traversins. Elle continue de léguer à la fondation tous les chèques reçus pour l'anniversaire de la mort de son mari[64]. Avec l'aide d'Élisabeth, qui la seconde désormais, elle répond comme elle peut aux demandes variées du personnel religieux. Ainsi, quand les sœurs souhaitent disposer d'un salon, elle indique au trésorier : « Ma fille et moi pensons qu'il ne serait pas souhaitable de leur accorder la chapelle actuelle – ce serait triste –, et construire une nouvelle chapelle au-dessus de l'actuelle supposerait un soutien important des murs existants[65]. »

Le manque d'humilité des prêtres – ou ce qu'elle considère comme tel – l'irrite comme par le passé : « Entre nous je trouve que le bon père aurait été chic de garder sa télé "noir et blanc" et de donner *à nos filles* celle en couleurs[66] », se fâche-t-elle en février 1976. Cette histoire de télévision connaît un dénouement inattendu, puisque, quelques mois plus tard, l'aumônier se fait tout simplement voler son poste couleur tout neuf ! En conséquence, « il demande des barreaux à ses fenêtres et des volets en fer (ce qui n'arrêtera pas des cambrioleurs experts)[67] », conclut une Yvonne plus pessimiste que jamais !

Un autre problème plus profond, récurrent, se pose chaque été. Depuis la création de la fondation, il est impossible d'obtenir de tous les parents qu'ils récupèrent leur enfant pour le mois d'août. En conséquence, les bonnes sœurs ont le plus grand mal à prendre les vacances dont elles ont besoin. En avril 1976, la présidente essaie d'anticiper la question avec Georges Galichon. « Pour la dizaine de filles qui nous resteront à charge en août, plusieurs solutions envisagées n'ont pu être retenues. [...] Il ressort que même les religieuses ne sont pas très volontaires pour s'occuper de ces pauvres enfants – et que l'on exige des vacances d'un mois tout comme les "civiles."[68] »

Les temps changent. La soumission des religieuses à des horaires et à des contraintes lourdes n'est plus ce qu'elle était dans les années 1950. Et le respect dû à une institution comme celle de Vercœur tend à s'amoindrir, si l'on en croit l'histoire qui touche la Fondation Anne de Gaulle en 1977. Il s'avère que la présidente laisse depuis toujours ses pensionnaires voter aux diverses élections. Elle s'en explique aux sœurs en 1970 : « Seuls les aliénés internés en hôpital psychiatrique perdent leur droit de vote et sont "interdits" [de vote]. Il n'y a donc pas d'impossibilité pour nos filles. Vous pouvez être sûres que certains partis font voter tout le monde, et même les morts, comme en Corse récemment. Pour le candidat à choisir, M. l'aumônier pourra vous renseigner utilement[69]. » Conception personnelle de la liberté de vote…

Le scandale éclate le 30 mars 1977 dans le journal *Toutes les nouvelles de Rambouillet à l'Essonne.* Le second tour des municipales a eu lieu le dimanche 20 mars. Il a permis l'élection aux trois derniers sièges qui étaient restés en ballottage après le premier tour. Certains habitants contestent le résultat et montrent la fondation du doigt. Un entrefilet, au bas de la page 9, révèle :

> Un groupe d'électeurs de Milon-la-Chapelle vient d'adresser au préfet des Yvelines une réclamation concernant les dernières élections municipales. Ils lui demandent que celles-ci soient remises en cause et qu'elles puissent se dérouler à nouveau, selon eux, dans des conditions normales.
>
> Ces électeurs contestent en effet la validité du vote des pensionnaires de la Fondation Anne de Gaulle à la maison de santé de Vertcœur.
>
> Comme les suffrages exprimés étaient très proches les uns des autres, les contestataires considèrent que le scrutin a été faussé par ces votes[70].

Un certain Didier Delfour, dont les enfants vivent dans le village de Milon-la-Chapelle, met Philippe de Gaulle au courant de l'existence de cet article. Informée de l'affaire, Yvonne se retourne vers Galichon. Les choses prennent en effet mauvaise tournure, puisque le préfet a été saisi d'une demande d'annulation du vote. C'est une habitante de la commune, Mme Aynaud, qui est à l'origine de la réclamation déposée le 23 mars 1977 auprès du tribunal administratif de Versailles. Une autre personne, Mme d'Alzac, a saisi le juge, mais sa plainte est arrivée après l'expiration du délai de cinq jours prévu par le code électoral.

Le jugement permet de mieux comprendre ce que Mme Aynaud reproche à la fondation : « La commune comporte un établissement recevant des jeunes filles mongoliennes (Fondation Anne de Gaulle) dont l'âge mental se situe aux alentours de sept ans ; […] pour 207 votes exprimés [au second tour] 21 de ces électrices sont venues voter encadrées par les religieuses de l'établissement avec leur liste pliée toute prête à la main pour la mettre dans l'urne ; […] en raison du faible écart de voix existant entre les candidats proclamés et les suivants, le résultat doit être considéré comme faussé par le vote de ces jeunes et doit être remis en cause afin que de nouvelles élections puissent se dérouler dans des conditions normales[71]. »

Du côté de la défense, les conseillers municipaux élus en mars 1977 se regroupent derrière M. Prieur. Ils exposent « que les opérations électorales ont été approuvées par le bureau responsable sans qu'aucune réclamation écrite n'ait été formulée ; que la régularité des opérations a été confirmée en séance publique par le maire sortant en présence de deux des plaignants ; que les électrices mises en cause sont toutes passées par l'isoloir et qu'il n'a pas pu y avoir de "truquage" ; que ces électrices sont régulièrement inscrites sur les listes électorales et jouissent de tous leurs droits civiques ainsi qu'un des réclamants l'avait admis implicitement lors des élections de 1965 et 1974[72]. »

Le tribunal administratif considère la plainte comme recevable. Cependant, il l'instruit dans le sens de la défense et souligne dans son jugement du 18 mai « que seules les pensionnaires de l'établissement Anne de Gaulle sachant lire et écrire, au nombre de 20, ont participé à l'élection pour le deuxième tour de scrutin ; [...] qu'il ne ressort pas du dossier que la direction ou l'encadrement de la Fondation Anne de Gaulle ait manifesté une préférence pour certain des candidats en présence et que les protestations ne font état d'aucun fait, irrégularités, pressions, etc., établissant, en l'espèce, que l'inscription des électrices en cause sur les listes électorales et les conditions dans lesquelles elles ont exprimé leur suffrage ont présenté le caractère de manœuvres de nature à vicier les résultats du scrutin ; que, dans ces conditions, et le tribunal n'ayant pas à apprécier la capacité de discernement de personnes régulièrement inscrites sur la liste des électeurs, la réclamation ne peut être que rejetée[73]. »

L'honneur est sauf. Bien sûr, « la fondation et les sœurs de Vertcœur ainsi mises en cause subissent un préjudice moral regrettable[74] », mais l'attitude de Mme de Gaulle se résume d'un mot : impassibilité. Dans la lettre qu'elle envoie à Georges Galichon, elle préconise de ne surtout pas abdiquer face à des accusations qui ne s'appuient sur aucun argument juridique. Elle en profite pour jeter une pierre dans le jardin de tous les partis politiques :

> Pour les admissions, nous ne voulons pas connaître les opinions politiques des familles. Pas plus que nous ne pouvons empêcher le personnel de voter comme il l'entend.
>
> En ce qui concerne nos pensionnaires, elles sont majeures et pas « interdites » [de vote].
>
> Si on les empêche de voter, il faudrait le faire aussi pour tous les pensionnaires des hospices, maisons de retraite, etc., que les « partis » vont relancer, et même véhiculer, le jour du vote[75].

Ainsi donc, et quoi qu'en pense Mme de Gaulle, le changement est à l'œuvre. Des pratiques incontestées dans les années 1950 sont remises en cause dans les années 1970. Sa longévité lui fait constater avec nostalgie qu'il est impossible de lutter contre les transformations[76]. Elle, si pieuse et si fidèle à son Église, s'inquiète depuis longtemps déjà de ce qu'elle considère comme un déclin catholique. Les bouleversements des modes de vie, tels qu'ils se sont bruyamment exprimés en mai 1968, restent pour elle incompréhensibles et menaçants. Pour autant, nul ne lui connaît de dérive traditionaliste : « Elle demeurait très prudente à l'égard de Mgr Lefebvre[77]. »

Au sein de sa fondation, elle refuse la disparition du catholicisme. À ses yeux, soit la présence religieuse est maintenue contre vents et marées, soit il est préférable que l'institution ferme ses portes ou trouve une autre utilité. C'est cette position tranchée que défend Yvonne dans une lettre-testament à Galichon rédigée en 1972 qui mérite d'être restituée dans son intégralité, tant s'y affirment avec force la vision et la détermination de cette femme de soixante-douze ans :

> Cher Monsieur,
>
> J'ai encore bien réfléchi à l'avenir de la fondation.
>
> Il est bien évident que le manque de vocations amènera la communauté de Saint-Jacut à se dégager. Déjà on nous retire la sœur cuisinière et la sœur buandière en août 1973.
>
> D'après nos statuts nous devons avoir un personnel religieux. Et aucun autre ordre ne pourra s'engager à donner, et surtout à maintenir, le nombre de sœurs nécessaires. [...]
>
> Un personnel uniquement civil ? Pas possible à Vertcœur (exigences quant au nombre d'employées [...]). Penser aussi que les « bienfaiteurs » s'éteignent peu à peu comme leurs possibilités d'aide financière. Transmettre à une autre œuvre privée ? Non. Mes enfants ont rejeté avec véhémence un tel projet, et eux-mêmes pensent, *à cause du nom que porte la fondation*, à la solution que j'envisage.
>
> Il faudrait donc :
>
> 1° par groupes de quatre ou cinq replacer nos pauvres filles dans des maisons de retraite. À quarante ans, ce sont de vieilles femmes. [...]
>
> 2° Mettre en vente Vertcœur.
>
> Avec le produit de cette vente et les fonds de réserve :
>
> a) bâtir un pavillon
>
> b) ou une salle
>
> portant le nom de Fondation Anne de Gaulle
>
> et dépendant d'un hôpital psychiatrique ou d'un hôpital d'enfants comme les Enfants assistés ? Necker ? et y recevoir des filles grabataires ou non, mais si atteintes qu'elles puissent être considérées comme inéducables. [...]
>
> J'en suis venue à l'idée de transfert de la fondation à un hôpital. Il faut « revaloriser » les hôpitaux.
>
> Enfin nous reparlerons de tout ceci. Mais comme je vieillis, je trouve bon de préciser mon souhait[78].

La perspective de sa mort à plus ou moins brève échéance amène Yvonne à préparer l'avenir. Cette lettre en pose les principes. Un tournant se fait en 1974, année qui voit disparaître Georges Pompidou. Avec lui, c'est toute une partie de l'histoire de Vertcœur qui meurt, l'histoire des débuts difficiles et glorieux. « Le président Pompidou avait fait partie du conseil d'administration de la fondation pendant un certain temps, rappelle-t-elle à la sœur Marie-Thérèse. Ce serait la reconnaissance la plus juste que de demander à M. l'aumônier de dire une messe à son intention. La prière de nos filles lui est bien due. [...] Je compte rendre visite à Mme Pompidou et lui transmettre toute la sympathie de la fondation[79]. » Yvonne, si elle garde un ton assez neutre dans sa lettre, est touchée. Sa fondation perd l'un de ses pères fondateurs, et elle-même sent approcher la mort.

Désormais, elle est l'unique survivante du conseil d'administration fondé en 1946 : Me Deroy est mort en 1963, Mme Bonnier en 1966, le docteur Lévy-Solal en 1971, Georges Pompidou en 1974, et Mme de Ranchicourt démissionne en juillet 1974. À cette occasion, Yvonne décide d'un changement majeur. Pour remplacer Mme de Ranchicourt, elle fait entrer sa fille Élisabeth à la fondation. Cette modification est en réalité le meilleur gage de continuité : désormais, quoi qu'il arrive, la fondation restera sur le chemin tracé par sa fondatrice. En la personne d'Élisabeth de Boissieu, la succession d'Yvonne de Gaulle sera parfaitement assurée, à la fois dans le respect des principes initiaux et dans le maintien de l'enracinement familial. Élisabeth lui succédera et, mieux encore, perpétuera l'esprit de la maison. Cela est fondamental pour la vieille dame.

En attendant, reste à tenir bon et à affronter les nouveaux changements. La nomination de Georges Galichon au poste d'ambassadeur de France près le Vatican en 1975 ne provoque heureusement pas de bouleversement. L'ancien et fidèle collaborateur du Général continue de s'occuper à distance de la fondation. Yvonne lui écrit très fréquemment à propos de nouvelles admissions, de problèmes matériels, ou pour organiser des réunions.

D'autres ruptures sont plus âpres. Lorsque sœur Marie-Thérèse quitte la fondation en 1977, après cinq ans de bons et loyaux services, Yvonne ne cache pas sa peine. Peut-être pressent-elle qu'il s'agit là de la dernière sœur avec laquelle elle aura travaillé si longuement, et que le destin ne lui donnera pas la chance de tisser une relation durable avec la suivante. « Laissez-moi, ma sœur, vous embrasser[80] » sont les termes qui concluent sa lettre d'adieux imprégnée d'une rare tendresse.

Plus de trente ans après sa création, la pensée de sa chère fondation soulève toujours en elle une émotion incomparable. Un an et demi avant sa mort, elle décrit avec beaucoup de délicatesse ce bouleversement intérieur qui se produit chaque fois : « Ce sentiment inexprimable que j'éprouve lors de mes visites à la fondation, comment ne pas vous en remercier, toutes les sœurs ainsi que nos filles, puisque vous en êtes les dispensatrices[81]. »

Ces phrases si fortes, au moment même où la fondatrice se sait gravement malade, ont les accents d'un adieu, ou d'un testament. La question qui la taraude depuis des années est en effet la suivante : que deviendront, une fois qu'elle aura disparu, ces pensionnaires qu'elle considère comme ses enfants ? Dans le contexte de baisse irréversible des vocations religieuses, les sœurs pourront-elles continuer à assurer la vie de la maison ? Il le faudrait, car, pour la fondatrice, les choses sont simples. Seules les sœurs peuvent poursuivre l'œuvre entamée : « Que deviendraient les pauvres petites sans vous[82] ? »

Dans les derniers mois de sa vie, elle assiste sans pouvoir rien faire aux mutations profondes qui commencent à toucher son institution : en 1978, face à la pénurie de religieuses, le recrutement de personnel laïque devient inéluctable. L'un des derniers documents signés par la présidente sera donc le changement de statut des sœurs, en remplacement du contrat qui n'avait pas été modifié depuis 1951. Dix-huit ans plus tard, en 1996, la direction de la fondation cesse d'être assurée par des sœurs et revient à des laïques.

Regards politiques

En dehors de l'évolution religieuse qui retient constamment son attention, Mme de Gaulle ne se passionne pas vraiment pour les grands débats politiques. Les questions internationales, par exemple, sont étonnamment absentes de ses lettres. La guerre du Kippour, le choc pétrolier, l'antagonisme Est-Ouest, rien de tout cela ne suscite d'écho dans son courrier, du moins en l'état actuel des connaissances.

Toutefois, pour qui sait glaner les indices au fil des archives, il est possible de repérer ses hommes liges et ses repoussoirs. Dans le courrier qu'elle adresse à ses proches, elle ne cache rien de ses convictions et surtout de ses rejets. Les hommes politiques qui ne trouvent pas grâce à ses yeux en prennent alors pour leur grade, sans que beaucoup d'arguments rationnels soient avancés.

Le schéma mental de Mme de Gaulle sur le plan politique ne peut être qu'esquissé. Il est difficile, en l'absence d'autres documents, d'être plus précis. Premier constat : si Yvonne est à coup sûr du côté de la tradition, de la religion catholique, de la préservation des valeurs, elle ne verse jamais dans l'extrémisme réactionnaire. Une brève mention sur les établissements scolaires permet de s'en apercevoir : « Deux de mes petits-fils sont encore à Saint-Jean-de-Passy, mais c'est effarant comme opinion tant du côté des professeurs pour la plupart que du côté des garçons du 16e "Ordre nouveau."[83] »

Cette critique directe d'Ordre nouveau écarte Yvonne des mouvances de la droite extrême qui, sous couvert de « renaissance du patriotisme, promotion d'une hiérarchie des valeurs et restauration familiale et éducative » veut rétablir un pouvoir autoritaire, proche des mots d'ordre de Vichy. La violence, le racisme, l'exclusion de ceux qui sont différents n'appartiennent pas à l'univers d'Yvonne. De plus, son gaullisme « naturel » n'a rien à voir avec des milieux qui ne renient ni Pétain ni l'Algérie française, et se caractérisent donc par un antigaullisme viscéral.

Adversaire du repli sur soi des traditionalistes, Yvonne est également sourde aux sirènes des proeuropéens. Son mari avait encouragé en son temps la construction de la Communauté européenne tout en la protégeant de l'irruption britannique. Sa veuve lui reste fidèle sur ce plan. Le 16 mai 1972, Jacques-Philippe Vendroux laisse en effet entendre à Jean Mauriac que sa sœur et lui ont « voté blanc au référendum sur l'entrée de la Grande-Bretagne dans le Marché commun[84] ».

L'hostilité de Mme de Gaulle aux antigaullistes de droite n'est rien en comparaison de son ressentiment contre les « traîtres ». Si la politique étrangère ne la passionne pas, quel intérêt elle porte à la politique intérieure, et notamment à ceux qui l'incarnent ! Dès le départ de son mari du pouvoir, elle était consciente des risques d'éclatement de la mouvance gaulliste : « Quelques-uns s'agitent, mais cela n'amène que division[85]. » Par la suite, ses craintes se confirment. Les personnalités auxquelles le Général avait accordé sa confiance, et qui par la suite sont sorties du gaullisme orthodoxe pour accepter d'autres alliances suscitent son courroux. Plus que jamais elle tend à opposer les « vrais » et les autres, sans préciser davantage ce que recouvrent ces deux catégories distinctes. On peut cependant se les représenter aisément.

Les « vrais », sous la plume d'Yvonne, sont les purs, ceux qui n'ont pas failli à la mémoire du Général. Parmi le personnel politique, on peut imaginer que les anciens Premiers ministres Michel Debré et Maurice Couve de Murville, qui s'opposent vigoureusement au projet de Georges Pompidou de modifier en 1973 la Constitution pour ramener le mandat présidentiel à un quinquennat, trouvent son approbation. Il semble également que Jacques Chaban-Delmas conserve une certaine cote auprès de Mme de Gaulle, comme en témoignent les mots qu'elle lui a adressés près du cercueil du Général. Sa fidélité à Chaban, dont nous aurons à reparler bientôt, est d'autant plus étonnante que Jacques Vendroux, le frère dont elle écoute toujours les recommandations, est plutôt hostile au personnage. Au lendemain de la démission du Général, évoquant la très probable élection de Pompidou, le frère de Mme de Gaulle avait envisagé l'éventuelle arrivée de Chaban au poste de Premier ministre et donné ce commentaire : « Avec Chaban, ce serait le retour à la IVe, avec les combinaisons du parlementarisme. »

Mais à tout prendre ce serait moins grave que de voir arriver au pouvoir des gens qui ne seraient pas « des vrais ». Ces personnages appartiennent pour Mme de Gaulle à deux catégories. Il y a les gaullistes qui se sont rapprochés de Georges Pompidou – ce qui n'est pas rédhibitoire – et ceux qui ont renié le Général pour rejoindre sans état d'âme Valéry Giscard d'Estaing, crime qu'Yvonne ne pardonne pas. Sur ce point, elle rejoint parfaitement son frère, qui affirme que choisir Giscard comme Premier ministre « ce serait tourner le dos au général de Gaulle[86] ». Pourquoi tant de haine ? Essentiellement à cause de l'appel à voter « non » lancé par l'ancien ministre des Finances au moment du référendum de 1969. Pour l'ancienne première dame et pour beaucoup de gaullistes, Giscard est responsable du départ du Général. À l'approche des législatives de mars 1973, Yvonne voit donc d'un mauvais œil le parti gaulliste UDR se rapprocher des républicains indépendants de Giscard : « Je ne sais pas ce que donneront les élections, mais je n'admets pas qu'il y ait des arrangements avec ceux qui ont combattu le Général. On manque de fermeté[87]. »

Certes, les deux partis ne présentent pas de candidature unique, mais adoptent une dénomination commune : Union des républicains de progrès pour le soutien au président de la République (UPR). Plus qu'une éventuelle victoire de la gauche, c'est avant tout cette trahison que redoute Yvonne. Dans son courrier, elle sent monter du pays une peur latente, qui correspond sans doute à la sienne : « Un courrier beaucoup plus important m'est arrivé ces jours-ci. Les gens semblent inquiets, et bien qu'il ne puisse plus rien pour eux, se tournent vers le Général à travers moi[88] », écrit-elle en janvier.

Le premier tour des élections, le 4 mars, aboutit à un résultat assez semblable à celui des législatives de 1967 – celles de 1968 se sont déroulées dans des conditions exceptionnelles, qui faussent la comparaison. Toutefois, tant qu'on est dans l'ignorance à propos du report des voix réformatrices, l'issue reste incertaine pour le second tour. La gauche unie pourrait tout aussi bien l'emporter. Yvonne oublie les traîtres au gaullisme et désormais s'affole de la possible victoire socialiste. Quelques jours avant le second tour, elle écrit aux sœurs : « Pour ce qui se passera dimanche, priez, priez, parce que si la gauche l'emportait, il n'y aurait plus d'enseignement libre, ni de sœurs même en civil dans les hospices, hôpitaux ou autres[89]. » Horrible épouvantail agité sous le nez des pauvres sœurs, et terrible vision d'une France dépourvue d'établissements religieux !

La partie est cependant gagnée pour cette fois. Grâce notamment à une rencontre secrète entre le Premier ministre Pierre Messmer et Jean Lecanuet, dont le Centre démocrate fait partie de la coalition des centristes d'opposition, le report de voix permet une nette victoire de la majorité, qui obtient 268 sièges contre 175 à l'opposition et 30 aux réformateurs. L'UDR a maintenu son score et, même si elle n'a plus la majorité absolue, elle peut s'allier aux républicains indépendants et aux centristes pour gouverner.

Soulagée sur le plan politique, Mme de Gaulle se préoccupe en revanche de la brutale dégradation économique qui frappe la France et le reste du monde à partir du choc pétrolier d'octobre 1973. En réponse à la guerre du Kippour, les pays producteurs de pétrole (OPEP) ont en effet enclenché la montée du prix du baril, qui quadruple entre octobre 1973 et janvier 1974. Les conséquences en chaîne sont dévastatices pour le pays, avec une inflation de 15,6 % entre décembre 1973 et février 1974, une croissance ralentie et un chômage qui augmente.

Un témoignage nous renseigne sur la réaction de Mme de Gaulle à ce contexte particulier. Il émane de Jean d'Escrienne, qui est reçu à la Boisserie en novembre 1973 : « Avec le choc pétrolier, il est question de rationnement de fioul. Passant par Colombey à l'occasion d'une chasse, je vais saluer Mme de Gaulle. Elle me dit avoir réduit son chauffage : "Je ne consommerai pas un litre de plus que ce à quoi j'aurai droit."[90] »

L'année 1974, sur le plan politique intérieur, est une mauvaise année aux yeux d'Yvonne. La maladie affecte le président de la République depuis de longs mois. C'est avec tristesse mais sans grand étonnement qu'elle apprend sa mort le 2 avril 1974 : « Le pauvre M. Pompidou a eu du courage jusqu'à la fin, mais il me semble qu'il ait pensé tenir encore un certain temps[91] », confie-t-elle aux Galichon. Au-delà de la disparition d'un homme qui avait partagé avec elle les débuts héroïques et difficiles de sa fondation, elle redoute l'échéance que cette mort engendre. Le second tour de la présidentielle a été fixé au 5 mai.

L'échiquier politique se présente sous un jour nouveau par rapport aux précédentes élections. Alors que la gauche dispose d'un candidat commun en la personne de François Mitterrand, la majorité se lance divisée dans la bataille. Depuis 1962, deux familles de force inégale la composent : les gaullistes – de tradition et pompidoliens – et la droite modérée qui s'est regroupée autour de Valéry Giscard d'Estaing. « Pendant longtemps ces deux familles avaient été de poids très inégal, les gaullistes exerçant une totale suprématie[92] », rappelle l'historien Jean-Jacques Becker. La mort du Général bouleverse cette ligne de partage. La majorité des électeurs de droite qui n'avaient pas de sympathie pour de Gaulle se rallient à Giscard.

Le scrutin présidentiel reflète cette césure. Jacques Chaban-Delmas, au nom du gaullisme, annonce sa candidature le 4 avril. Valéry Giscard d'Estaing le fait le 8… Pour bien comprendre la spécificité de la position d'Yvonne de Gaulle, il faut rappeler que Chaban-Delmas, ancien Premier ministre de Pompidou, ne fait pas l'unanimité parmi les gaullistes. Il obtient le soutien officiel de l'UDR, mais voit se dresser contre lui une partie importante des gaullistes, regroupés derrière Jacques Chirac. Ce dernier, avec trois autres ministres gaullistes du gouvernement Messmer et trente-neuf députés UDR, lance un texte, l'Appel des 43, qui exprime une grande défiance vis-à-vis de Chaban.

La position d'Yvonne nous est connue grâce à deux lettres aux Galichon. Sans surprise, elle écarte le vote en faveur de Mitterrand, mais elle le fait en des termes particulièrement vifs : « Nous voici donc sur le point de voter encore… Pourvu que "le diable", comme dit mon employée, ne passe pas ! Heureusement il a fait la gaffe de rendre officielle son entente avec les communistes[93]. » L'auteur du *Coup d'État permanent,* éternel opposant de son mari, ne trouve aucune grâce à ses yeux. Il est tout simplement le diable, terme dont la dimension n'est pas négligeable chez cette ferme catholique.

Sans grande surprise non plus, Yvonne privilégie au sein de la majorité le vote en faveur du seul candidat gaulliste : « Je vote pour Chaban en premier, et j'espère au deuxième tour. Mais en envisageant avant tout au deuxième tour l'opposition "au diable" si nécessaire[94]. » Elle condense ainsi en deux phrases son opinion politique, qui peut se résumer par : non catégorique à Mitterrand, non à Giscard au premier tour, mais oui à Giscard au second tour si Mitterrand est en lice ; oui à Chaban dans tous les cas.

La campagne électorale, très brève, et pour cause, voit Chaban-Delmas à la peine. Peu ou pas soutenu par son propre camp, l'ancien président de l'Assemblée nationale sous de Gaulle perd rapidement des points dans les sondages, notamment après le 25 avril. Qu'en aurait-il été si la veuve du Général avait annoncé qu'elle le soutenait officiellement ? L'histoire-fiction est ici tentante. La popularité d'Yvonne de Gaulle et le souvenir encore vivant du Général auraient sans doute pu ramener au candidat gaulliste un nombre important de voix. Mais il est difficile de croire qu'elles auraient été suffisantes pour combler l'écart entre Chaban et Giscard. Du reste, il est radicalement contraire aux principes d'Yvonne d'intervenir dans la vie politique. Elle ne l'a pas fait du vivant de son mari et le fera encore moins après sa mort.

Le 5 mai, les électeurs se déplacent en masse pour participer au premier tour. Les résultats sont très clairs : alors que François Mitterrand arrive en tête avec 43,25 % des voix, Valéry Giscard d'Estaing obtient un score de 32,6 %, tandis que Jacques Chaban-Delmas ne récolte que 15,11 %. C'est une véritable rupture dans l'histoire de la Ve République : quoi qu'il arrive au second tour, le président ne sera pas gaulliste, et ce pour la première fois depuis 1958.

Dans cette perspective désormais tangible, Yvonne réagit avec vigueur. Elle qui avait pensé voter utile au second tour pour écarter le « diable », la voici qui change radicalement de position. Peut-être après en avoir parlé avec son fils – qui adopte la même attitude –, elle décide tout compte fait de ne pas voter en faveur de Valéry Giscard d'Estaing. L'extraordinaire lettre qu'elle écrit à ce propos aux Galichon doit être citée. Elle illustre l'irréductible fidélité gaulliste non seulement d'Yvonne, mais de toute sa famille, qui préfèrent prendre le risque d'une France socialiste plutôt que de voter en faveur de Giscard. Il y a là comme une forme surannée de résistance :

> Les Philippe, et fils en âge de voter, sont restés chez eux au second tour.
>
> Les Boissieu ont re-voté Chaban (ils avaient gardé des bulletins).
>
> Quant à moi, je pensais rester chez moi, mais apprenant que le village en faisait autant – sauf les mauvais –, je me suis décidée, et en mettant une photo du mémorial dans l'enveloppe – ce qui n'a trompé personne au dépouillement mais a fait voter quelque 170 « contre le diable », comme dit ma dévouée soubrette[95].

Étonnante Yvonne, qui met dans l'enveloppe la photographie de la croix de Lorraine de Colombey ! Cette veuve est émouvante. Elle comprend que s'abstenir serait un mauvais signe envoyé aux habitants de son village, restés globalement fidèles à son mari défunt. L'abstentionnisme n'est pas une position valable, mais voter blanc manquerait de panache. Alors, quitte à voter nul, autant le faire avec brio : n'est pas Mme de Gaulle qui veut. Il y aura donc du de Gaulle dans l'urne de Colombey, un de Gaulle dont le souvenir est désormais symbolisé par la grande croix de Lorraine.

L'entêtement désespéré de la famille de Gaulle dans son refus du vote Giscard reflète un phénomène beaucoup plus large : une partie non négligeable de l'électorat gaulliste du premier tour – un peu plus du cinquième – décide de ne pas reporter sa voix sur le candidat de droite, ce qui fait perdre à celui-ci entre 750 000 et 800 000 voix. Du coup, Mitterrand frôle la victoire : Valéry Giscard d'Estaing ne l'emporte qu'avec une marge de 1,61 % ! Il a obtenu 50,8 % des voix et son adversaire 49,19 %. Yvonne en est d'ailleurs consciente : « C'était tout de même très tangent[96] », commente-t-elle, reprenant peut-être inconsciemment la formule utilisée par son mari pour qualifier le dénouement de l'attentat du Petit-Clamart.

Une ère nouvelle commence. Dans son allocution de prise de fonctions, le jeune président de la République ne cite ni le nom de Pompidou, son prédécesseur, ni celui de Charles de Gaulle. Sur les seize ministres du gouvernement Chirac, seuls cinq appartiennent à l'UDR. Le ministre de l'Intérieur, Michel Poniatowski, se caractérise même par son opposition au parti gaulliste, tout comme Jean Lecanuet, garde des Sceaux.

Yvonne de Gaulle prêche la patience : « Là-dessus je pense qu'il ne faut pas perdre la Foi et l'Espérance – pas pour tout de suite, mais pour l'avenir[97]. »

Elle ne vivra pas assez longtemps pour connaître la suite des événements et notamment l'élection de François Mitterrand en 1981. C'est mieux pour elle. En revanche, elle éprouve un choc quand elle découvre que Giscard se rend au cimetière de Colombey-les-Deux-Églises, le 9 novembre 1974, pour se recueillir sur la tombe du Général : « Vos lettres si émouvantes, pour le 9 novembre, m'ont bien touchée, et je vous en remercie, écrit-elle aux Galichon. À vrai dire, cet anniversaire a été éprouvant, davantage encore, du fait d'une certaine visite au cimetière ce jour-là... Il y a eu habileté certaine – mais je daigne admettre qu'il y a eu aussi une forme d'amende honorable[98]. »

L'adoubement gaulliste que le nouveau président est venu chercher dans la capitale gaullienne de la France fait donc une conquête : celle d'Yvonne de Gaulle, prête à voir dans cette démarche une forme de reconnaissance.

Sur l'évolution ultérieure du pays, les documents sont rares pour saisir la pensée d'Yvonne de Gaulle. Impossible de dire comment elle ressent la démission de Jacques Chirac de ses fonctions de Premier ministre en août 1976 pour cause de dissension avec le président, son remplacement par Raymond Barre, la création du RPR en décembre de la même année en lieu et place de l'UDR... Tout au plus sait-on par Jean Mauriac qu'elle considère Jacques Chirac comme « le seul qui pouvait faire quelque chose[99] »... Elle semble faire preuve d'un pessimisme modéré, et accorde au président Giscard d'Estaing un *satisfecit* plein de nuances : « Les gens sont inquiets de l'avenir et se tournent vers Colombey – mais c'est trop tard. Actuellement, il y a de la bonne volonté, et certaine capacité, "mais pas d'épine dorsale", aurait dit ton oncle, et surtout manque d'idéal. Pourtant certains jeunes sont très bien. Il leur manque quelqu'un. »

Tandis que le contexte international connaît des tensions inquiétantes, particulièrement la guerre du Liban, la révolution islamique en Iran en janvier 1979 et le début de la guerre Iran-Irak en septembre 1979, Mme de Gaulle se retire du monde.

Chapitre XVIII

L'ultime renoncement

Le départ de la Boisserie

En mai 1978, Yvonne effectue un ultime pèlerinage. Elle se rend au château de Septfontaines, où vit toujours sa belle-sœur Madeleine, veuve de Jean. Comme toujours dans ses lettres se mêlent un prosaïsme étonnant et une grande délicatesse. La vieille dame se souvient avec délices du repas qui lui fut servi : « Quel bon déjeuner ! Je n'en avais pas fait d'aussi bon depuis longtemps ! Les morilles ! et le pâté ardennais ! » Mais surtout elle évoque les sentiments qu'a suscités en elle ce voyage. « C'est toujours avec émotion que je retourne à Septfontaines. Bien que je ne sois pas démonstrative, je suis extrêmement sensible à tous les souvenirs de Jean, de mes parents[1]. »

Ce bref retour vers l'univers de l'enfance n'est pas un hasard. Il ressemble à un adieu.

À la fin de septembre 1978, Yvonne de Gaulle téléphone à son fils Philippe et lui de demande de venir à Colombey. Lorsqu'il arrive, raconte-t-il, il trouve sa mère prête à partir, munie d'une seule valise. Les volets de la maison sont clos et elle franchit le seuil sans se retourner[2].

Ce n'est qu'une fois installée dans la voiture qu'elle consent à s'expliquer. Elle apprend à son fils qu'elle a réservé une place chez les religieuses de l'Immaculée Conception de Notre-Dame de Lourdes, à Paris. Elle lui demande de l'y déposer et de la laisser y entrer sans l'accompagner. Quelques jours plus tard, elle adresse simplement aux sœurs de Vertcœur une carte de visite où elle indique sa nouvelle adresse, 73, avenue de La Bourdonnais, Paris, 7e arrondissement[3].

Cette façon d'agir plutôt abrupte est typique de Mme de Gaulle. Cette femme âgée redoute encore de laisser déborder son émotion et de voir se manifester celle des autres. Mieux vaut, pour éviter les larmes et les effusions, couper court aux longues discussions et aux scènes pénibles d'au revoir. Mieux vaut agir vite et mettre les proches devant le fait accompli.

Cela dit, la décision de Mme de Gaulle est mûrie de longue date. Il lui a fallu réfléchir à la meilleure solution, réserver ensuite sa chambre chez les sœurs, organiser son départ. Si elle n'a rien dit de ses projets à ses enfants, c'est avant tout pour ne pas les inquiéter. Ils savent tous, en effet, l'attachement de leur mère à sa maison, et comprennent combien ce départ lui coûte. Ils imaginent qu'elle a pesé longuement le pour et le contre avant de s'y résoudre. Son départ sonne le glas d'une époque et presque d'une vie.

Après coup, cependant, Mme de Gaulle s'épanche volontiers auprès de ses différentes correspondantes sur les circonstances qui l'ont conduite à quitter sa chère Boisserie. La lettre la plus détaillée est celle qu'elle adresse à Martine de Courcel le 23 janvier 1979, et dont le contenu se retrouve, quelque peu résumé, dans le courrier aux sœurs et à Solange Galichon. Magnifique lettre, où elle se confie avec franchise et montre qu'à soixante-dix-huit ans elle n'a rien perdu de son tempérament :

> Me voici donc devenue une dame pensionnaire chez des religieuses qui hébergent trente dames dans mon genre – la mère d'Alain de Boissieu m'y ayant précédée.
>
> Ma fidèle Charlotte (opérée trois fois sérieusement en quinze mois) a dû prendre sa retraite – et je n'ai trouvé personne de convenable pour lui succéder... Le climat froid de la Haute-Marne, l'obligation d'habiter la maison même et de ne prendre ses congés qu'en même temps que moi... le manque de distraction, bref, personne !
>
> Il fallait donc que je prenne une décision de sagesse. Ne voulant ni encombrer mes enfants ni perdre mon indépendance, j'ai choisi cette solution. Il existe des réalisations civiles plus luxueuses, mais où l'on ne trouve pas cette châleur [*sic*] humaine, ce dévouement que seules les religieuses savent dispenser. Bien sûr, cela m'a fait du chagrin de quitter Colombey mais où que je me trouve, le Général est toujours près de moi...
>
> Et le ciel m'a accordé la faculté de m'adapter à tous les changements d'existence (lesquels n'ont pas manqué pour moi !).

Quel optimisme, en réalité, quel espoir ! Chacun des points négatifs est retourné en avantage : le départ de Colombey devient un gage d'indépendance, le couvent un lieu de chaleur humaine, et l'attachement à la Boisserie est lui-même sublimé dans un incomparable aveu d'amour : « Où que je me trouve, le Général est toujours près de moi. » Bref, avec un moral d'acier, la vieille dame s'est convaincue que sa décision était celle de la sagesse et elle l'a mise en application. Elle sait, il est vrai, que son passé ne se referme pas entièrement puisqu'elle pourra retourner quand elle voudra à la Boisserie, désormais propriété de son fils. Elle l'indique aux Galichon : « Ce n'est pas sans regret que j'ai quitté Colombey, mais j'y retournerai comme invitée chez Philippe et Henriette en novembre notamment (vacances de la Toussaint et le 9)[4]. »

Après cette Toussaint 1978, elle raconte aux sœurs de la Fondation Anne de Gaulle ce que fut cet anniversaire de la mort de son mari dans un contexte nouveau pour elle : « Tous mes remerciements émus pour vos pensées à l'occasion de ce huitième anniversaire de la mort du Général. J'ai passé quelques jours à Colombey à la Toussaint chez mon fils et ma belle-fille, désormais maîtres de cette maison remplie de souvenirs. J'y retourne (aller-retour dans la journée) demain. Puis ce sera ma retraite actuelle, et la paix, j'espère, du côté des journalistes[5] ! »

La paix caractérise en effet la maison religieuse où arrive Yvonne de Gaulle. Pas de bruit, pas de reporters, pas de téléphone. Tout cela correspond parfaitement à ses attentes. Trente femmes âgées y vivent en chambre particulière et se retrouvent dans la salle à manger pour les repas. Pour Yvonne, qui a vécu dans une quasi-solitude à la Boisserie, il n'était pas forcément simple de revenir à un mode de vie collectif. Mais l'univers religieux lui est familier. Elle en apprécie la rigueur et la simplicité, ainsi que les règles et les horaires stricts. Ajoutons que depuis son enfance, et plus encore depuis la Fondation Anne de Gaulle, elle voue aux religieuses une confiance et une affection intenses. Elle ne tarit pas d'éloges sur celles de l'avenue de La Bourdonnais : « Les sœurs ici, communauté de Lourdes, sont très attentionnées pour les vieilles dames que nous sommes[6] », ou encore : « Mes bonnes sœurs sont très attentionnées, ne sachant que faire pour nous aider et nous faire plaisir[7]. »

Naturellement, le choix d'Yvonne laisse assez perplexes les gens de l'extérieur et même sa famille. Le journaliste Philippe Labro constate qu'il y a « quelque chose d'inouï dans cette vision de la veuve d'un mythe assise sur une chaise dans une petite chambre[8] ». Marie-Thérèse Tardif, fille de Marie-Agnès Cailliau-de Gaulle, qui lui rend régulièrement visite, est également choquée par les lieux : « C'était affreux. Elle avait une toute petite chambre. Elle avait son lavabo dans le placard et un bidet qui n'avait pas l'eau courante. Il n'y avait pas de place[9]. »

Quand Philippe de Gaulle découvre la pièce de quatre mètres sur deux mètres cinquante dans laquelle vit désormais sa mère, il s'interroge : « Pourquoi tant de confinement et d'abnégation ? Je ne lui poserai jamais la question. De toute façon je connais la réponse. » Il explique : « Maintenant que l'homme qu'elle aimait tant n'est plus, elle n'est plus là elle-même que pour se préparer à entrer dans la maison du Seigneur. Alors quelle importance peut revêtir aujourd'hui, ici-bas, le décor d'une simple chambre[10] ? »

Yvonne paraît en effet heureuse dans ce dénuement supérieur à tout ce qu'elle a connu précédemment. Elle en vient même à regretter que le nombre de places dans cette sorte d'établissement soit insuffisant : « Il est bien dommage qu'il n'y ait pas plus de ce genre de maison de retraite. Depuis quelque temps, les demandes d'admission augmentent beaucoup, et même des ménages souhaitent une solution du même type. Il n'y a plus de personnel domestique et même les femmes de ménage se font rares[11]. »

Les temps changent, mais la sempiternelle quête de domestiques est toujours la même depuis la Belle Époque...

La mort d'Yvonne de Gaulle

La conscience de sa mort prochaine a envahi Yvonne dès le décès de son mari. Elle espère le rejoindre rapidement et sait que le temps joue en ce sens. « C'est gentil de penser à la vieille tante de Colombey. [...] Je veillis beaucoup depuis la mort de ton oncle. À Dieu vat[12] ! », écrit-elle à son neveu Étienne le 1er janvier 1974.

Cette année-là, une petite attaque cérébrale constitue une première alerte. Elle garde pendant quelques mois le côté droit du visage et une partie du bras paralysés. Dès lors, son sentiment de n'en avoir plus pour longtemps se renforce. Deux faits révélateurs : en octobre 1976, elle envoie à Vertcœur un chèque pour Noël et demande qu'il soit touché rapidement. « Les vieilles dames aiment avoir leurs comptes à jour[13] », commente-t-elle. La chose se reproduit en octobre 1978. Cette fois, elle explique : « C'est un peu tôt, mais un proverbe dit : "Un bon tiens vaut mieux que deux tu l'auras."[14] » Comment ne pas penser que dans les deux cas elle redoute de ne pas vivre jusqu'au 24 décembre et préfère gâter ses « enfants » avant qu'il soit trop tard ?

Contrairement à son mari, qui a connu une mort soudaine, Yvonne de Gaulle finit sa vie dans des conditions pénibles. La seule source d'informations sur cette période est le témoignage de Philippe de Gaulle, qui indique que sa mère, dans ses dernières années, souffre d'hyperthyroïdie. Les seuls symptômes visibles sont des yeux passablement exorbités, anormalement brillants, parfois mouillés, ainsi qu'un amaigrissement sensible.

Mais c'est une occlusion intestinale qui provoque finalement son entrée à l'hôpital. Les premiers signes de la maladie, en 1977, ont amené les médecins à diagnostiquer un cancer. Yvonne n'en a parlé à personne. Au début de l'été 1979, l'évolution de la maladie nécessite une intervention chirurgicale et elle est conduite à l'hôpital militaire du Val-de-Grâce. Fidèle à son souci de ne déranger personne, elle ne prévient même pas son fils, qui n'apprend la nouvelle que le 4 juillet, au retour d'un déplacement à Brest. Toujours prévoyante, Mme de Gaulle demande à recevoir l'extrême-onction le 5 juillet puis se fait opérer. Elle doit rester à l'hôpital jusqu'au 4 août.

Dans cette situation difficile, impossible d'oublier pour autant qu'elle est la veuve du Général, et par conséquent un personnage hors du commun : le 24 juillet, la presse révèle son hospitalisation. Un photographe s'introduit subrepticement dans sa chambre pour réaliser des clichés d'un goût douteux. Elle qui a passé sa vie à fuir les journalistes se retrouve rattrapée par eux à un moment où elle ne peut ni fuir ni protester. Heureusement, *Paris-Match* refuse de publier les clichés, mais un gendarme doit désormais surveiller en permanence la porte de sa chambre.

La suite de l'histoire est un rapide déclin physique. Alors que les médecins souhaiteraient la garder sous surveillance, Yvonne demande à retourner dans son couvent, car, explique Philippe, « les enfants ne sont pas admis à l'hôpital[15] ». Jusqu'à la fin, l'amour de sa famille est le seul argument qui la fasse tenir. Avenue de La Bourdonnais, elle se réjouit de recevoir son arrière-petit-fils Henri, âgé maintenant de six mois.

À la fin de septembre, son état s'aggrave. Elle ne peut presque plus se nourrir. Sa maigreur devient visible, elle pèse quarante kilos. Le 10 octobre, il n'y a plus d'autre solution que de l'hospitaliser de nouveau au Val-de-Grâce pour la nourrir par perfusion. Une semaine après, elle subit une ablation de l'intestin pour éliminer les métastases. En vain. Le cancer est allé plus vite que les médecins et a gagné tout le corps. Yvonne retourne dans sa chambre d'hôpital pour une issue désormais proche. Le prêtre vient la voir tous les jours. Il semble que le dernier combat de Mme de Gaullle ait pour but de tenir jusqu'au 9 novembre, afin de célébrer une dernière fois l'anniversaire de la mort de son mari, ou même de mourir ce jour-là. Qui peut le savoir ? Elle y réussit presque. Le 7 novembre, elle tombe dans le coma. Elle ne parlera plus et mourra le 8 novembre à 1 h 30.

Elle rend l'âme à soixante-dix-neuf ans, comme lui.

Et, comme à lui, le peuple chrétien lui rend hommage, au soir du 9 novembre, lors d'un service solennel en l'église Saint-Louis des Invalides.

Les obsèques d'une humble

Contrairement à son époux, Yvonne n'a pas rédigé de testament, ni laissé de dernières volontés écrites. Elle a donné une seule instruction orale à son fils : « Pas d'officiels[16]. » Seuls les intimes sont autorisés à venir se recueillir sur sa dépouille. Quelques personnalités triées sur le volet également. C'est le cas des deux premières dames qui lui ont succédé, Mme Pompidou et Mme Giscard d'Estaing. Mme Yvon Bourges, l'épouse du ministre de la Défense, la maréchale de Lattre de Tassigny et l'ancien Premier ministre Couve de Murville sont également admis devant le lit de mort.

L'enterrement, plus dépouillé encore que ne l'avait été celui de Charles, a lieu le 10 novembre à 15 heures dans le même village et dans la même église. Au-dehors, la foule est plus réduite, puisque seul un millier de personnes a été autorisé à venir. Certains compagnons de la Libération, arrivés la veille pour la commémoration de la mort du Général, sont restés. Les personnalités politiques sont rares – Jacques Chaban-Delmas, Michel Debré et Jacques Chirac. Claude Pompidou est là aussi. L'État est représenté par le préfet Michel Levallois, le village par son maire, M. Raullet. Le président de la République Valéry Giscard d'Estaing, dont certains témoins[17] affirment qu'il voulut se rendre personnellement à la cérémonie, a finalement délégué le chef de son état-major particulier, le général de Montaudouin. Celui-ci dépose une gerbe de roses rouges sur la tombe au nom de M. et Mme Giscard d'Estaing.

L'abbé Lambert est alors curé de Colombey depuis deux mois. Il n'a connu ni le Général ni son épouse en tant que paroissiens. Mais il trouve le ton juste dans son homélie : « L'intimité voulue par Mme de Gaulle m'interdit tout éloge. Je voudrais seulement rappeler que son destin hors du commun a été vécu en toute humilité et dans la maison de Dieu. Et, enfin, selon les paroles du Général lui-même, que sans elle, rien de ce qui fut n'aurait été possible. »

À Rome, l'ambassadeur de France près le Saint-Siège, Georges Galichon, fait dire une messe à la mémoire de Mme de Gaulle en l'église Saint-Louis-des-Français.

Les journaux se font l'écho de cette mort, bien sûr, mais les réactions sont sans rapport avec le séisme émotionnel qu'a provoqué en son temps la disparition du Général. *Le Figaro Dimanche* manque vraiment d'inspiration, qui titre « Un destin s'achève », tandis que *Le Matin* essaie de prendre de la hauteur en concluant sur « La dernière page d'une époque ».

Des hommages convenus émanent des hautes sphères de l'État. « Au moment où s'éteint Mme de Gaulle, le président de la République s'incline respectueusement au nom du peuple français devant celle qui a partagé avec une dignité et une discrétion exemplaires la vie du général de Gaulle dans la gloire et dans les épreuves. » Le président de l'Assemblée nationale, Chaban-Delmas, déclare que « le général et Mme de Gaulle sont réunis à jamais ». D'autres trouvent des paroles un peu plus intenses, à l'image d'Alain Peyrefitte : « Au sens le plus profond du mot, Yvonne de Gaulle fut la compagne du Général. Les voilà compagnons d'éternité. » Ou de Jacques Chirac, visiblement inspiré, qui voit en Mme de Gaulle un exemple de « vertu transcendée par l'amour. Elle fut à sa manière un moment de l'histoire de France ».

Il faudra attendre seize ans pour qu'une stèle soit érigée à la mémoire d'Yvonne Vendroux. Et encore, son nom y est associé à celui de son mari. Porté par une association créée en 1993 et présidée par Claude Legrand-Vendroux, le projet a abouti grâce à une souscription publique. Le monument, qui se dresse près de l'église Notre-Dame de Calais, a été inauguré le 11 septembre 1995 en présence notamment de Philippe de Gaulle et d'Élisabeth de Boissieu. On peut y lire, inscrite dans le marbre, la phrase du général de Gaulle : « Pour vous, Yvonne, sans qui rien ne se serait fait. »

Épilogue

Préparé par dix années d'effacement et d'invisibilité, le silence qui entoure Yvonne de Gaulle après sa mort est quasiment parfait. Alors que la mémoire de Charles de Gaulle est une matière vivace et proliférante, celle de son épouse se trouve réduite à la portion congrue. En comparaison des milliers de livres consacrés au Général, des dizaines de milliers d'avenues ou de places qui portent son nom en France ou dans le monde, à côté des monuments qui ont été érigés pour évoquer son action, le souvenir d'Yvonne est une denrée rare. Si elle est évoquée dans de nombreux ouvrages sur son mari, seuls quelques études s'intéressent spécifiquement à elle. Ici et là, quelques foyers sociaux ou maisons de retraite portent aussi le nom de l'ancienne première dame, notamment à Melun, en Seine-et-Marne. À Colombey-les-Deux-Églises, lieu gaullien d'exception il est vrai, existe une école maternelle Yvonne-de-Gaulle.

Calais fait également figure de cas à part. La ville est un peu plus que le lieu de naissance et de mariage d'Yvonne Vendroux. C'est le berceau où sa famille a prospéré et puisé ses valeurs. L'enrichissement par le travail, l'anglophilie, l'implication sociale et une certaine modernité en sont les maîtres mots. Calais, par la suite, a été un endroit où Yvonne prenait plaisir à revenir, et la présence de son frère Jacques à la tête de la municipalité pendant de nombreuses années l'y a incitée plus encore. Pour toutes ces raisons, sa mémoire y est particulièrement cultivée.

Mais c'est à peu près tout. Faut-il s'en étonner, s'en indigner ? Sans doute pas. D'une part, comme le rappelle Martine de Courcel, Yvonne de Gaulle aurait détesté que l'on parlât d'elle. La médiatisation, la mise en exergue, le tapage étaient tout le contraire de cette personnalité authentiquement humble et timide. D'autre part, une certaine décantation de l'histoire s'opère avec les années, et seul l'essentiel subsiste. La vision du passé devient, pour la plupart d'entre nous, celle que véhiculent les manuels scolaires – une vision condensée, résumée et factuelle d'où émergent seulement les faits les plus cruciaux. Dans ce schéma qui fait prévaloir l'efficacité de la connaissance, Mme de Gaulle n'a guère de place. Son rôle dans l'histoire du pays ne fut pas suffisamment déterminant. Ses prises de position en faveur des handicapés ou de la pilule contraceptive, pour importantes qu'elles soient, n'eurent rien à voir avec un combat de longue haleine. Elles restent, de surcroît, très méconnues.

Pourtant, il y a autre chose. Pour saisir l'intérêt d'un personnage tel que celui d'Yvonne de Gaulle, il faut chercher ailleurs, s'éloigner de l'épicentre des prises de décision, se méfier des tambourinages de la « grande histoire ». Le rôle de cette femme fut important, mais il se situe en deçà de ces domaines, ou plutôt au-delà. Il les transcende et les dépasse, en même temps qu'il les stimule : Yvonne a épaulé Charles de Gaulle durant presque cinquante ans, quotidiennement. Elle a veillé sur sa logistique et sur sa santé, elle lui a assuré une sérénité personnelle irréprochable, elle l'a écouté, soutenu, elle lui a permis de se consacrer entièrement aux destinées du pays. Ce n'est pas rien.

Et comme cette femme n'était pas la sotte que certains ont complaisamment voulu décrire, elle lui a donné son avis, elle a commenté les événements de son point de vue, parfois elle a défendu des positions différentes des siennes. Elle a mis dans la vision gaullienne une touche de féminité et une simplicité de bon aloi. Elle qui conduisait sa voiture, faisait les courses, parlait avec les commerçants, connaissait le prix des denrées et les problèmes quotidiens des Français put servir de relais entre Charles de Gaulle et le monde réel.

Sur un autre plan, plus abstrait, elle a contribué à conforter la politique du président de la République : le désintéressement d'Yvonne, son manque de passion pour les choses matérielles, son strict respect du bien public ont renforcé le style gaullien de gouvernance. Rien ne sépare le mari et la femme sur ce chapitre-là. Pour ceux qui n'auraient pas conscience de l'importance de cette symbiose, prêchons l'absurde : comment de Gaulle aurait-il pu être crédible si sa femme s'était distinguée par des dépenses en colifichets ou en bijoux de valeur, si elle s'était répandue en propos incontrôlables devant des journalistes avides de confidences, si elle avait dévoilé les petits travers de son mari et commenté les propos tenus lors des dîners officiels ?

L'austérité et le traditionalisme d'Yvonne de Gaulle ont finalement joué en faveur de son mari. Ils ont rassuré la partie conservatrice de l'électorat que pouvait inquiéter la modernisation du pays entreprise par le Général. Ils ont certainement conquis un grand nombre de femmes.

À bien y penser, il est étonnant qu'Yvonne de Gaulle n'ait pas suscité plus d'engouement dans ce pays qui aime l'histoire pour ce qu'elle a de passionnel et de romantique. Le destin de la France, marqué par de multiples déchirements nationaux et d'impossibles réconciliations, par une soif de grandeur qui se heurte souvent aux réalités, relève en maints aspects de la tragédie antique.

Le fait que de nombreux écrivains se soient emparés de son récit ne fait que le confirmer.

Pourquoi ne pas voir en Yvonne une héroïne de tragédie ? Elle porte en elle un tel déchirement ! Petite fille de Calais, élevée dans le luxe d'une grande bourgeoisie insouciante, elle a pour elle beauté et richesse. On pourrait croire, en allant vite, que sa vie se poursuit sur cette trajectoire haute, puisqu'elle épouse un homme voué à devenir illustre et qu'elle reste première dame pendant dix ans. Pourtant, derrière cette légende dorée, la douleur a creusé son lit à la faveur de catastrophes nationales et de drames intimes. Yvonne et les siens subissent deux guerres mondiales. Mais leur cortège de malheurs a peut-être moins d'impact sur sa vie que la naissance, entre les deux conflits, de sa fille anormale. Là se trouve le point de rupture. Sa foi et son espérance se teintent désormais de doute et de tristesse, de fatigue aussi. Élever Anne constitue une épreuve morale et physique pour laquelle Yvonne est prête à se priver de beaucoup de choses – des sorties dans le monde, de son statut de « femme de », d'une certaine joie de vivre. Le renoncement commence là.

Par la suite, alors qu'Anne est morte depuis longtemps et que son mari s'affirme en tant que président de la République, son épouse poursuit sa stratégie de retrait. Les ors de la République, les hommages des autres pays, les cadeaux, tout cela ne l'intéresse pas. Elle figure aux côtés du Général, mais reste insaisissable. Après la mort de son époux, son renoncement quasi religieux n'est que l'accentuation de cette tendance. « La réserve de Mme de Gaulle était un effacement conscient, voulu et accepté[1] », dit très justement Pierre-Louis Blanc. Elle lui permet de se protéger des regards, de rebuter les indésirables et de poursuivre en son for intérieur l'existence qu'elle aime, centrée sur sa fondation et sa famille.

Là repose finalement tout le paradoxe d'Yvonne de Gaulle, qui constitue justement le ressort tragique de son personnage : « Cette femme existait. À côté d'un mari d'une telle envergure, pour ne pas disparaître, il faut posséder une personnalité peu commune. C'était son cas[2]. » Yvonne existait, donc. Mais elle existait en se soustrayant, en faisant abstraction d'elle-même, en disparaissant. Ce fut sa force et sa marque, en même temps qu'un piège pour tous ceux qui se réjouissaient de sa prétendue inexistence.

Sa vie, malgré tous les rebondissements qui la caractérisent, parvient ainsi à garder une apparence extrêmement lisse. Son personnage, quel que soit le côté par lequel on l'aborde, se présente sans aspérité. Impossible d'y trouver la moindre frasque, le plus petit coup d'éclat, même une bêtise d'enfant. Mme de Gaulle reste irréprochable, et donc un peu ennuyeuse. Sage, sérieuse, appliquée. Quel contraste avec sa mère flamboyante et engagée ! Comment croire que l'énergique Marguerite puisse être la mère de la timide Yvonne ? Quel rapport entre le modernisme de l'une et le conservatisme de l'autre ? Entre l'ouverture d'esprit de la mère et le repli sur soi de la fille ? Yvonne aurait pu se développer avec la même vigueur et conserver – comme son frère et sa sœur, du reste – l'humour et l'allant de ses aïeux. N'est-elle pas, à vingt ans, jolie et sportive ?

Comme si l'existence s'était chargée de la racornir précocement, Yvonne de Gaulle prend très tôt le visage d'une femme un peu sévère et prévenue. Irréprochable, mais un peu ennuyeuse. Qui sait s'amuser, mais s'amuse rarement. Qui s'ingénie à ne jamais se laisser circonvenir et qui pour cela dresse entre elle et les autres une invisible barrière. Est-ce une forme de sagesse destinée à lui permettre de tenir bon lorsque se produisent des événements qu'elle n'a pas toujours désirés ? Sans doute.

Elle a mis toute son énergie à se soustraire aux regards. Elle a détruit les objets liés à son mari. Elle a emporté ses secrets dans la mort. Bref, elle a donné à l'histoire sa plus belle définition, celle d'un objet que l'on ne peut jamais atteindre. En retour, « l'histoire ne donnera jamais d'Yvonne de Gaulle qu'une biographie à l'image d'une exceptionnelle volonté de s'effacer ».

NOTES

Introduction

1. Alain de Boissieu, lettre à l'auteur, 4 octobre 2005.

PREMIÈRE PARTIE
1900-1920
La Belle Époque enfantine

CHAPITRE PREMIER
Les ancêtres

1. Jacques-Philippe Vendroux V, *Manuscrit sur les ancêtres van Droog, Vandrooux, Vendroux, Le Veux, Gamblin, Giovanelli, Forest, Bellaigue*, p. 2.

2. *Ibid.*, p. 3.

3. Marguerite Yourcenar, *Archives du Nord*, Gallimard, 1977, Le Livre de poche, 1996, p. 62.

4. Sylvie Monin-Badey, *Les Vandroux. Étude généalogique et socio-économique d'une famille originaire de la Bresse bourguignonne du XVe siècle à nos jours*, édité à compte d'auteur.

5. Les origines de Claude Vendroux sont précisées dans son acte de baptême (archives communales de Ménetreuil, 1702) et dans le contrat de mariage signé le 11 septembre 1725 à Louhans (AD 71 série 3e) entre « Claude Vandroux, fils de feu Pierre Vandroux vivant laboureur à Ménetreuil » et « Pierrette Pavat ».

6. Archives communales de Montpont, 6 octobre 1940, *in* Sylvie Monin-Badey, *Les Vandroux…, op. cit.*, p. 43.

7. AD 71, 8038.

8. Archives municipales de Dunkerque, acte n° 44, mariage du 5 avril 1763 entre Jean Vendroux et Marie Jossaer.

9. Ce prénom vient du parrain de ce premier Jacques-Philippe, messire Jacques-Philippe Fyot de La Marche.

10. Jacques-Philippe Vendroux V, *Manuscrit sur les ancêtres van Droog…, op. cit.*, p. 9.

11. Anne-Sophie Bruno et Claire Zalc, *Petites entreprises et petits entrepreneurs en France, XIXe-XXe siècles*, Actes des journées d'études des 23 et 24 octobre 2003, EPU, p. 173.

12. *Ibid.*, p. 174.

13. Précisons que les dossiers de la Légion d'honneur pour la période 1802-1871 ont brûlé, ce qui rend la recherche difficile. Cependant, plusieurs annuaires annexes de la même époque permettent de croiser les données pour vérifier les décorations individuelles. Ce faisant, le nom de Jacques-Philippe Vendroux III ne donne aucun résultat.

14. Michèle Perrot, « Fonctions de la famille », *in* Philippe Ariès et Georges Duby, *Histoire de la vie privée*, t. IV, Seuil, 1987, p. 105 et 115.

15. Passeport de Jacques-Philippe Vendroux V, cité par lui-même dans *Manuscrit sur les ancêtres van Droog*, p. 16.

16. *Ibid.*

17. *Ibid.*, p. 31.

18. Entretien avec Christian Borde, avril 2009.

19. Christian Borde, *Calais et la mer, 1814-1914*, Septentrion, 1997, p. 252.

20. *Ibid.*

21. Jacques-Philippe Vendroux V, *Manuscrit sur les ancêtres van Droog*, p. 17.

22. *Ibid.*, p. 21.

23. Yves-Marie Hilaire (dir.), *Histoire du Nord-Pas-de-Calais*, Toulouse, Privat, 1962, p. 52.

24. *Ibid.*, p. 79.

25. Christian Borde, *Calais et la mer, 1814-1914*, *op. cit.*, p. 252.

26. En droit maritime, le consignataire est le négociant mandataire d'un armateur chargé de la cargaison.

27. Jacques-Philippe Vendroux, proposition de la chambre de commerce et d'industrie, 1908, cité par Christian Borde, *Calais et la mer, 1814-1914*, *op. cit.*, p. 287.

28. Jacques-Philippe Vendroux V, *Manuscrit sur les ancêtres van Droog*, p. 24.

29. Philippe de Gaulle, *De Gaulle, mon père*, t. I, Plon, 2003, p. 420.

Chapitre II
Les parents

1. Le grand-père des sœurs Forest, un Forest-Giovanelli, est aussi l'oncle de la mère de Jacques-Philippe IV, Caroline Giovanelli.

2. Jacques-Philippe Vendroux, *Manuscrit sur les ancêtres van Droog*, p. 23.

3. Michèle Perrot, « Fonctions de la famille », *op. cit.*, p. 138.

4. Jacques-Philippe Vendroux, *Manuscrit sur les ancêtres van Droog*, p. 23.

5. Jacques-Philippe Vendroux, *Cette chance que j'ai eue*, Plon, 1974, p. 18.

6. Philippe de Gaulle, *Mémoires accessoires*, t. I, *1921-1946*, Plon, 1997, p. 90.

7. Jacques-Philippe Vendroux, *Yvonne de Gaulle, ma sœur*, Plon, 1980, p. 17.

8. *Ibid.*

9. *Ibid.*

10. *Ibid.*

11. *Ibid.*

12. Jacques-Philippe Vendroux, *Yvonne de Gaulle, ma sœur*, *op. cit.*, p. 30.

13. *Ibid.*, p. 17.

14. Jacques-Philippe Vendroux, *Manuscrit des ancêtres van Droog*, p. 22.

15. Jacques-Philippe Vendroux, *Yvonne de Gaulle, ma sœur*, *op. cit.*, p. 17.

16. Jacques-Philippe Vendroux, *Manuscrit des ancêtres van Droog*, p. 23.

17. Yvonne de Gaulle au vicaire général de Versailles, 6 octobre 1950, archives de la Fondation Anne de Gaulle, carton 1, dossier 2.

18. Jacques-Philippe Vendroux, *Manuscrit des ancêtres van Droog*, p. 23.

19. Éric Mension-Rigaud, *L'Enfance au château*, Rivages, 1990, p. 38.

20. Jacques-Philippe Vendroux, *Yvonne de Gaulle, ma sœur, op. cit.*, p. 17.
21. Jacques-Philippe Vendroux, *Manuscrit des ancêtres van Droog*, p. 24.
22. Jacques-Philippe Vendroux, *Yvonne de Gaulle, ma sœur, op. cit.*, p. 21.
23. *Ibid.*, p. 18.
24. Sur ce thème, voir l'excellent ouvrage d'Éric Mension-Rigaud, *L'Enfance au château, op. cit.*, p. 268 et suiv.

CHAPITRE III
Une enfance à Calais

1. Jürgen Kocka, *Les Bourgeoisies européennes au* XIX*e siècle*, Belin, 1997, p. 12.
2. Acte de naissance d'Yvonne Vendroux, archives de la mairie de Calais.
3. Jacques-Philippe Vendroux, *Yvonne de Gaulle, ma sœur, op. cit.*, p. 13.
4. Gérard Cholvy, *Être chrétien en France au* XIX*e siècle, 1790-1914*, Seuil, 1997, p. 116.
5. Jacques-Philippe Vendroux, *Yvonne de Gaulle, ma sœur, op. cit.*, p. 13.
6. *Ibid.*, p. 14.
7. *Ibid.*, p. 19.
8. Jacques-Philippe Vendroux, *Cette chance que j'ai eue, op. cit.*, p. 15.
9. Jacques-Philippe Vendroux, *Yvonne de Gaulle, ma sœur, op. cit.*, p. 27.
10. Cité par Blandine Mahé, « L'attitude des catholiques à l'égard de la "haute éducation" des filles vue à travers le *Correspondant* et le *Bulletin de la Société générale d'éducation et d'enseignement* (1901-1933) », *in* Françoise Mayeur et Jacques Gadille (dir.), *Éducation et images de la femme chrétienne en France au début du* XIX*e*, Lyon, L'Hermès, 1980, p. 170.
11. Éric Mension-Rigaud, *L'Enfance au château, op. cit.*, p. 102
12. Souvenirs d'Yvonne de Gaulle adressés à son frère le 25 octobre 1979. Cité par Jacques-Philippe Vendroux, *Yvonne de Gaulle, ma sœur, op. cit.*, p. 54.
13. Philippe de Gaulle, *Mémoires accessoires*, t. I, *op. cit.*, p. 80.
14. Éric Mension-Rigaud, *L'Enfance au château, op. cit.*, p. 110.
15. Jacques-Philippe Vendroux, *Yvonne de Gaulle, ma sœur, op. cit.*, p. 23.
16. Théodore Joran, *Bulletin de la Société d'enseignement et d'éducation*, 1905, p. 995.
17. Éric Mension-Rigaud, *L'Enfance au château, op. cit.*, p. 148.
18. Jacques-Philippe Vendroux, *Yvonne de Gaulle, ma sœur, op. cit.*, p. 27.
19. *Ibid.*, p. 38.
20. *Ibid.*, p. 22
21. Jaccques-Philippe Vendroux, *Cette chance que j'ai eue, op. cit.*, p. 21.
22. Jacques-Philippe Vendroux, *Yvonne de Gaulle, ma sœur, op. cit.*, p. 29.
23. Souvenirs d'Yvonne de Gaulle adressés à son frère le 25 octobre 1979 ; voir *Yvonne de Gaulle, ma sœur, op. cit.*, p. 55.
24. Décret *Quam singulari*, 1910.
25. Jacques-Philippe Vendroux, *Yvonne de Gaulle, ma sœur, op. cit.*, p. 39.
26. Philippe de Gaulle, *De Gaulle, mon père*, t. II, Plon, 2004, p. 33.
27. Souvenirs d'Yvonne de Gaulle adressés à son frère le 25 octobre 1979 ; voir *Yvonne de Gaulle, ma sœur, op. cit.*, p. 54.
28. *Ibid.*, p. 41.

CHAPITRE IV
1914-1918
Une guerre faite d'exils

1. Léonie Chaptal, « La profession d'infirmière en France », *Revue des Deux Mondes*, 1924.

2. Françoise Thébaud, *La Femme au temps de la guerre de 1914*, Stock, 1986, p. 98-99.
3. Yvonne Knibiehler (dir.), *Cornettes et blouses blanches. Les infirmières dans la société française 1880-1980,* Hachette, 1984, p. 99.
4. Historique de l'hôpital militaire de Calais, 1916, p. 9 (archives du service de santé des armées, 36e corps d'armée, FFD, Service de santé, musée du Val-de-Grâce).
5. *Ibid.*, p. 89.
6. *Ibid.*, p. 3.
7. Yvonne Knibiehler (dir.), *Cornettes et blouses blanches, op. cit.*, p. 107.
8. Françoise Thébaud, *La Femme au temps de la guerre de 1914, op. cit.*, p. 98-99.
9. Albert Chatelle, *Calais pendant la guerre 1914-1918*, Librairie Aristide Quillet, 1927, p. 56.
10. Historique de l'hôpital militaire de Calais, *op. cit.*, p. 6.
11. Le 30 septembre 1916, il sera remis à la ville de Calais pour la rentrée des classes.
12. Albert Chatelle, *Calais pendant la guerre 1914-1918, op. cit.*, p. 58.
13. *Ibid.*
14. Jacques-Philippe Vendroux, *Yvonne de Gaulle, ma sœur, op. cit.*, p. 49.
15. *Ibid.*, p. 50.
16. *Ibid.*
17. Yves-Marie Hilaire (dir.), *Histoire du Nord-Pas-de-Calais, op. cit.*, p. 198.
18. *Ibid.*, p. 199.
19. Sur tous ces aspects, voir Yves-Marie Hilaire (dir.), *Histoire du Nord-Pas-de-Calais, op. cit.*, p. 203.
20. *Ibid.*, p. 250.
21. *Ibid.*
22. Gad Freudenthal et Samuel Kottek, *Mélanges d'histoire de la médecine hébraïque*, Brill, 2002, p. 320.
23. *Ibid.*, p. 51.
24. Françoise Thébaud, *La Femme au temps de la guerre de 1914, op. cit.*, p. 87.
25. Jacques-Philippe Vendroux, *Yvonne de Gaulle, ma sœur, op. cit.*, p. 51.
26. Françoise Thébaud, *La Femme au temps de la guerre de 1914, op. cit.*, p. 107.
27. *Ibid.*, p. 112.
28. Albert Chatelle, *Calais pendant la guerre 1914-1918, op. cit.*, p. 265.
29. Docteur Alain Gérard, *Cent ans de vie dans la région*, t. II, *1914-1939*, éd. La Voix du Nord, 1999, p. 29.
30. Jacques-Philippe Vendroux, *Yvonne de Gaulle, ma sœur, op. cit.*, p. 53.
31. *Ibid.*, p. 57.
32. Souvenirs d'Yvonne de Gaulle adressés à son frère le 25 octobre 1979 ; voir *Yvonne de Gaulle, ma sœur, op. cit.*, p. 15.
33. *Ibid.*
34. Jean Dumoulin, *Le Purgatoire. Souvenirs d'Allemagne*, Amiens, 1924.
35. Marguerite Vendroux à son fils Jacques-Philippe ; voir *Yvonne de Gaulle, ma sœur, op. cit.*, p. 57.
36. Françoise Thébaud, *La Femme au temps de la guerre de 1914, op. cit.*, p. 84.
37. Marguerite Vendroux à son fils Jacques-Philippe ; voir *Yvonne de Gaulle, ma sœur, op. cit.*, p. 58.
38. Souvenirs d'Yvonne de Gaulle adressés à son frère le 25 octobre 1979 ; voir *Yvonne de Gaulle, ma sœur, op. cit.*, p. 55.
39. *Ibid.*
40. Marguerite Vendroux à son fils Jacques-Philippe, 2 avril 1918, *ibid.*, p. 59.
41. Yvonne de Gaulle à son frère Jacques-Philippe, 26 mai 1918, *ibid.*, p. 60.
42. *Id.*, 6 mai 1918, *ibid.*, p. 59.

43. *Ibid.*
44. *Id.*, 26 mai 1918, *ibid.*, p. 60.
45. *Id.*, 23 mai 1918, *ibid.*, p. 60.
46. Marguerite Vendroux à son fils Jacques-Philippe, 19 mai 1918, *ibid.*
47. 17 mai 1918, *ibid.*
48. *Ibid.*, p. 65.
49. *Ibid.*
50. Jacques-Philippe Vendroux, *Cette chance que j'ai eue, op. cit.*, p. 28.
51. Yvonne de Gaulle à son frère Jacques-Philippe, 28 juillet 1918 ; voir *Yvonne de Gaulle, ma sœur, op. cit.*, p. 61.
52. *Id.*, 8 août 1918, *ibid.*, p. 62.
53. *Ibid.*
54. *Id.*, 20 août 1918, *ibid.*, p. 62.
55. *Id.*, 29 septembre 1918, *ibid.*, p. 64.
56. Marguerite Vendroux à son fils Jacques-Philippe, 14 août 1918, *ibid.*, p. 64.
57. Citée par Jacques-Philippe Vendroux, *ibid.*, p. 65.
58. Marguerite Vendroux à son fils Jacques-Philippe, 19 octobre 1918, *ibid.*, p. 65.
59. Sur tous ces points, voir Yves-Marie Hilaire (dir.), *Histoire du Nord-Pas-de-Calais, op. cit.*, p. 224.
60. Jacques-Philippe Vendroux, *Yvonne de Gaulle, ma sœur, op. cit.*, p. 72-73.
61. *Ibid.*, p. 67.
62. *Ibid.*
63. *Le Phare de Calais*, 3 mars 1919.
64. Jacques-Philippe Vendroux, *Yvonne de Gaulle, ma sœur, op. cit.*, p. 68.
65. *Ibid.*, p. 70.
66. *Ibid.*
67. *Ibid.*, p. 71.
68. *Ibid.*, p. 72.
69. *Ibid.*
70. *Ibid.*, p. 73.

DEUXIÈME PARTIE
1921-1946
Le bonheur à l'épreuve

CHAPITRE V
La panoplie du bonheur

1. Dans son livre *Yvonne de Gaulle, ma sœur, op. cit.*
2. Entretien avec l'auteur, 8 février 2006.
3. Jacques-Philippe Vendroux, *Yvonne de Gaulle, ma sœur, op. cit.*, p. 75.
4. Témoignage recueilli par Robert Lassus et cité dans *Le Mari de Mme de Gaulle*, Lattès, 1990, p. 36-37.
5. Charles de Gaulle à sa mère, 17 juillet 1919, *Lettres, notes et carnets (LNC) 1919-1940*, Plon, 1980, p. 35.
6. Charles de Gaulle à sa mère, 18 novembre 1919, *ibid.*, p. 45.
7. Charles de Gaulle à sa mère, 17 juillet 1919, *ibid.*, p. 35.
8. Philippe de Gaulle, *Mémoires accessoires*, t. I, *op. cit.*, p. 77.
9. Charles de Gaulle à Pagès, 9 mars 1942, *LNC 1941-1943*, Plon, 1982, p. 225.

10. Michèle Perrot, « Fonctions de la famille », *in* Ph. Ariès et G. Duby, *Histoire de la vie privée*, *op. cit.*, p. 75.
11. Denis de Rougemont, *L'Amour et l'Occident*, Plon, 1939.
12. Jacques-Philippe Vendroux, *Yvonne de Gaulle, ma sœur*, *op. cit.*, p. 76.
13. Jean Lacouture, *De Gaulle, le rebelle, 1890-1944*, Seuil, 1984, coll. Points, p. 12.
14. Pierre Benoit, *La Châtelaine du Liban*, Albin Michel, 1924, éd. de poche, p. 17.
15. Jacques-Philippe Vendroux, *Yvonne de Gaulle, ma sœur*, *op. cit.*, p. 77.
16. *Ibid.*
17. William Serman, *Les Officiers français dans la nation, 1848-1914*, Aubier, 1982, p. 170.
18. William Serman précise que 24 % des officiers épousent des femmes de grands propriétaires, 15 % des filles de rentiers, 15 % des filles de fonctionnaires civils de niveau départemental. *Les Officiers français dans la nation, 1848-1914*, *op. cit.*, p. 171.
19. Paul-Marie de La Gorce, *Charles de Gaulle*, t. I, *1890-1945*, Nouveau Monde éditions, 2008, p. 47.
20. Jacques-Philippe Vendroux, *Yvonne de Gaulle, ma sœur*, *op. cit.*, p. 77.
21. *Ibid.*
22. *Ibid.*
23. Charles de Gaulle à M. et Mme Vendroux, 26 décembre 1920, *LNC 1919-1940*, *op. cit.*, p. 90.
24. Charles de Gaulle à Marguerite Vendroux, 20 décembre 1920, *ibid.*, p. 89.
25. Charles de Gaulle à Jacques-Philippe et Marguerite Vendroux, 26 décembre 1920, *ibid.*, p. 90.
26. Citée par Claude Guy, *En écoutant de Gaulle*, Grasset, 1996, p. 168.
27. Jacques-Philippe Vendroux, *Yvonne de Gaulle, ma sœur*, *op. cit.*, p. 78.
28. *Ibid.*
29. Fonds privé Vendroux.
30. *Souvenir de famille, mariage*, manuel publié avec l'autorisation du cardinal-archevêque de Paris et remis à tous les jeunes mariés, 1936.
31. Acte de mariage de Charles de Gaulle et Yvonne Vendroux, n° 274, 6 avril 1921, archives de la mairie de Calais.
32. Jacques-Philippe Vendroux, *Yvonne de Gaulle, ma sœur*, *op. cit.*, p. 81.
33. Témoignage recueilli par Robert Lassus et cité dans *Le Mari de Mme de Gaulle*, *op. cit.*, p. 49.
34. Anne Martin-Fugier, *La Bourgeoise*, Grasset, 1983, p. 72.
35. Charles de Gaulle à Mme Vendroux, 20 décembre 1920, *LNC 1919-1940*, *op. cit.*, p. 89.
36. Charles de Gaulle à Yvonne, 26 novembre 1929, *ibid.*, p. 356.
37. *L'École du bonheur*, Magnard, réédition de 1952, p. 11.
38. *Ibid.*, p. 9.
39. Jacques-Philippe Vendroux, *Yvonne de Gaulle, ma sœur*, *op. cit.*, p. 83.
40. Philippe de Gaulle, *Mémoires accessoires*, t. I, *op. cit.*, p. 130.
41. *Ibid.*, p. 125.
42. *Souvenir de famille*, *op. cit.*, p. 14.
43. Louis Roussel, *Le Mariage dans la société française contemporaine*, PUF, 1975, p. 245.
44. Jacques-Philippe Vendroux, *Yvonne de Gaulle, ma sœur*, *op. cit.*, p. 83.
45. *L'École du bonheur*, *op. cit.*, p. 13.
46. *La Femme nouvelle*, n° 1, 15 avril 1904.
47. Philippe de Gaulle, *De Gaulle, mon père*, t. II, *op. cit.*, p. 133.
48. *Ibid.*, p. 134.
49. Charles de Gaulle à Jacques-Philippe Vendroux, 31 décembre 1921, *LNC 1919-1940*, *op. cit.*, p. 204-205.

50. Jacques-Philippe Vendroux, *Yvonne de Gaulle, ma sœur, op. cit.*, p. 84.

51. Charles de Gaulle, « La condition des cadres de l'armée », 1930, cité par Joël Cambre, *Le Colonel de Gaulle et son régiment,* Cahiers de la Fondation Charles de Gaulle, n° 11, 2002, p. 29.

52. Charles de Gaulle à sa mère, 26 avril 1919, *LNC 1919-1940, op. cit.*, p. 25.

53. Charles de Gaulle à sa mère, 17 février 1920, *ibid.*, p. 70.

54. Général Jean Delmas (Olivier Forcade, Éric Duhamel et Philippe Vial dir.), *Militaires en république,* Publications de la Sorbonne, 1999, p. 661.

55. Voir François Cochet, « La société militaire en France, réalité et perception (1919-1940) », in *Charles de Gaulle 1920-1940, du militaire au politique,* Fondation Charles de Gaulle/Plon, 2004, p. 24.

56. Philippe de Gaulle, *De Gaulle, mon père,* t. I, *op. cit.*, p. 324.

57. Anne Martin-Fugier, *La Bourgeoise,* Grasset, 1983, p. 74.

58. William Serman, *Les Officiers français dans la nation, 1848-1914, op. cit.*, p. 219.

59. Philippe de Gaulle, *De Gaulle, mon père,* t. I, *op. cit.*, p. 13.

60. *Ibid.*, p. 83.

61. Jérôme Bodin, *Les Officiers français, grandeur et misères, 1936-1991*, Perrin, 1992, p. 69.

62. Raoul Girardet, « La crise militaire française, 1945-1962. Aspects sociologiques et idéologiques », *Cahiers de la FNSP,* 1964, p. 127.

63. Charles de Gaulle à sa mère, 13 juin 1920, *LNC 1919-1940, op. cit.*, p. 71-72.

64. Philippe de Gaulle, *De Gaulle, mon père,* t. I, *op. cit.*, p. 323.

65. Témoignage de Christiane Ditte recueilli par Marcel Jullian, *Madame de Gaulle,* Stock, 1981, p. 114-115.

66. Interview de Marcel Jullian, *Dimanche Magazine,* 17 janvier 1982.

67. William Serman, *Les Officiers français dans la nation, 1848-1914,* Stock, 1981, p. 216.

68. Entretien avec l'auteur, 8 février 2006.

69. *Ibid.*

70. Philippe de Gaulle, *De Gaulle, mon père,* t. I, *op. cit.*, p. 320.

71. Claude Guy, *En écoutant de Gaulle, op. cit.*, p. 129.

72. Jacques-Philippe Vendroux, *Yvonne de Gaulle, ma sœur, op. cit.*, p. 87.

73. Yvonne de Gaulle à son frère Jean Vendroux, 14 octobre 1937, fonds privé Vendroux.

74. Philippe de Gaulle, *De Gaulle, mon père,* t. I, *op. cit.*, p. 321.

75. Philippe de Gaulle, *Mémoires accessoires,* t. I, *op. cit.*, p. 92.

76. *Ibid.*

77. Jacques-Philippe Vendroux, *Cette chance que j'aie eue, op. cit.*, p. 43.

78. La Sarre a été séparée du Reich allemand au lendemain du premier conflit mondial, et placée sous l'administration de la Société des Nations.

79. Charles de Gaulle à son beau-père Jacques-Philippe Vendroux, 17 mars 1925, *LNC, Compléments 1908-1968, op. cit.*, p. 230.

80. François Cochet, « La société militaire en France, réalité et perception (1919-1940) », in *Charles de Gaulle 1920-1940, du militaire au politique, op. cit.*, p. 25.

81. Charles de Gaulle à son père, 3 mars 1927, *LNC 1919-1940, op. cit.*, p. 310-311.

82. François Cochet, « La société militaire en France, réalité et perception (1919-1940) », in *Charles de Gaulle 1920-1940, du militaire au politique, op. cit.*, p. 29.

83. Philippe de Gaulle, *Mémoires accessoires,* t. I, *op. cit.*, p. 85.

84. Citée par Jean Lacouture, *De Gaulle, le rebelle, op. cit.*, p. 180.

85. Charles de Gaulle à Émile Mayer, 23 février 1927, *LNC 1919-1940, op. cit.*, p. 241.

86. Jacques-Philippe Vendroux, *Yvonne de Gaulle, ma sœur, op. cit.*, p. 89.

87. Philippe de Gaulle, *Mémoires accessoires,* t. I, *op. cit.*, p. 125.

88. *Souvenir de famille, op. cit.*, p. 22.

89. Michèle Perrot, « Fonctions de la famille », *in* Ph. Ariès et G. Duby (dir.), *Histoire de la vie privée, op. cit.*, p. 237.

90. Philippe de Gaulle, *Mémoires accessoires*, t. I, *op. cit.*, p. 99.

91. *Ibid.*

92. Témoignage recueilli par Me Paul Perraud, *De Gaulle à Cuisery*, catalogue de l'exposition, mai 2009.

93. Philippe de Gaulle, *De Gaulle, mon père*, t. I, *op. cit.*, p. 321.

94. Philippe de Gaulle, *Mémoires accessoires*, t. I, *op. cit.*, p. 100.

95. Philippe de Gaulle, *De Gaulle, mon père*, t. I, *op. cit.*, p. 325.

96. Philippe de Gaulle, *De Gaulle, mon père*, t. II, *op. cit.*, p. 16.

97. *Ibid.*, p. 18.

98. Philippe de Gaulle, *De Gaulle, mon père*, t. I, *op. cit.*, p. 17.

99. Entretien avec l'auteur, 8 février 2006.

100. Philippe de Gaulle, *De Gaulle, mon père*, t. I, *op. cit.*, p. 19.

101. Jacques-Philippe Vendroux, *Yvonne de Gaulle, ma sœur, op. cit.*, p. 92.

102. Philippe de Gaulle, *Mémoires accessoires*, t. I, *op. cit.*, p. 105.

103. Général Joël Coignard, « Le commandant du 19e BCP », in *Charles de Gaulle 1920-1940, du militaire au politique, op. cit.*, p. 34.

104. Jacques-Philippe Vendroux, *Yvonne de Gaulle, ma sœur, op. cit.*, p. 92.

105. Philippe de Gaulle, *Mémoires accessoires*, t. I, *op. cit.*, p. 85.

106. Philippe de Gaulle, *De Gaulle, mon père*, t. I, *op. cit.*, p. 88.

107. Geneviève de Gaulle, citée par Christine Clerc, *Les de Gaulle, une famille française*, Nil Éditions, 2000, p. 124.

108. Jacques-Philippe Vendroux, *Yvonne de Gaulle, ma sœur, op. cit.*, p. 92.

109. Lettre à sœur Hélène, 28 juillet 1976, Fondation Anne de Gaulle, 2/1.

CHAPITRE VI
Le temps des épreuves

1. Philippe de Gaulle, *De Gaulle, mon père*, t. I, *op. cit.*, p. 507.

2. Lettre d'Yvonne de Gaulle, 6 janvier 1929, citée par Jean Lacouture, *De Gaulle, le rebelle, op. cit.*, p. 181.

3. Jacques-Philippe Vendroux, *Yvonne de Gaulle, ma sœur, op. cit.*, p. 93.

4. Philippe de Gaulle, *De Gaulle, mon père*, t. I, *op. cit.*, p. 507.

5. René Zazzo (dir.), *Les Débilités mentales*, Armand Colin, 1969, p. 44.

6. *Pratique médico-chirurgicale*, Masson, 1931, p. 705.

7. *Ibid.*, p. 706.

8. Philippe de Gaulle, *De Gaulle, mon père*, t. II, *op. cit.*, p. 374.

9. Guillaume Ferrus, *Des aliénés*, Chez Madame Huzard, 1834, p. 159.

10. René Zazzo (dir.), *Les Débilités mentales, op. cit.*, p. 30.

11. *Pratique médico-chirurgicale, op. cit.*, p. 706.

12. Explication rapportée par Jacques-Philippe Vendroux.

13. André Frossard, *En ce temps-là de Gaulle*, n° 30, p. 117.

14. Fils d'un des fondateurs du PCF, André Frossard se convertit au catholicisme en 1935. Résistant pendant la Seconde Guerre mondiale, arrêté par la Gestapo, interné à la « baraque aux Juifs » de Montluc à Lyon, il échappe de peu à la mort. Après la guerre, fait officier par de Gaulle, il devient rédacteur en chef de *Temps présent*.

15. Rapporté par Philippe de Gaulle, *De Gaulle, mon père*, t. I, *op. cit.*, p. 509.

16. *Ibid.*

17. Jacqueline Roca, *De la ségrégation à l'intégration, l'éducation des enfants inadaptés, 1909-1975*, CTNERGHI, 1992, p. 24.

18. Erwan Quezede, *La Protection des incapables majeurs*, thèse, faculté de médecine d'Angers, 2008, p. 6.

19. *Ibid.*, p. 37.

20. Cité par le général J. Coignard, « Le commandant du 19e BCP », *De Gaulle 1920-1940, du militaire au politique, op. cit.*, p. 36.

21. Pierre-Louis Blanc, *De Gaulle au soir de sa vie*, Fayard, 1990, p. 108.

22. Philippe de Gaulle, *De Gaulle, mon père*, t. II, *op. cit.*, p. 374.

23. Discours du 11 octobre 1919.

24. Xavière Gauthier, *Naissance d'une liberté. Contraception, avortement : le grand combat des femmes au XXe siècle*, Robert Laffont, 2002, p. 45.

25. Jacques-Philippe Vendroux soutient en effet qu'en 1928 et 1929 les de Gaulle continuent de louer une villa à Wissant...

26. Philippe de Gaulle, *Mémoires accessoires*, t. I, *op. cit.*, p. 89.

27. Entretien avec l'auteur, 8 février 2006.

28. Philippe de Gaulle, *Mémoires accessoires*, t. I, *op. cit.*, p. 91.

29. *Ibid.*

30. Jacques-Philippe Vendroux, *Cette chance que j'ai eue*, t. I, *op. cit.* p. 46.

31. Charles de Gaulle à un commandant de chars, 17 février 1940, *Charles de Gaulle 1920-1940, du militaire au politique, op. cit.*, p. 432.

32. Pierre Fournié, « Le séjour du commandant de Gaulle dans les États du Levant, 1929-1931 », *Charles de Gaulle 1920-1940, du militaire au politique, op. cit.*, p. 42.

33. Charles de Gaulle à Marguerite Vendroux, 11 décembre 1929, *LNC, Compléments 1908-1968, op. cit.*, p. 247.

34. Pierre Fournié, « Le séjour du commandant de Gaulle... », *op. cit.*, p. 47.

35. Pierre Benoit, *La Châtelaine du Liban, op. cit.*, p. 23.

36. Charles de Gaulle à Émile Mayer, 24 avril 1930, *LNC, Compléments 1908-1968, op. cit.*, p. 249.

37. Cité par Jean Lacouture, *De Gaulle, le rebelle, op. cit.*, p. 161.

38. Pierre Fournié, « Le séjour du commandant de Gaulle... », *op. cit.*, p. 49.

39. Georges Suffert, *Vie, images et légendes de Charles de Gaulle*, Tallandier, 1980, p. 42.

40. Jacques-Philippe Vendroux, *Yvonne de Gaulle, ma sœur, op. cit.*

41. Pierre Benoit, *La Châtelaine du Liban, op. cit.*, p. 47.

42. Jacques-Philippe Vendroux, *Yvonne de Gaulle, ma sœur, op. cit.*, p. 92.

43. Geneviève Moll écrit qu'à Beyrouth Yvonne doit « chercher quelqu'un pour veiller sur Anne ». Il est clair au contraire qu'elle a emmené la gouvernante avec elle depuis la métropole.

44. Philippe de Gaulle, *De Gaulle, mon père*, t. I, *op. cit.*, p. 513.

45. Charles de Gaulle à son père, 2 novembre 1929, *LNC, op. cit.*, p. 354.

46. Charles de Gaulle à Marguerite Vendroux, 11 décembre 1929, *LNC, Compléments 1908-1968, op. cit.*, p. 247.

47. Charles de Gaulle à son père, 21 novembre 1929, *LNC, op. cit.*, p. 355.

48. *Ibid.*

49. Françoise Lejeune-Phélipot, *Vivre avec un enfant trisomique*, Éditions J. Lyon, 2008, p. 39.

50. *Ibid.*, p. 40.

51. Philippe de Gaulle, *Mémoires accessoires, op. cit.*, t. I, p. 125.

52. Citée par Alexandre Najjar, *De Gaulle et le Liban. Vers l'Orient compliqué, 1929-1931*, Beyrouth, Terres du Liban, 2002, p. 28.

53. Philippe de Gaulle, *Mémoires accessoires*, t. I, *op. cit.*, p. 101.

54. *Ibid.*, p. 99.

55. Jacques-Philippe Vendroux, *Yvonne de Gaulle, ma sœur, op. cit.*, p. 92.
56. *Ibid.*
57. Philippe de Gaulle, *Mémoires accessoires*, t. I, *op. cit.*, p. 72.
58. Philippe de Gaulle, *De Gaulle, mon père*, t. II, *op. cit.*, p. 36-37.
59. Entretien avec l'auteur, 8 février 2006.
60. Philippe de Gaulle, *Mémoires accessoires*, t. I, *op. cit.*, p. 103.
61. *Ibid.*, p. 126.
62. Charles de Gaulle à Émile Mayer, 30 juin 1930, *LNC, op. cit.*, p. 250
63. Cité par Alexandre Najjar, *De Gaulle et le Liban. Vers l'Orient compliqué, 1929-1931, op. cit.*, p. 39.
64. *Ibid.*, p. 101.
65. Charles de Gaulle à son père, 21 novembre 1929, *LNC, op. cit.*, p. 355.
66. Charles de Gaulle à sa femme, 26 novembre 1929, *ibid.*, p. 356-357.
67. Pierre Benoit, *La Châtelaine du Liban, op. cit.*, p. 128.
68. Philippe de Gaulle, *Mémoires accessoires*, t. I, *op. cit.*, p. 102.
69. *Ibid.*, p. 100.
70. Charles de Gaulle à son père, 7 juillet 1930, *LNC, op. cit.*, p. 359.
71. Cité par Jean Lacouture, *De Gaulle, le rebelle, op. cit.*, p. 169.
72. La date d'engagement est 1932 si l'on en croit Claude Guy. En septembre 1946, Yvonne de Gaulle explique que Mlle Potel travaille sous son toit depuis quatorze ans. Claude Guy, *En écoutant de Gaulle, op. cit.*, p. 129.
73. Charles de Gaulle au commandant Yvon, 29 janvier 1932, *LNC, op. cit.*, p. 435.
74. Charles de Gaulle à sa mère, 20 décembre 1936, *ibid.*, p. 442.
75. Charles de Gaulle à Alfred Cailliau, 23 mai 1932, *LNC, Compléments 1908-1968, op. cit.*, p. 252.
76. Cité par Claude Guy, *En écoutant de Gaulle, op. cit.*, p. 378.
77. Charles de Gaulle au commandant Yvon, 29 janvier 1932, *Charles de Gaulle 1920-1940, du militaire au politique, op. cit.*, p. 434.
78. Correspondance Charles de Gaulle-commandant Yvon, Fondation Charles de Gaulle.
79. Jean Auburtin, *Le Colonel de Gaulle*, Plon, 1965, p. 9.
80. Philippe Champy, *Les Blacque-Belair*, Guénégaud, 2007, p. 48.
81. Charles de Gaulle à Lucien Nachin, 22 mai 1933, *LNC, op. cit.*, p. 254.
82. Philippe Champy, *Les Blacque-Belair, op. cit.*, p. 42.
83. Philippe de Gaulle, *Mémoires accessoires*, t. I, *op. cit.*, p. 126.
84. Charles de Gaulle à Jean Auburtin, 8 juin 1935, *LNC 1919-1940, op. cit.*, p. 392.
85. Georges Loustaunau-Lacau, *Mémoires d'un Français rebelle*, J & D, 1994, p. 178.
86. André Pironneau, *L'Écho de Paris*, 22 août 1933.
87. Charles de Gaulle à sa mère, 20 décembre 1936, *LNC, op. cit.*
88. Philippe de Gaulle, *De Gaulle, mon père*, t. I, *op. cit.*, p. 466.
89. Toutefois, malgré une recherche exhaustive parmi tous les *Écho de Paris* publiés en 1933 et 1934, nous n'avons pas trouvé trace de cette petite annonce... Philippe de Gaulle est d'ailleurs nuancé : « Dans *L'Écho de Paris*, c'est possible, mais ce n'est pas sûr, car ils consultaient tous les journaux qu'ils pouvaient. » *De Gaulle, mon père*, t. I, *op. cit.*, p. 466.
90. William Serman, *Les Officiers français dans la nation, 1848-1914, op. cit.*, p. 125.
91. Philippe de Gaulle, *De Gaulle, mon père*, t. II, *op. cit.*, p. 89.
92. Charles de Gaulle à Alfred Cailliau, 5 juillet 1934, *LNC, Compléments 1908-1968, op. cit.*, p. 255.
93. Charles de Gaulle à la générale Tassin, 18 mai 1967, *LNC, op. cit.*, p. 107.
94. Philippe de Gaulle, *Mémoires accessoires*, t. I, *op. cit.*, p. 131.

95. Prêtées à l'auteur par la nièce d'Yvonne, Claude Legrand, fille de Jacques-Philippe Vendroux.

96. Entretien avec Marie-Thérèse Tardif, 22 juin 2005, archives orales de la Fondation Charles de Gaulle.

97. Charles de Gaulle à Émile Mayer, 5 août 1936, *LNC, Compléments 1908-1968, op. cit.*, p. 261.

98. Entretien avec l'auteur, 8 février 2006.

99. Témoignage recueilli par Me Paul Perraud, *De Gaulle à Cuisery, op. cit.*

100. *Ibid.*

101. Philippe de Gaulle, *Mémoires accessoires*, t. I, *op. cit.*, p. 132.

102. *Ibid.*

103. Joël Cambre, *Le Colonel de Gaulle et son régiment, op. cit.*, p. 66.

104. Yvonne de Gaulle à Jean Vendroux, 14 octobre 1937, fonds privé Vendroux.

105. Témoignage de l'adjudant Grossmann, cité par Joël Cambre, *Le Colonel de Gaulle et son régiment, op. cit.*, p. 42.

106. Témoignage du sergent Decarsin, cité par Paul Zing, *De Gaulle en Lorraine*, Gérard Louis éditeur, 1992, p. 47.

107. Il s'agit probablement d'Yves Vendroux, né le 7 juin 1937...

108. Yvonne de Gaulle à Jean Vendroux, 14 octobre 1937, fonds privé Vendroux.

109. Mme Peupion, citée par Joël Cambre, *Le Colonel de Gaulle et son régiment, op. cit.*, p. 102.

110. Philippe de Gaulle, *Mémoires accessoires*, t. I, *op. cit.*, p. 131.

111. Yvonne de Gaulle à Jean Vendroux, 14 octobre 1937, fonds privé Vendroux.

112. Charles de Gaulle à Philippe de Gaulle, 30 avril 1938, *LNC, op. cit.*, 468.

113. *Ibid.*

114. Cité par Paul Zing, *De Gaulle en Lorraine, op. cit.*, p. 47-48.

115. Philippe de Gaulle, *De Gaulle, mon père*, t. I, *op. cit.*, p. 511.

116. Témoignage recueilli par Me Paul Perrault, *De Gaulle à Cuisery, op. cit.*

117. Charles de Gaulle à Jean Auburtin, 10 avril 1938, *LNC, op. cit.*, p. 468.

118. Charles de Gaulle à Philippe de Gaulle, 30 avril 1938, *ibid.*

119. Témoignage de Mme F., citée par Paul Zing, *De Gaulle en Lorraine, op. cit.*, p. 47-48.

120. Philippe de Gaulle, *De Gaulle, mon père*, t. II, *op. cit.*, p. 487.

121. Pétain à Charles de Gaulle, cité par Joël Cambre, *Le Colonel de Gaulle et son régiment, op. cit.*, p. 113.

122. Charles de Gaulle à Émile Mayer, 23 août 1938, *LNC, Compléments 1908-1968, op. cit.*, p. 267.

123. Adjudant Grossmann, cité par Joël Cambre, *Le Colonel de Gaulle et son régiment, op. cit.*, p. 100.

124. Mme Roser, citée par Joël Cambre, *ibid.*, p. 101.

125. Philippe de Gaulle, *De Gaulle, mon père*, t. I, *op. cit.*, p. 230.

126. Cité par Paul Zing, *De Gaulle en Lorraine, op. cit.*, p. 45.

127. Cité par Joël Cambre, *Le Colonel de Gaulle et son régiment, op. cit.*, p. 30.

128. Archives de la Fondation Charles de Gaulle, AE1.

129. Anne Martin-Fugier, *La Bourgeoise, op. cit.*, p. 212.

130. Philippe de Gaulle, *Mémoires accessoires*, t. I, *op. cit.*, p. 133.

131. *Ibid.*, p. 146.

132. Charles de Gaulle à Yvonne de Gaulle, 27 mai 1940, *LNC, op. cit.*, p. 498.

133. Yvonne de Gaulle à Jean Vendroux, 5 mai 1938, fonds privé Vendroux.

134. Joël Cambre, *Le Colonel de Gaulle et son régiment, op. cit.*, p. 209.

135. *Ibid.*

136. Philippe de Gaulle, *Mémoires accessoires*, t. I, *op. cit.*, p. 133.

137. M. Bourgeois et M. Biette, cités par Joël Cambre, *Le Colonel de Gaulle et son régiment, op. cit.*, p. 66.

138. *Ibid.*, p. 168-169.

139. *Le Républicain lorrain,* 26 juin 1938.

140. Charles de Gaulle à Émile Mayer, 10 avril 1936, *LNC, op. cit.*, p. 260.

141. *Ibid.*, 5 août 1936, p. 261.

142. Charles de Gaulle à Yvonne de Gaulle, 1er octobre 1938, *ibid.*, p. 476.

143. *Ibid.*, 6 octobre 1938, p. 477.

144. *Ibid.*, septembre 1938.

145. *Ibid.*

146. Charles de Gaulle à Yvonne de Gaulle, cité par Joël Cambre, *Le Colonel de Gaulle et son régiment, op. cit.*, p. 118.

147. *Le Républicain lorrain,* 2 juillet 1939.

148. Témoignage recueilli par Me Paul Perrault, *De Gaulle à Cuisery, op. cit.* L'institutrice, qui a tenu à conserver l'anonymat, a livré son témoignage à la fin des années 1990.

149. Yvonne à Mademoiselle, 19 juillet 1939.

150. Philippe de Gaulle, *De Gaulle, mon père,* t. I, *op. cit.*, p. 509.

151. Journal de l'abbé Drouot, manuscrit original remis à l'auteur, p. 17.

152. Cité par Philippe de Gaulle, *Mémoires accessoires,* t. I, *op. cit.*, p. 140.

153. Citée par Jean-Paul Ollivier, *De Gaulle à Colombey*, Plon, 1998, p. 26.

154. Charles de Gaulle à Marie-Agnès Cailliau, 8 septembre 1939, *LNC, op. cit.*, p. 485.

155. Paul-Marie de La Gorce, « De Gaulle, la presse et le monde politique », *Charles de Gaulle 1920-1940, du militaire au politique, op. cit.*, p. 359.

156. Charles de Gaulle à Lucien Nachin, 25 janvier 1940, *LNC, Compléments 1908-1968, op. cit.*, p. 274.

157. Charles de Gaulle à Yvonne de Gaulle, 8 mai 1940, *LNC, op. cit.*, p. 494.

158. *Ibid.*

159. Charles de Gaulle à Yvonne de Gaulle, 24 mai 1940, *ibid.*, p. 497.

160. Cité par Jean-Pierre Azéma, *1940, l'année terrible,* Seuil, 1990, p. 71.

161. *Ibid.*, p. 120.

162. Philippe de Gaulle, *Mémoires accessoires,* t. I, *op. cit.*, p. 157.

163. Charles de Gaulle, à Yvonne, 24 mai 1940, *LNC, op. cit.*, p. 497

164. Philippe de Gaulle, *Mémoires accessoires,* t. I, *op. cit.*, p. 168.

165. Jean-Pierre Azéma, *1940, l'année terrible, op. cit.*, p. 120.

166. Philippe de Gaulle, *Mémoires accessoires,* t. I, *op. cit.*, p. 169.

167. Témoignage d'Étienne Vendroux recueilli par l'auteur.

168. Philippe de Gaulle, *Mémoires accessoires,* t. I, *op. cit.*, p. 170.

169. Archives Geoffroy de Courcel, texte inédit sur juin 1940.

170. Philippe de Gaulle, *Mémoires accessoires,* t. I, *op. cit.*, p. 173.

171. Philippe de Gaulle, *De Gaulle, mon père,* t. I, *op. cit.*, p. 183 et 186.

172. Notons que cette attitude est aussi la sienne à l'Élysée, si l'on en croit Alice Garrigoux, archiviste du Général pendant vingt-quatre ans. Elle constate que Mme de Gaulle garde par-devers elle tous les manuscrits des discours de son mari, qu'elle emporte à Colombey alors qu'ils devraient aller aux Archives nationales. Mis au courant, le Général y aurait mis bon ordre. Voir Michel Tauriac, *Vivre avec de Gaulle,* France Loisirs, 2009, p. 599.

173. Du nom du bureau central où il est mis en application : une villa au numéro 4 de la Tiergartenstraße à Charlottenburg, l'un des quartiers résidentiels de Berlin.

174. Philippe de Gaulle, *De Gaulle, mon père,* t. I, *op. cit.*, p. 187.

175. *Ibid.*, p. 188.

176. *Ibid.*, p. 190.

177. *Ibid.*
178. Philippe de Gaulle, *De Gaulle, mon père,* t. I, *op. cit.*, p. 146.
179. Claude Guy, *En écoutant de Gaulle, op. cit.*, p. 304.
180. Yvonne de Gaulle à Mme Christiane Bignier, 10 janvier 1959, lettre mise en vente par Piasa en 2005.
181. Philippe de Gaulle, *De Gaulle, mon père,* t. I, *op. cit.*, p. 125.
182. Claude Guy, *En écoutant de Gaulle, op. cit.*, p. 422-423.
183. Philippe de Gaulle, *De Gaulle, mon père,* t. I, *op. cit.*, p. 146.
184. Cité par François Bédarida, « Londres sous les bombes », in *Londres 1939-1945*, Autrement, 1995, p. 24.
185. Lévi-Tilley, témoignage du 11 novembre 1971 recueilli par André Gillois, *Histoire secrète des Français à Londres de 1940 à 1944,* Hachette littérature, 1973, p. 54.
186. Philippe de Gaulle, *De Gaulle, mon père,* t. I, *op. cit.*, 200.
187. Citée par André Gillois, *Histoire secrète des Français à Londres de 1940 à 1944, op. cit.*, p. 176.
188. Philippe de Gaulle, *Mémoires accessoires,* t. I, *op. cit.*, p. 263.
189. Alain de Boissieu, *Pour combattre avec de Gaulle. Souvenirs 1940-1946,* Plon, 1999, p. 128.
190. André Gillois, *Histoire secrète des Français à Londres de 1940 à 1944, op. cit.*, p. 176.
191. Ce dernier enverra une lettre à Yvonne de Gaulle à l'occasion de la mort du Général le 11 novembre 1970. Archives de la Fondation Charles de Gaulle, série AE, carton 19.
192. Rapporté par Susan Raven dans André Gillois, *Histoire secrète des Français à Londres de 1940 à 1944, op. cit.*, p. 176.
193. Philippe de Gaulle, *De Gaulle, mon père,* t. I, *op. cit.*, p. 191.
194. *Ibid.*, p. 192.
195. François Bédarida, « Londres sous les bombes », in *Londres 1939-1945, op. cit.*, p. 24.
196. *Ibid.*, p. 26.
197. Philippe de Gaulle, *De Gaulle, mon père,* t. I, *op. cit.*, p. 164.
198. SHM, fonds Muselier, lettre non datée d'Yvonne de Gaulle à l'amiral Muselier.
199. Trois lettres de De Gaulle à sa femme sont publiées pour cette période : celles du 28 septembre, du 22 octobre et du 8 décembre 1940. L'amiral de Gaulle précise qu'elles ont toutes trois été adressées à Pettswood (*LNC*). Or, dans une lettre rédigée par Yvonne de Gaulle elle-même le 12 octobre 1940 et conservée dans le fonds d'archives Bridgeman-Giraudon (n° 549), Yvonne précise qu'elle a déjà déménagé à Ellesmere à cette date. Cela permet d'affiner la chronologie de ce premier déménagement : ni en août (Jean Lacouture), ni en novembre (Philippe de Gaulle), mais début octobre 1940.
200. Lettre conservée dans les archives Bridgeman-Giraudon.
201. Philippe de Gaulle, *De Gaulle, mon père,* t. I, *op. cit.*, p. 194.
202. André Gillois, *Histoire secrète des Français à Londres de 1940 à 1944, op. cit.*, p. 177.
203. *Ibid.*
204. C'est ce qu'elle explique longtemps après la guerre à Mme Éliane Dromer. Entretien avec l'auteur, 19 mai 2009.
205. Philippe de Gaulle, *De Gaulle, mon père,* t. I, *op. cit.*, p. 164.
206. André Gillois, *Histoire secrète des Français à Londres de 1940 à 1944, op. cit.*, p. 173.
207. Georges Thierry d'Argenlieu, *Souvenirs de guerre,* Plon, 1973.
208. Charles de Gaulle à Yvonne de Gaulle, 28 septembre 1940, *LNC, op. cit.*, p. 127-128.
209. Charles de Gaulle à Yvonne de Gaulle, 22 octobre 1940, *ibid.*, p. 147.
210. Philippe de Gaulle, *De Gaulle, mon père,* t. I, *op. cit.*, p. 194.
211. Citée par André Gillois, *Histoire secrète des Français à Londres de 1940 à 1944, op. cit.*, p. 175.

212. Charles de Gaulle à Yvonne de Gaulle, 8 décembre 1940, *LNC, op. cit.*, p. 186.

213. Charles de Gaulle à Yvonne de Gaulle, 6 janvier 1941, *ibid.*, p. 218.

214. Philippe de Gaulle, *De Gaulle, mon père*, t. I, *op. cit.*, p. 197.

215. L'amiral de Gaulle n'a publié que quelques-unes de ces lettres, sans doute beaucoup plus nombreuses en réalité.

216. SHM, fonds Muselier, lettre non datée d'Yvonne de Gaulle, sans doute octobre 1940.

217. Jacques-Philippe Vendroux, *Cette chance que j'ai eue, op. cit.*, p. 64.

218. Geneviève de Gaulle, témoignage in *Sisters in Resistance*, rushs, BDIC de Nanterre, cassette 22.

219. Charles de Gaulle à Yvonne de Gaulle, 13 mars 1941, *LNC, op. cit.*, p. 279.

220. *Id.*, 13 mai 1941, *ibid.*, p. 321.

221. *Id.*, Le Caire, 2 juillet 1941, *ibid.*, p. 375.

222. *Id.*, 13 mai 1941, *ibid.*, p. 321.

223. *Id.*, 2 juillet 1941, *ibid.*, p. 375.

224. Philippe de Gaulle, *De Gaulle, mon père*, t. I, *op. cit.*, p. 195.

225. André Gillois, *Histoire secrète des Français à Londres de 1940 à 1944, op. cit.*, p. 179.

226. Interview de Marcel Jullian dans *Dimanche Magazine*, 17 janvier 1982.

227. Claude Guy, *En écoutant de Gaulle, op. cit.*, p. 392.

228. Philippe de Gaulle, *Mon père en images. Entretiens avec Michel Tauriac*, Michel Lafon, 2006, p. 84.

229. Philippe de Gaulle, *De Gaulle, mon père*, t. I, *op. cit.*, p. 184.

230. *Ibid.*

231. *Ibid.*, p. 195.

232. *Ibid.*, p. 196.

233. *Ibid.*, p. 242.

234. *Ibid.*, t. II, p. 529.

235. *Ibid.*, p. 180.

236. Rapporté par Susan Raven dans André Gillois, *Histoire secrète des Français à Londres de 1940 à 1944, op. cit.*, p. 177.

237. Charles de Gaulle, *Mémoires de guerre*, t. II, *L'Unité*, Plon, 1989, p. 322.

238. Philippe de Gaulle, *De Gaulle, mon père*, t. I, *op. cit.*, p. 278.

239. *Ibid.*, p. 251.

240. *New York Times*, 27 janvier 1943.

241. Charles de Gaulle, *Mémoires de guerre*, t. II *L'Unité, op. cit.*, p. 363.

242. Henri Queuille, *Journal de guerre*, Plon/Fondation Charles de Gaulle, 1995, p. 15.

243. Franklin Delano Roosevelt à Churchill, 8 mai 1943.

244. Churchill, dépêche à C. Attlee et A. Eden, 21 mai 1943.

245. FO 371/36047, PM to Dep. PM & FS, Pencil n° 166, 21 mai 1943.

246. François Kersaudy, *De Gaulle et Churchill*, Plon, 1982, p. 286.

247. Cité par Philippe de Gaulle, *De Gaulle, mon père*, t. I, *op. cit.*, p. 287.

248. Charles de Gaulle à Yvonne de Gaulle, 14 juin 1943, *LNC, op. cit.*, p. 28.

249. *Ibid.*, 24 juin 1943, p. 31.

250. *Ibid.*, 18 juin 1943, p. 30.

251. *Ibid.*, 24 juin 1943, p. 31.

252. Cité par Philippe de Gaulle, *De Gaulle, mon père*, t. II, *op. cit.*, p. 762.

253. Jacques Cantier, « 1939-1945, une métropole coloniale en guerre », in *Alger 1940-1962. Une ville en guerres*, Autrement, 1999, p. 43.

254. Annie Morzelle citée par Andrée Dore-Audibert, *Propos irrévérencieux d'une épouse d'ambassadeur*, Karthala, 2002, p. 55.

255. Quand il sera président de la République, en 1959, il obtiendra d'ailleurs que la villa des Oliviers devienne la résidence de l'ambassadeur de France en Algérie.

256. Philippe de Gaulle, *De Gaulle, mon père*, t. I, *op. cit.*, p. 293.

257. *Ibid.*, p. 292.

258. Annie Rey-Goldzeiguer, *Aux origines de la guerre d'Algérie 1940-1945, de Mers el-Kébir aux massacres du Nord-Constantinois*, La Découverte poche, 2006, p. 26.

259. *Ibid.*, p. 30.

260. Citée dans Philippe de Gaulle, *De Gaulle, mon père*, t. I, *op. cit.*, p. 292.

261. Annie Rey-Goldzeiguer, *Aux origines de la guerre d'Algérie 1940-1945, de Mers el-Kébir aux massacres du Nord-Constantinois*, *op. cit.*, p. 101.

262. Kenneth Pendar, *Alger 1942. Le débarquement et de Gaulle vus par un diplomate américain*, t. I, La Table ronde, 1967.

263. Cité par Jacques Cantier, « 1939-1945, une métropole coloniale en guerre », dans *Alger 1940-1962. Une ville en guerres*, *op. cit.*, p. 57.

264. François de Panafieu, deuxième conseiller d'ambassade à Washington, révoqué par Vichy en 1942, est appelé par Giraud en janvier 1943 au secrétariat des Relations extérieures du haut-commissariat.

265. Henri Queuille, *Journal de guerre*, *op. cit.*, p. 51.

266. Bernard Destremau, *De Lattre*, Flammarion, 1999, p. 366.

267. « I sat between Madame de Gaulle and Madame Catroux. Madame de Gaulle is rather a pathetic little woman who I should think had a hard life. She is obviously forbidden to put on any make-up. She hates Algiers, and, I think, hates everything that has to do with public life. » John Julius Norwich, *The Duff Cooper Diaries*, Londres, Weidenfeld and Nicolson, 2005, p. 292.

268. Jean Chauvel, *Commentaire*, t. II, *D'Alger à Berne (1944-1952)*, Fayard, 1972, p. 18.

269. John Julius Norwich, *The Duff Cooper Diaries*, *op. cit.*, p. 292.

270. Pierre Pucheu, ancien ministre de l'Intérieur de Vichy, est passé en Algérie avec l'accord de Giraud et sa promesse d'impunité. Il est malgré tout jugé et condamné à mort, ce qui alimente de nouveau les tensions entre giraudistes et gaullistes.

271. Roger Goetze dans *Avec de Gaulle. Témoignages*, Fondation Charles de Gaulle/Nouveau Monde éditions, 2003.

272. Charles de Gaulle à Yvonne de Gaulle, 27 août 1944, *LNC*, *op. cit.*, p. 297-298.

273. *Ibid.*, 31 août 1944, p. 300.

TROISIÈME PARTIE
1944-1958
L'œuvre

CHAPITRE VII
Revenir 1944-46

1. Claude Mauriac, *Aimer de Gaulle*, Grasset, 1978, p. 62.
2. *Ibid.*, p. 66.
3. Claude Guy, *En écoutant de Gaulle*, *op. cit.*, p. 20.
4. Philippe de Gaulle, *De Gaulle, mon père*, t. II, *op. cit.*, p. 241.
5. Claude Guy, *En écoutant de Gaulle*, *op. cit.*, p. 166.
6. Emmanuel d'Astier de La Vigerie, *Les Grands*, Gallimard, 1961, p. 127-128.
7. Olivier Guichard, *Mon général*, Grasset, 1980, p. 236.
8. Georges Pompidou, *Pour rétablir une vérité*, Flammarion, 1982, p. 41.

9. *Ibid.*, p. 223.

10. Selon Marcel Jullian, *Madame de Gaulle, op. cit.*, p. 119.

11. John Julius Norwich, *The Duff Cooper Diaries, op. cit.*, p. 330. « They sent a guide to lead us to the villa somewhere in the Bois where he is living, and which is obviously very difficult to find because all the other guests were late. We were a party of twelve. It was an extremely frigid and dreary party – worse than his entertainments usually are. He made no reference when I arrived to the fact that his government had been recognized by the three great powers that afternoon, and when I said that I hoped he was glad it was finished, he shrugged his shoulders and said it would never finish. »

12. « I sat between Madame de Gaulle – who never took her eyes off the General and hardly spoke – and Madame Bonnet. [...] We left soon after half past ten. Beatrice Eden said that the things one dreaded were usually not so bad as one expected – but this had been even worse. »

13. *Ibid.*, p. 336. « I sat between Madame de Gaulle and Madame Bogomolov. Madame de Gaulle was harder to talk to than ever, so I gave orders halfway through that we should have coffee in the next room. »

14. Jacques-Philippe Vendroux, *Cette chance que j'ai eue, op. cit.*, p. 42.

15. Philippe de Gaulle à Jean Vendroux, 15 janvier 1945, fonds privé Vendroux.

16. Il le redeviendra de 1959 à 1969.

17. Élisabeth de Miribel, *La liberté souffre violence*, Plon, 1989, p. 15.

18. Charles de Gaulle, *Mémoires de guerre*, t. II, *L'Unité, op. cit.*, p. 175-176.

19. Jacques-Philippe Vendroux, *Cette chance que j'ai eue, op. cit.*, p. 104.

20. *Ibid.*, p. 110.

21. Charles de Gaulle à Geneviève de Gaulle, 2 mai 1945, *LNC*, p. 390.

22. Frédérique Neau-Dufour, *Geneviève de Gaulle-Anthonioz*, Cerf, 2004.

23. Philippe de Gaulle, *De Gaulle, mon père*, t. II, *op. cit.*, p. 369.

24. *Ibid.*, p. 352.

25. *Ibid.*

26. *Ibid.*, p. 246.

27. *Ibid.*, p. 477.

28. *Ibid.*, t. I, p. 356.

29. *Ibid.*, t. II, p. 370.

30. *Ibid.*

31. *Ibid.*, p. 242.

32. *Ibid.*, p. 472.

33. *Ibid.*

34. *Ibid.*

35. Yvonne de Gaulle à Me Deroy, février 1946, Fondation Anne de Gaulle, 1/9/5.

36. Marie-Agnès Cailliau-de Gaulle, *Souvenirs personnels*, 1980, p. 62.

37. Alain de Boissieu, *Pour combattre avec de Gaulle 1940-1946*, Plon, 1999, p. 317.

38. Jacques-Philippe Vendroux, *Cette chance que j'ai eue, op. cit.*, p. 139.

39. Lettre du 21 octobre 1945 citée par Jacques-Philippe Vendroux, *Cette chance que j'ai eue, op. cit.*, p. 143.

40. Yvonne de Gaulle à l'une de ses cousines, Mme Stanislas Lami ou Mme Christiane Bignier, 17 décembre 1945, vente Piasa.

41. Charles de Gaulle, *Mémoires de guerre*, t. III, *Le Salut, op. cit.*, p. 876.

42. Alain de Boissieu, *Pour combattre avec de Gaulle, op. cit.*, p. 337.

43. Jacques-Philippe Vendroux, *Cette chance que j'ai eue, op. cit.*, p. 154.

44. Alain de Boissieu, *Pour combattre avec de Gaulle, op. cit.*, p. 337.

45. Alain de Boissieu *Pour servir le Général*, Plon, 1982, p. 9.

46. Jacques-Philippe Vendroux, *Cette chance que j'ai eue, op. cit.*, p. 155.
47. *Ibid.*, p. 157.
48. Philippe de Gaulle, *De Gaulle, mon père,* t. II, *op. cit.*, p. 454.
49. Claude Guy, *En écoutant de Gaulle, op. cit.*, p. 37.
50. Alain de Boissieu, *Pour combattre avec de Gaulle, op. cit.*, p. 339.
51. Jacques-Philippe Vendroux, *Cette chance que j'ai eue, op. cit.*, p. 162.
52. Alain de Boissieu, *Pour servir le Général, op. cit.*, p. 10.
53. Jacques-Philippe Vendroux, *Cette chance que j'ai eue, op. cit.*, p. 181.
54. Claude Mauriac, *Aimer de Gaulle, op. cit.*, p. 402.
55. Claude Guy, *En écoutant de Gaulle, op. cit.*, p. 36.
56. Claude Mauriac, *Aimer de Gaulle, op. cit.*, p. 229.
57. Georges Buis, *Les Fanfares perdues,* Seuil, 1975, p. 136.
58. Philippe de Gaulle, *De Gaulle, mon père,* t. II, *op. cit.*, p. 473.
59. Claude Mauriac, *Aimer de Gaulle,* 14 mars 1946, *op. cit.*, p. 225.
60. Jacques-Philippe Vendroux, *Cette chance que j'ai eue, op. cit.*, p. 164.
61. Philippe de Gaulle, *De Gaulle, mon père,* t. I, *op. cit.*, p. 473.
62. Yvonne de Gaulle à Richard Hanotelle, 28 avril 1946, fonds privé Hanotelle.
63. *Ibid.*, 7 mai 1946.
64. Philippe de Gaulle, *De Gaulle, mon père,* t. I, *op. cit.*, p. 474.
65. Olivier Guichard, *Mon général, op. cit.*, p. 202.
66. Yvonne de Gaulle à Richard Hanotelle, 30 mai 1946, fonds privé Hanotelle.
67. Yvonne de Gaulle à Richard Hanotelle, 22 février 1947, fonds privé Hanotelle.
68. *Ibid.*
69. Plus tard, précise Philippe, le lit sera toutefois séparé en deux divans.
70. Philippe de Gaulle, *De Gaulle, mon père,* t. I, *op. cit.*, p. 477.
71. *Ibid.*, p. 476.
72. Alain de Boissieu, *Pour servir le Général, op. cit.*, p. 21.
73. Jacques-Philippe Vendroux, *Cette chance que j'ai eue, op. cit.*, p. 164.
74. Claude Guy, *En écoutant de Gaulle, op. cit.*, p. 365-366.
75. Journal de l'abbé Drouot, p. 1.
76. *Ibid.*, p. 2.
77. *Ibid.*, p. 3.
78. Témoignage recueilli par les élèves du collège de Colombey de la classe de Mme Fournier, 1993.
79. *Ibid.*
80. *Ibid.*
81. Claude Guy, *En écoutant de Gaulle, op. cit.*, p. 206.
82. Journal de l'abbé Drouot, p. 4.
83. *Ibid.*, p. 5.
84. *Ibid.*, p. 6.
85. *Ibid.*, p. 7.
86. *La Croix de la Haute-Marne,* 1er septembre 1946.
87. Journal de l'abbé Drouot, p. 7.
88. *Ibid.*, p. 19.
89. Charles de Gaulle, *Mémoires de guerre,* t. III, *Le Salut, op. cit.*, p. 884.
90. *Ibid.*, p. 885.
91. Charles de Gaulle, *Le Fil de l'épée. Œuvres,* Club français des bibliophiles, 1963, p. 180.
92. *Ibid.*, p. 191.
93. Claude Guy, *En écoutant de Gaulle,* 5 août 1946, *op. cit.*, p. 88.
94. Philippe de Gaulle, *De Gaulle, mon père,* t. II, *op. cit.*, p. 246.

95. Jacques-Philippe Vendroux, *Cette chance que j'ai eue, op. cit.*, p. 254.
96. Philippe de Gaulle, *De Gaulle, mon père*, t. I, *op. cit.*, p. 236.
97. *Ibid.*, t. II, p. 133.
98. *Ibid.*, t. I, p. 17.
99. *Ibid.*
100. *Ibid.*, t. II, p. 134.
101. Jacques-Philippe Vendroux, *Cette chance que j'ai eue, op. cit.*, p. 225.
102. Cité par Claude Guy, *En écoutant de Gaulle, op. cit.*, p. 48.
103. *Ibid.*, p. 133.
104. Philippe de Gaulle, *De Gaulle, mon père*, t. II, *op. cit.*, p. 241.
105. Claude Guy, *En écoutant de Gaulle, op. cit.*, p. 154.
106. *Ibid.*, p. 161.
107. *Ibid.*, p. 158.
108. Charles de Gaulle, déclaration du 1er novembre 1946, *Discours et messages*, Plon, 1970, p. 36.
109. Claude Guy, *En écoutant de Gaulle, op. cit.*, p. 188-189.
110. *Ibid.*, p. 231.
111. *Ibid.*
112. *Ibid.*, p. 334.
113. Cité par Jean Lacouture, *Charles de Gaulle, le politique 1944-1959*, Seuil (poche), 1985, p. 402.
114. Claude Guy, *En écoutant de Gaulle, op. cit.*, p. 107.
115. André Astoux, *L'Oubli. De Gaulle 1946-1958*, J.-C. Lattès, 1974.
116. Louis Terrenoire, *De Gaulle 1947-1954. Pourquoi l'échec ?* Plon, 1981, p. 126.
117. Claude Mauriac, *Aimer de Gaulle, op. cit.*, p. 447.
118. Claude Guy, *En écoutant de Gaulle, op. cit.*, p. 207.
119. Claude Mauriac, *Aimer de Gaulle, op. cit.*, p. 348.
120. Philippe de Gaulle, *De Gaulle, mon père*, t. II, *op. cit.*, p. 29.
121. Pierre-Louis Blanc, entretien avec l'auteur, 4 août 2009.
122. Claude Mauriac, *Aimer de Gaulle, op. cit.*, p. 433.
123. Emmanuel d'Astier de La Vigerie, *Les Grands, op. cit.*, p. 125.
124. Claude Mauriac, *Aimer de Gaulle, op. cit.*, p. 371.
125. Claude Guy, *En écoutant de Gaulle, op. cit.*, p. 301.

CHAPITRE VIII
La Fondation Anne de Gaulle

1. Yvonne de Gaulle à la sœur supérieure, 22 septembre 1971, archives de la Fondation Anne de Gaulle, carton 2, dossier 1, désormais abrégé : FADG 2/1.
2. Alain de Boissieu, *Pour servir le Général, op. cit.*, p. 41.
3. Les chiffres proviennent des comptes de l'année 1945, FADG 1/5/2.
4. L. Cournarie à Yvonne de Gaulle, Dakar, 6 avril 1945.
5. Yvonne de Gaulle au ministre de l'Intérieur, 15 mai 1945, FADG 1/6/11 *ter.*
6. *Ibid.*
7. Yvonne de Gaulle à sœur Madeleine du Calvaire, 19 octobre 1955, FADG 3/1.
8. Yvonne de Gaulle à sœur Euphrasie-Marie, 22 octobre 1970, FADG 2/1.
9. Yvonne de Gaulle à sœur Madeleine du Calvaire, 24 mars 1955, FADG 3/1.
10. Yvonne de Gaulle à la sœur supérieure, 30 mai 1953, FADG 3/1.
11. *Id.*, 16 octobre 1948, *ibid.*
12. Yvonne de Gaulle au ministre de l'Intérieur, 15 mai 1945, FADG 1/6/11 *ter.*

13. Yvonne de Gaulle à Me Deroy, 29 juin 1945, FADG 2/3.
14. Geneviève Moll, *Yvonne de Gaulle : l'inattendue,* Ramsay, 1999, p. 202.
15. Décret du 11 septembre 1945, FADG 1/6.
16. Cité par Benoît Delfolie, *La Fondation Anne de Gaulle de 1945 à nos jours,* document interne de la Fondation Anne de Gaulle, p. 48.
17. Marguerite et Jeanne ont les mêmes grands-parents, Alfred et Émilie Corneau.
18. Yvonne de Gaulle à la sœur supérieure, 12 février 1971, FADG 2/1.
19. Charles de Gaulle à Élisabeth de Boissieu, 10 février 1948, *LNC 1945-1951, op. cit.,* p. 248.
20. Entretien de René Brouillet avec Jean Lacouture, cité dans *De Gaulle, le politique, 1944-1959, op. cit.,* p. 25.
21. Georges Pompidou, *Pour rétablir une vérité,* Flammarion, 1982, p. 38.
22. *Ibid.,* p. 49.
23. Jean Donnedieu de Vabres cité dans Éric Roussel, *Georges Pompidou,* J.-C. Lattès, 1994, p. 76.
24. Alain de Boissieu, entretien, Fondation Georges Pompidou, cassette 1, face B.
25. Lettre évoquée par Éric Roussel dans *Georges Pompidou, op. cit.* p. 77.
26. Alain de Boissieu, entretien, Fondation Georges Pompidou, cassette 1, face B.
27. Georges Pompidou, *Pour rétablir une vérité, op. cit.,* p. 49.
28. Frédéric Turpin, « Pompidou, 1944-1962 : aux sources d'un compagnonnage célèbre », *Espoir,* n° 148, septembre 2006, p. 5.
29. François Broche, « Entretien avec Claude Pompidou », *Espoir,* n° 148, septembre 2006, p. 38.
30. Richard Hanotelle à l'intendant Peraldi, 12 janvier 1946, FADG 1/9/4.
31. Yvonne de Gaulle à Richard Hanotelle, 28 avril 1946, fonds privé Hanotelle.
32. Yvonne de Gaulle à Me Deroy, 13 mai 1946, Marly-le-Roi, FADG 1/9/9.
33. *Id.*, 11 janvier 1946, Antibes, FADG 1/9/3.
34. Yvonne de Gaulle à Richard Hanotelle, 28 avril 1946, fonds privé Hanotelle.
35. Yvonne de Gaulle à Me Deroy, 13 mai 1946, Marly-le-Roi, FADG 1/9/9.
36. Yvonne de Gaulle à Richard Hanotelle, 30 mai 1946, fonds privé Hanotelle.
37. Yvonne de Gaulle au chanoine, 23 novembre 1950, FADG 1/10.
38. Yvonne de Gaulle au ministre de l'Intérieur, 15 mai 1945, FADG 1/6/11 *ter.*
39. Sœur Sainte-Anne, supérieure de la communauté franciscaine de la Devèze, à Yvonne de Gaulle, 1er mai 1945, FADG 1/9/47.
40. Geneviève Moll, *Yvonne de Gaulle, op. cit.,* p. 210.
41. Yvonne de Gaulle à la sœur supérieure, 3 juin 1946, FADG 3/1.
42. Yvonne de Gaulle à Me Deroy, 17 septembre 1946, FADG 1/9/14.
43. Yvonne de Gaulle à la sœur supérieure, 25 octobre 1973, FADG 2/1.
44. Yvonne de Gaulle à Me Deroy, 11 octobre 1946, FADG 1/9/20.
45. *Id.*, 19 juin 1947, 5 juillet 1947 et 17 septembre 1947, FADG 1/9/38, 39, 40.
46. Yvonne de Gaulle à la sœur supérieure, 16 octobre 1948, FADG 3/1.
47. *Id.*, 22 octobre 1948, *ibid.*
48. *Id.*, 25 octobre 1973, FADG 2/1.
49. Sœur supérieure Saint-Vincent au secrétaire général de la fondation, 1er avril 1947, FADG 1/9/33.
50. Yvonne de Gaulle à la sœur supérieure, 15 décembre 1946, FADG 3/1.
51. *Id.*, 14 avril 1950, *ibid.*
52. *Id.*, 9 décembre 1957, *ibid.*
53. *Id.*, 11 avril 1970, FADG 2/1.
54. *Id.*, 12 février 1952, FADG 3/1.

55. Journal de l'abbé Drouot, p. 33.
56. Yvonne de Gaulle à la sœur supérieure, 21 octobre 1946, FADG 1/9/21.
57. *Id.*, 29 septembre 1951, FADG 3/1.
58. *Id.*, 28 octobre 1955, *ibid.*
59. Alain de Boissieu, entretien, Fondation Georges Pompidou, cassette 1, face B.
60. Yvonne de Gaulle à la sœur supérieure, 4 octobre 1957, FADG 3/1.
61. *Id.*, 12 février 1947, *ibid.*
62. *Id.*, 25 septembre 1947, *ibid.*
63. *Id.*, 1er juin 1947, *ibid.*
64. *Id.*, 11 janvier 1947, *ibid.*
65. *Id.*, 8 mars 1951, *ibid.*
66. *Id.*, 3 décembre [1954 ?], *ibid.*
67. *Id.*, 5 juillet 1957, *ibid.*
68. *Id.*, 19 mars 1956, *ibid.*
69. *Id.*, 11 septembre 1957, *ibid.*
70. *Id.*, [sans date, vers novembre 1951], *ibid.*
71. Règlement manuscrit, FADG 1/9/1.
72. Règlement dactylographié du 10 octobre 1946, FADG 1/9/2.

CHAPITRE IX
Contre le RPF

1. Citons notamment les travaux de Bernard Lachaise et les actes du colloque de la Fondation Charles de Gaulle : *Le Rassemblement du peuple français,* Armand Colin, 1998.
2. Jean Mauriac, préface au livre de Claude Guy. *En écoutant de Gaulle, op. cit.*, p. 10-11. C'est Guy, par exemple, qui recommande à de Gaulle de recruter Claude Mauriac, « l'un de ses amis les plus proches depuis le temps de leur adolescence », comme secrétaire particulier.
3. *Ibid.*, p. 117.
4. *Ibid.*, p. 249.
5. *Ibid.*, p. 308.
6. Philippe de Gaulle, *De Gaulle, mon père,* t. I, *op. cit.*, p. 437.
7. Claude Guy, *En écoutant de Gaulle, op. cit.*, p. 201.
8. *Ibid.*, p. 250.
9. *Ibid.*, p. 305.
10. *Ibid.*, p. 345.
11. *Ibid.*, p. 156.
12. *Ibid.*, p. 157.
13. Philippe de Gaulle, *De Gaulle, mon père,* t. II, *op. cit.*, p. 148.
14. *Ibid.*, p. 458.
15. Claude Guy, *En écoutant de Gaulle, op. cit.*, p. 151.
16. *Ibid.*, p. 304.
17. *Ibid.*, p. 156.
18. Philippe de Gaulle, *De Gaulle, mon père,* t. I, *op. cit.*, p. 460.
19. Jacques-Philippe Vendroux, *Cette chance que j'ai eue, op. cit.*, p. 285.
20. *Ibid.*, p. 300.
21. *Ibid.*, p. 301.
22. À l'époque une 11 CV puis une 15 CV Citroën à traction avant.
23. *Avec de Gaulle. Témoignages,* t. II, *Le Temps du rassemblement,* Fondation Charles de Gaulle/Nouveau Monde éditions, 2005
24. *Ibid.*, p. 279.

25. Philippe de Gaulle, *De Gaulle, mon père,* t. I, *op. cit.*, p. 460.
26. Claude Guy, *En écoutant de Gaulle, op. cit.*, p. 310.
27. Témoignage de Brigitte Friang, *Avec de Gaulle. Témoignages,* t. II, *Le Temps du rassemblement, op. cit.*, p. 225.
28. *Ibid.*
29. Témoignage de Roger Barberot, *ibid.*, p. 68.
30. *Ibid.*
31. Témoignage de Brigitte Friang, *ibid.*, p. 225.
32. Jean Charbonnel, *Edmond Michelet,* Beauchesne, 1987, p. 75.
33. *Ibid.*, p. 342.
34. Philippe de Gaulle, *De Gaulle, mon père,* t. I, *op. cit.*, p. 371.
35. Jacques-Philippe Vendroux, *Cette chance que j'ai eue, op. cit.*, p. 250.
36. Archives de la Fondation Charles de Gaulle (FCDG), fonds RPF, carton 77, dossier 1c.
37. *La Haute-Marne libérée,* 21 septembre 1949.
38. Sœur Lucie Valet de Notre-Dame de Sées à Yvonne de Gaulle, 27 octobre 1948, archives de la FCDG, fonds RPF, carton 73-74, A.
39. E. Robert à Léon Mazaud, 29 octobre 1948, *ibid.*
40. Claude Mauriac, *Aimer de Gaulle, op. cit.*, p. 472.
41. Philippe de Gaulle, *De Gaulle, mon père,* t. I, *op. cit.*, p. 249.
42. Claude Guy, *En écoutant de Gaulle, op. cit.*, p. 156.
43. Louis Terrenoire, *De Gaulle 1947-1954. Pourquoi l'échec ? op. cit.*, p. 196.
44. *Ibid.*, p. 217.
45. *Ibid.*, p. 276.

CHAPITRE X
Vivre sans Anne

1. Journal de l'abbé Drouot, p. 16.
2. Yvonne de Gaulle à la sœur supérieure, FADG 3/1.
3. Claude Guy, *En écoutant de Gaulle, op. cit.*, p. 363.
4. *Ibid.*, p. 375.
5. *Ibid.*, p. 201.
6. Journal de l'abbé Drouot, p. 17.
7. Philippe de Gaulle, qui n'était pas là et qui minore souvent le rôle de sa mère, préfère écrire : « Elle est morte dans les bras de mon père… » *De Gaulle, mon père,* t. I, *op. cit.*, p. 516.
8. Yvonne de Gaulle à la sœur supérieure, 15 février 1948, FADG 3/1.
9. Alain de Boissieu, *Pour servir le Général, op. cit.*, p. 43.
10. Journal de l'abbé Drouot, p. 17.
11. *Ibid.*, p. 17-18.
12. *Ibid.*, p. 18.
13. Philippe de Gaulle, *De Gaulle, mon père,* t. I, *op. cit.*, p. 516.
14. Charles de Gaulle à Élisabeth de Boissieu, 10 février 1948, *LNC 1945-1951, op. cit.*, p. 247.
15. Journal de l'abbé Drouot, p. 18.
16. Charles de Gaulle à Élisabeth de Boissieu, 10 février 1948, *LNC 1945-1951, op. cit.*, p. 248.
17. Journal de l'abbé Drouot, p. 18-19.
18. Yvonne de Gaulle à la sœur supérieure, février 1948, FADG 3/1.
19. Cité par Philippe de Gaulle, *De Gaulle, mon père,* t. I, *op. cit.*, p. 516.
20. Charles de Gaulle à Élisabeth de Boissieu, 15 mai 1948, *LNC, op. cit.*, p. 273.

21. Alain Peyrefitte, *C'était de Gaulle*, t. II, Fayard, 1994, p. 128.
22. Philippe de Gaulle, *De Gaulle, mon père*, t. II, *op. cit.*, p. 518.
23. Journal de l'abbé Drouot, p. 20.
24. *Ibid.*
25. Yvonne de Gaulle à l'une de ses cousines, Mme Stanislas Lami ou Mme Christiane Bignier, 2 janvier 1957, vente Piasa.
26. Yvonne de Gaulle à la sœur supérieure, 7 mai 1948, FADG 3/1.
27. *Id.*, 16 juillet 1948, *ibid.*
28. *Id.*, 27 juillet 1946, *ibid.*
29. *Id.*, 4 décembre 1950, FADG 1/10.
30. *Id.*, 2 août 1949, FADG 3/1.
31. *Ibid.*
32. *Id.*, 27 juin 1948, *ibid.*
33. *Id.*, février 1948, *ibid.*
34. *Id.*, 2 décembre 1946, *ibid.*
35. *Id.*, 28 octobre 1957, *ibid.*
36. *Id.*, 1949.
37. *Id.*, 29 octobre 1955, *ibid.*
38. *Id.*, 30 mai 1953, *ibid.*
39. *Id.*, 5 septembre 1949, *ibid.*
40. *Id.*, 30 mai 1953, *ibid.*
41. *Id.*, sans date [hiver 1952 ?], *ibid.*
42. Yvonne de Gaulle au chanoine de Versailles, 10 mars 1951, *ibid.*
43. Yvonne de Gaulle à Mme de Beaulaincourt, futur membre du conseil d'administration, 21 septembre 1966, FADG 2/4.
44. Yvonne de Gaulle à la sœur supérieure, 9 décembre 1957, FADG 3/1.
45. *Id.*, 9 novembre 1951, *ibid.*
46. *Id.*, 27 juin 1948, *ibid.*
47. *Id.*, sans date, *ibid.*
48. *Id.*, 1er juillet 1947, *ibid.*
49. *Id.*, 15 février 1948, *ibid.*
50. *Id.*, 27 juillet 1948, *ibid.*
51. *Id.*, 19 février 1956, *ibid.*
52. *Id.*, 1er juillet 1947, *ibid.*
53. Yvonne de Gaulle à Me Deroy, 25 novembre 1946, FADG 1/9/26.
54. Lettre de l'administration de la FADG, 4 avril 1959, FADG 1/4/3.
55. Philippe de Gaulle, *De Gaulle, mon père*, t. I, *op. cit.*, p. 519.
56. Yvonne de Gaulle à la sœur supérieure, 30 mai 1970, FADG 2/1.
57. Yvonne de Gaulle à Me Deroy, 19 juin 1947, FADG 1/9/38.
58. Yvonne de Gaulle à la sœur supérieure, 1er avril 1969, FADG 2/2.
59. Yvonne de Gaulle à Me Deroy, 10 mai 1947, FADG 1/9/36.
60. *Id.*, 2 décembre 1946, FADG 1/9/27.
61. Yvonne de Gaulle à la sœur supérieure, 21 janvier 1956, FADG 3/1.
62. Yvonne de Gaulle au chanoine de Versailles, 16 septembre 1950, FADG 1/10.
63. Yvonne de Gaulle au vicaire général, 6 octobre 1950, *ibid.*
64. Elle les énumère dans cet ordre : franciscaines de Desvres (Pas-de-Calais), sœurs hospitalières de Malestroit, Bon-Sauveur (Saint-Lô, Manche), N.-D. Calvaire (Gramat, Lot), sœurs de la Présentation (Tours), sœurs alsaciennes (par Mgr Hincky à Colmar), Saint-Joseph de Cluny, sœurs de la Sagesse (Vendée), servantes de Marie (Vénissieux), Saint-Joseph (Bourg-en-Bresse), Dom Bosco, servantes du Sacré-Cœur (avenue de Versailles), franciscaines (avenue Beille),

dames du Calavaire (rue de Lourmel), Providence (Langres), sœurs espagnoles (rue Desmarettes), sœurs polonaises (par Mgr Perrin), refuge Saint-Michel (Chevilly-sur-Marne), sœurs de la Charité (Nevers), sœurs de Saint-Louis (Vannes), sœurs du Saint-Esprit (Bretagne), Immaculée-Conception (Annecy), Providence (Ruillé, Sarthe), tous les couvents de Mauriac (Cantal, sur indication erronée donnée par le secrétariat catholique), Jésus au temple (Vernon, Eure), Charité (Besançon), sœurs hospitalières (Clermont-Ferrand), Bon-Sauveur (Caen), communauté des Ardennes (Haut-Buttés).

65. Yvonne de Gaulle au chanoine, 23 novembre 1950, FADG 1/10.
66. *Ibid.*
67. *Ibid.*
68. *Ibid.*
69. *Id.*, 25 novembre 1950, *ibid.*
70. *Id.*, 29 novembre 1950, *ibid.*
71. *Id.*, 7 décembre 1950, *ibid.*
72. *Ibid.*
73. *Id.*, 4 décembre 1950, *ibid.*
74. Yvonne de Gaulle à l'évêque Josselin, 7 décembre 1950, FADG 1/10.
75. Yvonne de Gaulle au chanoine, 7 décembre 1950, *ibid.*
76. Convention du 18 janvier 1951, FADG 1/4/4.
77. Yvonne de Gaulle à la sœur supérieure, 15 octobre 1951, FADG 3/1.
78. *Id.*, 23 avril 1956, *ibid.*
79. Yvonne de Gaulle à Me Deroy, 10 mai 1947, FADG 1/9/36.
80. Yvonne de Gaulle à la sœur supérieure, 27 novembre 1953, FADG 3/1.
81. *Id.*, 22 janvier 1953, *ibid.*
82. Yvonne de Gaulle à l'une de ses cousines, Mme Stanislas Lami ou Mme Christiane Bignier, 17 septembre 1951, vente Piasa.
83. Journal de l'abbé Drouot, p. 14.
84. *Ibid.*, p. 15.
85. Yvonne de Gaulle à la sœur supérieure, 13 décembre 1948, FADG 3/1.
86. Philippe de Gaulle, *De Gaulle, mon père*, t. I, *op. cit.*, p. 619.
87. Yvonne de Gaulle à l'une de ses cousines, Mme Stanislas Lami ou Mme Christiane Bignier, 1er janvier 1949, vente Piasa.
88. *Id.*, 17 septembre 1951, *ibid.*
89. Yvonne de Gaulle à la sœur supérieure, 7 août 1954, FADG 3/1.
90. *Id.*, 5 septembre 1955, *ibid.*
91. Yvonne à Mme Jean Vendroux, 23 août 1963, fonds privé Vendroux.
92. Yvonne de Gaulle à la sœur supérieure, 11 septembre 1957, FADG 3/1.
93. *Id.*, 23 juillet 1954, *ibid.*
94. Entretien recueilli par Jean-Paul Ollivier, *De Gaulle à Colombey*, *op. cit.*, p. 84.
95. Yvonne de Gaulle à la sœur supérieure, 29 décembre 1954, FADG 3/1.
96. *Id.*, 7 août 1954, *ibid.*
97. *Id.*, août 1954, *ibid.*
98. *Id.*, 28 avril 1955, *ibid.*
99. *Id.*, hiver 1952, *ibid.*
100. *Id.*, 22 février 1955, *ibid.*
101. *Id.*, 24 décembre 1955, *ibid.*
102. *Id.*, 9 janvier 1955, *ibid.*
103. *Id.*, 6 février 1956, *ibid.*
104. *Id.*, 23 novembre 1956, *ibid.*
105. *Id.*, 30 janvier 1954, *ibid.*

106. *Id.*, 8 septembre 1954, *ibid.*
107. Yvonne de Gaulle à Jean Vendroux, 13 novembre 1954, fonds privé Vendroux.
108. Jacques-Philippe Vendroux, *Cette chance que j'ai eue, op. cit.*, p. 418.
109. Yvonne de Gaulle à la sœur supérieure, 24 mars 1955, FADG 3/1.
110. Charles de Gaulle à Alain de Boissieu, 11 novembre 1957, *LNC, op. cit.*, p. 334.
111. Yvonne de Gaulle à la sœur supérieure, 28 octobre 1955, FADG 3/1.
112. *Id.*, 24 mai 1954, *ibid.*
113. Jean-Paul Ollivier, *De Gaulle à Colombey, op. cit.*, p. 81.
114. Alain de Boissieu, *Pour servir le Général, op. cit.*, p. 68.
115. Jacques-Philippe Vendroux, *Cette chance que j'ai eue, op. cit.*, p. 418-419.
116. *Ibid.*, p. 410.
117. Marcel Jullian, *Madame de Gaulle, op. cit.*, p. 140.
118. Yvonne de Gaulle à la sœur supérieure, 4 juin 1956, FADG 3/1.
119. Alain de Boissieu, *Pour servir le Général, op. cit.*, p. 74.
120. Jacques-Philippe Vendroux, *Ces grandes années que j'ai vécues*, Plon, 1975, p. 267.
121. Philippe de Gaulle, *De Gaulle, mon père*, t. I, *op. cit.*, p. 461.
122. Marcel Jullian, *Madame de Gaulle, op. cit.*, p. 141.
123. *Ibid.*, p. 143.
124. Yvonne de Gaulle à la sœur supérieure, 30 août 1956, FADG 3/1.
125. *Ibid.*

QUATRIÈME PARTIE
1958-1969
Première dame

CHAPITRE XI
Fuir les feux de la rampe : juin-décembre 1958

1. Caricature « Le Bourges-roi gentilhomme », Moisan, *Le Canard enchaîné*, 12 mai 1965.
2. Yvonne de Gaulle à la sœur supérieure, 16 avril 1957, FADG 3/1.
3. *Id.*, 27 février 1956, *ibid.*
4. *Id.*, 23 août 1955, *ibid.*
5. Charles de Gaulle, *Mémoires d'espoir*, Plon, 1999, p. 19.
6. Philippe de Gaulle, *De Gaulle, mon père*, t. I, *op. cit.*, p. 545.
7. *Ibid.*, p. 177.
8. *Ibid.*, p. 547.
9. *Ibid.*, p. 556.
10. Caricature de Moisan dans *Le Canard enchaîné*, 28 janvier 1959.
11. Caricature de Grove dans *Le Canard enchaîné*, 8 octobre 1958.
12. Yvonne de Gaulle à Jean Vendroux, 10 juin 1958, fonds privé Vendroux.
13. Jacques-Philippe Vendroux, *Ces grandes années que j'ai vécues, op. cit.*, p. 19.
14. Yvonne de Gaulle à Jean Vendroux, 10 juin 1958, fonds privé Vendroux.
15. Charles de Gaulle, *Mémoires d'espoir*, t. I, *op. cit.*, p. 184.
16. Jacques-Philippe Vendroux, *Ces grandes années que j'ai vécues, op. cit.*, p. 27.
17. *Ibid.*
18. Philippe de Gaulle, *De Gaulle, mon père*, t. II, *op. cit.*, p. 189.
19. Jean-Paul Ollivier, *De Gaulle à Colombey, op. cit.*, p. 99-100.
20. François Seydoux, *Mémoires d'outre-Rhin*, Grasset, 1975, p. 212-213.
21. Konrad Adenauer, *Mémoires*, t. III, *1956-1963*, Hachette, 1969, p. 191.

22. Son mari Alain de Boissieu, tout juste promu colonel, est à présent directeur de cabinet du délégué général du gouvernement Paul Delouvrier et du général Maurice Challe, commandant en chef en Algérie.

23. Charles de Gaulle à Élisabeth de Boissieu, *LNC, op. cit.*, 17 septembre 1958.

24. Éric Roussel, *Charles de Gaulle*, Gallimard, 2002, p. 628.

CHAPITRE XII
Naissance de la « première dame »

1. Yvonne de Gaulle à l'une de ses cousines, Mme Stanislas Lami ou Mme Christiane Bignier, 10 janvier 1959, vente Piasa.

2. Bernard Tricot, *Mémoires*, Quai Voltaire, 1994, p. 224-225.

3. Charles de Gaulle, *Mémoires d'espoir, op. cit.*, p. 230.

4. Entretien avec l'auteur, 8 février 2006.

5. François Flohic, *Souvenirs d'outre-Gaulle, op. cit.*, p. 20.

6. Jean d'Escrienne, entretien avec l'auteur, 4 juin 2009.

7. Claude Dulong, *La Vie quotidienne à l'Élysée au temps de Charles de Gaulle*, Hachette, 1974, p. 199.

8. Jacques-Philippe Vendroux, *Ces grandes années que j'ai vécues, op. cit.*, p. 42.

9. Valéry et Anne-Aymone Giscard d'Estaing, pendant le septennat, préfèrent toutefois vivre avec leurs quatre enfants dans leur appartement du 16e arrondissement.

10. Entretien avec l'auteur, 25 mars 2009.

11. Claude Dulong, *La Vie quotidienne à l'Élysée au temps de Charles de Gaulle, op. cit.*, p. 22.

12. Rapporté par Marcel Jullian, *Madame de Gaulle, op. cit.*, p. 167.

13. Philippe de Gaulle, *De Gaulle, mon père*, t. II, *op. cit.*, p. 591.

14. *Ibid.*, p. 45.

15. Claude Dulong, *La Vie quotidienne à l'Élysée au temps de Charles de Gaulle, op. cit.*, p. 24.

16. Jacques-Philippe Vendroux, *Ces grandes années que j'ai vécues, op. cit.*, p. 184.

17. Solange Galichon, entretien avec l'auteur, 1er décembre 2008.

18. Claude Legrand, entretien avec l'auteur, 8 février 2006.

19. Claude Dulong, *La Vie quotidienne à l'Élysée au temps de Charles de Gaulle, op. cit.*, p. 58.

20. FCDG, AD2.

21. Francine Tinguely Repond, *La Vie d'Honorine, du couvent jusqu'aux cuisines du Général*, Delachaux et Niestlé, 1997, p. 29.

22. Yvonne de Gaulle à Honorine Manzoni, 23 novembre 1966, *ibid.*

23. *Ibid.*, p. 54.

24. Philippe de Gaulle, *De Gaulle, mon père*, t. II, *op. cit.*, p. 42.

25. Entretien avec l'auteur, 24 février 2009.

26. François Flohic, *Souvenirs d'outre-Gaulle, op. cit.*, p. 133.

27. *Le Monde*, 26 février 1959.

28. Archives FCDG, AD5 et AD6.

29. FCDG, AD1, 1959.

30. FCDG, AD2, 1962.

31. FCDG, AD1, 1959.

32. FCDG, AD3, 1963.

33. FCDG, AD1.

34. Et sans doute davantage puisque certaines séries d'archives sont incomplètes. FCDG, série AD : 20 janvier 1959, 12 juin 1959, 12 février 1960, 7 juin 1960, 26 juin 1965, 21 décembre 1966, 22 septembre 1967, 26 mars 1968, 20 février 1969.

35. Joël Normand et Pierre Doncieux, *La Ve République aux fourneaux*, La Table ronde, 1999, p. 37.
36. Charles de Gaulle, *Mémoires d'espoir*, *op. cit.*, p. 310.
37. Joël Normand et Pierre Doncieux, *La Ve République aux fourneaux*, *op. cit.*, p. 38.
38. *Ibid.*, p. 43.
39. Éliane Dromer, entretien avec l'auteur, 19 mai 2009.
40. Archives FCDG, AD5.
41. Claude Dulong, *La Vie quotidienne à l'Élysée au temps de Charles de Gaulle*, *op. cit.*, p. 210.
42. Interview dans l'émission *Premières dames*, ADL TV, 2008.
43. Entretien avec l'auteur, 25 mars 2009.
44. Philippe de Gaulle, *De Gaulle, mon père*, t. II, *op. cit.*, p. 57.
45. Entretien avec l'auteur, 1er décembre 2009.
46. Jean-Paul Alexis, *Au protocole du général de Gaulle. Souvenirs insolites de l'Élysée*, Perrin, 1999, p. 157.
47. *Ibid.*, p. 167.
48. *Ibid.*, p. 197.
49. Citée par Michel Tauriac, *Vivre avec de Gaulle*, *op. cit.*, p. 553 et 176.
50. Archives FCDG, AD1, p. 2.
51. *Ibid.*, AD1, 14-18 février 1960.
52. *Ibid.*, AD3.
53. *Ibid.*, AD4.
54. *Ibid.*
55. *Ibid.*, 4 juin 1954.
56. *Ibid.*
57. *Ibid.*
58. *Ibid.*, AD5, 8 février 1965.
59. *Ibid.*, 28 novembre 1965.
60. *Ibid.*, AD4.
61. Entretien avec l'auteur, 4 juin 2009.
62. Entretien avec l'auteur, 19 mai 2009.
63. Yvonne de Gaulle à Chantal de Gaulle, 27 août 1962, fonds privé Gutmann.
64. Chantal et Francis Gutmann, entretien avec l'auteur, 27 mai 2009.
65. Pierre Cailliau, lettre à l'auteur, 27 avril 2009.
66. Entretien avec l'auteur, 4 mars 2009.
67. Entretien avec l'auteur, 1er décembre 2008.
68. Archives FCDG, AD1.
69. *Ibid.*, AD2.
70. Rapporté par Claude Dulong, *La Vie quotidienne à l'Élysée au temps de Charles de Gaulle*, *op. cit.*, p. 62.
71. Archives FCDG, AE3/1c, lettre de Paul Bosson, 30 avril 1969.
72. Entretien avec l'auteur, 1er décembre 2008.
73. Yvonne de Gaulle à Solange Galichon, 31 mai 1965 [?], fonds privé Galichon.
74. Claude Dulong, *La Vie quotidienne à l'Élysée au temps de Charles de Gaulle*, *op. cit.*, p. 56.
75. Yvonne de Gaulle à Cada Vendroux, 10 octobre 1959, citée par Jacques-Philippe Vendroux, *Ces grandes années que j'ai vécues*, *op. cit.*, p. 72.
76. Philippe de Gaulle, *De Gaulle, mon père*, t. II, *op. cit.*, p. 54.
77. Charles de Gaulle, *Mémoires d'espoir*, *op. cit.*, p. 227.
78. Citée par Marcel Jullian, *Madame de Gaulle*, *op. cit.*, p. 194.
79. Archives FCDG, AE1.
80. *Ibid.*

81. *Ibid.*, AE2.
82. Yvonne de Gaulle à Georges Galichon, 18 octobre 1972, FADG 2/4.
83. Témoignage rapporté dans Michel Tauriac, *Vivre avec de Gaulle, op. cit.*, p. 100.
84. Pierre-Louis Blanc, *De Gaulle au soir de sa vie, op. cit.*, p. 83.
85. Entretien avec l'auteur, 4 août 2009.
86. Rapporté par Marcel Jullian, *Madame de Gaulle, op. cit.*, p. 202.
87. Note de janvier 1964 à Solange Galichon, fonds privé Galichon.
88. Entretien avec l'auteur.
89. Yvonne de Gaulle à la sœur Hélène, 30 novembre 1974, FADG 2/2.
90. Journal de l'abbé Drouot, *op. cit.*, p. 35.
91. Solange Galichon, entretien avec l'auteur, 1er décembre 2008.
92. Pierre-Louis Blanc, entretien avec l'auteur, 4 août 2009.
93. Rapporté par Marcel Jullian, *Madame de Gaulle, op. cit.*, p. 206.
94. Jacques Foccart, *Foccart parle*, Fayard, 1997, p. 91.
95. Claude Pompidou, *L'Élan du cœur. Propos et souvenirs*, Plon, 1997, p. 95.
96. Yvonne de Gaulle à Solange Galichon, 1964, fonds privé Galichon.
97. *Ibid.*
98. Archives FCDG, AE1, lettre du 12 novembre 1970.
99. *Ibid.*, AE8.
100. *Ibid.*
101. *Ibid.*, AE19.
102. Claude Dulong, *La Vie quotidienne à l'Élysée au temps de Charles de Gaulle, op. cit.*, p. 193.
103. Citée par Michel Tauriac, *Vivre avec de Gaulle, op. cit.*, p. 174.
104. Éliane Dromer, entretien avec l'auteur, 19 mai 2009.
105. Archives FCDG, AE19.
106. Journal de l'abbé Drouot, p. 22.
107. *Ibid.*
108. Archives FCDG, AE2, lettre du 30 novembre 1970.
109. *Ibid.*, AE19.
110. *Ibid.*, AE19, lettre anonyme et non datée.
111. *Ibid.*, AE7, lettre de Paul Coquet, Saint-Martin-du-Nœud (Oise).
112. *Ibid.*, AE7, lettre de Dominique Leavoyer, Pagny-la-Ville (Côte-d'Or).
113. *Ibid.*, AE7, lettre de Mme Davout, Saint-Just-en-Chaussée (Oise).
114. *Ibid.*, AE19, lettre de Mme Marcelle Marcel, Côte-d'Or, 13 novembre 1970.
115. *Ibid.*, AD1, note du service social de la présidence de la République.
116. Solange Galichon, entretien avec l'auteur.
117. Carte de décembre 1960, fonds privé Galichon.
118. Yvonne de Gaulle, 10 septembre 1963, Archives FADG, 2/1.
119. Jean d'Escrienne, entretien avec l'auteur.
120. Archives FCDG, AD1, note du 28 mai 1959, présidence de la République.
121. Claude Pompidou, *L'Élan du cœur, op. cit.*, p. 94.
122. *Ibid.*, p. 37-38.
123. *Ibid.*, p. 40.
124. Entretien avec l'auteur.
125. Interview accordée à *L'Express*, reprise dans *Le Figaro Magazine*, 13 juillet 2007, p. 32.
126. Interview accordée à *Téléstar*, reprise dans *Le Figaro magazine*, 13 juillet 2007, p. 30.
127. Pierre-Louis Blanc, *De Gaulle au soir de sa vie, op. cit.*, p. 83.
128. Pierre-Louis Blanc, entretien avec l'auteur, 4 août 2009.
129. Entretien avec l'auteur, 19 mai 2009.

130. Interview dans l'émission *Premières dames,* ADL TV, 2008.
131. Martine de Courcel, entretien avec l'auteur.
132. Entretien avec l'auteur.
133. Entretien avec l'auteur, 4 juin 2009.
134. Entretien avec l'auteur, 27 mai 2009.
135. Interview dans l'émission *Premières dames,* ADL TV, 2008.
136. Bernard Tricot, *Mémoires, op. cit.*, p. 224.
137. Jacques Chaban-Delmas, *Mémoires pour demain,* Flammarion, 1997, p. 381.
138. Témoignage recueilli par Michel Tauriac, *Vivre avec de Gaulle, op. cit.*, p. 553.
139. Interview dans l'émission *Premières dames,* ADL TV, 2008.
140. *Le Canard enchaîné,* 4 novembre 1964.
141. Entretien avec l'auteur, 19 mai 2009.
142. Entretien avec l'auteur, 27 mai 2009.
143. Bernard Tricot, *Mémoires, op. cit.*, p. 224.
144. Citée par Jean-Paul Ollivier, *De Gaulle à Colombey, op. cit.*, p. 84.
145. Citée par Michel Tauriac, *Vivre avec de Gaulle, op. cit.*, p. 557.
146. Emmanuel d'Astier de La Vigerie, *Les Grands, op. cit.*, p. 125.
147. Jacques-Philippe Vendroux, *Ces grandes années que j'ai vécues, op. cit.*, p. 80.
148. Solange Galichon, entretien avec l'auteur, 1er décembre 2008.
149. Rapporté par Michel Tauriac, *Vivre avec de Gaulle, op. cit.*, p. 554.
150. Comme le souligne Martine de Courcel : « Lors des conversations avec Yvonne de Gaulle, on avait l'impression qu'il ne fallait jamais sortir des sentiers battus. Dès que l'on posait une question un tant soit peu personnelle, la conversation tournait court. »
151. Cité par Bertrand Meyer, *Les Dames de l'Élysée,* Perrin, 1987, p. 53.
152. Cité par Michel Tauriac, *Vivre avec de Gaulle, op. cit.*, p. 554.
153. Entretien avec l'auteur, 4 mars 2009.
154. Cité par Bertrand Meyer, *Les Dames de l'Élysée, op. cit.*
155. Entretien avec l'auteur, 4 juin 2009.
156. *Ibid.*
157. Entretien avec l'auteur, 25 mars 2009.
158. Entretien avec l'auteur, 19 mai 2009.
159. Interview dans l'émission *Premières dames,* ADL TV, 2008.
160. Claude Pompidou, *L'Élan du cœur, op. cit.*, p. 17.
161. Jacques-Philippe Vendroux, *Ces grandes années que j'ai vécues, op. cit.*, p. 34.
162. Martine de Courcel, entretien avec l'auteur.
163. Pierre-Louis Blanc, *De Gaulle au soir de sa vie, op. cit.*, p. 84.
164. Entretien avec l'auteur, 4 juin 2009.
165. Entretien avec l'auteur, 1er décembre 2009.
166. Yvonne de Gaulle à Martine de Courcel, 1er janvier 1962, fonds privé Courcel.

CHAPITRE XIII
L'influence politique d'Yvonne de Gaulle

1. *Le Figaro,* 9 novembre 1979.
2. Entretien avec l'auteur, 24 février 2006.
3. Jacques-Philippe Vendroux, *Ces grandes années que j'ai vécues, op. cit.*, p. 60.
4. Cité par Robert Lassus, *Le Mari de Mme de Gaulle, op. cit.*, p. 53.
5. Jacques-Philippe Vendroux, *Ces grandes années que j'ai vécues, op. cit.*, p. 69.
6. *Ibid.*, p. 120.
7. *Ibid.*, p. 141.

8. Bernard Tricot, *Mémoires, op. cit.*, p. 224.
9. Cité par Michel Tauriac, *Vivre avec de Gaulle, op. cit.*, p. 560.
10. Titre du dossier de *France Observateur* en novembre 1955.
11. Titre de *Carrefour* cité par Xavière Gauthier, *Naissance d'une liberté. Contraception, avortement : le grand combat des femmes au XXe siècle, op. cit.*, p. 74.
12. Témoignage de Lucien Neuwirth cité par Xavière Gauthier, *ibid.*, p. 77.
13. Alain Peyrefitte, *C'était de Gaulle*, t. II, *op. cit.*, p. 600.
14. Philippe de Gaulle, *De Gaulle, mon père*, t. I, *op. cit.*, p. 373.
15. *Ibid.*, p. 375.
16. Pierre Simon, *De la vie avant toute chose*, Mazarine, 1979, p. 139.
17. *Ibid.*, p. 141.
18. *Ibid.*, p. 143.
19. *Ibid.*
20. Philippe de Gaulle, *De Gaulle, mon père*, t. I, *op. cit.*, p. 375.
21. Erwan Quezede, *La Protection des incapables majeurs, op. cit.*
22. Entretien avec l'auteur, 19 mai 2009.
23. Erwan Quezede, *La Protection des incapables majeurs, op. cit.*, p. 27.
24. *Ibid.*, p. 29.
25. Éliane Dromer, entretien avec l'auteur, 19 mai 2009.
26. Benoît Delfolie, *La Fondation Anne de Gaulle de 1945 à nos jours, op. cit.*, p. 106.
27. Erwan Quezede, *La Protection des incapables majeurs, op. cit.*, p. 40.
28. Philippe de Gaulle, *De Gaulle, mon père*, t. II, *op. cit.*, p. 591.
29. Marquise Hedwige de Maupeou Monbail, *Ce qui résonne encore*, Perret-Gentil, 1979, p. 77.
30. Cité par Philippe de Gaulle, *De Gaulle, mon père*, t. II, *op. cit.*, p. 384.
31. *Ibid.*
32. Yvonne de Gaulle à Chantal de Gaulle, 29 août 1962, fonds privé Gutmann. Souligné par Yvonne de Gaulle.
33. Citée par Robert Lassus, *Le Mari de Mme de Gaulle, op. cit.*, p. 84.
34. Philippe de Gaulle, *De Gaulle, mon père*, t. II, *op. cit.*, p. 384.
35. *Ibid.*
36. Teisseire cité par François Flohic, *Souvenirs d'outre-Gaulle, op. cit.*, p. 72.
37. Alain de Boissieu, entretien, Fondation Georges Pompidou, 24 février 1999, cassette 2, face B.
38. Yvonne de Gaulle à Chantal de Gaulle, 27 août 1962, fonds privé.
39. Journal de l'abbé Drouot, p. 25.
40. François Flohic, *Souvenirs d'outre-Gaulle, op. cit.*, p. 62.
41. Entretien avec l'auteur, 19 mai 2009.
42. Jean d'Escrienne, *Le Général m'a dit, 1966-1970*, Plon, 1973, p. 137.
43. Alain Peyrefitte, *C'était de Gaulle*, t. II, *op. cit.*, p. 759.
44. Cité par Jean-Raymond Tournoux, *Jamais dit*, Plon, 1971, p. 300.
45. Alain Peyrefitte, *C'était de Gaulle*, t. II, *op. cit.*, p. 759.
46. Yvonne de Gaulle à l'une de ses cousines, Mme Stanislas Lami ou Mme Christiane Bignier, 10 janvier 1959, vente Piasa.
47. Entretien avec l'auteur.
48. Jacques Foccart, *Foccart parle, op. cit.*, p. 381.
49. Jacques-Philippe Vendroux, *Ces grandes années que j'ai vécues, op. cit.*, p. 242.
50. Yvonne de Gaulle à Martine de Courcel, 21 janvier 1966, fonds privé Courcel.
51. Jacques Foccart, *Le Général en mai*, Fayard, 1998, p. 144.
52. Dessin de Moisan, *Le Canard enchaîné*, 17 février 1960.

53. Dessin de Polferjac, *Le Canard enchaîné*, 11 mars 1964.
54. *Le Canard enchaîné*, 20 mars 1968.
55. François Flohic, *Souvenirs d'outre-Gaulle, op. cit.*, p. 147.
56. Jacques Foccart, *Foccart parle, op. cit.*, p. 404.
57. Philippe de Gaulle, *De Gaulle, mon père*, t. II, *op. cit.*, p. 564.
58. Jacques Foccart, *Foccart parle, op. cit.*, p. 404.
59. Alain de Boissieu, *Pour servir le Général, op. cit.*, p. 184
60. Lettre citée par Jean-Pierre Guichard, *De Gaulle face aux crises*, Cherche-Midi, 2000, p. 404.
61. Alain de Boissieu, *Pour servir le Général, op. cit.*, p. 184
62. Alain de Boissieu, « Mai 1968 », *Espoir*, n° 115, p. 75.
63. *Ibid.*
64. Alain de Boissieu, *Pour servir le Général, op. cit.*, p. 188.
65. Alain de Boissieu, « Mai 1968 », *Espoir*, n° 115, p. 75.
66. Rapporté par Jacques Foccart, *Le Général en mai, op. cit.*, p. 400.
67. Mme Massu, rapporté par François Flohic, *Souvenirs d'outre-Gaulle, op. cit.*, p. 180.
68. Témoignage du général Lalande cité par Éric Roussel, *De Gaulle, op. cit.*, p. 876.
69. François Flohic, *Souvenirs d'outre-Gaulle, op. cit.*, p. 181.
70. *Ibid.*, p. 182.
71. Alain de Boissieu, *Pour servir le Général, op. cit.*, p. 191.
72. Yvonne de Gaulle à Solange Galichon, fin 1968, fonds privé Galichon.
73. Jacques Foccart, *Foccart parle, op. cit.*, p. 444.
74. Entretien avec l'auteur, 24 février 2006.
75. Cité par Marcel Jullian, *Madame de Gaulle, op. cit.*, p. 221.
76. Jean d'Escrienne, *Le Général m'a dit, op. cit.*, p. 44.
77. François Flohic, *Souvenirs d'outre-Gaulle, op. cit.*, p. 196.
78. Yvonne de Gaulle à Étienne Vendroux, 2 mai 1969, fonds privé Vendroux.
79. Yvonne de Gaulle à Jean Mauriac, printemps 1972, citée dans Jean Mauriac, *L'Après-de Gaulle. Notes confidentielles 1969-1989*, Fayard, 2006, p. 99.
80. *Le Canard enchaîné*, 30 avril 1969.
81. François Flohic, *Souvenirs d'outre-Gaulle, op. cit.*, p. 230.
82. Entretien avec l'auteur, 27 mai 2009.
83. Jacques-Philippe Vendroux, *Ces grandes années que j'ai vécues, op. cit.*, p. 342-343.
84. François Flohic, *Souvenirs d'outre-Gaulle, op. cit.*, p. 198.

CHAPITRE XIV
Protéger le domaine privé

1. Philippe de Gaulle, *De Gaulle, mon père*, t. II, *op. cit.*, p. 29.
2. *Ibid.*
3. Jacques Foccart, *Foccart parle, op. cit.*, p. 448.
4. Yvonne de Gaulle à l'une de ses cousines, Mme Stanislas Lami ou Mme Christiane Bignier, 31 décembre 1959, vente Piasa.
5. François Flohic, *Souvenirs d'outre-Gaulle, op. cit.*, p. 59.
6. *Ibid.*, p. 60.
7. Jacques-Philippe Vendroux, *Ces grandes années que j'ai vécues, op. cit.*, p. 95.
8. Cité par Michel Tauriac, *Vivre avec de Gaulle, op. cit.*, p. 179.
9. Éric Roussel, *De Gaulle, op. cit.*, p. 482.
10. Entretien avec l'auteur, 4 mars 2009.
11. Entretien avec l'auteur, 27 mai 2009.

12. François Flohic, *Souvenirs d'outre-Gaulle, op. cit.*, p. 23.
13. Jean d'Escrienne, *Le Général m'a dit, 1966-1970, op. cit.*, p. 29.
14. Francine Tinguely Repond, *La Vie d'Honorine, du couvent jusqu'aux cuisines du Général, op. cit.*, p. 35.
15. Yvonne de Gaulle à Honorine Manzoni, 23 novembre 1966, *ibid.*
16. Note du 10 août 1961 signée du colonel de Bonneval, classée secret et intitulée « Liaisons filaires Élysée-La Boisserie, durant le séjour du Général à Colombey », Archives FCDG, AD20.
17. Par exemple la note du 10 août 1961 citée ci-dessus.
18. Note du 29 août 1961 signée du C.C. Flohic, classée confidentiel et intitulée « Liaisons filaires Élysée-Boisserie », archives FCDG, AD20.
19. Note du 23 mars 1961 signée du C. C. Flohic, *ibid.*
20. Note du 10 août 1961 signée du colonel de Bonneval, *ibid.*
21. Journal de l'abbé Drouot, p. 29.
22. *Ibid.*
23. Philippe de Gaulle, *De Gaulle, mon père*, t. II, *op. cit.*, p. 439.
24. Journal de l'abbé Drouot, p. 26.
25. Citée par Philippe de Gaulle, *De Gaulle, mon père*, t. II, *op. cit.*, p. 437.
26. *Ibid.*
27. Francine Tinguely Repond, *La Vie d'Honorine, du couvent jusqu'aux cuisines du Général, op. cit.*, p. 39-40.
28. Yvonne de Gaulle à Madeleine Vendroux, 1963, fonds privé Vendroux.
29. Yvonne de Gaulle à Solange Galichon, 23 février 1963, fonds privé Galichon. C'est Yvonne de Gaulle qui souligne.
30. Francine Tinguely Repond, *La Vie d'Honorine, du couvent jusqu'aux cuisines du Général, op. cit.*
31. Journal de l'abbé Drouot, p. 23.
32. *Ibid.*, p. 36.
33. Yvonne de Gaulle à Honorine Manzoni, 23 novembre 1966, citée dans Francine Tinguely Repond, *La Vie d'Honorine…, op. cit.*
34. Francine Tinguely Repond, *La Vie d'Honorine, du couvent jusqu'aux cuisines du Général, op. cit.*, p. 52.
35. Yvonne de Gaulle à Chantal de Gaulle, 27 août 1962, fonds privé Gutmann.
36. Journal de l'abbé Drouot, p. 31.
37. *Ibid.*, p. 32.
38. Citée dans Philippe de Gaulle, *De Gaulle, mon père*, t. II, *op. cit.*
39. Yvonne de Gaulle à Chantal de Gaulle, 27 août 1962, fonds privé Gutmann.
40. Philippe de Gaulle, *De Gaulle, mon père*, t. I, *op. cit.*, p. 612.
41. Citée par Marcel Jullian, *Madame de Gaulle, op. cit.*, p. 208.
42. Francine Tinguely Repond, *La Vie d'Honorine, du couvent jusqu'aux cuisines du Général, op. cit.*, p. 46.
43. Alain de Boissieu, *Pour servir le Général, op. cit.*, p. 200.
44. Jean Mauriac, *L'Après-de Gaulle, op. cit.*, p. 284-285.
45. Charles de Gaulle à Philippe de Gaulle, 22 janvier 1961, *LNC, op. cit.*, p. 26.
46. *Ibid.*, p. 201.
47. Rapporté par Marcel Jullian, *Madame de Gaulle, op. cit.*, p. 207.
48. Henriette de Gaulle citée dans Philippe de Gaulle, *De Gaulle, mon père*, t. II, *op. cit.*, p. 435.
49. Entretien avec l'auteur, 27 mai 2009.

50. Henriette de Gaulle citée dans Philippe de Gaulle, *De Gaulle, mon père*, t. II, *op. cit.*, p. 435.

51. Francis Gutmann, entretien avec l'auteur, 27 mai 2009.

52. Philippe de Gaulle, *De Gaulle, mon père*, t. I, *op. cit.*, p. 14.

53. Pierre Cailliau, lettre à l'auteur, 27 avril 2009.

54. FADG, 1/8.

55. Sœur Marie-Reine de Jésus, septembre 1951-1953 ; sœur Madeleine du Calvaire (Marguerite Ropert), 1953-1962 ; sœur Euphrasie-Marie (Anne-Marie Le Déan), septembre 1962-73 ; sœur Marie-Thérèse Thétiot, septembre 1973-1977.

56. Père Jean Hébert à Benoît Delfolie, 11 juin 2000, citée dans *La Fondation Anne de Gaulle de 1945 à nos jours, op. cit.*

CINQUIÈME PARTIE
1969-1979
Le temps des deuils

CHAPITRE XV
Le deuil du Général

1. Confidence faite à Solange Galichon le jour des obsèques du Général. Entretien de Mme Galichon avec l'auteur.

2. Yvonne de Gaulle à la sœur supérieure, 6 octobre 1969, FADG 2/1.

3. Philippe de Gaulle, *De Gaulle, mon père*, t. I, *op. cit.*, p. 108.

4. Jean Mauriac, *La Mort du général de Gaulle*, Grasset, 1972, p. 46.

5. Philippe de Gaulle, *De Gaulle, mon père*, t. I, *op. cit.*, p. 108.

6. Pierre-Louis Blanc, *De Gaulle au soir de sa vie, op. cit.*, p. 183.

7. Philippe de Gaulle, *De Gaulle, mon père*, t. I, *op. cit.*, p. 637.

8. Bernard Tricot, *Mémoires, op. cit.*, p. 364.

9. Jacques-Philippe Vendroux, *Ces grandes années que j'ai vécues, op. cit.*, p. 346.

10. Jean-Jacques Becker, *Histoire politique de la France depuis 1945*, Armand Colin, 1989, p. 131.

11. Philippe de Gaulle, *De Gaulle, mon père*, t. , *op. cit.*, p. 341.

12. *Ibid.*, p. 343.

13. *Ibid.*

14. Jacques Foccart, *Foccart parle, op. cit.*, p. 436.

15. *Ibid.*

16. Entretien avec l'auteur, 1er décembre 2008.

17. Cité par Bernard Lachaise, « 1962-1970. Du président de Gaulle au président Pompidou », *Espoir*, n° 148, septembre 2006.

18. *Ibid.*

19. François Flohic, *Souvenirs d'outre-Gaulle, op. cit.*, p. 200.

20. *Ibid.*, p. 201.

21. Yvonne de Gaulle à Honorine Manzoni, 22 mai 1969, citée dans Francine Tinguely Repond, *La Vie d'Honirine…, op. cit.*

22. *Id.*, 6 juin 1969, *ibid.*

23. François Flohic, *Souvenirs d'outre-Gaulle, op. cit.*, p. 204.

24. *Ibid.*, p. 205.

25. Philippe de Gaulle, *De Gaulle, mon père*, t. I, *op. cit.*, p. 637.

26. *Ibid.*

27. *Ibid.*, p. 206.
28. Pierre-Louis Blanc, *De Gaulle au soir de sa vie, op. cit.*, p. 194-195.
29. *Ibid.*, p. 207.
30. Yvonne de Gaulle à Honorine Manzoni, 22 mai 1969, citée dans Francine Tinguely Repond, *La Vie d'Honorine…, op. cit.*
31. *Ibid.*
32. François Flohic, *Souvenirs d'outre-Gaulle, op. cit.*, p. 217.
33. Yvonne de Gaulle à Honorine Manzoni, 22 mai 1969, citée dans Francine Tinguely Repond, *La Vie d'Honorine…, op. cit.*.
34. Philippe de Gaulle, *De Gaulle, mon père*, t. I, *op. cit.*, p. 637.
35. François Flohic, *Souvenirs d'outre-Gaulle, op. cit.*, p. 218.
36. *Ibid.*, p. 219.
37. Bernard Tricot, *Mémoires, op. cit.*, p. 367.
38. Notes d'Emmanuel d'Harcourt, archives Geoffroy de Courcel ; cité par Éric Roussel, *Charles de Gaulle, op. cit.*, p. 911-912.
39. Jean d'Escrienne, *Le Général m'a dit, op cit.*, p. 42.
40. Journal de l'abbé Drouot, p. 39.
41. Yvonne de Gaulle à Georges Galichon, 27 juillet 1969, FADG 1/11, CA2.
42. Yvonne de Gaulle à Georges Pompidou, 4 août 1969, FADG 1/11/1.
43. Solange Galichon, entretien avec l'auteur.
44. FADG 1/3 *ter*, décision du 31 août 1969.
45. Sœur Jeanne, FADG 1/11, sous-dossier Départ de Pompidou.
46. Délibération du CA de la Fondation Anne de Gaulle, 17 septembre 1969, FADG 1/11/6.
47. Yvonne de Gaulle à Georges Galichon, 30 novembre 1969, FADG 1/11, CA1.
48. Yvonne de Gaulle à Georges Galichon, avril 1970, FADG 2/1.
49. Yvonne de Gaulle aux sœurs, 4 mai 1970, FADG 2/1.
50. Solange Galichon, entretien avec l'auteur.
51. Bernard de Gaulle, entretien avec l'auteur.
52. Cité par Marcel Jullian, *Madame de Gaulle, op. cit.*, p. 341.
53. Yvonne de Gaulle à Étienne Vendroux, 2 mai 1969, fonds privé Étienne Vendoux.
54. Philippe de Gaulle, *De Gaulle, mon père*, t. I, *op. cit.*, p. 606.
55. Yvonne de Gaulle à Jean Mauriac, printemps 1972, citée dans Jean Mauriac, *L'Après-de Gaulle, op. cit.*, p. 100.
56. Cité par Marcel Jullian, *Madame de Gaulle, op. cit.*, p. 238.
57. *Ibid.*, p. 239.
58. Jean d'Escrienne, *Le Général m'a dit, op. cit.*, p. 125.
59. NARA, box 44.
60. Yvonne de Gaulle à l'une de ses cousines, Mme Stanislas Lami ou Mme Christiane Bignier, 3 janvier 1970, vente Piasa.
61. Journal de l'abbé Drouot, p. 38.
62. *Ibid.*, p. 40.
63. Yvonne de Gaulle à la sœur supérieure, 19 février 1970, FADG 2/1.
64. Journal de l'abbé Drouot, p. 40.
65. *Ibid.*
66. Yvonne de Gaulle à la sœur supérieure, 2 février 1970, FADG 2/1.
67. *Id.*, 6 février 1970, *ibid.*
68. *Ibid.*
69. *Id.*, 26 mai 1970, *ibid.*
70. Jean Lacouture, *De Gaulle, le souverain 1959-1970*, Seuil, 1986, p. 776.

71. Yvonne de Gaulle à Jean Mauriac, printemps 1972, citée dans Jean Mauriac, *L'Après-de Gaulle, op. cit.*, p. 100.

72. Yvonne de Gaulle à la sœur supérieure, trois cartes postales de Jaen (sierra Blanca), FADG 2/1/3.

73. Yvonne de Gaulle à Jean Mauriac, printemps 1972, citée dans Jean Mauriac, *L'Après-de Gaulle, op. cit.*, p. 100.

74. Pierre-Louis Blanc, *De Gaulle au soir de sa vie, op. cit.*, p. 233.

75. Yvonne de Gaulle à Georges Galichon, 22 octobre 1970, fonds privé Galichon.

76. *Ibid.*

77. Yvonne de Gaulle à sœur Hélène, 12 novembre 1970, FADG 2/2.

78. Marcel Jullian, *Madame de Gaulle, op. cit.*, p. 245.

Chapitre XVI
« Ma vie est finie »

1. Yvonne de Gaulle à Jean Mauriac, printemps 1972, citée dans Jean Mauriac, *L'Après-de Gaulle, op. cit.*, p. 101.

2. *Ibid.*

3. *Ibid.*

4. Jean Mauriac, *La Mort du général de Gaulle, op. cit.*, p. 165.

5. Canons du patriarcat d'Alexandrie, cités par Philippe Ariès, *L'Homme devant la mort*, Seuil, UH, 1977, p. 145.

6. Philippe de Gaulle, *De Gaulle, mon père*, t. I, *op. cit.*, p. 702.

7. Yvonne de Gaulle à sœur Hélène, 12 novembre 1970, FADG 2/2.

8. Alain de Boissieu, *Pour servir le Général, op. cit.*, p. 260.

9. Jean Mauriac, *La Mort du général de Gaulle, op. cit.*, p. 171.

10. Cité par Philippe Ariès, *Histoire de la vie privée*, t. IV, *op. cit.*, p. 318.

11. Pierre-Louis Blanc, *De Gaulle au soir de sa vie, op. cit.*, p. 30.

12. *Ibid.*

13. *Ibid.*

14. Philippe de Gaulle, *De Gaulle, mon père*, t. I, *op. cit.*, p. 702.

15. Claude Guy, *En écoutant de Gaulle, op. cit.*, p. 425.

16. *Ibid.*, p. 716.

17. Yvonne de Gaulle à Jean Mauriac, printemps 1972, citée dans Jean Mauriac, *L'Après-de Gaulle, op. cit.*, p. 100.

18. Jean Mauriac, *La Mort du général de Gaulle, op. cit.*, p. 181.

19. Yvonne de Gaulle à Jean Mauriac, printemps 1972, citée dans Jean Mauriac, *L'Après-de Gaulle, op. cit.*, p. 101.

20. *Ibid.*, p. 179.

21. *Ibid.*, p. 180.

22. Éric Roussel, *Georges Pompidou, op. cit.*, p. 409.

23. Alain de Boissieu, *Pour servir le Général, op. cit.*, p. 221.

24. Jean Mauriac et Jacques Chapus, *Mourir à Colombey*, La Table ronde, 1972, p. 182.

25. Jacques Chaban-Delmas, *Mémoires pour demain, op. cit.*, p. 89.

26. Philippe de Gaulle, *De Gaulle, mon père*, t. II, *op. cit.*, p. 732.

27. Jean d'Escrienne, entretien avec l'auteur.

28. Jacques Chaban-Delmas, *Mémoires pour demain, op. cit.*, p. 250.

29. Solange Galichon, entretien avec l'auteur.

30. Pierre-Louis Blanc, *De Gaulle au soir de sa vie, op. cit.*, p. 35.

31. Claude Pompidou, *L'Élan du cœur, op. cit.*, p. 95-96.

32. Francis Gutmann, entretien avec l'auteur.

33. Yvonne de Gaulle à Jean Mauriac, printemps 1972, citée dans Jean Mauriac, *L'Après-de Gaulle, op. cit.*, p. 101.

34. Compte rendu de communication téléphonique, 30 novembre 1970, AD52, 1524 W 11.

35. Procès-verbal de gendarmerie n° 719, 14 décembre 1970, AD 1524 W 11.

36. Marcel Jullian, *Madame de Gaulle, op. cit.*, p. 251.

37. Archives FCDG AE1.

38. *Ibid.*, 13 novembre 1970.

39. Archives FCDG AE7, 1, lettre du 11 novembre.

40. Ces associations, parmi des centaines d'autres, sont référencées en FCDG AE5 2a.

41. Lettre de B. Pinson, Montluçon, 11 novembre, FCDG AE14.

42. Lettre des Beck, Neuilly, 11 novembre, *ibid.*

43. Lettre de Juliette Luc, Bordeaux, *ibid.*

44. Lettre du général de Villaret, Paris, *ibid.*

45. Lettre de Mme Seehald, Thionville, *ibid.*

46. Lettre de Marguerite de Chevigné, Creil, *ibid.*, AE2.

47. Lettre de Nathalie Terentieff, 20 novembre, *ibid.*, AE7/2.

48. Frère missionnaire des campagnes Espagneul, 24 novembre, *ibid.*, AE19.

49. Lettre de E. et Ch. Sauvage, volontaire française, 62 Le Portel, *ibid.*, AE7.

50. Lettre de Solange Deliaune, 15 novembre, 33 Saint-Ciers, *ibid.*, AE7/2.

51. Lettre de Monique Légault, 20 novembre, *ibid.*

52. Lettre de Joan Redmont, *ibid.*, AE14.

53. Lettre de sœur Anne Germaine, religieuse de l'Assomption à Bondy, 12 novembre, FCDG, AE2.

54. Lettre de Marie-Thérèse V., religieuse au Sacré-Cœur à Rome, 10 novembre, *ibid.*

55. Lettre de sœur Marie, fraternité de Bertheaud, 77 Méry-sur-Oin, *ibid.*, AE9.

56. Lettre de Mme Dursent, Reims, 16 novembre, *ibid.*, AE7/2.

57. Lettre de sœur Anne Germaine, religieuse de l'Assomption à Bondy, 12 novembre, *ibid.*, AE2.

58. Lettre de Liliane, Bayonne, 12 novembre, *ibid.*, AE19.

59. Lettre de Solange de Bressieux, Argenteuil, *ibid.*, AE8/4.

60. Lettre de Mme veuve Marcel Roosz, Sartrouville, *ibid.*, AE7/3.

61. Lettre de Maris Fuchs, 26 novembre, 57 Fameck, *ibid.*, AE7/2.

62. Lettre de Mme Thérèse Périer, Lons-le-Saulnier, *ibid.*, AE1.

63. Lettre de Mme Ledez-Coppin, 30 novembre, *ibid.*

64. Lettre de Georgette Picherel, infirme et veuve depuis janvier 1970, *ibid.*

65. Lettre de Mme Charegrin, *ibid.*, AE14.

66. Pasteur Carrel, pasteur de Charenton, *ibid.*, AE2.

67. Lettre de sœur Myriam, *ibid.*

68. Lettre de Marie-Suzanne Demay, 13 novembre, *ibid.*

69. Lettre de de l'abbé Henri van Schel, 08 Warcq, 10 novembre, *ibid.*

70. Lettre de Dominique de la Croix, Institut Ste-Agnès, Asnières, 12 novembre, *ibid.*

71. Lettre de sœur Yvonne Marie, maison mère des Petites Sœurs de l'Assomption, *ibid.*

72. Lettre de l'abbé J. Barré, Saint-Martin de Bossenay, 23 novembre, *ibid.*, AE9.

73. Lettre de sœur Marie Clément, *ibid.*, AE2.

74. Lettre de sœur Janine, Besançon, 15 novembre, *ibid.*, AE9.

75. Lettre d'une sœur de la communauté des religieuses de la Sainte-Famille de Nogent-le-Rotrou, *ibid.*, AE1.

76. Lettre de sœur Geneviève Marguerite Noizet, Petites Sœurs de l'Assomption, Paris 15e, *ibid.*, AE2.

77. Lettre de sœur Rose-Marie Meyer, Chicago, 13 novembre 1970, *ibid.*

78. Lettre de sœur Hélène Mouysset, maison d'enfants Sainte-Thérèse, 17 novembre, *ibid.*

79. Lettre de Sœur Marie-Louise de Baye, *ibid.*

80. Lettre de l'abbé Pierre Louërat, Tours, 10 décembre, *ibid.*, AE3.

81. Lettre du 22 novembre, *ibid.*

82. Carte du 10 novembre, *ibid.*

83. Livret envoyé le 20 novembre, *ibid.*

84. *Ibid.*, AE1.

85. Sœur Reine-Marie, 85 Challons, *ibid.*, AE2.

86. *Ibid.*

87. Lettre de l'abbé Jean-Claude Juhellé, Saint-Michel-sur-Orge, *ibid.*

88. Lettre du 28 novembre, *ibid.*, AE1.

89. *Ibid.*, AE7/1.

90. *Ibid.*

91. *Ibid.*

92. Lettre de Mme Téchené, 27 novembre, *ibid.*, AE1.

93. Lettre du 29 novembre, *ibid.*

94. Jean Mauriac, *L'Après-de Gaulle, op. cit.*, p. 282.

95. Lettre de Mme Gessat, Nice, FCDG, AE19.

96. Lettre de Berthe Bosq, 42 Le Coteau, *ibid.*, AE7/3.

97. Lettre d'une sœur du carmel de Troyes, 13 novembre, *ibid.*, AE1.

98. Lettre de Mme Malanele, Les Bories, 28 novembre 1970, *ibid.*, AE2.

99. Lettre de Bernard Paissequin, La Hague, *ibid.*, AE8/4.

100. Lettre d'A. Kuntz, 22 novembre, *ibid.*, AE1.

101. Lettre de M. et Mme Georges Houcquel, Le Havre, 16 novembre, *ibid.*, AE7/2.

102. Lettre de Mlle Y. Philibin, 12 novembre, *ibid.*

103. Lettre de M. et Mme Lebon, Calais, 2 décembre, *ibid.*, AE1.

CHAPITRE XVII
Le deuil d'une vie

1. Yvonne de Gaulle à Solange Galichon, 22 décembre 1970, fonds privé Galichon.

2. Philippe de Gaulle, *De Gaulle, mon père*, t. II, *op. cit.*, p. 734.

3. *Ibid.*, p. 726.

4. Marcel Jullian, *Madame de Gaulle, op. cit.*, p. 254.

5. Yvonne de Gaulle à M. et Mme de Courcel, 7 janvier 1972, fonds privé Courcel.

6. L'expression renvoie au titre du livre écrit trente-neuf ans plus tôt, en 1936, par Anatole de Monzie et paru chez Grasset. Elle désignait alors les veuves de la Première Guerre mondiale qui s'étaient remariées (46 %). Considérées comme des traîtresses à la mémoire patriotique, elles virent leurs pensions supprimées en 1941.

7. On aura reconnu la maréchale de Lattre de Tassigny…

8. Claude Dulong, *La Vie quotidienne à l'Élysée au temps de Charles de Gaulle, op. cit.*, p. 238.

9. Charles de Gaulle, *LNC, op. cit.*, 1916.

10. Yvonne de Gaulle à M. et Mme de Courcel, 7 janvier 1972, fonds privé Courcel.

11. Yvonne de Gaulle à Georges Galichon, 3 mars 1974, fonds privé Galichon.

12. Jean Mauriac, *L'Après-de Gaulle, op. cit.*, p. 277.

13. Entretien avec l'auteur.

14. Marc Nebinger à Henri Duvillard, 22 novembre 1971, FCDG archives Colombey.

15. Yvonne de Gaulle à Martine de Courcel, 7 janvier 1972, fonds privé Courcel.
16. Yvonne de Gaulle à Solange Galichon, 7 janvier 1972, fonds privé Galichon.
17. Entretien avec Marie-Thérèse Tardif, 22 juin 2005, archives orales FCDG.
18. Yvonne de Gaulle à Martine de Courcel, fonds privé Courcel.
19. Yvonne de Gaulle à Solange Galichon, fonds privé Galichon.
20. Yvonne de Gaulle à Étienne Vendroux, 1er janvier 1974, fonds privé Vendroux.
21. Jean Mauriac, *L'Après-de Gaulle, op. cit.*, p. 278.
22. *Ibid.*
23. Yvonne de Gaulle à Georges Galichon, 1971, fonds privé Galichon.
24. Yvonne de Gaulle à Jean Mauriac, printemps 1972, citée dans Jean Mauriac, *L'Après-de Gaulle, op. cit.*, p. 100.
25. Philippe de Gaulle, *De Gaulle, mon père*, t. I, *op. cit.*, p. 219.
26. Yvonne de Gaulle à sœur Hélène, 21 juillet 1976, FADG 2/2.
27. Yvonne de Gaulle aux sœurs, 21 août 1972 (?), FADG 2/1.
28. Jean Mauriac, *L'Après-de Gaulle, op. cit.*, p. 288.
29. Yvonne de Gaulle à Solange Galichon, 7 janvier 1972, fonds privé Galichon.
30. Yvonne de Gaulle à Georges Galichon, 15 novembre 1972, *ibid.*
31. Yvonne de Gaulle à sœur Hélène, 17 novembre 1973, FADG 2/2.
32. Yvonne de Gaulle à Georges Galichon, 26 décembre 1973, fonds privé Galichon.
33. Francis Gutmann, entretien avec l'auteur.
34. Colonel Jean d'Escrienne, entretien avec l'auteur.
35. Yvonne de Gaulle aux sœurs, 6 octobre 1978, FADG 2/1.
36. Yvonne de Gaulle à Honorine Manzoni, citée dans Francine Tingueny-Repond, *La Vie d'Honorine…, op. cit.*
37. Yvonne de Gaulle aux sœurs, 8 novembre 1978, FADG 2/1.
38. Yvonne de Gaulle à sœur Hélène, 30 avril 1974, FADG 2/2.
39. Yvonne de Gaulle aux Galichon, 1er février 1976, fonds privé Galichon.
40. Yvonne de Gaulle à sœur Hélène, 10 février 1978, FADG 2/2.
41. Yvonne de Gaulle aux Galichon, 31 août 1973, fonds privé Galichon.
42. Yvonne de Gaulle à sœur Hélène, 19 juillet 1977, FADG 2/2.
43. *Id.*, 23 mai 1978, *ibid.*
44. Yvonne de Gaulle à Honorine Manzoni, 7 mai 1976, citée dans Francine Tinguely Repond, *La Vie d'Honorine…, op. cit.*
45. Yvonne de Gaulle aux sœurs, 1er septembre 1978, FADG 2/1.
46. *Id.*, 25 novembre 1978, *ibid.*
47. Jean Mauriac, *L'Après-de Gaulle, op. cit.*, p. 278.
48. Yvonne de Gaulle aux Courcel, 23 janvier 1979, fonds privé Courcel.
49. Philippe de Gaulle, *De Gaulle, mon père*, t. II, *op. cit.*, p. 749.
50. Yvonne de Gaulle à Honorine Manzoni, juin 1979, citée dans Francine Tinguely Repond, *La Vie d'Honorine…, op. cit.*
51. Yvonne de Gaulle aux Galichon, 7 janvier 1972, fonds privé Galichon.
52. Yvonne de Gaulle à sœur Hélène, 23 juillet 1973, FADG 2/2.
53. Yvonne de Gaulle aux Galichon, 19 novembre 1976, fonds privé Galichon.
54. Philippe de Gaulle, *De Gaulle, mon père*, t. II, *op. cit.*, p. 739.
55. Yvonne de Gaulle à Solange Galichon, 7 janvier 1972, fonds privé Galichon.
56. Yvonne de Gaulle à sœur Hélène, 23 juillet 1973, FADG 2/2.
57. Yvonne de Gaulle à Solange Galichon, 7 janvier 1972, fonds privé Galichon.
58. *Id.*, 14 novembre 1973, *ibid.*
59. Yvonne de Gaulle à sœur Hélène, 16 novembre 1976, FADG 2/2.
60. Yvonne de Gaulle à Solange Galichon, 4 janvier 1976, fonds privé Galichon.

61. Yvonne de Gaulle aux sœurs, 9 mars 1973, FADG 2/1.
62. Yvonne de Gaulle à Georges Galichon, 9 février 1971, fonds privé Galichon.
63. Yvonne de Gaulle à la sœur supérieure, 9 juin 1975, FADG 2/2.
64. Par exemple pour le 9 novembre 1976, comme elle le précise dans une lettre à Georges Galichon.
65. Yvonne de Gaulle à Georges Galichon, 19 novembre 1977, fonds privé Galichon.
66. *Id.*, 1er février 1976, *ibid.*
67. Yvonne de Gaulle à Georges Galichon, 15 août 1976, fonds privé Galichon.
68. *Id.*, 8 avril 1976, *ibid.*
69. Yvonne de Gaulle aux sœurs, 2 février 1970, FADG 2/1.
70. *Toutes les Nouvelles de Rambouillet à l'Essonne*, mercredi 30 mars 1977, p. 9, PER 2003/7, archives départementales des Yvelines.
71. Tribunal administratif de Versailles, n° 3350 du greffe, jugement lu le 18 mai 1977, p. 1, Archives départementales des Yvelines, 1177W 43.
72. *Ibid.*, p. 2.
73. *Ibid.* Pour mémoire, 28 communes des Yvelines ont été touchées par une demande de recours lors des municipales de 1977. Seuls 4 annulations ont été proclamées.
74. Yvonne de Gaulle à Georges Galichon, 5 avril 1977, fonds privé Galichon.
75. *Id.*, 30 mars 1977, *ibid.*
76. Yvonne de Gaulle à la sœur supérieure, 12 février 1971, FADG 2/1.
77. Jean Mauriac, *L'Après-de Gaulle*, *op. cit.*, p. 285.
78. Yvonne de Gaulle à Me Galichon, 18 octobre 1972, FADG 2/4.
79. Yvonne de Gaulle à la sœur supérieure, 5 avril 1974, FADG 2/1.
80. Yvonne de Gaulle à sœur Marie-Thérèse 12 juin 1977, FADG 2/2.
81. Yvonne de Gaulle à la sœur supérieure, 27 juin 1978, FADG 2/2.
82. *Id.*, 1er février 1979, FADG 2/1.
83. Yvonne de Gaulle à Martine de Courcel, 7 janvier 1972, fonds privé Courcel.
84. Jean Mauriac, *L'Après-de Gaulle*, *op. cit.*, p. 86.
85. Yvonne de Gaulle à Étienne Vendroux, 2 mai 1969, fonds privé Vendroux.
86. Recueilli par Jean-Raymond Tournoux, *Le Tourment et la Fatalité*, Plon, 1974, p. 89.
87. Yvonne de Gaulle à Georges Galichon, 15 novembre 1972, fonds privé Galichon.
88. Yvonne de Gaulle aux Galichon, 14 janvier 1973, fonds privé Galichon.
89. Yvonne de Gaulle aux sœurs, 9 mars 1973, FADG 2/1.
90. Jean d'Escrienne, lettre à l'auteur, 7 mai 2009.
91. Yvonne de Gaulle aux Galichon, 15 avril 1974, fonds privé Galichon.
92. Jean-Jacques Becker, *Histoire politique de la France depuis 1945*, *op. cit.*, p. 146
93. Yvonne de Gaulle aux Galichon, 15 avril 1974, fonds privé Galichon.
94. *Id.*, *ibid.*
95. *Id.*, 30 mai 1974, *ibid.*
96. *Id.*, *ibid.*
97. *Id.*, *ibid.*
98. *Id.*, 29 novembre 1974, *ibid.*
99. Jean Mauriac, annoté par Jean-Luc Barré, *L'Après-de Gaulle*, *op. cit.*, p. 16.

CHAPITRE XVIII
L'ultime renoncement

1. Yvonne de Gaulle à Madeleine Vendroux, 27 mai 1978, fonds privé Vendroux.
2. Philippe de Gaulle, *De Gaulle, mon père*, t. II, *op. cit.*, p. 744.
3. Yvonne de Gaulle aux sœurs, 2 octobre 1978, FADG 2/1.

4. Yvonne de Gaulle aux Galichon, 6 octobre 1978, fonds privé Galichon.
5. Yvonne de Gaulle aux sœurs, 8 novembre 1978, FADG 2/1.
6. *Id.*, 6 octobre 1978, *ibid.*
7. Yvonne de Gaulle à Solange Galichon, 5 janvier 1979, fonds privé Galichon.
8. Cité par Charles-Louis Foulon et Jacques Ostier, *Charles de Gaulle, un siècle d'histoire*, éditions Ouest-France, 1990, p. 303.
9. Entretien avec Marie-Thérèse Tardif, 22 juin 2005, archives orales de la Fondation Charles de Gaulle.
10. Philippe de Gaulle, *De Gaulle, mon père*, t. II, *op. cit.*, p. 747.
11. Yvonne de Gaulle aux Galichon, 5 janvier 1979, fonds privé Galichon.
12. Yvonne de Gaulle à Étienne Vendroux, 1er janvier 1974, fonds privé Vendroux.
13. Yvonne de Gaulle à sœur Marie-Thérèse, 21 octobre 1976, FADG 2/2.
14. Yvonne de Gaulle aux sœurs, 21 octobre 1978, FADG 2/1.
15. Philippe de Gaulle, *De Gaulle, mon père*, t. II, *op. cit.*, p. 751.
16. *Ibid.*, p. 757.
17. Notamment Pierre-Louis Blanc : « Pierre Lefranc, d'Escrienne et moi le tenions de très bonne source. » Ils font avorter le projet : « La présence de ce ministre qui avait fait voter contre de Gaulle au référendum d'avril 1969 aurait pu susciter des réactions de la foule et altérer le climat de la cérémonie. » Pierre-Louis Blanc, *De Gaulle au soir de sa vie, op. cit.*, p. 32.

Épilogue

1. Pierre-Louis Blanc, entretien avec l'auteur.
2. *Ibid.*

Sources

ARCHIVES PRIVÉES

Archives de la Fondation Anne de Gaulle : cartons FADG 1, FADG 2 et FADG 3.

Archives de la Fondation Charles de Gaulle (FCDG)

- archives orales : Brigitte Friang, Roger Barberot, Alain de Boissieu, Geneviève de Gaulle-Anthonioz, Marie-Thérèse Tardif
- archives écrites : fonds AD (protocole de l'Élysée) ; fonds AE (lettres de condoléances à Mme de Gaulle après la mort du général de Gaulle) ; fonds commandant Yvon ; fonds RPF (carton 73, 74, 77) ; fonds archives Colombey

Archives de la Fondation Georges Pompidou : cassette d'entretien avec le général Alain de Boissieu

Correspondances

Fonds privé Vendroux
Fonds privé Richard Hanotelle
Fonds privé Solange Galichon
Fonds privé Francis et Chantal Gutmann
Fonds privé Martine de Courcel
Lettre du général Alain de Boissieu à l'auteur
Lettre de Pierre Cailliau à l'auteur

Manuscrits inédits

Jacques-Philippe Vendroux V, *Manuscrit sur les ancêtres van Droog, Vandrooux, Vendroux, Le Veux, Gamblin, Giovanelli, Forest, Bellaigue*
Journal de l'abbé Drouot, curé de Colombey, 1942-1970

ARCHIVES PUBLIQUES

Archives départementales du Nord
Archives départementales du Pas-de-Calais
Archives départementales des Yvelines
Archives municipales de Calais
Archives du service de santé des armées

ENTRETIENS AVEC L'AUTEUR

M. Pierre-Louis Blanc
M. Alain Briotttey
Mme la baronne Martine de Courcel
Mme Éliane Dromer
Colonel Jean Martin d'Escrienne
Mme Solange Galichon
M. Bernard de Gaulle
Mme Anne-Aymone Giscard d'Estaing
M. Francis Gutmann et Mme Chantal Gutmann
M. Gilles de Laforcade
Mme Claude Vendroux-Legrand
M. Étienne Vendroux

Bibliographie indicative

ÉTUDES

Généalogie

Sylvie Monin-Badey, *Les Vandroux. Étude généalogique et socio-économique d'une famille originaire de la Bresse bourguignonne du XVe siècle à nos jours*, ISBN 978-2-9504253-5-5

Joseph Valynseele, *La Parentèle de Charles et Yvonne de Gaulle : histoires de famille*, L'intermédiaire des chercheurs et des curieux, 1990

De Gaulle à Cuisery, catalogue de l'exposition, mai 2009

Nord et Pas-de-Calais

Christian Borde, *Calais et la mer, 1814-1914*, Septentrion, 1997

Albert Chatelle, *Calais pendant la guerre 1914-1918*, Librairie Aristide Quillet, 1927

Docteur Alain Gérard, *Cent ans de vie dans la région*, t. II, *1914-1939*, éd. La Voix du Nord, 1999

Yves-Marie Hilaire (dir.), *Histoire du Nord-Pas-de-Calais*, Toulouse, Privat, 1962

Économie et société

Anne-Sophie Bruno et Claire Zalc, *Petites entreprises et petits entrepreneurs en France, XIXe-XXe siècles*, Actes des journées d'études des 23 et 24 octobre 2003, EPU

Gad Freudenthal et Samuel Kottek, *Mélanges d'histoire de la médecine hébraïque*, Brill, 2002

Jürgen Kocka, *Les Bourgeoisies européennes au XIXe siècle*, Belin, 1997

Anne Martin-Fugier, *La Bourgeoise*, Grasset, 1983

Religion

Gérard Cholvy, *Être chrétien en France au XIXe siècle, 1790-1914*, Seuil, 1997

Françoise Mayeur et Jacques Gadille (dir.), *Éducation et images de la femme chrétienne en France au début du XIXe*, Lyon, L'Hermès, 1980

Souvenir de famille, mariage, manuel publié avec l'autorisation du cardinal archevêque de Paris et donné à tous les jeunes mariés, 1936

Vie privée, famille

Philippe Ariès et Georges Duby (dir.), *Histoire de la vie privée*, t. IV, Seuil, 1987
Denis de Rougemont, *L'Amour et l'Occident*, Plon, 1939
Louis Roussel, *Le Mariage dans la société française contemporaine*, PUF, 1975
L'École du bonheur, Magnard, réédition de 1952

Enfance handicapée

Benoît Delfolie, *La Fondation Anne de Gaulle de 1945 à nos jours*, document interne de la Fondation Anne de Gaulle, 2002
Guillaume Ferrus, *Des aliénés*, Chez Madame Huzard, 1834
Françoise Lejeune-Phélipot, *Vivre avec un enfant trisomique*, Éditions J. Lyon, 2008
Erwan Quezede, *La Protection des incapables majeurs*, thèse, faculté de médecine d'Angers, 2008
Jacqueline Roca, *De la ségrégation à l'intégration, l'éducation des enfants inadaptés, 1909-1975*, CTNERGHI, 1992
René Zazzo (dir.), *Les Débilités mentales*, Armand Colin, 1969
Pratique médico-chirurgicale, Masson, 1931

Histoire des femmes

Xavière Gauthier, *Naissance d'une liberté. Contraception, avortement : le grand combat des femmes au XXe siècle*, Robert Laffont, 2002
Théodore Joran, *Bulletin de la Société d'enseignement et d'éducation*, 1905
Yvonne Knibiehler (dir.), *Cornettes et blouses blanches. Les infirmières dans la société française 1880-1980*, Hachette, 1984
Françoise Mayeur et Jacques Gadille, *Éducation et images de la femme chrétienne en France au début du XIXe*, Lyon, L'Hermès, 1980
Éric Mension-Rigaud, *L'Enfance au château*, Rivages, 1990
Pierre Simon, *De la vie avant toute chose*, Mazarine, 1979
Françoise Thébaud, *La Femme au temps de la guerre de 1914*, Stock, 1986

Histoire de la Seconde Guerre mondiale

Georges Thierry d'Argenlieu, *Souvenirs de guerre*, Plon, 1973
Jean-Pierre Azéma, *1940, l'année terrible*, Seuil, 1990
Jean Chauvel, *Commentaire*, t. II, *D'Alger à Berne (1944-1952)*, Fayard, 1972.
Bernard Destremau, *De Lattre*, Flammarion, 1999
Andrée Dore-Audibert, *Propos irrévérencieux d'une épouse d'ambassadeur*, Karthala, 2002
André Gillois, *Histoire secrète des Français à Londres de 1940 à 1944*, Hachette littérature, 1973
François Kersaudy, *De Gaulle et Churchill*, Plon, 1982
Élisabeth de Miribel, *La liberté souffre violence*, Plon, 1989
John Julius Norwich, *The Duff Cooper Diaries*, Londres, Weidenfeld and Nicolson, 2005
Kenneth Pendar, *Alger 1942. Le débarquement et de Gaulle vus par un diplomate américain*, t. I, La Table ronde, 1967
Henri Queuille, *Journal de guerre*, Plon/Fondation Charles de Gaulle, 1995
Annie Rey-Goldzeiguer, *Aux origines de la guerre d'Algérie 1940-1945, de Mers el-Kébir aux massacres du Nord-Constantinois*, La Découverte poche, 2006

Alger 1940-1962. Une ville en guerres, Autrement, 1999
Avec de Gaulle. Témoignages, t. I, *La Guerre et la Libération,* Fondation Charles de Gaulle/Nouveau Monde éditions, 2003
Londres 1939-1945, Autrement, 1995

Histoire des militaires

Jérôme Bodin, *Les Officiers français, grandeur et misères, 1936-1991,* Perrin, 1992
Jean Dumoulin, *Le Purgatoire. Souvenirs d'Allemagne,* Amiens, 1924
Olivier Forcade, Éric Duhamel et Philippe Vial, *Militaires en république,* Publication de la Sorbonne, 1999
William Serman, *Les Officiers français dans la nation, 1848-1914,* Aubier, 1982

Histoire de la Vᵉ République

Konrad Adenauer, *Mémoires,* Hachette, 1967
Jean-Paul Alexis, *Au protocole du général de Gaulle. Souvenirs insolites de l'Élysée,* Perrin, 1999
Jean-Jacques Becker, *Histoire politique de la France depuis 1945,* Armand Colin, 1989
Jacques Chaban-Delmas, *Mémoires pour demain,* Flammarion, 1997
Claude Dulong, *La Vie quotidienne à l'Élysée au temps de Charles de Gaulle,* Hachette, 1974
Bertrand Meyer, *Les Dames de l'Élysée,* Perrin, 1987
Joël Normand et Pierre Doncieux, *La Vᵉ République aux fourneaux,* La Table ronde, 1999
Claude Pompidou, *L'Élan du cœur. Propos et souvenirs,* Plon, 1997
Georges Pompidou, *Pour rétablir une vérité,* Flammarion, 1982
Éric Roussel, *Georges Pompidou,* J.-C. Lattès, 1994
François Seydoux, *Mémoires d'outre-Rhin,* Grasset, 1975
Jean-Raymond Tournoux, *Jamais dit,* Plon, 1971
Jean-Raymond Tournoux, *Le Tourment et la Fatalité,* Plon, 1974

Œuvres du général de Gaulle

Le Fil de l'épée. Œuvres, Club français des bibliophiles, 1963
Lettres, notes et carnets, notamment les n° 2, *1919-1940* ; n° 3, *Juin 1940-juillet 1941* ; n° 5, *Juin 1943-mai 1945,* Plon, 1980, 1981 et 1982
Mémoires de guerre, t. I, *L'Appel,* t. II, *L'Unité,* t. III, *Le Salut,* Plon, 1989
Mémoires d'espoir. Le Renouveau, L'Effort, Allocutions et messages, Plon volumes, 1999
Discours et messages, Plon, 1970

Histoire gaullienne

Emmanuel d'Astier de La Vigerie, *Les Grands,* Gallimard, 1961
Jean Auburtin, *Le Colonel de Gaulle,* Plon, 1965
François Audigier et Frédéric Schwindt (dir.), *Gaullisme et gaullistes dans la France de l'Est sous la IVᵉ République,* Presses universitaires de Rennes, 2009
Philippe Barthelet et Olivier Germain-Thomas, *Charles de Gaulle jour après jour,* François-Xavier de Guibert, 2000
Joël Cambre, *Le Colonel de Gaulle et son régiment,* Cahiers de la Fondation Charles de Gaulle, n° 11, 2002
Philippe Champy, *Les Blacque-Belair,* Guénégaud, 2007

Jean Charbonnel, *Edmond Michelet*, Beauchesne, 1987
Christine Clerc, *Les de Gaulle, une famille française*, Nil Éditions, 2000
Charles-Louis Foulon et Jacques Ostier, *Charles de Gaulle, un siècle d'histoire*, éditions Ouest-France, 1990
Jean-Pierre Guichard, *De Gaulle face aux crises*, Cherche-Midi, 2000
Jean Lacouture, *De Gaulle, le rebelle, 1890-1944*, Seuil, 1984
Jean Lacouture, *De Gaulle, le politique, 1944-1959*, Seuil, 1985
Jean Lacouture, *De Gaulle, le souverain, 1959-1970*, Seuil, 1986
Paul-Marie de La Gorce, *Charles de Gaulle*, t. I, *1890-1945*, Nouveau monde éditions, 2008
Alain Larcan, *De Gaulle inventaire. La culture, l'esprit, la foi*, Bartillat, 2003
Georges Loustaunau-Lacau, *Mémoires d'un Français rebelle*, Robert Laffont, 1948.
Alexandre Najjar, *De Gaulle et le Liban. Vers l'Orient compliqué, 1929-1931*, Terres du Liban, 2002
Frédérique Neau-Dufour, *Geneviève de Gaulle-Anthonioz*, Cerf, 2004
Jean-Paul Ollivier, *De Gaulle à Colombey*, Plon, 1998
Philippe Oulmont, *De Gaulle*, Le Cavalier bleu, 2008
Philippe Ratte, *De Gaulle, la vie, la légende*, Larousse, 2000
Éric Roussel, *Charles de Gaulle*, Gallimard, 2002
Georges Suffert, *Vie, images et légendes de Charles de Gaulle*, Tallandier, 1980
Paul Zing, *De Gaulle en Lorraine*, Gérard Louis éditeur, 1992
Charles de Gaulle 1920-1940, du militaire au politique, Fondation Charles de Gaulle/Plon, 2004
Avec de Gaulle. Témoignages, t. II, *Le Temps du rassemblement*, Fondation Charles de Gaulle/Nouveau Monde éditions, 2005
Le Rassemblement du peuple français, Actes du colloque organisé par la Fondation Charles de Gaulle et l'université de Reims, Armand Colin, 1998

Témoignages sur le général et Mme de Gaulle

André Astoux, *L'Oubli. De Gaulle 1946-1958*, J.-C. Lattès, 1974
Pierre-Louis Blanc, *De Gaulle au soir de sa vie*, Fayard, 1990
Général Alain de Boissieu, *Pour combattre avec de Gaulle. Souvenirs 1940-1946*, Plon, 1999
Général Alain de Boissieu, *Pour servir le Général*, Plon, 1982
Georges Buis, *Les Fanfares perdues*, Seuil, 1975
Marie-Agnès Cailliau-de Gaulle, *Souvenirs personnels*, 1980
Jean d'Escrienne, *Le Général m'a dit, 1966-1970*, Plon, 1973
Amiral François Flohic, *Souvenirs d'outre-Gaulle*, Plon, 1979
Jacques Foccart, *Foccart parle*, Fayard, 1997
Jacques Foccart, *Le Général en mai*, Fayard, 1998
Philippe de Gaulle, *De Gaulle, mon père*, t. I, Plon, 2003
Philippe de Gaulle, *De Gaulle, mon père*, t. II, Plon, 2004
Philippe de Gaulle, *Mémoires accessoires*, t. I, *1921-1946*, Plon, 1997
Philippe de Gaulle, *Mémoires accessoires*, t. II, *1947-1979*, Plon, 2000
Philippe de Gaulle, *Mon père en images, entretiens avec Michel Tauriac*, Michel Lafon, 2006
Olivier Guichard, *Mon général*, Grasset, 1980

Claude Guy, *En écoutant de Gaulle*, Grasset, 1996
Marquise Hedwige de Maupeou Monbail, *Ce qui résonne encore*, Perret-Gentil, 1979
Claude Mauriac, *Aimer de Gaulle*, Grasset, 1978
Jean Mauriac, *L'Après-de Gaulle. Notes confidentielles 1969-1989*, présenté et annoté par Jean-Luc Barré, Fayard, 2006
Jean Mauriac, *La Mort du général de Gaulle*, Grasset, 1972
Jean Mauriac et Jacques Chapus, *Mourir à Colombey*, La Table ronde, 1972
Alain Peyrefitte, *C'était de Gaulle*, t. II, Fayard, 1994
Michel Tauriac, *Vivre avec de Gaulle*, France Loisirs, 2009
Louis Terrenoire, *De Gaulle 1947-1954. Pourquoi l'échec ?* Plon, 1981
Bernard Tricot, *Mémoires*, Quai Voltaire, 1994
Jacques-Philippe Vendroux, *Cette chance que j'ai eue*, Plon, 1974
Jacques-Philippe Vendroux, *Ces grandes années que j'ai vécues*, Plon, 1975

Ouvrages sur Yvonne de Gaulle

Marcel Jullian, *Madame de Gaulle*, Stock, 1982
Robert Lassus, *Le mari de Mme de Gaulle*, Lattès, 1990
Geneviève Moll, *Yvonne de Gaulle : l'inattendue*, Ramsay, 1999
Francine Tinguely Repond, *La vie d'Honorine, du couvent jusqu'aux cuisines du Général*, Delachaux et Niestlé, 1997
Jacques-Philippe Vendroux, *Yvonne de Gaulle, ma sœur 1900-1932*, Plon, 1980

Romans

Pierre Benoit, *La Châtelaine du Liban*, Albin Michel, 1924
Marguerite Yourcenar, *Archives du Nord*, Gallimard, 1977

Articles et périodiques

Geneviève de Gaulle-Anthonioz, « Ma tante Yvonne désirait avant tout aider son mari : c'était sa façon de servir la France », *Paris-Match*, n° 2424, supplément « De Gaulle. L'épopée, 25 ans déjà »
Général Alain de Boissieu, « Mai 1968 », *Espoir*, n° 115, p. 75
François Broche, « Entretien avec Claude Pompidou », *Espoir*, n° 148, septembre 2006
Léonie Chaptal, « La profession d'infirmière en France », *Revue des Deux Mondes*, 1924
Fernand Derclaye, « Calais : la famille Vendroux », *De Gaulle fils du Nord*, n° 1, *L'Essor 1890-1940*
Fernand Derclaye, « Yvonne Vendroux, le mariage », *De Gaulle fils du Nord*, n° 1, *L'Essor 1890-1940*
Jacques Duquesne, « De Gaulle, époux d'Yvonne, amant de Marianne », *L'Express*, n° 1722
André Frossard, *En ce temps-là de Gaulle*, n° 30
Raoul Girardet, « La crise militaire française, 1945-1962. Aspects sociologiques et idéologiques », *Cahiers de la FNSP*, 1964
Bernard Lachaise, « 1962-1970. Du président de Gaulle au président Pompidou », *Espoir*, n° 148, septembre 2006
Pierre Lefranc, « Charles et Yvonne de Gaulle », *Historia*, n° 408

Frédéric Turpin, « Pompidou, 1944-1962 : aux sources d'un compagnonnage célèbre », *Espoir*, n° 148, septembre 2006

Le Canard enchaîné de 1958 à 1979
La Croix de la Haute-Marne, 1er septembre 1946
Dimanche Magazine, 17 janvier 1982
La Femme nouvelle, n° 1, 15 avril 1904
Le Figaro Magazine, 13 juillet 2007
La Haute-Marne libérée, 21 septembre 1949
Le Monde, 26 février 1959
New York Times, 27 janvier 1943
Le Phare de Calais, 3 mars 1919
Le Républicain lorrain, 26 juin 1938

Émissions de televísion, films

Premières dames, ADL TV, 2008
Sisters in Resistance, documentaire de Maïa Wechsler
Témoignages des habitants de Colombey enregistrés par les élèves de la classe de Mme Fournier, collège de Colombey-les-Deux-Églises, 1993

Chronologie

1868

21 janvier : Naissance de Jacques-Philippe Vendroux IV, père d'Yvonne.

1875

3 octobre : Naissance de Marguerite Forest, mère d'Yvonne.

1894

15 septembre : Mort de Jacques-Philippe III. Son fils hérite de la présidence du CA de la biscuiterie Vendroux.

1896

28 octobre : Mariage de Jacques-Philippe IV avec Marguerite Forest.

1897

28 juillet : Naissance de Jacques-Philippe Vendroux V (frère aîné d'Yvonne).

1900

22 mai : Naissance d'Yvonne chez sa grand-mère.

1902

22 juin : Naissance de son frère Jean Vendroux.

1905

28 février : Naissance de sa sœur Suzanne Vendroux.

1907

Octobre : Yvonne entre au pensionnat Notre-Dame.
Incendie au château de Septfontaines.
22 octobre : Mort du grand-père Forest.

1908

Incendie de la biscuiterie.

Été : Vacances des Vendroux dans les Alpes à Samoëns.

1909

Août : Vacances à Lanslebourg en Maurienne.

1910

Août : Vacances à Lanslebourg en Maurienne.

1911

9 avril : Mort de la grand-mère Vendroux.
20 mai : 1re communion d'Yvonne Vendroux.
Août : Vacances à Lanslebourg en Maurienne.

1912

Les Vendroux reprennent à leur compte Septfontaines, inhabité depuis 1907.

1914

1er août : Début de la Première Guerre mondiale.
15 août : Les enfants Vendroux, accompagnés de la grand-mère Forest, de la domestique Berthe et de l'institutrice Mme Hamerel embarquent sur le *Pas-de-Calais* vers Folkestone, en Grande-Bretagne.
23 décembre : Retour des enfants à Calais.

1916

5 janvier : Jacques-Philippe Vendroux quitte Calais pour le front.
Octobre : Installation provisoire de la famille à Paris dans un cinq pièces boulevard Victor. Yvonne et sa sœur entrent en pension chez les dominicaines à Asnières.

1917

Été : Vacances à Wissant.

1918

Fin mars : Yvonne et Suzanne suivent les dominicaines à Mortagne, où a déménagé le pensionnat d'Asnières.
1er juin : Jacques-Philippe Vendroux est blessé puis fait prisonnier. Il passe trois mois à l'hôpital de Zweibrücken et un mois et demi en camp de prisonniers à Darmstadt.
Fin juillet à fin septembre : Voyage des Vendroux en Bretagne.
1er octobre : Rentrée des classes chez les dominicaines, qui ont de nouveau déménagé à Périgueux.
23 octobre : Retour des deux sœurs à Calais.

1920

Février : Yvonne se rend chez sa grand-mère à Nice.
Mars : Fête en l'honneur d'Yvonne dans la maison de Coulogne.
Automne : La famille Vendroux reprend sa vie entre Calais et Paris.
Début octobre : Première rencontre d'Yvonne et de Charles de Gaulle chez les Ferrand.

11 novembre : Fiançailles d'Yvonne et de Charles de Gaulle.
20 novembre : Retour de Charles de Gaulle en Pologne.

1921

1er février : Retour en France de Charles de Gaulle.
6 février : Arrivée de Charles de Gaulle à Calais.
6 avril : Mariage d'Yvonne Vendroux et Charles de Gaulle à la mairie de Calais.
7 avril : Mariage à l'église puis départ vers Paris.
Fin avril : Le couple de Gaulle s'installe à Paris au 99, boulevard de Grenelle.
Été : Yvonne s'installe pour l'été à Septfontaines. Son mari l'y rejoint de temps en temps.
28 décembre : Naissance de Philippe de Gaulle.

1922

Avril : Les de Gaulle s'installent au 14, square Desaix.

1924

15 mai : Naissance d'Élisabeth de Gaulle.

1927

Septembre : Installation à Trèves (Allemagne).

1928

1er avril : Naissance d'Anne de Gaulle à Trèves.

1929

Été : Vacances à Wissant et à Septfontaines.
7 novembre : Arrivée des de Gaulle à Beyrouth. Installation à l'hôtel Métropole.
20 novembre : Emménagement rue Tadmor, dans le quartier du « Caracol druze ».

1931

Juillet : Retour en France d'Yvonne de Gaulle et des enfants. Réinstallation square Desaix.
Octobre : Philippe entre au collège Stanislas, Élisabeth à Notre-Dame-de-Sion. Charles de Gaulle revient du Liban.

1932

Début avril : Déménagement au 110, boulevard Raspail, où la famille reste jusqu'en 1937.
3 mai : Mort d'Henri de Gaulle, le père de Charles.
19 juillet : Mort de Jacques-Philippe Vendroux IV, le père d'Yvonne.

1933

31 août : Mort de Marguerite Vendroux, la mère d'Yvonne.

1934

9 juin : Signature de l'acte d'achat de la Boisserie.
14 juillet : Emménagement des de Gaulle à la Boisserie.

1935

Été : Vacances à la Boisserie.

1936

Été : Vacances à la Boisserie.

1937

Été : Vacances à la Boisserie.

31 juillet : Le colonel de Gaulle est affecté au 507e régiment de chars à Metz.

Octobre : Yvonne, Anne et Mlle Potel s'installent 1, rue de La Vacquinière à Montigny-lès-Metz. Philippe et Élisabeth sont en pension à Paris.

1939

15 juillet-fin septembre : Vacances à la Boisserie.

3 septembre : La guerre est déclarée.

Octobre-mai : Yvonne et Anne restent à la Boisserie.

1940

16 mai : Charles de Gaulle fait dactylographier au 1er bureau de l'état-major une procuration étendue en faveur de sa femme.

17 mai : Comme le lui avait suggéré son mari dans une lettre du 15 mai, Yvonne de Gaulle se rend chez le général Bret à Chaumont pour organiser son départ.

18 mai (ou 20 mai selon les versions) : Yvonne quitte la Boisserie avec Anne et sa gouvernante.

20 mai : Elle arrive chez sa sœur Suzanne Rérolle au château de la Martillère à Rebréchien (Loiret).

5 juin : Charles de Gaulle est nommé sous-secrétaire d'État à la Guerre dans le gouvernement de Paul Reynaud.

12 juin : Yvonne quitte Rebréchien et arrive à Carantec, en Bretagne, avec ses trois enfants et la gouvernante à bord d'une voiture militaire envoyée par Charles de Gaulle.

14 juin : Charles de Gaulle, entre deux voyages en Grande-Bretagne, est à Bordeaux où le gouvernement s'est replié.

15 juin : Charles de Gaulle passe à Carantec à l'occasion d'un voyage à Brest. Yvonne ne l'a pas revu depuis le 10 mai.

17 juin : Appel du maréchal Pétain, nouveau chef du gouvernement, à l'armistice. Revenu à Bordeaux, le général de Gaulle s'envole pour Londres.

18 juin : Yvonne de Gaulle, ses enfants et la gouvernante s'embarquent pour l'Angleterre et n'entendent pas l'Appel lancé par le Général.

19 juin : Arrivée d'Yvonne et des siens à Falmouth. Ils gagnent Londres où ils retrouvent de Gaulle. Installation provisoire à l'hôtel Rubens.

25 juin : Yvonne s'installe dans une maison louée à Pettswood dans le Kent.

28 juin : Le gouvernement britannique reconnaît le général de Gaulle comme chef de tous les Français libres.

23 juillet : Philippe s'engage dans les Forces navales françaises libres et entre à l'École navale.

31 août : Le général de Gaulle quitte l'Angleterre pour plusieurs mois à bord du *Westernland*.

Septembre : Déménagement d'Yvonne à Gadlas Mall, dans le Shropshire, à 250 kilomètres de Londres.

22-25 novembre : Toute la famille se réunit à Gadlas Mall pour les cinquante ans de Charles.

1er janvier : Nouvel an en famille.

1941

Janvier : Yvonne de Gaulle séjourne quelques semaines à Londres.

7 février : Déjeuner des de Gaulle chez les Churchill.

13 mars : Départ du général de Gaulle vers le Levant.

12 septembre : Retour de Charles de Gaulle à Londres.

Octobre : Installation d'Yvonne à Rodinghead (Berkhamsted), dans la grande banlieue de Londres. Élisabeth entre à Oxford pour un Master of Arts.

1942

1er janvier : Yvonne accompagne son mari au dîner des volontaires français libres.

Reportage photographique de Richard Temple sur le couple de Gaulle.

Octobre : Nouveau déménagement d'Yvonne de Gaulle, qui s'installe dans le quartier londonien d'Hampstead.

1943

21 : février Charles de Gaulle décore Jean Moulin de l'ordre de la Libération dans sa maison d'Hampstead.

30 mai : Charles de Gaulle s'installe à Alger.

22 juin : Yvonne de Gaulle est reçue en audience privée par la reine à Buckingham.

24 juillet : Yvonne gagne Alger avec Anne, la gouvernante et la cuisinière dans un Lancaster de la marine.

1944

14 juin : Charles de Gaulle débarque à Bayeux.

25 août : Libération de Paris.

23 septembre : Yvonne regagne Paris et emménage dans la villa de la Porte de Madrid, à Neuilly.

23 octobre : Reconnaissance du GPRF par les États-Unis, l'URSS et la Grande-Bretagne. À cette occasion, le couple de Gaulle organise un dîner avec les ambassadeurs de ces trois pays.

11 novembre : Yvonne s'occupe de Mmes Eden et Churchill, qui accompagnent leur mari aux cérémonies.

1945

29 avril : Yvonne vote pour la première fois.

30 mai : Yvonne crée la Fondation de Gaulle, reconnue d'utilité publique.

11 septembre : Décret autorisant la Fondation de Gaulle à acquérir le château de Vertcœur.

28 septembre : Soirée dansante donnée par Yvonne de Gaulle dans sa villa de Neuilly.

1946

3 janvier : Mariage d'Élisabeth de Gaulle et Alain de Boissieu à la chapelle Notre-Dame-de-Sion.

7-13 janvier : Les de Gaulle et les Vendroux séjournent à Antibes.

20 janvier : Charles de Gaulle quitte le pouvoir.

Février : Les de Gaulle s'installent dans un pavillon qu'ils louent à Marly.

21 avril : Les de Gaulle fêtent leurs noces d'argent à Marly. Leur famille proche est là.

30 mai : Installation dans la Boisserie restaurée.

10 octobre : Yvonne signe la version dactylographiée du règlement intérieur de la Fondation de Gaulle.

1947

30 décembre : Mariage de Philippe de Gaulle et Henriette de Montalembert à Poncin (Ain).

1948

6 février : Mort d'Anne de Gaulle à la Boisserie. Les Vendroux et les Solal viennent à l'enterrement.

11-14 août : Les de Gaulle passent trois jours à Calais.

13 août : Décret autorisant la Fondation de Gaulle à s'appeler la Fondation Anne de Gaulle.

25 septembre : Naissance de Charles de Gaulle, premier petit-fils d'Yvonne.

1949

Novembre : Les de Gaulle passent une semaine en Bretagne, notamment à Paimpont, Morgat.

1950

16 septembre : Yvonne apprend que les sœurs quitteront Vertcœur en décembre.

Octobre : Yvonne cherche des religieuses pour remplacer celles de Vertcœur.

29 décembre : Yvonne demande l'intervention de l'évêque.

1951

18 janvier : Convention signée entre les sœurs de Saint-Jacut et le conseil d'administration de la Fondation Anne de Gaulle.

1er septembre : Naissance d'Yves de Gaulle, deuxième petit-fils. Arrivée des sœurs de Saint-Jacut à Vertcœur.

1953

4 mars-1er avril : Voyages des de Gaulle en Afrique occidentale.

19 juin : Naissance de Jean de Gaulle, troisième petit-fils.

4-22 octobre : Voyage des de Gaulle en Afrique équatoriale, orientale, et à Madagascar.

1954

11 juin : Les de Gaulle passent vingt-quatre heures à Calais chez les Vendroux.

1955

Mars : Charles de Gaulle se fait opérer de la cataracte.
19 octobre : Les de Gaulle passent trois jours à Calais.

1956

3 janvier : Jacques-Philippe Vendroux est battu aux élections législatives.
17-23 janvier : Les de Gaulle séjournent avec les Vendroux dans le Midi.
21 mars : Mort de Jean Vendroux, frère cadet d'Yvonne.
25 mars : Enterrement de Jean à Septfontaines, en présence de Charles et Yvonne de Gaulle.

1957

Août-septembre : Voyage des de Gaulle dans les Antilles françaises et le Pacifique.

1958

13 mai : Soulèvement des Français d'Algérie qui appellent de Gaulle au pouvoir.
28 mai : Démission de Pflimlin. Pompidou déjeune à la Boisserie. De Gaulle lui propose de devenir son directeur de cabinet dans la perspective de son arrivée à Matignon.
1er juin : À l'hôtel Lapérouse, Charles de Gaulle fête son investiture par l'Assemblée nationale avec sa femme, Georges Pompidou, Jacques Foccart, Olivier Guichard et Gaston de Bonneval.
3 juin : Yvonne découvre les appartements de l'hôtel Matignon pendant que de Gaulle est en Algérie.
28 juillet : Séjour incognito des de Gaulle à Calais chez les Vendroux.
14-15 septembre : Le chancelier allemand Konrad Adenauer est reçu à titre privé à la Boisserie.
21 décembre : Charles de Gaulle est élu président de la République.

1959

8 janvier : Passation des pouvoirs à l'Élysée entre René Coty et Charles de Gaulle.
5 février : Premier déjeuner des Vendroux à l'Élysée.
25 septembre : Visite officielle du président de la République à Calais.
Naissance d'Anne de Boissieu.
26 décembre : Mort de Pierre de Gaulle, frère du général.

1960

4 au 11 janvier : Séjour privé des de Gaulle dans le Var, à La Celle. Élisabeth et Anne de Boissieu sont là. Les Vendroux, qui sont à Beaulieu, les rejoignent, ainsi que Philippe, qui se trouve en poste à Toulon.
11 mai : Lancement du paquebot *France*.

1961

8 janvier : Référendum sur l'autodétermination de l'Algérie : 75 % de oui.
11-14 mars : Les de Gaulle se rendent à Toulon pour la communion privée de leur petit-fils Jean.
22 avril : Putsch des généraux à Alger.

1962

24 juin : Les de Gaulle se rendent au mariage de Marie-Marguerite Rérolle avec Gérard de Guitaut à Rebréchien.

1er juillet : Référendum en Algérie : 99,12 % pour l'indépendance.

22 août : Attentat du Petit-Clamart.

1963

1963 : Naissance de Pierre de Gaulle, quatrième petit-fils.

1964

16-19 mars : Voyage du couple présidentiel à Mexico.

17 avril : Charles de Gaulle subit une opération de la prostate.

Octobre : Voyage du couple présidentiel en Amérique du Sud.

1965

5 décembre : Premier tour des présidentielles. Charles de Gaulle est mis en ballottage par François Mitterrand.

19 décembre : Charles de Gaulle est réélu président de la République avec 54,6 % des voix.

1966

20-30 juin : Voyage du couple présidentiel en URSS.

1967

23 juillet : Voyage du couple présidentiel au Québec.

19 décembre : Vote de la loi autorisant la pilule contraceptive, qu'Yvonne a appuyée.

1968

3 janvier : Vote de la loi portant réforme du droit des incapables majeurs.

2 mai : Fermeture de l'université de Nanterre. Début de la crise de mai 1968.

11 mai : Les de Gaulle sont réveillés par Flohic : 50 barricades ont été dressées dans le quartier Latin.

29 mai : Le couple présidentiel s'envole secrètement pour Baden-Baden.

30 mai : Retour à Paris par Colombey. Discours décisif de De Gaulle à la radio.

30 juin : Second tour des législatives et victoire gaulliste.

4 octobre : À la suite de l'affaire Markovic, le couple Pompidou est reçu par les de Gaulle pour un dîner intime à l'Élysée.

1969

17 janvier : À Rome, Georges Pompidou déclare qu'il pourrait être candidat à l'élection présidentielle.

20 avril : Les de Gaulle reçoivent leurs petits-enfants à l'Élysée. Une messe est dite par le père François de Gaulle.

24 avril : Les de Gaulle déjeunent à l'Élysée avec les Vendroux.

25 avril, 13 h 45 : Après un rapide déjeuner à l'Élysée, Yvonne et Charles de Gaulle se rendent à la Boisserie.

27 avril : Les de Gaulle écoutent la messe chez eux. Ils votent à 11 h 30 à la mairie de Colombey. Le référendum sur le Sénat et les régions donne un résultat négatif.

28 avril : À minuit dix, dans un communiqué, de Gaulle annonce : « Je cesse d'exercer mes fonctions... »

Flohic vient de Bar-sur-Aube dès les résultats connus.

À 14 heures, Jacques Vendroux apporte un message de réconfort des parlementaires gaullistes et repart aussitôt.

29 avril : Bernard Tricot est reçu à la Boisserie à déjeuner.

30 avril : Le général de Boissieu, le général Lalande et Xavier de La Chevalerie sont reçus à la Boisserie.

1er mai : Foccart passe à la Boisserie. Flohic et sa femme sont reçus à déjeuner.

4 mai : Philippe de Gaulle vient voir ses parents à la Boisserie.

10 mai : Les de Gaulle partent de la Boisserie à 8 heures et gagnent l'Irlande.

15 juin : Georges Pompidou est élu président de la République.

19 juin : Retour des de Gaulle à la Boisserie.

17 septembre : Délibération du CA de la Fondation Anne de Gaulle sur la démission de Pompidou de son poste de trésorier. Il est remplacé par Georges Galichon.

11 décembre : André Malraux vient à la Boisserie.

1970

3 juin : Le couple de Gaulle part vers l'Espagne.

27 juin : Retour en France par Ségovie, Burgos et le col de Roncevaux.

9 novembre : Mort du général.

10 novembre : À 1 heure du matin, les Boissieu arrivent à la Boisserie. Philippe, venu de Brest, appelle sa mère depuis son appartement parisien.

À 20 heures, Mme de Gaulle fait fermer le cercueil.

12 novembre, après-midi : Enterrement.

1971

25 juillet : Yvonne de gaulle assiste au triomphe de la promotion de Gaulle de l'École supérieure militaire de Saint-Cyr.

1972

18 juin : Yvonne assiste à la cérémonie d'inauguration de la Croix de Lorraine.

18 octobre : Lettre « testament » d'Yvonne de Gaulle sur la Fondation Anne de Gaulle.

1974

5 Mai : Premier tour de l'élection présidentielle. Yvonne vote pour Jacques Chaban-Delmas.

19 mai : Second tour de l'élection présidentielle. Yvonne vote nul.

8 octobre : Élisabeth de Boissieu est nommée membre du CA de la fondation Anne de Gaulle.

1975

Yvonne assiste à la remise de la plaque de grand officier de la légion d'Honneur à Alain de Boissieu.

1978

Fin septembre : Yvonne s'installe au 5e étage de la maison de retraite des sœurs de l'Immaculée Conception de Notre-Dame de Lourdes, avenue de La Bourdonnais.

1979

5 mars : Naissance d'Henri de Gaulle, son premier arrière-petit-fils et le seul qu'elle connaîtra.

4 juillet au 24 août : Yvonne est hospitalisée au Val-de-Grâce.

15 octobre : Elle est évacuée en ambulance.

19 octobre : Nouvelle intervention chirurgicale.

8 novembre : Yvonne de Gaulle meurt à 1 h 30 du matin.

10 novembre : Elle est enterrée dans l'après-midi dans la même tombe que son mari.

1980

24 janvier : Le CA de la Fondation Anne de Gaulle rend hommage à la fondatrice et présidente de la fondation.

1995

11 septembre : Inauguration d'un monument à la mémoire de Charles et Yvonne de Gaulle à Calais.

Remerciements

Je tiens à exprimer ma reconnaissance à Hubert Falco, secrétaire d'État à la Défense et aux Anciens Combattants. Son intérêt pour l'histoire et son soutien ont été d'une grande aide dans la dernière ligne droite.

C'est dans le cadre de la Fondation Charles de Gaulle que ce livre a pu être écrit. Je remercie donc ses présidents successifs Yves Guéna et Pierre Mazeaud, son directeur général, le général François Kessler, et son directeur adjoint, Sharon Elbaz, de m'avoir laissé la liberté d'entreprendre cet ouvrage.

Je remercie également pour leur aide précieuse le président du conseil scientifique de la Fondation Charles de Gaulle, le professeur Alain Larcan, ainsi que les responsables des archives, Philippe Oulmont, Catherine Trouiller et tous ceux qui furent mes collègues – Claude Marmot, Michel Metallo, Isaac Djibrilla, Martial Goût.

Je veux également remercier Alexandre Mora qui, à la tête du Mémorial Charles de Gaulle à Colombey-les-Deux-Églises, m'a si souvent et si chaleureusement accueillie au fil de mes recherches.

Je tiens à exprimer ma vive reconnaissance à tous ceux qui m'ont aidée en amont de mes recherches, notamment Odile Gauthier-Voituriez, du CEVIPOF, Édith Desrousseaux de Medrano et Guillaume Papazoglou, le documentaliste de la Fondation Charles de Gaulle.

Tous mes remerciements vont bien sûr aux personnes qui m'ont facilité l'accès aux archives. À ce titre, Anne de Laroulière, petite-fille d'Yvonne de Gaulle et présidente de la Fondation Anne de Gaulle, et Gilles de Laforcade, son directeur, m'ont réservé un accueil particulièrement chaleureux. Merci également à François Petrazoller (archives départementales de la Haute-Marne), à Mme Gautier-Desvaux (archives départementales des Yvelines) et aux archives départementales du Pas-de-Calais.

Beaucoup de personnes ont accepté de me livrer leur témoignage. J'ai passé avec elles des moments privilégiés et je les remercie pour la confiance qu'elles m'ont accordée.

Il en va ainsi des membres de la famille d'Yvonne de Gaulle, notamment d'Étienne Vendroux, qui m'a accompagnée dans les débuts de ma recherche et dont la gaieté naturelle m'a fait mieux comprendre l'enjouement des Vendroux. Je remercie aussi Claude Vendroux-Legrand, Philippe de Gaulle, Bernard de Gaulle, Chantal et Francis Gutmann.

Celles et ceux qui ont côtoyé Mme de Gaulle à la présidence de la République ou dans sa vie privée m'ont permis d'approcher son caractère secret : sans les confidences de Solange Galichon, de Martine de Courcel, d'Anne-Aymone Giscard d'Estaing, d'Éliane Dromer, de Pierre-Louis Blanc et du colonel Jean Martin d'Escrienne, ce livre n'aurait guère de sens.

Bien d'autres encore m'ont fourni des éclairages originaux, comme Micheline Hanotelle (†), et Alain Briottey, président du conseil scientifique de la Fondation Georges Pompidou. Qu'ils en soient remerciés.

Je dis également ma reconnaissance à ceux qui m'ont aidée sur des questions techniques, comme Me Paul Perrault (Cuisery), Mme Voluchenedre, Me Bruno Pavy et Muriel Pavy, le lieutenant Xavier Tabbagh, conservateur du musée du Service de santé des armées.

Ce livre serait peu de chose sans les discussions qui l'ont accompagné et nourri. Je remercie Philippe Galley pour sa patience. Nombreux ont été les historiens et les amis qui ont accepté d'épauler ma réflexion et de m'indiquer des pistes. Je les cite avec beaucoup de reconnaissance : Philippe Ratte, Amaury Lorin, Didier Maus, Jean-Luc Barré, Sudhir Hazareesinjgh, Bernard Lachaise, Aude Terray, Éric Roussel, François Kersaudy, Alain Beltran, Maurice Vaïsse, François Miclo… Et bien entendu Christian Borde, qui m'a si aimablement éclairée sur l'histoire de Calais.

Les images contenues dans ce livre doivent beaucoup à Isabelle Gougenheim (ECPAD) et aux graphistes Antoine Robaglia et Leïla Bret, que je remercie avec chaleur.

Une mention spéciale va à tous les relecteurs qui ont accepté de consacrer des heures à la relecture du manuscrit : Georges et Marie-Claude Neau, Jean-Louis Dufour et Marie-Claire Bourgeois.

Parce qu'ils m'ont accueillie dans leur havre et garanti des conditions d'écriture idylliques, je remercie ceux qui furent mes hôtes occasionnels ou réguliers : mes parents à La Coulée de Valolive, mes amis Gordon et Celia Verhoef en Afrique du Sud, François et Nathalie Desmarets à Saint-Rémy-de-Provence, Guillaume et Soledad Tari au domaine de la Bégude au Castellet, Hubert et Wendy Barbelion ainsi qu'Astrid et Bruno au château de Nançay.

Pour terminer, je félicite Jacques Bardet, qui m'a suggéré l'idée de ce livre : j'ai passé en compagnie d'Yvonne de Gaulle des moments formidables.

Index

Table des matières

CINQUIÈME PARTIE
1969-1979
Le temps des deuils

Composé par Nord Compo Multimédia
7, rue de Fives, 59650 Villeneuve-d'Ascq

Pour l'éditeur, le principe est d'utiliser des papiers composés de fibres naturelles, renouvelables, recyclables et fabriquées à partir de bois issus de forêts qui adoptent un système d'aménagement durable.
En outre, l'éditeur attend de ses fournisseurs de papier qu'ils s'inscrivent dans une démarche de certification environnementale reconnue.

Achevé d'imprimer en France
par Dupli-Print à Domont (95)
www.dupli-print.fr
N° d'impression : 163121

Dépôt légal : Mai 2010
35-14-2950-0/04